季題別 中村草田男全句

萬緑運営委員会編

角川書店

刊行のことば

「萬緑」発行人　中村弓子

「季題がなかったら、俳句はあまりに小さくて畸型の文学になってしまいます。」「五、七、五、という錘のようなというか檸檬のような極小の形が極大の世界と響き合うのは、季語があるからです。」俳句を始めたいという遠縁のお嬢さんが拙宅を訪れたとき、お付き合いで応接間に居合わせた私は、思いがけず初めて父の季題論を耳にすることになった。そして、俳人としての父にとって、季題というものがいかに決定的な存在であるのか、日常生活の語り口とは全く違う、その力のこもった話し方からも実感した。本句集は、その季題を基本的枠組みとして編まれる句集であり、ここには、萬緑運営委員会による父の季題論のエッセンスが提示されてもいる。

本句集には、今まで出版された父の句集にはない二つの「新しさ」がある。第一には、右に述べたように「季題別」という枠組みによって編まれているということである。第二には、父の全句が一巻に納められたものであるということである。「季題別」に父の句が並べられている、ということは、季題をめぐって世界と響き合う父の命そのもの、精神と身体の全体、に固有の動きが捉えられるということである。それは、一句一句の鑑賞を深める機会になるであろうと同時に、この「動き」そのものの輪郭を鮮明にすることによって、広い意味の研究の土台ともなるだろう。しかも、この句集には全句が集成されている。特質も欠陥も含めて、この集成は、俳人としての父の全貌をそっくり現わすものとなる。まるで、自分自身の顔をまじまじと見るようで、父自身がこれを読むことが可能だったなら、どんなに興味深かっただろうかとも想像せずにはいられない。

父が自分の結社として創設した『萬緑』は、今年度、すなわち平成二十九年三月をもって終刊となり、七十一年の歴史を閉じる。その終刊に当たっての事業として、萬緑の皆様が、父に直接師事された方もそうでない方も、力を合わせて、俳人としての父の全貌を留めるこのような集成を企画して下さり実現して下さったことに、なんと感謝申し上げたら良いかわからない。その労を通じて、父の俳人としての命に与る(あずか)ことがあるよう祈願するのみである。

平成二十八年十月

季題別　中村草田男全句　目次

刊行のことば　1
季題総目次　5
はじめに　10
春　15
夏　93
秋　243
冬　327
新年　411
雑　433
前書・註一覧　445
付録　485
季題断章　487
自句自解　491
句碑一覧　504
中村草田男略年譜　507
あとがき　515
初句索引　523
季題索引　604

季題総目次

春

【時候】17 春 二月 旧正月 立春 早春 春浅し 冴返る 余寒 春寒 春めく 如月 啓蟄 彼岸 四月 弥生 春暁 春昼 春の夕 春の宵 春の夜 朧月夜 暖か 麗か 長閑 日永 遅日 花冷え 木の芽時 蛙の目借り時 春深し 八十八夜 暮の春 行く春 春惜しむ 三月尽 【天文】27 春の日 春光 春の空 春の雲 春の月 朧月 朧 春の星 春の闇 春の風 東風 貝寄風 涅槃西風 春一番 風光る 春疾風 春塵 春の雨 春雨 春時雨 春驟雨 春の雪 雪の果 忘れ霜 春の露 春の雷 霞 陽炎 春陰 花曇 蜃気楼 逃水 春の夕焼 【地理】34 春の山 春の野 焼野 春の水 春の池 春の海 春の波 春潮 春田 苗代 春の土 春泥 残る雪 雪解 雪解雫 薄氷 【生活】37 曲水 建国記念の日 初午 針供養 春聯 雛市 雛祭 雛流し 四月馬鹿 緑の週間 入学試験 大試験 落第 卒業 入学 遠足 春装 木の芽田楽 蜆汁 目刺 草餅 桜餅 雛あられ 春灯 春障子 春炬燵 屋根替 麦踏 野焼く 芝焼く 耕 田打 畑打 畦塗 種物 種蒔 苗札 花種蒔く 剪定 蚕飼 茶摘 海女 潮干狩 踏青 野遊 摘草 花見 桜狩 桜人 花篝 花の宿 花盗人 夜桜 凧 風船 風車 石鹸玉 鞦韆 春の風邪 春眠 春の夢 春興 春愁 【行事】48 涅槃会 遍路 仏生会 花祭 甘茶 花御堂 復活祭 茂吉忌 光太郎忌 【動物】50 春駒 馬の仔 猫の恋 猫の子 蛇穴を出づ 蝌蚪 蛙 春の鳥 呼子鳥 百千鳥 鶯 雉 雲雀 頰白 岩燕 燕 引鶴 雁帰る 残る鴨 鳥雲に入る 囀 鳥交る 雀の子 鳥の巣 巣箱 鶴の巣 燕の巣 鴉の巣 桜鯛 白魚 鱒 桜貝 蜆 蜷 田螺 地虫穴を出づ 初蝶 蝶 蜂 虻 春の蚤 蠅生る 春蟬 春の蛾▽ 春鴉▽ 【植物】64 梅 紅梅 盆梅 椿 初桜 初花 彼岸桜 枝垂桜 桜 花 山桜 八重桜 遅桜 落花 花筏 残花 辛夷 三椏の花 沈丁花 連翹 海棠 ライラック 躑躅 雪柳 木蓮 藤 山吹 桃の花 榠樝の花 木瓜の花 伊予柑 木の芽 芽立ち 蘖 若緑 柳の芽 柳 樝子の花 松の花 赤楊の花 白樺の花 柳絮 枸橘の花 黄楊の花 竹の秋 三色菫 喇叭水仙 勿忘草 アネモネ チューリップ 群雀 菜の花 大根の花 蚕豆の花 豌豆の花 葱の擬宝 春菜 菠薐草 茎立 独活 防風 山葵 青麦 春の草 下萌 草青む 草の芽 ものの芽 若草 古草 若芝 蔦の若葉 菫 紫雲英 苜蓿の花 薺の花 蒲公英 土筆 杉菜 はこべ 蕨 いぬふぐり 春蘭 金鳳花 一人静 母子草 父子草 薊 蓬 水草生ふ 蘆の角 海苔 孔子木の花▽ 春羊歯▽

夏

【時候】95 夏 初夏 五月 立夏 夏めく 薄暑 麦の秋 仲夏 皐月 六月 入梅 梅雨寒 夏至 晩夏 水無月 七月 梅雨明 夏の暁 炎昼 夏の夕 夏の夜 熱帯夜 短夜 土用 盛夏 暑し 暑き日 大暑 溽暑 炎暑 灼く

涼し　夏深し　夏の果　秋近し　夜の秋
【天文】110　夏の日　夏の空　梅雨空　夏の雲　雲の峰　夏の月　梅雨の月　夏の星　梅雨の星　夏の風　南風　はえ　黒南風　麦の秋風　青嵐　風薫る　熱風　涼風　夕凪　風死す　夏の雨　梅雨　五月雨　虎が雨　夕立　喜雨　夏の露　夏の霧　夏霞　雲海　虹　雹　雷　梅雨曇　五月闇　梅雨晴　朝曇　五月晴　朝焼　夕焼　日盛　西日　炎天　油照　片蔭　旱　夏陽炎▽
【地理】132　夏の山　夏富士　五月富士　夏野　夏の水　夏の川　出水　夏の湖　夏の海　卯波　土用波　夏の潮　熱砂　代田　植田　青田　日焼田　噴井　泉　清水　滴り　滝
【生活】146　氷室　こどもの日　母の日　父の日　メーデー　幟　鯉幟　吹流　矢車　武者人形　菖蒲葺く　菖蒲湯　薬玉　山開き　パリ祭　夏期手当　夏休み　帰省　夏期講習会　更衣　夏衣　夏服　白服　袷　ネル　セル　羅　夏袴　浴衣　レース　夏シャツ　開襟シャツ　海水着　編笠　夏帽子　汗拭ひ　柏餅　夏料理　鮓　飯饐える　梅干　ビール　冷酒　新茶　砂糖水　アイスコーヒー　ソーダ水　ラムネ　ミルクセーキ　氷水　氷菓　麨　麦落雁　鮨　椅子　ハンモック　蚊帳　香水　暑気払　蚤取粉　冷房　冷蔵庫　扇　団扇　扇風機　風鈴　吊忍　走馬灯　日傘　虫干　晒井　打水　行水　夜濯　毒消売　定斎売　麦刈　麦打　麦藁　牛馬冷す　溝浚へ　代掻く　田植　早乙女　田植唄　水番　早苗饗　薄荷刈　干瓢剝く　竹植う　草刈　誘蛾灯　川狩　鵜飼　夜振　避暑　納涼　ボート　泳ぎ　プール　海水浴　釣堀　花火　線香花火　夏芝居　水狂言　野外演奏　ナイター　箱庭　草笛　蛍籠　起し絵　裸　跣　肌脱　端居　髪洗ふ　汗　日焼　昼寝　外寝　夏の風邪　夏痩　夏焚火▽
【行事】174　祭　茅の輪　夏花　閻魔参　聖母月　茅舎忌　河童忌　チェーホフ忌▽　未明忌▽　透仙忌▽
【動物】176　鹿の子　蝙蝠　亀の子　青蛙　雨蛙　河鹿　蟇　蜥蜴　蛇　蛇衣を脱ぐ　蝮　巣立鳥　羽抜鳥　時鳥　郭公　筒鳥　慈悲心鳥　仏法僧　夜鷹　練雲雀　青葉木菟　老鶯　燕の子　鴉の子　葭切　翡翠　鶚　鳰の浮巣　夏の鴛鴦　河鵜　水鶏　白鷺　夏燕　雨燕　眼白　四十雀　山雀　夏鷹▽　夏の鳥▽　千鳥の子▽　白鳥の子▽　緋鯉　鮎　岩魚　山女　金魚　熱帯魚　目高　初鰹　鯵　虹鱒　蟹　船虫　夏の蝶　鳳蝶　火取虫　蛾　天蚕　雀の担桶　毛虫　尺蠖　蛍　兜虫　玉虫　金亀子　天道虫　斑猫　落し文　米搗虫　豉虫　水馬　蟬生る　蟬　松蟬　空蟬　蠅　蛆　蚊　孑孑　ががんぼ　蚋　蠛蠓　草蜉蝣　優曇華　薄翅蜉蝣　蟻地獄　油虫　蚤　蟻　螻蛄　蜘蛛　蜘蛛の囲　蜈蚣　蚰蜒　蛞蝓　蝸牛　蚯蚓　夜光虫
【植物】206　余花　葉桜　桜の実　薔薇　牡丹　紫陽花　百日紅　梔子の花　泰山木の花　額の花　夾竹桃　凌霄の花　栗の花　柿の花　石榴の花　柿若葉　青梅　青胡桃　木苺　青葡萄　青林檎　楊梅　桜桃の実　山桜桃の実　枇杷　夏蜜柑　バナナ　夏木立　新樹　青葉　若葉　新緑　茂　萬緑　緑蔭　椎若葉　樟若葉　病葉　常磐木落葉　松落葉　卯の花　茨の花　桐の花　朴の花　棕櫚の花　忍冬の花　楝の花　椎の花　えごの花　合歓の花　夏椿▽　玫瑰　桑の実　夏柳　竹の落葉　竹の花　若竹

燕子花　花菖蒲　菖蒲　鳶尾草　芍薬　ダリア　向日葵　葵　紅蜀葵　ゼラニューム　罌粟の花　雛罌粟　孔雀草　竜
舌蘭　睡蓮　百合の花　含羞草　松葉牡丹　仙人掌の花　アマリリス　小判草　甘草　鉄線花　玉巻く芭蕉　芭蕉の花
苺　南瓜の花　豆類の花　筍　蕗　瓜　胡瓜　夕顔　茄子　トマト　甘藍　新藷　新馬鈴薯　蓼　青山椒　蓮　蓮の葉
麦　早苗　帚木　麻　夏草　草茂る　草いきれ　青芝　青蔦　青歯朶　青芒　青蘆　夏蓬　夏萩　石菖　竹煮草　鈴蘭
昼顔　月見草　真菰　藺の花　藺　蒲の穂　藜　浜木綿の花　酢漿の花　車前の花　蕺菜　蚊帳吊草　蛍袋　一つ葉
片白草　梅鉢草　蛇苺　蛇髭　鷺草　虎耳草　苔の花　苔茂る　藻の花　萍　梅雨茸　黴　えごの実▽　青栗▽　夏の
花▽　夏蒲公英▽　夏れんげ▽　林檎青実▽

秋

【時候】245　秋　初秋　文月　八月　立秋　残暑　秋めく　仲秋　葉月　九月　秋彼岸　晩秋　十月　秋暁　秋の暮
秋の夜　夜長　秋澄む　秋気　冷やか　爽やか　秋麗　身に入む　秋寒　漸寒　朝寒　夜寒　冷まじ　秋深し　冬隣
【天文】254　秋の日　秋晴　菊日和　秋旱　秋の色　秋の声　秋の空　秋の雲　鰯雲　月　月代　盆の月　三日月　弓
張月　夕月夜　名月　良夜　宵闇　後の月　秋の星　星月夜　天の川　流れ星　秋風　野分　台風　黍嵐　秋曇　秋の
雨　秋雪　稲妻　秋の虹　霧　露　**【地理】**270　秋の山　秋の野　花野　秋園　花畠　秋の土　秋の田　刈田　穭田
秋の水　水澄む　秋出水　秋の湖　秋の海　秋の潮　初潮　秋の波　**【生活】**273　終戦記念日　敬老の日　赤い羽根
文化の日　七夕　星合　願の糸　七夕竹売　盆休み　中元　八朔の祝　温め酒　原爆忌　震災記念日　休暇明　運動会
夜学　秋の服　秋袷　新酒　新米　夜食　甘干　薯蕷汁　秋の灯　灯火親しむ　秋の宿　秋扇　菊枕　灯籠　簾名残
障子洗ふ　松手入　火恋し　秋の炉　秋耕　添水　案山子　鳴子　威銃打つ　稲刈　稲干す　稲架　籾　豊年　新藁
藁塚　夜なべ　竹伐る　蘆刈　桑括る　崩れ簗　鯊釣　踊　相撲　月見　海螺廻し　菊花展　菊人形　秋の野遊び　茸
狩　紅葉狩　秋興　秋思　**【行事】**283　秋祭　八幡放生会　鞍馬の火祭　盂蘭盆会　魂祭　生身魂　迎火　茄子の馬
墓参　施餓鬼　灯籠流　送り火　鏡花忌　子規忌　蛇笏忌　素逝忌　ニイチエ忌▽　白鳥忌▽　**【動物】**288　鹿　猪　蛇
穴に入る　鷹渡る　渡り鳥　色鳥　小鳥　燕帰る　鵙　鵙の贄　鵯　懸巣鳥　鶲　鶺鴒　田雲雀　椋鳥　鶉　啄木鳥
鴫　鴇　雁　初鴨　鶴来る　落鮎　鱸　秋刀魚　秋の蠅　秋の蝶　蜩　法師蟬　蜻蛉　赤蜻蛉　蜉蝣　虫　竈馬　蟋蟀
鈴虫　松虫　邯鄲　鉦叩　螽斯　轡虫　蟿螽　蝗　蟷螂　蚯蚓鳴く　地虫鳴く　蓑虫　茶立虫　残る虫　秋の蜘蛛▽
【植物】300　秋薔薇　木犀　木槿　芙蓉　秋果　桃　梨　柿　林檎　葡萄　栗　石榴　棗の実　無花果　胡桃　柚子
柑子　橙　朱欒　榠樝の実　紅葉　黄葉　照葉　紅葉かつ散る　黄落　楓　銀杏黄葉　秋の芽　新松子　桐一葉　銀杏
散る　木の実　南天の実　枳殻の実　芙蓉の実　杉の実　橡の実　一位の実　檀の実　梅檀の実　椎の実　榎の実　紫

冬

千両　枯菊　枯芭蕉　冬菜　葱　大根　人参　寒竹の子　麦の芽　冬の草　名の草枯る　枯葦　枯芒　枯葎　枯芝　藪柑子　竜の玉　松笠落つ▽　冬芝▽

新年

【時候】413　新年　初春　正月　睦月　去年今年　元日　二日　松の内　松過　女正月　【天文】416　初空　初日　初明り　初東風　初凪　初霞　【地理】420　初景色　初富士　【生活】422　若水　子の日の遊　成人の日　弓始　門松　注連飾　鏡餅　屠蘇祝ふ　雑煮祝ふ　年賀　年賀状　書初　読初　仕事始　買初　鳥総松　福達磨　餅花　繭玉　年木　左義長　獅子舞　傀儡師　春着　初手水　初刷　初写真　初便　初電話　初笑　初鏡　初髪　初茶湯　初門出　乗初　歌留多　絵双六　羽子板　羽子　手毬　独楽　破魔弓　弾初　初旅　初夢　初寝覚　初口笛▽　初映画▽　【行事】429　初詣　白朮詣　初弥撒　実朝忌　【動物】431　嫁が君　初鶏　初雀　初鴉　伊勢海老　【植物】432　楪　福寿草　若菜　仏の座　蘿蔔　子日草

装　丁　南一夫
函写真　一九七五年一二月
井の頭公園にて
（角川『俳句』編集部蔵）

はじめに

○本書は中村草田男の全ての句集および萬緑誌等に掲載された草田男作品・揮毫句等の一一、六一四句を季題別に分類・収録した。所収句集および句集以外の出典を記した。
句集の刊行年・出版社は次の通りである。

①『長子』（「長」と略記）　昭和11年11月20日　沙羅書店
②『火の島』（「火」）　昭和14年11月30日　龍星閣
③『萬緑』（「萬」）　昭和16年6月10日　甲鳥書林
④『来し方行方』（「来」）　昭和22年11月25日　自文堂
⑤『銀河依然』（「銀」）　昭和28年2月10日　みすず書房
⑥『母郷行』（「母」）　昭和31年6月20日　みすず書房
⑦『美田』（「美」）　昭和42年11月15日　みすず書房
⑧『時機』（「時」）　昭和55年6月16日　みすず書房
⑨『大虚鳥』（「大」）　平成15年8月8日　みすず書房

句集以外の出典は次の通りである。

・「萬緑」「ホトトギス」、その他雑誌（例　昭和21年10月号→21・10）　昭和3年10月号〜昭和58年9月号
・中学時代の日記中の句（「日記」）　大正7年〜9年
・直子夫人宛の書簡中の句（「書簡」）　昭和11年〜20年
・揮毫等の句（集外句）

○季題と分類について

・前書・註が長いものには季節の分類ごとに＊印と通し番号を付し、前書・註一覧に掲載した。
・季題と分類は原則として『角川　季寄せ』に準拠し、季題の分類は、時候・天文・地理・生活・行事・動物・植物とした。

・季は春・夏・秋・冬・新年・雑に区分した。なお、「雑」の部は、前半は句中に季題を有していない句を掲載し、後半は句中に季題は有しているが、版画・劇中における季題のため、草田男の他の作品とは画して扱い、あえて「雑」の部に編入し、掲載した。以下の作品がそれである。

◇デューラーの銅版画による群作（「騎士と死と悪魔」「メランコリア」）

◇歌舞伎観劇による群作（「保名」「木賊刈」「直侍」）

・従来の『角川　季寄せ』で採用されていない季題には▽印を付した。

・句中の季題が比喩のものや季感を有していない表現の句は、原則として季のものとして扱わないこととした。

・一句中に同季の季題が複数ある句で、主たる季題が確定できない句は、それぞれの季題のもとに収載した。

・一句中の季が二季以上にわたっている句で、主たる季が確定できない句には、句下に○印を付した。

・一句中に季題を含まぬものの有季とみなされる句は当該の季題のもとに掲載した。

・ある季題が当該の季のものでないことが前書等により明確に判断できる句は、別の季で、その句の内容に相応しい季題のもとに掲載した。

○表記について

・季題の表記は原則として新字・旧仮名遣いによった。

・句の表記の仮名遣いは原句のままとし、漢字は原則として新字とした。

・前書文末の句点の有無については、原典の表記のままにした。

・明らかな誤記・誤植については訂正した。

○本集に収めた作品に、今日の人権意識に照らし不適切と思われる表現があるが、作品の時代的背景、および著者がすでに故人である事情を鑑み、原文のまま収録した。

居室の中村草田男　昭和30年（60歳）

季題別　中村草田男全句

春

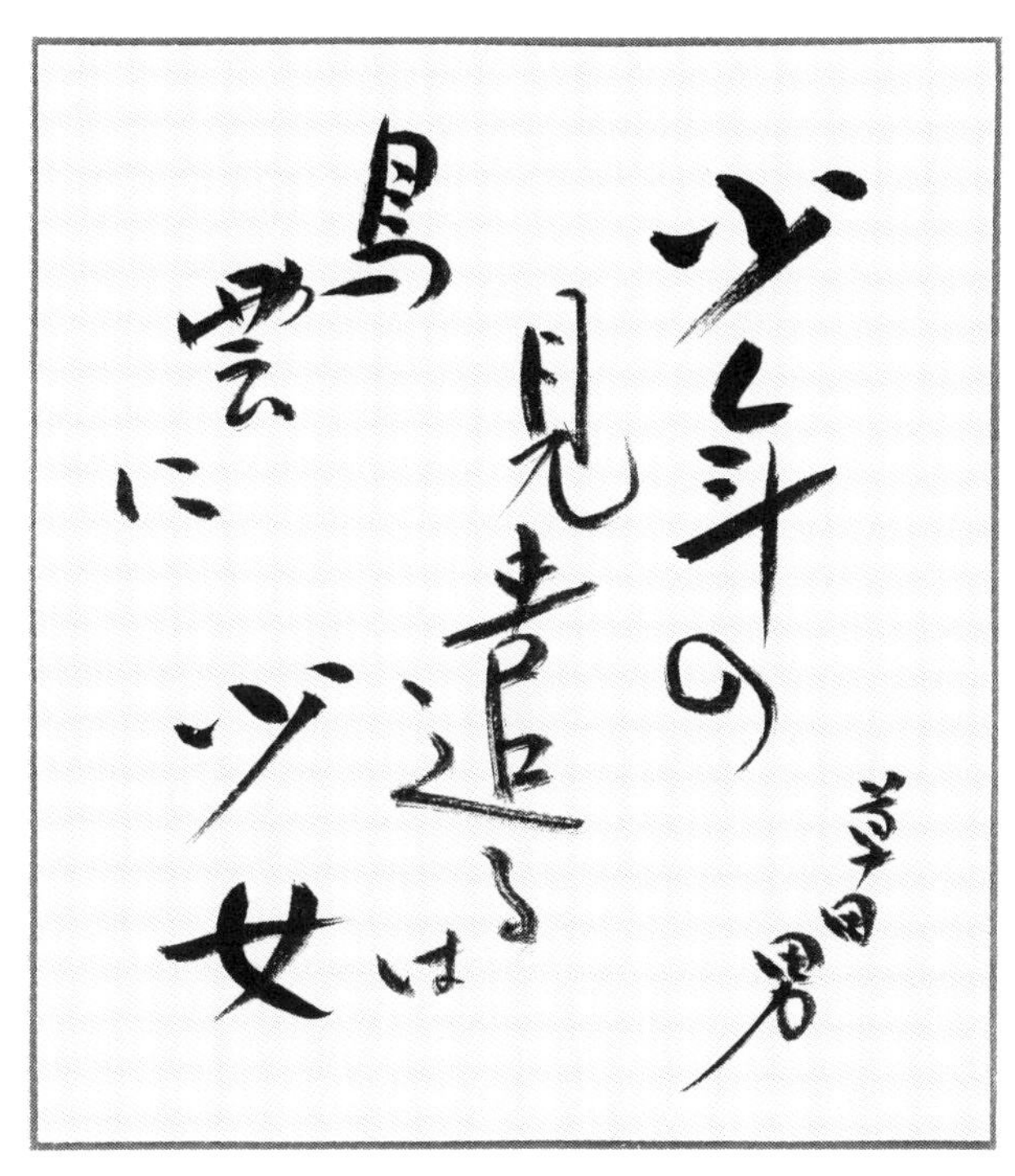

【時候】

春（はる）陽春

春の子等赤土山に集ひ初む　火

朝日全形（ぎやう）春定まらんとするなり　火・萬

黒土の春に式後の女学生　火

吾子の春額を仰ぎて壁たゝく　火・萬

四十の春かたくて新しき枕　萬

春をひとり歌詞も定かに女の声　萬

靴底うすく佇つにとゞろく兵馬の春　萬

兵馬の春わが罪われと共に古り　萬

春かけて墓は唯一の妻を呼ぶ　来

墓ひそか四度目のいくさも春もひそか　来

春若し他人手（ひとで）借りずに病治す　来

秩父の町はづれに妻子を疎開せしめて、七句（のうち二句目）

妻子住む春の里辺や楸（ひさぎ）生ふる　来

土浦にて　三句（のうち三句目）

底焼く船造る船四十九の春ぞ　銀

我居所より程遠からぬ三鷹町禅林寺内に、太宰治氏の新墓あるを訪ふ。三句（のうち一句目）

春の愚者奇妙な賢者の墓を訪ふ　銀

妻の誕生日に　二句（のうち二句目）

肩ごしに見下ろす乳房岩の春　銀

かかる時期の永かりしことよ　二句（のうち一句目）

春は天井板も光るよ作品なし　銀

春の屈伸縦にドアをば拭く乙女　銀

乙女の手一つへ春の鯉寄りゆく　母

春の鳩舞ひ返せども飛び去るなり　母

鬢をゆるめて眦（まなじり）和（なご）めよ春の人　母

絵師としいはば流水描きしよ春の渓　美

川崎の大師に詣る。父と祖母に伴はれて、初めてこの地を踏み、「弘法大師一代記」のパノラマを見物してより、正に五十年を経たり　四句（のうち四句目）

パノラマ亡（な）し無人の春の焚火熄（や）む　美

高崎市に遊び、鬼城翁勤務先の裁判所を訪ふ

煉瓦腰塀小市も春は絡繹じみ　時

孤つ家に起伏はげしき春の楽　時

真向きの明眸男児生まんと春の窶（やつ）れ　時

馬の嘶き春の戸車鳴る音す　27・6

墓地も春脚下の天窓灯の色に　30・4

春呆けの林檎や遠き梢揉まる　31・3

果樹園にたゞ春の予気縦に横に　33・3

田家の春人蔘色の鯉太く　33・3

器(うつは)めく竹の切株春の渇き　33・4

川崎の大師に詣る。父と祖母に伴はれて、初めてこの地を踏み、「弘法大師一代記」のパノラマを見物してより、正に五十年を経たり。

パノラマ亡(な)し春の地の鋳三放射　33・5

「我がメモ」たらしめんための八句（のうち八句目）

自我が庶民へ入る春悪魔豚へ入りき　34・4

音(おと)はおほかたそがひより来て盲の春　34・5

松原ふかく末子(ばっし)を呼べば春の声　35・4

谷には春の村あり世には「為らぬ恋」　35・4

湖畔をめぐり春の池畔や身に親しむ　36・5

＊1

主(あるじ)は占春猫背たり得ぬ老犬も　36・8

白髪ヨゼフは聖母子の辺に春しづか　36・8

菓子司匠、菅原遊子路氏より、宮廷新春の雑煮の古式にのっとりたる、自ら発案の新様式珍菓を宿舎へ贈らる。一句。

「鶴と亀」と「岩と水」化し春の菓子　38・3

女(をなご)は姉ぶり同いどしなる春の児等　大

春の衆生テレビの中をチンドン屋　38・5

その翌日、井の頭公園をさまよひて。二句。

春のスワンよ満帆に風孕みて吉(きち)　38・5

春のスワンよ鴉を凶の形代(かたしろ)に　38・5

小声には小声で答へ春の子等　38・8

一と腹の小犬の春の色さまざま　39・3

春の杣四十路の顔に三十路の声　大

四月八日、招待日にミロのヴィナスを観る。九句。（のうち五句目）

人の世への絆(きづな)深(ふか)臍(ほぞ)春蕩々　39・5

香川行。二十三句のうち七句目。

玉藻城にて。二句。（のうち二句目）

別れと迎への汽笛水城(みづき)の春保つ　39・7

或る文学史書中に、島崎藤村の「ほのかなるはじめてのゆかり」の乙女の照影を見る。五句。（のうち一〜四句目）

とどめし春とどむる術(すべ)のなきものを　40・1

やはらの髪(くし)のかそけき波もかの代(よ)の春　40・1

とどまれ春「花ある君」の肩揚げに　40・1

父のみ母のみ豊かに頼み春の頬　40・1

春の歌を更に追ひ勝つ春の歌　40・3

たしなめつつ末子や春の白馬上　40・3

轍二条春の鐘の音滑りくる　40・4

駈けくる子等しばらく多し春の道　40・4

暮鳥一群更に納めて春の楠　41・1

春のマラソン遅れし女性（にょしやう）どち競ふ　41・2

轍深し春来る土の盛上る　41・2

春の飛翼右に左にあやなして　41・2

関口なる「東京カテドラル」にて。六句。（のうち一句目）

春の聖堂鎧のさまに翅（はね）のさまに　41・2

春のベンチ母者と子息起ちし後へ　41・3、4

花田春兆氏編集の「しののめ」誌の別冊なる文集「足音」に序句を需められて。

立ちどまることなき春の足音ぞ　41・3、4

*2

壁画も合唱春の谺の天井画　41・3、4

春層々うなづく折に二重顎　41・5

喇叭一本少年春の悲喜に喜悲に　大

九回の裏の薄暮や春の声　42・5

春の赭土起伏や父の胸さながら　大

*3

春にそむく音山颪山分けつつ　42・5

老斑や面皰や春の人々等　大

毛越寺にて。五句。（のうち五句目）

撞いては聴く腰折百姓春の鐘　43・6

瀬音雨音機屋の音と春一如　大

春の白滝登竜門下魚さばしる　44・5

二人居るごとく楽器と春の人　大

春の人財布の裡まで純緋色　44・5

石田波郷氏より贈物を受けたるを思ひ出づ。二句

春の大掌（おほて）に古墨一丁縦に載せて　大

春再び古墨金襴小筥遺る　45・3

御嶽山麓に川合玉堂美術館を訪ふ。六句。（のうち六句目）

楚々と描きし知足の故主や春の声　45・5

長女の生湯の盥ひたすら古りゆく春　45・8

春倉皇巷の中に一村社　大

西高校の門内へはじめて歩み入り、しばし小池畔に身を置く。七句。（のうち四句目）

春の金魚こは血通ひの色ならぬ　46・2

「天国と地獄」の曲の稚（をさな）し春　48・4

花田いそ子、古稀を自祝して、自筆本句集を編まむとす。その序句を需められて。

家三代春七十を綴りつつ　48・4

犬の口から日の舌一枚春の薔薇　大

坐して明日香の春眺め初め此の仏　49・6

鮮白鮮紅春花を剪りぬ世はとこしへ　50・3

指紋に似たり春の肉声紛れなき　50・3

春の一事五十年経し芝貼替　51・6

七十七の春口笛を音にさせ得し　52・2

友のいもうといもうとの友伊予路の春　52・11

わが母の次妹、多年病にありしが、九十八歳にて逝去す。その面影あれこれ。（二句）

共に春旅「多武」の霊峯辺たもとほる　56・2

病臥十年「散歩唱歌」春の部繰返し　56・2

独逸より来日中のピアニスト、ケムプに指名されて、ショパン一曲を演奏せんとせしことありき。三句。（のうち二句目）

サイン得るための写真探しやりぬ春の街に　56・8

香西照雄氏と共に、病床にある関透仙老を見舞ふ。五句。（のうち一句目）

一命陽春科学の「貧」「病」切迫す　42・5

二月（にぐわつ）

空が日を浴びて二月の瑠璃日和　時

テレビの「合邦」二月因果なものづくし　34・2

二月艶いとも小さきヴィナス像　35・2、3

旧正月（きうしやうぐわつ）旧正

道ばたに旧正月の人立てる　長

千葉一宮行　十一句（のうち四句目）

旧正や土竜の土踏み仔犬佇つ　美

立春（りつしゆん）春来る　春立つ

百羽づつ十筋に春くる千羽鶴　時

崖の面を鋸屑なだれ春に入る　38・5

立春の雲間蒼きに昼の月　大

立春の雨や山鳩二羽で来し　46・7

春立ちて三日嵐に鉄を鋳る　来

春立つ夜あの世の友にも為事あれ　銀

市松模様に鉄骨の影春立ちぬ　36・5

早春（さうしゆん）春さき　春早し

千葉一宮行　十一句（のうち九句目）

奥あさき藪の早春竹睦じ　美

旧子規庵を訪ふ　十句（のうち一句目）

老いし友を葬りて早春根岸恋ふ　美

鳥語解せず早春勤勉自誓せる　美

はしなくも「榎の実散るこの頃うとし隣の子」なる子規の一句ありしを想起す。

早春の猫匆々と庭を過ぎぬ　31・3

バター未だ固けれど早春を妻と二人　32・4

骨は動かず墓地早春のもぐらもち　35・4

端(はし)傷つけば薫る楠二株山早春　35・4

土田瓦平氏来りて共に校正をなす。即事一句。

早春や「土膏」なる語を閲(けみ)し合ふ　40・3

早春なりき十九の我のことごとは　大

また早春友の素志をば遺志として　大

畑早春山鳩発ちて山へ戻る　41・2

榛の空早春黄なる夕べ多く　41・2

棕櫚に実がいり早春の谷工場　42・4

双眼もつて拝す早春一日輪　46・3

掌(てのひら)と早春の雲陶(すゑ)色に　47・4

教師早春下へと教ゆる跼背(くぐせ)のまま　50・6

夜の都春先の横長いひゞき　火・萬

春先の靱くなり居し小枝折る　5・6

＊4

長流やせめて下流の春早かれ　40・2

＊5

春浅し（はるあさし）浅春

千葉一宮行　十一句（のうち十句目）

春浅しよくふりかへる木樵の子　美

金談即惜命談や春浅く　39・5

公園の塒鳥逃ぐ春浅み　44・4

富士見せて浅春斜陽久しくも　来

冴返る（さえかへる）

冴え返る面魂は誰にありや　萬

好演されたるギリシャ劇を独り見物し得たり。一句。

石殿石磴「エディップス」劇冴え返る　42・4

余寒（よかん）

旧子規庵を訪ふ　十句（のうち二句目）

上根岸低みのままの余寒裡に　美

「忘れむ」とは何たる誓山余寒　時

一視同仁されど身一つ山余寒　35・4

「泣く者をあらせじの恋」ぞ山余寒　35・4

愍みはただに甘えと山余寒　35・4

一語にも対き合ひ余寒修道女　40・3

抽象画の胼胝(たこ)と繊毛ただ余寒　40・3

春寒（はるさむ）春寒し

店深く買ふ妻見つゝ春寒に　来

春寒や増減さして白紙量る　41・3、4

三女、東大事件の被告学生裁判傍聴。一句。

吾娘(あこ)春寒「必要悪」の裁判観て　44・5

旧子規庵を訪ふ
軒下の空や前景春さむし　31・3

春めく（はるめく）春兆す

春めく灯あすの人参けふ洗はれ　来

旧子規庵を訪ふ
都心ながらに鶏犬の声春やうやく　31・3

春めく今日やサンドウィッチに塩ふらで　50・3

明星本来垂尾ゆたかや春めきぬ　50・4

春の兆妻の祈禱の朝の燭　44・3

如月（きさらぎ）

如月の工夫大きな茶色の目　火

如月人「汝（な）が眼未（ま）だ澄む」と羨（とも）しみぬ　母

如月や値札ふかぶか豆の中　母

草入水晶如月恋が婚約へ　時

啓蟄（けいちつ）

帰郷　二十三句。（のうち十二句目）
松山中学校にて　三句（のうち二句目）
啓蟄の運動場と焦土のみ　長・萬

啓蟄や猿の腰掛木に乾く　5・7

彼岸（ひがん）入り彼岸　彼岸前

彼岸の雀よ他界想はで他界せしは　母

まさに行くにつれて彼岸の入日なる　時

雲の夏彼岸の妻子前後せる　18・10

鳥語を聴く彼岸も過ぎし墓地へ来て　34・4

少暇の夜行彼岸月代遅けれど　35・4

円く厚く平ら彼岸の焼饅頭　39・10

涙痕三年彼岸の黒鯉回遊図　41・2

彼岸晴峯に一と本乱れ松　42・4

山鳩の胸鳴く声や春彼岸　42・4

伊予人に都辺彼岸の入さむく　42・4

彼岸の入りにさむきは本心なき戸主ぞ　44・7

彼岸前の幽明通ずる夜行なる　35・4

上下線へ旗振る二人彼岸前　41・2

塒の太枝（ふとえ）やや反り気味に彼岸前　41・2

彼岸前返照白輝の雲送る　41・2

四月（しぐわつ）

妹の嫁ぎて四月永かりき　長・萬

四月一日教師花間に期するあり　来

四月の詩銭妻つつましく市に食（た）ぶ　母

移り来し都四月の道乾く　31・5

弥生（やよひ）

蘆花旧居を訪ひ、終生其愛読者たりし我が父を思ひ出でつ、

南より日は近かよりて墓も弥生　来

弥生なほ雪降り教へ児ねびまさる　15・4

茨垣も弥生のさま無し兵馬の原　15・4

弥生の空風もろともの横晴れに　大

春暁（しゅんげう）

帰郷　二十三句（のうち十六句目）

ふるさとの春暁にある厠かな　長・萬

春暁の門辺どちなる女中達　火

「背景がたゝかひあふ」代の春暁かや　美

春暁の屋根越す烏の声よ母よ　美

春暁や漁夫等入江を海へ下る　16・1

枕辺の妻春暁の弥撒戻り　16・8

鴉の声春暁の餌を拾ふらむか　42・5

春昼（しゅんちう）

妻抱かな春昼の砂利踏みて帰る　火・萬

紅血脈々春昼の月白光り　銀

春昼や教会造営の機械の音　銀

ひと恋し春昼吊鐘の下に佇つ　時

春昼のレールの銀へ妻が名を　11・5

川崎の大師に詣る。父と祖母に伴はれて、初めてこの地を踏み、「弘法大師一代記」のパノラマを見物してより、正に五十年を経たり。

春昼倶会若き大師と老いし大師　33・5

打ち倒れ撥ね起き春昼「死」をいぶかる　35・2、3

春昼の梯子（ステア）段を昇る赤児見に　40・5

赤児の咳春昼ささいな距離撥ねぬ　40・5

関口なる「東京カテドラル」にて。六句。（のうち五句目）

春昼聖歌泣くことのみを業（げふ）ぜし吾（あ）に　41・2

＊6

左右寄せて春昼まさきくある御指　42・5

香西照雄氏と共に、病床にある関透仙老を見舞ふ。五句。（のうち四句目）

仄（ほの）と春昼鼻梁涙沫滅却して　42・5

春の夕（はるのゆふべ）春夕べ

春夕べ閭門に待たれしこともありき　41・2

註「慈母は閭門に倚りて待つ」なる漢籍中の古詞あるなり。

春の宵（はるのよひ）春宵

妻と春宵歯がうすいたみあひながら　39・5

春の夜（はるのよ）春夜

春の夜の汝が呱々の声いまも新た　来

春の夜の長き黒髪テレビの中　40・4

＊7
禱（いのり）に悖（もと）らぬ春夜の禱「吾子勝てり」　大

かれらの春夜は安眠ならん塒騒ぎ　39・6

わが母の次妹、多年病にありしが、九十八歳にて逝去す。その面影あれこれ。

「ワッフル」なる西洋名菓春夜の家苞に　56・2

独逸より来日中のピアニスト、ケムプに指名されて、ショパン一曲を演奏せんとせしことありき。三句。（のうち一句目）

妻の栄事（はえごと）春夜長女と遠く偲び　大

春夜縷々と栄事の表裏偲びぬまろやかに　56・8

朧月夜（おぼろづきよ）朧夜

朧夜は白夜（はくや）机上に友を祀（まつ）る　銀

暖か（あたたか）ぬくし

あた丶かな二人の吾子を分け通る　来

仔豚暖か白鷺の脚水に没し　母

配偶得ても兄弟和すか坪あたたか　美

老婆あたたか杖を先だて空籠負ひ　33・5

詩興の空地下に日が入り地がぬくし　銀

建てかけの家の中こそぬくき日なる　母

稲毛海岸の病院に、栗林農夫氏を訪ふ。

癒えつつぬくし蒼海の前金魚池　33・4

松柏（しょうはく）の柏（はく）は散り果て土石（どせき）ぬくし　44・2

ぬくき岩神父と巨犬手首乗せ　47・4

麗か（うららか）うらら

沈黙は「淋しき金（きん）」や画像うらら　50・4

長閑（のどか）

川舟を泥より抜きし音のどか　41・3、4

自他の上の即事。二句

家苞長閑（のどか）甲州鯛焼信州へ　47・5

嚙む指長閑片側（かたへ）かたくて片側（かたへ）やはし　47・5

次の五句は「蘭」誌へ発表のものと重複す。（のうち四句目）

機械は無心時限で鳴り止み長閑なる　49・3

林昌華の第一句集世に出んとす。次の三句を「序に代へて」贈る。三句。（のうち二句目）

長閑さ獲得欠伸をあばばしてみせて　49・11

平野の人はのどかに詣で風鐸下　51・4

日永（ひなが）永日　永き日

赤児へ下目（したため）両肱突いて日永の母　39・8

兄弟犬日永の眠継ぎ合ひて　42・5

永日働き指の節々ここちよし　41・3、4

山鳩二羽の永日いたはりあふ声音　53・6

永日乙女の欠伸や諸手揉みしだき　53・7

永き日の餓ゑさへも生（せい）いくさなすな　銀

遅日（ちじつ）暮遅し

遅日むなし東西併相の山羊鳴きて　銀

人なつこさの自発を遅日の人に待つ　31・4

子供等は遅日にも走せ禁猟区　大

ハタと女にボスの顔あり暮れ難し　31・4

堤を巡邏昼餉より久し暮れ遅き　31・8

花冷え（はなびえ）

安立恭彦氏の居を訪れて、他の俳友達と花に遊ぶ、六句。（のうち二句目）

花冷や明日（あす）へ急がんこころもなく　母

同人、秋元清澄氏、四月廿一日未明突如逝去。享年四十一歳。深悼もつて霊前に供へたる二句。（のうち一句目）

花冷や朗と忍とに終始せり　40・5

花冷やチンドン屋のみ簪揺れ　41・3、4

木の芽時（このめどき）

ホトトギス系四誌聯合の本年度コンクール授賞式に招かれて博多に到る

車中にて

木芽季（このめどき）の夜明の日本のどこらぞや　36・8

蛙の目借り時（かはずのめかりどき）目借り時

怠け教師汽車を目送目借時　36・8

春深し（はるふかし）爛春▽

左右（さう）へ横顔主（しゅ）は爛春を見渡しぬ　時

爛春紅日トタンの釘目乾く音　31・4

四月八日、招待日にミロのヴィナスを観る。九句。（のうち九句目）

爛春自如眸（まみ）遠白し帽丈（たけ）高し　39・5

八十八夜（はちじふはちや）

八十八夜木洞に生ひて山椒の木　41・7

暮の春（くれのはる）暮春　暮れゆく春

舌焦（や）きし子へ噴飯や暮春の母　美

暮春の牛反芻（にれは）み鰯焼くにほひ　美

暮春の虚空拡声機もてチンドン譜　33・5

暮春の供養家兎のほとりに藁砧　33・5

弔花の前庭鳥羽打ち暮春なる　38・6

坪の内なぞへ下りくる暮春の人　41・5

西高校の門内へはじめて歩み入り、しばし小池畔に身を置く。七句。（のうち二・三・六句目）

暮春一廈奥へ奥へと過去深し　46・2

暮春噴水土曜の午後を既に熄む　46・2

暮春噴水母性のペリカン像孤(ひと)つ　46・2

註　ペリカンの母は子供の餓ゑたる時に、自らの胸をつつき破りて、自らの血を飲ましむとの西欧伝説あり。

ちちよははよ。

山鳩来鳴きつぶやきに似る暮春かな　52・6

若き祖母暮春の行動つややかに　53・7

肱のうしろへ小脇の荷出て暮るる春　41・6

行く春（ゆくはる）

ゆく春やちゝのみの木は乳房垂れ　30・6

逝く春や身辺岩と橄欖樹　36・8

逝く春や低地下りに土竜穴　38・8

逝く春や艀番号(ナンバー)とびとびに　大

本来古色のカリエールの「母子」像春逝きつつ　50・9

行く春やはせ来てはせ去るその風の日　52・7

春惜しむ（はるをしむ）惜春

秩父、三峰行

山での惜春竜は三指に玉離さず　美

口笛をやめては答へ春惜む　17・8

惜春や個々降らずみの露天卓　39・6

中尊寺境内、神楽殿に面して山口青邨氏の句碑一基踞す。「人も旅人われも旅人春惜む」と彫(ゑ)られあり。

旅人ならぬ陸奥人(みちのくびと)の惜春碑　43・9

三月尽（さんぐわつじん）弥生尽

嶺々(ねね)の波間に躍る曳山弥生尽　大

マンモス駅のトイレに独り弥生尽　44・5

【天文】

春の日（はるのひ）春日　春日影　春の入日　春日向　春日差

帰郷　二十三句。（のうち九句目）

春の日はササの葉なりに藪に降る　長・萬

東野にて　五句（のうち四句目）

陋巷にかしは手響く春日上る　火

母性ネットリ春日むさぼる緋のペンキ　母

春日落つ登る日見しこと無き人等に　美

老乞食袋やや張り春日落つ　美

「国(くに)生(うみ)」講じて生徒と朗笑春日蝕す　美

白河関址にて　六句（のうち一句目）

空ゆく春日笠山ばかり数つらなり　美

春日(しゅんじつ)の散光天網と一体化　27・6

幹に春日桶も俵も地に佇てる　33・3

石膏型を今出し基督春日吸ふ　33・3

春日一粒裳(も)を張つて孔雀真珠母たり　35・2、3

巡りみつとある春日の二た柱　大

栄落へ春日溢るる黄なる道　40・4

春日得て自答の声の高まりぬ　42・4

浴風園にありし妻の叔母、高齢にして眠るが如く長逝す。二句。（のうち二句目）

西雲切れて春日迎への青空出づ　42・4

春日の孫等銀匙幾十撒き遊ぶ　44・3

春日拝す神は盲(めくら)で聾(おうし)にて　大

春日煦々(くく)巨犬和(やは)らぐ声掛ければ　45・7

春日無心鼻おぼめかす一白兎　大

秩父の町はづれに妻子を疎開せしめて、七句（のうち五句目）

日にちかき春の日陰や絹を織る　来

春日落つひもじき豚等鳴きしきる　火

教杖と春の落日を後にして　火

春落日添景もなく海に赤し　銀

鳥は羽根でものを抱き得ず春落日　銀

旧子規庵を訪ふ　十句（のうち十句目）

春落日縁に伸し出て右に見し　美

春落日マネキン誰にも似て居ざりし　13・6

双翼半ば収めし鳥や春落日　40・4

耳立犬に音せむばかり春落暉　41・3、4

春落日いま掌中の珠と化しぬ　大

春落日無縁者なりし有縁の君　46・3

春落日負ひてむらさき君が屋(いへ)　46・3

匹夫の私事の感謝の祈春日向　43・4

帰郷　二十三句。（のうち十一句目）

松山中学校にて　三句（のうち一句目）

焼跡のこゝが真中の春日差　長・萬

春光（しゅんくわう）春望　春景

水谷八重子の出し物、泉鏡花「日本橋」の改訂劇「新日本橋」に題す。

春光やもののはじめの日本橋　時

尿も春光山路で書読む幾年ぶり　33・3

川崎の大師に詣る。父と祖母に伴はれて、初めてこの地を踏み、「弘法大師一代記」のパノラマを見物してより、正に五十年を経たり。

若き大師数珠を引切る春光飛び　33・5

素く紅くうごくひかがみ春明り　40・5

春光や快癒者ものを撫で撫づる　43・4

春光や青魚うねるごと置かれ　43・5

砂利千坪の春光母子の坐りたる　43・6

突如ここに旧態豊かなる春望　40・4

春景を見廻しあひつつ子を語る　美

春の空（はるのそら）春空

川崎の大師に詣る。父と祖母に伴はれて、初めてこの地を踏み、「弘法大師一代記」のパノラマを見物してより、正に五十年を経たり。

この身が児孫パノラマか春の空かまろし　33・5

春空に身一つ容るゝだけの塔　火

春の雲（はるのくも）

帰郷　二十三句（のうち二句目）

土手の木の根元に遠き春の雲　長・萬

春の浮雲小屋で恋する伝書鳩　41・6

春の月（はるのつき）

帰郷　二十三句（のうち五句目）

春の月城の北には北斗星　長・萬

春淡き月像乗せて金三日月　萬

寮にての生活、

春も青し寮の玻璃戸の月なれば　来

朧月（おぼろづき）

朧三日月吾子の夜髪ぞ潤へる　火

朧（おぼろ）

犬の声歯痛朧はいとけなし　萬

朧三更友ありき否兄ましき　銀

三日月そのまゝ一ノ字に似て初朧　31・2

遅き月代「夜行詩人」に朧なる　40・3

「人間生存の寂寥感を天地に訴ふること、明笛の音よりも以上に切実なるものはあらず」とは、故正宗白鳥の語るところなり。一句。

竹紙の皮膜貼る唄口や昼も朧　42・4

春の星（はるのほし）春星

春の流星燃え散るせんなし歩み次ぐ　時

餡造る皮まじりの香春オリオン　40・4

サンダル夫妻湯がへり春星うるほひて　30・4

一番星も春星壮心安座して　42・4

真上に春星山気ぞ天を嗜める　45・6

春の闇（はるのやみ）

松山赤十字病院にて（二句）

病院のユーカリにほふ春の闇　長

春の闇幼きおそれふと復る　長

春の風（はるのかぜ）春風

春の松籟いづれは遺しゆく空ぞも　銀

竹の幹間漏れくる春の風まろし　大

舌と歯に春風あたる眼をつむり　火

春風の上へ跳び降り裾ただよふ　大

関口なる「東京カテドラル」にて。六句。（のうち二句目）

神の春風垂枝はすべて岩崖打つ　大

高きより「耳順」めく春風祖父と孫に　57・3

春風自在ことほぎの風ながら勁く　57・3

東風（こち）夕東風　強東風

路あまたあり陋巷に東風低く　萬

火の舌の前に女や垣の東風　銀

東風のくる東の空へ返照す　美

東風吹けば嘗ては海彼の父想ひき　35・4

掛手拭あまたへ東風や幼稚園　大

＊1

東風の山路振りかへり聴く神の話　38・4

＊2

東風さむし世に飯白く赤心絶ゆ　38・4

東風の犬尾振るよ後肢踏みひろげ　38・5

東京の方より東風や帰りなん　39・5

転載二篇（のうち二篇目の二〜四句目）記念として録し置くなり。

椎・樫を東風揺る上の窓に棲む　40・1

善心ともに四散させじと東風に誓ふ　40・1

友と二人東風受けつ東風負ひつなる　40・1

「小説新潮」（以上三句）

東風に揉まれて愉しき心落着かず　大

東風の白髯咽喉擽りて老笑ふ　40・4
丈なす黒髪嬰児手に享け東風へ流す　49・5
疲れてをりをり目つむり歩く夕の東風　母
自転車夕東風疲れながらも肩張つて　美
強東風に諸枝あそび施食盤　42・3

貝寄風（かひよせ）

帰郷　二十三句（のうち一句目）
貝寄風に乗りて帰郷の船迅し　長・萬

涅槃西風（ねはんにし）

涅槃風廃墟にできし砂の類　母
峨々たる機械にハンドルありて涅槃風　大
涅槃西風猿の蒼肌露はるる　大
涅槃西風「うつけ者」さへ既に古語か　大

春一番（はるいちばん）

ヒマラヤ・シーダの撥枝一つ春一番　41・1
盛花さまざま春一番は夙く過ぎて　41・1
山仕事の草鞋掛けあり春一番　42・4
春一番然るべき映画神父と観に　44・5

風光る（かぜひかる）光風

生れて十日生命が赤し風がまぶし　銀
風光る産衣胸から裾びらきに　時
風光り日の活眼がまばたきぬ　44・7
光風巨松仰ぐや心低うして　銀
光風や秀才末路徒にあがく　大
光風永久なれ復元金色褪せる日にも　43・9

春疾風（はるはやて）春嵐

春疾風乙女の訪ふ声吹きさらはれ　銀
春嵐奈翁は華奢な手なりしとか　火
寺はただ和尚の寝場所か春嵐　美

関口なる「東京カテドラル」にて。六句。（のうち四句目）
春嵐少年ボーイの声低音　33・3
春嵐神父は黒き肩を張りて　41・2

＊3
春嵐心耳に琴の音の澄みて　41・3、4

＊4
槙の葉も散る鎌倉の春嵐　42・5

歌手越路吹雪、開幕直前には不安の極放擲せむかと惑ひ、一旦開始すれば一切を忘却して全力を傾注す。われ、その気質をこよなく愛す。一句。

届かばこそを届かでやはと春嵐　大

春塵（しゆんぢん）春埃　春の塵

己が衣（い）も春塵ひしひし奪衣婆　美
春塵に女人の業（わざ）の奪衣婆　美
春塵の奪衣婆呼ぶ「待ち得しぞ」　美
奪衣婆春塵たたむ古乳房　美
春塵浴びつつ「さむいさむい」と奪衣婆　美
奪衣の細手春塵を迫る「お母ァさん」　美
砲も馬も春塵の丘の秀（ほ）にあふられ　15・4
春塵は兵馬に逐はれこなたかなた　15・4
春塵に兵ただ影絵の四肢となりて　15・4
春塵の中に臥（ね）射（う）ちの銃火走る　15・4
春塵に喊声真黄色なる世なり　15・4
春塵絶えず天狗が装甲車を駆りて　32・4
春塵に女人独坐の奪衣婆　33・6
女人の子の吾（あ）を呼ぶ春塵の奪衣婆　33・6
春塵の襟解けて亡者（まうじや）吾（あ）が身玄（くろ）し　33・6
春塵不レ尽（つきず）遺れるゆゑに藁の屋根　35・2、3
乙女の脛（はぎ）春塵衝（う）つていたしとよ　35・4
春塵被つて街道蕎麦屋湯気濛々　35・6、7
老農の洗ふ眼鏡や春埃　来

「我がメモ」たらしめんための八句（のうち二句目）
弁解・自讃で芸するは香具師（やし）春の塵　34・4

春の雨（はるのあめ）

細目なせし犬の睫毛や春の雨　41・2

春雨（はるさめ）

濡れ縄に牽かれ春雨日本犬　銀
血族（みうち）とても手と足のみやよく降る春　銀
春雨の向き幾度もかはりけり　7・7
春雨ざらし袖ふれあうてチンドン屋　33・5

春時雨（はるしぐれ）

春山時雨陽を失はぬ日なれども　35・4
春時雨子と約束の投票へ　42・5
春時雨時の鐘楼小庇三重　42・5
独り川越市に遊ぶ。十五句。（のうち二句目）
舞ふ鳶のかしぎしばかり春時雨　大

春驟雨（はるしうう）春の驟雨

受験疲れを春の驟雨の霑（うるほ）しぬ　49・3
春の驟雨友はしやぎて親語り　41・5

春の雪（はるのゆき）春雪　牡丹雪

頰白のかすかな足蹴（あしげ）枝の雪　来

高村光太郎先生の訃報に接す（二句）

丈高き死や春の雪これを裹む　美

「智恵子」「みちのく」二像に別れの春の雪　31・7

明治大正史写真帖を覧る。一句。

乃木夫人の菱型小顔よ春深雪　大

高村光太郎先生の訃報に接す（三句）

たゞに必然不時の死と春雪と　美

春雪床上火竜と血吐き切る　美

別れの春雪狭き日本の骨稜に　美

牡丹雪若者往来す旧職場　43・4

雪の果（ゆきのはて）

時じくの雪や埴輪と拱手して　44・7

忘れ霜（わすれじも）別れ霜

妻ごめに五十日を経たり別れ霜　火・萬

別れ霜女家族の魚好み　美

別れ霜すゝんで事の守り役　31・5

春の露（はるのつゆ）

白河関址にて　六句（のうち四句目）

関の址伴の声春の露にひびく　美

白河関址にて（二句）

とどめし古詠の優劣春の露大小　33・6

春の露関址窓透く板屋あり　33・6

春の雷（はるのらい）春雷

春雷や三代にして芸は成る　来

春雷やわが二姫をば訪ふ者あり　36・5

林昌華の第一句集世に出んとす。次の三句を「序に代へて」贈る。三句。（のうち三句目）

春雷や学区とゝのへ司る　51・4

霞（かすみ）遠霞　夕霞

川崎の大師に詣る。父と祖母に伴はれて、初めてこの地を踏み、「弘法大師一代記」のパノラマを見物してより、正に五十年を経たり　四句（のうち四句目）

ここより昇天パノラマの竜霞みつつも　美

新国劇の、「瞼の母」に題す

霞みかすむ江戸の母より「瞼の母」　時

ボティチェリの The Vision of St. Augustine なる題名の絵に題す。一句。

金冠・緋衣の者と幼児に沖霞 *5　39・6

冥府の入口封ぜし岩も霞み去りぬ　42・4

展望や霞の源いづ方ぞ　42・5

＊6
霞む赤陽「女人(をみな)観音(くわんのん)」よ恵み給へ　42・5

加賀美氏の旧居跡。
不老園の裏は夢山甲斐霞　44・6

松山人に城山さへも霞みし代よ　45・6

遠霞むかの松に到らば幹撫でん　32・4

旅先の或る横町の夕霞　41・3、4

陽炎（かげろふ）

高き地や陽炎それとなき小風　来

長野なる渡邊幻魚氏の好意にて信州柏原に遊ぶ。一茶終焉の倉にて　七句（のうち二句目）
陽炎や声誉と成就まぎれがち　銀

倉壁高しかげろふ届かずあらかに　銀

川崎の大師に詣る。父と祖母に伴はれて、初めてこの地を踏み、「弘法大師一代記」のパノラマを見物してより、正に五十年を経たり　四句（のうち二句目）
若き大師悪鬼陽炎と群がる中　美

かげろふや彼方へ行かむと上眼(うはめ)する　時

門も存す崩れし工場陽炎へる　11・5

亡友の数や河原は陽炎へど　11・5

老若(らうにやく)幸あれ仔山羊のかげろふ顔一つ　32・4

かげろふ中瞳さだめて仕事中　35・5

春陰（しゆんいん）

春陰の国旗の中を妻帰る　火

書卓椅子たゞ春陰とけぶらひと　来

長野なる渡邊幻魚氏の好意にて信州柏原に遊ぶ。一茶終焉の倉にて　七句（のうち五・六句目）
倉の春蔭一茶茶色の肌の香か　銀

倉の春蔭ひとはどれだけの地を要するか　銀

秩父、三峰行
春陰や木彫の竜もその雲も　美

水谷八重子の出し物、泉鏡花「日本橋」の改訂劇「新日本橋」に題す。
春蔭や由縁(ゆかり)は絶えず育ちつつ　時

川崎の大師に詣る。父と祖母に伴はれて、初めてこの地を踏み、「弘法大師一代記」のパノラマを見物してより、正に五十年を経たり。（二句）
春陰に毒気の僧の頭が真青　33・5

ただ春陰屋根の鳩ただ瓦色　33・5

西高校の門内へはじめて歩み入り、しばし小池畔に身を置く。七句。（のうち七句目）
校庭春陰ウオーミング・アップの群満つるも　46・2

花曇（はなぐもり）

吾(あ)へ上げし眼は瞠(みは)られず花曇　美

旧道問へば里人莞爾花曇　41・3、4

蜃気楼（しんきろう）

亡母の頬の瑕瑾そのまま蜃気楼　33・5

蜃気楼の詩を作りあひ縁深し　44・7

逃水（にげみづ）

亡弟の記念の一冊纏めらる。

汝が遺詩集出来逃水逃ぐるとも　46・7

味はひつつ味を考ふ逃げ水や　50・7

春の夕焼（はるのゆふやけ）春夕焼

常住ピンクの神父たまさか春夕焼　大

【地　理】

春の山（はるのやま）春山　春嶺

帰郷　二十三句。（のうち六句目）

東野にて　五句（のうち一句目）

春山にかの襞は斯くありしかな　長・萬

長野なる渡邊幻魚氏の好意にて信州柏原に遊ぶ。一茶終焉の倉にて　七句（のうち三句目）

倉の入口春山にそむき町にそむき　銀

「迹とどめず」と御詠歌舒春の山　46・5

春山に木樵の居りて小石落つ　長

春嶺同志索道通ふ呼気吸気　51・8

春の野（はるのの）春野

我を越えてはるか春野を指し居る人　萬

＊1

三白馬は闘ぐよ二白馬睦め春野　50・4

焼野（やけの）末黒野　末黒

末黒野来る口笛一つうるほひて　40・2

陣中に没せし機山（信玄）の遺骸をひそかに運び帰りて、一旦密葬したりし跡なりと言伝ふる、ささやかなる墓碑に参詣。（二句）

機山墓辺末黒のさまの今に残る　44・6

末黒に拾ふ陣中結飯（むすび）型の石　44・6

春の水（はるのみづ）春水

山の細竹節たゞ高し春の水　33・3

山羊の嘆声峻岳とほき春の水　大

春の水柵（しがらみ）てふものよく鳴るよ　41・5

長野なる渡邊幻魚氏の好意にて信州柏原に遊ぶ。一茶終焉の倉にて　七句（のうち七句目）

一茶の裔（すゑ）春水に鍋すり釜こする　銀

＊2

長野なる渡邊幻魚氏の好意にて信州柏原に遊ぶ。野尻湖にて　六句（のうち五句目）

教会発して春水の中岩多く　銀

暮るる春水とまれ危機とはけふではない　銀

妻けふ哭しぬ春水に濯ぐは鬼の衣（きぬ）か　美

春水が一沢へゆくを熄めぬかな　時

春水やハモニカながら音を絶たず　31・4

春水や仇波の瀬のみな平石　大

わが春水胸中横に流れ次ぐよ　40・3

春水広し触れゆく風のいとも薄く　41・2

春水を手提げて重し魚を含む　大

春の池（はるのいけ）春の沼

岸もあらで汀へ出でぬ春の沼　41・2

春の海（はるのうみ）

四月八日、招待日にミロのヴィナスを観る。九句。（のうち七・八句目）

春の海気は洋弓型（なり）の双唇より　39・5

春瀛（えい）出でて緑島（りよくたう）の磴上（のぼ）るさまに　39・5

川崎の大師に詣る。父と祖母に伴はれて、初めてこの地を踏み、「弘法大師一代記」のパノラマを見物してより、正に五十年を経たり　四句（のうち一句目）

若き大師春洋望む赭土を踏み　美

春の波（はるのなみ）春濤

春の波コーヒーも日の直下の色　50・5

ためらひそ太平洋の春の濤（なみ）に　41・3、4

春潮（しゅんてう）

四月八日、招待日にミロのヴィナスを観る。九句。（のうち四・六句目）

泛かび跳ね電球春潮をなみしなみす　銀

春潮の昂まる乳房相（あひ）もつれず　39・5

春潮の一層に次ぐ二層の腰　39・5

春潮の渦出（うづで）して椰子の実光り飛ぶ　日記

春田（はるた）

白河関址にて

春田に馬旅の相（すがた）にあらなくに　33・6

春田に泥鰌恒心のある代なるかに　39・6

麓同士の埘騒や春田も寝る　40・4

一月上旬、伊豆長岡の病院に星野立子さんを見舞ふ。フランスへ出て来れる当時の、調和保たれたるゴッホの絵をえらび、その額一面を携ふ。

空も描かずただ春畑の面(も)の種々(くさぐさ)　46・3

苗代（なはしろ）苗代田

他人(ひと)の児の頭髪・苗代撫でるべく　35・6、7

稀(たま)に書く本名優(やさ)し苗代田　38・7

春の土（はるのつち）

長野なる渡邊幻魚氏の好意にて信州柏原に遊ぶ。一茶終焉の倉にて　七句（のうち四句目）

倉の内外(うちと)土鼠(むぐら)［土龍か］むさべつ春の土　銀

吾子の手の指を没しぬ春の土　銀

春泥（しゅんでい）

月読(つくよみ)の春泥やなど主(しゅ)を避くる　母

＊3

新戸主どち下北沢は未(ま)だ春泥裡　53・10

残る雪（のこるゆき）残雪

教へ児と食(た)ぶ菩薩嶺(ね)の残んの雪　来

残雪光袋に透いて菓子の影　来

悼斎藤茂吉先生（読売新聞の需めに応じて）五句。（のうち一・二句目）

残雪や「くれなゐの茂吉」逝きしけはひ　母

残雪の頭上の暈月仰ぎ悼む　母

甲州なる飯田蛇笏氏居にて、四句。（のうち一句目）

奇峭に残雪凪も日影の黄の裾路　母

榛の残雪「初期社会主義者」の友ありき　時

拾ひみし笹生の残雪底まどか　33・4

榛の残雪ひそか里人耳掘れども　34・1

幅せまく残雪つづくよ砂丘の上　大

残雪も波打際も白くうすし　44・4

雪解（ゆきどけ）

雪解けて茨の露となりにけり　長

雪解雫（ゆきげしづく）雪雫

富士見の町の雪の中をさまよふ。

雪雫泣けば乏しのわがなみだや　来

薄氷（うすらひ）

光ある中(うち)妻子と歩め薄氷期　美

薄氷や金網一重空にほのか　32・3

多謝すべし薄氷以上の辛(しん)なかりし　39・4

薄氷(うすらひ)ながら猫の屍(かばね)を遮(さ)へ匿(かく)しぬ　41・1

【生　活】

曲水（きよくすい）

曲水の水路(みぞ)の涸れたる如き代ぞ　49・4

曲水迹黒土照らし灯ともりぬ　49・8

建国記念の日（けんこくきねんのひ）紀元節

千葉一宮行　十一句（のうち十一句目）

紀元節の唱(うた)安房の子に砂暮るる　美

初午（はつうま）

行きずりの初午末子(ばつし)へ加護祈る　美

初午や三肢(みつあし)犬(いぬ)に華表(とりゐ)あまた　大

どこからの犬ぞ濡れ足初の午　40・3

小部屋二つ重ねて高し初の午　41・1

針供養（はりくやう）

詩作亦受恩の償ひ針供養　美

春聯（しゆんれん）

梅村好文氏、句集「春聯」を上梓。同書は、その父母君の霊位の前に捧げられたるものなり。祝句。

春聯の右父左母めくかも　38・12

雛市（ひないち）雛の店

道路で唱ふ月島の子や雛の店　美

灯の雛店つつまし日本の紅と緋に　大

雛祭（ひなまつり）雛　紙雛　雛の日　雛の間

雛祭顔を洗ひし眉のみだれ　来

雛祭倉の紋章よみがへる　大

雛の軸睫毛向けあひ妻子睡(ねむ)る　火・萬

肌白く褪せつゝ永久(とは)に二た雛　萬

横向きの雛の手白し行きずりに　来

月島の内裏(だいり)ばかりの雛の店　30・3

若き母と吾(あ)と横歩み雛買はまく　35・2、3

祖母からや片雛一基譲られつ　52・3

雛への羊羹三角に切り鄙(ひな)娘　52・3

片雛の髪梳(す)く手ぶり父目守(まも)る　52・3

片袖へ女雛倚らしめ紙雛　40・3

雛の日に静かなる良き官吏逝けり　15・5

父在さば雛の間で詩を語らんに　40・4

雛流し（ひなながし）流し雛　捨雛

松竹梅の調度後追ひ流し雛　41・7

私(わたくし)橋(ばし)の畔(ほとり)の堂に捨雛　40・4

行きずりの捨雛拾ひ流し雛　41・2

四月馬鹿（しぐわつばか）万愚節

四月馬鹿「機を下りざる」の憤り　39・10

註　「機を下りず」の故事は、十八史略にあり。

人目なしと萎ゆる横顔四月馬鹿　40・4

後姿の侘びしさ恥ぢよ四月馬鹿　40・4

女の幽霊詫陳べに出て四月馬鹿　41・2

エリート幽霊告悔しに出て四月馬鹿　41・2

四月馬鹿街へ出てまで幹事章　41・2

四月馬鹿眠の原動力を訊く　42・6

四月馬鹿歔欷せむのはづみに笑はれぬ　54・5

四月馬鹿幾度肝胆相照らし　大

銅像の片手の巻物万愚節　母

「益友」などといふ語のままに万愚節　時

髪厚くはや眼濁る徒万愚節　32・4

「我がメモ」たらしめんための八句（のうち六・七句目）

不親に基づく不信宣言万愚節　34・4

ブルータスをシーザー刺したか万愚節　34・4

現段階で認められたげ万愚節　45・6

「群盲撫象」と昂然放言万愚節　46・6

女出入がフェミニストの証万愚節　46・6

万愚節馬脚露はしぬ驢馬の脚を　46・8

万愚節「無」をば「God」と宣りし僧　50・6

緑の週間（みどりのしうかん）植樹祭

植樹祭とビルの高さを眼前に　37・2

入学試験（にふがくしけん）受験　受験生　受験期

入学試験委員をつとむ

入学試験幼き頸の溝ふかく　長・萬

色灯の下に白灯や入学試験果てぬ　美

及落掲示うつむいて父に「見てよ見てよ」　31・4

受験禍の母子電柱に相寄りて　萬

受験禍の日は雌鶏もかしがまし　萬

受験禍の子の手にうすき菓子最中　萬

受験禍の其子がきのふもけふもあはれ　萬

壁をたよりに乙女の入学受験の座　美

巣ごもりの鶴の絵朝寝は受験の果　美

受験禍の乙女の涙痕たゞ禍なれば　31・4

受験疲れを春の驟雨の霑しぬ　49・3

十三歳匪艇の海越え受験生　18・8

女子受験生身寄辺庭木などに倚り　49・3

吾子の受験期工事場天から鉄の鉤　38・4

大試験（だいしけん）

大試験了へたる双児（ふたご）の爪伸び居り　火

教師立ちて茶色の光大試験　火

落第（らくだい）

落第の日は牝鶏もかしがまし　15・6

落第の弟きのふもけふも哀れ　15・6

卒業（そつげふ）　卒業生　卒業歌

校塔に鳩多き日や卒業す　長・萬

丸石の石崖園児も卒業す　34・4

四年間手掛けし教へ児等、業終るとて一夕我を中心に送別会を催す。四句（のうち三句目）

星の窓卒業子みな肩高し　来

卒業歌伝ひ来（く）まさに午前なる　40・5

入学（にふがく）　入学式　新入生　入学児

入学受報公園棲みの中二階　36・5

遮断機久し夜学生等の溜りやう　42・12

入学成就校内チャペル鐘鳴り鳴る　49・3

松は和風蘇鉄は洋式入学式　54・3

新入生へ犬屋の仔犬爪立てして　大

制服紫紺銀輪新入女生徒か　42・12

丘の家陰気な杉切り入学児　36・11

遠足（ゑんそく）

遠足率（ゐ）て行く世の見るまじき見せまじと　銀

遠足ややつれし顔が真赤な師　母

遠足果てし解散なほも走ることよ　母

遠足の疲れの指を二本咥へ　美

遠足のなぜとなく持つ紅（べに）小旗　美

遠足へ未明の声の誘ひ合ふ　美

水石（すいせき）拾ふ老（おい）あり遠足の列遥か　34・5

遠足の列伍に昼月趁（お）ひし吾か　36・5

高橋沐石氏、及び吉田健一氏の東道によりて、静岡に遊ぶことを得たり。七句。（のうち二句目）

遠足の緩歩幾組茶摘季（どき）　50・2

春装（しゆんさう）　春服

春服や親達にのみ故郷あり　火・萬

厦門（あもい）回想。

ここ支那の地春服以来厚地ならで　56・11

木の芽田楽（きのめでんがく）　田楽

須賀川、牡丹園に一泊して　七句（のうち三句目）

牡丹園主田楽一片を白く厚く　美

蜆汁（しじみじる）

まるく小さき子等偲びつゝ蜆汁　書簡

目刺（めざし）

目刺の色弟が去りし鉄路の色　萬

小世帯相手店明し目刺・紅生姜　母

草餅（くさもち）草団子

膝小僧草餅包みをまた撥ねる　32・3

老の涙かみ草餅を嚙む口辺へ　37・2

＊1
同郷語を盛りつつ笑みぬ草団子　42・5

＊2
草団子嚙む口笑む口匿しつつ　42・5

＊3
草団子辛さに見舞はざりしも罪　42・5

桜餅（さくらもち）

行人ちらほら坐職夫妻の桜餅　41・7

雛あられ（ひなあられ）雛菓子

雛菓子や侏儒が悲喜するものがたり　時

春灯（しゅんとう）春の灯

春燈下肩もむそばに笛高音　銀

かかる時期の永かりしことよ　二句（のうち二句目）

密室の雨意の春灯や作品なし　銀

春灯をりをり野路ともつかぬ轍道　銀

母の命下に春灯点ぜし頃恋し　母

香西照雄夫人、上京の機に訪ね来らる

春灯見送る四国へまでのバスの如き　美

ゲッセマネからあらはの春灯のありにけむ　時

春灯点滅部屋々々過ぐる聖職者　時

この玻璃窓人語春灯の片ぼかし　30・4

春灯の窓の横顔紅毛道遠し　33・3

或る座談会記事中に「草田男はエスケープしてゐる」の語ありき

分け入りて春灯をともす中心に　36・7

赤土山も水あるところ春灯　38・5

＊4
「血の手」と握手せる手ならずか春灯の艶　40・6

対岸や返照の中春灯沁む　41・2

啁雀さわがず春の灯ともらず　来

春障子（はるしやうじ）春の障子

春の障子細目に明眸と赤児の手　33・5

春炬燵（はるごたつ）

春炬燵鸚鵡の真似をする人間　31・3

屋根替（やねがへ）葺替　屋根葺く

谷湯宿屋根を繕ふひびかして　銀

蔦温泉にて　二句（のうち二句目）

父の家を祖父屋根直し祖母仰ぐ　時

屋根繕ふ兄弟やわが次弟如何に　41・12

葺き替へゆく藁屋根の大きうなれり　40・3

屋根葺き替へ厠の内外潔めたる　35・6、7

麦踏（むぎふみ）

麦踏んできし母「あんよが上手」さす　34・11、12

野焼く（のやく）野火

一里塚の松ヶ枝垂枝野火に失せぬ　41・2

野火と野火相会はむとこそ切願す　58・2

野火の中で焰の音一途に強まるらむ　58・2

野火の中で夕づけばその光回想めく　58・2

野火の音人語の如く今やひそか　大

野火の彼方まこと一切他郷とこそ　大

野火に行く線路や紅きマッチの絵　日記

芝焼く（しばやく）

隣家に媼の昼の灯低しわれ芝焼く　55・3

芝焼けば焰の数が雪を呼ぶ　55・3

三代の芝焼くに思出すべて歴々たり　55・3

芝焼けば水槽下に棲める鴉鳴く　55・3

芝焼く焰も打音の楽も拡がるよ　55・3

耕（たがやし）耕す　春耕　耕人　耕馬

帰郷　二十三句（のうち十八句目）

蝸牛の殻まじる土耕して　長・萬

耕しの夜や夫もつかれ左の手　来

耕しの母の辺で「帰らう帰らうよ」　母

かぶりものはきもの捨てて耕し初む　母

土の上に耕しの少年寄りくる母　母

耕しも後振り向くは怯者なり　母

絶壁上一歩をのこし耕し止む　時

耕しの迹のみ晩鐘起き一点　時

坪の耕坪の内なる兵の墓　38・12

耕女土は重しと言ふべかり　40・4

残光の中残耕の鍬すすめ　42・7

耕しの足迹綴りて犬のそれ　49・8

耕せばうごき憩へばしづかな土　来
耕す息吹き農婦の舌は厚く素（しろ）し　銀
耕せし土のどこかを見較べをり　美
先んじて兄耕せし迹乾く　時
耕す農婦の遠影母へ妻へ通ふ　34・7
十字架（クルス）墓あたり耕しねんごろに　41・2
耕せし土指して問ふ指して答ふ　42・6
丘南面の広さを讃へ耕しぬ　大
舌鼓めく春耕の土切る音　38・5
老耕人慍（ふづく）む行人の腑抜唱（うた）　42・11
松並木はづれの一と木独りの鍬　45・9
一電柱かしげるところ一耕人　銀
耕馬に朝日天地睫毛を開けにけり　銀
耕馬白皙耕牛朝をよく鳴きて　銀
耕馬耕人辿る鋤溝ふかくなれり　銀
金髪にちかき耕馬や瞳黒く　母
耳の下耕馬の目へ寄り励ましぬ　母
耕馬の日雲がよそほふ山の形（なり）　母
耕馬疲れぬ顔のみ大きな馬なれば　美
人ともに耕馬疲れて路削りぬ　美

耕耘機の下（もと）なる土の躍り囃す　33・5
土色一新耕耘機はたと業とざす　33・5
動く父音ある父よ耕耘機（トラクター）に　33・8
舌なめづりする父耕耘機（トラクター）の上に　33・8
敢へて馭す悍馬とはやる耕耘機　35・4
耕耘機憎まずブルドーザー呪ふ　40・3
二少年耕耘機上語りつつも　大

田打（たうち）春田打　田を鋤く

艶（あで）に無色や田打ちつづけて解くる帯　美
夫婦語りもいま畦副ひや春田打　35・6、7
「亀甲田」は「荒鋤き田」となりたゞつや、か　32・5
新（あら）鋤（すき）田（た）己（おの）が草稿覧る想ひ　39・12
どこまでも高畦にして深鋤田　40・2

畑打（はたうち）畑鋤く

日の神通る鋤かれさわだつ土もろとも　34・6

畦塗（あぜぬり）畦塗る

塗られし畦黙（もだ）して雲は語りあふ　44・8

種物（たねもの）物種　種物屋

胸の辺の物種袋やしかと揺れて　53・4
山畑適（む）きのものばかりなる種物屋　40・10

種蒔（たねまき）

種蒔くや廃墟に鳩の舞ふことよ　来
掛け抱く嚢（ふくろ）大きく種蒔くかな　来
種蒔ける者の足あと洽しや　来
杖に縋る左手（ゆんで）や右手（めて）に種を蒔く　銀
種を蒔き笑ひを蒔きて父母と子去る　銀
あまた蒔く種に打たれて埃浮く　美
女手に種蒔くありけふ妻泣きぬ　美
蒔きつゞくるこの種白し一点秒［ママ］　32・4
ただ種蒔く己を語らぬ人にして　39・6
種選りつつ女ながらに種蒔く人　39・7
姿歴々種蒔く音の聞えめや　40・2
見る毎迫る富士や足下へ種を蒔く　41・6
一粒（ひとつぶ）々々女蒔く種大粒なる　大
大いなる旧き掌一枚種を蒔く　43・4
種蒔完了燃え初めし火と落日と　45・5
大粒の種を投餌のごと蒔ける　大

苗札（なへふだ）

苗札や芸亡びざるかに亡ぶ　大

花種蒔く（はなだねまく）

向日葵蒔けりわれ等八ツ手の中に住む　萬

剪定（せんてい）

巨犬黙し「葡萄剪定」直枝（なほえ）のみを　38・4

蚕飼（こがひ）

はだか路砂利路蚕飼の村に入る　38・12

茶摘（ちやつみ）茶摘唄　茶山

茶を摘みし後の垣沿ひ犬洗はる　37・10

高橋沐石氏、及び吉田健二氏の東道によりて、静岡に遊ぶことを得たり。七句。（のうち二〜五・七・一・六句目）

遠足の緩歩幾組茶摘季（どき）　50・2
友垣の間に発ち冉々（ぜんぜん）茶摘みの香　50・2
父の肩辺母の胸辺よ茶摘みの香　大
積年の敷藁畝の間茶摘季　50・2

昔のならはしそのままにはあらねど……。

聞こゆるかに聞く茶摘唄無門界　50・2
地の名はするが大井は長流（ながる）茶摘山　50・2
雲雀が抽き雉子（きぎす）が潜（ひそ）み茶摘山　50・2

海女（あま）磯なげき

磯歎き聞けよと妻や声ひそめ　大

潮干狩（しほひがり）汐干

夢の中の汐干や末子（ばつし）の手をひいて　美

或る人の或る事に触れて

傍若無人に暴れつのれど汐干の鯛　34・10

踏青（たふせい）青き踏む

青き踏む愛さるる身の趾（あしゆび）緊め　時

野遊（のあそび）山遊び

炉煙罩めし旧家発ち出で山遊び　31・10

摘草（つみくさ）草摘む　蓬摘む

摘草母子（おやこ）雀もそこいらもの拾ふ　33・4

摘草野その後にも訪ふ長子のみ　35・9

ものごころついた子が佇ち摘草女（つみくさめ）　41・2

川上のむかうの岸に草摘める　長

平石に手を突く母や蓬摘　46・5

花見（はなみ）

明治初年上野山花時の写真遺れるあり

みな袖を胸にかさねし花見かな　長

花見帯ゆるみを直す仁王のそば　41・3、4

浴風園にありし妻の叔母、高齢にして眠るが如く長逝す。二句。（のうち一句目）

喪の雨に花見提灯細長く　42・4

北の花見洋袴（ズボン）に折目のない人々　42・6

桜狩（さくらがり）

桜狩の心大切ただ独歩　51・5

桜人（さくらびと）花人

花人の流転の列幅細きところ　34・4

物売が興がり花人ひそやかに　42・5

花篝（はなかがり）花雪洞

花ぼんぼり灯影それぞれ地を掃けり　大

花の宿（はなのやど）花の窓

松山赤十字病院にて

花の窓営所へ兵の帰る見ゆ　長

花盗人（はなぬすびと）

業閑に花盗人を眺め居る　美

花盗人犬に追はれぬ精一杯　美

夜桜（よざくら）

そこには灯遠き夜桜遠木蓮　銀

産月（うみづき）近づく夜桜に櫂の音近づく　銀

母がヘルツの下（もと）の子夜の花下の父　銀

註　独逸人、「胎内の兒」をば「心臓（ヘルツ）の下の子」と稱ふ。

友の辺に夜桜見んと午後豊か　美

夜桜や乙女は笑を房(ふさ)に揺る　美

夜ざくらや白紙・白ゴム文具店　時

夜桜や無慾の棲みぶり灯かげ粋(いき)に　33・4

夜桜の道や余業の遠さとも　33・4

夜桜に後歩きも妻恋ひつつ　大

青年裸像双肩に降る夜のさくら　大

闇で巧みに指弾楽器や夜の桜　39・5

夜桜や楽譜を燭に照らしつつ　39・5

夜桜や奏楽肱どち稀に触れ　39・5

神より彼方知らずと唱ふ夜の桜　39・5

夜桜やいと小刻みに白狗(びやつく)走す　39・5

夜桜の落花の霽間といふべかり　大

夜桜も星も毫末いまはゆれず　40・5

夜桜や双眼容るる望(もち)の面(おも)　40・5

夜桜や月の紋章月の中　40・5

九段の夜桜白幔幕に白房に　大

夜桜や手頃荷振りて人の母　大

夜雲と共に曳く笙の音や夜のさくら　41・3、4

夜桜や十歳以前の故縁の苑　41・3、4

夜桜や星数透くは山桜　41・3、4

夜桜や指せば一指も煌々と　大

夜桜やそのかみ父母へ帰りし道　41・3、4

夜ざくらの間(ま)に山桜佇ちどまる　44・5

こちらが躱(か)はしにほふ女人や夜のさくら　大

夜ざくらや屋外階に細絨毯　44・5

弥陀辺の老友言挙げもせず夜光の花　44・5

夜桜や夜盲の鳩の座城庇　45・9

夜桜や城壁の規矩ただ素白　45・9

夜桜を真上仰ぎや城に副ひ　45・9

城に真近夜桜いつまで宵桜　45・9

夜桜に城の真下に声つつまし　45・9

夜桜や若き城主の城址とかや　52・4

灯の夜桜鳩は夜盲にあらざりけり　52・4

凧（たこ）

再び関梅春氏の許を訪ふ　九句（のうち二句目）

旅しばし鷗の空に動く凧　銀

日本の煙(かん)突(かん)小(こ)僧(ぞう)か凧の下　33・2

雲すべて独りの凧の尾にみだれ　37・2

凧一つ上がらで一里塚の松　40・3

藪とともに藁屋ふくらみ凧一つ　40・12

高凧尾を垂れ昔ながらの甲の字に　40・12

悲しみ歩めば凧の糸さへ著（しる）く見ゆる　42・4

既に妻の朝の物音空に凧　大

右と左の空や鷹揚揺るる凧　51・6

凧の空「眼高手低」の語のむなしさ　51・6

風船（ふうせん）紙風船

隣席の紅き風船すでに百里　時

金の吹口虫の音籠り紙風船　31・10

風車（かざぐるま）

旧子規庵を訪ふ

物売りの風車少（すこ）し庵の前　31・3

独り川越市に遊ぶ。十五句。（のうち十三句目）

石段のかずをはしやぎ風車　大

喜多院の境内にて。八句（のうち六句目）

風のえにし店の児が売る風車　42・5

碧眼少年の素（しろ）つぽき貌（かほ）風車　52・9

石鹸玉（しやぼんだま）

夜半の灯に日の色現じ石鹸玉　萬

石鹸玉天衣無縫のヒポクリット　来

母が重き眉揚げしめむ石鹸玉　美

石鹸玉浮きゆきぬ森の入口から　36・9

何するにも息せき切つて石鹸玉　39・8

軒移りしばし宿場の石鹸玉　45・12

鞦韆（しうせん）ぶらんこ

垂れし鞦韆ひそまれる井戸罫動きそ　母

腰かけ憩ふ交番うらの鞦韆に　母

鞦韆の前の遣水地は古し　美

鞦韆に揺れ交はしゐる問ひ答へ　31・2

鞦韆無影長女は既にとつぎたり　36・7

橋落ちて鞦韆残り中の島　大

少女ならず成女ならざる鞦韆ぶり　39・8

馬柵（ませ）よりも手造鞦韆やや高く　40・3

育児雑誌「ひかりのくに」より需められて、浩宮鞦韆喜戯の写真に三句を題す。三句。

日へ呼ばれ鞦韆高くあがりけり　40・5

地を慕ひ空の鞦韆戻りくる　40・5

鞦韆や草木も風と揺れ遊ぶ　40・5

今更に父母恋し身を鞦韆に　42・4

成蹊大学より名誉教授の称号を受く。二句。（のうち二句目）

預け物して鞦韆にいつまでぞ　42・7

六十路の日向「名誉教授」は鞦韆漕ぐ　44・5

いと低き鞦韆に据し愚を匡（ただ）す　46・6

父母恋し鞦韆にて食ふ茹玉子　大

「叔父ワーニャ」の作者チェホフの上を想ふ。一句。

浮沈の舞台に鞦韆（ぶらんこ）添へし人優し　40・7

春の風邪（はるのかぜ）

春の風邪咳きて女のサイン躍る　39・7

春眠（しゅんみん）

そばがら枕小豆枕やみな春眠　40・3

春眠のうつつに生命（いのち）有難き　大

＊5

春眠自適古新聞紙梁まで積み　40・6

春眠や七人の敵現（あ）れ来るまで　41・7

春の夢（はるのゆめ）

春の夢夜つづき煌たり疲れたり　34・4

春の夢も逃ぐればものの追ひかけくる　41・5

春興（しゅんきよう）

春興や孫の涙を舌先に　大

春愁（しゅんしう）

翼ある父ぞしか想（も）ふ春の愁ひ　銀

帰郷　二十三句。（のうち十四句目）

松山高等学校にて　二句（のうち一句目）

昔日の春愁の場（には）木々伸びて　長・萬

富家の子の作文「春愁」たゞ哀れ　長

春愁や渇きし子等に茶を飲ます　萬

春愁のピアノを子守等児等のぞく　銀

いまさら春愁緑の旗の曖昧味　母

深爪切りし亡母の春愁今ぞ解す　美

この乱世に読めば春愁「報恩記」　美

わが春愁石傷つきしといたむならず　32・5

古看板の富士の絵・鯛の絵春愁とも　33・3

春愁をガイガー試験管ではかるのみか　35・2、3

＊6

胸の朱線下春愁・胸算「イエロニモー」　39・5

春愁や基地辺離（さか）れば公団地　39・6

春愁の一曲オーボエ地平曳く　40・4

関口なる「東京カテドラル」にて。六句。（のうち六句目）

春愁ならむや出埃及記誰が上ぞ　41・2

如何なる絃（いと）の声ぞも春愁つまびらか　49・4

我が手相、亡母のそれと酷似せること、年とともに、鮮かに意識せらる。

春愁やもみしだく我が手見たくなし　50・4

「ヒズ・マスターズ・ボイス」春愁の象徴年久し　50・7

註　ビクター会社の蓄音機の商標。

【行　事】

涅槃会（ねはんゑ）涅槃　寝釈迦

涅槃けふ吾子の唱(うた)ひし子守歌　萬

おん顔の三十路人なる寝釈迦かな　長

遍路（へんろ）巡礼　遍路宿　遍路杖

石手寺にて

夕風や乞食去りても遍路来る　長

帰郷　二十三句（のうち二十二句目）

はゝそはの母と歩むや遍路来る　長・萬

布浅黄女人遍路の髪掩ふ　長

遍路脱ぐ今日のよごれの白足袋を　火

学友どち巡礼どちに日一つ　美

幼時、強情なるときには常に斯く云ひきかされたり

聞かぬ子の母は遍路となりにけり　9・6

香川行。二十三句。（のうち一〜四句目）

あとさきなすよ遍路の足と杖こそは　39・7

遍路絡繹「婆が」「爺が」と語りあひ　39・7

腰いたく曲れる遍路深拝み　大

夕遍路今さらさらと米出しあふ　39・7

再び歌手沢田研二の上を詠む。一句

母に蹤ききし「少年遍路」の身の果か　50・3

巡礼や今の世稀の沖の真帆　大

香川行。二十三句。（のうち五句目）

縁柱多きへ倚りて遍路宿　大

帰郷　二十三句（のうち二十三句目）

坂に来て突くや遍路の杖白し　長・萬

仏生会（ぶつしやうゑ）誕生会

池埋められ丘削がるれど仏生会　美

鼻なめて仔牛が五頭仏生会　33・4

四月八日、招待日にミロのヴヰナスを観る。九句。（のうち二句目）

こぞヴヰナス釈迦誕生の雨降る日　39・5

花祭（はなまつり）

海辺の人が買ふ貝細工花祭　41・3、4

甘茶（あまちや）

地を指せる御手より甘茶おちにけり　長

掌(てのひら)へ甘茶を甘露の一滴に　美

甘茶一滴胸(むな)乳(ち)の味斯くかもとな　33・4

花御堂（はなみだう）

首のなき地蔵の列果て花御堂　33・4

保存に古りし万国旗吊り花御堂　33・4

花御堂天水桶の天水透き　33・4

＊1
花御堂見て来て会者(ゑじや)等未(ま)だ離れず　36・8

復活祭（ふくくわつさい）イースター

仰(あ)向(の)き歩みつ髪結ふ乙女復活祭　来

大人等を見捨てし一童復活祭　母

復活祭木叢が花に咲けば白　美

復活祭灰から黄花吹かれ出(い)で　時

黄花なべていのちながしと復活祭　時

遠くて近き神や牧場の復活祭　時

嵐の小窓突如開きぬ復活祭　34・4

真昼を更に醒ます鐘声復活祭　38・6

砂利踏み土踏み草に副ひゆく復活祭　大

礫々踏んで復活祭の卵運ぶ　40・5

アダムによりて死したるわれ等復活祭　40・5

手足拭き天日篤し復活祭　44・5

復活祭友の遺児うたて万能児　46・7

うからの声雨のち晴の復活祭　48・6

復活祭又眠らむと泣く赤児　大

山鳩の二羽の歌垣復活祭　大

しめりし沓に足指緊り復活祭　集外句

柄のまま杖が咲かば白百合イースター　38・6

笛の雫振り切る孫もイースター　38・6

茂吉忌（もきちき）

有髯男子水綿見惚るその茂吉忌　41・3、4

我執のいのちを独りで歎きしその茂吉忌　50・9

光太郎忌（くわうたらうき）連翹忌

光太郎の光(くわう)に溢れて連翹忌　44・5

【動物】

春駒（はるごま）春の駒

春駒の胸の下なる膝やすまず　来

春の駒首折返し振向きぬ　41・5

馬の仔（うまのこ）仔馬

とまれ更生こゝに仔馬と仔蜥蜴と　来

仔馬の視野地平線上水平線　58・7

猫の恋（ねこのこひ）

猫の恋後夜かけて父の墓標書く　長

猫の恋夜の行人として一里　美

猫の子（ねこのこ）子猫

猫の仔の鳴く闇しかと踏み通る　火・萬

猫の仔の山路そこばく駈け上り　銀

猫の仔捨つるひそかな辻も無くなんぬ　44・8

漸くに笑むわれ仔猫も鼻乾かず　来

明るさの這ひくる方へ仔猫這ふ　来

母が仔猫我を仰ぎて日が眩し　銀

死ぬてふこと為し居る仔猫唇(くち)の形(なり)　母

仔猫の斑(ふ)夕月の斑とにほやかに　母

松本たかし急逝す　四句（のうち三句目）

仔猫のさま夫(をつと)世に無き妻のさま　美

乳牛小屋のかげなる仔猫拾はれし　美

捨仔猫地に手をついてもうこれまで　時

古藁塚(ふるにほ)の低まる頃や仔猫生まる　32・8

修身口調の選挙哀訴や仔猫の骸(から)　34・5

捨仔猫地は低うして夜明けたり　34・8

捨仔猫つながれ山羊の乳房張るに　35・5

糧(かて)のごと詩尋(うたと)めゆけば捨仔猫　36・10

神の番犬高麗狗の下(もと)捨仔猫　36・10

捨仔猫泣声一粒食べものなく　36・10

弟亡(う)せし幼き兄に仔猫あまた　38・1

水は不憫仔猫捨場は揚舟に　38・6

捨仔猫鰹節粉(かつぶしこ)ならぬ鋸屑(おがくづ)に　38・9

右側(うそく)行けば左側はるかに捨仔猫　40・7

捨仔猫二輪車四輪車免かれて　40・7

ハモニカを吹く音はあれど捨仔猫　40・7

捨仔猫捨てられざりし老婆は杖　40・7

仔猫の行衛さがしつつ猫牛のそば　40・9

仔猫甘え仏壇燦と路傍の家　41・10
跳躍せし巨犬を仰ぎ仔猫たのし　44・8
叢の深みへ声の捨仔猫　45・10
撥ね返されて四つ手四つ足迷ひ仔猫　51・9

蛇穴を出づ（へびあなをいづ）

犬の冴もしづかなる昼蛇生まる　大

蝌蚪（くわと）蛙の子　蝌蚪の水

蝌蚪見れば孤児院思ふ性(さが)を棄てよ　火
爆弾の穴に生(あ)れたる蝌蚪と解す　来
蝌蚪小さし浮かびて消ゆる水泡(みなわ)よりも　来
蝌蚪に告ぐ吾には父亡(な)く母は疎し　来
銀鱗を蝌蚪の中より釣りし男　銀

面河に一泊の後に（二句）

伊予を発して土佐へゆく水河鹿の蝌蚪　母
尾もふらで河鹿の蝌蚪や生地(せいち)の水　母
いまだ蝌蚪そのもの乾くには到らず　母
にはとりも蝌蚪もおどろきをすぐ忘る　時
蝌蚪を見る傘かげ水へ落しけり　6・6
蛙の卵の暈(かさ)やなごみの蛙色　33・3
肢(あし)出し蝌蚪よ帰趨ふらふら個へ衆へ　34・3

蝌蚪育つ鉄気の水に鋼色　大
蝌蚪の古池初心の一詩得しはここ　41・3、4
「心字」とは横へ長しや蝌蚪の池　44・8
味噌汁の香やあてなしに蛙の子等　銀
笹舟小蘆舟大や蝌蚪の水　41・6

蛙（かはづ）昼蛙　夜蛙　遠蛙

満五十歳の誕生日に　六句（のうち一句目）

蛙の合唱大半月を東に見る　銀
髻(もとどり)切つて走(わし)らんか蛙呑まるる声　美
この頃や一番鶏も蛙声のまま　美
町筋の左右(さう)より蛙声星出でず　41・8

広島にて。四句。（のうち一句目）

広島着(ちやく)つつしみ眠る蛙声の中　43・7
昼蛙地蔵の継首「第二の生」　32・6

日野草城氏を訪ふ、二句。（のうち一句目）

夜蛙やもう訪ね当て際(きは)にして　母
遠蛙独りで生くる齢なる　来
遠蛙小遣(こづかひ)銭溜めて人訪ひたし　時
指先一つ畳に支へ遠蛙　31・5

春の鳥（はるのとり）

その鳥の声調のまま春の鳥　40・4

その父母と共に、インディアナ州にある、かぞへ齢（どし）六歳なる長孫の女児が上をことほぎて。

黒髪賞でて春胸朱（あか）き駒鳥来む　41・1

春の山鳩息づきほどの枝の小揺（さゆ）れ　41・2

春の山鳩莨煙を払ひ仰ぐ　大

受けられずとも翔ける善意や春の鳥　43・4

啄みて顔上げ春鳥うち対ふ　44・5

張板から剝ぐがうれしげ春の椋鳥（むく）　45・8

呼子鳥（よぶこどり）

乙女は口笛吹き得るとても呼子鳥　38・5

百千鳥（ももちどり）

百千鳥もつとも鳥（からす）の声甘ゆ　来

古き鳥鳶もとまりて百千鳥　母

百千鳥正面半里をバス来つつ　美

熟睡（うまい）赤児のそこここ微動百千鳥　40・3

百千鳥首ふり歩む鳩と雛　40・6

百千鳥埴輪の耳は括り耳　42・4

百千鳥妻の白背（しらせ）の溝一と条　44・3

百千鳥年功序列の世の外（ほか）に　46・7

声のみかは満樹満枝の百千鳥　大

百千鳥声追ひて声飛び移る　51・6

鶯（うぐひす）初音

帰郷　二十三句。（のうち十句目）

東野にて　五句（のうち五句目）

竹幹の隙（ひま）に落ちけり鶯一声　長・萬

鶯のけはひ興りて鳴きにけり　長

鶯の一つの声の向う山　長

春日永別

鶯・雀老死は坂を下るかに　火

鶯や友真直ぐに獄ゆ出で来し　火・萬

峰鶯谷鶯へ四肢投げ出す　火

鶯みんな同じ音なれば家思ふ　火

鶯の声あれ心応ずべし　来

鶯や根上り松に声高し　美

鶯やよろこびの声ふり放つ　30・4

鶯や軒板張つて端を断つ　31・4

秩父、三峰行

侏儒渓に顔洗ふ毎鶯鳴く　32・5

峠のかなた日向の鶯声既にきこゆ　33・3

子守唄あり鶯の声いまだ　38・5

鶯や渓声どの岸ごもりとなく　39・5
鶯や褒貶向(むき)を異にせず　40・2
鶯や予言を述べつ言ひ切りぬ　40・5
鶯や隣家から出て新戸主たり　51・6
鶯や隣人所用もなくて来る　52・4
鶯のたまさかならぬまろび音(ね)あり　54・2
鶯したたり隣人(となりびと)来る足音(あおと)もなく　54・3
頬杖を突き得るは稀初音せり　時

久慈浜にて

蜑が家の籠に初音や川は海へ　32・2
黄なる板の黄の鉋屑初音あり　41・2
かんばせへ初音したたるそち仰ぐ　45・4
無人の坂初音の定位日の定位　45・4
初音どこより雞犬の声里曲より　45・4
初音鋭(と)し雑木ながらに三角山　45・7
真乙女の前の動悸よ初音しきる　58・4

雉（きじ）　雉子　雉子の声

高館の裾をせめぐや雉子の声　43・6
雉子鳴くあたりみどり平遠衣川　43・9
妻子へ帰る途次には鳴きそ高麗(こま)の雉　44・7

蘆の湖にて、十一句（のうち八・九・十一句目）

雉子なくや今なほかたき足がため　来
雉子叫び道に蹄のあと見るのみ　来
刻々と雉子歩むたゞ青の中　来

金沢行　六十六句（のうち五十一・五十二句目）

雉子鳴くや日本海へ線路ぞひ　銀
雉子鳴くやしげりの砂丘ただの砂丘　銀
我が声は紙に記すのみ雉子の声　銀
雉子の声錆びし鉄門二度に開く　美

高崎市に遊び、鬼城翁勤務先の裁判所を訪ふ

山頂観音浅山なれど雉子の声　時
遭逢直ちに駆け去る如し雉子の声　時
雉子鳴くや鴉の声の里ごころ　35・6、7
道てふものは空の真下や雉子現(あ)れ次ぐ　35・10、11
いまの世人撮し合ふとき雉子の声　43・6
年経て又佇つ高館や雉子の声　43・9
父母の子二人はや逝かしめぬ雉子の声　44・7
亡弟妹呼ぶ雉子か男坂女坂　44・7
青空に終始夕日へ雉子の声　44・7

高橋沐石氏、及び吉田健二氏の東道によりて、静岡に遊ぶことを得たり。七句。（のうち六句目）

雲雀が抽き雉子（きぎす）が潜（ひそ）み茶摘山　50・2

蘆の湖にて、十一句（のうち十句目）

手足ぬくく生くるはよろし雉子の声　来

雲雀（ひばり）告天子　初雲雀　揚雲雀　朝雲雀　夕雲雀　雲雀野　雲雀籠

帰郷　二十三句。（のうち十三句目）

松山中学校にて　三句（のうち三句目）

焼跡や雀雲雀の声遠し　長・萬

瞑目や雲雀二つの声もつる　来

われを仰ぎ雲雀仰ぎし顔忘れず　来

雲雀の音曇天掻き分け掻き分けて　来

川合絹漱氏の新婚を祝して

遠雲雀春の大地は縦長し　銀

針仕事針先かすかな遠雲雀　母

夕日が雲雀の音でなく刻よ吾娘煮炊くか　時

＊1

瞼にひそむ雲雀（ひばり）音（ね）頻は築地色（ついぢいろ）　時

雲間の空犇々ふかし雲雀の上（へ）　31・6

真直ぐな落雨（おちあめ）なれば雲雀しげし　33・5

地に降りて捌き遅さの雲雀かや　36・5

雲雀の歌光ことごと直進す　36・8

十字架碑の丘より雲雀絶間なく　39・6

雲にのみ日注ぐときも高雲雀　40・4

丘きはむれば左右に雲雀の声平ら　40・5

海彼のうから衛れや雲雀高揚がりて　41・7

初雲雀野路のみによる辻の風　46・5

高橋沐石氏、及び吉田健二氏の東道によりて、静岡に遊ぶことを得たり。七句。（のうち六句目）

雲雀が抽き雉子（きぎす）が潜（ひそ）み茶摘山　50・2

大ブリテンの移民等泣きぬ雲雀聞きて　52・5

告天子朗笑野球の生還者　43・9

わが背丈以上は空や初雲雀　来

この村や河原の方（かた）も初雲雀　美

初雲雀けふ歩き居る開拓者　美

女教師をなぐさめ倦むや初雲雀　美

若き母の自転車稽古初雲雀　美

「日の下（もと）」は死の下（もと）なれど初雲雀　時

「春琴抄」の上演に題す。――原作に従ひて、早春のある日。お琴佐助の二人、籠雲雀を放つて共に聴く場面あり。

初雲雀まぶたの君も常若（とこわか）に　時

喘ぐべく喘ぐ空バス初雲雀　30・4

よろこびの翅にひまなき初雲雀　31・4
初雲雀乙女手を組む腿副ひに　31・4
目睹には平坦左右に初雲雀　35・2、3
耳は本来前途へ対(む)けり初雲雀　38・5
初雲雀晴を見越して深井掘る　38・5
初雲雀蒼穹まかせ声まろく　39・5
初雲雀耳順とはいつのことにまれ　39・6
野看板に「吟醸」の文字初雲雀　40・4
科学も薬も神のたまもの初雲雀　43・4
貝塚に渺々貝殻初雲雀　46・3
ひねこびれし裏芸の代や初雲雀　46・3
己を突如見つけし声に揚雲雀　美
揚雲雀ひとに追風迎へ風　美
揚雲雀若き声天の一角に　時

「春琴抄」の上演に題す。——原作に従ひて、早春のある日。お琴佐助の二人、籠雲雀を放つて共に聴く場面あり。

揚　雲　雀　無　明　一　体　空　明　し　時
揚雲雀肥(こえ)よどみなく地へ沁みゆく　31・6
爆ぜる声毎八重の羽打ちの揚雲雀　大
神の右も左も無しや揚雲雀　大

たちまち銀粉湧く青空へ揚雲雀　40・6
揚雲雀投手先づ来て佇ち待てる　41・6
そが発端水面へ映り揚雲雀　45・6
揚雲雀手の措き場など忘れゐし　49・6
朝雲雀通信講座の封切つて　41・3、4
朝雲雀擂鉢池は砂繞らし　大
遠く来て音立つる大工朝雲雀　42・4
大工の帰路を農女見送り夕雲雀　美
夕雲雀己が音の中身流れて　時
ちろちろと遠灯影鳴き夕雲雀　40・4
雲雀野の夕光(ゆふかげ)いよよ打震へ　42・4
谷空に吊り出してあり雲雀籠　長
一尺は飛ぶ籠雲雀女体恋し　母

高崎市に遊び、鬼城翁勤務先の裁判所を訪ふ

音(ね)をふるふ故人職場の籠雲雀　時

「春琴抄」の上演に題す。——原作に従ひて、早春のある日。お琴佐助の二人、籠雲雀を放つて共に聴く場面あり。

空から声手と手置きあふ雲雀籠　時
籠雲雀が無言行人を見送りつ　44・7
雲雀籠縁紺染の水餌壺　46・12

雲雀籠公道もどきの私道尽きて　47・2

頬白（ほほじろ）

頬白のかすかな足蹴（あしげ）枝の雪　来

岩燕（いはつばめ）

岩燕たちまち語り後黙（もだ）す　母
若燕倉中の酒未だ醸（う）れず　美

万座温泉にて

鳴き鳴きて去来の振子・岩燕　33・6
岩燕霧に先後す出つ入りつ　40・9
はためき合ひて宛（さなが）ら多翅や若燕　44・8
浅間と小浅間振子飛びして岩燕　大

燕（つばめ）乙鳥　つばくら　つばくらめ　飛燕　群燕　夕燕

初燕

海風にとまり燕のゆれやまず　長
飛び溜る燕の声を打あふぎ　長
廃園や燕も嘴（はし）を胸にうめ　火
燕返しくるたび一ッ鍬一ッ鍬落つ　火
目あけ臥（ね）る公園の空燕のみ　火
燕光るわたまし嘗てなき町に　火
店頭の鍬の柄素（しろ）し燕来ぬ　来

金沢行　六十六句（のうち十一句目）

濤（なみ）ちかし燕まれまれ電線に　銀
一匙一匙コーヒー飲む吾子町燕　母
白き胸あかきのどより燕の歌　母
つばめの歌結尾一音はじけたり　母
燕の歌は燕の歌の上飛びつつ　母

上田市にて　八句（のうち七句目）

かへること遅き燕や山市に満つ　美
胸へ胸へ帰帆の数や海燕　美
雲はみなふくらみ燕まだ去らず　21・10
つばめ高音過半雑誌の古本屋　30・6
若燕兄弟（はらから）・友垣（ともがき）同齢に　32・8
とまり燕女なで肩荷をずつしり　34・5
燕仰ぎ「若き父」なるものを眺め　大
まさに山気はやも来てゐる山燕　39・5
燕むらさき智に濁らざる画人達　40・6
拭きにことよと厠に呼ぶ嬰（こ）天に燕　大
とまり燕仰ぎ嘉報へ走（は）せ帰る　46・10
燕の唱（うた）人工に人倦むは何時（いつ）　46・10
視聴をば掻き立て燕とその唱（うた）と　47・5

止まれよ瞬間泊まり燕も「ちようさいぼ」も＊2　50・9
燕の唱(うた)鍛冶屋の小坪火のにほひ　大
朝つばめ若き鉢巻細くかたく　52・11
燕らの親仔呼応の声幾度も　54・7
乙鳥はまぶしき鳥となりにけり　長

金沢行　六十六句（のうち二十一句目）

また巷路つばくら低きとまりやう　銀
自主の鳥つばくらの声はじけるはや　53・7

帰郷　二十三句。（のうち二十句目）
松山城北高石崖にて

町空のつばくらめのみ新しや　長・萬
つばくらめ斯くまで竝ぶことのあり　長
飛燕高し物干台に狆動く　火
公(おほやけ)の想ひ飛燕の空霽れて　来

＊3

飛燕去り石のもとにて鳴くものあり　銀
老どちの跼み話に飛燕低し　銀
身一つふかく裂けつつ一飛燕　母
飛燕音なし盲女も果鋪のかをりの中　母
盲女とその母飛燕もまぎる人波に　母

黙々と飛燕「水上に自由存す」　母
飛燕の下横(よこ)伸(のび)草(ぐさ)の厚き谷　母
飛燕すらが知らぬ新月ただ真上　美
禱の前を飛燕の迅きこと一度　時
不動明王(ふどう)の手に独鈷とゞまり飛燕しげし　32・6
飛燕三つ緩急自如に追ひ巡り　34・6
古鉄(ふるてつ)ここで新鉄となる飛燕の下　大
一飛燕五瓣の紺の花と過ぎつ　38・10

香川行。二十三句。（のうち九句目）
平賀源内墓所にて。一句。

低門の上越す飛燕たゆたひなみ　39・7
飛燕どち切りたる空を切りつづく　大
谷からの飛燕一瞬真上向　大
崖の端や傾く飛燕腹真白　41・7
身を以て飛燕の交語高揚り　42・7
鴉声豊かな故園や飛燕高空来る　44・8
飛燕の下こはまた韓信の股潜り　46・9
織る飛燕寛衣の妊婦ゆつくりと　46・10
指しに指して過ぐる姿の飛燕あり　50・11
セーラー服の乗り降り多し飛燕の駅　52・5
飛燕しきり土工等破籠(わりご)に箸立てて　大

飛燕の下空に文字書き思ひ出しぬ　大

岩壁いつくし群燕丁々貼りとまり　母

休暇に入りし時期なれば、三女弓子の通学なしつつある駒場東大教養学部内部を、はじめて単身、逍遥す。七句。（のうち四句目）

群燕（ぐんえん）もはや親子のけじめ著（しる）からず　38・9

金沢行　六十六句（のうち三十一句目）

片山津温泉にて

夕燕湖（うみ）とぶことをあきらめず　銀

夕燕肩凝りし乙女首まはす　33・5

黒雲から黒鮮かに初燕　美

夫の酒を病（やまひ）とあきらめ初燕　31・5

立話へはこぶ熱き茶初燕　35・5

初燕機影一切親しみなし　39・6

初燕店（みせ）妻（づま）閾（しきゐ）大切に　大

破風から白煙戸口へ初燕　44・8

初燕子なくて端然割烹着　51・5

藁屋根の棟にぞ憩へ初燕　51・5

初燕海気通ひて海鼠壁　52・8

引鶴（ひきづる）鶴帰る

帰る日のちかき鶴唳（かくれい）その音低し　52・2

雁帰る（かりかへる）帰る雁　帰雁　去ぬる雁

大学構内にて

大学生おほかた貧し雁帰る　長・萬

帰る雁耳に達する声なき中　美

父はみな「工人ヨゼフ」帰雁ひそか　美

帰雁との邂逅一業日に日をつぎ　30・11

雁はたゞ去れり新月水に深し　30・11

残る鴨（のこるかも）

ふつつかに三羽睦みて残り鴨　38・6

残り鴨錨型して翔け遊ぶ　大

池心に二羽ひしと相寄り残り鴨　41・2

残り鴨ただ一羽翔く錨型　42・7

東へ対ひて寝る残り鴨西岸に　42・10

鳥雲に入る（とりくもにいる）鳥雲に

少年の見遣（みや）るは少女鳥雲に　萬

子を庇ふ黄色き声や鳥雲に　33・3

詩人の遺志に名指しは無しや鳥雲に　40・6

囀（さへづり）

囀りや人なつかしむ犬の声　33・6

囀や唯一羽なりひた一途　46・6

さへづりや一幹よりして枝葉栄ゆ　50・4

臥牛つぎつぎ起つ囀の久しさに　大

鳥交る（とりさかる）鳥の恋　鶴の舞

家鴨の恋追ひざま逃げざま地をすれずれ　33・5

肩から出し翅（はね）のその肩鶴の舞　35・10、11

独り身の或日なりしか鶴の舞　銀

註「鶴の舞」は舊き季題なり。

九皐に鳴く身地を踏み鶴の舞　36・11

註「鶴の舞」は、いと古き頃よりの季題なり

地に躍り「合（あひ）の手（て）」に飛び鶴の舞　39・7

鶴の舞純色の白と黒と紅（べに）　39・7

註「鶴の舞」は春の季題。鶴の求婚動作なるなり。

直亭々白（はく）閃（せん）々（せん）の鶴の舞　40・5

今回も註す。「鶴の舞」は春季の旧き季題なり。

鶴の舞。三句。（嘗ても註せしことありしが、「鶴の舞（せんぶ）」とは「鶴の恋」にして、古き季題なり。）

白（はく）閃々一夫一婦の鶴の舞　大

蒼然たる暮色に真白鶴の舞　44・8

一（いっ）竿（かん）の国旗舞ふかに鶴の舞　大

鶴の舞右（う）近（こん）左（さ）近（こん）を巡るかに　45・2

鶴の舞翁（おきな）は着袴の裾張りて　48・6

鶴の舞嫗（おうな）は声を受け納めぬ　48・6

白（しら）砂（すな）と青（あを）海（み）繞らし鶴の舞　48・6

雀の子（すずめのこ）子雀　親雀

四番仔五番仔育てつらむか寺雀　44・9

雀の仔古松の南枝地へ及ぶ　48・10

親雀仔雀ラヂオ軍歌ばかり　火

仔雀の死しておもかげやや老（ふ）けぬ　母

そがひより水辺へ仔雀跳ねて来し　美

「所謂」の附く者のみや仔雀鳴く　33・5

仔雀のよちよち飛びの白つぽく　34・6

仔雀を見下ろす親の横伝ひ　34・6

遠眺めまだ親子なる雀どち　37・11

仔雀や賽銭しばし転ぶ音　40・6

雨（う）雀（じやく）なる親仔雀がわが撒き餌へ　41・6

親仔雀の声織る野外音楽堂　大

広苑や仔雀の声いくそばく　44・8

親仔雀対（むか）ひあふゆゑ横姿　44・9

子雀のひびらき降り来し親雀　大

仔雀の採餌や双翼ただひびらぎ　52・10

入歯では舌打できねど仔雀呼ぶ　52・12

速度の迹ヂープに轢かれし親雀　銀
安んじて背を見せてゐる親雀　大
門柱上で息次ぐや発つ親雀　39・7
回心も徐々雀の親に日差濃く　40・6
親雀荒壁の面に仮停まり　41・2
海の和音の藁屋根つづき親雀　41・3、4

鳥の巣（とりのす）

巣造りの歩みが主の椋鳥の二羽　来
梢で鳴き巣の辺で鳴きて小鳥の母　53・2

巣箱（すばこ）

巣箱の下丘に住む娘に恋の来よ　美
梢に巣箱幹に末子の牛乳函　時
巣箱一つ水辺近きをえらびしか　大

鶴の巣（つるのす）鶴の巣ごもり

巣籠りの鶴羽づくろひ怠らず　38・6

燕の巣（つばめのす）

焼けざりし町に人を訪ひて、
その表札半ば埋めて燕の巣　来
改札チラと老詩人の横顔燕の巣　銀
燕の巣暗きになれて見えにけり　6・7
軒いたみし交番泰し燕の巣　大
懐妊めでたし燕の巣には子安貝　大
末子依子の懐妊と出産。二句。（のうち一句目）

鴉の巣（からすのす）

馴染の学舎ヒマラヤ・シーダに鴉の巣　41・10
鴉の巣高きに泰し末子の丈　44・8

桜鯛（さくらだひ）

桜鯛買はんととどむ老の杖　時
夫婦箸の在り処おぼろや桜鯛　53・10

白魚（しらうを）白魚汲む

転載二篇。（のうち二篇目の五句目）記念として録し置くなり。
白魚やますらをながら朱の箸　40・1
（「小説新潮」）
白魚汲乙女の白き膝の皿　38・7

鱒（ます）鱒釣

神父と鱒釣「結晶化」語りつつ　＊4　39・9
鱒釣りし幼時と「黒森地帯」のこと　＊5　大

桜貝（さくらがひ）

洞窟の奥の汀に桜貝　12・4

蜆（しじみ）

砂川や十露盤玉の玉蜆　大

蜷（にな）

濁り江親し下半濡色岸の蜷　大

故郷と告げて蜷の水辺に遠眺め　45・9

何の迹もあるなし蜷の迹あるなし　46・5

田螺（たにし）

くつろぎ動く田螺や農婦煙管抽（ぬ）く　35・5

地虫穴を出づ（ぢむしあなをいづ）　地虫出づ

馬の頰は世にも平らや地虫出づ　35・6、7

初蝶（はつてふ）

風下の身へ初蝶の皈り来る　33・4

初蝶や藁もて紐に代ゆるとき　35・4

初蝶やしきたりづきて泣く赤児　35・4

初蝶や自らなすの風の蝶　35・4

初蝶や空（から）濠（ぼり）満たす気と光（ひかり）　35・4

地底のダイヤ水面（すいめん）の泡初の蝶　38・4

初蝶や百華容（かた）どり日本菓子　大

路の面にこち向きとまり初の蝶　39・5

来し方へ振り向かしめぬ初蝶過ぎ　39・5

初蝶や今日（こんにち）の我に倦くことなし　39・5

渡殿の足音の下初の蝶　41・3、4

眠れる犬の夢の世もあり初の蝶　41・3、4

障壁画裾へ外光初の蝶　45・6

「相見違ひ」初蝶二つ幾度も　45・6

初蝶未だ好青年を乙女訪ふ　45・7

眼の証（あかし）山市の初蝶山へ来し　45・7

地上の人辺気の密なるに初の蝶　46・4

亡弟と亡妹初蝶杳と一つ　46・5

初蝶の左右へねんごろ高揚らず　48・5

初蝶の「黄少女」の後「白少年」　大

蝶（てふ）　蝶々　蜆蝶

歩み来る胸の辺に蝶飛び別れ　長

とらへたる蝶の足（あ）がきのにほひかな　長

岩襖蝶来て頭上めぐり去る　火

義父の埋葬、二句。（のうち一・二句目）

大気こゝに集ひて墓辺蝶泳ぐ　来

十字架の樹つや腕木は蝶の宿　来

木々相触れきのこにとまる蝶の足　銀

わが道へ故友の門から低き蝶　銀

土浦にて　三句。（のうち一句目）

舞台ほどの大いさの船蝶見る人　銀

ひとの目も蝶もよく見ず暮し居り　母

丈(たけ)草(ぐさ)にただ垂れさがり塒蝶　38・9

前後に蝶翩翻歩く跪(あしなへ)女(め)　41・5

＊6

二天使角力(すま)ひ一天使蝶と喜戯する図　41・8

晨起窓を開くれば蝶や明治人　41・9

蝶翩翻蝶亦ことを考ふらく　大

酒折の宮。一句。

尊(みこと)偲べば舞ふ今の世の白衣(びやくえ)の蝶　44・6

街の蝶身障局員健闘ぶり　45・8

「しのび返し」を蝶越え潜り戸からは友　50・9

海流の前や気流の高き蝶　大

透きとほらむとしては影落つ蝶の翅　52・12

夕の蝶煙草畑を避け気味に　58・3

蝶々の土をうちつゝ草葉うら　長

蝶々の横行コールド・ウォーアの中　銀

三女弓子、読売新聞社の厚意により、半月の期間なれども、渡米せんとす。

蜆蝶蒼海は祖父母も越えし場(には)　美

教師を奉職す

十ツ分の休みのけなさ蜆蝶　長・萬

蜆蝶廃園の木々相凭れ　火

己へ吐きし唾化して舞ふ蜆蝶　銀

決行いつまで一弾指の間か蜆蝶　母

新道や拇印がほどの蜆蝶　22・9

蜆蝶そのものにして翅(はね)大破　33・10

山鳩二羽の遊歩を縫ひて蜆蝶　46・12

蜂（はち）蜜蜂

手の薔薇に蜂来れば我王の如し　長・萬

蜂の翅(はね)は未完の容(かたち)朝の楽　31・9

風に流るる蜂や路糧をつつまざる　36・11

蜂つぎつぎ飛ぶよ路糧をつつまざる　36・12

千木かつをぎ蜂生れて縞横並び　41・3、4

蜜蜂の喜ぶ余り針一本　大

蜜の刻蜜蜂集散青松下　49・4

虻（あぶ）

虻(あ)生れて晴れて教師も昼餉待つ　長・萬

吾子顎に力皺寄せ虻目守れる　火・萬

母の背に居る高さ虻の来る高さ　火・萬

嶺の虻花の蕾を押しわけ入る　萬

しばし掌へとまりぬ花へとあせる虻　銀

虻水のむ蜜よりもやや大粒に　34・9

虻生れて左右へ揺れ飛び轍を這ひ　39・6

野に放たれ虻の所作見る眼鏡出して　41・8

虻生れて羽搏ちの暈や地にすれすれ　42・4

谷間に迷へば若きが如し山虻くる　50・10

春の蚤（はるののみ）

信濃支部発会の催ありて、豊科にいたる帰途、辻井夏生、安立恭彦の両氏と富士見高原に小池奇杖翁を訪ふ

高原翁も馬色の春の蚤もまろし　美

蠅生る（はへうまる）

銭の憂ひ細身の蠅の玻璃に生れ　火

蠅生れて平らなるものを好み這ふ　銀

春蟬（はるぜみ）

枯松は蓬髪春蟬きたり鳴く　35・6、7

春の蛾▽（はるのが）

甲州なる飯田蛇笏氏居にて、四句。（のうち二句目）

藪から春蛾やや肌さして山廬の湯　母

春鴉▽（はるがらす）

春鴉みな平枝を得ることに欠かず　33・3

裃姿の像あり羽根伸す春鴉　40・4

春鴉鳴き暮れなやむ山の疵　40・4

春鴉老婦も甘えたき日あり　44・3

【植物】

梅（うめ）野梅　白梅　枝垂梅　梅が香　梅の里　梅月夜

梅に悼む大宮人の教へ児を　萬
やはらかきかんばせの辺に梅の枝　来
勇気こそ地の塩なれや梅真白　来
梅一輪踏まれて大地の紋章たり　銀
才能では消せぬもの罪梅大輪　銀
縁側に副ひて馬の脊夕の梅　銀
虫眼鏡・磁石梅咲き吾子遊ぶ　銀
青空に梅晴れて世事黄に濁る　銀
梅の下墓地いま水に渇したり　母
梅花墓地を見下ろし梅花空を仰ぎ　母
梅を愛せし友よ遺骨の在処（ありど）知れず　母
遺骨いづこ梅見るわれの骨はここに　母
墓地の空梅花蕾を呼びつづけ　母

*1
死相のみの幽霊はよし梅咲いて　母
千手万指のよろこび如何に梅蕾む　美
梅の花ピアノ幼学撥止々々　美
咽喉の脹（は）れは甘きに似たり梅の花　美
踵のはこび背の子へひゞき光る梅　美

千葉一宮行　十一句（のうち五句目）

梅開花睫毛の長き涙ぶり　美

水戸城址、弘道館址にて　十句（のうち二・三・十句目）

花に早き梅隊伍なす四方四隅（よもよすみ）　美
梅固し一切亡移ここのみかは　美
碑文が宣（の）るは思想の総合梅残株　美
谷の梅雨降らずとも山潤ひ　美
谷の梅昃（ひかげ）らぬ陽は据わりしまま　美
日々新たなるの人に笑むかに谷の梅　美
月の面（おもて）広しや谷の梅照らす　美

関透仙氏の姿、即事

梅花詠「気力（きりょく）立（だ）つ日は薬美味し」　時
梅の枝影の前にぞ活けられし　6・5
一枝をとらへつ、見る桜梅　6・6
今見れば凪の花なり桜梅　6・6
碧羅とは満樹の梅に日ある時　12・4
梅紅梅音をさまざまに鳴く雀　17・5

家裏の豊かの家［ママ］梅紅白　30・3
田の荒株歴々たるへ梅落花　30・4
三猿の二猿に眼あり梅の坪　33・3
深谷や梅花大きく蕾まろし　33・3
谷の白昼しばし梅花の花うらに　33・3
梅の落花縦にをさまり岩の罅　33・3
梅ヶ枝ゆる、横谷ありては風通ひ　33・3
谷の梅倫理語りし汚れのまゝ　33・3
梅落花濡れ洲の色のふくらみぬ　35・4
宵の梅黄星（きぼし）要（かなめ）に星散乱　35・4
梅の道首筋赭き百姓態（てい）　36・5
百蕾に一花づつなる梅の空　38・4
野の乙女梅が散つても可笑しき齢（とし）　38・5
梅的皪女人私室の叩き鉦　大
地から生えし如き父在れ楳の花　大
産み生まれ危期もまぬかれ梅の花　40・3
　我が愛するY梅郷にて。十七句。（のうち一・三・五〜十五・十七句目）
梅の輪郭薄ら曇りは自如の日ぞ　大
潭の上へ伸せし一指や梅に触る　40・3
瀬の音は畦伝ひ来て梅に満つ　40・3

梅樹躍り花とめどなく相亙る　40・3
鱗重ねの鉄錆梅に吊燈籠　40・3
車井戸の車の木目山の梅　40・3
山の梅「さるのこしかけ」扇型　40・3
大きく小さく飛ぶ山鳥梅の空　40・3
梅の芯破風這ひ出る青煙　40・3
前山の「つづら路」終始梅の梢（うれ）に　40・3
梅の瑞枝無弦の弓に花咲くかに　40・3
僧に蹤き鉄路を辿る梅の中　40・3
個人と自己の差も識らぬ代や梅澎湃　40・3
病翁に多寿を与へよ山の梅　40・3
仕事疲れに斜視のもよほひ梅の花　40・4
手繋ぎの切れかけし雲梅落花　40・4
梅落花鶫の点糞そも新し　40・4
長啼鳥梅の日ざしは何の刻ぞ　40・4
家々よりも小さきが納屋か梅に埋れ　40・4
提灯の芯黄にともる梅の花　40・4
渓声へ藪なだれ梅切迫す　40・4
雲越しに空の蒼気や崖の梅　40・4
岩の梅水の中透く水の牙　40・4

梅一枝潭へ及びて突如多花　40・4
山勢水勢巴流れに梅の落花　40・4
巌頭の梅なる「白き力」はや　40・4
註　末世要解――「はや」は感動の「はや」（耳には「わや」とひびく）にして、「早」の意にあらず。
木あるを以て貴き山や梅の彼方　40・4
梅に消えし乙女現はる二の橋に　40・4
梅紅白「妻帯初心」忘れめや　40・4
梅栄(さきは)ふ梅を切らざる「馬鹿村」に　41・2
梅落花岨道なれば程よき幅　大
妻と活きるは永遠(とは)に一度や梅魁(さきがけ)　41・2
梅の花はやき朝日はもの濯ぐ　42・4
梅馥郁水と火のある一軒家　大
裂帛の女人の決意梅咲きぬ　大
梅が下駅弁ひらき玉子焼　44・3
ねむごろに礫(こいし)と雨濡(あまぬ)れ梅の路　44・3
梅咲きて泊木(とまりぎ)新た小鳥籠　44・3
吊橋わたる弾みごころや彼岸も梅　44・3
音ある梅いとも久しの日照雨(そばへ)なる　44・3
鳥糞の白点消えず雨の梅　44・3

大魚稚魚梅の落花は粒揃(つぶぞろひ)　44・3
高垣に家々沈み雨の梅　44・3
雨の梅小祠の幣帛濡れもせで　44・3
雨の梅や蓑形(みのなり)に垂れ竹二三　44・3
傘の中の顔おほつぴら梅に僧　44・4
無人の場(には)に国旗や梅の芯真黄　45・7
犬さへも高みに鳴きて山市の梅　45・7
焰やがて光り初む燭昼の梅　45・7
梅の下山水にある味の芯　大
梅未だ村童スキップして行けど　46・3
梅酣馬に会ひたき念慕る　46・5
五情の上に渝らぬ一則梅薫る　47・4
朝の梅眼より鱗の落ちつつも　47・4
赤土に滲みゆく黒土梅紅白　51・4
中年の百姓兄弟野梅散る　16・5
白梅や友情亭けしよ恋見送り　母
白梅や墓地へ波うち米搗く音　母
白梅や天日白き十字なす　11・5
軒煙・白梅古風な孝もよきに　33・2
白梅や夕日懸腕描筆大　35・4

白梅や風に圧されて煙青む　大

紅梅護る白梅「見合ひ」よかれかし　大

我が愛するY梅郷にて。十七句。（のうち二句目）

白梅や曇り日なれど潭蒼く　40・3

白梅の香や墨香の如かりき　41・2

梅真白生者を祈り故人に謝す　45・7

悔い改めし者へ空から白梅賜ぶ　49・8

白梅一輪咲き及ぼして蕾の間　51・4

枝垂梅多面観音面いくつ　43・4

我が愛するY梅郷にて。十七句。（のうち四句目）

次々と山の気息の梅が香や　40・3

ほぼ方丈ただ梅の香の満つるところ　40・4

糸繰車めぐり上るよ梅薫る　44・3

我が愛するY梅郷にて。十七句。（のうち十六句目）

梅の里河近くして石を産す　40・3

鶏は黄の目矮鶏は黒目や梅の里　大

＊2
駅辺は灯と音谷の彼方は梅の月　50・4

紅梅（こうばい）薄紅梅

松籟の下紅梅は軒の花　来

紅梅護る白梅「見合ひ」よかれかし　大

梅の間の紅梅小柄先づ暮色　45・6

女人の恩や側枝に満ちて薄紅梅　33・3

虚子師は梅の中にて最も薄紅梅を好まれたり。そのことを想起し、ひいては、その終生を通じての人生態度の機微を独りあれこれと回想す。一句。

「愛」にちかき「人情」の色薄紅梅　大

朝日俳壇共選のことも、本年春にて、いつしか満五ケ年に達す。一句。

薄紅梅好みし先師の息女と在り　39・5

盆梅（ぼんばい）

紅白盆梅闇香一途に眠りへと　38・4

まどろむ妻と笑きあますなき盆紅梅　41・1

椿（つばき）乙女椿　紅椿　落椿　藪椿

崖椿白き幹をば打隠し　長

句作散策の途次、たまたま行人どちの会話によりて、傍なる一邸を林芙美子女史の故宅と知る　七句（のうち三句目）

椿落つ古風な緋色身もだえぬ　美

椿咲いて乙女次善を得たりしよ　美

瞼へ上がるすがしき瞳椿仰ぐ　美

島椿まなばざりし明眸吸ふごとし　美

茨城県五浦（いづら）海岸に岡倉天心の観浦楼址を訪ふ。こは日本美術院発祥の地なり　七句（のうち七句目）

松と椿一舎辺下れば一舎あり　美

既に真赤の椿の蕾尖（さき）締めて　時

椿の蕾まだ芽の如し女（め）の赤児　時

松籟はみどりの音か椿澄む　31・4

椿満樹八分開きに天の才　31・4

椿咲いて青き大気をそこに保つ　35・2、3

蜜吸ふ嘴（はし）へ椿は花盞差し近づけ　35・2、3

幹白き磯馴椿の一と岬　大

空・海蒼さ一入二入日の椿　39・5

日の椿紙巻莨の灰筒（つつ）状（なり）　39・5

欅と椎さらに低くて椿咲く　40・11

眼の埃拭き切りたるよ風の椿　41・2

石田波郷氏急逝の通夜の席上にて、次の即吟二句を誌して霊前に供ふ。（二句）

最後まで黒髪男の子椿邸　大

満庭の椿樹の花序を訊はまくも　大

頭禿げ歯落つも椿は椿姫　46・3

回想もどかし乙女椿に芯なくて　43・5

紅椿国内かなしみと女多し　32・4

塒騒絶え紅椿見えずなりぬ　39・12

今は稀な寄生木空に紅椿　41・3、4

落椿わが乳母島の女なりき　来

焼けざりし町に人を訪ひて、

落椿森出る鳩のうつる水　来

落椿艶（つや）はさながら萼（うてな）なし　33・4

名人歿後を弟子もはら訪ふ落椿　33・4

名人歿後は即身（そくしん）もの絶ゆ落椿　33・4

落椿鉤先ゆるみ古熊手　39・5

落椿彼芸匠でありしのみ　40・5

芸匠の自任の自福落椿　40・5

落椿山池埋（う）めて墓地造り　51・6

灯笠（ひがさ）の中昼の灯ふかし藪椿　大

初桜（はつざくら）

明星はいつもの初星初ざくら　時

茂りて低きみちのくの松初桜　43・6

層々たり有為転変裡初ざくら　53・4

いまは眼下や弁慶橋の初ざくら　53・4

追慕言のんで塞ぎて初ざくら　53・4

いまやその折一所不在所初ざくら　53・4

上下には木橋左右に初桜　58・5

上へと誘ふ川上の音初桜　58・5

初花（はつはな）

初花や母たまさりしも朝の空　母

初花の夕花はたらく娘等帰る　美

初花や好きな樹松と楠と高く　31・4

初花の花芯よKoitusの不思議さよ　33・4

子安貝・初花妻の誕生日　33・4

稲毛海岸の病院に、栗林農夫氏を訪ふ。

初花や病は既に古松子（ふるまつかさ）　33・4

人道とは人なつつこさけふ初花　40・4

初花や妻わくらばに在陸奥（みちのく）　40・5

海ちかき鳥はだみ声初花に　41・3、4

初花や鵜の鳥真水訪ひあそぶ　大

初花や百姓背広の腰曲がり　41・3、4

「さながら」などと百姓が言ふ初花に　41・3、4

仁王さへ左は女性（にょしょう）そこ初花　41・3、4

初花や落水一丈ここ二丈　41・3、4

初花摘めり幹より直（ぢ）かに生ひし一花　41・3、4

初花なりに密なるところ今日を謝す　41・3、4

吾（あ）が母と初花摘みし叔母遺れる　41・3、4

初花や疾走する児をカメラ追ふ　43・5

初花や鳩の胸並（な）み多宝塔　43・5

みちのくの初花今にして紅く　43・6

弟妹亡し触れて初花やはらかし　大

初花や青山運歩の翁も亡く　44・5

世は初花ひとつ来て去る暁（あけ）の鳥　48・5

初花や朝光織りなす縦に横に　48・5

初花や日本のここの現時点　48・5

十指の数ほど初花摘めりバッハの曲　51・5

小学同窓の「六窓会」やけふ初花　52・4

初花や根上り松も二基三基　52・4

初花に禽（ことり）寄りものに心寄る　54・4

初花の景秋川の横山とて　54・4

初花や生きたしそして生かせたし　大

初花や宿直人の焚く火濃し　58・5

彼岸桜（ひがんざくら）

彼岸桜公務最後の一年来ぬ　41・2

彼岸桜襟元帯際茶事の君　41・2

彼岸桜ここなる橋は片手擦　41・2

彼岸桜蔀小蔀闇を封ず　41・2

彼岸桜苔めくいろの屋根緑青(ろくしやう)　41・2

彼岸桜名人茅舎の滂沱涙よ　41・2

彼岸桜と伽藍茅舎は知る人ぞ知る　41・2

枝垂桜（しだれざくら）

枝垂桜幹へ倚らしめ花でつつみ　33・4

枝垂桜賀辞の「鶴亀」妻へ旧(ふる)し　33・4

枝垂桜嚠喨の楽(がく)空へのぼる　45・6

枝垂桜ボーイ・ソプラノ渾身もて　45・6

桜（さくら）朝桜　夕桜　家桜

長野なる渡邊幻魚氏の好意にて信州柏原に遊ぶ。一茶終焉の倉にて　七句（のうち一句目）

もぬけ倉小花いつぱい痩せ桜　銀

稲毛海岸の病院に、栗林農夫氏を訪ふ　四句（のうち四句目）

「万朶の桜」と誇張し「老志士癒ゆ」と祝(ほ)がん　美

＊3

山好きと海好きが賞で町桜　40・6

独り川越市に遊ぶ。十五句。（のうち十句目）
喜多院の境内にて。八句。（のうち四句目）

風たはむれて振袖かろし寺桜　42・5

炊煙ゆるく乙女足早暁桜　58・5

朝ざくらみどり児に言ふさようなら　火・萬

帰郷　二十三句（のうち三・四句目）

夕桜あの家この家に琴鳴りて　長・萬

夕桜城の石崖裾濃なる　長・萬

夕桜鍬担(か)き橋行く平和の図か　銀

夕桜古りにし忠孝・言はぬ恋　33・4

赤児こそ似たもの同志夕ざくら　大

帰意の首上げし山鳩夕ざくら　40・5

三々五々は絡繹のあと夕ざくら　41・3、4

独り川越市に遊ぶ。十五句。（のうち十一句目）
喜多院の境内にて。八句。（のうち五句目）

女人ふたりが描(か)くは淡彩夕ざくら　42・5

前髪の垂るる辞儀して夕ざくら　45・6

釣竿たたみ少年余事なし夕ざくら　大

中年の麗女の多さ家ざくら　美

流るる銀波茜さしぐむ岸桜　大

花（はな）花月夜

花の日々此教師にな失(とが)ありそ　火

旧作

破(や)れ靴に花踏み松山中学生　火

曾住の町々の花咲くならん　萬

花の子等食べつつ笑って腮(あご)いたき　銀

花に昼月火傷（くわしやう）せし民火を語らず　銀
花咲かん掌（てのひら）は陽を覚え易し　銀
五十のはぢらひ日輪花間に封ぜられ　銀
忙中の友情を享く花も過ぎず　銀
京の御（み）寺の写真は花空友ぞ亡き　母

安立恭彦氏の居を訪れて、他の俳友達と花に遊ぶ、六句。（のうち三句目）

花下に我等はや寄り合へる夕雀　母
楽の音は花に安んじ火に躍る　美
はぢらひ顔の花の宵月人得つつ　美
松籟なき野鳥の帰路や花と月　美
月が消す花の朱（あけ）また灯が与ふ　美
花を掩うて月照る人事大切に　美
花の月待ちしかに友即答す　美

稲毛海岸の病院に、栗林農夫氏を訪ふ　四句（のうち一～三句目）

小鳥等吸ふよ静臥時間の花の蜜　美
花を揺するは病を治す海の風　美
花に癒えて友は本来打上（うちあげ）眉（まゆ）　美
囚人ふたり雨濡れいとひ花の下に　美
花間の鳩胸が障（さ）えられ後しざり　時
花に笑み目鼻点検して粧（けは）ふ　時

花の娘（こ）仰ぎ独りごちあひ父と母　時
花の門（と）と私（わたくし）橋（ばし）へ夕の鐘　時
花下を過ぐ我が手離れし教へ児と　17・6
さゝべりなす歯齦（はぐき）や花下に泣く赤児　31・5
八分の花四女を負目の程もよし　35・4
八分の花和服もそこばく長女嫁（か）すよ　35・4
樹頭の花照りきはまれば紅きはまる　35・9

勤先の大学より、新入生祝福の一句をその校誌に需められて。

木々さまざま花下の一歩を見詰めつつ　大
花降る母を追ひて袂の中へ顔　38・6
日本の親子大口あけぬ花仰ぎ　大
花下に唱ふ白痴が音痴で無きわけなく　38・6
媼（おうな）まるまる昆布巻姿花下に踊る　38・6
青年裸像三体三方花の闇　38・6

四月八日、招待日にミロのヴヰナスを観る。九句。（のうち三句目）

花より白き竪琴の音の身の起伏　39・5
子さへ遺さで亡ぜし人々今年も花　40・5
大往生は半眼相と花下に聴く　40・5
父家建て少年花の谷に棲む　大

同人、秋元清澄氏、四月廿一日未明突如逝去。享年四十一歳。深悼もつて霊前に供へたる二句。（のうち二句目）

君にも亦今年の花は永かりしに　40・5

花は万朶月は望（もち）なりさだめのまま　40・5

昇りきりし月輪まろぶ花の上　40・5

月輪と花の黙約雲を呼ばず　40・5

万朶の花と真如の月わが血の音す　40・5

わが停年も近からんとす。一句。

縁（えにし）久し校庭の花・栢植の印　40・6

秋元清澄氏の思出。一句。

花下に貫ひぬ「七部集解」三冊目　40・8

花久し鳥糞あまたの施食盤（せじきばん）　41・3、4

＊4
花の空昇天の竜の刻苦の迹　41・3、4

＊5
狂瀾を既倒に復（かへ）す花下の試歩　42・5

独り川越市に遊ぶ。十五句。（のうち一・八・十・十三・十五句目）

花に嵐けふ時報鐘（ときのかね）ささ揺れて　大

喜多院の境内にて。八句。（のうち一・三・六・八句目）

鳩と人とのにほひや仏の花ぞ降る　42・5

朽洞（くちうろ）を撃てば応々と花震ふ　42・5

花に堕ちつつ東へ返す日の光　42・5

花に酌む「細水長流」の額を仰ぎ　42・5

＊6
花下に呼ぶ黄色の父母と黒の父母　42・11

毛越寺にて。五句。（のうち二句目）

笛で呼び太鼓でおくり花の舞　43・6

花下の思出話や大き指折りつつ　43・8

成蹊大学より名誉教授の称号を受く。二句。（のうち一句目）

こはそも「名誉教授」学府の花満開　44・5

花下のわが逍遥遊を子等嘉す　48・5

亡き父母の識れる芳野の花如何に　49・5

世を経し水古樹の花枝（はなえ）の端浸る　49・5

老眼の夜目にも著き灯の花間（はなま）　49・5

若き等孜々と勤むる往来（ゆきき）花の園　49・5

見市六冬、岩井未知氏等の東道によりて、奥吉野に遊ぶ。西行隠栖の庵址にて。一句。

斯く栖みて「たちまちの花」待ち待ちしか　50・2

＊7
この門内この花下往事ただ眼前　52・3

＊8

師の眼漆黒一切直視し花仰ぎ　52・3

松山おのづと高まる花どち声掛けあひ　52・5

をかしいほどここら相似る家も花も　52・6

横山大観の「夜桜」に題す。

月の出や月かげ嶺々の花をつたふ　53・4

「火宅」の語世にあれど「花宅」やわが隣家　55・5

東面し南面して花二陣や「花宅」なる　55・5

二階に長子階下に長女咲く「花宅」　55・5

四五株にわかれ「保護樹木」二ヶ所や「花宅」　55・5

狗児も猫児も睦みあふなり「花宅」のさま　55・5

戸主敢へて学び働くよ「花宅」明し　55・5

町角は白壁づくし花月夜　美

山桜（やまざくら）

長野なる渡邊幻魚氏の好意にて信州柏原に遊ぶ。野尻湖にて　六句（のうち一・二句目）

山桜とほす日ざしに笠脱がで　銀

山桜あさくせはしく女の鍬　銀

甲州なる飯田蛇笏氏居にて、四句。（のうち四句目）

山ざくら父子の名前に蛇（だ）と龍と　母

女の一語男等よろこぶ山桜　美

帰郷近し更けゆく卓上山ざくら　時

山ざくら捲き足捲き足乙女駈く　時

山ざくら勇むを制する勇み声　時

山ざくら女人その身へ手を添へて　時

万座温泉にて

絶頂や木裾だけ咲き山ざくら　33・8

男心（をごころ）いつも花はづずかしく山ざくら　35・4

髪黒き夕の嫗山ざくら　35・4

山ざくら行く水沿ひに帰らんず　35・4

山桜二株いひなづけ今共咲き　39・5

山桜二株谷へ散る一気息　39・5

山桜二株や素気（すげ）なき鳥の道　39・5

山桜爪木折る音高くとも　39・5

まれ人つつむ倒木ながらの山桜　39・5

山ざくら「名を惜しめ」とは対自の語　39・6

木洞（きうろ）のままに二た裂けつつも山ざくら　40・4

勇まんとの心携さへ山ざくら　40・5

ものの端（は）を歩めば独り山ざくら　40・5

尾上の日眉あたたむる山ざくら　40・5

山桜前後人なく前途あり　大

山桜花捧げ巨松手を拡げ　40・5
山桜しばしにしばし谷へ散る　40・5
夜桜や星数透くは山桜　大
生みつけられし儘の発起や山ざくら　42・5
山桜頭(づ)を振り奔(はし)る渓の水　42・6
仕事にはやり投げし鋸(のこ)鳴り山桜　42・6
山桜低きながらの八雲起つ　大
夜ざくらの間(ま)に山桜佇ちどまる　44・5
御嶽山麓に川合玉堂美術館を訪ふ。六句。（のうち一句目）
借景やや荒れしも散り来(く)山ざくら　45・5
廃屋や雨戸へ凭れ山桜　51・5
花あふるる学園一株は山ざくら　51・5
いのちの中道山桜揺れ雲躄(ゐざ)る　51・5
惜命ならぬ惜名や散る山ざくら　大
岨ざくら少し走りし山乙女(をとめ)　42・6

八重桜（やへざくら）
八重桜湯へ行く人の既に潔(きよ)し　母
一孫に巨きな落花八重桜　39・6
二階ぐらしも夜に就く雨戸八重桜　大

*9
没後既に久し界隈八重ざくら　42・5
途上で会ひし両手荷の妻八重桜　大

遅桜（おそざくら）
都の空をたまの群鴉やおそざくら　美
高崎市に遊び、鬼城翁勤務先の裁判所を訪ふ
遅桜貧富こめての善代(よきよ)過ぎぬ　35・5
禿島といはんがごときに遅桜　39・7
姉等より大柄末子(ばっし)は遅桜○　41・3、4
職場の名残新葉桜と遅桜　41・3、4
或る物故俳人の生涯の上に断ず。一句。こは、漫罵にあらずして、わがひたぶるの引導なり。
漁色者は色気に会へずおそ桜　42・5
遅桜ものの初めの開山堂　42・5
独り川越市に遊ぶ。十五句。（のうち九句目）
喜多院の境内にて。八句。（のうち二句目）
遅桜はは呼びちち呼び迷子泣く　52・5
人恋しくば隣人を訪へ遅桜　大
遅桜東上の人に揺れ次げる　54・5

落花（らくくわ）花吹雪　花散る　花屑
其の家(や)の妻(め)溝の落花に目おとしつ　萬
三味の音のペタ〱落花を地に委ぬ　萬

長野なる渡邊幻魚氏の好意にて信州柏原に遊ぶ。野尻湖にて　六句（のうち四句目）

お下髪(さげ)には落花少年の泛子(うき)赤し　銀

息ながく落花しつづく岨の一木　銀

落花と新月傾く日本と思はじとに　母

落花の下酬はれざらむと妻と語る　母

安立恭彦氏の居を訪れて、他の俳友達と花に遊ぶ、六句。（のうち一・四・六句目）

ちろめくや落花は影も指頭ほど　母

ものの間(あひ)尿(しと)する胸(こころ)へ夕落花　母

安立氏の生活をことほぐの意をこめて、次の二句を同家にのこす。二句。（のうち二句目）

一とめぐり落花踏みきて子のほとり　母

秩父、三峰行

亀へ落花神居る頂上は暗からん　美

病本復の歓び、そは、半ば比喩のかたちもて詠はんに

ラザロの感謝落花の下(もと)に昼熟睡(まどろ)み　時

落花の中両掌にシャボン擦る乙女　15・4

流れゆく落花や滴々雨そそぐ　33・4

ままごとは説明だらけ落花息吹く　35・4

青年裸像足もとくらし落花更く　38・6

仕事が呼ぶよ古きが上の新落花　大

畳屋は仕事急(せ)くもの落花の中　39・6

指さす指へ飛び来る落花招魂社　40・5

夜桜の落花の霽間といふべかり　40・5

落花を囃す女人の太鼓弁天堂　41・3、4

後荷かけて落花前荷に顔かくれ　大

*10 落花の下飲(おん)食(じき)自享茅舎偲ぶ　41・3、4

*11 茅舎偲ぶ落花遊弋の池の辺に　41・3、4

海近き魚(うを)屋(や)の魚や落花まみれ　42・5

*12 落花の池上下に浮動す左右(さう)の果　42・5

毛越寺にて。五句。（のうち一・三・四句目）

黄桜の落花延年は男舞　43・6

延年の舞観るや落花に咽びつつ　43・6

落花切々延年の舞にあやからん　43・6

落花の髪いくども繊指梳る　44・5

落花しきる無縁塔下に孕み犬　44・7

御嶽山麓に川合玉堂美術館を訪ふ。六句。（のうち二〜五句目）

何処からの落花ぞ白堺瀬のさやぎ　45・5

今の世の落花画中を「帰り馬」　45・5

落花やまず白眉の故主の白砂の庭　45・5

歌人名は「長流」落花岩滑(すべ)る　45・5

不動明王の焔の向きや落花飛ぶ　45・6

逸れて元へ戻りし轍落花ふかし　大

落花の場(には)馬の足迹一つ一つ　45・8

松山在住時代の長妹の友たりし人、我が居を訪ねんと欲しつつも、五十余年間の変遷を想像して躊躇する旨笑ひ語ると聞けば。二句。

樹齢嘉し落花を掃きに嫗(おうな)来よ　45・8

武者窓越しの俤落花ともに消えよ　45・8

とまらぬ落花時さへ滑る油石　大

多忙の人落花語れど耳藉(か)さず　46・10

朝の落花不動(ふどう)尊の焔とひた向きに　47・4

追白飛来のさまの落花へ往き熄めず　49・5

落花は霏々平安の色の黄の敷布　49・5

落花霏々世のひとがもの食ふかなしさに　50・7

吹かれあがりつづく落花や呼ぶごとし　大

落花の下梵字の一つ亀に似たり　52・4

椅子の背に縋り笑ふ子花吹雪　来

とまれ既往は潮路の起伏花吹雪　40・5

花吹雪真詩は抜本(ばつぽん)生命(いのち)済(すく)ふ　40・5

*13
花散る里先づは一度(ひとたび)母となり　母

白肉(しろみ)の魚の腑(わた)は潔らか花散りつつ　美

四月八日、招待日にミロのヴィナスを観る。九句。（のうち一句目）

こそヴィナス雨滴重しと花散る日　39・5

見出でたる離騒の場(には)や花散りつつ　45・8

西高校の門内へはじめて歩み入り、しばし小池畔に身を置く。七句。（のうち一句目）

ヒマラヤシーダ亡弟職域花散り果て　46・2

晨起して坪内花散る煉瓦径　49・6

花屑や賢者唱へば賢者評す　時

花筏（はないかだ）

花筏蕾みぬ隈なき葉色の面(も)に　50・6

残花（ざんくわ）

松本たかし、失語症になやみつゝ逝く

語を忘じ人を忘ぜず残春花　31・6

辛夷（こぶし）

時を質(ただ)す時計見せあひ辛夷かげ　31・4

辛夷すがし土山黄なるやすらぎに　34・4

橋板も辛夷の花も疎らなる　40・4

終戦以後機影疎まし花辛夷　43・5

明星のやや更け辛夷に籠りたる　44・5

三椏の花（みつまたのはな）

三椏の花や前垂いと厚し　40・4

三椏の花や同じ日つづきつつ　42・3

三椏の花の黄熟美味（うま）きが如　42・4

沈丁花（ぢんちやうげ）沈丁

遺れる簪孫が眺むる沈丁花　32・4

沈丁香小路小坂がほぐれあひ　41・2

沈丁の四五花はじけてひらきけり　長

槙の葉越し沈丁香り手紙も来ず　火

沈丁や医家の灯なれど書斎の灯　母

葉の重さいま沈丁の花の重さ　母

沈丁や猿足趾（あしゆび）も組合せ　40・4

連翹（れんげう）

連翹の一度び光浴び切りに　銀

連翹越し「痛み治つたか」とばかり　35・4

連翹直々（すくすく）円満になる詩人達　38・6

[*14] 九十（くじふ）に垂んとする明晰や垣連翹　42・5

ここ想定の死場所なりき花連翹　44・5

海棠（かいだう）

[*15] 齢（とし）それぞれの詩友や海棠の一傘下　42・5

[*16] 法縁の跡海棠に詩縁の徒　42・5

[*17] 海棠目交（まなかひ）木を立て草垂れ端山（はやま）崖（がけ）　42・5

[*18] 濡れて海棠三方山の広前に　42・5

[*19] 男子（なんし）耳順に及び海棠雨に濡れ　42・5

[*20] 妙本寺濡海棠は美なるかな [*21]　42・5

ライラック リラ

[*22] 植ゑ贈られ房も長身リラの花　時

[*23] 直（なほ）くも直く雨風凌ぎリラの花　時

躑躅（つつじ）

吾子の瞳（め）に緋躑躅宿るむらさきに　火・萬

いづこにも埃の躑躅いさかひ事　萬

亡母のうとみし「暑くるしき花」躑躅の日々　50・11

暗く明るし躑躅月夜の庭山や　52・7

躑躅山ただ両肱へ花迫る　58・6

雪柳（ゆきやなぎ）小米花

岩肌の素性細かや小米花　47・5

木蓮（もくれん）白木蓮

木蓮の風のなげきはたゞ高く　長

絶え間なき雨木蓮の花に沁むや　長

そこには灯遠き夜桜遠木蓮　銀

夜目の木蓮別れも近きオリオン座　41・2

白木蓮（はくれん）や朝の雀はよく尾を起（た）て　41・3、4

白木蓮（びやくれん）の無実無償をつつみ咲く　44・5

藤（ふぢ）山藤　白藤　藤の花　藤棚

梢の子躍り満樹の藤揺るゝ　来

吾子二人避けあひ走る藤の廊　来

藤咲く家母をも末弟汝（な）が護（も）りし　来

子守歌夢は「上り藤」か「下がり藤」か　美

黙の花蛇身からみあひ藤の幹　35・2、3

瓔珞しのび荊冠想ふ藤の下　39・6

獲物多くて帰心きざせり藤揺る　大

引提げし藤や盛遠・袈裟あはれ　41・5

垂藤や地蔵長袖よく舞はむ　41・6

面も振らで藤条々の下に入る　41・6

藤の下余人交へず十年ぶり　41・6

垂藤や小さき風波の一生涯　41・6

一重瞼受け口古町藤垂れて　46・6

房短かく濃紫の藤や吾娘（あこ）は海彼（かいひ）　46・6

雨の藤軒下スイスイ鳶口並み　46・7

邂逅は百畳余なる藤の下　49・6

揺るる藤喜び封切る指のふるへ　58・6

泥鰌の居る極みこころか山藤散る　美

白河関址にて　六句（のうち五句目）

ここに山藤幹の古さもものならず　美

幼稚園五時の朝日を白藤に　13・7

夏季大会の際、記念品として迫真天然色写真集「御所・離宮」を贈らる。少憩の折々、一葉々々を繰眺む。

白藤の裾に蔀の裾格子　42・11

花藤や母が家（や）厠紙白し　銀

ままごと姉妹低頭上げず藤の花　42・6
棚藤の連理の花や妻に遠く　39・6
おとなしかりし父の藤棚朝臣色　49・6

山吹（やまぶき）濃山吹

山吹流す岩門の彼方本流過ぐ　火

句作散策の途次、たまたま行人どちの会話によりて、傍なる一邸を林芙美子女史の故宅と知る　七句（のうち二句目）

山吹や食べつ果たせし女の筆　美

松本たかし、失語症になやみつ、逝く

言の葉散つて山吹の葉の刻々鋭く　31・6
芯なき山吹臍ある餡麵麭妻の留守　34・5
木々溢れ山吹なだれ山で独り　41・6
岩に山吹無人の境の暮れなやむ　42・6

加賀美氏の旧居跡。

旧園主へ山吹映えよ古井筒　44・6
花勝ちの山吹どちの隔てなく　46・5
院長へ快気祝品濃山吹　44・7
亡母は和歌に絵にたけたりき濃山吹　44・7

桃の花（もものはな）桃畑　桃林　桃の村

花桃の前に貸したる夫の智慧　銀
桃の花窓から粉が飛ぶ製粉所　美
一心に咲く梅散つて桃開きぬ　32・4
桃の花と乳母の頰とをつまみしか　40・4
夭々の桃花碧羅に深埋れ　40・5
遠路経てきて吐く唾白し桃の花　41・2
傾ぐ門を笑ひ出でくる桃の花　42・5

甲斐なる加賀美子麓氏の許を、家妻及び萬緑人多数と共に訪ふ。（五句）

愛郷の友の盆地や桃夭々　44・6
七面鳥色変へ叫ぶ桃と空　44・6
人妻ふたり辞儀し合ふ髪桃あかり　44・6
山菜の種々に桃明り孜々　44・6
桃咲く空織手の研磨玉を生む　44・6

加賀美氏の旧居跡。

不老園守りし父母恋へ桃日和　44・6
山の一本松から鴉桃の空　47・5

甲斐なる加賀美子麓氏の許を、家妻及び萬緑人多数と共に訪ふ。（七句）

桃の上枝に摘蕾乙女下照る路　44・6
桃畑つづき中二階より高きは無く　44・6
竜王といふが故地名桃林　44・6
日々のくらしの洞穴抜けきて桃源境　44・6

桃源の土は肌色歩を拒まず　大
赤くも塗らで小鳥居一つ桃の里　44・6
帰鳥もなし桃源夕映闊達に　44・6
＊24
桃源境野よりの帰人ひとりも無し　44・9
灯群揺らぐ暮れて桃源過ぎしかば　45・6
高渡る鴉の光沢(つや)や桃の郷(さと)　47・5
桃源郷山越の富士真白の座　47・5
桃源郷の帰車やますます「灯の海」へ　47・5

榠樝の花（くわりんのはな）

榠樝みな伐られぬ花期了へ果期未だ　46・3

木瓜の花（ぼけのはな）　花木瓜

木瓜咲きぬ亡母素足になる頃ほひ　35・4
花木瓜や葉も五枚づつ生処(おひどころ)　41・1

伊予柑（いよかん）

伊予柑裂く黄煙(くわうえん)燭火に当り爆づ　大

木の芽（このめ）　落葉松の芽　銀杏の芽　桜の芽　無花果の芽

ひた急ぐ犬に会ひけり木の芽道　長

大垂水にて
鉢植ゑの木の芽闌けたる山家かな　長

木の芽ひそと半白の男祠(ほこら)拝む　火
水煙をふり放ちつゝ木の芽渓　火

我居所より程遠からぬ三鷹町禅林寺内に、太宰治氏の新墓あるを訪ふ。三句（のうち二句目）
居しを忸怩と墓発つ鴉合歓の芽枝　銀

榛の芽や家の辺深田乾く音　母
榛の芽や平坦の上日大きく　母

はしなくも「榎(え)の実散るこの頃うとし隣の子」なる子規の一句ありしを想起す。
木の芽垣ちらさらうごく隣の子　31・3

榛の芽や電柱見栄なき傾ぎやう　32・5
「木の芽がすみ」にまだ身動きの塒鳥　34・4
身から推して父を回想木の芽棲(ずみ)　35・4
榛の芽や薄霽れごとにまばたく日　35・5
榛の芽や土の亀裂も曲線に　35・5
潺湲の音の応へ初め木の芽空　39・6
芽白樺妻との青春この地より　49・8

長野なる渡邊幻魚氏の好意にて信州柏原に遊ぶ。野尻湖にて　六句（のうち三句目）
月と日と落葉松の芽に咽びあふ　銀

芽銀杏や幹の洞(うろ)から仔犬のぞく　36・8
同胞(きやうだい)はかにかく相似銀杏の芽　大
桜の芽やや鋭(と)けれども直発前　40・4

雑言浴びて自家発ちし人芽無花果　46・4

芽立ち（めだち）芽吹く　芽ぐむ

赤ん坊の掛声一つ木々芽吹く　時

雑木山芽吹く抜けきて食堂に　大

女家族鈴懸木鈴振りつつ芽ぐむ　39・5

蘖（ひこばえ）

終戦の大詔を拝したる日、及びそれにつぐ日日、六句（のうち二句目）

切株に据し蘖に涙濺ぐ　来

*25
山河の光断崖上の蘖に　銀

*26
寄りあふ蘖国の盛時を忘れめや　銀

*27
蘖は南栄す国の生命いとし　銀

*28
切株しめり蘖に玉通り雨　銀

*29
蘖や涙に古き涙はなし　銀

蘖一と株伸びてむすびぬ二た立木　母

蘖蔟りぬ一孫すでに打騒ぐ　大

蘖あり小岩頼みの実生あり　38・12

雷に撃たれし一木の蘖たけるはや　39・12

学校林蘖多葉みづみづし　41・12

蘖も雀等宿るべくなりぬ　43・10

若緑（わかみどり）

若みどり苔は根のなきものなれど　41・3、4

柳の芽（やなぎのめ）芽柳

昼の月柳条発芽に到らんず　51・8

芽柳を仰ぐに大気広きぞも　30・4

柳（やなぎ）青柳

柳の茂頼もしき父持てる家か　母

柳の空罪人罪なき妻を恃み　35・4

柳の窓行人歩行に専念す　35・9

Onward！柳のもつれ型の如し　36・5

見下ろせば屋根々々の間に柳露路　39・12

さやぎ持たぬ柳林に入りにけり　43・9

柳高齢風に躱し風と遊び　50・6

青々たる柳纏るよ一軒家　美

青柳の葉かず歴々曇り空　39・8

追分町より浅間山腹に入りたる地点に、真楽寺なる古刹あり。三句。（のうち三句目）

仏縁は夕べに深し青柳垂れ　40・8

窓一つ青柳の下姉妹愛　44・8

榿子の花（しどみのはな）

なぞへ親し花しどみさへ目の高み　39・5

しどみ咲くところ小葉つけ小枝立ち　大

松の花（まつのはな）

松の花に満つる松籟吾娘（あこ）遠し　時

松の花天より魚降りここに潜む　35・6、7

赤楊の花（はんのきのはな）榛の花

榛の木は花いささかの香にねむる　美

榛の花溝腐れ切つて母子親しげ　美

白樺の花（しらかばのはな）

都辺の家出てすぐに榛の花　43・5

第四女、大学卒業、婚約成立。

亭々の白亜や白樺蕾帯ぶ　50・6

柳絮（りうじよ）柳絮飛ぶ

金沢行　六十六句（のうち二十七句目）

寺町の鳶や柳絮も舞ふ頃ほひ　銀

撥音多き紅毛愛語柳絮乱る　時

妻女を失へるK氏に訪はれて

妻を歎くも風樹の歎や柳絮飛ぶ　銀

我儘なため息柳絮飛びまどふ　銀

枸橘の花（からたちのはな）枳殻の花

花枳殻（からたち）泣いて叩けば直ぐ戸が開き　42・5

黄楊の花（つげのはな）柘植の花

黄楊の花ふたつ寄りそひ流れくる　長

栄位の師も孤りなりけり柘植の花　41・12

竹の秋（たけのあき）

子宝得つつ地方勤めや竹の秋　大

三色菫（さんしきすみれ）パンジー

三色菫（パンジー）畑人なく顔なき海辺へ行く　美

三色菫（パンジー）捨つ三つ児（みつご）一挙に捨つるかに　41・3、4

長女一家一年半ぶりにて帰国す。四句。（のうち一句目）

孫女二人三色菫（パンジー）ともに色余る　42・4

パンジー三色に分割せしめし世紀なり　50・10

喇叭水仙（らつぱずいせん）

ルルドの聖母喇叭水仙甕に似て　40・3

勿忘草（わすれなぐさ）

纜やなづな隠れに勿忘草（わすれなさう）　銀

勿忘草「蒼白（ブラウエ）・傲岸（ストルツエ）・婦女（フラウ）」いまも遥か　美

奏でる海へ音なく大河勿忘草　美

応へまし勿忘草がそろひ揺るる　時

勿忘草日本の恋は黙つて死ぬ　時

這松の端（は）枝（えだ）凌ぎて勿忘草　33・5

旧友にかゞみ教へし勿忘草　33・5

勿忘草猿にも指紋と運命（さだめ）あり　34・3

勿忘草今日まで育て今日手渡す　35・3

「忘れな」宣（の）る勿忘草さへ知らぬ者が　36・8

そこばくの勿忘草や団地の坪　38・9

いかなすがたに勿忘草は実りしぞや　38・9

勿忘草を忘れぬものに咲き初めぬ　39・6

実証一事本朝勿忘草散らず　大

勿忘草の名も宜（うべ）なるよ流水迅（と）し　大

まさに瑠璃富士を前なる勿忘草　41・5

次の一作を戯れ作りて、わが孫女に捧ぐ。童謡ならば、さしづめ野口雨情調といふべきものならむかと、ただ独り可笑し。一句。

勿忘草ねマイネ・シェーネ・クライネね　42・5

陣中に没せし機山（信玄）の遺骸をひそかに運び帰りて、一旦密葬したりし跡なりと言伝ふる、ささやかなる墓碑に参詣。

大願は必定不成就わすれな草　44・6

テノールのわが唱（うた）破調勿忘草　44・7

細字用の眼鏡を出して勿忘草　46・7

識れる者にはまぎるべう無し勿忘草　52・7

風上へ揺れ戻り次ぎ勿忘草　52・10

慈母の下に「不言の士」あり勿忘草　52・10

アネモネ

手のアネモネ闇ばかりゆく灯の電車　母

ギリシヤの花アネモネ塑像の脚に凭せ　母

なんの胎教づけられし身ぞアネモネ観る　母

五輪回想ギリシャ野花のアネモネ在り　40・1

チューリップ

焔の基（もとゐ）をつつむは鉄器チューリップ　42・5

群雀（むれすずめ）

群雀まろばしきそふ声の玉　美

菜の花（なのはな）花菜

菜の花や夕映えの顔物を云ふ　長

金沢行　六十六句（のうち十二句目）

もの癒えよ荒磯(ありそ)菜の花共睦び　銀

菜の花日和母居しことが母の恩　美

菜の花嗅ぎぬ母のにほひも忘れねども　32・4

広茫の菜の花光を涙として　32・6

菜の花や傾斜(なぞへ)掘りなる穴一つ　33・3

菜の花や涙と涎と洟(はな)拭かれつつ　39・5

松籟遠く菜の花近き一道あり　41・5

菜の花やマラソン練習終始二人　42・5

二階ごと尺八(たけ)鳴る山家花菜の中　火

墓地中にも花菜畑や母を禱る　32・6

八十翁と酸つぱい女花菜風　35・4

半歳児の発語「おッこン」花菜陰　40・5

花菜畑午前の乳母に会へりしさま　42・5

大根の花（だいこんのはな）花大根

暮るる山面(やまづら)山窪現(あ)れぬ花大根　大

蚕豆の花（そらまめのはな）

帰郷　二十三句。（のうち七句目）

東野にて　五句（のうち二句目）

そら豆の花の黒き目数知れず　長・萬

咲きて花の伏目や蚕豆まだ低く　32・5

そら豆の花も鳥居も他郷なれど　大

豌豆の花（ゑんどうの花）花豌豆

豌豆咲く海老茶の色の名を守(も)りて　38・7

花豌豆小家の什器棚の上　46・8

花豌豆子へ釣竿をつくりつつ　46・10

花豌豆の柵にまつはり糸げむり　54・6

花豌豆隣人孜々と友しらが　54・6

葱の擬宝（ねぎのぎぼ）葱の花　葱坊主

葱の花農婦の容姿痩するなかれ　35・5

葱坊主大きな弟を肩ぐるま　美

葱坊主孫をおどすは芝居じみ　32・5

雲の前に松籟絶えて葱坊主　34・4

葱坊主絶壁いただき水平に　38・8

葱坊主これも戦後の教会堂　39・8

四十路以後の自嘲烏滸なれ葱坊主　40・8

葱に坊主が生まれて牛に角生えぬ　41・5

葱坊主咲きて瑠璃めく葱の茎　46・7

春菜（はるな）

春菜の葉に瑞(みづ)筋(すぢ)通り雑草慈々　33・5

菠薐草（はうれんさう）

己が把を菠薐草の葉がいたはる　35・2、3

茎立（くくたち）

茎立ちに吾と遊びたしと泣く子あり　31・2

男一匹を早売りしたがる茎立頃　34・3

茎立てど丘は無残に影を消しぬ　40・4

独活（うど）

独活枯れてどこぞや腐臭と腥さ　38・2

防風（ばうふう）防風摘

女の脛も茜し白し防風摘　41・3、4

山葵（わさび）山葵田

信濃支部発会の催ありて、豊科にいたる　二句（のうち一句目）

山葵田花咲き流るる女人の感動詞　美

山葵田や礫の条理に芽吹きたる　美

理性で生きしと宣りし乙女よ芽山葵田　美

心根さめて山葵田に立てる幼木四五　美

青麦（あをむぎ）麦青む

路上に落ち踏まれたる一茎の青麦を見てもふと戦の犠牲となれる教へ児を思ひ出づ。

一と本の青麦若し死なずんばてふ語なし　来

買ひし供華に青麦混り父母がこと　43・5

青麦や路面に落ちて無垢の麺麭　46・10

天日やぶさかただ応々と麦伸びる　銀

春の草（はるのくさ）春草

高崎市に遊び、鬼城翁勤務先の裁判所を訪ふ

春曇り「旗日」なれば乾ける筆ばかり　時

春草は足の短き犬に萌ゆ　長

一身一業誓ふや池塘の春草に　時

春草に残光・暮色せめぐはや　大

関口なる「東京カテドラル」にて。六句。（のうち三句目）

聖歌吹き散り春草吹き立つ葉裏白し　41・2

下萌（したもえ）萌

高浜虚子先生告別式の翌日に

雲かけて萌えよと巨人歩み去る　時

山の南面萌早けれど土脆く　時

萠えるロータリー神父のカラー水平に　36・8

草青む（くさあをむ）

左右へも長き我が丘いただきより青む　母

草の芽（くさのめ）名草の芽　蓮の芽

独り川越市に遊ぶ。十五句。（のうち三句目）

出どころ狭き名草の芽や時報鐘　42・5

前年の穢の影埋もれ蓮の芽　35・5

ものの芽（もののめ）芽

青もかち紫も勝つ物芽かな　長

鳩の目や竹は節より芽を立てゝ　萬

旧子規庵を訪ふ　十句（のうち五句目）
庭の中央に、鼠骨氏の句碑一基立てり。「三段に雲南北す今朝の秋」と読まる。

三段に世も移りしよ草木も芽も　美

オリーブ芽鉢に真澄コップの真水そそぐ　41・3、4

断崖上を騎馬像眼前芽がほぐる　大

若草（わかくさ）新草

＊30

若草の君が笑顔を心眼に　大

籾殻を擡げ新草孫肥ゆる　40・3

古草（ふるくさ）

古草や町裏なれば女走る　来

古草や通年同じ鶏の声　22・2、3

折りたたまれて古草存す日の舗道　33・12

若芝（わかしば）春の芝　芝萌ゆ

若芝や埴輪に副ひて雀の色　44・7

実に悪びれで童女控役春の芝　57・3

焼けのこる芝道はさみ芝萌ゆる　19歳日記

蔦の若葉（つたのわかば）

香川行。二十三句。（のうち六句目）
玉藻城にて。二句。（のうち一句目）

石崖若蔦海へ翻意の魚見下ろし　大

菫（すみれ）花菫　壺すみれ

秩父の町はづれに妻子を疎開せしめて、七句（のうち一句目）

初菫祖母をはじめのをみな等よ　萬

屋根の菫道の真中に車井戸　来

妻の誕生日に　二句（のうち一句目）

菫束ぬ寄りあひ易き花にして　銀

末子との会話はかがむ菫二本　美

菫未だ萌えねど妻の誕生日　11・5

木の洞や虫共棲みの菫揺れ　31・5

少年の提琴独習菫一つ　44・5

夕菫シュークリーム賞味し戻る老　50・3

岸ぞひに古魚泳ぐ花菫　38・6

他奇なくも先師の詠みし壺菫　39・6

つぼすみれ岨は斜めに窓の中　41・3、4
職人じみしスポーツ掛声壺菫　46・4

紫雲英（げんげ）げんげばな　れんげ　紫雲英摘む　げんげ田

切岸へ出ねば紫雲英の大地かな　長
鶴川村にて、五句。（のうち五句目）
老紫雲英生路そのまま戻り路　母
物見遊山はとことはのさま紫雲英摘む　時
紫雲英ゆらぐ常に序幕であるを許せ　時

太宰府への往復の車窓より指さされて、杉田久女氏終焉の地なる一建物の姿を仰ぐこと二回に及ぶ。

紫雲英野に敢へて丘あり狂院載せ　時
妻が長女に譲りしルビー花紫雲英　時
挨拶もどきのバスの警笛紫雲英の昼　32・6
有縁めく来つつの人影紫雲英の丈　34・5
遅紫雲英一本四つ花ほどで咲く　35・6、7
花紫雲英「疲れ負んぶ」の草履裏　39・6
土肌つづく紫雲英の畦の央ほどに　大
紫雲英の果林の木々もよく並ぶ　40・5
振向きさとす姉ぶりとなり紫雲英束　41・3、4
紫雲英束流れ野風呂を焚き初むる　41・3、4
花紫雲英児がふたり来て声ふたいろ　銀
花紫雲英悔恨尽きねば孝に似たり　33・5
ひもじけれど未だ疲れず花紫雲英　大
胸までの紫雲英仔犬は迷ひゆく　来
紫雲英摘む半白男髪梳くべかり　34・5
紫雲英田の前に深林の入口あり　時
紫雲英田や暮れても母あり寝床あり　35・5

御所・離宮の天然色写真帖を尚繰りて屡々眺めたのしむ。修学院離宮の堰堤刈込を背景となせる春田の一景などを。二句。（のうち一句目）

民草一本この紫雲英田にまろび臥ばや　42・12
紫雲英田にほふ風向いつもまちまちに　45・9

苜蓿の花（うまごやしのはな）苜蓿　クローバー

子供の日妙にも小葉の苜蓿○　41・9
畦のクローバ花咲き遠出の雀居り　31・8

薺の花（なづなのはな）花薺

家角の薺東へ花咲きぬ　来

土浦にて　三句（のうち二句目）

砂と薺湖畔へ音の船の波　銀
薺と小松地に満ちあへり勝負なく　34・4

旧制松山高等学校四十周年祝賀会に招かれて帰郷せむとする日に

父母在さず薺花咲くほどの身に　34・5

薺の花の香を知る呼吸(いき)の中に容(い)れて　35・4

よき人の家の裏手へ薺路　42・5

独り川越市に遊ぶ。十五句。（のうち五句目）

恵みの放心岩間の薺水気(すいき)に伸び　42・5

屋根薺雨戸は縦に割れるものよ　44・5

花薺揺れ触る水輪水たまり　来

ひとの母声澄み下水花薺　来

花薺片々多忙にすぎゆく日　母

川波のまぐれの波穂花薺　時

父の使の封書やすますす花薺　35・4

花薺芭蕉庵裏口無かりけん　39・5

花薺留守の砌(みぎり)によくぞ踊る　大

花薺菜に似し垣根草もあり　40・7

よく走りよく跼む児や花薺　41・3、4

花薺一途(いちづ)に地下へ水滲む音　42・5

直(すぐ)立(たち)や苔より出でて花薺　45・9

花薺独居早起の米研汁　46・10

坪内の煉瓦の古径(ふるみち)花薺　52・5

蒲公英（たんぽぽ）蒲公英の絮

蒲公英に千切つてこぼす草葉かな　長

蒲公英のかたさや海の日も一輪　火

三児あれば三つ蒲公英を明しとす　銀

蒲公英や一切事に斯く雲寄るな　銀

死なざりしよ今年蒲公英多き年か　37・10

蒲公英暮れ川上も灯のかたまれる　大

蒲公英や汚れきつたる水むらさき　大

土竜の土も芯よりひらき初蒲公英　大

聖母の母乳豊かなりけん蒲公英八重　44・7

蒲公英燦々走車多きも人歩稀に　44・8

楽器唱ふに黙して聴かん黄蒲公英　46・6

初蒲公英半直角に一光面　49・4

初蒲公英葉の鋸目内へ内へ　49・4

蒲公英吹き玉我が身も半ば過去のかげ　52・6

蒲公英「吹き玉」上を下への吹き乱れ　52・8

呼び合ふ蒲公英うなづき合へる聖母像　54・5

所用の帰途、外務省前を過ぎ、ゆくりなくもその門内をさまよふ

半区荒涼蒲公英絮とび外務省　36・10

土筆（つくし）つくづくし

土筆の子畦まがる農婦腰ひねり　32・4

夫からたじろぐ女土筆折れぬ　36・8

赭土の上の地衣より土筆　40・5

穂の長き土筆亀甲みな大きく　41・2

土筆のかたち光陰過ぐる矢のかたち　41・2

ミザンスロピストのこの人恋ひや土筆密に　大

長女一家一年半ぶりにて帰国す。四句。（のうち三・四句目）

つくしの袴とる孫キリシタンバテレン語　42・4

緑青の粉をこぼしつつ土筆ぶり　42・4

投足行厨この友不幸太土筆　44・5

陣中に没せし機山（信玄）の遺骸をひそかに運び帰りて、一旦密葬したりし跡なりと言伝ふる、ささやかなる墓碑に参詣。

雄心不成の霊前土筆供へ次ぐ　44・6

つくづくし下枝もある小松どち　銀

つくづくし筆一本の遅筆の父　美

山人戦後も左側通行つくづくし　美

乾きし地が生む感傷のつくづくし　34・4

つくづくし感傷の頭を日が焦がす　34・4

つくづくし親身なものの肌色に　34・4

つくづくし野天の下の孫から影　38・6

親より低き子の十字架碑つくづくし　39・6

少年応へ犬身ぶるひす土筆　大

つくづくし山抜き去られ誰が故郷　41・3、4

野に料る刺身紅白つくづくし　42・4

軽く壊し軽く家建てつくづくし　大

つくづくし猫はもとより忍び足　46・5

杉菜（すぎな）

杉菜の雨民の竈の一つを焚く　来

杉菜の下無為やはらかき真黒土　母

鷺宮にての所見。一句。

千坪満たす担保自動車杉菜の雨　42・5

一男孫杉菜に尿を放たしむ　45・8

はこべ　はこべら

はこべらを振りかけられて小鳥籠　6・6

蕨（わらび）早蕨

蕨折れば岩は岩にと帰しにけり　長

早蕨の大・小・中や帰郷近し　時

嬬恋郡の高野氏、歩行不自由なる妻女の摘みしものなればとて、今年も蕨その他をはるばると恵送せらる。一句。

嬬恋のまねき早蕨きりなき数　40・6

いぬふぐり 犬ふぐり

犬ふぐり突く杖長く大草履　31・3

ものうさの邂逅終り犬ふぐり　31・4

犬ふぐり祈らぬよりはの禱りしげし　33・3

犬ふぐり記憶事一切双肩に　34・3

小花ひたひたみな空仰ぎ犬ふぐり　34・4

陽は一つだに数へあまさず犬ふぐり　38・5

犬ふぐり淡如たりし亡父の無常感　39・5

犬ふぐり一面恩寵溢るるの記　39・5

犬ふぐり人なつつこさに犇めきて　40・4

犬ふぐり丘越す風を日が押さふ　大

仔豚等母に鼻押しつけて犬ふぐり　41・2

犬ふぐり打ちなだれつつ面映ゆげ　大

大草の株をかこみて犬ふぐり　大

南岸は雀も多し犬ふぐり　45・7

犬ふぐり飼主に似る犬の挙措　46・5

岩と岩の間(ま)仲よくせよと犬ふぐり　大

春蘭（しゆんらん）

夜ならでは人を訪ひ得ず夜の春蘭　萬

春蘭や機影よろこぶ山の老(おい)　時

金鳳花（きんぽうげ）金鳳華

都府楼址は花鳥山に隣接の土地。静雲翁その他の俳友と訪れて、しばしの時間そこに過ごす。

金鳳華礎石一切瞭然たり　時

一人静（ひとりしづか）

一人静坂越し山越す誰が恋も　39・6

一人静歴史の風は日毎日毎　39・6

一枚戸の扉叩かん一人静　46・7

母子草（ははこぐさ）

官僚の母恋ふ詩とかで母子草　銀

人(ひと)気(け)なし名は好まねど母子草　母

母子草遅々と建ちゆく修道院　44・8

みつぎ取りも亦「人の子」か母子草　52・8

父子草（ちちこぐさ）

停年者に夫(そ)と教はりぬ父子草　41・3、4

薊（あざみ）

巌頭の薊や海の雲丹(うに)のごと　萬

街道のとある角に佇つて、成田千空氏手をあげて斯くと指し教へる。三句（のうち二句目）

薊と小店太宰の故郷へ別れ道　銀

何の景ぞ石積み棘(いばら)載せ薊咲く　母

薊の棘火つかみしかに痛かりき　美

薊と緬羊亡母とのことさまざまに　34・11、12

蓬（よもぎ）

疲れし背骨蓬の床がいたはるよ　時

空に触る「馬背路（うまのせみち）」や山蓬　時

山蓬見下ろす谷に道祖神　時

水草生ふ（みくさおふ）

いづこかに生ひし水草流れくる　4・4

蘆の角（あしのつの）葦の芽　蘆牙

程よき喧嘩女等見物蘆の角　大

今や次第に水あるところ蘆の角　41・5

一葦帯水葦の芽いまだ帰路に就（つ）く　33・3

ベトナム戦線報道テレビを観る。二句。（のうち一句目）

蘆（あし）角（かび）育つ泥に骨肉沈めあひ　40・6

海苔（のり）

海苔干場けふ海苔のなき影しろじろ　美

孔子木の花▽（こうしぼくのはな）

孔（こう）子（し）木（ぼく）南枝より笑み平野の花　50・5

春羊歯▽（はるしだ）

春羊歯や朝日は未だ林頭に　53・2

夏

【時候】

夏（なつ）朱夏　炎帝　夏時間▽

回想

虹しば〳〵出でたる蝦夷の夏の旅　長

やゝに夏聡明はかたくなゝまでに　火

石膏像むかしのそこに夏の塵　火

紅き地火幾夏毎に思ひ出でん　火

熔岩（らば）に望む夏の国原水繚（まと）はず　火

ラバの夏景電柱起きあひかしぎあひ　火

夏健か上半真白の船聳ゆ　萬

夏ひそかトロへと辿る一土工　来

たま〳〵購ひし「ドラクロア画集」魅力量り知られず、日々之を手離さず。偶作五句（のうち二句目）

蓬髪の沛艾（はいがい）の馬の絵ぞ常夏（とこなつ）　来

いくさを経し真珠一粒夏の気澄む　来

人も夏荒れたる都八雲立つ　来

鶏鳴の多さよ夏の旅一歩　来

この青年夏色しろし恙なきや　銀

或る個人的な嘆きを　六句（のうち一句目）

理性とアンモニア夏尚ほ水を凍らしむ　銀

一隅の夏釣人のまばたきなど　銀

弟（おとと）河童に化けて三つ指夏もヒヤリ　銀

夏埃立ちては故郷の地へ落つる　母

或夏の一旅人と子規みざらん　母

櫛は眼前銭よむひとの夏の髪　母

夏の城曾遊美しき少年期　母

夏花や老（おい）が抜歯の真赤な血　美

夏谷に仰ぐや峯々（ねね）の風樹の歎　美

楠（くす）の下に友愛の座や夏の夢　美

末子の丈へ跼（ここ）みては夏賞でにけり　美

青富士やもの高めあふ夏景色　美

浅間牧場にて　七句（のうち七句目）

逸馬となり奔馬となり牧の夏遥か　美

午笛の遅速に何の優劣夏来迎ふ　美

キャッチ・ボールの土工等夏の青年なり　美

鳥取海岸の砂丘にて　八句（のうち三句目）

手わたす指の長さや夏の桜貝　美

祈りの前の距離が消えゆき夏薄暮　美

なぞへの掃除はかどることよ夏の巨樹　美
かゞやきの夏や地の鯉天の鳶　18・8
駈ける機関車中学下校の夏埃　22・10
独りさぐる盲の杖先夏埃　31・8
夏の妻乙女等に哄笑の座譲りそ　31・10

浅間牧場にて

牛どち馬どち頭(づ)を寄せあへば夏のしゞま　32・2
夏の曲未来を問ひ問ふ心凪げよ　32・8
夏の窓前例のなき詩はいづこに　32・8
夏の涙を亡母の眼型拭ふかに　32・8

山陰行

若者と若々しきもの夏の旅へ　32・10
母子寮の夏や地球儀翡翠色　33・6
炉框に魚鱗や夏の山川よ　33・8
ロダン入手夏の五十路の鞦韆漕ぐ　33・8
夏の絵赤し地獄に生(せい)の肉体苦　35・9
夏の絵白し日本のどこかへ寄る荒濤(あらなみ)　35・9
かがやきの央(なか)夏乙女鮮明に　35・9
六歳以後のこと模糊たらず夏埃　35・9
夏埃白繃帯の者にさへも　35・9

巣鴨・駒込なに尋(と)め歩む夏埃　35・9
夏の笛山鳩よりも息短か　36・9
口笛斉唱夏の眼濁り次代荒(すさ)ぶ　36・10
山鳩鳴いて夏の洞木(うつろぎ)ひびかせぬ　36・11
蘆は考へ谷の夏花唱ふかに　36・11
闘意一筋ここいら夏の螻道　37・4
唖々と又呵々と城址の夏鴉　37・12
夏を如実「青焔」のわがサイプレス　38・9
多詩の夏足指さへも打震ふ　38・9

東郷坂を過ぎて、五十余年ぶりにて、明治四十一年にはじめて入学せし番町小学校を訪ひゆきたり。五句。（のうち三句目）

夏の坂「皿屋敷址(あと)」の址の址　38・9
夏朝日東(とう)西(ざい)走(ばし)り谷の苔　38・10

八月十八日、初孫葉子の誕生日を祝し、童謡ぶりの一句を創りて、その両親に贈る。一句。

二度の夏花の子双(ふた)葉(ば)名は葉子　大

＊1
戸隠の夏の一番星を座(ざ)右(う)　39・2
拾ひし石斧短かからずよ夏来迎ふ　大
明治生れの父のみ夏も魚(さかな)好(ず)き　39・7
＊2

「日の丸」が顔にまつはり真赤な夏　39・8

今年はいつかと私に聞くな。それは、自他の齢の目盛だ。今日はいつかと問へ。さあ、足拵へだ。（三句）

夏で区切りて生き次ぐ幸や山河あり　39・9

又夏持つを故友よ許せバッハの曲　39・9

戛(かつ)と夏ハイ・ヒールの音テニスの音　39・9

自らの肱いたはりつ夏の旅　39・9

＊3 三筋の煙の三筋目高し夏浅間　大

＊4 夏の午餉の燭火や共に今日を謝す　39・9

＊5 既に夏に浅間嶺差上ぐ観ありき　「朝日新聞」　39・11

水の面(も)に織りなす水や高まる夏　40・6

＊6 夏の洞木(うつろぎ)一と本風雨東から　大

秋田大会散会後、香西氏と同道、平泉の地を訪ふ。二十三句。（のうち十二句目）高館にて。

見る間も流るる夏の大河へ衣川　40・10

音ある夏夜景を覗く女工居て　41・7

開きし書(ふみ)の一半宛(づつ)を夏の膝に　41・7

夏襖凭れ外して夫妻若し　41・8

＊7 夏一気今度(こたび)揮(ふる)ふは斬姦剣　41・9

聖堂の一稜夏の虎落笛　43・6

波打つ聖歌夏毎に古る身なれども　44・10

夏に何の餅搗く音ぞ打続く　46・9

山鳩雌雄の睦みを仰げ夏偉丈夫(ますらを)　47・9

真珠撫で繭打眺め夏気きよし　51・8

比較絶して真上の夏の孤雲高し　52・8

故友恋し鮮緑夏燃ゆるサイプレス　52・9

三十余年を距てて、秩父の地に於て、「ひつじ山公園」の姿を遠望しつつ、回想頻りなりし。

流水無く本末も無し空地の夏　54・12

香川県なる砂井斗志男氏より、毎年の吉例としての初蛍一籠の送付にあづかりて……。六句。（のうち六句目）

南海の夏くる兆(きざし)一籠に罩(こ)め　55・6

アパートぐらし夏も納豆売の声ありし　55・7

わが母の次妹、多年病にありしが、九十八歳にて逝去す。その面影あれこれ。

瓢亭の夏茶粥賞でぬ充実と洒脱さを　56・2

まなぶたは伏するも夏の像明聴して　56・10

鷗より低き飛行機煌たる夏　書簡

古城朱夏大阪少年大人さび　母

古城朱夏大阪弁ただ睦じげ　母

摩天楼上机上の朱夏の薄埃　時

赤鉛筆六本買ひぬ朱夏小店　38・9

＊8

重出となるやのおそれもあれども、ＮＨＫ月報中に、わが旧作載せられあるが目にとまりたるにつき、念の為めに、ここに転載し置くなり。一句。

対談放送の友と訣れて朱夏そここ　40・5

朱夏の天地啓(ひら)きて吾妻吾を迎へぬ　大

光の一天朱夏の山塊玻璃の如し　40・8

朱夏なれや天の一角とは日の出　41・9

一途に生くる明眸朱夏もどこかかなし　41・9

したたかの茂吉を想ふ朱夏小浅間　44・10

産衣には朱夏赤衣よし白衣よし　49・9

コンクリートの大廈の直前朱夏の松　50・9

妙義近み鑑三の故郷朱夏の鳶　52・9

妻に倣ひて「天なる父」の名呼びて朱夏　大

幼友なる医師へ舌看(み)せ朱夏癒えつつ　53・9

炎帝へ噴煙の端沸き焦(せ)る　火

姉のあるみなし児遊ぶ夏時間　銀

三十余年を距てて、秩父の地に於て、「ひつじ山公園」の姿を遠望しつつ、回想頻りなりし。（二句）

所在なげに幼児の顔観つつ「夏時間」　54・12

手をこまねきて幼児に対するよ「夏時間」　54・12

初夏（しよか）夏始め

毎日新聞社の催にて、宮城道雄氏と対談す　三句（のうち二句目）

初夏(しよか)の黒髪小竹(ささ)の葉ずれを愛すてふ　銀

初夏の果々我が眼よく見え盲女が見え　母

故友重松鶴之助に、ゴッホの作品の精巧なるゼーマンの複製品を初めて与へられたる折の感激を久し振りにて回想して。一句。

撥ね橋に浮雲(うきぐも)一つ初夏一景　52・5

厦門(あもい)回想。

弁髪層々と組み初夏の芝の面ねんごろに　56・11

小さきならで稚(いとけ)なき栗鼠ぞ夏はじまる　54・9

白鯉呼びに趨く緋鯉夏若し　53・7

厦門(あもい)回想。

十代すみしだけの若鬐夏新た　56・11

五月（ごぐわつ）聖五月

枕木を五月(さつき)真乙女一歩一歩　火

孔雀水平に尾を支ふ五月の海如何に　来

乙女合唱絶えずきら、に五月の日　来

笹舟も五月嫗（おうな）の濯ぐ水　来

五月十七日、第四女を得。出産は古人の説にたがはず、まさにこの日の満潮時に当れり。二句（のうち一句目）

五月の浦々潮満ちにけん日へ呱々と　銀

五月の陽上りきつたる往き初むる　銀

白観音・白燈台や五月の座に　33・6

雨の日のカステラ五月の妻しめやか　33・6

泣く女に景色ぞ走る五月風　34・5

あやなさで男は助けよ五月風　34・5

海見ぬ五月赤土の丘松立てり　34・6

五月の声淀みて狂女「海の歌」　38・7

健やかな棕櫚の高音の五月風　43・6

五月の燈下量（マッス）生む「レオナルド平行線」　46・8

「氷点」の作者三浦綾子氏の講演を聴く。

眼頭押へて女講師降壇聖五月　46・7

立夏（りつか）夏立つ　夏に入る　夏来る

夏立ちぬ筏の上の雀たち　41・7

夏立つめでたさ近頃踵おとし歩む　41・8

白髭白鬚剃りし老あり夏に入る　39・8

松籟や百日の夏来りけり　火・萬

毒消し飲むやわが詩多産の夏来る　萬

夏こそ来たれ二音一打に終止音　38・9

夏来迎ふ白馬（はくば）四蹄を寄せ佇ちに　39・8

原祖の雉子の声めく雉鳴夏来る　46・9

夏めく（なつめく）

モカの間（ま）に呑む水の味も夏めきぬ　50・7

註「モカ」は愛飲せる珈琲の品種名。

薄暑（はくしよ）

人々に四つ角ひろき薄暑かな　長

薄暑日々妻とわかたん暇乏しく　火

話題若し薄暑のカラーの輝きに　銀

芭蕉遺墨展にて、三句。

細くひろく眼ひらき薄暑の芭蕉像　母

薄暑芭蕉の詩筆千行萬行や　母

呼吸（いき）して居りし芭蕉が書きし字薄暑の気　母

薄暑街頭鶏卵（たまご）砕け人心乾きたり　美

臆病犬か猛犬ばかり街薄暑　時

薄暑の砂利山末子が語る船の事　34・7

濡手拭一枚薄暑のものぐるひ　35・6、7

草履の尾曳いて薄暑のものぐるひ　35・6、7

ものぐるひ薄暑旋風（まきかぜ）水輪だらけ　35・6、7

追ふゆゑに逃ぐる薄暑のものぐるひ　35・6、7

薄暑を負ひ風下（かざしも）指してものぐるひ　35・6、7

ものぐるひ薄暑三界に家あらなく　35・6、7

コップ酒斜（はす）に波うち薄暑の灯　39・6

薄暑の時空（じくう）はたち前後の母親に　40・6

短気の人へ薄暑の洒落の長過ぎし　40・6

咲かせて咲きし浜木綿隅田川薄暑　大

仔牛舌で鼻の孔舐め薄暑なる　41・6

思ひ出の場所は薄暑の舗道の上　41・8

室内楽の彼方薄暑の群過ぐはや　43・6

修道女の単影薄暑の砂穿つ　58・8

麦の秋（むぎのあき）麦秋

麦の秋一と度び妻を経てきし金（かね）　萬

麦の秋答へたがつて長答　母

土臭どちの接吻（くちすひ）いかに麦の秋　母

天からきた影を布置して麦の秋　美

ゴム製品店に弾みて麦の秋　31・6

麦の秋縦長くなる路の痕（きず）　35・5

麦の秋散光夕日を解きほどき　58・8

麦秋や口につきたる土の味　銀

白河関址にて　六句（のうち二句目）

麦秀や時の流れの無音の音　美

心頭は山気の中やここ麦秀　39・6

麦秋や中景に何ぞ映ゆる倉　39・7

麦秋の埃すぐ消ゆ馬脚の間　41・6

仲夏（ちゆうか）

歩み入る島は中夏の朝月夜　火

皐月（さつき）五月

五月（さつき）なる千五百（ちいほ）産屋（うぶや）の一つなれど　火・萬

五月（さつき）をみな等栄ゆ・売（うり）・買（かひ）・産（うみ）・育（そだて）　大

六月（ろくぐわつ）

六月の氷菓一盞の別れかな　長・萬

風六月教師と柱暦煽る　火

神奈川句会及び城南句会の人々と大磯に遊ぶ。十句。（のうち二句目）

六月馬は白菱形を額（ぬか）に帯び　萬

六月や名は山鳩の海辺の声　43・7

敦賀、気比神社にて。同社は遊行上人と縁故ふかき場所なり。一句。

六月や砂で嘴（はし）拭く宮雀　大

入梅（にふばい）梅雨に入る　梅雨入

神なき糊塗の善人蔑視も梅雨に入るか　33・6

雀斑（そばかす）の素直さのまゝ梅雨入り（つい）のまゝ　来

＊9

梅雨入（ついり）荏苒「慶喜」の墓に逢着す　46・8

梅雨寒（つゆざむ）梅雨寒し　梅雨冷

ニュース映画梅雨寒し兵の細面　母

＊10

像の片手の眼鏡拭へば梅雨冷えや　38・9

夏至（げし）

夏至さだかよろこびなかりし頃の罪も　美

夏至虔（つつ）まし濁流果敢に走る観て　39・8

晩夏（ばんか）晩夏光

眠れねば晩夏夜あけの冷さなど　長・萬

晩夏シグナル高し渋民村低し　銀

大鰐なる増田手古奈氏に招かれて同氏邸に一泊す　三句（のうち一・二句目）

みちのくの一宿晩夏の合歓の辺に　銀

象潟のはせをの合歓も晩夏の合歓　銀

蔦温泉付近の沼辺にて　四句（のうち二句目）

みちのくの晩夏描くを旅人見る　銀

津軽野やキューピー桃色晩夏の窓　銀

デッキに双生児（ふたご）晩夏は四季の半ばにて　母

錆びし銀船晩夏の東京港にごる　母

船上歩みとまる人影晩夏の船　母

晩夏の灯隈ストリッパーに臍深き　美

外光及びて晩夏家居の妻豊か　美

白樺と白蘚（しらごけ）分去（わけされ）晩夏の雨　53・9

晩夏光バットの函に詩を誌す　火・萬

水無月（みなづき）

藪明り尽きて水無月木洩れ日や　32・6

水無月の三日月沈む厚み得つつ　38・8

水無月や地（つち）に刻（きだ）つけ階となす　43・9

水無月や紅き実肥えて競（せ）りあふ枝　44・8

七月（しちぐわつ）

をみなの円腕（まるうで）七月を栄（は）ゆ縦に横に　31・8

自他七月才は無くとも能は在り　35・9

七月礼讃鼻血淋漓の同僚をも　35・9

七月急坂深く身屈（かが）め駈け上（あが）る　38・9

煉瓦塀に「連体の縛」明七月（めいしちぐわつ）　38・9

休暇に入りし時期なれば、三女弓子の通学なしつつある駒場東大教養学部内部を、はじめて単身、逍遥す。七句。（のうち六句目）

塔の時計七月の陽(ひ)の何倍ぞ　38・9
七月来ねむり草の葉みな真昼　41・8
汀蟹赤からざれど七月来　44・9
七月こそは盛夏の若月杜鵑　55・8
七月を高く短き艦の水尾　書簡

梅雨明（つゆあけ）

時序の恵み梅雨明け半月にほひ初む　50・9
梅雨明けて夕月匂ふよ円相宜(よ)し　53・8

夏の暁（なつのあかつき）夏暁

赤児さめし右車窓より夏暁くる　銀
隆まりて無垢の温床夏暁(あけ)雲　50・6

炎昼（えんちう）夏の昼　夏真昼

金沢行　六十六句（のうち三十九句目）

夏の昼オルガンの音は勢ぞろひ　銀
高すなご夏の真昼を陰さま〴〵　長
夏真昼禱れる眼窩暗うして　火
地底の音松籟為して夏真昼　火

夏の夕（なつのゆふ）夏夕べ　夏の暮

石を外(そと)に石屋店閉め夏薄暮　33・6
夏薄暮あきらめきれぬ児駄菓子屋へ　33・6
征く友が遠(をち)を見る目や夏夕べ　18・10
走者まばら月島夏の薄暮あり　38・9

夏の夜（なつのよ）夜半の夏

軍人の家夏の夜をあか〱と　火
夏夜飛びたし藪の総穂(ふさほ)に腹すりつゝ　銀
夜半の夏人形の目は目そらさず　来

一夜、伊丹万作の霊さだかに来る。二句（のうち一句目）

夏の夜語(よがたり)シーツの上に菓子を置いて　銀

熱帯夜（ねつたいや）暑き夜

熱き夜の毛の猫如是や風得るまで　34・7

短夜（みじかよ）

短夜や当事者却つてはや寝つき　来

金沢行　六十六句（のうち五句目）

短夜の日本の幅を日本海へ　銀
短夜や五息にとぎれ方丈記　35・10、11

*11
同齢神父短夜不眠の主(ぬし)と識るも　大

天落つかと憂ふるに似て短夜なる　41・8

短夜尚ほ友等行交ふ笑声　51・7

土用（どよう）

けふ丑の日斯かる行事も皆で享（う）けて　53・8

盛夏（せいか）真夏日

三十余年を距てて、秩父の地に於て、「ひつじ山公園」の姿を遠望しつつ、回想頻りなりし。（二句）

盛夏無策この地を脱出せむの策も　54・12

「ひつじ山」で啼く山羊盛夏はただ煌々　54・12

今年はいつかと私に聞くな。それは、自他の齢の目盛だ。今日はいつかと問へ。さあ、足拵へだ。

真夏日や野菜にさへも真赤な花　39・9

埃一過に女の香あり夏の盛り　母

暑し（あつし）暑さ　暑　暑気

草木立ち暑き夕日の動くのみ　火

犬の身の香函つくれり暑き硫気　火

勤労地にて、四句（のうち四句目）

獅子の仔に似し犬の仔よ暑き頭　来

午前なほ東へ帰る道暑し　銀

松山市に到る。

夜目に故郷の土の白さよ暑さ厚く　母

墓地の鴉羽根をたためば暑しと鳴く　母

暑き夜風汗を眼（まなこ）に吹き入れんと　母

寺よりの女性群乗りバス暑し　美

暑き口上さうでも言はねば身が持つまい　時

「何とか景気」の按摩の笛の音夜暑し　32・7

ゆくりなくも、青露庵の垣外に佇む。

「歴史の日輪」一日（ひとひ）の余炎身に暑し　33・7

番犬あまた吠えて親分夜も暑し　36・11

署名運動・宝籤売ともに暑し　38・9

「曰く」「曰く」が暑しやなべて早老群　39・7

ある体験。一句。

いよよ暑し馬脚あらはしぬしかも驢馬の　大

用談暑し文芸論を前置に　41・5

次の五句は「蘭」誌へ発表のものと重複す。（のうち三句目）

伊勢海老めく身がため為事（しごと）暑からん　49・11

詩寰暑く名聞ぐるしうなりゆくはや　50・10

泥喰ひし目付きや火喰鳥暑し　52・8

猿芝居の与市兵衛めく顔暑し　53・2

恋しさも暑さもつのれば口開けて　美

暑こそ頒て生母身体髪膚痛（いた）む　銀

ルンペンの暑を避ける傘真直ぐに　33・7

山牛蒡と竹煮草凌ぎあひ暑気足んぬ　52・11

暑き日（あつきひ）熱き日

暑き日の仔犬の舌の薄きこと　長

味きより今日暑かりし婢かな　長

城址の欄熱し経ちしは我が三年（みとせ）　火

職域の熱い熱い幹ふと畏し　銀

大暑（たいしよ）大暑の日

山割いて自（みづ）から没す大暑の陽　時

「伊丹万作全集」上梓

友の遺著明暗大暑の世に出でぬ　36・10

マーブル卓上大暑の隅田川臭ふ　36・11

大暑の人なまなましくなる小（ち）さくなる　36・11

大暑も言はず雄々しき人は慈々たるよ　46・4

大暑の日の鴉真（しん）から寝に帰る　美

溽暑（じよくしよ）蒸暑し

球投げあふ夕蒸暑き彼此の間　母

腕なきヴィナス凝視を強む灯も蒸す夜　母

偶成。二句。（のうち一句目）

後退不能の豺（さい）など出現蒸す夜の夢　44・8

蒸す日なり風は得ずとも鐘撞けかし　44・10

随筆的人情日夜蒸暑し　44・11

炎暑（えんしよ）炎熱

*12

炎暑の中「空海の風景」稚木（わかき）小山　49・10

炎熱や勝利の如き地の明るさ　来

炎熱の鍵穴乾きよき手応へ　34・8

炎熱遍満傾けざるを日傘とす　34・9

灼く（やく）灼岩

雲絶えて伏目の胸像灼け初めぬ　火

風の下髪灼け松の落葉灼くる　火

杖も灼けて火口めぐらす杭ぜめぐる　火

灼け熔岩に思ふ男児（をのこご）未だ得ずと　火

国原に団雲浅間は我と灼ける　火

灼け灼けし日の果電車の日もかゞやか　来

灼ける往還首かたむけて望み佇（た）つ　来

灼けるベンチ麺麹と見しもの赤児の足　銀

生きてゐる妻と枝頭に灼ける桃と　銀

灼ける坂家鴨等のぼり来はかどらず　銀

弘前長勝寺境内に、戦時中英霊をさめし巨大なる忠霊塔を建立せしも、戦後は、此名をはばかりて同時に仏舎利をも祀りて単に霊塔と称ふるものあり。

塔灼けて衆生か民か野の人影　銀

松前（まさき）町海岸の入江を訪ふ。ここは、母との生活の、最初の記憶の地なり、その頃の住居現存す。

捨鰈親ねめし眼の歪み灼けて　母

城章の虎灼け鳩翔くキオキオと　母

灼ける城悲壮美の迹やみじめな世　母

ラバ灼けて紅毛の咳高鳴りぬ　12・4

俳句大の礫片頭上に地蔵灼くる　30・8

灼ける鉄鎖の花綵に乗りて息つぐのみ　36・11

小諸の町をさまよふ。九句。（のうち五句目）

ベンチ灼けて「二十（はたち）のおそれ」の手ざはりや　38・10

三十余年を距てて、秩父の地に於て、「ひつじ山公園」の姿を遠望しつつ、回想頻りなりし。

疎開者に「野菜供出令」や今日も灼くる　54・12

灼け岩へ杖さしおろし人降りる　火

鉄槌拒み拒み灼（やけ）岩不意に割れぬ　39・9

涼し（すずし）朝涼　夕涼　晩涼　夜涼　清し▽

仁和寺にて

ふと涼ししきゐを越ゆる仁王門　長

聖燭はすゞし一連左右（さう）に二点　火

熔岩（ラバ）尽きて先づすゞしきは栢の木　火

洗礼涼し母が腕（かひな）を欄とし佇つ　火・萬

我船は去り放牛に日照雨（そばへ）すゞし　火

金沢行　六十六句（のうち四句目）

車窓金星一途なるものすずしけれ　銀

金沢行　六十六句（のうち四十九句目）

「奥の細道」の旅に於ける芭蕉の「石山の石より白し秋の風」の吟をのこせる那谷寺に詣づ。

芭蕉の旅路森へ抜けけん巌すずし　銀

機械とまる鎖めく音すずしくも　銀

聖母子像動く時計のありて涼し　銀

をみな等も涼しきときは遠（をち）を見る　銀

奥入瀬　八句（のうち二・五・六句目）

岩々すずし水の本道間道奔（は）せ　銀

底沙すずし潜ぐれど見ゆる鳰一つ　銀

黒小鳰涼し激つ瀬飛び越えぬ　銀

川口爽郎氏居にて

借りし切出しよく切れ君が子みな涼しげ　銀

川口爽郎氏、愛蔵の「大公トリオ」のレコードを聞かせて呉れる。

板壁二階ベートウヴェン中でもすずしき曲　銀

完成が発端赤児の指紋すずし　銀

弟（おとと）すずしげ如電たらちね今消ゆるに　銀

川崎製鋼所にて

極まればすずし鉄の湯流れ次（つ）ぐ　銀

嘗ての乳母、健在にてたまたま松山にありとて、親戚の一人自転車にて、伴ひ来らんと走せゆく。（二句）

とたんにゆがむ乳母の小さき涼しき顔　母

話題も夕涼焼けたる家の井戸のこと　母

面河に一泊の後に

岩壁すずし蓑負ふ人と羽根負ふ鳥　母

白塗りの鎖もすずし帰路の船　母

朝乙女花崗石（みかげいし）掃く腋（わき）すずし　母

単身のチンドン屋の音ほそく涼し　母

柱廊涼しをみなは男を柱とも　母

レオナルドの「アンナとマリヤ」のデッサンを見て、一句

岩すずし「母」に座示す「母の母」　母

いつもすずし末子（ばつし）二寸の下駄の音　美

他人（ひと）が放つ飛矢を目送り涼しさよ　美

当り矢二本並びてすずし誕生日　美

子のための又夫（つま）のための乳房すずし　美

ベートウヴェン晩年の肖像画を見かけて

老眼鏡騒音へ聾し眼涼（すず）らぎ　美

浅間牧場にて　七句（のうち四句目）

牛の涎馬のうなづき如是すゞし　美

ベレーは涼しげ何時はた亜流を脱せしとや　美

車窓の媼行方凝視すすずしげに　美

碑面すずし風浪中の蓮華の図　美

剃刀すずし切れ味一気にねばりの味　美

爪立（つまだ）て覗くすずしくなりつつ沈む日を　時

夕の灯すずし散文的な努力こそ　時

坂すずし小鳥餌拾ふ叩頭に　時

久し振りにショパンを聴く

珠（たま）追ふ珠まろべばすずし砕けずとも　時

坂の中途の邂逅崖へ凭れすずし　時

軽井沢町にて　三句（のうち三句目）

青春の碧眼すずし水の上　11・10

白布すゞし吾妻の腰はなほ満てる　16・10

岩すゞしピアノの上の黒き聖書　22・10

金床（かなしき）・金槌技術者（マイステル）讃の手ぶりすゞし　30・8

先なる鳩のすゞしき背をば見つゝ翔（と）ぶか　31・8

俯瞰のゴー・ストップ脱走もあり涼しさよ　31・8

高麗狗（こまいぬ）・仔狗（こいぬ）旅先末子のすずしかれ　31・9

羊の巻角ギリシャの編髪壁画すゞし　32・7

白犬は今さら涼しげ友等の辺　32・8

音と冴の隙（ひま）さへあらぬ少時（しばし）すずし　33・7

碧眼ならぬ神の眼妻の眼のすずし　33・7

老婆すずし白髪も児も撫で分けて　33・7

亡父にすずしく触れけむ亡母の庇髪　33・8

眼すずしく見流しつづけ遠松原　34・6

森すずし吸ふ息ばかりの豚の声　34・6

焦点なきすずしさ走る灯二つづつ　34・7

人の名すずし持続と充実親ぞ欲りて　34・9

鉈片手に幹撫でゐしが去りてすずし　34・9

生は一つすずしげな戸々覗き行く　35・9

子育てすずし仁王二体もたらちねとか　35・10、11

亡母と故友現（あ）れてかたみに礼すずしげ　36・10

沓掛町附近の笠倉神社境内に憩ふ。名もなき工人の手になれる古堂宇の木彫、ねんごろにして面白し。一隅に長谷川伸筆の沓掛時次郎碑あり。

竹には節（ふし）天仰ぐ鶴首すずし　37・11

商人どち「同志」など呼ぶをかしすずし　38・8

河風すずし沓（くつ）の浮浪者沓を脱ぎ　38・9

憩はせすずし栗毛の馬と提琴（ヴァイオリン）　38・9

＊13
鞦韆すずし顔が立派な獅子小像　38・9

＊14
白髭涼（すず）らに「若さ羨（とも）し」と言ひし真意　38・9

すずしさや鴉千曲（ちくま）川を綾渡り　38・10

栗鼠すずし末子を趨（お）ひて孫育つ　大

＊15
山坊すずし古屏風画中真紅の日　39・2

塀下すずしく井戸替の声君が家　39・6

川越郊外にて、「たか」と掛札して、その実、鳶を飼ひある場所を通りかかりて。一句。

鷹生んでみせてすずしかれよや鳶　39・8

濁流すずし沈まぬ物を撥ね上げて　39・8

白馬すずし腰ゆ盛（も）り出て白総尾　大

女性対話者すずしげとめどなく艶に　大

白馬すずし葉先まだ鋭（と）き秣（かひば）なる　39・9

白馬すずし振り尾鳴り次ぐササラ・ササラ　大

小海線沿ひなる竜岡城なる町のはづれ、田口村に、函館なる五稜郭に酷似せる城趾あり。二句。（のうち一句目）

死せし風甦るとき史蹟すずし　39・9

臥牛等すずし天声もなく人語もなく　大

すずしや末子（ばつし）と「幸運蹄鉄」拾はばや　39・10

*16
「第二芸術魂」と宣（の）ればすずしがりぬ　40・6
危なき場所は涼しきものよ道祖神　40・7
茶碗の音の間（ま）のたしなめの声すずし　40・8
山鳩すずし足踏みかへつ身廻らす　40・8
鐘の音すずし夜盲の林鳥寝（いね）んとす　40・8
旅鞄見守り役の幼女すずし　40・9
右方廻転素直にすずし一歯車　大
行商とお手伝さんと話すずし　41・8
心頭滅却宝石店の夜景すずし　41・8
*17
世のために片肌ぬげば蒼し涼し　41・9
自愛すずし水晶稜柱相寄れる　41・10
涼しき曲盲人演奏目ばたきつつ　大
すずしき羽音近づく黙せる山鳩へ　41・11

隣家なるM家にては、学生数名を寄宿せしめつつあり。即事一句。

大学青年弾琴天下の夜半（よは）にすずし　42・6
山門の涼しさ世人忘れ去りぬ　42・8
乳房隆みの真中（まなか）にすずし白釦　42・8
ふくらみし胸こそすずし山鳩鳴く　43・11
鴉すずしく趾（あし）まで黒し白樺（しらかんば）　44・8
身にすずし坂を撫でつつ下る風　44・10
和解の握手の手をばすずしく突出しぬ　44・10
十字架のかたち木槌のかたちすずし　大
涼しさや仔牛の腓（こむら）四つ動き　大

札幌その他の諸地で。八句。（のうち五～七句目）

先達壮年時計の銀鎖腰辺すずし　45・2
夫妻すずし科学と詩とを並（な）み尋（と）めつつ　45・2
馬上無言の人やすずしく馬嘶く　45・2

高山寺附近にて。

合掌すずし仏足迹は相隣る　46・4

青野馬童氏より「鉄斎画集」を贈らる。連日少暇毎に同書冊を繰りて忘我の悦楽に耽る。昇竜図、賛の文字を以て雲煙に代ゆ。

昇天竜涼しや密雲有想無想　46・8
雀等や軟舌（やはした）ならぬ声がすずし　46・11
乙女額（ぬか）に黒髪二た分け白馬すずし　47・9
科（とが）むかに訝（いぶ）かる際（きは）の眼やすずし　48・8
酒をそそぎて消せし莨火酔すずし　49・9
漆器すずし金泥は帯ぶ多色相　50・7

註　松原文子氏より、よき古器を賜はりたり。

嫗(おうな)すずし納得ゆく毎抜き衣紋　50・7
涼しき眼羞ぢらひ口唇端緊り　51・9
その名と共に「誕生寺」畔すずしさよ　51・9
演能すずし白衣(びやくえ)の天人白拍子　52・7
語らで堪へて健康復元友すずし　52・8
子の髪整へ旅路遠望の母すずし　52・9
夫(つま)ぶりすずし母恋ふことのみ言(こと)に著(しる)く　54・7
細工物コクリと成就刃物すずし　大
本則どほり父の膝下に在りて涼し　54・11

わが母の次妹、多年病にありしが、九十八歳にて逝去す。その面影あれこれ。

明治の后(きさき)の前ビーズ細工綾にすずし　56・2
豊かにすずし砂利の上なる鐘連打　56・9
神域涼し遠くに人来人去りて　58・8
朝涼を笑む島の娘の糸切歯　火
大阪朝涼わりこせりこに碧眼居ず　母
大阪朝涼板裏草履の音も往き　母
*18
僧を訪ふ蝮も出でん夕涼に　火
*19
夕涼の洋も蜥蜴もひかりをさめ　火

夕涼の農夫旅人手を腰に　来
夕涼に農婦農衣のエモン抜く　銀
牛は声をまはして吼えぬ夕涼に　美
晩涼の銀貨笑む吾子みなたまもの　来

満五十歳の誕生日に　六句（のうち二句目）

晩涼父がわが産声に耳かせし刻　銀
松山晩涼泊船灯満たす港とも　母
晩涼や駅頭いまだ子伴れ多く　32・8

秋田にて。四句。（のうち四句目）

秋田犬犬歯あらはや晩涼に　40・10
老人(おいびと)白し白狗と帰る晩涼に　41・10
男同志奏楽果たせし顔晩涼　43・8
真先かけて聖母に祈る晩涼ぞ　54・7
最先駆けて帰巣の晩鴉晩涼に　54・7

満五十歳の誕生日に　六句（のうち六句目）

撫しつつ歩む夜涼の膚のなじみの痕(きず)　銀
我が裾音さへも夜涼や赤児の世話　銀
馬を撫づれば夜涼の睫毛触れ動く　時
涙が手の甲撥き風吹きただ清(すが)し　36・8

註「清し」を「涼し」の季題に流通せしめんとす。是非如何。

夏深し（なつふかし）

夏深し渓流の洲に牛の屎（くそ）　銀

神父の眼窩盲（めしひ）の如し深き夏　37・10

夏の果（なつのはて）逝く夏　夏逝く　夏惜しむ

夏の果（はて）軍鶏もうつむきついばめる　21・10

「句無く逝く夏」花やはらかく実は固く　銀

夏逝く水へ勿忘草と名のり咲く　39・9

日時計の鳥糞拭ひ夏惜しむ　集外句

秋近し（あきちかし）

秋近き小蜥蜴走すや時の波　大

夜の秋（よるのあき）

たたみの上にテレビ水音夜の秋　41・10

明星ここではいづこ浅間の夜の秋　大

【天文】

夏の日（なつのひ）夏日　夏没日

金沢行　六十六句（のうち四十七句目）

「奥の細道」の旅に於ける芭蕉の「石山の石より白し秋の風」の吟をのこせる那谷寺に詣づ。

石山仰ぐ白き夏日の路溜（みちだま）り　銀

嘗て「信濃居」一聯の句を作りし小家へ家族と共に到りて数日あそぶ。此小閑を得ること幾年ぶりぞ。二十二句（のうち二句目）

夏の山日放射光より更に散る　銀

八月十五日に詠める　五句（のうち二・五句目）

此日夏日一時間ほど真上にあり　銀

病よりふかき憂ひは夏日と吾（あ）に　銀

夏日は呼び霧は退路を閉したり　火

たまさかに落岩夏日霧を劈（さ）く　火

火口壁夏日直下す洽さよ　火

爆音と夏日火口に底ごもる　火

噴煙の古綿為すに夏日透く　火

戦（いくさ）斯かるを聞くは見るなりたゞ夏日　萬

城庇（しろびさし）やや散状に夏日直下　母

雲透く夏日「与へむ構へ」の人の在り　32・8

初孫誕生の報を得て、直ちに、産院へおもむき嬰児室の前に佇つ

夏日亦兀然没す歩の間（あひ）に　33・9

夏日白光玻璃の彼方に赤児数多　36・11

夏日へ唱ふ妻より十年（とせ）旧き歌を　37・11

秋田大会散会後、香西氏と同道、平泉の地を訪ふ。二十三句。（のうち十五句目）

義経堂にて。

頭上の夏日金雞の色又血の色　40・10

広島にて。四句。（のうち二句目）

原爆碑の前にて。一句。

“I will reply”この碑の真上夏日のみ　＊1　43・7

夏日没し首鼠やうやくに顕（あら）はれぬ　大

明治座五月興行に、尾崎士郎原作「人生劇場」（青春の伝説篇・落日の歌篇）上演さる。需められて三句を詠む。三句。（のうち二句目）

任侠の生地（せいち）の吉良へ夏落日　40・5

夏の空（なつのそら）夏空

幻住庵址にて

雀逃げ宿かし鳥は夏天（なつぞら）来る　母

うれしき日夏空一と日ながれたる　銀

坂に仰ぐ夏空や側面観ならず　33・7

小諸の町をさまよふ。九句。（のうち八句目）

巨幹亭々央（なか）夏空へ伽藍洞　38・10

秋田大会散会後、香西氏と同道、平泉の地を訪ふ。二十三句。（のうち十四句目）

義経堂にて。

堂に崖に夏空隣り「自若の像」　40・10

梅雨空（つゆぞら）梅雨の空

現国分寺及び旧国分寺跡に佇つ。四句。（のうち一句目）

登る梯子もなき楼門や梅雨空へ　38・8

梅雨空や「赤条」長曳く外国旗　38・9

龍之介を主材とせる犀星の小説「青い猿」を読む

いづこかの梅雨の空家に君が居る　10・11

夏の雲（なつのくも）夏雲

沖は夏雲クローバーに花咲く如く　萬

丹羽卓氏等、岐阜の人々に招ぜられて、二十年ぶりにて、鵜飼の席につらなることを得たり。五句。（のうち五句目）

長良直くここごしき岫から夏の雲　50・12

夏雲にたゞ真白な山の池　長

坂の上（へ）ゆ夏雲もなき一つ松　火

白ら花のごとく妙義に小夏雲　火

夏雲湧けり妙義は岫もあらなくに　火

夏雲躄る妙義は音のなき山なり　火

夏雲観るすべての家を背になして　萬

夏雲の天の彫像山の座に　萬

韓半島を思ふ　（二句）

夏雲憎しなりゆきに任すと見ゆるとき　銀

戦雲よそに妄執夏雲の句を作る　銀

夏雲下りて並み曳く間を艦進む　13・10

長女の初産のちかき日々を

夏雲一塊短か四肢張り時と風　36・10

沓掛町附近の笠倉神社境内に憩ふ。名もなき工人の手になれる古堂宇の木彫、ねんごろにして面白し。一隅に長谷川伸筆の沓掛時次郎碑あり。

鳳凰の蛇形夏雲啄ばんだり　37・11

火山の夏雲朱欒を開き押しひろげ　大

夏雲強く師は教へ友は遊び呉れぬ　40・9

夏雲そを既倒にめぐらす術もなみ　54・8

三十余年を距てて、秩父の地に於て、「ひつじ山公園」の姿を遠望しつつ、回想頻りなりし。

帝都めざす無音の敵機や夏雲貫く　54・12

雲の峰（くものみね）雷雲

再び帰郷　幼時の曾住地松前海岸の入江を訪ふ　四句（のうち一句目）

雲の峰海へ竝み出て桃色に　長・萬

火口一つ四方の洋より雲の峯　火

煌たる頂上明暗はたゞ雲の峰に　萬

厚餡割ればシクと音して雲の峰　銀

雲の峰縦向きに魚ならべたり　銀

倉庫区や遠根より伸び雲の峯　母

雲の峯途上にして揉む土不踏　美

踊意先づ指に走りて雲の峯　美

同種異株の二樹の間を雲の峯と成せり　31・8

雲の峰唐松林低めつゝ　31・12

エロとスポーツ以外は旧きか雲の峯　32・8

雲の峰の面に面影平らかに　33・9

白鳩の雛黄を脱し雲の峯　35・9

擡頭し双肩かさみ雲の峯　35・9

雲の峰の多面や美味を買ひ食べる　36・10

子負ひ孫負ふ浅間の上の雲の峯よ　36・11

追体験雲の峯今日立ち初めぬ　大

独歩徐々半里蹤ききし雲の峯　38・9

艨艟貔貅に代はる語は何雲の峯　38・9

*2

船上の友垣波敷く雲の峯　39・2

西荻窪なる或る銀行の別室にて、星名なる人の「中近東南欧カラー写真展」を観る。その中のイエルサレム風景。二句。（のうち一句目）

雲の峯など無し村童地平凝視　大

俯仰せり谿の彼方の雲の峯を　39・9

下界掩ふ雲界より立ち雲の峯　39・9

圭角の失せし雲峯やがて在らず　39・9

萬緑賞・新人賞の記念品授与の席上にて、それらの人々を祝福して。一句。「竜象」とは傑出人の意味なり。

竜象の竜となれかし雲の峯　40・7

雲の峯余りに蒼し谷の果に　40・8

孫と子の作る小砑雲の峯　40・8

雲の峯日本の裔孫聳え得るや　41・9

農学校は通行自由雲の峯　42・8

雲の峯の白き音楽為事(しごと)の辺　大

雲の峯宿へ着きたる百姓等　42・10

浅間は左右(さう)の嶺々(ねね)も滑(なめ)らや雲の峯　44・10

旧き家々反りあひ雲の峰傾(かし)ぎ　44・10

愛児(まなご)の頬を両掌で一丸(いちぐわん)雲の峯　50・9

齢は定座今日の噴煙雲の峰　51・9

雷雲の間に残光の空しばし　萬

一雷雲せんなや充ちて充ちて充ちる　来

来んとする雷雲を呼び誕生日　来

城頭更に雷雲聳ゆ城を容れず　母

浅間のみ雷雲中に吸々しつつ　39・9

夏の月（なつのつき）

戦報に暮れ夏の星あるひは月　火

夏の月ヴァイオリン弾き頭(づ)を傾げ　火

秒盤(セコンド)の中まで夏の山月澄む　萬

豆腐ゆらゆら買ひ去る媼夏の月　母

石手寺境内にて

子が去ると九輪のそばに夏三日月　母

海上半月父(ちち)母(はは)夏の陸(くが)にねむる　母

一半永失一半成就す夏の月　母

気は若からず心が若し夏の月　美

夏の月号外売の声勃(おこ)る　10・11

夏の月葉漏れ万点母なき庭　29・11

ゴッホを想ふ

夏の月努力の黄の果(はて)金(きん)となるか　34・8

蠟燭添へてさがす失せもの夏の月　39・8

ネオンに遠くシグナルの彩(あや)夏の月　39・9

神父の円頭落葉松（からまつ）卒然夏月代 *3　39・9
「オフィラゼー」今年の夏も月下に尽く *4 *5　大
人種超えての「望郷」とは何晩夏の月 *6　39・9
必需の麺麹高値ならざり夏の月　41・9

伊丹万作の上を偲ぶ。

本末長き友情一匕（いっぴ）夏三日月　大
又別の隣家に皿の音（ね）夏の月　48・10

梅雨の月（つゆのつき）

梅雨の月乾きを絶（ぜつ）しにほはしく　44・8
梅雨の月土塀の上を蹤き来る　44・8

夏の星（なつのほし）夏星

戦報に暮れ夏の星あるひは月　火
火の島は夏オリオンを暁の星　火
乳母車から指す夏の親子星　萬

満五十歳の誕生日に　六句（のうち四句目）

故友四五名知れる夏の星二三　銀
山へ帰りて服喪や身近く夏の星　44・1

今の世尚ほ天心更くれば夏荒星（なつあらぼし）　48・8

十和田湖　十句（のうち八句目）

鴛鴦（をし）の湖二つづつ出て夏星満つ　銀

嘗ての乳母、健在にてたまたま松山にありとて、親戚の一人自転車にて、伴ひ来らんと走せゆく。

夏星ほつほつ長患ひの話縷々　母

梅雨の星（つゆのほし）

袋町梅雨の弱星か、げ棲む　火

夏の風（なつのかぜ）夏風　夏嵐

青雲白雲夏の朝風一様に　火

八月十五日に詠める　五句（のうち三・四句目）

夏の松籟空と松との辺に来れば　銀
夏の松籟環境以上の声世に絶ゆ　銀
アポロの夏風髪後頭へ吹き靡き　36・11
ともに泥くさしと笑ひ夏風に　41・8
夏嵐白羽矢黒羽矢明暗飛ぶ　美

南風（みなみ）大南風

のけぞれば吾が見えたる吾子に南風（みなみ）　火・萬
若者に南風椿も葉ずれする　来
多弁自閉自問自答や大南風（おほみなみ）　38・7

はえ　南風（はえ）

妻と共に、横浜のニュー・グランド・ホテルに一泊。五句。（のうち四句目）

海の面（も）素（しら）め南風（はえ）の来る道公然たり　43・7

黒南風（くろはえ）黒ばえ

黒南風（くろばえ）や屠所への羊紙食べつつ　36・8

麦の秋風（むぎのあきかぜ）麦嵐

麦嵐裾のみだれの白はためく　34・5

青嵐（あをあらし）

青嵐臥牛尾ふれば草を打つ　31・6

背の負荷青嵐衝つて横しざり　35・8

森を挙げて遠青嵐友来むとす　40・6

命根もあらは巌頭青嵐　大

時どきは起ちあがる乞食青嵐　大

諸車脅（おど）して駈け抜く少年青嵐　49・9

一気踊つて午前しばしば青嵐　52・6

大気弾みて午前しばしば青あらし　52・7

犬が振るその尾を煽（あふ）り青嵐　53・5

風薫る（かぜかをる）薫風

妻と共に、横浜のニュー・グランド・ホテルに一泊。五句。（のうち五句目）

外人墓地に薫風や風見鳥も鳩　43・7

薫風や茶三口半俳句一息半　43・8

熱風（ねつぷう）

をりをりに熱風熱沙の舞あちこち　35・6、7

涼風（すずかぜ）風涼し　涼風（りやうふう）

涼風のつよければ倚る柱かな　長

同所灯台に上る

涼風の旗打つ如く衣を打つ　長

三平峠にて

涼風の面を衝つて渇癒ゆる　火

涼風は*7四通八達孤独の眼　萬

涼風の髪のなびきの悔いつ欲りつ　来

垂れそろふ値札さへ涼風せはし　銀

涼風や山市幾重に町筋懸け　時

母校の方へ山の涼風下校の子等　時

涼風の友自転車で追ひ来たる　16・11

涼風が緋の乙女たり駆け下り来　32・8

涼風通ふ切通しの端夫婦棲む　34・7

半眼せるに入る塵もなしただ涼風　36・10

アーケード縦窓神の場遠涼風　36・10

涼風・野水行方も知らぬ夜の痰　36・11

涼風や地(つち)そのものへ靡き艸　大

鳩等に涼風幼友のごと足紅く　39・8

湯田中温泉にて本年度萬緑大会開催、その第一回鍛練句会の際の作句。四句。（のうち四句目）

湯の里や校庭涼風湧きつづく　39・9

高原真日向過ぐる涼風東より　39・9

*8

おのづから一飯の恩涼風裡　40・5

信濃なれや仔豚みすずの涼(すず)風(かぜ)に　42・11

右手よりくる涼風や仕事初む　大

涼風強く幼児は母へ寄りなやむ　43・12

札幌その他の諸地で。八句。（のうち八句目）

涼風颯々北地緑野の「風馬牛」　45・2

夕(ゆふ)涼(すず)風(かぜ)まだ顎紐の乗務員　大

風涼し雀にまがふ一市民　来

毎日新聞社の催にて、宮城道雄氏と対談す　三句（のうち三句目）

屋根風涼し五十路をともに若きごと　銀

遥かに吹き来てここで強まり風涼し　52・11

夕凪（ゆふなぎ）

告別式の当日所用ありて参列するを得ざりしが、同郷者(さと)としての想を独り次の一句に籠む。

波(なみ)の郷夕凪のかの音(ね)をぞ識れる　45・1

風死す（かぜしす）

小海線沿ひなる竜岡城なる町のはづれ、田口村に、函館なる五稜廓に酷似せる城趾あり。二句。（のうち一句目）

死せし風甦るとき史蹟すずし　39・9

夏の雨（なつのあめ）青時雨

妻子等の神の白衣へ熱き雨　34・7

馬の尾や八分(はちぶ)降りなる夏の雨　35・10、11

波浮の港

青き雨港一曲(ひとわ)に山へ霽る　火

梅雨（つゆ）

郷愁は梅雨の真昼の雞鳴くとき　火

汽車発着空樽の胴梅雨が鳴らす　火

仄白し梅雨降り寄れば風押しゆき　火

梅雨さやぐ灯の床吾子と転げ遊ぶ　火・萬

梅雨の地にはずまぬ球は投げあげる　火

寝返りの幼き足音(あおと)梅雨の床　萬

梅雨の楽(がく)たゞ人の子よ人の子よと　萬

梅雨の夜の金の折鶴父に呉れよ　来

七月十九日、其告別式。

梅雨も人も葬りの寺もたゞよすが　来

踵の音(おと)飢ゑにひびきて梅雨ほつほつ　来
楽の音のまにま梅雨の子寝巻着る　来
日本流に禱りぬ梅雨の三味ひそ音　銀

母、突如重病にて倒る。入院。殆んどフェータルなるものなる旨、院長より宣せらる。十二句（のうち一・三～十句目）

移ろふ母が代(よ)大石橋を梅雨の女笠(めがさ)　銀
猫よ避けそ梅雨濡れ草へ吾(あ)を避けそ　銀
梅雨の社(やしろ)寺より明し母を祈る　銀
梅雨やや明し祈り押し詰め眼あければ　銀
梅雨の社何神ぞ母の命護(も)りませ　銀
梅雨の境内もとほるよ堂に寄り離れ　銀
磴に据すれば足載れる階梅雨が打つ　銀
梅雨の高麗犬眉目(みめ)わかず暮れ遠灯ともる　銀
ためすごと梅雨の灯点き消え二度目点きぬ　銀

母の危篤状態つづく。十七句（のうち八～十・十二・十五句目）

梅雨(つゆ)の外光身をのがれ来て何のがれん　銀
遠汽車ゐざり梅雨の起重機打ちふるへ　銀
梅雨のバルーンくらげなす下(もと)パンクの音　銀
梅雨をさまよふ行人直視し石崖撫で　銀
梅雨濡れの地蔵の肌も指にあらし　銀

鶏声まちまち梅雨の午刻のみだれたる　銀
濡れる蓋梅雨(つゆ)の釜焚く他人(ひと)の母　銀
梅雨(つゆ)のタイヤ無音や引潮時おそろし　銀
梅雨ごもれる神、罪ふかき母子(ぼし)ゆるし給へ　銀
梅雨の病院かの窓閉ぢぬ白玉楼　銀
五歳の梅雨(つゆ)か岸さへ走せしかの水蒿　母
小高きへ登りて廃墟の梅雨の鶏　母
アーク燈梅雨なるものは古きもの　母
魚(うを)店(みせ)に梅雨白塗りの女一つ　母
なぞへのまま咲きつるる草梅雨の鐘　母
梅雨波や調度動かぬ螺鈿の色　母
梅雨波のくりかへし故人を忘れゆく　母
碧眼どちのはぢらひを見き日本は梅雨　母
梅雨の釣人号外の声憑き来る　母
梅雨芽の月「主(しゆ)」を吾(あ)に似たる人と覚ゆ　母
「我が毒」ひとが薄めて名薬梅雨永し　母
亡母似の目の下袋梅雨濡らす　美
水と油あらがふしばし梅雨の床　美
一像梅雨に濡れゆく次第人さながら　美
四所(よところ)ほどの梅雨の燈下を思ひ遣りぬ　美

日高現れ梅雨濡れ雲を高照らす　美
梅雨のしげり「裏切り相次ぐ蝦夷自滅史」　美
白船は対岸に泊てて梅雨の身ぞ　美
都電に乗る梅雨の巷のしたしさに　美

「鼻つぶれの男」七句

梅雨凝る錘かしぼり切らぬ神の雑巾か　美
眼はもう何もいはず顔ぢゆう梅雨の襞　美
梅雨も悔もくりかへし沁む顔即襞　美
前は梅雨闇右の眉をば揚ぐれども　美
そがひは梅雨闇左の眉を結べども　美
こちへかあちへか梅雨闇急かす一点鐘　美
梅雨の遥か地獄の門に夜警の灯　美
病み勝ちなりし天皇の陵梅雨無人　時
出征列車梅雨灯の海の闇に消えぬ　11・11
見下ろせば屋根草梅雨の木々と並み　12・9
梅雨の大作たゞの軍鶏の絵・仁王の絵　32・6
梅雨まかせアンヂェラスの音ひるがへる　32・7
都心も梅雨湯がへり女過ぎるなど　33・6
厚ゴムを梅雨が打つ命計るとき　33・6
耳の辺咽喉の辺観に淡かりし梅雨の母　33・8

胸つよき壮年の汽罐（機関）車馴染の梅雨　35・6、7
梅雨ふかし群鶴の香は如何ならん　38・7
高所に拘禁うつむき吠ゆる梅雨の犬　38・7

現国分寺及び旧国分寺跡に佇つ。四句。（のうち二〜四句目）

古松の下枝頭上一間梅雨雫　38・8
梅雨の古松「年歯」なる語は人の上　38・8
草深野梅雨の暮色は巌根より　38・8
梅雨のジャズ母の紫煙に幼児むせ　大
海に入る梅雨の河口に野鼠の骸　38・9
峡ふかし路面やうやく梅雨芽草　38・9
顔寄せあひ話まぜあひ梅雨の杣　38・9

＊9

読書に着袴梅雨の時序さへ正しき頃　38・9

＊10

梅雨近み急くかに急かぬ木魚の音　39・7
吊鐘に梅雨の煙の糸まつはる　39・8
梅雨の反屋根諸仏の上に濡れに濡る　大
梅 雨 鏡 涙 払 ひ て 目 尻 け が れ　39・8
梅雨の大樹の髄まで念ず「友癒えよ」　大

ベトナム戦線実況テレビ放送。二句。

人屠らねば人生き得ぬか梅雨よ泥よ　40・5
眼を掩ひぬ顴骨（くわんこつ）たかき梅雨の我等　40・5
焰黄なり梅雨の太陽黄なる日は　40・6
梅雨の人怒るよ鷙鳥に徒歩（かち）寄られ　40・6
梅雨のうれひに佇てば警笛（サイレン）訝（とが）めたり　40・6
梅雨の犬人へ吠ゆるよ犬に負けて　40・6

＊11
梅雨泥乾くも「十七歳は二度と来ない」　大
長梅雨完了妙義を穿つ日の光　40・9
定位に太る鎖の肚の梅雨雫　41・7
梅雨重き館辺（やかたべ）の小舎（こや）ハーモニカ　41・9
梅雨の豚舎のにほひ不孝の酸きにほひ　大
施食盤餌も白じろと梅雨雀　43・8
梅雨には降れ緋の雨衣（うい）からは緋の薫（かをり）　44・8
梅雨の間に落日（おちび）赤かり扠（さ）て月の出　44・8
梅雨の雨垂（あまだれ）逆縁弟妹縷々いとし　44・8
梅雨を歩み人訪ふことを自制せり　44・9
梅雨ごもり読本一つ母一人　大
梅雨の墓の名刺受へと差入れぬ　46・8

爪革下駄梅雨を遥かに来し人か　46・9
梅雨ふかしでんでん太鼓裏へも鳴る　大
梅雨明り媼（おうな）の下駄の小固き音　50・7
梅雨茫々多摩の横山瑕（きず）なきがに　50・8
梅雨の鼠顔横たへて穴出でし　53・2

五月雨（さみだれ）

五月雨の庭面の水輪今に昔　母
五月雨の赤泛子一点運（さだめ）のまま　母
鐘楼したたりチャペル濡れそむ五月雨　美

秋田大会散会後、香西氏と同道、平泉の地を訪ふ。二十三句。（のうち九・十句目）
中尊寺にて。

命は一度五月雨小熄（こや）み光堂　40・10
五月雨に方位一途や光堂　40・10

虎が雨（とらがあめ）

神奈川句会及び城南句会の人々と大磯に遊ぶ。十句。（のうち八〜十句目）

海から来て袖の陰にも虎ケ雨　43・7
海と空の堺霽れつつ虎ケ雨　43・7

同郷の沢田嘉子氏一行に参加され、我に会ひ得たりと語りつつ涕さる。一句。

泣かれては泣かざるまでや虎ケ雨　43・7

夕立（ゆふだち）ゆだち　白雨　夕立雲

此谷を夕立出で行く吾入り行く　萬
信濃路は夕立のあとはたと暮るゝ　萬
正午なる夕立白し真直ぐに　銀
くどからぬ夕立に道濡れ友恋し　美
髪厚くしばしば夕立（ゆだち）に駆けし頃よ　美
短気な犬を見てゐる犬や夕立来　美
しぶり夕立酒尽きぐなぐな女いびる　美
夕立や無意味に忙しき人の上に　39・9
夕立宿りお下髪（さげ）の幼女四五人と　大
山夕立指そよがせて聞き入りぬ　大
鞘堂の中や夕立宿りの香　39・9
鉄塔の下や夕立ただ篠太　大
夕立や舞踊の弟子等走せ集ふ　39・10
夕立一過近き浅間の膚みどり　40・8

秋田大会散会後、香西氏と同道、平泉の地を訪ふ。二十三句。（のうち二十一句目）毛越寺にて。

礎石めぐりて夕立水の根なし水　40・10

新国劇の懐古的浅草物に題す

夕立（ゆだち）の声オペラの王子富士額（ふじびたひ）　時
羊歯多き林泉白雨突如せはし　母

大津、円満院にて（二句）

明治帝の若かりし玉座白雨の前　母
かをる白雨聖院乙女に白しぶき　美
祖国二分の神父と語る白雨の中　美
高さ忘れね円柱の裾白雨打つ　30・8
白雨かをる聖院乙女に白しぶき　30・8

ある事に際して一句

妻と長女白雨浴び行け矢には当てじ　32・3
流行歌詞と白雨の彼方古戦場　41・10
摩天樹白雨直情径行しかも多寿　44・8
白雨に強く指の股まで撲たれたり　44・10
猛るピアノ雀見て居る夕立雲　火

喜雨（きう）
広島にて。四句。（のうち四句目）
広島の喜雨の音ただすさまじや　大
夏の露（なつのつゆ）露涼し

尾で払ふ栗鼠の頭上の露すずし　大

夏の霧（なつのきり）

霧たちまち小屋の寄せ戸と駱駝撃つ　火

日の霧は砂の轍に激すなり　火
霧を冒す駱駝の鞍はまへあがり　火
内輪山殿堂の形(なり)霧に現(あ)れ　火
内輪山霧走せつぐに日輪また　火
馬も犬も火口を前に霧を振るふ　火
霧ひらけばたゞ柱なす日の噴煙　火
日の霧の間に青空のいく柱　萬
霧の崖書冊いく重に積みしごと　萬
朝霧やまづ岩山の岩を仰ぐ　萬
朝霧や牛馬は四肢の上に醒む　萬
首尾つらね朝霧曳いて牛出で来　萬
朝霧や首ふるごとく嘶(いば)えし声　萬

夏霞（なつがすみ）

夏霞遠森隠(がく)れアンヂェラス　美

上田市にて　八句（のうち六句目）

城(しろ)址(あと)に立膝少年夏霞　美
石(しやく)橋(けう)の上も行く手も夏霞　34・8
石橋自ら夏霞むなり天か地か　34・8

雲海（うんかい）

雲海やまだ夜の如き茛の火　萬
雲海の彼岸の富士や今日あけつゝ　萬
雲海に蒼(あを)荒(あら)太(だ)刀(ち)の峰のかず　萬
雲海や金(こん)色(じき)に鳴る虻の目ざめ　萬

虹（にじ）　夕虹　虹立つ　二重虹

片虹といふべき虹の久しくも　長
火の山ゆ荒磯松原かけて虹　火
火の山は西日の虹をひんがしに　火
濤(なみ)音を負ひ火の山の虹を仰ぐ　火
火口近きみんなみよりぞ虹うする　火
虹消えて島の墓地過ぎ帰るなり　火
虹に謝す妻よりほかに女知らず　萬
汝等老いたり虹に頭上げぬ山羊なるか　来
みごもりの人事と塔の上に虹　来
またゝけどまたゝけど虹睫毛の雨　来
遠銀杏降らざりし日の短か虹　来
年すでに虹立ち易くなりにけり　来

金沢行　六十六句（のうち一句目）

虹の後さづけられたる旅へ発つ　銀
流水一途七色ひびきあひて虹　銀
虹明り杖で刈たる花二三　銀

虹より上に「高みを仰ぐ神」あるなり　銀
梯子の裾に腰かけ仰ぐ旅の虹　銀
次第に虹一生懸命睡（ねむ）る赤児　銀
われ人ともに身を駆る車窓虹移る　母
虹の心うすらぎ濃くなり父の心　母
虹半円人どち盲点重ね合ひ　美
虹は正面ピストル重き巡邏にさへ　美
「造型」のさゝくれや虹へ飛行雲　美
彩（あや）ふたたび強める虹は「第二の虹」　美
虹への野路臥して抱かむ程の幅　32・8
虹の後新月出でけん「洪水以後」　32・8
虹は識（し）れり海天の虹未だ見ず　33・8
久しき前に久しく虹の美なりしよ　33・9

ゴッホを想ふ

恣意ならぬ虹あり一尾も獲（え）で戻る　34・8
白鷺のあせり似げなく虹の空　35・5
嘱目界も後（あと）二十年朝日と虹　大
浅間の虹かへり見すれば日は裸身　40・9
虹の下断崖無垢の肉の色　大
浅間の巨虹（おほにじ）われや七重の禱なす　40・9
赦されの証（あかし）の虹の今か爆（は）ずる　40・9
幅を緊めて歴々の虹頭上まで　40・9
巨虹や老若男女の一気凝り　40・9
善男善女橋わたりゆく虹の下　40・9
虹の中帰鳥・帰雲と涙雨　40・9
末子が拾ひし「幸福蹄鉄」山の虹　41・11

藤田嗣治遺作展を観る。一句。

小虹七色執心皚々白描画　43・11
歿後十日滝の前には今日も虹　44・1
虹半天なんと小粒の万国旗　44・9
妙義の虹桑畑夕日の影走る　48・10
ひとと落合ふこと焦（い）らだたし都心の虹　52・9

中村直子の霊前に捧ぐ。

めぐりあひやその虹七色（なないろ）七代（なよ）まで　大
買物刻（どき）の主婦等相逢ふ夕の虹　32・7
火の山の死の山三原虹立てり　火
虹立てり病来るまで病まざるなり　銀
二重虹（ふたへにじ）末子（ばっし）に永く添ひゆかな　母

雹（ひょう）

常住の世の昏みけり雹が降る　長

或る個人的な嘆きを　六句（のうち二句目）

雹割れば層々幾重わが賢母よ　銀

雷（かみなり）遠雷　雷鳴　日雷　雷雨

雷の音のひと夜遠くをわたりをり　長

左右(さう)の嶺(ね)のわが真上鳴る峡の雷　萬

雷の居る山となり果つ越え来し山　萬

美(よ)き人や雷おほどかに古風なる　来

雷去りぬ樹枝跳(と)び下りて青孔雀　来

雷一過青と金とに孔雀濡れ　来

流転相雷呼び初めし城を去る　母

低き雷主(しゅ)の血は血として若かりし　美

雷つづく唐松の梢(うれ)果てなければ　美

雷の後古街道とて鍛冶の音　美

雷去りぬ静に思ふ明日のこと　8・9

捕られた魚の罎中の目や雷近し　30・9

雷来る方へ晩鴉一つや影のごと　34・7

時めく雷金の歯せめぎ般若の面　34・7

雷の来る方や異郷の山ありき　36・10

雷の来る方や異郷の嶺(ね)々(ね)結束　36・11

白鳩に光をさまり雷近づく　大

戸隠行二十六句。（のうち八句目）
中社及び奥社のほとりにて。七句。（のうち三句目）

雷に撃たれし老(らう)杉(さん)千手観音相　大

茜刷き黒雲乱し雷近づく　41・7

雷来ると坂の裾より父叫ぶ　41・7

雷至近「調馬園」中馬影無し　41・7

霹靂を縫つて電光神またたく　48・8

浅間暮れ遠手廻しに雷寄るらし　50・11

今の日本の都市伏す方に遠雷す　42・7

終戦の大詔を拝したる日、及びそれにつぐ日日、六句（のうち四句目）

戦争終りたゞ雷鳴の日なりけり　来

雷鳴のより巨き戸の又開(あ)く音　銀

若き亡父が米土で撮りし一雷雲　銀

ヂェット機音も雷鳴も横行のみなれよ　大

秋田大会散会後、香西氏と同道、平泉の地を訪ふ。二十三句。（のうち十八句目）
義経堂にて。

突如の雷鳴高館のみへ慕ひ寄る　40・10

雷鳴を尽せし後の動かぬ月　42・8

寡婦の前一撃岩割る日雷　母

浅間が叱し遠山応ふ日雷　美

遠隔の地にある妹の実子の姿、彷彿とうかぶ。

わが罪は我が前背より日雷　44・8

なんの一日(ひとひ)ぞ一日に二度の激雷雨　銀

秋田大会散会後、香西氏と同道、平泉の地を訪ふ。二十三句。（のうち二十三句目）
毛越寺にて。

雷雨後の寺域寝鳥の幾木立　40・10

＊12 日輪も転(まろ)ぶ浅間の雷雨かな　42・8

梅雨曇（つゆぐもり）梅雨雲

金沢行　六十六句（のうち四十四句目）
嘗て「光栄の場(には)」にてありし日本海を、今にいたりて初めて見るものなり。

沖は梅雨雲歴史の幕のとざされて　銀

五月闇（さつきやみ）梅雨闇

他奇なきこの一情景、ゆくりなくも、我を出家遁世の契機たり得なむ底(てい)の測りしられざる寂寥感のうちに沈ましめたるなり。一句。

子の四肢横抱き後(うしろ)髪(がみ)消ゆ五月闇　大

梅雨闇に馬駆る音母沈み沈む　銀

梅雨晴（つゆばれ）梅雨晴る　梅雨晴間　梅雨の晴

生徒農村通年勤労隊を率ゐて福島県へ出発、東都を去る。一句

焼跡へ梅雨晴の空ひた押しに　来

港より岬へサイレン梅雨晴れん　母

梅雨日差胸の貧しき十姉妹　31・6

梅雨晴や飛べぬ翅干す流行歌　32・7

梅雨晴や易者の瘤も明暗に　39・8

覗き穴の明眸一双梅雨晴れぬ　44・8

梅雨晴多彩下駄の大小干しつらね　44・9

梅雨晴鳥居白小石撰り投げん　44・9

梅雨晴星雨条にすがり愁思去りぬ　46・10

円(まろ)き端(は)より糸引く蜜や梅雨晴れぬ　41・7

紅蟹潜むかの海崖も梅雨晴れけむ　41・7

梅雨晴れぬドラクロア展・調馬会　44・9

藤の幹で爪研ぐ白猫梅雨晴れぬ　52・11

金沢行　六十六句（のうち二十三句目）

犀川を見送り様(ざま)に梅雨漏れ日　銀

梅雨の晴間無垢一新の磴に据す　母

梅雨霽や洗面器とても溢れしめ　46・9

長距離電話梅雨霽燈下へ通じ居らむ　46・9

座踏み佇つ壁越し梅雨の霽れしらし　47・8

朝曇（あさぐもり）

前向ける雀は白し朝ぐもり　長・萬

面河に一泊の後に（二句）

前巒きはやか朝曇さへ青を帯び　母

朝ぐもり芸する峡（かひ）の日本犬　母

朝ぐもり湯雫乾く茹で玉子　15・10

千ケ滝なる小庵に在る家族達に後より加はる。東京に所用ある際は、気軽に単身往復することを繰返す。今月作品の大部分は、その間の所産。

早起到れば峯の松原朝曇　39・9

五月晴（さつきばれ）

牛歩むこの五月晴長からん　来

朝焼（あさやけ）

諸山（もろやま）は遠富士に添ひ朝焼くる　萬

朝焼や白樺空へ峰を高め　萬

朝焼の中に地上の日出づる　来

金沢行　六十六句（のうち八・九句目）

荒海や島なく日の辺（べ）朝焼けす　銀

朝焼やささべりの漁家いまだ醒めず　銀

バルーン朝焼旅思はざる浪花人　母

国鉄駅に掲示されある各地観光ポスター中に、「四国」と題して、屋島その他を遠望景とせる高松港の夕景を色刷とせるものありしに。一句。

明日（あす）は朝焼友の故郷の夕焼図　大

青雲多き朝焼やよく学ぶ吾子　41・10

夕焼（ゆふやけ）　ゆやけ　夕焼雲　梅雨夕焼

下雲へ下雲へ夕焼移り去る　長

妻禱る真黄色なる夕焼に　火・萬

夕焼に米汁流れつ薄れゆく　火

夕焼やかたみにポスト指して来て　来

民の間に絶えし金色（こんじき）夕焼に　来

詩友等若し夕焼（ゆやけ）の前に灯を点じ　来

津軽湾　二句（のうち一句目）

白鳥来る海とか星出ず永夕焼　銀

陸（くが）は夕焼バルーンのこるはどこの町ぞ　母

夕焼一筋なにに身を尽す澪標　母

遅夕焼艦影いまは単純に　13・10

夕焼を畳む独逸語再（ま）た遠のく　34・10

薄情なりや故友の家辺淡夕焼　36・8

黄金（こがね）なす深処（ふかど）奥処（おくど）に夕焼（ゆやけ）の陽　38・12

薄夕焼疎林は細枝殷賑に　39・2

水までは染めで聖地の薄夕焼　39・7

夕焼空友情は地上のものなれども　39・8

二度と返らぬことも忘れず大夕焼　41・5

青年の忠言一つ大夕焼　41・6
夕焼栗鼠躍り落葉松呆々然　42・10
夕焼残照容易に出でぬ島の星　45・5
夕焼の香具師晩年かなしきものを見し　52・6
坂の空都内夕焼も淡夕焼　44・5
生前父の長航幾度夕焼雲　美
高邁の夕焼群雲ひそと対峙　39・8
横長く鍵盤上を梅雨夕焼　44・9

日盛（ひざかり）日の盛

波浮の港（二句）

遊び女いたみわれ日盛の牛乳飲めり　火
見れば日盛り髷の女を艀渡す　火
日盛に恋しや子の指妻の髪　萬
日盛りや時打つ余韻時計の中　来
日盛りに出世有縁の狆の顔　来
何事もなかりし如き日盛なり　来

たま〳〵手に触るゝ雑類にて、現下流行の一態をなす所謂「情痴文学」にゆくりなくも眼触るゝことあり。

日盛の雌猿の立膝艶か真か　来
日盛道いろいろの児が話しかける　銀

松前町海岸の入江を訪ふ。ここは、母との生活の、最初の記憶の地なり、その頃の住居現存す。（六句）

遠山で法螺の貝鳴り江は日盛　母
入江日盛母みなもとに復りねむる　母
入江日盛黒石段と白石段　母
日盛の江の対岸の乳房二つ　母
片帆もて日盛り入江へヒソと船　母
艪の音なし日盛り母の声もなし　母
日盛りの中空が濃し空の胸　母

幻想一句

裲襠ひやと子倚せ日盛り御女郎様　母

上田市にて　八句（のうち四句目）

城は日盛山市あらはやポプラ越し　美
リンカーン像日盛喊黙の眼を啓く　美
日盛りはたらく黒髪護りて黒リボン　美

漱石の「明暗」を久し振りに読みかへす

「明暗」とは尚ほ日盛の物や事　時
日盛鰡跳ぶ母の丸頬偲ぶとき　28・9
日盛りや酒反吐吐く人見遣る侏儒　31・9

浅間牧場にて

はや日盛牛馬の息のあらびくる　32・2

日盛りひそと車中の栞成少女　33・7

日盛や軒並み薬臭鍍金の業（わざ）　35・9

日盛り遅々茄玉子箸ではさみ出す　35・9

日盛や甍の下の梁に鳩　36・10

不浄場も礼拝堂もいま日盛　36・10

日盛や古商標の女人像　37・11

古人見詰めけむ日盛の影法師　39・9

記憶の軍歌も末うすらぎや日盛道　40・8

地の日盛（ひざかり）現羅馬帝国ジェット機過ぐ　42・12

浅間牧場にて　七句（のうち六句目）

牧夫来て馬首叩く音日の盛り　美

湯を出て水に豆腐屋の豆日の盛り　美

仕事と歌声果断にやめて日の盛り　40・10

同所灯台に上る　（二句）

照り返す貝殻のみの入江あり　長

江の口の千鳥照りつゝ過ぎるのみ　長

西日（にしび）

屋内の馬　其二　（三句）

馬等戻りぬ西日の戸口一杯に　来

ひんらりと仔馬西日の閾越しぬ　来

馬具とれし西日の母へ仔馬寄る　来

戦後初めて宮内省を訪れて　二句（のうち一句目）

遥か射す西日の大内山の中　銀

西日の馬をしゃくるな馬の首千切れる　銀

津軽の西日けふもペンキのはげる家　銀

津軽の西日ここ先途なき流行歌　銀

幼児のごと玻璃に頰よせ海西日　銀

松山市に到る。

汝（な）が故郷（ふるさと）とく見よとてや西日展（の）ぶ　母

埋葬帰路西日の猿を見るに堪へず　母

嘗ての乳母、健在にてたまたま松山にありとて、親戚の一人自転車にて、伴ひ来らんと走せゆく。（二句）

話しつつ西日に乳母と後しざり　母

西日も消えぬ乳母語りつぐ四畳半　母

小踏切越えて西日の子規に詣づ　母

子規の墓西日小学校舎越して　母

西日中野球放送子規の墓　母

子規に借口「西日暑いのなんのてて」　母

西日のをんな燦爛パチンコ玉尽きぬ　31・9

西日中ためつすがめつ鍛冶屋の業（わざ）　32・8

開け切りの戸口の農夫西日遠し　34・7

西日のカナリヤ餌の菜も透きて所在なき　36・11
青年二人論議と西日共通に　38・9
馬券振りかざし西日の人断く　39・10

追分町より浅間山腹に入りたる地点に、真楽寺なる古刹あり。三句。（のうち二句目）

古塔一つ西日にまみれ朱に復（かへ）りぬ　40・8
西日へ艶歌流して新墓地掘りつづき　44・8
墓西日意識とは何ぞ魂（たま）よ魂よ　44・8

炎天（えんてん）炎天下　烈日▽

再び帰郷　松山城にて　三句（のうち一・二句目）

炎天の城や四壁の窓深し　長・萬
炎天の城や雀の嘴（はし）光る　長・萬
炎天の号外細部読み難き　火・萬
炎天や鏡の如く土に影　火・萬
鳶鳴きし炎天の気の一ところ　火
炎天の空へ吾妻の女体恋ふ　火・萬
妻恋し炎天の岩石もて撃ち　火・萬
海と砂炎天の猫斑（ふ）を背（せな）に　火
炎天に妻言へり女老い易きを　火
炎天の千曲の方より鐘の声　火
戦車の後（あと）炎天のマラソンひそと　萬
炎天の野路や溜飲鳴りさがる　萬

旬日後、彼を偲び、己が芸の為すなきを歎きつゝ、近郊を歩む。

炎天の手の小竹（ささ）凋（しほ）る葉を巻きて　来
炎天や金（きん）潤ひて銀乾く　来

たま〳〵購ひし「ドラクロア画集」魅力量り知られず、日々之を手離さず。偶作五句（のうち三句目）

炎天の瞳細まりて昏（くら）し虎　来
炎天の叩く扉（と）熱し一度々々　来
炎天や空にさまよふ流行歌　来
炎天の人列昏し光あれ　銀

韓半島を思ふ　*13

炎天悲報同じく瞳黒き戦禍の民　銀
炎天をすすみがたなの昼の月　銀
炎天に名所写真師半平和　銀
炎天城山身まはり旧市の片影なし　母
前後なきかなしみ炎天の太鼓の音　母
肉親の肉なき骨や炎天下　母
のがれ得ぬ一事や瞭然炎天下　母
私葬了りぬ正午のサイレン炎天へ　母
炎天奔流何に留意のひまもなく　母
炎天歩む吾（あ）は「残留の歌声」ぞ　母

炎天頭上飛行機何を織りつつか　母

炎天や手払はれたる子の手ここに　母

板子一枚炎天円空海を伏せて　美

炎天やこと待ちとほす墓の群　美

炎天やベートウヴェン曲飛沫挙げて　美

炎天の「虚無僧」脛浄しそれでよし　美

炎天や爆音封じ田舎の岩　15・10

縛とはいはず鉄鎖のそばの炎天ぞ　30・8

聖母伏目炎天子を抱き玉に乗り　30・8

炎天の万国旗まだ風を得ず　31・8

浅間牧場にて

牛炎天無毛の耳うら舐めあひて　32・2

炎天拝す亡母にあつまる祖の像　32・8

炎天厚し「早き涙」を制しつつ　32・8

即自の反逆炎天大旆桔梗色　34・9

炎天の町筋縁側沿ひつづき　34・9

炎天一路女人一路と言はば易し　34・9

炎天の巨松や銀粉横ながれ　36・10

炎天以前紙ナプキンをあまた折る　36・10

松山、六才頃の旧居のほとりなる「立花神社」にて。九句。（のうち三・四・八句目）

直線古松曲線古松炎天に　38・11

炎天古松心気体気の不紊もて　38・11

炎天老婆髪はもとより爪白く　38・11

炎天白道遥かの人の唾棄したり　大

炎天歩むいよよ玉虫色の鳩　大

今年はいつかと私に聞くな。それは、自他の齢の目盛だ。今日はいつかと問へ。さあ、足拵へだ。

あさみどり午前十時の炎天や　39・9

炎天何処へ鍵束めきて繿縷紐下げ　大

炎天来れば谷に待ちゐし昼の月　40・9

炎天や裡へと乾く雨後の溶岩　43・11

炎天下鏡面に地火紅し三つ　火

炎天下百姓夫婦高低に　来

炎天下の岩蘚厚しすべて既往　大

終戦の大詔を拝したる日、及びそれにつぐ日日、六句（のうち一句目）

烈日の光と涙降りそゝぐ　来

*14

烈日の歩みも遅々や足鍬踏む　銀

烈日ただ久し松籟促さる　銀

郊外烏山町附近に新様式の瓦斯タンク聳ゆ。奇怪にして、一種の非情美を形成するものなり。（三句）

烈日下「聳天円容器」うすみどり　31・9

烈日下絶大円球裾もまろし　31・9

絶大鉄球烈日の「明暗線」を真横　31・9

原爆までのエロ街道か烈日よ　32・7

松山、六才頃の旧居のほとりなる「立花神社」にて。九句。（のうち五句目）

烈日を銀杏葉煽ぎ松葉漉き　38・11

烈日下「おお」は深空（みそら）へ「ああ」は地へ　39・2

不慮の災害、香西家の上を襲ふ。慰めむに言葉なく、ただ次の三句を霊前に捧ぐ。三句。（のうち一句目）

高原の深空（みそら）や烈日照覧す　39・9

烈日遺品登攀具・学の参考書　大

油照（あぶらでり）

こゝ追分十日続きの油照り　火

片蔭（かたかげ）

再び帰郷　松山城にて　三句（のうち三句目）

石崖の片陰沿ひの幾角を　長・萬

常夜灯浅間へむいて片陰打つ　火

片陰ゆくつひに追ひくる市電なし　萬

片陰や夜が主題なる曲勁（つよ）し　来

関梅春氏の許を訪ふ　五句（のうち三句目）

片陰の濃ゆくて西山沿ひの家　銀

片陰細き渋民村を見下ろしぬ　銀

旧友等と次々に会ふ、或日旧友F（高校校長）の勤先を訪ねて、その校庭に憩ひつつ。

三角の片陰肩容れ頭（づ）を容れて　母

片陰の親の腹下仔犬二匹　母

天竜奔る僅かな片陰だにすらも　母

天竜の日洩れ片陰息づきぬ　母

上田市にて　八句（のうち一句目）

浅間もとより街（まち）に片陰なき刻ぞ　美

都心の片陰余りあまりてゆかりなし　美

浅間牧場にて

牧夫一人牧舎の片陰よぎりしのみ　32・2

片陰昏き酒場の女みな眼ありき　32・8

「洗足水（おすすぎ）」のごとき片陰在り得たり　34・11、12

遠距離より撮影し、かかる写真現存す

鐘鳴る片陰少年ニイチェ腕組みして　36・11

片陰が横にあるとき我に添へ　38・9

片陰に紅毛露（あら）はの垂直歯　38・9

片陰や訪ひて長居は幼時より　39・9

御代田町に近き馬瀬口村の一旧家、明治天皇の小休憩所たりしを以て、史蹟に指定されあるに、めぐりあふ。二句。（のうち一句目）

大帝の史蹟は片陰の側にあらず　39・9

男も女も踊み仕事や片陰に　40・8

広闊の地の片陰を辿らんづ　43・7

神奈川句会及び城南句会の人々と大磯に遊ぶ。十句。（のうち三句目）

藤村旧居に玉子解く音片陰時　43・7

盲（まう）杖（じやう）の人や片陰身で悟り　44・9

小樽港にて。二句。（のうち一句目）

小坂片陰片踵失せ旅の靴　45・2

片陰の中から揺れ出づ国旗の影　50・9

杉の巨幹縦肌緒し片陰占め　54・11

旱（ひでり）旱魃　旱天　旱雲

旱水一条橋半ばきて真下なる　火

馬は見ず旱（ひでり）の犬の眼吾（あ）を見たり　火

日の自足森の中なる旱道　銀

旗柱抜きし穴あり市旱（ひでり）　母

何度でも自動車とめぬ旱犬　時

木母寺聞けば旱地指して「ここがそれ」　38・9

休暇に入りし時期なれば、三女弓子の通学なしつつある駒場東大教養学部内部を、はじめて単身、逍遥す。七句。（のうち一句目）

父の下駄に旱砂利鳴るふかき音　38・9

戸隠行二十六句。（のうち一句目）

途次、川中島のほとりを単車にて過ぐ。一句。

旱磧川も歴史も曲折や　大

待つに何（な）を考ふ旱（ひでり）の弥勒仏　40・9

秋田大会散会後、香西氏と同道、平泉の地を訪ふ。二十三句。（のうち十七句目）

義経堂にて。

土の旱もの言ふ松籟さへも無し　40・10

昼の星大旱魃に仰ぎしとや　46・12

旱天の夜は三日月の斑（ふ）も著（しる）く　萬

旱天鳶の音故郷に佇ちて何の渴　母

秋田大会散会後、香西氏と同道、平泉の地を訪ふ。二十三句。（のうち十五句目）

義経堂にて。

一堂一像旱天の欄骨髄のみ　40・10

旱雲へ犬吼え石へ字を刻む　来

ヂェット機見えで綻ぶひびき旱雲　35・10、11

夏陽炎▽（なつかげろふ）

金沢行　六十六句（のうち四十三句目）
嘗て「光栄の場（には）」にてありし日本海を、今にいたりて初めて見るものなり。

夏陽炎日本海辺（へん）友揺れる　銀
兎の糞夏陽炎はみな筒太（つつぶと）　美
巑岏のラバ中空へ夏陽炎　12・4
触れてみて信ずる輩（やから）夏陽炎　大

【地　理】

夏の山（なつのやま）夏山　青嶺　翠巒

金沢行　六十六句（のうち六十五句目）
母歿後旬日、上諏訪に於ける夏季大学へ講師としておもむきし途次、とある山中にて

夏白き白山晴れしまま別れ　銀
夏山深く老婆籠れど我母亡し　銀

石手川上流にて

夏山も左へゆづり右へもたれ　母
神の窓夏山低く亘り亘る　火
青空は遠夏山の上にのみ　火
妙義嶺（ね）は肌も示さずいま夏山　火
夏山の石礫わけて断崖立つ　萬
夏山に断崖自（みづか）ら爪を立て　萬
夏山のあまたの山膝牛馬佇つ　萬
夏山へ首あげ仔牛鹿の如し　萬
夏山の懸路（かけぢ）あまたに牛さま〴〵　萬

面河に一泊の後に

夏山にをりをり犬吠ゆ主と在らん　母

城ある夏山下る離郷の足いつさん　母

鳥取海岸の砂丘にて

海高し夏山なだれに黄の沙丘　32・10

戸隠行二十六句。（のうち三・十・十一句目）

戸隠、宝光社の宮司京極家に二泊す。同家の子息は、わが勤務先なる成蹊学園においての同僚なり。三句。（のうち一句目）

夏山夏谷坊の父と子ただに楚々　大

中社及び奥社のほとりにて。七句。（のうち五・六句目）

夏山すさまじ敗戦以後の雪崩の迹(あと)　39・2

夏山ひそか孜々と再祀す「手力男」　39・2

小夏山親戚へ越す路三つ　42・7

神奈川句会及び城南句会の人々と大磯に遊ぶ。十句。（のうち四句目）

夏山すぐそこ遠く辿りし路籠(こ)めて　43・7

夏山や隠棲古き避雷針　43・8

下校青年墓域を過ぎて夏山へ　46・11

夏山真向ただにかがやく眼鏡外(はづ)す　52・10

厦門(あもい)回想。

青嶺(あをね)まどか円滑の白石地表から現(あ)れ　56・11

面河に一泊の後に

伊予の品位の友やや老(ふ)けて巒青し　母

妙義青巒指せば自閉児面(おも)廻らす　49・11

がらくた荷離さで転落青谷へ　母

青山青谷牛馬に別る臥木に乗り　萬

夏富士（なつふじ）

火の山は夏富士を前戦(いくさ)を背　火

富士裾野にて　三句（のうち三句目）

窓にそむく月の夏富士出でて仰ぐ　来

夏富士や長女野の家宰領す　美

五月富士（さつきふじ）

久闊の馬とその眼や五月富士　41・6

五月富士水に手浸す五指十指　41・6

切通しとても日の道五月富士　41・6

五月富士ただ消え黄昏(たそがれ)ただ青し　41・6

夏野（なつの）青野　五月野

啼く鴉ふりむく牛や夏野は朝　来

蔦温泉付近の沼辺にて　四句（のうち三句目）

夫(つま)が落す語を妻拾ひ夏野行く　銀

孀恋の夏野のラバの荒磯(ありそ)なす　12・4

新縄(あらなは)なして夏野に戻(ま)りぬ人健か　大

夏野の再会肘浮かせつつ駆けりくる　40・9

秋田大会散会後、香西氏と同道、平泉の地を訪ふ。二十三句。（のうち一句目）

夏野行く相語るとき横に並(な)み　40・10

「偽悪家少年」二人夏野の一路辿る　52・10

独楽(どくらく)や青野で緊むる男帯　31・6

五月野の露は一樹の下にあり　長・萬

アルミの音五月野(さつきの)の雲二た重ね　来

夏の水（なつのみづ）

メタセコイヤ夏の一水直く直く　47・7

夏の川（なつのかは）夏川

上手(かみて)より巒気や夏川押し流る　41・8

不用の名刺夏川へ捨つ私事歎かひ　44・8

夏川や露頭白石畏しや　49・7

出水（でみづ）梅雨出水　水禍

小さなる頭痛出水は漫々と　火

楽器携(さ)げて出水観て佇つ姉頼もし　美

いくたびの出水の里としてきこゆ　5・12

出水蕩々後すざり飛ぶ機影あり　38・11

梅雨出水その流動美友と賞でぬ　44・9

汚職報いくたび水禍報いくたび　美

尿(いばり)すれど吸はず水禍の後の地(つち)　35・9

夏の湖（なつのみづうみ）

蘆の湖にて、十一句（のうち一句目）

玻璃一と重夏の山湖に押し臨む　来

夏の海（なつのうみ）夏海

地火紅し顧みすれば夏碧海(あをみ)　火

回想

卵皿に揺れ夏海を蝦夷へ渡る　火

卯波（うなみ）

卯浪背に自作の曲へ振るタクト　46・6

土用波（どようなみ）

島裏、太平洋に面して行者窟なるものあり。役の行者、当時の外来思想心酔者等に憎み陥られて、こゝに流適隠穏せるあとなりと言ひ伝ふ。（四句）

岩窟(いはむろ)の岩門(いはと)のしきゐ土用波　火

土用波中空もたゞ岩盛(さか)る　火

土用波岩門岩窟声たてる　火

土用波岩山谺われに落つ　火

波浮の港（三句）

輪煙あまたのこす出船に土用波　火

土用波木枕じみし家そこばく　火

遊び女に枝ぶりの松土用波　火

夏の潮（なつのしほ）夏潮

金沢行　六十六句（のうち四十一・四十二句目）
嘗て「光栄の場」にてありし日本海を、今にいたりて初めて見るものなり。

幅広く北のかなしみ夏の潮　銀
北は蒼し目がかりもなき夏の潮　銀
立つ鳥、鷗、夏潮のここ「奴目の小幡」＊1　母
夏潮切々名所の断崖見下ろしつつ　母

妻と共に、横浜のニュー・グランド・ホテルに一泊。五句。（のうち一句目）

夏潮泡立ちホテルの楽は越後獅子　43・7

熱砂（ねつさ）

玉虫の熱沙搔きつゝ交るなり　火・萬
あげ舟の如く熱砂に駱駝伏す　火
駱駝さへ光れり熱砂黒ければ　火
熱砂遠く薙がれ余りて岩頭　火
水蜿蜒熱砂に干たり首尾もなく　火
熱砂行く人等肩寄せ歩を寄せて　火
熱砂裡をめをとともどちまたは親子　火
熱砂に眼落して駱駝の叫び聞けり　火
熱砂駱駝の自棄めく声に訝せず　火
わくらばに此の熱砂辿る身にしあれど　火
たちまちの霧掩へども熱砂なる　火
熱砂に雨涙の谷といふ語あり　火
をりをりに熱風熱沙の舞あちこち　35・6、7

代田（しろた）

代田の泥の四肢や臑まで肘までや　34・7
水田の夫婦抜足の辺に差足して　美

植田（うゑた）

植田と行人弟妹失せしもただに私事　44・8

青田（あをた）

足下を見佇つ青田の農夫ひとり　萬
車中客水薬飲み青田ばかり　萬

信濃にて　六句（のうち三句目）

ふと汽笛白煙青田に駅ありし　銀
青田白鷺市女笠めく墳一つ　母

幻住庵址へと志す。

青田段丘山墓詣りの道に似て　母
青田のごと一心事のみの妻夕栄　34・7
青田の靄の中に遠き帆あな関西　50・10
青稲の碧羅の空も茅舎以後　来

日焼田（ひやけだ）旱田

旱田は彼等が家の壁と乾(ひ)割れ　15・10

噴井（ふけゐ）

激湍の上へ噴井の溢れ水　44・10

噴井戸の蓋を勝気の女房掲(かか)ぐ　45・9

泉（いづみ）

妻と来て泉つめたし土の岸　火

泉辺は藤蔓掛けて直き木々　火

苔厚き長枝の下に泉湧く　火

水の穂をみてぐらと揺り泉湧く　火

日のはだら泉より川躍り出づ　火

泉辺に日のありどころ妻問へり　火

一と枝の葉を千切りあひ泉に投ぐ　火

吾子の上妻が言ふ間も泉湧く　火

泉辺のわれ等に遠く死は在(あ)れよ　火

円き泉二十年来一宣言　銀

「とくとくの清水」は、西行の歌に基づきて、岩間のしたたりるらんと想像し居たりしに、この庵の背後に到りてみれば、約半坪自ら湧くの泉なり。（三句）

澄むことに一生(ひとよ)を懸けし人の泉　母

片足を掛ける岩あり其処泉む　母

小牧健夫先生より、主著「ヘルダーリン研究」を贈らる。久々にてその詩界に接す。

諸手さし入れ泉にうなづき水握る　母

花田春兆君を其別荘に訪ふ　四句（のうち三・四句目）

泉中自影「神の顔した友」を尋(と)めて　美

天日無冠仰ぎて詩友と泉辺に　美

泉の母子すがたも声もまろやかに　美

泉辺や報命のごと風到る　美

泉辺へ生きものすべて独り来る　美

泉白し木の間高みを山越人　美

泉の音山姥恋し母恋し　美

泉の面(も)場(には)かぎりつつ泉波　美

鳥取海岸の砂丘にて　八句（のうち五～八句目）

隙(げき)を充たす三角泉幾沙丘　美

沙丘の泉梢(うれ)越す風に松微吟　美

沙丘の泉小鳥の浴(ゆあ)み尾もひろげて　美

女人一途黄沙白泉走せ渡りぬ　美

泉中(なか)水湧く水玉もぶれあひ　美
泉久し呪はんとして遂には祝(ほ)ぐ　美
顔一つ泉あるたび洗ひつつ　美
泉をば夜とならしめて闇ぞ護(も)る　美
泉を獲て日を望むこと旧のごとし　時
活眼や肉眼泉に洗ひつる　時
たぎりたぎる坩堝のさまの泉口　時
やすらかや源泉の面(も)に溺るる虫　時
泉の子礫(こいし)と雫あまた掬し　時
無人とはただ己居る夕泉　時
泉の子等胸の高さにもの流し　時
泉の濯ぎ女襞ふかぶかと片水輪　時
泉の面(も)月訪ひ月色しのび寄る　時
泉の面千割(ちわ)れし月の相逐へる　時
泉の兄弟よその兄弟をはばかりぬ　時
泉辺に発意か無為か筵小屋　時
終生まぶしきもの女人ぞと泉奏づ　時

長女初産ちかき日々を

安産なれ大泉中小泉涌く　時
旧泉や彼方は蒼く此処は透き　時

泉にしばし馬蹄のしぶき犬のしぶき　時
唇歯没して馬や音なく泉吸ふ　時
泉にふかく二犬身を漬くぶつちがひ　時
祖父(おほち)となりし掌(て)喫泉(きつせん)くすぐるよ　時
泉の辺水気(すいき)の中に常若草(とこわかぐさ)　時
泉辺や壁画に資せむ崖の面　32・4
泉やがて溢(あふ)れ走るや日はそこへ　32・4
泉の辺対岸なるものこゝに生ず　32・4

鳥取海岸の砂丘にて（二句）

沙丘の泉へ昨日(きのふ)降(お)りけり今日降りる　32・10
沙丘の泉小鳥つぎつぎ色同じ　32・10
五十路にして七十路侍む泉ふかく　33・6
自他の上ありのまま観る泉辺に　33・6
亡母憶ひて泉眺めて年も半ば　33・10
泉辺へ意を果たしては声落ちくる　34・1
泉と日差(ひざし)息永からぬ者やある　34・2
山裾に記憶の裾に泉湧く　34・6
下手(したで)廻しに岩支ふ磐根(いはね)泉湧く　34・6
泉の子声つかへれば咳ばらひ　34・6
年歯積めり泉の底の小石どち　34・6

泉へ来て「手も届かざる」の語を忘る　34・6
泉へ詫ぶ好かれて素知らずせしさだめを　34・6
夕の泉へ鴉つかれし黒足を　34・6
中之嶋森の泉に櫂なき舟　34・7
泉の浴女たわわたわわの直立（すぐだち）に　34・7
摩天の一樹摩天の藤蔓泉在り　34・9
泉辺に砂の指迹指で消し　34・9
水の穂の鼻まですぐる泉飲む　34・9

或る人の或る事に触れて

泉から鳥啄んで味濃き餌　34・10
故人恋しく国憂れはしや夜目の泉　35・1
泉の底銀音粒に湧く水泡　35・5
泉に一花横向き泛けり阻まれなく　35・5
母への悔を妻に重ねじ泉一つ　35・9
泉辺や胸を凭すに幹斜め　35・10、11
遠山は低山同然泉の景　35・10、11
手相を伝ふ雫や泉に手洗へば　35・10、11
指外（そ）れし卵沈みぬ泉曇る　36・9
神の丘が膝折り膝の間泉湧く　36・11
泉奏で風住む洞窟（ほこら）別にあり　36・11

胸奥のあちこちうごく泉一つ　36・11
女の唱（うた）いまリフレイン泉声亦　36・11
泉の小鳥直下へ降りむ翅たゆたひ　36・11
泉の女急坂降りくる者へ笑む　36・11
泉の女を母と呼び姉と呼ぶ声々　36・11
泉こそ横顔こそキス誘ふなれ　36・11
泉を踏みし女去り水の円位相　36・11
泉の女必然（ことわり）夫子へと帰りけむ　36・11
夜々の夢不穏なれども朝泉　37・10
朝泉信篤きもの水面（みづも）渉（わた）る　37・10
泉啓（ひら）けて三界城より雲来る　37・10

浅間山麓をややしばし登れる個所に、真楽寺なる古寺あり、六句（のうち三〜七句目）

聴き倦まず古泉湧く甘露音　45・1
惑ひ一途渇する者なし古泉　45・1
をみなにあらずをのこにあらず泉の魂（たま）　45・1
泉の円心揺るるを望み脚下も水　45・1
泉透く詩は筐底に胸底に　45・1
酒と女の遠さよ泉暦日動　38・7
泉の声期して歩めば到るものよ　38・9
黒土退（の）いて白沙（しらすな）出でぬ新泉　大

泉ゆたか水泡(みなわ)走りて水玉跳ぶ　大
渇医えての鳥糞ならん泉辺に　38・9
不語(かたらず)よ泉辺妻の「結び笑(むすびえみ)」＊2　38・9
泉と再会十二ケ月を相隔て　大
泉の中歯締め唇(くち)締め乙女佇つ　38・10
泉の影と連ね浅間に別るる日　38・10
帰り来ずや亡父母山より泉より　39・6

千ケ滝なる小庵に在る家族達に後より加はる。東京に所用ある際は、気軽に単身往復することを繰返す。今月作品の大部分は、その間の所産。

泉辺に足洗ひあひ修道尼　39・9
絶えず一旦(ひとたび)泉の面盛りあがる　39・9
煤煙はるかに渦巻き湧くよ泉一つ　39・10
泉の前褥の端のさまの岸　40・3
沙の膚小石の堆(つかさ)泉湧く　大
差入れて直指水底わが泉　40・7
泉辺の母子や母のみ訛ふかく　大
「お日さん」と日を称(よ)ぶ子等と泉辺に　大
白馬(はくば)の青年過ぎぬ泉を掬すれば　大
大石臼のさまの底より湧く泉　41・1

泉満々とくとく溢れつづくなり　大
泉たふとし少卑人にこの詩悦あり　41・1
神楽殿泉の声の風を負ひ　41・2
歩に歩拾ひぬ泉の及ぼすところひろく　41・2
泉辺やここらの父母の足の跡　41・2
泉の水泡いきづき豊かなる日なり　大
旧知の泉大地の色は土と砂　大
命の過半は過ぎぬ泉と日へ祈る　41・2
泉へ落ちで罪人堕涙顎伝ふ　大
泉へ誦(ず)する「父母忌みの歌」父母恋し　＊3　41・2
水を読むかに泉辺の老(おい)耽読　41・7
大河へ飛泉われ外国(とつくに)に行くなからむ　41・7
泉涸れずただ断橋となり果てしも　41・7
飽くなきとてもなべてとがめそ泉湧く　41・7

勤先の学園にて、「奥の細道」を講じて既に幾年ぞ。

どことて旅路倒木一つ里泉　41・7
泉一つ水高み入江数増しぬ　大
泉の冷たさ女指振る手首ごと　41・9
円弧をめぐる交流もありわが泉　41・10

青梅市郊外に好ましき泉一つを新たに見出でて、しばしば訪ふことを為す。九句。（のうち一・三〜九句目）

泉に在れば少年像青年像過ぎぬ　42・6
励まば賢と為り得む愚かや夕泉　42・6
木は蟠根竹は錯節泉平ら　42・6
泉の湧口方にして石すべて円　大

一隅なる碑石上の文字によりて、泉の名をば知り得たり。

嘶恋し泉にのこる名は「馬引」　42・6

傍なる立札上に、「不潔なものを洗はないやうに注意して下さい」とあり。

泉に笑声本来潔くば誰洗はむ　42・6

傍なる立札上に、「不潔なものを洗はないやうに注意して下さい」とあり。（二句）

泉に笑声不潔がゆゑに洗ふものを　大
泉に笑声「涙は不潔」と宣りそ　42・6
直立の木と家泉迫らざる　42・7
泉の面風の運命線走る　42・7
日は月を呼び泉辺に雉子の声　42・7
漬洗ふ枡や泉の澄み増さる　42・8
泉辺疾駆俊足二足づつ揃ひ　42・8
道修さんと土掘れば泉湧く里なり　42・9
泉辺や慈母にも通ふ偉母の笑　大
耳を疑ひて耳洗ひけめ泉映す　42・10

一泉一個の湧口水輪いそしめる　43・3
泉辺にとどまらんか友訪はんか　43・4
眼鏡除き肉眼裸眼泉覗く　大
ことに叶ひて熊笹更けぬ我が泉　44・2
泉辺や熊笹みどり縁どり白　44・2
うたかたの命泉に充満す　44・2
合唱は先争はで泉の泡　大
清泉や魚棲まずして神宿る　44・2
皮肉の裡の骨に響けり泉の水　44・2
日向に金泉日陰に銀泉茅舎遥か　44・2

「大法輪」誌へ掲載の写真に添へたる三句（のうち三句目）、その一文を省いて転載。「井の頭公園」についての所詠なり。

老杉仰ぎ泉湧口父と聴きぬ　44・9
泉に洗眼更に明視を希ひつつ　44・10

浅間林中の真楽寺にて。十二句。（のうち一・三〜十二句目）

泉辺や山寺の山号「浅間山」　44・12
千歳の塔あり泉の齢識らず　44・12
円き泉水中の布置神ながら　44・12
泉の底石は方円あるは不定　44・12
日の恵み泉は水の慈しみ　44・12

脚下も水泉の円心遠望む　44・12
肩をおとせしさまに蘆佇ち泉湧く　44・12
水輪ひらききれば泉はまた浄玻璃　44・12
とどむ術なし泉湧き時うつろふ　44・12
泉澄む筐底胸底己識る　44・12
泉辺発ち一挙深山(みやま)に入らむとす　44・12
飯粒(いひぼ)四五がひらききつたり家泉　大
泉の泡の珠玉ばかりの中へ手を　45・10
泉湛ふ「童話」は「飛ばむの志」　46・5
諸事明視泉に今日を謝さばやな　46・6
泉辺や語なく少年走せて音　46・7

次の一句中の「ききておどろくひともなく」は、長唄「娘道成寺」中の詞句に基づく。

泉へ晩鐘「ききておどろくひともなく」　49・10

次の五句は「蘭」誌へ発表のものと重複す。（うち五句目）

泉辺まで〜「我等が足を洗へ」の声　49・11
泉一面鳥語したたり日したたる　49・12
長方形の白岩一枚泉の底　50・10
慕ひ来し故泉やおほかた物音なし　53・10
泉の湧く名園遠からずと父誇る　54・11
電車捨て汽車捨てつひに泉近み　54・11
「動の泉」やその行末の潭一碧　54・11

清水（しみづ）山清水　寺清水　草清水　清水汲む

渓清水牛の銀鐶鼻ゆ垂れ　萬
渓清水踏んで牛等や蹄しぶく　萬
落ちにゆく清水の小巾真直に　来
清水流る懺悔の後の黽勉に　銀

金沢行　六十六句（のうち十四〜十六・十九・二十句目）

故郷(くに)めく町山水めきし井戸清水　銀

註　徳田秋聲の一作品中に、「山水のやうな水をかなだらひに汲んで……」の語あり。

土間足駄かりかりひびき井戸清水　銀
指にひびく未(ま)だ揺(ゆれ)水の井戸清水　銀
溝清水塀下出づる此の人気(ひとけ)　銀
ほそやかな洲なども置きて溝清水　銀
空で波うつ清水や水瓶仰ぎ飲む　銀
清水の味真珠の中の黄の真珠　銀
清水の声と妻の声には誘はる　銀

蔦温泉付近の沼辺にて　四句（のうち四句目）

陸奥(むつ)の清水遠望みつつ足ひたす　銀

嘗ての乳母、健在にてたまたま松山にありとて、親戚の一人自転車にて、伴ひ来らんと走せゆく。

清水でそそくさ顔洗ひざま来し乳母ぞ　母

流れ入るや清水豉虫(まひまひ)よりも舞ふ　母
清水溢れて足跡の泥の上を走(は)す　母
水も寝るか夕べの清水杭(くひぜ)巻く　母
背(せな)の子へ清水の盃を水平に　美

印旛沼行　五句（のうち二句目）

山荘の時かけて汲みし清水かや　美

谷口雲崖・松原文子両氏と河原町鮎宿に遊ぶ　八句（のうち一・八句目）

清水の岸竹叢(たかむら)酒庫(さかぐら)一つづつ　美

谷口氏は此町の出と推せらる

己(おの)が故郷の清水に招じそれと言はず　美

白河関址にて　六句（のうち六句目）

関址の清水ここ発(た)ち千年(ちとせ)の路に副ふ　美
清水見るに倦きず日向の座に疲れず　美
清水に洗ふ牛蒡やアクは流れ去り　美

散策の野の中に、独り、渡米中の三女の上を偲ぶ

清水潺湲対蹠界いま吾子の在り　美
底石よりも清水のあやのさはにして　美

在青松園の辻長風氏の句集に寄せて

清水の音語り尽せぬことを唱(うた)ひ　美
清水奔(はし)りて指併せしめ岐(わか)れしむ　時

黙(もだ)の清水へ声の小清水ゆんでより　時
清水のうたかた「且つ結ぶ」さま小踊りつつ　時
清水潺(せん)湲(くわん)足(あし)頸(くび)を揺る妻にも似て　時
清水飲めで拭かるるのみの幼児泣きぬ　時
清水の幅十三絃のさまに流る　時
清水沿ひ谷こそ横臥容るるなれ　時
合掌せし拍(かしは)手(で)めく音清水鳴る　時
上(かみ)手(て)向き清水の小魚流れ来し　時

浅間牧場にて

牛は舌を彼方へ彼方へ清水飲む　32・2
縷のごとき清水や一途に小鳥飲む　34・1
妻へ一途の胸ときめきや清水尽きず　34・2
ふるさと人等清水を濁し巨樹を伐り　35・9
清水一条座右に落ちて杖の如し　37・10
清水落ちて水の綾織り白を以(も)て　37・10
岸の嫗(おうな)指先とどく清水の面(も)　大
鬢櫛や清水ふくませ幾玉ぞ　38・9
清水と小門南画「再生の世(よ)」を描く　大

小諸の町をさまよふ。九句。（のうち二句目）

井戸清水腰布・襦袢山市の女(ひと)　38・10

松山、「中の川」の上流の畔にて。（十句）

柱時計の音落ち流る川清水　38・11
川清水弾み合はせて蜆蝶　38・11
そそぐほど手の平若し川清水　38・11
低青空海へ二里ゆく町清水　大
中の川九尺幅か清水の音　大
路次を犬は一と走せめぐり川清水　38・11
川清水捨石臼に白沙寄る　大
川清水手機(てばた)の音の折にしきる　大
川清水ただのつぺらの道祖神　38・11
川清水わが紋どころ酢漿草(かたばみ)咲く　38・11
丘の上の井戸清水なり墓も一つ　39・1

*4

再遊や一渇医ゆる島清水　大
谷の子遊ぶ清水に枝川つくりつつ　39・7

*5

「なりはひいつしか〈動(どう)〉が〈美(び)〉なり」と清水指しぬ　大

千ケ滝なる小庵に在る家族達に後より加はる。東京に所用ある際は、気軽に単身往復することを繰返す。今月作品の大部分は、その間の所産。

清水落しむ「鈷鉧潭ノ記」茫乎五十年　39・9

*6

小清水のひびらぎ注ぎ大清水　大
門橋にあたりくぐりて溝清水　39・9
妻の出自とかかはりなき地溝清水　39・9

小海線沿ひなる竜岡城なる町のはづれ、田口村に、函館なる五稜廓に酷似せる城趾あり。二句。（のうち二句目）

史趾五稜を繞り復(また)会ひ去る清水　39・9
こころの芯据わりコップの井戸清水　40・6
旧仮名遣は本仮名遣清水の音　40・7
一清水銀鱗副ひに鰭動く　40・8
広清水狭(さ)清水走すよ父子呼応　41・5
落清水その裾映す湍の水穂　41・6
泳げる鳥の脚見ゆるこそ清水なれ　42・5
馬蹄の迹へ沁み出る清水砂の上　43・12
清水流る水面(みづも)のかしぐところ迅く　44・10
山市には黒髪長さや井戸清水　47・2
かの町の溝清水偲びつつ寝落つ　47・2

清水通ひてその底砂や常滑（とこなめ）に　50・8

たもとほるは日高の為事門清水　大

少しこぼして置いて幼女が清水運ぶ　大

鉄桶錆びて「レムブラント色」や清水汲む　51・6

入歯一挙に洗ふに清水のあらがひや　53・4

運動場の砂利の端（は）濡らし山清水　40・9

三井寺にて

寺清水もつれ流れて末濁らず　母

草清水木にとまりたる石叩　37・10

島の娘（こ）佇てり石井戸（いはゐど）清水とともに汲み　火

家うら家うら日本のをみな清水汲む　銀

滴り（したたり）

島裏、太平洋に面して行者窟なるものあり。役の行者、当時の外来思想心酔者等に憎み陥られて、こゝに流適隠穏せるあとなりと言ひ伝ふ。

窟の中滴り漏刻より繁し　火

岩窟聖母滴り伝ひおち易く　美

神奈川句会及び城南句会の人々と大磯に遊ぶ。十句。
（のうち六句目）

エリザベス・サンダース・ホームにて。二句。
（のうち一句目）

滴りや洞門暗く窄（せま）き門　43・7

滴りは滴り無風の換気筒　45・11

滝（たき）瀑　飛瀑　滝の音　滝見

白き滝妙義の肌の窪深く　火

奥入瀬　八句（のうち三句目）

道は険を増さで得つづけ滝の数　銀

航つゞく早滝遅滝海へ堕ち　美

夫婦（めをと）小滝（こだき）滝壺二点夜目に白し　時

自らを梳く滝の丈真白に　時

不遇ならず増水黄化の滝仰ぎて　33・10

銀の滝・白き余湍や残光に　33・11

遠嶺（とほね）の滝・「罪のみなもと」晴るれば睹（み）ゆ　34・2

うかがへば薄暮巌（いは）の間昔の滝　34・5

脈打と呼吸の数や滝落つる　35・8

滝落ちて左右（さう）の岩門（いはと）を押し退（の）けつつ　35・8

滝一筋雲の柱の間（ま）を落日　35・8

*7

天へ水上りて「薬師の滝」と落つ　38・8

急湍の果の滝なり裾開き　40・8

那智の滝。

神は一筋万象の奥滝落つる　41・11

岩壁へ裾引き控へ素朴な滝　41・12

沈黙と多弁の前や滝滔々（たうたう）　42・4

滝を真向再出発も立志なる　42・6

小粒なる鉄鎖白銀の滝の幅　42・8

すべて遠望の白滝の下藁屋あり　42・9

歿後十日滝の前には今日も虹　44・1

画技に籠れる一老偲ぶ滝の前　50・10

滝への路還らぬ人への路も一筋　54・8

幅広く二瀑や二川相会ふなり　母

沓掛町附近の笠倉神社境内に憩ふ。名もなき工人の手になれる古堂宇の木彫、ねんごろにして面白し。一隅に長谷川伸筆の沓掛時次郎碑あり。

胸に火纏ひ麒麟首垂る瀑（たき）ほとり　37・11

瀑下の白泡七色たらむとしては保つ　大

青野馬童氏より「鉄斎画集」を贈らる。連日少暇毎に同書冊を繰りて忘我の悦楽に耽る。

瀑勢図。

瀑勢奔下右往左往し潭又潭　46・8

唸る機械飛瀑の前のときめきよ　31・8

読書の人は座にあらぬがに滝の音　36・9

追ひつぎくる滝音や下山はかどりぬ　53・3

鉄斎画境を日々俯仰滝見に行かばや　46・9

【生活】

氷室（ひむろ）

嘗て「信濃居」一聯の句を作りし小家へ家族と共に到りて数日あそぶ。此小閑を得ること幾年ぶりぞ。二十二句（のうち三〜七句目）

肩張りし山を南に氷室あり　銀
眼底さえて氷室の闇に慣れきたる　銀
人語あり氷室頭上の屋根部屋に　銀
奥より見れば馬の影絵や氷室の口　銀
蘆も茂り氷室の前に鱒飼ふ池　銀
氷室亦正午めぐりに陰を絶ち　美
煌たる中氷室・芦(あし)騒(さゐ)古しとや　美
氷室二棟浅間は胸に火ある山　31・12
氷室覗き一病の友訪ふがならひ　大

こどもの日（こどものひ）子供の日

子供の日室内台上に犬一声　美
揺れつつ海へ伸びゆく道や子供の日　美
子供の日竜骨の間(ま)を縫ひ遊ぶ　美
鶉の卵孫を加へて子供の日　38・7
子供の日妙にも小(こ)葉(ば)の苜(うま)蓿(ごやし)○　41・9

母の日（ははのひ）

馬も牛も二重瞼に母の日ぞ　銀
母の日や大きな星がやや下位に　母
母の日やけふは熟路を歩まんか　美
母の日の巷に降る雨すべて霽れぬ　美
母の日の母に活けけり果樹の花　美
母の日の母に夕べの父副へり　美
黒揚羽後(あと)翅(ばね)粧(けは)ひ母の日ぞ　33・5
刺(とげ)を自ら抜きをり母の日の午前　41・6
母の日や黒髪人魚の古画の行方　41・11
母の日や干物多き感化院　46・7
母の日も小圃の禾下へ汗したたる　46・10
母の日や眼鏡を父に預ける母　58・6

父の日（ちちのひ）

父の日や肌着あらため口漱ぐ　41・8
踏切渡るうから見送り父の日や　41・8
新人の神父の説教父の日や　41・8
父の日やよその八重歯の児も可憐　41・8

義弟、勤務先ロンドンより臨時帰国せるを、妻と共にその宿泊先のホテルに訪ふ。二句。（のうち一句目）

父の日やますらをぶりの眼と語る　41・8

メーデー

メーデーやコンクリートから松の幹　43・7

幟（のぼり）紙幟

港の幟どの町筋も馬蹄形(がた)に　33・6

幟の家々降りては登る山の使者　34・5

出入数多の公舎にとなり紙幟　34・5

鯉幟（こひのぼり）

金沢行　六十六句（のうち二十二句目）

旅の身は電柱に倚り鯉幟　銀

野の農夫活かす血真赤か鯉幟　母

一汁一菜一能に足るよ鯉幟　母

銀翼暗翼機影疎まし鯉幟　母

鯉幟七人に兄私事をのみ　33・5

戦中派の人等と親疎鯉幟　33・5

食事の腹案母がつと起ち鯉幟　34・5

鯉幟地平線てふもの見たし　39・6

廻転砥石でナイフ研ぎみる鯉幟　41・6

添ひて自転車坂押す乙女鯉幟　41・6

陣中に没せし機山（信玄）の遺骸をひそかに運び帰りて、一旦密葬したりし跡なりと言伝ふる、ささやかなる墓碑に参詣。

「人は城」機山の墓辺鯉幟　44・6

少年の手ぶり話や鯉幟　44・8

谷嘉(よみ)して縦風通ふ鯉幟　大

厦門(あもい)回想。

鯉幟群芝の上(へ)に鯉魚さながらに悠遊す　56・11

吹流（ふきながし）

句作散策の途次、たまたま行人どちの会話によりて、傍なる一邸を林芙美子女史の故宅と知る　七句（のうち七句目）

吹流し遠景動く小荒れの日　美

矢車（やぐるま）

矢車や日の出処(どころ)の丘昏し　来

矢車の影や砌の上で舞ふ　母

矢車の「転清輪」や音もなく　33・5

矢車や小(ち)さくも深き菓子袋　33・5

湖の風矢車鳥居の両側で　41・5

武者人形（むしやにんぎやう）五月人形

行進曲ながれて無人武者人形　52・6

*1 まつすぐに人見る男児(をのこ)五月雛　来

*2 尾の厚き鯉そのほかの五月雛　来

菖蒲葺く（しやうぶふく）

金沢行　六十六句（のうち二十八・三十句目）

犬ねむる菖蒲をふきて軒の昼　銀

片山津温泉にて

菖蒲葺く日やここの温泉(ゆ)はこの熱さ　銀

菖蒲湯（しやうぶゆ）

金沢行　六十六句（のうち三十三句目）
片山津温泉にて

友とあり五日六日の菖蒲湯に　銀

薬玉（くすだま）

上田市にて

夏の薬玉お下髪にほひつ軒ばなし　32・2

山開き（やまびらき）

信濃支部発会の催ありて、豊科にいたる　二句（のうち二句目）

伴れ犬にいつか蹤く犬山開き　美

パリ祭（パリさい）巴里祭

文化国家日本とは

金髪のたつのおとしご・巴里祭　時

夏期手当（かきてあて）夏期ボーナス

夏ボーナス日本の病ふかきとき　銀

夏休み（なつやすみ）

三女弓子に与ふ。一句。

進学峠越して那須野の夏休　大

帰省（きせい）帰省子

果樹の幹苔厚かりし帰省かな　長

帰省の卓目のある魚のさまざまに　美

信濃にて　六句（のうち五句目）

帰省子のせて午前十時の馬戻る　銀

帰省子に山の端で鳴く山鴉　9・10

夏期講習会（かきかうしふかい）夏季学校▽

夏季学校黒板前に膝立てて　38・10

更衣（ころもがへ）衣更ふ

リンカーン夫妻の相(すがた)を偲ぶ。ちなみに――「ノッポ」と「チビ」は、リンカーン自身の用語なり。

ノッポの上下チビの小言で更衣　時

更衣こぼれさいはひめくなかれ　41・8

世智なき父を末子嗤はず更衣　44・8　来

小ヂーキル即(そく)小ハイド衣更へて　来

夏衣（なつごろも）

緋の夏衣鳥獣を飼ひ恋へ奔り　35・8

夏服（なつふく）

引き引かれ夏服の腕母子一繋　母

鳥取海岸の砂丘にて　八句（のうち四句目）

亡母のおもかげ黄八丈めく夏服に　美

シュヴァイツァーのほほゑましき写真図に題す

夏服煌と女人を導く手頸(てくび)執(と)りて　時

夏服姉妹堂をめぐりて会ひつ笑む　35・8

勤先の学園附近に居住せる金子光晴氏と、たまたま路上に佇みて、半ば挨拶なる語を交はす。

海老茶・暗緑夏服生色(せいしょく)自ら消し　36・8

白服（しろふく）

白服の巡査外套霧に靡き　火

英雄の息女の三人(みたり)白夏服　来

埋葬行夜の白服に白釦　母

白制服の娘(こ)に文庫本小ささよ　39・8

袷（あはせ）

那須野の子袷裏見え著つゝあり　萬

小池氏宅付近及び小池氏宅の人々　（二句）

若き農夫袷白襟僧のさま　来

袷の子をとゞしころの吾子に似て　来

けむたがる袷若妻鍛冶煙　銀

もの容れ遣らんに女人の袷襟かたく　35・6、7

離室へ先づ長袂の袷届けられし　56・5

ネル

ネル厚着「背景的大物」なる巨漢　大

セル

ひもじさは嬉しさに似てセルの胸辺　火・萬

赤んぼの五指がつかみしセルの肩　火・萬

童話書くセルの父をばよぢのぼる　来

吾子のセル涙と涎玉とはじき　来

白堊ヴィナス戦後はセルの季(とき)とてなく　美

玄関から灯からすぐ消えセルの友　美

十五の娘(こ)へはまともな反辞セルの母　35・5

羅（うすもの）軽羅

軽羅の末子(ばっし)門前無人の一と踊　美

軽羅の笑(ゑみ)に扈従(こじゅう)の男ただ写真機　32・8

夏袴（なつばかま）

夏袴兄の姿の甲斐なからん　萬

浴衣（ゆかた）

唇動き悲しさ語る浴衣白く　萬

洗ひ浴衣乙女の身をばよく包む　来

夕日あかあか浴衣に身透き日本人　来

浴衣の肌を馴れ寄る犬の鼻が突きぬ　母

めぐる光陰浴衣の紐を結びやる　美

浴衣の子等の話題の父母のとりとめなや　36・9

松山、六才頃の旧居のほとりなる「立花神社」にて。九句。（のうち七句目）

干浴衣に手型や若き母泣かせつ　38・11

若き師浴衣で見送り佇つよ生徒等を　41・8

海外より長孫、次孫の写真を送り来たる。或るパーティに懇望せられて和装にて出席せる折のものなり。即事。一句。

異土（いど）での浴衣妹へ肩添へかしげ　41・9

浴衣の父と腰せよ瑞々しき岩に　42・6

じゃんけんを浴衣の母へ緩く振る　42・7

神奈川句会及び城南句会の人々と大磯に遊ぶ。十句。（のうち一句目）

靴下ばきのままの浴衣や夏千鳥　43・7

新しき浴衣に妻の縫（したて）癖　48・9

レース

若き日焼けレイスの白き模様乗り　来

夫妻若くレース・カーテン丈高し　42・11

レース・カーテン独坐のコリー首肯なす　42・12

レース服の肩の辺「単純にて充てる」　53・8

夏シャツ（なつシャツ）

少年の夏シャツ右肩裂けにけり　銀

夏シャツ右腕、卓に載せ頼もしからず　母

開襟シャツ（かいきんシャツ）開襟

戦後初めて宮内省を訪れて　二句（のうち二句目）

薄暮開襟塒雀の永騒ぎ　銀

母の危篤状態つづく。十七句（のうち十三句目）

予備隊の開襟わが胸ただふたがり　銀

海水着（かいすいぎ）水着

いまや水着水を辞せざる乙女跳ぶ　来

編笠（あみがさ）菅笠

臥せてある菅笠へ田の声通ふ　美

早乙女の菅笠ささべりうなづきぬ　時

臥せてある菅笠へ来て草の蠅　31・8

夏帽子（なつぼうし）夏帽　麦藁帽

墓地を過ぐ久しの夏帽あす脱がな　火・萬

はやくも夏帽高みの仕事する人が　美

白夏帽侏儒の家路は砥の如し　31・9

松山、六才頃の旧居のほとりなる「立花神社」にて。九句。（のうち一句目）

夏帽置けば古松の洞に転び落つ　38・11

＊3

僧の留守といふに籐椅子麦藁帽　火

広きへ行かん鉢窪ふかき麦藁帽　銀

麦藁帽乗せて農家の石灯籠　美

バタ屋夫妻の同業ぶりや麦藁帽　34・10

白布帽七歳女児に父に亙る　33・7

汗拭ひ（あせぬぐひ）ハンカチ

ハンカチが教子等にまだ大きくて　火

ハンカチもネオンで真赤心せはし　火

ハンケチを咥へし明治の悲劇も果て　銀

人目なき夜行のハンカチ涙たたみ　35・1

ハンカチ握つて因果な歌の中走せ過ぐ　35・6、7

ハンケチ敷き練兵見しよ父母と　40・9

浅間と語るハンカチ四隅ひろげて坐し　44・11

切符とハンカチ摑みて遥々子の里へ　52・8

柏餅（かしはもち）

金沢行　六十六句（のうち二十九句目）

家ふかく昼の一燭柏餅　銀

をんな哺（ふく）む白い舌めく柏餅　美

国を罵る酔語聞こえて柏餅　32・6

夏料理（なつれうり）

鐘の音や箸待つのみの夏料理　美

吏たりし亡父は大人なりしよ夏料理　時

夏料理小諸芸者とその妹　39・9

高きへ流るる南画の川や夏料理　大

詩で獲たる金貨一個や夏料理　40・7

夏料理雨具のままの行商過ぐ　41・5

剃跡青き亡父現（あ）れ来よ夏料理　大

夏料理亡父好みの三杯酢　52・8

鮓（すし）鮨　鮎鮓

金沢にて

試射強行の日なりよき寿司よばれつつ　母

土産寿司買ふ人宵を共有す　42・8

松本たかし急逝す　四句（のうち四句目）

友の鮨よばるよ隣室友の骸（から）　美

眼鏡かけて鮎鮨の鮎箸ばさむ　36・9

飯饐える（めしすえる）

饐え蕎麦を亡母に供せし店未（ま）だ在り　美

梅干（うめぼし）梅干す

小遣銭の可愛さ梅干すにほひあり　美

ビール

夜のビール酔とは肩の軽まるもの　母

酔へぬビール国技館もう灯が消えた　12・1

たまのビールそばによく利く妻の鏝　16・10

昼ビール・週刊紙窓外を忘れしや　30・6

樹下にビール干しあひ芸道旅路めく　31・8

ビール飲む新道と地溝見下ろしに　33・9

小森に虹の額の絵独りビール酌む　40・3

馬首三色（みいろ）睦む額の絵ビールは黄　40・3

四十星霜子供つぽき者ビール酌む *4　40・4

ビール酌んで独り居の歯の皓（しら）むかに　40・8

ビールただに自興熱帯魚のそばで　大

青梅駅前に小レストランありて、古典音楽を静かに流すを常とす。

楽聖死面顴骨隆しビール酌む　42・1

先に一度述べたることある青梅駅前なる我が愛好の小レストランにて、独り自らを慰労すべく酒杯を傾く。二句。

楽聖死面は東西併相ビール酌む　42・6

画中の海潮遅速ものかはビール酌む　42・6

斯く美食しビールも飲み得るか亡き父母よ　50・8

冷酒（ひやざけ）冷し酒

秋田にて。四句。（のうち二句目）

冷し酒焼鯛寝姿いざ食べん　40・10

新茶（しんちゃ）

新茶売出し横町じみし小坂一つ　41・7

砂糖水（さたうみづ）蜜水

赤鉛筆逆持ち攪（か）けり砂糖水　47・8

冷し蜂蜜（ホニー）老いづきつつも吾（あ）に吾妻　大

アイスコーヒー　冷し珈琲

「冷しコーヒー」「お握り」を売り線路わき　41・9

ソーダ水（ソーダすい）

ソーダ水揉手して原稿書く女人　49・8

ラムネ

絶えず小言いはれし頃とラムネの味と　銀

日友Fの好意にて、夫人及びその女俳友と共に、名勝面河（おもご）に遊ぶことを得たり。

峡の青星ラムネの玉を友と鳴らす　母

空も馴染ラムネ工場のにほひして　36・11

ラムネ壜玉を抱きて鳴り遊ぶ　39・9

ラムネ瓶の咽喉（のど）の括りへ筧水　48・8

ミルクセーキ

石崖前に呑みしよ明治のミルクセーキ　49・10

小鳥印（じるし）のコンデンスミルクのミルクセーキ　49・10

氷水（こほりみづ）夏氷　かき氷　氷旗　削氷▽

氷食べしあとの薄咳せし吾なり　火

氷屋の鏡中かゞやく馬行けり　来

野の町に古樹は根深し氷食ふ　母

氷水甘（あま）し罪人の分際に　美

円き頭（づ）に姉の手置かれ氷水　美

山の子等もいまは足長氷水　32・8

氷水縦長く力瘤休む　34・8

氷に砂糖思想の美味は妻に言はず　35・5

少年兄弟氷水飲む兄まかせ　大

ゆくりなくも、青露庵の垣外に佇む。

世は又不穏夏氷に鋸（のこ）当つる季（とき）　33・7

氷食ふやバスのステップすぐそこに　母

主婦の目大きく氷の旗の文字赤し　42・8

小遣一片削（けずり）氷（ひ）となり盛り上る　39・8

氷菓（ひようくわ）

六月の氷菓一盞の別れかな　長・萬

氷菓に偲ぶ疲れ初めたる頃の父　大

「汝等（なれら）が母へは市井多彩の氷菓買はめ」　54・11

麨（はつたい）こがし

怠けざれ独りごちつゝ麨（こがし）を練る　火・萬

麦落雁（むぎらくがん）

四君子と寿鳥図寒の麦落雁　47・4

鰌鍋（どぢやうなべ）柳川鍋

行人の行く方（かた）向けて鰌割かる　萬

「斜陽出征」送りしここらぞ柳川食ふ　35・9

甘辛き柳川鍋や食も一事　35・9

零（したみ）へ置けば辷る盃柳川鍋　大

甘辛き柳川鍋や場末よし　42・10

＊5
柳川独酌光陰過ぎゆく矢の羽音　大

＊6
柳川独酌笑ひ転（こ）ろげるに手頃の土間　大

夏館（なつやかた）

四代現住避雷針下の夏館　38・9

夏の灯（なつのひ）

空の押入見佇つ女に夏灯影　萬

細紐たばね夏灯に書（ふみ）を読み初む　萬

港市は山へ夏灯撒き上げ楔形　萬

人形や夏灯の壁へ頭（づ）で凭れ　来

金沢行　六十六句（のうち三句目）

下照る夏灯車中童話を読む声あり　銀

満五十歳の誕生日に　六句（のうち五句目）

夏灯の窓々今のうつつの隣人たち　銀

松山市に到る。

襦子に夏灯住ませたかりしここにしばし　母

旧東海道ここら赭土（あかつち）夏灯ともる　美

ランプの夏灯往事脈々と黄の光　美

夏灯の下征く友身をば明かさんとす　18・10

夏灯それがストリッパーの影も掠め　32・9

わめく夏灯ストリッパーよ時歩よ時歩よ　32・9

次代荒びぬ夏灯の松の幹葉かわき　36・10

＊7
年輪の真中（まなか）に樹（た）てし夏灯一つ　37・10

乙女紐引き夏灯をば呼び下ろし点けぬ　大

墓地に隣るヘルス・センター夏灯と闇　39・8

金色堂に昼の夏灯の消えし刻か　45・2

内から灯りし真珠の如き夏灯一つ　50・10

夏炉（なつろ）

＊8
抱く老の膝長し夏炉焔高く　火

＊9
若き我が父を夏炉の語り草　火

＊10
夏炉現前十九の茅舎いかなりし　火

＊11
夏炉映ゆ齢もろとも瞳澄みて　火

＊12
「反は生の動」と説かる丶夏炉燃ゆ　火

＊13

夏炉燃え妻子ありやと訊きたまふ　火

信の座か夏炉の左の母の座は　美

夏座敷（なつざしき）

親戚の挨拶廻りをなす。又、或家のくらしのおもかげは……

夏座敷盆景の島も孤（ひと）り島（じま）　母

露台（ろだい）バルコニー　バルコン

露台に乙女崖に根深き崖の家　時

そこへの出口無き露台下や葬の場（には）　大

露台へ出入り十九の母に育てられし　43・6

放置露台へたまたま出でて一教師　46・11

バルコニーある家に妻と棲みたかりし　39・12

バルコニー同士投文松の下　40・5

車道だらけ装飾バルコンだらけとなり　44・10

噴水（ふんすい）噴泉

古城址の噴水立ちよる我が丈ほど　火

金沢行　六十六句（のうち二十五・二十六句目）
兼六園にて

噴水の前に消化の時を保つ　銀

松籟も噴水にきて真白に　銀

交通笛の促し吹きや噴水絶え　32・11

小噴水連弾の音楽学生寮　33・9

山市（さんし）の乙女等如露にかも似し噴水に　大

寺の噴水西方（さいはう）落暉遥けさよ　38・9

噴水円陣水面ひろごる水鱗（みづうろこ）　39・8

噴水の茂りにしげる水なるかな　大

照明噴水五色本末遡る　41・1

照明噴水詩も整然の悪戯（いたづら）なれ　41・1

噴水青天いかなる鶏も金色（こんじき）帯ぶ　41・9

磯貝碧蹄館氏、俳人協会賞受賞の日。一句。

噴水明々喜悦の人を祝（ほ）ぐ此の日　大

大廈の広庭に奥まりて、やや夜更くれば人の寄らざる噴泉あり。二句。

噴水辺読んで頭（づ）を挙げ栞して　42・5

照明噴水流動の虹此処に妻　42・5

照明噴水妻から寄する香のみと在り　42・5

独り川越市に遊ぶ。十五句。（のうち六句目）

鶴の噴水亀の噴水ふつつかに　42・5

噴水条々妻に世佗びのなき日なり　44・5

凮の噴水王妃の泣きたはむるる日か　44・5

他奇なく歪（ひづ）む噴水柱とポプラ陣　44・10

噴水清水一と度四方（よも）へ散ぜむと　44・10

鶴唳や明治の噴水ひた一条(ひとすぢ)　45・2
明治の噴水声なき鶴唳一条に　45・7
大噴水想出の音を点描に　47・7
鶴の噴水選詩の疲れ夕癒ゆる　50・8
無人の日噴水の玉飛びひしめく　51・10
折々己れにおどろく噴水時の中　大
噴泉の音を座右に枕頭に　40・9
嵐の日の噴泉白馬の足掻きなす　41・11
噴泉群楠も団々梢(うれ)揃へ　41・11
噴泉を飲む鳩眼まで濡れにけむ　43・10

夏蒲団（なつぶとん）

夏蒲団浄々四壁に衛(まも)られて　47・8

夏座蒲団（なつざぶとん）

香川行。二十三句。（のうち十句目）
香西照雄氏本宅にて。二句。（のうち一句目）

老父母健在夏座布団の数豊か　39・7
躓きたれば孫が坐りし夏座布団　44・10

竹婦人（ちくふじん）竹夫人

軒端も星蛇籠の如き竹夫人　41・9

網戸（あみど）

網戸の外孫過ぐ声も素通しに　44・9

日除（ひよけ）日覆

喪の家ちかくミルクホールの日覆古る　火
いと低き日覆くぐりぬいと僻地　39・9
風の日覆はたちの頃の町の音か　47・7

簾（すだれ）絵簾

人ひとり簾(す)の動き見てなぐさまんや　来
うから昼餉の影絵一枚簾の中　銀
病母のうしろ簾のうしろひた暗し　銀

松前(まさき)町海岸の入江を訪ふ。ここは、母との生活の、最初の記憶の地なり、その頃の住居現存す。

わが故屋(ふるや)うつつの簾を爪掻きぬ　母
走車絶えず簾の裾の猫の顔　32・8
簾の彼方「明窓数多の汽車」走る　36・11
喧嘩は石火ビニール簾破れとぶ　39・7
野の館に絵簾長し亡母いづこ　美

青簾（あをすだれ）

青簾疲れし者なき代の如く　美

葭簀（よしず）

葭簀かげの運動場広まりつ狭まりつ　56・9
ただ細かや砂利の上なる葭簀のかげ　56・9
帽の庇の下満面の葭簀のかげ　56・9

誰の顔も面上すべて葭簀の影　56・9

全校児の葭簀の蔭の顔弟どこに　56・9

葭戸（よしど）　簀戸

簀戸かげへ徴税のきてかすかならず　美

籐椅子[*14]（とういす）

僧の留守といふに籐椅子麦藁帽　火

現在身をよせゐる小庵は、妻の亡父母の建つるところ。幾夏かを共にここに過ごせし思出亦豊かなり。一句。

歩み寄れば籐椅子自ら（みづか）キチと鳴る　39・9

籐椅子[*15]の神父やわれ等平畳に　大

ハンモック

ふるさとのと同じ名の寺ハムモック　42・7

蚊帳（かや）　白蚊帳　初蚊帳　幮▽

蚊帳越しの電燈の玉見て居りぬ　長

再び帰省　旅舎どまり　二句（のうち二句目）

蚊帳へくる故郷の町の薄あかり　長・萬

左右（さう）上下教児寝語る蚊帳の中　火・萬

寝息三十そろへば我も寝いる蚊帳　火・萬

波浮の港

崖に網二階の欄に蒲団蚊帳　火

手よ足よ蚊帳平安の一夜なる　来

人過ぎぬ蚊帳の月かげ葉かげ揺れ　来

白蚊帳やとがめなき恋相笑みぬ　銀

赤児の欠伸蚊帳はヴェールのこまかさに　銀

蚊帳は海色母をもつつむ子守歌　母

銀屏風母の遺骨も蚊帳外に　母

蚊帳に孤（ひと）り鼠が下駄をわたりし音　15・10

九州水害の記事を読む

蚊帳に弔す九竅（けう）泥土ふたぎし死　32・8

古蚊帳新蚊帳子の才おのもいかが伸びる　35・9

枕蚊帳覗きに起（た）ちぬ書へ栞（しをり）　36・11

日の下（もと）で訓（おし）へん蚊帳の妻黙せ　21

白蚊帳や遺骨傍居（そばゐ）の最後の夜　母

朝の自転車白蚊帳越しに藪越しに　26・1

初蚊帳にみな上向いてねむりけり　6・9

「果報者」など出てくる狂言幮に読む　35・9

香水（かうすい）

香水の香ぞ鉄壁をなせりける　長・萬

香水ほのか日の街頭の左側なる　萬

母の危篤状態つづく。十七句（のうち十四句目）

香水・真珠胃下垂の土人盛装図　銀

三味で弾く童謡なんぞ香水部屋　美
香水の香のひま老のにほひする　10・11
香水や切符の角で膚傷つき　15・10
香水や口を拭ひてとは汝（な）が事　15・10
香水や繋がれ泣くは汝が犬か　15・10
香水や声音きり〳〵宿命語　15・10
香水の嬌女や武士の風上に　39・12

暑気払（しょきばらひ）暑気下し

終戦の大詔を拝したる日、及びそれにつぐ日日、六句（のうち三句目）

空手（くうしゅ）に拭ふ涙三日や暑気下（しょきくだ）し　来

蚤取粉（のみとりこ）

何んにも利かぬ蚤取粉撒きよかりし日々　40・8

冷房（れいばう）

冷房の壁の前から濁つた声　美
冷房映画の蠢めく「白人赤児（はくじんあかご）」おぞや　美
冷房程よし妬り人のそば豊けく　大

冷蔵庫（れいざうこ）

母の危篤状態つづく。十七句（のうち七句目）

呻吟漏刻冷蔵庫漏りわが足濡る　銀

扇（あふぎ）扇子　小扇

帯赤く扇づかひの歩む乙女　来
母がおくる紅き扇のうれしき風　来
婚前の銀扇要（かなめ）一とひねり　32・7
読みやめし個所へとざせし紅扇　35・8
*16
川風や金波銀波の舞扇　41・9
*17
扇の舞うたがひ解けし足拍子　大
疲れた顔の人が本買ふ扇手に　43・8
残像の眉目（みめ）も扇も動かざる　書簡
扇子で来る親類多かりき髭とりどり　35・9
扇子片手の分別姿忌みとほしぬ　38・9
小扇しづかにつかふ嫐曳（あひびき）水に映り　銀

団扇（うちは）白団扇　絵団扇

松山市に到る。

遺骨の窓過ぎゆく団扇と国言葉　母
乳母の手から丸小団扇のまるき風　28・9
団扇の絵薄墨の地（ぢ）に明烏　大
薄団扇さへも別れの影絵なる　41・10

日野草城氏を訪ふ、二句。（のうち二句目）
白団扇腮（あぎと）のふちどり病めどまろし　母
絵団扇屋町のおほかた公休日　39・8

扇風機（せんぷうき）

母の危篤状態つづく。十七句（のうち十一句目）
吹く空しさ煽風器吹く卵の山　銀
追ひづめごと礑（はた）と停止や扇風機　47・8

風鈴（ふうりん）

波浮の港
風鈴の短冊切れし女等居て　火
野の軒の風鈴の音や世の広さ　美
久し振りに本郷を訪ひ、大学構内を歩む
秋の風鈴（ふうりん）学者はやくもチョッキ著（つ）けて　時
風鈴や自店に無かりしものを詫ぶ　38・9
風鈴や社家には神の風吹くらめ　41・7
風鈴下留守番の犬よく吼ゆる　41・10
旧街道の風鈴一斉に鳴る宵ぞ　50・9
風鈴や角（かど）家（いへ）朗らに棲めるらし　大

吊忍（つりしのぶ）

干物をはばかりあひて吊忍　35・9
吊忍睫毛の長き馬通る　大

走馬灯（そうまとう）

ストリップの巨き走馬燈の中に居りて　32・9
首ふり亭主尻ふり女房走馬燈　36・10
明治座五月興行に、尾崎士郎原作「人生劇場」（青春の伝説篇・落日の歌篇）上演さる。需められて三句を詠む。三句。（のうち一句目）
短き大正その青春も走馬燈　大

日傘（ひがさ）絵日傘

胸病めば農婦日傘をさして通る　火・萬
日傘一つ女気（にょき）を絶ちたる木の山へ　来
おのづから盲の日傘日の方へ　美
鏡台の柄に日傘吊り独り棲み　美
坂おりて日傘さゝせし禰宜の列　3・10
炎熱遍満傾けざるを日傘とす　34・9
絵日傘など赭毛が黒くなりゆきつゝ　32・6

虫干（むしぼし）曝書

或る老詩人、時代の傾向の波間に、「女妖記」なる色懺悔の一書を公刊す
虫干為して嘘も混へて置土産　35・9
虫干や静寂から生（あ）れ「唐詩選」　大
日かげ虫干剝製の啄木鳥（けら）頭（づ）は緋繻子　45・11
開けつぴろげ過ぎた蘆花の眼曝書の中　時

晒井（さらしゐ）　井戸替

塀下すずしく井戸替の声君が家　39・6

打水（うちみづ）　水打つ

打水をただ仰山に市さわぐ　母

打水や意地で恋する前のめり　美

打水のしめりもかすか駅は夜半　18・10

打水を打ち足らぬ顔若く艶に　38・6

右手無き打水なれどよく及ぶ　38・9

千ケ滝なる小庵に在る家族達に後より加はる。東京に所用ある際は、気軽に単身往復することを繰返す。今月作品の大部分は、その間の所産。

打水流る小諸芸者は坂ひらひら　39・9

波浮の港

水を打つ遊び女等乳房そろひ揺れ　火

麗はしき姉の佇つ子が水打てる　31・8

街道に水打ち一つ家(や)独りつ児　33・5

呼子(よぶこ)笛吹きつつ量とがめなき水を打つ　33・10

行水（ぎやうずい）

僧の頭(づ)のいまは禿頭水(みづ)行(ぎやう)水(ずい)　40・6

夜濯（よすすぎ）

夜(よ)濯(すすぎ)女(め)ゐさらひ高む誰が妻ぞ　母

夜濯の音あり独居罪濯ぐ　34・5

毒消売（どくけしうり）　毒消

野路尽きず先行く毒消売は紺に　美

毒消売疲れし故の脚組みぬ　大

毒消売の母と相似の絣の子　39・8

道の上下を遠望の毒消売若し　42・6

毒消売ほぼ同齢のふたり旅　44・9

毒消呑んで伸(の)し観る十指十爪や　39・8

定斎売（ぢやうさいうり）　定斎　定斎屋

義理人情定斎鳴る荷の紋所　萬

鷗来てポプラめぐれど定斎屋　萬

定斎屋鎧戸威儀の西洋館　35・6、7

丁々と一と日の幕切れ定斎屋　35・6、7

麦刈（むぎかり）　麦刈る

鉢巻禿頭(とくとう)笑ふは日のみ麦を刈る　母

麦打（むぎうち）　麦埃

麦埃旅の時間は生きてゐる　来

麦藁（むぎわら）　麦稈

麦稈大束樹てあり道の踏応(ふみごたへ)　母

くるぶしに土麦桿(むぎわら)に坐し遊ぶ　40・7

麦稈（むぎわら）を山積暮色かなしからず　44・8

牛馬冷す（ぎうばひやす）牛馬洗う　馬冷す

板柳町にて　四句（のうち二〜四句目）

残光になほ舞ふ鳶や洗ひ馬　銀

洗ひ馬木橋といへど灯がついて　銀

見うべなふほど梳り洗ひ馬　銀

馬冷やす手綱のもつれほぐしつつ　美

溝浚へ（みぞさらへ）

溝浚へ罪人ぞたかが俳人ぞ　33・6

代掻く（しろかく）足鍬▽

＊18
新調の古式の足鍬照りかがやき　銀

＊19
聞える阿吽足鍬踏みつぐ後しざり　銀

＊20
足鍬踏む起承転結ただいたまし　銀

＊21
鬼城代書の筆は足鍬の類なりけん　銀

田植（たうゑ）田植笠

田を植ゑるしづかな音へ出でにけり　長・萬

すでに古し田植の頃の蹄のあと　来

田植終りぬ円空（まるぞら）へ田舟底平ら　美

田植すすむ球場勝点（かちかず）嵩みつつ　美

尾をひかぬ田植疲れの痰一度　35・8

田植草履の上の足迹ただ即自　36・8

田植帰りの笠老が受け打重ね　時

早乙女（さをとめ）

早乙女や街道の砂利いたがりつつ　美

早乙女の菅笠ささべりうなづきぬ　時

田植唄（たうゑうた）

聞き覚えもなき田植唄聞きたしや　41・5

水番（みづばん）水守る

少年の田の見廻りや眉根寄せて　36・9

早苗饗（さなぶり）

早苗饗や給仕の盆のうらで笑ふ　大

薄荷刈（はくかかり）

とある校庭入りて薄荷を摘みて嗅ぐ　大

干瓢剝く（かんぺうむく）干瓢干す

白壁塗り黒桟塗りて干乾瓢　大

竹植う（たけうう）竹植うる日

万国博覧会、松下館にて。

竹植うる日を籠(こ)め一万竹植ゑぬ　46・4

草刈（くさかり）草刈る

高草刈られし迹をよろこび蜆蝶　美

誘蛾灯（いうがとう）

金沢行　六十六句（のうち六・七句目）

夜をこえし誘蛾燈のみ濤(なみ)の音　銀

誘蛾燈畦みなうねり裏日本　銀

誘蛾燈の影湖にうすづくのみ　36・11

誘蛾燈海ある県に入りし筈　大

新駅へは一直線や誘蛾燈　39・10

川狩（かはがり）

川狩の小網の兄弟(はらから)アンヂェラス　美

川狩の小さき兄にこと問ひつつ　美

鵜飼（うかひ）鵜篝　鵜飼火　鵜舟

岐阜にて

再遊や流れ合ふごと鵜飼見る　37・1

丹羽卓氏等、岐阜の人々に招ぜられて、二十年ぶりにて、鵜飼の席につらなることを得たり。五句。（のうち四・一句目）

鵜飼に次ぐ日川辺旧館探ねゆく　50・12

隔二十年第一鵜篝現はれぬ　50・12

岐阜にて　旧作一句。

友垣と美酒に頻燃え鵜の火待つ　美

丹羽卓氏等、岐阜の人々に招ぜられて、二十年ぶりにて、鵜飼の席につらなることを得たり。五句。（のうち二・三句目）

篝火もつれ火鵜のすなどりの首尾一流　50・12

鵜舟の床こたびも美酒と朗友と　50・12

夜振（よぶり）夜振火

夜振の友垣闇の中なる火の言葉　36・11

天地に友垣夜振火同数水中にも　36・11

避暑（ひしよ）避暑の宿　避暑期

乙女の愚をんなと歎く避暑の宿　長・萬

末子と孫とテルテル坊主避暑の宿　39・9

避暑期終る人々ひそか赤児太る　36・11

納涼（すずみ）涼む　夕涼み

チンドン屋すずむヒタと世寂(しづ)かになし　母

チンドン屋すずむ鬘の後毛(おくれげ)ごと　母

チンドン屋すずむ半男半女（はんなんはんにょ）姿　母
白塗り十指そよがしチンドン屋すずむ　母
チンドン屋と半学者なる詩人すずむ　母
鼻梁の左右（さう）に澄む眼やすずむチンドン屋　母
乞食等すずむ他人の限界気に病みつつ　母

所用の帰途、外務省前を過ぎ、ゆくりなくもその門内をさまよふ

官衙街路傍に若き父子（おやこ）涼む　36・10
涼み台殞（お）ちし身や「一条大蔵卿」　47・2
雀夕涼川瀬の上の枝に寝んと　41・8

ボート

遠く対すボートの頬杖の紅毛と　銀

長野なる渡邊幻魚氏の好意にて信州柏原に遊ぶ。野尻湖にて　六句（のうち六句目）

ボートにて湖来し大工チャペル建つる　銀
ボートの友どち振り向き振り向き漕ぎ近づく　銀
脚下ただ行人同志ボート同志　銀
ボート暮るる家を恋はざる乙女等に　母
ともに側面ボートに漕ぎ手・身重人　38・9
ボートの波止（はと）モーパッサンをおそれし日よ　42・6

泳ぎ（およぎ）水浴

再び帰郷　幼時の曾住地松前（まさき）海岸の入江を訪ふ　四句（のうち三句目）

六つほどの子が泳ぐゆゑ水輪かな　長・萬
泳ぎ子等千曲波だつ一曲（ひとくま）に　火
泳げば濡れ空われへ真向ける魂（たま）一つ　萬
肩一つ高めて山の娘が泳ぐ　萬
山かげ雲かげ千々に泳げる黒髪なり　萬
山の娘の泳ぎやめしづかに流る　萬
雲を背に立つ母の辺へ泳ぎつきぬ　銀

石手川上流にて

泳ぎ女（め）一人渓（たに）に佇ちこの国潔（きよ）し　母

谷口雲崖・松原文子両氏と河原町鮎宿に遊ぶ　八句（のうち三句目）

我等の齢泳ぎ子見下ろし泳がねども　美
泳ぎ女（め）の如電黒布（くろぬの）腰に巻く　37・11
「われ泳げば湖（うみ）喜ばむ」と乙女言へり　41・7
浴女の前を水より迅く過ぎんとこそ　34・7
水浴（みづあび）女（め）タオルにからむ蘆一葉　36・11
渓流水浴赤児立たしむ膝の上　39・9

プール

プールの昼餉腹と胸とで呼吸（いき）しつつ　銀

プールに嗤ふ「巌頭之辞は滑稽文」　45・11

海水浴（かいすいよく）潮浴び　波のり

汐浴びの声たゞ瑠璃の水こだま　来
汐浴びし人の讃美歌海広ら　来
＊22 師の故宅近し波乗り独り見つつ　42・5
＊23 風乗りの鳶波乗りの人倦まで　42・5
＊24 波乗り人を波打ちわれを松籟打つ　42・5

釣堀（つりぼり）

眼前興なし釣堀の犬ふり仰ぐ　美
一つ松雨の釣堀に老一人　美
釣堀や予定の愛釣り夫婦（めをと）どち　31・4
釣堀ひそとこは「東洋の君子国」か　34・5
釣堀や閉場太鼓打つ真顔　40・6
密封のサーカス叫喚釣堀前　44・10

花火（はなび）昼花火　花火大会

津軽湾　二句（のち二句目）
虚像実像白鳥来る海いま花火　銀

戸隠行二十六句。（のうち二十六句目）
ゆくりなくも、中社の祭日にめぐりあふ。六句。
（のうち六句目）
花火毎に戸隠闇空赤く青く　39・2
花火師回忌石燈籠の高きを並（な）め　大
妙義を凌ぐ高き花火や中弟亡し　大
母系のみならで女児多し花火の下　55・9
白樺その他全地を花火顕現さす　55・9
子等孫等への食物（たべもの）花火が色変へつつ　55・9
花火連打天授の我が迂愚も映えつづく　55・9
昼花火雨窪多き大谷石　美
チンドン屋仰ぐやどこの昼花火　42・3
「高度成長期」以後恒例化花火会　55・9
嘗ては宵から夜半（よは）かけてなりし花火会　55・9
「怪獣館」は宵より閉館花火会で　55・9

線香花火（せんかうはなび）手花火

身を削り散る手花火や運河暮れぬ　40・7
白樺も著（しる）く手花火細かさよ　40・8
唐松の里の手花火淡（あは）々（あは）と　42・9

夏芝居（なつしばゐ）

今は共に＊25ふるさと遠し夏芝居　大

水狂言（みづきやうげん）水芸

河童水芸沸々酸素吸入器　銀

野外演奏（やぐわいえんそう）納涼映画

納涼映画チャーリーと犬にうつゝの濤（なみ）　萬

ナイター

追想浮動遠きナイター火蛾煌々　44・1

箱庭（はこには）

箱庭へ遠き鶏鳴飽くことなく　母

明快中正詩心箱庭に遊ぶとや　美

陋巷の箱庭九天晴れにけり　時

箱庭の古き土のみのこりけり　6・8

箱庭や漆絵奥に湯屋休業（やすみ）　30・6

つづまり短命なりし乙女よ箱庭賞で　35・9

小諸の町をさまよふ。九句。（のうち一句目）

箱庭のある小庭から町雀　38・10

箱庭や市場（いちば）の端を永住地　40・7

箱庭天地の糸も垂れざる釣人や　40・7

子とてなし箱庭据ゑて猫種々（くさぐさ）　41・2

セメント池・箱庭の箱まで新し　44・10

行路の辺目無達磨と箱庭と　46・3

箱庭の隅に渺たる柴の把（たば）　48・10

草笛（くさぶえ）

小諸、懐古園にて

僧が吹く佐久の草笛旧に泥（なづ）み　33・6

草笛熄む本置き忘れすぐ気付き　39・8

蛍籠（ほたるかご）

蛍籠さげつゝ門の宵ながし　4・9

香川行。二十三句。（のうち二十句目）

砂井・二川・宮武の三人の同志達と、近郊散策に最後の日を費す。八句。（のうち六句目）

蛍籠に蛍草入れ義理固き　大

寝台車＊26枕頭むらさき蛍籠　39・7

遥か香川県より、砂井斗志男氏大いなる蛍を数多充たせし蛍籠を送付し来る。十三句。（のうち一・四・六・七・九～十一句目）

菱形に歪めど落掌蛍の籠　大

蛍籠島も屋形の国より来し　43・7

やむにやまれぬ詩（うた）書く手許（てもと）蛍籠　43・7

手一触おどろきの灯の蛍籠　43・7

蛍籠歩む光も織るが如　大
蛍籠更けて沸々飛ぶ音す　43・7
蛍籠総体動く個々の火揺れ　大
子供心に夜半なるにほひ蛍籠　大
蛍籠未来茫々三歳児　46・11
学ばず父母に酬はざりしよ蛍籠　46・11
人の身ひとたび寝ざるべからず蛍籠　46・11
橋多き郷(さと)から海越え蛍籠　48・7
夜更けしよとしづかに震撼蛍籠　48・7
思ひ出の火(ほ)色(いろ)磕(はた)々蛍籠　48・7
蛍籠不徳の身ゆゑ父母偲ぶも　48・7
長針短針真上指し蛍籠ねむる　48・7
月は絶嶺うまいの夜色蛍籠　48・7
蛍籠屋内ここに白壁あり　48・11

砂井斗志男氏より、例年の如く、初蛍あまたを郵送し来る。八句。（のうち一・三・四句目）

水噴き遺るや露命珊々蛍籠　49・7
五十年来の隣家もありて蛍籠　49・7
闇泌(ひつ)々(ひつ)吊蛍籠位置正し　49・7
蛍籠へ水噴く音の唇歯の音　大
蛍籠のいただき通ふ星の風　51・2
古語の「火足る(ほたる)」も既に幾夜ぞ蛍籠　51・2
蛍籠宵より調律する音あり　52・12
海の彼方は故郷のたぐひぞ蛍籠　大

香川県なる砂井斗志男氏より、毎年の吉例としての初蛍一籠の送付にあづかりて……。六句。（のうち五句目）

小判草と蛍籠眼前に膝頭に　55・6

起し絵（おこしゑ）

起こし絵の男をころす女かな　長・萬

裸（はだか）赤裸　裸身　裸子

母老いぬ裸の胸に顔の影　長・萬
「むらさき」誌上、病中の山口誓子氏の写真と一文に接す　即事
裸の膝に生きたしとの語しかと読む　萬
教へ児はだか黄色人種の黄を現前　来
伸びる肉ちゞまる肉や稼ぐ裸　来
裸でうたふ子の列大人はいくさなすな　銀
裸の胸へ喫ひ込む煙草金歯光り　銀
裸の仕事蠅は沙漠にさへ居るてふ　銀
円卓白布裸熟睡児(うまいご)それへ安置　銀

石手川上流にて　（三句）

「バビロンの松」の下渓（したたに）裸女一人　母

裸女の辺に芭蕉二三株荘の址か*27　母

ここ故郷裸女ゐさらひの下かげ瑠璃　母

裸の文身（いれずみ）せまきからだを責め狭め　母

裸の男児（をのこご）武（たけ）し得恋のはての子か　美

裸女を見詰むるわが横顔をわれ見詰む　美

男女の赤児なみだ裸にしぶきあふ　美

父も裸でわが指洗ひし明かるかりし　美

ふり向かされし若者の裸よぢれたる　美

裸身（はだかみ）の父の鎖骨のよこたはる　16・10

次の三作をK君に示して共に笑ふ　三作（のうち一作の二句目）

努めつゞける裸の夫（つま）を昼も撫せよ　31・7

働く裸群へ「止（や）め」といはざる腕時計　34・7

長女安産の報を得て、急遽産院へおもむき、嬰児室の前に佇つ

裸　嬰児と裸乳房の数の中　36・11

裸の紅毛押し来る自転車小（ち）さきかに　38・10

引き返す裸青年背も逞し　39・7

人体背後はふさがりきつてゐる裸　39・9

三歳裸女のパンティ・ブラジャー真可笑（ただをかし）　大

裸偉丈夫彼は彼たる赤鉢巻　44・9

駈ける馬上（ばじやう）の男の裸胸揺るる　44・10

男性（をとこ）か否か赤裸の夫（つま）を凝視せよ　大

かげ多しみちのく人の野の裸身（はだかみ）　銀

裸身撫でめ羅馬（ローマ）鎧（よろひ）の胸を腹を　美

妻の裸身（はだかみ）白背（しらせ）掻きやる赤らみぬ　大

来て働く裸身やひとの父等兄等　40・8

長女安産の報を得て、急遽産院へおもむき、嬰児室の前に佇つ

命はまろきものにぞありける裸児・嬰児　時

健在なれ腹で呼吸（いき）して裸の子　16・10

裸児負ひざま「こは火気強し」と笑ふなる　31・9

裸児伸びよ亡夫より恋人よりも強く　34・8

裸児一人白幔幕の天地排す　35・9

両手大振り裸子はにかみつつ寄り来　41・9

裸童三人見つつ三所の恨忘る　45・2

跣（はだし）跣足

巌頭に跣足の指や遥けき嶺（ね）々　萬

たまたま購ひし「ドラクロア画集」魅力量り知られず、日々之を手離さず。偶作五句（のうち一句目）

悲劇の主（ぬし）の跣足ことごと甲高く　来

幼子の跣足踏む音土に聞く　来

若き跣足鋸屑(おがくづ)さへも古りゆけど　銀
村の白痴(ばか)手足撫でつつ跣足好(ず)き　美
押せど動かず跣足で畑を踏み立つ母　32・5
孫の音跣足の踵踏む音す　42・7

肌脱（はだぬぎ）片肌脱

黥文(いれずみ)はイデイオロギーや片肌脱　美

端居（はしゐ）

日曜をその故に賞づ端居の花　火
端居の禱(いのり)夙に亡き友かもしれず　火・萬
高き屋にのぼる端居も友が許　美
行人に端近の座と戸主とが見ゆ　50・9

髪洗ふ（かみあらふ）洗ひ髪

洗ひ髪右白(しら)胸(むね)の前に束(つか)ぬ　43・10
洗ひ髪息吹一つも金(かね)掛(がか)り　15・10
洗ひ髪男の手には空気銃　15・10
印度衣装(サリー)の女(め)洗ひ髪の女共に美(は)し　38・9
洗ひ髪短かめや袈裟御前の事　40・3
修女たらむの直前なりしか洗ひ髪　50・8

汗（あせ）

滂沱たる汗のうらなる独り言　長・萬
吾子も亦汗の蓬髪瞳澄めり　火

波浮の港

汗の水夫飯食ふ顔が船に満つ　火
汗と笑巨犬を撚ぢ倒さんとする　萬
若き母汗腋の下乳房の下　萬
手を濯ぐ一と日の汗で指鹹(から)し　萬
きざやかに汗落ち散りし石のにほひ　萬
馬の汗其の丸胴に沁み返る　来
梢踏んで汗拭く漢輝けり　来
汗落ちぬもの書く卓の昆虫に　来
合掌のぬくさつめたさ汗のまゝ　来
汗拭きし頭(づ)をばしづかに掻く百姓　来
踏む蹄しばしば相触れ汗の馬　来
夕衣そとよりしみし他人(ひと)の汗　来
撥ねる汗鉄の赤き間短かさよ　来

関梅春氏の許を訪ふ　五句（のうち二・四句目）

鶏走る早さや汗の老婆行く　銀
仔牛独り反芻(にれは)みながら居汗して　銀
自明の結論汗の日々もてゆるめんとて　銀
われを見る妻の眼(め)汗を眼張(めば)りの中　銀

忠犬像汗を涙下の人過ぎつ　銀

信濃にて　六句（のうち四句目）

馬顔を横にふりつつ汗払ふ　銀

透明な外国人の汗見つつ　銀

汗も毒気方便でいくさするは奴隷　銀

生きてる生きてる汗拭き撫でみる目鼻だち　銀

汗拭きてあげる面(おもて)を日の待てる　銀

汗の父また母また子岩を越ゆ　銀

某税務署に出頭、人波中にて耳をかすめし言葉、おのづから句となりて

あたしがいくさおこして負けた汗の税　銀

詩三千汗くさく薬くさく酒くさし　銀

汗伝ふ背を観るわれに兄あるごと　銀

うつとりと友と見合ひき汗拭き終へ　銀

母の危篤状態つづく。十七句（のうち六句目）

リノリューム看護(みとり)の汗落ちもとのまま　銀

汗の囈語誰(た)に「久闊」の一語ぞも　銀

汗さへ無しや腕繊(ほそ)ければ腋(わき)捉ふに　銀

適齢期となれる末弟との交渉重なるうちに、ふと、左の如きわが旧作を想起す。

嫁さがしぜげんの如く汗に濡れ　母

鬼事逃げる汗の小鬼に皆舌出し　母

たまたま広島の原爆忌に当る。松山放送局、ヘッセの「ツァラツストラの陰に」を放送す。宿舎にありて之を聴く。

旅人は汗も涙も独り拭きぬ　母

墓掘人等「孝行話(かうかうばなし)」を汗の手ぶり　母

汗の巡礼城頭に倚る手慣杖　母

暑き夜風汗を眼(まなこ)に吹き入れんと　母

汗が糸ひく紅を血と拭きチンドン屋　母

血族(みうち)に見ざる一重瞼の汗重きを　母

世間師の歯白し汗を圧拭(おさへぶき)　母

悲慕と汗相撲取にさへ歩の遅る　母

汗してマラソン胸もと緊めて銀行員　美

汗の子一人皿をなめては又泣いて　美

汗多かりければ籾殻多く附き　美

帰らんと汗の衣まとふにくさげに　美

励める顔節(ふし)あるごとき汗流る　美

髪の奥から奥からの妻の汗　美

食べた後の顔になりゆく汗さまざま　美

人夫の汗乱れ乱れぬ身を揺るゆゑ　美

汗の母者(ははじゃ)が病児(やむこ)負ひ負ふ放屁なりき　美

またたきまたたき論鋒澄みくるよ汗の妻　美

汗沁みて傍目もならぬ想（おもひ）一つ時

いつしかに戒厳令下汗の日々と　11・9

父の汗流れ子の汗沸々と　11・11

汗の男鉄扉内より開くを待つ　11・11

出征兵士おのれと群れて夜の汗　11・11

汗の子と未だ剣帯びぬ征く人と　18・8

髪も髯も黒と白とを汗しづく　22・10

汗に重き農衣手に吊り妻と伴れ　30・6

顔を掩ふて乙女や笑ふ汗のまゝ　30・7

汗の上をアンちゃんの手に撲（はた）かれしよ　30・7

負はれゐて幼目ちかく母の汗　30・9

長生きせよと言葉で頼む汗の妻に　32・6

われより前（さき）に此者あらず汗の四肢　32・8

修道女中道忌むと汗し笑ふ　32・8

汗する彼「女の世界」の斡旋に　32・8

故郷（くに）よりここが美景とほざき汗の老（おい）　33・6

汗冷えの膚撫す熱き掌（て）一つ身や　33・8

荒布や歪むまで拭く汗の顔　34・7

くるぶしでわかれしたたる汗や地へ　34・7

一時の御縁とそむきの横顔汗したたる　34・7

汗冷えの独語夫（つま）のみの男のみの　34・7

出る汗にくみこの我にくめそして凌げ　34・9

ものの勢（きほひ）絹地にしみし汗の迹　35・6、7

真柱新し触れみし指の汗を吸ふ　35・8

汗の身に友の魂（たま）やどる前睹しつつ　35・8

掌（て）に受けぬ女性（にょしゃう）をうとむ日の汗を　36・9

所用の帰途、外務省前を過ぎ、ゆくりなくもその門内をさまよふ

あらため祝（ほ）がな汗もて獲たる金モール　36・10

人語軒昂汗の額の角かたぶけ　36・10

ブリック・バイ・ブリック汗の破壊の一槌づつ　36・10

天才苦汗憲兵の顔を造型す　36・11

戦盲一人客車の境目汗し越えぬ　36・11

汗のわれ紅毛横列高きを避く　37・11

目のある顔も全身も汗掩ひたり　37・11

汗の四肢や負かすにあらず只（ただ）勝つなり　38・9

汗ふけば濹東くらき迎へ風　38・9

松山、六才頃の旧居のほとりなる「立花神社」にて。九句。（のうち二句目）

わが合掌小さかりけん汗の乳母と　38・11

世界視察青年団の指導役として、福田清人氏渡欧。その送別の宴席上にて。即事一句。

青年を率ゐて汗も若々し　39・8

汗の犬が追ふ鞍上の主と白馬　大

汗の光潑剌たれば悪女とや　39・9

汗の二人の提げ荷同士が打当り　39・9

料理人（コック）の汗ただ白帯（はくたい）にとどこほる　39・9

ひとには見せで豆腐造りの夜半の汗　大

汗の刻苦の詩業耽楽妻ゆるせ　40・3

妻の多言汗の鍛冶屋の顧みず　40・6

眼のきれいな汗の老婆や母在（いま）さば　40・8

汗と垢のなかに男の眼な老いそ　40・9

エレキ・ギターの群をば避けず汗拭きつつ　41・7

勤先の学園にて、「奥の細道」を講じて既に幾年ぞ。更に更に又、「日本永代蔵」を講じて幾年ぞ。

かくれなき汗や人肌・銭貨の肌　41・7

汗の友のみぞおち辺こそ頼母しき　42・8

汗して我が丼物を造る見ゆ　42・9

爪を活かして解く小包や汗すがし　42・9

汗拭ひ掌（てのひら）拭ひ風つかむ　43・10

杖のままの右手（めて）挙げ老婆汗払ふ　44・9

汗を尽して登ればそれのみ忠魂碑　44・9

眉間（みけん）拭きぬ浅毛剛毛（こはげ）の犬の汗　45・10

「謙遜」と自註や汗の追言葉　46・6

母の日も小圃の禾下へ汗したたる　46・10

日焼（ひやけ）

若き日焼けレイスの白き模様乗り　来

若者の日焼け真赤や栗毛の駒　来

砂利掘り女の日焼至極の赤児まろし　母

売りて手渡す品大切に日焼指　時

車便尽し長途歩みぬ日焼けたり　35・9

＊28

父代り簪届け旅日焼　41・9

夕日赫奕日焼百姓辞儀し合ふ　44・1

親指で日灼けの四指を次々撥ね　44・11

昼寝（ひるね）昼寝覚　昼寝人　三尺寝

一片舟昼寝の足裏（あうら）濤のむた　火

噴湧の覚え胸辺に昼寝に入る　火・萬

城の写真教師の昼寝椅子に醒む　萬

駅へ昼寝に来し人の夫（つま）笑みて眠る　萬

ある人の打語れる話、自ら句になりて、

木の根に昼寝餓ゑに酔ひたる如かりき　来

笛の音遠し昼寝（ひるね）若人（わかうど）裸馬　来

岩と松学畏れつつここに昼寝　銀

道行くや昼寝の家へ墓地の風　銀
浮浪児昼寝す「なんでもいいやい知らねえやい」　銀
昼寝浮浪児一個地上に置かれたる　銀
昼寝せる浮浪児なぜか足を立て　銀
浮浪児昼寝顔の蠅をば足へ追ひ　銀
昼寝の孤児愚庵然(さ)なりし眉濃ゆく　銀
浮浪児昼寝人の林に音の花　銀
昼寝孤児佇つ吾(あ)は定評つめたき人　銀
浮浪児昼寝不穢の手救ひの手ならんも　銀
わが知るは昼寝孤児よりてまへの現(うつつ)　銀
弟(おとと)対鏡ただの昼寝の母とてや　銀
昼寝の果ての机辺の薄暮若きがごと　母
吾子の呼気をかをる吸気に共昼寝　母

松前(まさき)町海岸の入江を訪ふ。ここは、母との生活の、最初(をさ)の記憶の地なり、その頃の住居現存す。（三句）

機(はた)を筬をやすめて人は昼寝たり　母
四つの我も十九ちがひの母も昼寝　母
鯔も跳ばず昼寝の母の頬丸きや　母
昼寝にも涙にも一事紛れざる　美
言(こと)魂(だま)の言(こと)をやすめて昼寝妻　美
昼寝の後の不可思議の刻神父を訪ふ　美

土工等の昼寝そぐふよ地の起伏　美

花田春兆君を其別荘に訪ふ　四句（のうち一句目）

一河のほとり樹下に昼寝し友がりへ　美
父の仕事の音くるあたり昼寝の子　美

谷口雲崖・松原文子両氏と河原町鮎宿に遊ぶ　八句。（のうち五句目）

「寝る子は育つ」昼寝の女人遺愛児ぞ　美
昼寝の末子眺むや明視の度に叶へり　美
老婆昼寝少量の昼餉了へたるや　美
仰臥昼寝コトともいはぬ仏像下に　美
窓に来て胸誇る鳩赤児昼寝　時
昼寝の顔へ故友の名刺ふりかかり　33・11
廃墟の人差しうつむきて昼寝たり　34・7
故なく泣きて糞(ま)りて昼寝す谷の岩に　34・9
昼寝さへ渇きと追はれの夢なるを　37・1
異郷に出て無人路傍に昼寝したし　38・8
栗鼠の居ぬその巣や孫の昼寝時　39・9
昼寝児や父母同士眉目(みめ)似寄りつつ　大
佇ち眠る白馬(はくば)の上に昼寝の子　40・9
欠伸・昼寝の姿羨(とも)しむ不甲斐なき　41・12
幼女ふかくうなづきやがて昼寝の座　大

昼寝に陥つ施餌台もつとも犇めくころ　50・6

水亭閑々ここに昼寝の幼姉妹　51・2

末子依子（やす）の懐妊と出産。二句。（のうち二句目）

名帯びつつ赤子の命の昼寝ふかし　＊29　大

手も足も出ぬと困ぜし女人昼寝　52・11

赤児のいのちの昼寝や何の音もなし　53・7

昼寝醒時の上み手に祖母と父　火

松前（まさき）町海岸の入江を訪ふ。ここは、母との生活の、最初の記憶の地なり、その頃の住居現存す。

五十年そのまま窓中昼寝人　母

実景久し死せしが如き昼寝人　大

三尺寝楽韻さながらゲッセマネ　母

外寝（そとね）

老婆外寝奪はるべきもの何もなし　来

夏の風邪（なつのかぜ）夏風邪

乙女夏風邪粉薬半ば散らしつつ　34・9

夏痩（なつやせ）

夏痩せの妻や外国人（とつくにびと）と禱る　火

夏を窶れしをみな妹眉目（みめ）吾（あ）に似る　萬

時計の下の夏痩妻よ努めなん　来

嘗ての乳母、健在にてたまたま松山にありとて、親戚の一人自転車にて、伴ひ来らんと走せゆく。

乳母夏痩「針当指環」今もして　母

夏痩人手秤（てばかり）か、げぬ我が頭上　美

夏痩の妻抱き言葉口うつし　16・10

十字架白塗り夏痩の極と肥満の極　31・8

偶成。一句。

月に吠えて吠ゆよ夏痩妻睡（ねむ）り　38・8

夏痩科白（せりふ）「妻より亡母やさしかりし」　＊30　39・6

西荻窪なる或る銀行の別室にて、星名なる人の「中近東南欧カラー写真展」を観る。その中のイエルサレム風景。二句。（のうち二句目）

夏痩せて三十歳みな聖鬚髯　39・9

夏焚火▽（なつたきび）

旧友Fの好意にて、夫人及びその女俳友と共に、名勝面河（おもご）に遊ぶことを得たり。

闇が立てる淙々の音夏焚火　母

ゆくりなくも、青露庵の垣外に佇む　四句（のうち四句目）

内より内より焔ほぐれて夏焚火　美

浅間牧場にて

夏焚火放牛放馬の群る丶地に　32・2

夏焚火当今の文字みな燃えよ　36・9

さがしものはつひに無かりき夏焚火　38・9
夏焚火身の残虐心虐殺せん　38・9
声入るまで犬吠えさせん夏焚火　39・10

【行事】

祭（まつり）祭太鼓　祭笛　山車　祭後

家を出て手を引かれたる祭かな　長・萬
宵に睡て又目の醒めし祭かな　長・萬
空に水に祭の月のとどまれる　来
基地の祭小喧嘩おびえ泣く児あり　美
沈めてはこぶ老の踵も祭人　美
アンテナの下赤児泣き祭来る　美
山のここ日本の祭の赤と金　時
山の祭遥けき嶺には孤つ松　時
下校の群祭へ行く群粗混り　35・10、11

ホトトギス系四誌聯合の本年度コンクール授賞式に招かれて博多に到る
博多海岸公園にて

祭の町と離小島を見はるかさん　36・8
軒下の空すかし見つ祭酒　大
古踏切祭の月を見通しに　大

戸隠行二十六句。（のうち二十三・二十五句目）
ゆくりなくも、中社の祭日にめぐりあふ。六句。
（のうち三・五句目）

祭下駄まな板はきてかけるはや　39・2

戸隠の祭ならひの小雨過ぐ　大

団地へ緩歩祭帰りの母と子と　大

帯へ袂へ指入れてみて祭の子　41・11

孫の数の祭の他愛なきもの買ふ　47・2

ひたひたと祭注連(しめ)のみ富士の裾　47・5

後の祭の見物行に加はりて　47・5

戸隠行二十六句。（のうち二十一句目）
ゆくりなくも、中社の祭日にめぐりあふ。六句。
（のうち一句目）

戸隠祭太鼓と笙とまちまちに　大

高価(たかね)の靴かにかく買へり祭笛　来

祭笛妻爛熟の清潔さに　30・10

切つて倒して欅なき村祭笛　34・10

祭笛吹く筒袖の父を仰ぐ　36・5

金沢にて

試射は一地一端ならず山車(だし)過ぎつつ　母

炊煙を見送り祭の後の唱　母

戸隠行二十六句。（のうち二十四句目）
ゆくりなくも、中社の祭日にめぐりあふ。六句。
（のうち四句目）

山路通ひし旧(ふる)色事(いろごと)を祭唄　39・2

茅の輪（ちのわ）

阿(あ)は一円吽は一線茅の輪あり　39・4

茅の輪立つ極大三角富士の岳(たけ)　39・4

夏花（げばな）

幻住庵址へと志す。

夏花買ふ幻住庵址に紅点ぜん　母

谷の夏花押韻移す蝶の翅(はね)　時

閻魔参（えんままゐり）

どこかの閻魔明治のポストの黒きころ　35・8

聖母月（せいぼづき）聖母祭

マリア祭嬰児てのひらまで円(まろ)し　41・5

母と妻に友もまみれよマリア祭　大

をみなの魂(たま)たかく召されつ聖母の月　大

或る屋根の下に琴の音聖母祭　31・5

茅舎忌（ぼうしやき）

茅舎忌や松多く灯は其所在　来

茅舎忌の大気無尽の風信機　来

茅舎忌や「青面金剛」とただ碑(いしぶみ)　39・8
ソドム・ゴモラの日本も茅舎忌もかなし　大
茅舎忌や一切は手の表裏然れど　42・9
茅舎忌や昨非今是と鳴く鳥あり　42・9

河童忌（かっぱき）我鬼忌

七月二十四日
我鬼忌は又我誕生日菓子を食ふ　長・萬
我鬼忌の大気月着陸の三日以後　44・10

チェーホフ忌▽（チェーホフき）
燭の灯を煙草火としつチエホフ忌　火・萬

未明忌▽（みめいき）
未明忌の野空の鷗でありました　40・4

透仙忌▽（とうせんき）
筆天筆地一管煌と透仙忌　44・8

【動　物】

鹿の子（しかのこ）子鹿
仔鹿二つ観る方向いて腰相寄り　40・5

蝙蝠（かうもり）かはほり　蚊喰鳥

金沢行　六十六句（のうち六十六句目）
別れの町飛ぶ蝙蝠の肩すかし　銀
月は雲に抗ひ蝙蝠ただに飛ぶ　母
蝙蝠飛ぶよ己が残影さがしつつ　母

ルオーの版画に題す
町のキリスト蝙蝠刻(どき)に現(あ)るるのみに　美
蝙蝠や父の洗濯ばたりばたり　美
刻はやき蝙蝠翅透き翅(はね)透きて　32・4
蝙蝠やもう花見えず焔見ゆ　32・4
蝙蝠は黒衣不動の人おそれず　32・4
蝙蝠の水面掠めし夜の渇き　36・5
隠(かくれ)場(ば)墜ちし昼蝙蝠を見過ごせず　38・7
蝙蝠や家負うて女どち語る　38・9
蝙蝠や赤門燈の「乳もみ業」　大

ある体験（二）

蝙蝠の鼻寄せヒヤと翅で擁きぬ　39・1
蝙蝠や無縁の野球の背番号　大
運河の左右結ぶ橋なし蝙蝠なし　41・10
蝙蝠や見つからざりしかくれんぼ　41・10
蝙蝠や少年の眼へ緋縮緬　大
かはほりや夕されば希望獲る奇癖　銀
かはほりに刻譲りつ、雀一つ　30・7

勤先の学園にて、「奥の細道」を講じて既に幾年ぞ。更に更に又、「日本永代蔵」を講じて幾年ぞ。

かはほりやかの灯下宿屋この灯亦　41・7

焼けざりし町に人を訪ひて、

故郷人けふも故郷建て居らむ蚊喰鳥　来
鳩達の寝所高し蚊喰鳥　母
一菜成りて一汁火上に蚊喰鳥　母
足さき見つつ夫婦が戻る蚊食鳥　58・3

亀の子（かめのこ）

独り川越市に遊ぶ。十五句。（のうち四・七句目）

三階倉もある町亀の仔亀に乗り　42・5
亀の仔何へぞ一途斜めに潜きゆく　42・5
亀の子や古水押さへ押さへ泳ぐ　大

青蛙（あをがへる）

屋内の馬　其一

青蛙仔馬へ白きのどで鳴く　来

*1

高声するはたゞの子供と青蛙　来
文字知らざりし頃の鳴声青蛙　母
青蛙土下座ならずと高鳴ける　美
青蛙明暗極みぬと雲へ告ぐ　時
山の入口青蛙鳴き喪の入口　時
青蛙四肢を側めて浅間へ鳴く　時
青蛙高音や峯には一つ松　34・5
無縁の遥かさ見下ろす屋根に青蛙　34・9
咽喉のひよめき減りゆき睡り青蛙　35・9
青蛙睡りぬ金目に黒一筋　35・9
青蛙蟄して黒蛙より辛からん　39・2
青蛙泣くや今昔一時点　39・6
身に近し深林に鳴く青蛙　40・8
青蛙鳴き絢爛と日衰ふ　40・9
青蛙鳴きて釈放されしがごと　41・6
寺の枠窓濡れ切つて鳴く青蛙　44・8

青蛙鳴きて只管山雨急　44・10

雨蛙（あまがへる）

増田手古奈氏と共に、林檎園多き裏山を散策す　三句（のうち二・三句目）

雨蛙緯度北よりの空へ鳴く　銀

まこと裸の声みちのくの雨蛙　銀

歩き初めしまことと初歩の子雨蛙　37・12

香川行。二十三句。（のうち八句目）

海女の塚にて。一句。

眼だけ金塚色同化の雨蛙　39・7

河鹿（かじか）夕河鹿

夕河鹿明日(あす)頼みあひ農婦別る　大

栂の尾にて。

白袖振つて巡りゆく川夕河鹿　大

蟇（ひきがへる）蟾蜍　蟾　蝦蟇　谷蟆▽　蟇の子▽

泛ける蟇(ひき)眼(め)泰(やす)し顎を水に漬け　来

渓流や蟇(ひき)住む泥の座も一坪　銀

底泥の蟇(ひき)より上がる水泡(みなわ)あり　銀

金ン目の蟇(ひき)地(つち)解きひらき潜み初む　銀

「我がメモ」たらしめんための八句（のうち三句目）

変幻くろぐろ自我牛となり蟇(ひき)となる　34・4

蟇(ひき)轢かれはらわた附属物散りぬ　37・11

正座の蟇正歩のセント・バーナード　大

蟾蜍夜のみんなみへ対(む)いて去りぬ　大

蟾蜍長子家去る由もなし　長・萬

懦夫に遠く玉菜畑の蟾蜍　来

蟾蜍鉄疣に満ち相(あひ)交(さか)る　大

谷(たに)蟆(ぐく)の老に堪へゐし姿ありぬ　39・9

谷(たに)蟆(ぐく)よ老醜まで吾(あ)を生かしめよ　銀

蟇の子や身の稜線の張りわたれる　銀

蟇の子の土気すんなりと目大きく　銀

蟇の子もアダムも土塊一塊より　銀

日に酔ふ仔蟇激湍紋龍なすほとり　母

蜥蜴（とかげ）青蜥蜴　瑠璃蜥蜴

蜥蜴の尾鋼(まがね)鉄光りや誕生日　長・萬

父となりしか蜥蜴とともに立ち止る　火・萬

こゝは地の罅と蜥蜴の多きところ　火・萬

瞬間は蜥蜴追想尾に在りて　火・萬

蜥蜴居り宵いとはやくいと永く　火

＊2

夕涼の洋も蜥蜴もひかりをさめ　火

水(みづ)辺(べ)へ出てためらふ蜥蜴水へ入りぬ　来

H君訪ひきて

苔寺の蜥蜴を語る指走らせ　銀

同じ石日が呼び出せし蜥蜴またも　銀

頭（づ）を伏せし蜥蜴と聴けり日の言葉　銀

砌の蜥蜴十年ぶりの子守歌　銀

そこにしづか蜥蜴の胸の早鐘は　美

蜥蜴石を抱くとき女秘鏡抱く　美

俳壇の真中蜥蜴の前に独り　19・12

小蜥蜴一と条鋭し未だ砥のにほひ　34・7

久しぶりにて「仰臥漫録」を読む

小蜥蜴や子規の千枚通し（せんまいどほし）錆びず　36・11

蜥蜴走す子規の「千枚通し」錆びで　45・9

秋近き小蜥蜴走すや時の波　大

青蜥蜴故郷（ふるさと）焼けて海残りぬ　22・10

信濃へ来て小諸を訪へば青蜥蜴　42・9

高み低みへ青蜥蜴走せし代はよかりし　53・9

焼けざりし町に人を訪ひて、

瑠璃蜥蜴故郷（ふるさと）焼けて海残りぬ　来

蛇（へび）くちなは

野花白く蛇ゆるやかに切通　火

崖下る迅さに蛇の身は一と筋　火

なきがらの那須野の小蛇樗の下　萬

幹黒し蛇安んじて登りゆく　来

この雨の濡れ色ならむ山の蛇　来

蘆の湖にて、十一句（のうち六句目）

公園で撃たれし蛇の無意味さよ　銀

わが藪に昼を覚めて夜寝る蛇あり　銀

寝る蛇の頭はかなし身の円座　銀

古藪のみなみ若竹蛇はそこに　銀

立竹の裾巻く蛇よ詩は孤り　銀

竹巻けども胸熱き蛇舌吐けり　銀

頭（づ）の下（もと）つづくわだかまりこそ蛇の胸　母

横顔上げし蛇（へび）の目空へ気配せし　母

小蛇一筋死の想念に入りしまま　母

くだり来て水のにほひへ蛇の口　母

日をたのしむ蛇東西へ身を伸して　美

譲られし如き場があり蛇かくれて　美

蛇ねむり念力手首に撥の音　美

石の如き卵のむ蛇の渇よ渇よ　34・8

蛇逃げて後にさだかや年月日　34・11、12

盲ひしごとき蛇の目更に日を仰ぐ　35・9

戦前からの割鐘の音蛇出づる　36・8

折返し「蛇の世界」へ辷り去りぬ　36・11

あがく蛇冷血流出しかも紅に　39・6

真の「智」は「和」なりと信ず蛇遊ぶ　39・7

踏みとどまり得ぬ蛇なれば陥りぬ　39・7

漕ぎ初めしその船首めき蛇すすむ　39・7

よき言葉は尾を引くものよ蛇も亦　39・7

轢かれ裂かれて「両頭の蛇」となりにけり　39・9

蛇つぎつぎ逃げて独行にぎやかに　40・8

蛇ことき る山家(やまが)近くの畦際に　41・6

ラオコーン像の頭部と胸部のみを原像より型に採りし石膏像あり。

纏へる「白き苦」四肢に纏へる蛇も無く　41・6

死蛇(しにへび)の一語も敢へてせざりし口　大

砂の上迂余直進の蛇の迹　42・9

蛇あそび喜び駆ける離れ馬　44・1

石橋(しやくけう)渡れば蛇歓びて迎へ来る　50・9

白い眼をした蛇がくるぞと子を嚇す　52・6

くちなはや湯気立つ茶罐野にはこぶ　銀

くちなはの鱗の間(ひま)に雨な滲みそ　大

蛇(くちなは)自ら命了はると身を結(ゆ)ひしか　40・9

蛇衣を脱ぐ（へびきぬをぬぐ）蛇の衣

蛇の衣はばかりなきは独り言　42・1

蝮（まむし）

恋は語らず蝮の口は割かるるとも　35・9

*3

蝮の如く永生きしたし風陣々(かぜじんじん)　大

巣立鳥（すだちどり）

見詰めあひ尾を揺りあひて鵙親子　銀

嫋枝(なよえだ)に鵙の仔肢を踏みひろげ　銀

鵙の子のねむたくなれば闇を喝す　銀

鳰につづく仔の数三つに終り親し　銀

鳰の仔や花藻の下辺餌に満つや　銀

鵙の仔や親の声をば考へつつ　美

鳰の仔を水輪追ひ抜く揺れどほし　30・6

高飛ぶ父母の上に日輪巣立鳥　31・6

巣立燕鳴る音がうたふアンヂェラス　31・7

鵙の仔かたどるいのちの器(うつは)友復(かへ)らず　31・8

玄色以て眦決す鵙の仔等　34・7

巣立燕昼の月さへ万里の象　36・11

鵙とても仔鵙に伴(つ)れて下枝占(したえじめ)　大

鳰の仔鳴く径三寸の腰高に　大

鳰の仔よかたち汝(な)に似て大浅間　40・8

泳ぎつ渉(わた)りつ仔鳰ばかりの細江(さざえ)なる　41・2

前へ跳ねざま直下へ潜る仔鳰一つ　41・7

火の見雞と巣立鴉と相対す　41・10

羽抜鳥（はぬけどり）

羽抜鳥かへりみるべき尾さへなし　40・6

羽抜鶏どこにも見えぬ日本服　大

時鳥（ほととぎす）ほととぎす　杜鵑

須賀川、牡丹園に一泊して　七句（のうち三句目）

日の大樹目ざめの高みほととぎす　美

新国劇の、「瞼の母」に題す

八千八声(ほととぎす)「母よ」と呼ぶ子を「知らず」とのみ　時

裏返る馬蹄的皪(てきれき)ほととぎす　時

漏刻や二連一声ほととぎす　時

註　わが愛するワーズウァースの「杜鵑」と題する一詩の中に、次の如く言へり——
Thy two-fold shout, I hear!

ほととぎす敵は必ず斬るべきもの　時

文字の懺悔は血を吐き切らずほととぎす　34・7

白樺の夜眼の裾縞ほととぎす　37・10

倏忽宜(しゅくこつよ)しや麗人の老ほととぎす　37・10

谷底へ墜ちし塀ありほととぎす　38・9

ほととぎす馬の鼻孔の厚開き　38・10

姉妹のごと円山(まるやま)並みてほととぎす　大

唯一者とその声なりきほととぎす　大

ほととぎす小山ながらに岩仕立　39・9

煙草火の火傷もしばしほととぎす　39・9

合掌を眉間(みけん)に当てぬほととぎす　39・9

ほととぎすローマン・カラー闇に白し　40・9

天空より日の蔓一条ほととぎす　40・9

一挙に遂げし一介の死やほととぎす　42・8

ほととぎす啼き暮れ阿修羅青年像　42・8

杜鵑(ほととぎす)暁(あけ)の大気の新来者　大

註　Wordsworth の "Cuckoo" 中に "blithe New-Comer, ——" なる詞句あり。

杜鵑(とけん)鳴く夜・鳴かぬ夜「アンネの日記」読む　52・10

山冴えの暁冴え二連のほととぎす　53・2

ともすれば走る子二人ほととぎす　53・3

ほと丶ぎす二児の父なる暁(あけ)を啼く　火

ほと丶ぎす二児の枕の房ひそか　火

嘗て「信濃居」一聯の句を作りし小家へ家族と共に到りて数日あそぶ。此小閑を得ること幾年ぶりぞ。二十二句（のうち二十句目）

ほととぎす問ひ問ふ「こころ荒れたか」と　銀

須賀川、牡丹園に一泊して　七句（のうち五句目）

ほととぎす牡丹の数を口早に　美

「宮本武蔵」興行のために詠草を需められて
一乗寺下り松

うじやじやけた人情両断杜鵑（ほととぎす）　36・11

戸隠行二十六句。（のうち七句目）

中社及び奥社のほとりにて。七句。（のうち二句目）

ほととぎす羽根ある不動明王像　39・2

出山の杜鵑の声や日も流る　大

初心の諸事うれしかりしか杜鵑（ほととぎす）　42・8

新三代の首座にある身や杜鵑　44・10

杜鵑対岸夜行の下駄の音　46・4

遠き地点のいよよ低みへ初杜鵑（とけん）　53・2

遠き地点の低きへ杜鵑の声横切（よぎ）る　53・5

聴き慣れし客気の声よ杜鵑　55・8

この地を愛して訪ひも交はしつ杜鵑　55・8

杜鵑こそ遠来の声のあたらしや　55・8

七月こそは盛夏の若月杜鵑　55・8

滋々（しげしげ）と層々と追慕や杜鵑　55・8

活気の昼・安神（あんじん）の夜ぞ杜鵑　大

郭公（くわくこう）閑古鳥

郭公やちやんちやんこ手に子探しに　来

郭公や角（かく）い円（まる）など地に描く吾子（あこ）　来

蘆の湖にて、十一句（のうち七句目）

郭公や岩上の草腰に敷き　来

信濃にて　六句（のうち二句目）

朝の郭公砂の轍のまだ崩くえず　銀

郭公や卓上酒中の詩を信ぜず　美

郭公や世の上の雲へ歔欷おこる　31・10

郭公が思ひ出し来る郷（さと）まだあり　35・6、7

郭公や屋（いへ）を慈（いつく）しむ藁の屋根　44・9

郭公やチャイムの音の迹追ふかに　44・9

多子の中の自然児（ナツール・キント）や朝郭公　48・10

図らずもアパートにて武蔵野の郭公聞く　55・7

身のまはり日の溢るとき閑古鳥　火

父外国（とつくに）に母里にありや閑古鳥　美

白馬は小傷も著（しる）し閑古鳥　時

命は木より草のゆかりや閑古鳥　34・7

落葉松（からまつ）のほのと松籟閑古鳥　34・9
閑古鳥厩にあれば裸馬　36・11

＊4

勝つて黙つて荒野へ消えぬ閑古鳥　37・10
林より森に入りし身閑古鳥　大
閑古鳥古き体重計錆びて　39・8
閑古鳥道そのものが人を呼ぶ　39・9
路消えければすぐ引返す閑古鳥　大
人呼ぶには三度（みたび）は呼べよ閑古鳥　39・9
厠の節穴塞ぎもあらず閑古鳥　41・5
焦（あせ）る世へバイク疾走閑古鳥　41・8
古式の飛行機雲凌ぎ出て閑古鳥　41・8
敬称つけてよき人想起閑古鳥　41・8
合掌を緊めよ緊めよと閑古鳥　41・8
金飾帽を撫づる駅長閑古鳥　42・6
閑古鳥走足（はせあし）急（せ）かで少年消ゆ　44・9
木乃伊（みいら）化永存欲りし僧あり閑古鳥　45・10
墓の弟妹浅山なれど閑古鳥　46・10
公明な呼声遥か閑古鳥　50・7
いづれの方も木の幹ばかり閑古鳥　50・11
女々しうとも声ひたすらに閑古鳥　51・9
妻が仰ぎて打つ点眼水朝郭公　51・9
自転車乙女胸を揺り次ぎ閑古鳥　53・4
物を数へてその数を呼ぶ児閑古鳥　54・8
手も振らで先行者消えぬ閑古鳥　54・9

筒鳥（つつどり）

筒鳥や赭土塗りの仁王像　39・9

慈悲心鳥（じひしんてう）

合掌こそは二つが一つ慈悲心鳥　39・7

仏法僧（ぶつぽふそう）

鳳来寺山にて
仏法僧子泣く熱風呂すぐ埋めよ　美

夜鷹（よたか）

男ながらに肌理（きめ）の細かさ夜鷹の声　53・2

練雲雀（ねりひばり）夏雲雀

長女に与ふ
練雲雀語に翻へせ祝婚譜　時

林昌華の第一句集世に出んとす。次の三句を「序に代へて」贈る。三句。（のうち一句目）
心の鞘に刀身納む練雲雀　46・10
平野の人はうた声豊か練雲雀　51・4

流されつつ押し移るまま練雲雀　53・10
四方の名山姿に出でて練雲雀　集外句

関梅春氏の許を訪ふ　五句（のうち一句目）

窓ある揚げ船沙上の屋か夏雲雀　銀

青葉木菟（あをばづく）

産の日近し月が星消し青葉木菟　銀
口笛も鳴らし得ぬ子に青葉木菟　42・7
小為事成就ゴムバンド結ぶ青葉木菟　47・11

老鶯（おいうぐひす）夏鶯

老鶯や夜はするどき木の間の灯　火
老鶯や沼は水より泥深し　大
老鶯やいまこそ「直指人心」なる　大

遠隔の地にある妹の実子の姿、彷彿とうかぶ。（四句）

老鶯聴く吊鐘直下の寂寞に　44・8
一老鶯唱名一途法法華経　大
老鶯譜墓のはらから善人ばら　44・8
老鶯譜老兄狡猾泣き虫ぐせ　44・8
老鶯の振切る声のいと高し　46・11
老鶯の久闊叙する声の張り　52・10
夏鶯亡父雅の歌詠みにき　37・10
断崖は山の古膚夏鶯　39・9

註「老の名のありとも知らで四十雀」なる句あり。

燕の子（つばめのこ）子燕

肩しかと母の燕や仔の声だけ　来
分校とても三室ありて燕の仔　41・8
頭をつつき返しあふなど仔燕等　美
仔燕や人の児等みな蹋みあひ　44・10

鴉の子（からすのこ）子鴉

遊び雲鴉の仔等は黒無垢に　41・10
仔鴉や世の黒白も識らぬ声に　41・10
仔鴉育ち声も市井に棲み就きしか　51・6

葭切（よしきり）行々子

葭切出没葭も五情も満ちて不動　銀
葭切や建てつつ窓を備へつつ　母
葭切の上下に揺れる昼の月　母
葭切尚ほ鳴く「死は与ふ眠は与へず」と　美
葭切高音釘打つ音も拍手も　美
船だけが丸窓葭切の里灯る　美
葭切や故友むら気に便りせよ　32・5
来るなと鳴くは葭切電線廃屋へ　35・6、7

葭切や軒に無言の小鳥籠　42・7
葭切の上発着の伝書鳩　42・7
葭切や葭に責められ細おもて　大
女工の目皆んな賢しげ行々子　長
ここに又無事叫喚の行々子　銀

江戸川辺に佇み、春陽会に出品の茅舎初期ペン画を追想す　八句（のうち二〜六・八句目）

発動船の心音(しんおん)去来行々子　美
ペン画まだインクのにほひ行々子　美
指頭でインク掠めし流水行々子　美
「茅舎」の絵には「信一」ひそみ行々子　美
行々子画中最前に「強き芦」　美
到来死を叱咤するあれ行々子　美
「信一(のぶかず)」泣かず「茅舎」叫びぬ行々子　32・6
編者註　茅舎の本名
行々子汝等(なれら)まで来れば常に夕日　32・6
行々子汝等(なれら)が辺早や通過せり　38・8
行々子本棚のある渡船小屋　40・6
行々子入相の鐘控へ目に　42・7

翡翠（かはせみ）ひすい

翡翠の飛ぶこと思ひ出しげなる　長
はつきりと翡翠色にとびにけり　長
翡翠の淵掠めしを見下しに　長

再び帰郷　幼時の曾住地松前(まさき)海岸の入江を訪ふ　四句（のうち二・四句目）

翡翠一点三昧は嘆かふ江の奥処(おくど)　長・萬
翡翠一点蜑の煙管か一閃す　長・萬
樟大樹孤独の翡翠翔けまどひ　火
翡翠去つて指に指環の残るのみ　火
口髭の下の口笛翡翠飛ぶ　来

畏友川端茅舎逝いて既に二歳余、彼こそは人として、まことに天才の名に値するものとの思ひ、今にいたりて更に深し。二句

飛ぶ翡翠岸にひそみぬ茅舎恋し　来
流水や第二の翡翠来るなし　来
翡翠の一毛だにも吹き立たず　銀
描(あが)く絵を見られ居る画家翡翠飛ぶ　銀
翡翠や久闊一泊朝(あした)去る　美
水満々たる日や翡翠の杭短か　時
翡翠翔け黒髪の人瞳(め)ひらめく　30・10
翡翠翔ける遡源事象音もなし　36・12

翡翠ももう来ぬ夕杭誰を待たん　大

＊5
老いぬれば去りて帰らぬ翡翠恋し　38・10

翡翠翔け一標柱と一巨樹と　大

翡翠や橋下の闇を凌いだり　40・6

翡翠や水亭徘徊床ひびく　42・10

翡翠や犬来て大河の水飲みつ　44・8

さまよふ男女背高くなりぬ翡翠の杭　42・10

懐旧や翡翠餌を得て矢のごと去る　44・10

鷭（ばん）

藻の花や甘えん坊母子の鷭あそぶ　53・5

鳰の浮巣（にほのうきす）

鳰は浮巣へ魚ひらひらとはこぶなり　大

舟も出さで鳰の浮巣を女人描く　大

鳰の浮巣女子日本画家佇ちて描く　39・9

「大法輪」へ掲載の写真に添へたる三句（のうち二句目）、その一文を省いて転載。「井の頭公園」についての所詠なり。

鳰の浮巣も端を敷き展べて池寧し　44・9

夏の鴛鴦（なつのをし）

十和田湖　十句（のうち二〜五・八句目）

稠密な緑気湖山の裾に鴛鴦　銀

山湖仙色白木の舟と夏の鴛鴦　銀

この湖に想羽冷えて夏の鴛鴦　銀

夏の鴛鴦寂びつかれたる木が倒れ　銀

鴛鴦の湖二つづつ出て夏星満つ　銀

河鵜（かはう）

蘆の湖にて、十一句（のうち二句目）

鵜に夏毛山湖鳴らして一機影　来

水鶏（くひな）

甲斐、酒折町の加賀美子麓氏に招ぜられて、二日遊ぶ。五句（のうち一・二句目）

初対面そゞろ水鶏の夜に入りぬ　来

戦災悲話水鶏叩けど叩けども　来

甲斐なる加賀美子麓氏の許を、家妻及び萬緑人多数と共に訪ふ。

山邃く水晶生えて水鶏鳴く　大

加賀美氏の旧居跡。

河鹿にまがひし水鶏の音こそ不老なれ　44・6

＊6
師祖の扉を叩き妙齢水鶏叩く　38・8

白鷺（しらさぎ）

峡（かひ）の白鷺夕日はものを細うなす　来

西へゆく白鷺なれや車窓ぞひ　母

白鷺の羽搏ちや呼ぶごと拒むごと　母

青田白鷺市女笠めく墳一つ　母

白鷺が空すべりゆく水すまし　32・6

白鷺のあせり似げなく虹の空　35・5

夏燕（なつつばめ）

夏燕硝石にほふ海の崖　萬

飛びあふ睦みなみする憩ひ夏燕　銀

とまり啼く日輪の左右（さう）夏燕　銀

夏燕若者ならぬ詩友如何に　30・6

落ち水添ひに落ちて飛沫に夏燕　31・6

長女の初産のちかき日々を

夏空の燕の数だけ子安貝　36・10

沓掛の名は失せ低き夏燕　37・11

喪服の人等の決意の顔々夏燕　52・10

雨燕（あまつばめ）

雨燕次弟（じてい）夙々（とくとく）若返れ　大

眼白（めじろ）

島裏、太平洋に面して行者窟なるものあり。役の行者、当時の外来思想心酔者等に憎み陥られて、こゝに流適隠穏せるあとなりと言ひ伝ふ。

断崖の目白の声の雲を仰ぐ　火

四十雀（しじふから）

老呼ばはりせし昔人四十雀　大

註「老の名のありとも知らで四十雀」なる句あり。

山雀（やまがら）

山雀やこんがらぎりぎり詩作るのみ　33・10

夏鷹▽（なつたか）

正午の日強まらんとす巌（いは）に鷹　萬

巌頭のなぞへどまりに光る鷹　萬

天地蒼きに固唾をのんで巌の鷹　萬

崖白く鷹飛ぶ姿常に若し　萬

金沢行　六十六句（のうち十三句目）

鷹去りて濤のいかりの夫婦岩　銀

十和田湖　十句（のうち六・七句目）

倒れ木の夏鷹の尾の湖（うみ）に触れ　銀

水秘色夏鷹鴛鴦（をし）とただ対す　銀

夏鷹過ぎぬ羽音自ら聴く眼して　銀

夏鷹過ぐる岬に句を得つ寡黙の詩　銀

夏天の鷹妻への恋情傾けり　美

一羽ごとに見合ひて四五羽とまり鷹　35・10、11

鷹は独りテトラポットは果しらず　39・7

浅間山麓よりほどしばし登れる個所に真楽寺あり。同寺より浅間山中に入るに、たまたま夏鷹の母、その仔等に飛翔訓練を施しつつあるに遭遇す。八句。

夏鷹母子の鳥瞰景中歩を拾ふ　大

夏鷹母子頭上去来や父はいづこ　45・1

夏鷹母子煽り上りて煽り降る　45・1

夏鷹母子の胸の鷹斑や一と雲なし　大

母なる夏鷹飛び遅れし仔顧みず　45・1

夏鷹の母の眼は金仔等は未だ　大

夏鷹母子松籟絶つて国有林　大

松秀で夏鷹の仔等嘴緩めず　大

夏の鳥▽（なつのとり）

金沢行　六十六句（のうち四十五句目）

嘗て「光栄の場」にてありし日本海を、今にいたりて初めて見るものなり。

夏千鳥身まはり天気晴朗に　銀

神奈川句会及び城南句会の人々と大磯に遊ぶ。十句。（のうち一句目）

靴下ばきのままの浴衣や夏千鳥　43・7

小樽港にて。二句。（のうち二句目）

夏鷗北の聾は「金つんぼ」　45・2

千鳥の子▽（ちどりのこ）

前後は海親子千鳥の長干潟　美

父や母や子千鳥護りて潟の左右に　美

親千鳥佇つ影子千鳥走る影　美

歴々と親子千鳥の水鏡　美

子千鳥の親を走せ過ぎ走せかへし　美

母鳥の長跂に副ひ子の千鳥　美

父千鳥長嘴よき餌教へたり　美

親千鳥片跂佇ちに子をたのしむ　美

子千鳥の千鳥歩きを親たのしむ　美

親子千鳥日はそのさだめ照り戻り　美

親子千鳥飛べば子千鳥模様めき　美

親子千鳥翅打ち交はしいづこかへ　美

親子千鳥飛ぶとき鳴きつあどけなく　美

白鳥の子▽（はくてうのこ）

スワンの母哺育の首を臥せ勝ちに　時

父の辺の水面やスワンの母子一団　36・8

スワンの子に生れし身未だ起伏なく　36・8

アグリー・ダックリング仔のスワン卵色のまま　36・8
エントザーグング親スワン白の究極に　36・8
スワン親子行進曲と流るる身　36・8
その仔等さやぐ無言のスワンの父母めぐり　39・6
白鳥父母のそばに仔の数七つ星　39・6
白鳥親子寝にゆく水尾の終曲（フィナーレ）や　大

緋鯉（ひごひ）

白鯉呼びに趨く緋鯉夏若し　53・7

鮎（あゆ）

面河に一泊の後に
源（みなもと）の方（かた）より朝日鮎よろこぶ　母

谷口雲崖・松原文子両氏と河原町鮎宿に遊ぶ　八句（のうち四句目）
鮎さまざまフライの鮎は眉目（みめ）かくれて　美

初鮎や少年釣竿継ぎ継ぎて　40・10

岩魚（いはな）

石菖や岩魚追ひあふごと睦む　42・4

山女（やまめ）山女魚　山女釣

ともかくも横長き皿山女魚一尾　美
山女魚の尾ランプの舌の平らかに　美
一様ならぬ草の間走（まはしり）すよ山女魚（やまめ）の瀬　33・8
年長といふ不思議さよ山女魚の座　33・8
山女釣ただ強練（こはねり）の川瀬波　41・8
山女釣山の灯まれにもう滲（にじ）む　大

金魚（きんぎよ）

思ひ出も金魚の水も蒼を帯びぬ　長・萬
金魚あぎとひ主婦また同じ二間掃く　火
金魚手向けん肉屋の鉤に彼奴を吊り　火・萬
金星や足指ちかく金魚寄る　萬

金沢行　六十六句（のうち三十二句目）
片山津温泉にて
北陸の星なきこよひ灯の金魚　銀

金魚見る未（いま）だなまやさしき中に　母
金魚浮沈真珠なかりし真珠貝　母
基地は金魚も唱（うた）ふよD・D・Tのけむり　美
対き向きの金魚を提げて迷ひ子ぞ　時
点燈よろこぶ金魚ぞ全身かがやくゆゑ　時
金魚の水の浦島人形や朗ら首相　31・4
金魚煌耀球（たま）一つ投げぬ男の子　32・6
触れなれし金魚とあそぶ夜半の指　36・10
夜半の金魚篤しや末の末の魚　36・10
金魚巨眼人工の泡右往左往　39・2

自らを吊るし上げたる大金魚　大

金魚ばかり描(か)きし御座敷画家いづこ　44・9

次の五句は「蘭」誌へ発表のものと重複す。（のうち一句目）

席画つねに金魚描きしよあれの画師　49・11

聞香や金魚の遊弋まちまちに　50・12

熱帯魚（ねったいぎょ）

熱帯魚薄き身吊り上げ吊り上げて　美

ビールただに自興熱帯魚のそばで　41・1

目高（めだか）

胡桃樹下岩岸ながら目高の水　来

目高立体誰彼の肚(はら)見透しに　37・10

香川行。二十三句。（のうち十五〜十七句目）

砂井・二川・宮武の三人の同志達と、近郊散策に最後の日を費す。八句。（のうち一〜三句目）

目高の列人来ぬ方よりかへし来る　39・7

目高の水襷(たすき)の幅に帯の幅に　39・7

目高こそ「遊びせむとや生まれけむ」　大

目高らの頭突(づつ)きし指や育ちつつ　42・7

たもとほるは目高の為事門清水　大

初鰹（はつがつを）

初鰹双生児(ふたご)同日歩き初む　美

鯵（あぢ）

鯵を焼くにほひと暮るる「日めくり」と　母

鯵焼くにほひ家々内より灯しつつ　美

虹鱒（にじます）

虹鱒あまたみな交遊の身を曲げつつ　36・11

＊7

神父の竿に虹鱒躍り吾妻(あづま)笑みぬ　39・9

＊8

虹鱒提げて神父の孤影月に離(さか)る　39・9

蟹（かに）沢蟹

海鳴りや落ちてゐるなる蟹の爪　長・萬

妻のみ恋し紅き蟹などを歎かめや　火・萬

虚を吠えつゞく蟹もひそめる真昼時　火

満五十歳の誕生日に　六句（のうち三句目）

覇王樹(さぼてん)立ち夕蟹走りわれ生れし　銀

松前町(まさき)海岸の入江を訪ふ。ここは、母との生活の、最初の記憶の地なり、その頃の住居現存す。

詩人を生みし母の運命(さだめ)を蟹かなしむ　母

私事。戯作　二句

「蟹の飯炊(まいた)き」詩に淫すとて妻泣くに　美

蟹雌雄我慢の紅爪天へかざし　美

群蟹や独り据えられ人魚像　美

母か誰か蟹の辺告げき「美(よ)き児ぞ」と　美

それとなき蟹居る音に心づく　5・9

濡れ蟹や黒髪長く葦直(すぐ)に　30・10

黒髪やさばしる夕日か紅き蟹か　30・10

紅蟹・黒髪絶えせぬ古語は「あなにやし」　30・10

横裂けし岩をよろこび蟹潜(ひそ)む　38・10

紅蟹潜むかの海崖も梅雨晴れけむ　41・7

汀蟹赤かられど七月来　44・9

大鰐なる増田手古奈氏に招かれて同氏邸に一泊す　三句（のうち三句目）

沢蟹とりて帰りて君が家に興ず　銀

船虫（ふなむし）

波浮の港

船虫くる遊び女白きあたりより　火

会へざりし日数よ舟虫数殺ろす　34・8

灼け岩に舟虫汐垂る涙ほど　34・8

恨みも電光散る舟虫を石火と撃つ　34・8

夏の蝶（なつのてふ）夏蝶　梅雨の蝶

けがれしとけがれざるとの夏の蝶　来

夏蝶白し憤りの日尿(しと)にごる　来

成田千空氏居にて

掌篇的な店へ絵慕ひ夏の蝶　銀

栗大樹町中にして日蔭蝶　母

日陰蝶木の肌路の肌の上　美

カーキー色の世は過ぎにけり夏の蝶　21・9

夏蝶の高揚りせり次の恋へ　大

大一滴凝りし松脂日蔭蝶　39・7

鏡自体は鏡映さず夏の蝶　40・6

翻めきやめて球体の面(も)に夏の蝶　41・9

夏の蝶木々あり花に副ふ葉あり　47・8

夏蝶の水をもとむる肢(あし)と口　時

肩の間ゆ夏蝶も飛び教子等　火

金沢行　六十六句（のうち三十八句目）

夏蝶ひたと羽(は)伏せて砂の安宅道　銀

夏蝶の罩めたる中へ球ぞ飛ぶ　34・7

仰ぐ石崖夏蝶行方ありつらむ　37・12

脈打つ身に触れし夏蝶翅厚し　42・7

かの夏蝶野つづき山へ分け入りぬ　43・10

夏蝶の恬(てん)然(ぜん)光と熱浴びて　44・10

夏蝶や黒板拭(イレイザー)から湧きつぐ粉　48・9

日本犬の捲尾をくぐれ梅雨の蝶　39・8

梅雨の蝶ひもじければか物陰出て　44・8

鳳蝶（あげはてふ）揚羽蝶　黒揚羽

縦羽(たては)揚羽(あげは)打つよまさごをさざら足掻(あが)き　大

翔け抜けてかけゆく揚羽出初めけり　長

揚羽遂に潮路に墜ちぬ不二の前　長

奥入瀬　八句（のうち七句目）

水飲む揚羽、羽を揚げ日の葉日の葉平ら　銀

高みより揚羽も辻に戸惑ひつつ　母

揚羽蝶一都の生活(くらし)の波の果　33・5

牛啼くところ揚羽の恋はにぶからず　34・8

松山、「中の川」の上流の畔にて。

揚羽蝶軒低き辺ぞ残んの町　大

優勝旗もう手渡され揚羽蝶　大

一少年の小ささ揚羽蝶一双　44・1

黒揚羽頭上に森のふかきかな　来

黒揚羽左右(さう)より風呼び風を超え　美

ヒマラヤ・シーダの影菱形や黒揚羽　31・7

黒揚羽後翅(あとばね)粧(けは)ひ母の日ぞ　33・5

不毛の時代は喧噪なるもの黒揚羽　38・4

寺門繕ひ朱は未到来黒揚羽　42・11

一援一助為さざりし兄ぞ黒揚羽　44・8

三羽三羽「結んで開いて」黒揚羽　46・11

黒揚羽ふためき遥かな地より到る　53・8

火取虫（ひとりむし）灯取虫

蠟燭を這ひ上りゆく火とり虫　長

夜雀といふが大きな灯とり虫　長

婢等の低きともしへ灯取虫　長

蛾（が）火蛾　灯蛾

母が巻く目醒時計蛾の羽音　長・萬

夜深し机上の花に蛾の載りて　長

まつはりし闇の蛾たゝずみ居れば去る　火

耳朶打てば蛾もたゆたひの音ならず　萬

再び独居、僅かの配給の酒に寛ぐ事もあり、灯火へ来れる蟷螂の姿をつく〴〵眺めて唯独り失笑する事もあり。

吾子等に遠き酒へ銀粉小さき蛾　来

真白の蛾吾(あ)も寝て死せる如くならむ　銀

聾唖の指話蛾は半輪の花に似て　銀

暁(あけ)の不動蛾弟(おとと)の安眠ただにくし　銀

看護婦の服襞のかげ蛾の飛ぶかげ　15・10

白毫や鼠遊び蛾色を尽し *9　大
灯をば蛾が長女の身をば孫がめぐる　大
蛾も睡るときあるらしや稿更くる　大
山の蛾は漂ふのみや走車の灯　大
人波や昼蛾ぶつかり粉を遺す　40・6

追分町より浅間山腹に入りたる地点に、真楽寺なる古刹あり。三句。（のうち一句目）

古塔なれば木組細かや昼蛾めぐる　40・8
走車の灯行人飛蛾をなつかしむ　43・7
浅間鳴り吾娘（あこ）の草稿彩蛾呼ぶ　49・11

一夜、伊丹万作の霊さだかに来る。二句（のうち二句目）

灯蛾翔け笑ふ long long ago（ろんぐろんぐあごー）（長い長いアゴ）とざれ呼べば *10　銀
出征兵士頭（づ）は蒼々し灯蛾の数　11・11
灯蛾の舞別辞と莨せはしげに　11・11
火蛾煌々黒姫（くろひめ）山の在る闇の前　43・12
追想浮動遠きナイター火蛾煌々　44・1
近頃は灯蛾来ず奇怪な事件ばかり　44・8
耳を掻く癖などつきて火蛾に孤り　火
灯蛾は夜々減れど戦報相つげり　火
撃ちし灯蛾震ひ熄む菓子食ひ了る　火
牛馬啼く山の闇あり灯蛾の宿　萬
海上の如くに灯蛾も来ぬ四五夜　来

関梅春氏の許を訪ふ　五句（のうち五句目）

灯蛾に語る夜々鉄橋を越えて来て　銀
蚕蛾（こが）に似し灯蛾や母はや歯で息す　銀
黒人手つきは無精髭撫づ駅の灯蛾　36・11
織りなす灯蛾山越さんずる給油了る　39・9
若き掌（て）ひらひら庭宴（ガーデンパーティー）の灯蛾追ひて　51・5

天蚕（やままゆ）山蚕

山蚕（やまこ）の巨蛾風声は濤声に異ならず　大

雀の担桶（すずめのたご）

隣家の坪も、我が家の坪も、既に五十年の星霜を経たり。

「草分け同志（どうし）」雀のたごの今や乏し *11　49・12

毛虫（けむし）

縞毛虫横に臥（ね）て楽流れゆく　火
ひとり越す坂や毛虫は草に居る　来
毛虫もいまみどりの餉（げ）を終へ歩み初む　美

尺蠖（しやくとり）尺蠖虫

旧山河茫々尺蠖地を測る　42・8

尺蠖虫（しやくとり）の焔逃げんと尺とりつつ　銀

蛍（ほたる）初蛍　蛍火　平家蛍

松山市に到る。

ちちのみと柞（ははそ）の木の闇縫ふ蛍　母

*12

黒に赤昼蛍這ふ尼の指　38・8

故郷かしこに未（いま）だ蛍も友も存す　39・6

黒犬さへ蛍居ぬ闇打歎く　39・9

野袴かためて赤帯昼の蛍川　40・7

勤先の学園にて、「奥の細道」を講じて既に幾年ぞ。更に又、「雨月物語」を講じて幾年ぞ。

梅雨蛍裡（うち）より灯（とも）す「信（まこと）」縷々と　41・7

ここの地の蛍絶えたり水気さへも　大

指紋さへ煌たる燈下蛍恋ふ　41・10

故友の遺画蛍這はせて独り見ばや　42・9

遥か香川県より、砂井斗志男氏大いなる蛍を数多充たせし蛍籠を送付し来る。十三句。（のうち八・十二句目）

蛍のにほひこは竜神と母のにほひ　43・7

息つめて既に三夜を蛍の辺　43・7

城山に星の寄合ひ蛍火更け　45・6

蛍の呼吸大（おほ）紙（かん）袋（ぶくろ）いつぱいに　大

スタンダールを読む、四十四年振りなり。

命あゆむ昼の蛍の赤と黒　48・8

砂井斗志男氏より、例年の如く、初蛍あまたを郵送し来る。八句。（のうち二・五〜八句目）

よろこびにも女人吐息す蛍の香　49・7

朝の蛍妻炊掃の音立てて　49・7

諸（もろ）鳥（とり）語り朝の蛍に命あり　49・7

蛍呉れし友世に出でよその妻（め）が為（た）め　49・7

朝の蛍に水遣り渓谷行に出づ　49・7

この闇はどこかへ開かむ蛍は友　50・9

香川県なる砂井斗志男氏より、毎年の吉例としての初蛍一籠の送付にあづかりて……。六句。（のうち一〜四句目）

小判草さやぎ蛍の息づくよ　55・6

小判草出没し蛍上り下り　55・6

蛍の夜がすずろぐよ明暗繰返し　55・6

蛍の光草の光のにほひ合ひて　55・6

月一つ蛍一つの夜を忘れず　書簡

香川行。二十三句。（のうち十九句目）

砂井・二川・宮武の三人の同志達と、近郊散策に最後の日を費す。八句。（のうち五句目）

初蛍つつみて遍照うすら紙　39・7

囃し言葉は「花いちもんめ」初蛍　50・11

勤労地にて、四句（のうち二句目）

蛍火や白き夜道も行路難　来

松山市に到る。

蛍火や遺骨の重さやや手慣れ　母

蛍火夜々修道院を乱れ超ゆと　美

遥か香川県より、砂井斗志男氏大いなる蛍を数多充たせし蛍籠を送付し来る。十三句。（のうち二・三・五・十三句目）

広島より帰りし翌夜蛍火や　43・7

戦時なりし陸奥以来の蛍火ぞ　43・7

蛍火を見詰めうからの息寄りあふ　43・7

蛍火一つ残り目近やいと遥かや　43・7

妻との旅夜は蛍火の地ならむへ　46・4

蛍火闇に沁めども闇は知らざりき　46・10

蛍火を掌中命苦く甘し　大

大小の蛍火あまたの父と母　48・7

蛍火の父へ母母へ父応ふ　48・7

紛れなし蛍火羽振る千鳥型　48・7

定かなり大蛍火の結飯型　48・7

むかうから皆迎へ灯の蛍火や　大

蛍火の念々かさねもの言はず　大

蛍火大小籠に滲むよ結飯型　51・7

とりあへず蛍火頒くと長封筒　51・7

須磨の一夜煌たる讃岐の蛍火受く　54・7

汐路凌ぎ来て蛍火をここに頒つ　54・7

指頭に指す亡き人の数や蛍火や　56・7

「明滅」の否「またたき」の蛍火や　大

声を声音を点綴するか蛍火は　56・7

蛍火を助力し「ほどこす水」ぞ水滴は　56・7

蛍火へ念じて其の数復せしめつ　56・7

香川行。二十三句。（のうち二十一句目）

砂井・二川・宮武の三人の同志達と、近郊散策に最後の日を費す。八句。（のうち七句目）

こは「平家蛍」なるらん屋島近み　39・7

兜虫（かぶとむし）

書庫守の朱に塗り放つ兜虫　火・萬

兜虫居る岩過ぎて火の山へ　火

デューラーの「祭壇画のためのデッサン」を見つつ。

夜空から「ペトロの左手」へ甲虫　母

信濃へ解放海国讃岐の甲虫 *13　39・9

小鼻動かす森の少年兜虫　41・7

玉虫（たまむし）

玉虫の熱沙掻きつゝ交る(さか)なり　火・萬

玉虫交る触角軽打しあひながら　火・萬

玉虫交る五色の雄と金の雌　火・萬

玉虫交る青橙々(だいだい)は青光り　火・萬

玉虫交る土塊(つちくれ)どちは愚かさよ　火・萬

玉虫交る煌たる時歩をきり〴〵す　火・萬

玉虫交り廃屋藁と昼の闇　火・萬

玉虫の交り了りて袂別つ　火・萬

玉虫の飛んで眉濃き島の娘なり　火

玉虫を子が獲て父の誕生日　来

谷口雲崖・松原文子両氏と河原町鮎宿に遊ぶ　八句（のうち六句目）

玉虫や芸志いくすぢ身を走る　美

枯渇樹の既成の枝ぶり玉虫飛ぶ　34・5

秋田大会散会後、香西氏と同道、平泉の地を訪ふ。二十三句。（のうち二句目）

玉虫飛ぶや対内外の古戦場　大

玉虫やレース足がかり足まとひ　41・9

玉虫飛撒(ママ)供養青焔挙がるとき　42・10

金亀子（こがねむし）かなぶん

金亀子(かなぶん)の訪ひ来て死真似幾年ぶり　大

天道虫（てんたうむし）てんとむし

のぼりゆく草ほそりゆくてんと虫　長

結飯(にぎりめし)磊々(らいらい)円滑やてんと虫　38・2

てんと虫朝日のきめの細かさに　42・5

斑猫（はんめう）道をしへ

斑猫(はんめう)や内わにあるく女の旅　来

母の魂かや祖母のたまかや斑猫(はんめう)跳ぶ　大

一路いつまでつづら折なる斑猫跳ぶ　57・8

斑猫とぶ午前の時歩まづゆつくりと　大

岩と砂千曲川原の道をしへ　火

青年は日向でいこふ道をしへ　銀

道をしへ先達けふも下駄ばきに　銀

石手寺境内にて　（四句）

道をしへ「日の道」海に尽くる頃　母

道をしへ既往の方は暮色のみ　母
道をしへ死へ導くを須ゐずよ　母
道をしへ遂に消えけり一樹の下　母
拓人*14は風雲◎を知らず道をしへ　美
黒犬二匹の面輪にけじめ道をしへ　美
道を鎧うて道をしへ居ずなりにけり　美
道固き銃後の村の道をしへ　13・8
「八方破れ」とは独往や道をしへ　39・7

落し文（おとしぶみ）

掃きしが如き野路にとある木落し文　母
彼等を穫たる彼女等いづこ落し文　母
落し文地蔵の首落ち易きもの　39・8
新家（あらや）建てんと旧家（ふるや）毀つに落し文　大
直路直進ここだ見捨てつ落し文　46・10

米搗虫（こめつきむし）

今ぞ夜半（よは）米搗虫の特技の音　時
我が笑ひ米搗き虫と吾子に勢（はづ）む　14・12
米搗虫山路固きへ置けば撥ぬ　大
米搗虫成就新居へ撥ねに来し　41・10

豉虫（まひまひ）水澄し

営々とねむらで月の水すまし　美
白鷺が空すべりゆく水すまし　32・6
一人静ただ一つ舞ふ水すまし　大

水馬（あめんぼ）あめんぼう　水澄し

咳不如意水馬（あめんぼ）おどろき皆跳ねぬ　32・7
油の彩（あや）の上掻き餓ゑぬ水すまし　34・7
水馬秘水に独り拳闘技　大
少年の焦燥あめんぼうのにほひ　美
世は遠し裏戸の前の水すまし　来
母を褒められうなづきし頃よ水すまし　母
水すまし水の深さを人瞶つむ　31・10
一山一水独りの営為水すまし　大

蟬生る（せみうまる）蟬の穴

山又山を望む境内蟬の穴　44・10

蟬（せみ）初蟬　蟬時雨　唖蟬　夕蟬　にいにい蟬　みんみん蟬

蟬咽ぶ他郷信濃の古城址に　火・萬
船は汐とともに低まり蟬の崖　火
満目赭し飛ぶゆゑ蟬は見えしのみ　火
白ら煙蟬なく岩も絶えず燃ゆ　火

雲へ蟬峡（かひ）の入り口なつかしや　萬
鳴く蟬は海へ落つる日独り負ひ　来
ひたぶるの喚きの蟬を耳へ当て　来
蟬の陣真平らなる水面（みづも）奔る　来
行くにしばしば闇の無言の蟬ふためく　来

勤労地にて、四句（のうち一句目）

山頂の丘や上なき蟬の声　来
永久（とは）に生きたし女の声と蟬の音と　来
＊15
碑巌の上に下枝太さや蟬の昼　銀
＊16
碑巌に凭れうしろおそろし蟬の声　銀
＊17
眼（まなこ）つりし野分の芭蕉いまの蟬　銀
今への恋情蟬声櫛の歯と繁し　銀

奥入瀬　八句（のうち一句目）

道と渓流蟬声（せんせい）も亦蜒蜿と　銀

三井寺にて

国の勢ひは山々へ退（の）き蟬の寺　母

幻住庵址にて

蟬声ほのぼの「三曲二百歩」一段づつ　母
空からきらきら雀の涙か蟬の尿（しと）か　母
蟬わめく山々や世は揺れ移る　母
蟬の下鏘然生命（いのち）の蝶番（てふつがひ）　母
蟬と鳴弦父の白頭子の黒頭　美
孤座へ来て漆（うるし）と膠（にかは）と胡粉（ごふん）の蟬　美
蜘蛛の高巣にさかしまの蟬不しあはせ　美
蟬の羽音が狼狽・強行・脱出せり　美
蟬が呼びいつも背後に弟（おとと）がゐた　時
蟬の声いのち乾きてひびきけり　時
蟬にわれらの二十五年を懐古園　時
凪の蟬的場的鳴り誕生日　30・8

谷口雲崖・松原文子両氏と河原町鮎宿に遊ぶ

社燈の銘「日輝月明」宿場の蟬　32・10
朝の蟬若僧繃帯紅（こう）にじむ　33・8
山路の落ち蟬肢張りしまま死して在り　34・8
蟬の彼方ポプラ靡くは町ならん　36・10
日本の蟬マドンナつひに母に似寄る　36・10
天にあやかる巨樹や蟬声粛然と　36・11

前垂のある蟬もあり孫育つ　37・11

月島や三文玩具(おもちゃ)の蟬鳴いて　大

蟬声(せんせい)や渦巻生ひし太枝(ふとえ)あり　38・10

積み積みて熱き齢や蟬の午(ひる)　38・10

老(おい)が老にもの学び居り蟬噪裡　38・10

松山、六才頃の旧居のほとりなる「立花神社」にて。九句。（のうち九句目）

一年一期蟬声こぞれ石手川　大

戸隠行二十六句。（のうち十七句目）

附近の山路、山村をさまよふ。八句。（のうち五句目）

蟬奏は一位いかつきあたりより　大

初蟬や心頭心後瑟々と　39・8

初蟬聴く空座の石の蓮台に　39・8

空濠より初蟬仰ぎ聴くべかり　39・8

初蟬は寝(い)も早きかや旧街道　39・8

初蟬あちこち心散ぜし一と日よし　大

湯田中温泉にて本年度萬緑大会開催、その第二回鍛錬句会の際、在信濃の詩友等の共力に挨拶するの心意にて。二句。（のうち一句目）

高みには山蟬友も多き此の地　39・9

湯田中温泉にて本年度萬緑大会開催、その席上より寄書して、病中の辻井夏生氏に送りし際の一句。

郷友と他郷の蟬を共に聴かず　大

俳道を想ふ。一句。

蟬声しづか門入りし者後は杳と　39・9

あととり少年中裏(なかうら)庭奥裏(おくうら)庭蟬の声　40・8

屋姿消えて蟬の往来いと低く　40・8

喜び以外へ眼挙げぬ祖母や土塀の蟬　41・9

蟬声層々巻玉子焼くにほひなる　41・10

恩愛回顧まことに蟬は胸で啼く　41・10

蟬声さまざま「一切天人皆処」とや　44・1

こは馴染蟬の胸なる襞二枚　44・10

墜ち蟬の胸の前垂古馴染　大

幼馴染なるY・K女に結びつく思出と告白。二句。（のうち二句目）

蟬声負うて慕る身(み)悶(もだえ)看過せしも　49・5

迷ひ小犬けふ健やかや蟬鳴き初む　51・9

三十余年を距てて、秩父の地に於て、「ひつじ山公園」の姿を遠望しつつ、回想頻りなりし。

無私とは徒然蟬声ただに煎りつくに　54・12

初蟬ややうやく基地を辿り出し　美

初蟬や「来る者」は「来る水」の如し　美

豪徳寺にて

初蟬や無名戦士碑・直弼墓　30・8

初蟬や女の世界の外を辿り　32・7

初蟬や声突いて出る朝雀　34・7
乳牛峨々と灯り初蟬まだ奏づ　34・7
初蟬や町の音来て砂に死す　35・8
はるかより初蟬の音や旅帰り　36・9
職場の初蟬三十年は森々たり　38・9
初蟬津々枝葉の要幹千年　39・8
初蟬や一業一途の自由近し　40・7
初蟬を聞きつ尚ほ聞き眼を洗ふ　40・7
初蟬や下校の肩に縋り合ふ　42・8
初蟬や爪先活きて下駄歩き　42・8

「大法輪」誌へ掲載の写真に添へたる三句（のうち一句目）、その一文を省いて転載。「井の頭公園」についての所詠なり。

居に近み初蟬聞くもこの池辺　44・9
はたして斯くや初蟬の日の来たりけり　47・8
低き老婆を覗き込む老婆初の蟬　50・9
聖代めく蟬時雨にぞめぐりあへる　美
世と坪の内と等しく蟬時雨　37・10
蟬時雨無比なるがゆゑ生は一度　38・10
啞蟬や父母歿後そして父母未生　母
啞蟬や母の瞬しんしんと　44・10
啞蟬の夕の座遠妻の祈る頃　47・9
夕蟬や詩のすなどりのなほ一網　銀
夕蟬の命つよめてカレーの香　美
夕蟬や根なし人間血の通ひ　38・9
夕蟬や仁王の手相ただ広く　39・9
夕蟬の影絵一つや直き幹　40・9
椎の葉はこまやかにいにい蟬の声　44・10
「衣蟬」鼻声かゆきへ自ら手が届く　美

松蟬（まつぜみ）

＊18
松蟬や山村の布置揺ぎなし　38・8

空蟬（うつせみ）

汝等まろき脂ぎつたる空蟬よ　銀
幽谷よし幾越年のこの空蟬　39・6
空蟬飴色旧地新居の門柱に　41・9
空蟬と縋るその葉を家苞に　47・2

蠅（はへ）馬蠅　銀蠅

人影なき城の写真や夜の蠅　火
浮浪児昼寝顔の蠅をば足へ追ひ　銀

高松市の郊外、香西照雄君のもとに数日滞在　七句（のうち三句目）

金屏に南国の蠅いまだつよく　銀

裸の仕事蠅は沙漠にさへ居るてふ　銀

ただの一度野の蠅われを飛び捨てぬ　母

折鶴にとまりし蠅やいま健か（すこや）　母

灯下豊か翅の濡れたる蠅到り　母

乳牛の眼の蠅も去りアンヂェラス　美

蠅の足がたくさんになるよ怠ける間に　美

臥せてある菅笠へ来て草の蠅　31・8

殻装の鶏卵（たまご）にとまり「不犯の蠅」　32・9

打ちしを打ちぬただ巨大なる蠅なれば　33・12

美女等嗤へ詩業に身賭けて銀蠅とぶ　33・7

註　放蕩荒淫の果ての困憊によつて引きおこさるる或る特殊なる視覚的現象をば、古人は戯れに斯く称へたり。

爪まで舐めてこの蠅のみは世話するか　34・7

その高巣に栗鼠透き朝の銀の蠅　34・9

読みたどりきたれる個所の蠅を吹く　34・9

牛じみし涙眼に蠅寄りきたる　35・6、7

灯ともせば密室の蠅翅（はね）擦り寄る　35・9

仕事の彼方撃ちし蠅乾きゆくらしく　35・9

蠅の歓喜一と度穢（ゑ）をば離れ舞ふ　36・10

吾（あ）を襲ふ馬蠅谷に修道女　37・11

山の獣（けもの）の糞に載る蠅翅澄めり　39・7

眼に入る眼蠅われ涙せぬうちに死しぬ　39・9

獣糞離れぬ薄暮の蠅の何故かかなし　41・7

転び音ショパン夜の蠅翅を透きて蒼く　41・8

小蠅遊ぶ先代よりの布石の上　44・9

蛆（うじ）

日の蛆や何の頭蓋か卵形（なり）　萬

獣屍の蛆如何に如何にと口を挙ぐ　母

蛆一つ轢かれぬ渺たり渺たりな　時

雨の地に転（まろ）び洗はれ「もやし」と蛆　大

蚊（か）　蚊柱　蚊の声

蚊の声のひそかなるとき悔いにけり　長・萬

たま〳〵購ひし「ドラクロア画集」魅力量り知られず、日々之を手離さず。偶作五句（のうち五句目）

撃ちし蚊にみどりも紅も亦黄もなし　来

蚊起きあがる倒れし馬の起きる様（さま）　来

遊ぶかに蚊のとびわたり濃きミルク　美

蚊の跡へいくつも爪たて妻思ふ　15・10

声寄る蚊打ちつゝ仰ぐ星遥か　31・8

蚊柱とほして日本ながらの地平線　33・6
蚊が一度の麗はしの腕掻きさばき　41・7
雨の昼の独りへ来る蚊羽根しろし　書簡
蚊柱や三年経なばと慰めあふ　美
蚊柱遊ぶ天童等斯く遊ぶらん　12・4
丘の蚊柱麓に里の子等の声　39・12
隔歳五十宵空蚊の声吾子(あこ)仰ぐ　美

孑孑（ぼうふら）棒振虫

母の危篤状態つづく。十七句（のうち十六句目）

地蔵の前鉢の孑孑(ぼうふら)生命(いのち)千々(ちぢ)　銀
「死」も亦紅きを知るや孑孑(ぼうふら)喜々と流る　美
浮誇孑孑(ぼうふら)裸踊の肌の沢(つや)　美
眼鼻だち縦に奪れぬ棒ふり虫　大

ががんぼ　蚊蜻蛉

蚊とんぼや母の寐がへる音のせり　10・11

蚋（ぶと）蠛子

指やりて蠛子の死したる眉毛かな　長

大垂水にて

蠛子がくる相模の山を見てあれば　長
外(と)に佇てば蠛子わづらはし書庫へかへす　火

蠛子を打つ信に過ぎたる愚か者　火
蠛子の血よりほかに紅なし山光る　火
蠛子(ぶと)に血を与へては詩を得て戻る　来
わづらはしき蠛子(ぶと)居ぬウイーンの森の話　美
痛きはよし蠛子の痒き血吸ひて捨てぬ　42・10

蠛蠓（まくなぎ）揺蚊

まくなぎも老眼鏡のうら冒しそ　46・8
稿料そこばく虫柱添ふ日の馬穴　母
うたかたが生れた消えたと蚊柱や　美
虫柱小分けに触れて額(ぬか)さむし　美

草蜉蝣（くさかげろふ）

月に飛び月の色なり草かげろふ　長
草かげろふ吹かれ曲りし翅のまゝ　長
昼の指一節(ひとよ)にとまり草かげろふ　銀
草かげろふ天鵞絨上に死の安座　美

優曇華（うどんげ）

まだ消(け)ざる優曇華喰ひ箸を措く　火
優曇華やしづかなる代は復と来まじ　火
石に優曇華しがらみ茶つと流る　34・3

薄翅蜉蝣（うすばかげろふ）

鏡面に薄羽かげろふ垂れとまり　長

蟻地獄（ありぢごく）

日のひかり蟻地獄さへ樟のにほひ　火

上田市にて　八句（のうち二句目）

蟻地獄つたなき読経檽子の中　美

他者の上にさぐる同罪蟻地獄　美

殆んど五十年振りにて滝野川の地を訪ふ。父に携へられて紅葉狩に憩ひし茶店の跡など求むべくもなし。

蟻地獄と天井にたまげぬ父笑ひぬ　35・9

蟻地獄嘗ては笑窪浮かべし顔　36・11

侘びしげの仏像すごし蟻地獄　40・9

蟻地獄禍なるかな例外者　41・7

芸は永久(とは)に罪深きもの蟻地獄　41・7

蟻地獄そのもの失せぬ寺社平安　45・4

点滴に地穿(う)げし跡と蟻地獄　47・3

油虫（あぶらむし）

アメリカ青年の葉巻や日本のあぶらむし　35・6、7

「異なげな」は「比類なく奇怪なる」の意味の、古語に基づく松山方言なり。自照戯画。

異(い)なげな戸主の個室に一匹の油虫　49・10

蚤（のみ）蚤の跡

灯と真顔一点の蚤身に覚ゆ　萬

出刃庖丁の形の蚤等喰ひついた　36・11

嘗て「信濃居」一聯の句を作りし小家へ家族と共に到りて数日あそぶ。此小閑を得ること幾年ぶりぞ。二十二句（のうち十八句目）

蚤の迹山路にかゆく愚人なる　銀

蟻（あり）山蟻　蟻の道

卓上の夜の蟻襖の隙(ひま)の首鼠　萬

夜の蟻迷へるものは弧を描く　来

母、突如重病にて倒る。入院。殆んどフェータルなるものなる旨、院長より宣せらる。十二句（のうち二句目）

「不孝ではないぞ不幸だ」蟻嚙みつけ　銀

いざ行かん身につく蟻を払ひ尽くし　時

砂利山の上の蟻さへ一つならず　31・8

受け過ぎし銭返す女夕の蟻　32・7

動く蟻踏越え戻る袋町　33・5

黒蟻移す白き卵や敗戦日○　大

山深きにこは小蟻なる岩白し　39・9

鉛筆の蟻わが双脚ゆ登り来しか　43・6

「人生は出直し利かず」とは世の定説なり。されども、敢へて一茶調に托しての、戯唱一つ。更に戯唱一つ。

黒蟻赤蟻白蟻命の根に着くな　50・2

花に蜜摂(と)る蟻や営々登りきて　52・6

地階へ降りむとおとす眼や蟻は夜も走せて　55・7

口一つで蟻の総身喰下がれる　大

秩父、三峰山

山蟻まだ出ず何を果たせし僧の墓ぞ　美

ダム成就大きうなりしよ山の蟻　33・5

神から還りし供物の食味山の蟻　36・11

古庭にさも定まりて蟻の道　母

揺れて早きこの蟻の道うれしげに　時

螻蛄（けら）

日蔭者の螻蛄まるし野の月桂樹　美

螻蛄肥えぬ「土中の翅(はね)」を名残に負ひ　35・9

蜘蛛（くも）

暮れてゆく巣を張る蜘(くも)の仰向きに　長

蜘(くも)の網煙とまとひ日の薊　火

深谷へ垂れ糸の端(は)の緑蜘蛛　35・5

「棚蜘蛛」の犇めく巣あり露犇めく　54・5

蜘蛛の囲（くものゐ）蜘蛛の巣　蜘蛛の糸

蜘蛛の囲に蝶紋服の女あがく　32・6

甕の口に蜘蛛の囲うすし君が故地　42・4

安房小湊の井水のコクや蜘蛛の囲晴れ　44・5

蜘蛛の高巣にさかしまの蟬不しあはせ　美

呻吟の声夜の蜘蛛の糸一本　銀

蜈蚣（むかで）百足虫

冷灰越えて死灰や百足の路果てなし　美

ことごとく灰掻く百足の足たゆみ　美

百足の触角活路もがなと灰を撫づ　美

灰曠漠酒(さか)色(いろ)百足沈み消ゆ　美

斯かる国、はたしていづこに実在するや。

小(こ)百足(むかで)や侏儒(こびと)の俵藤太の国　39・9

蚰蜒（げぢげぢ）

蚰蜒に寝に戻りたる灯をともす　長・萬

蛞蝓（なめくぢ）なめくぢり

施餌盤の残滓慕ひて夜の蛞蝓　44・10

なめくぢり蝸牛花なき椿親し　火

なめくぢのふり向き行かむ意志久し　来

生きもののひそみあふ片隅やなめくぢり　53・4

蝸牛（かたつむり）ででむし

此二タ年蝸牛を見ず海を見ず　火

なめくぢり蝸牛花なき椿親し　火

爪(つま)立(だ)て丶馬登る辺の蝸牛　来

吾子達の齢は朝や蝸牛　銀

石手寺境内にて

法(のり)の池堕ちて溺るる蝸牛(かたつむり)　母

蝸牛ねむる戸裾蹴つては開けて出る　美

忌むべき碑ただ倒しあり蝸牛　35・6、7

磴を上り門を探(さぐ)れば蝸牛　40・5

竹も思出尾をひたと張る蝸牛　40・5

私事(しじ)の上の空や眼を挙ぐ蝸牛　40・5

蝸牛二つ眠りの殻の渦まどか　40・7

疎林の間丸木橋をば蝸牛　42・8

蝸牛見たし三日の雨の後を来て　45・3

稀に見し蝸牛や禽の声もして　45・3

竹垣裾の蝸牛追懐溯る　45・11

蝸牛ここだ此処一重垣二重垣　45・11

蝸牛見まほし代の潤ひも見まほしや　46・3

嵯峨逍遥。

蝸牛睡るいのちの膜の殻の口　大

表忠碑字窪に睡(ねむ)り蝸牛(かたつむり)　51・7

帰郷　二十三句（のうち十九句目）

蝸牛や故里なべて夫(つま)老いぬ　長・萬

あかるさや蝸牛かたく〳〵ねむる　長

蝸牛やどこかに人の話し声　長

盲(めくら)に似て眼ある蝸牛(でゝむし)夕の父　美

旧子規庵を訪ふ　十句（のうち三句目）

で丶虫の迹の板塀竜の髯　美

高上りせる蝸牛や年茫々　40・5

蝸牛や聞かせず読ませぬ唯一事　40・5

蝸牛や国傾けど大地未だ　40・5

ここうぶすな蝸牛(ででむし)の迹読みよまむ　大

蝸牛(ででむし)ねむる細渦巻の糞(ふん)もろとも　41・7

アパート乾く蝸牛(ででむし)群るる家見下ろし　41・9

蝸牛(ででむし)や扉二つの喰違ひ　42・11

蝸牛(ででむし)角出し人会堂へ没したり　43・11

孤亭に蝸牛板子一枚下は淵　44・9

蝸牛や石門わたる角透きて　44・10

蒼古の如し蝸牛(でゞむし)這ひし板屋の面(も)　51・8

蚯蚓（みみず）

みちのくの蚯蚓短かし山坂勝ち　来

勤労地にて、四句（のうち三句目）

嘗て「信濃居」一聯の句を作りし小家へ家族と共に到りて数日あそぶ。此小閑を得ること幾年ぶりぞ。二十二句（のうち二十二句目）

鳴く蚯蚓われに似し者銭(せん)を算(かぞ)ふ　銀

近づくと知らで寄りくる蚯蚓なれど　銀

夜光虫（やくわうちゆう）

夜光虫眼鏡落せし人策なし　37・1

【植物】

余花（よくわ）

句作散策の途次、たまたま行人どちの会話によりて、傍なる一邸を林芙美子女史の故宅と知る　七句（のうち五句目）

余花の邸片親迎へて身逝きしか　美

帯用ながら余花ある旅の楽しとや　54・5

葉桜（はざくら）

読書の飢ゑ葉桜日増し公園かくす　火

葉桜や同じ禱りに隣り合ふ　来

葉桜や町を見下ろす白き犬　来

葉桜や末子が追ひ来て橋鳴らす　美

葉桜や後へは還れぬ黒き川　美

葉桜や「もの信じたき妻」を信ず　31・5

葉ざくらと流水日本のアンヂェラス　31・7

葉桜重し尊徳像と制札と　31・9

葉桜や川波の音父に旧(ふる)し　32・7

葉桜樹間の遠景家あり人も歩む　35・5

高きに棲めば想ひ根深しみな葉桜　35・6,7

＊1
葉桜の西行桜へやや道草　39・2　来
職場の名残新葉桜と遅桜○　41・3、4　銀

桜の実（さくらのみ）実桜

桜の実紅(べに)経てむらさき吾子生る　火・萬
桜の実教師身辺土平ら　火
桜の実光(ひかり)は解(わ)かる赤児の眼　銀

渡辺幻魚氏の催せる信州俳句会に出席。山辺温泉の宿舎にて。即興一句。

紅つけ鉄漿(かね)つけ女ならでは桜の実　38・8
寮生敢へて町風呂通ひ桜の実　大
城は赤土実桜こぼれ晴れつゞけ　火

祖父と孫との間、

実桜や折紙細工の本が形見　来
実桜やピアノの音は大粒に　来
実桜やカラー・フイルムここに造る　38・9

薔薇（ばら）薔薇園

秘蕊なほ十重にかたしや薔薇にほふ　来
雨の日の地をあるく鳩震ふ薔薇　来
旅人に田舎の薔薇と飛行機と　来
詩人地を踏んで近よる寺の薔薇　来

＊2
写真の中四五間奥に薔薇と乙女　来
老といふ概念もあり薔薇もあり　銀
われに薔薇山羊には崖を与ふべし　銀
薔薇の襞為し得る仕事重なりて　銀
アカデミックさらば至賢なれ薔薇乙女　銀
たはやすく薔薇のまみれし砂はたく　銀

母の危篤状態つづく。十七句（のうち四句目）

黄濁病母眦(まなじり)薔薇睹(み)て口笑みぬ　銀
花冠多々裏(うら)濃(ご)に薔薇の褪せ初めぬ　母
薔薇咲く上に住みて若さよ二階住　母
薔薇に住み薔薇の終始を観るならん　母
吾妻の運何に向けるぞ薔薇の向き　母
門(かど)過ぎぬ今薔薇咲ける母の寺　母
「相対」畳むも一母性のみ寺の薔薇　母
為し得る故に為さざる非行岩根薔薇　母
薔薇はめでたき女人の色数(いろかず)散り捨てに　母
見ずんば在らぬ一つ家薔薇咲き雀居て　母
町裏(まちうら)歩(あるき)小薔薇散り茗荷伸びる頃ぞ　母
亡母応へぬ月桂樹の辺薔薇咲きぬ　母

亡母の薔薇開きぬ紅唇打ちふるへ　母

亡母の薔薇光の中はさびしきかな　母

長女やうやく大人さびきたるも

捲きふかき薔薇の蕾よしばし然なれ　美

咲き切つて薔薇の容を超えけるも　美

何も問はねど横顔の薔薇薫りくる　美

雨の薔薇よ野郎も女郎も寄りくるな　美

ゆくりなくも、青露庵の垣外に佇む　四句（のうち三句目）

日輪沈む朴の木添ひに薔薇の上に　美

五花等円蕾を絶す寺の薔薇　美

寺の薔薇後顧の憂ひのままに対す　美

水流れて横へ引きたる薔薇の影　時

薔薇の園水面を刻む風の術　時

緋薔薇のかず十指に余れば身に余る　時

遺愛の四季薔薇多忙の薔薇や日々を咲きて　時

嫁ぐ娘いまだ父母の家に睡る暁の薔薇　時

目覚むれば眠りは例外暁の薔薇　時

戯作「自祝新婚」

我等は薔薇紅と白否白と紅　11・5

砂利に憩ふ道に踏まれし薔薇の前　15・8

粘液の恋より千里薔薇を摘む　31・4

日受けの薔薇昨日「忍土」の語をみたり　31・5

薔薇の間を友去り乙女窓閉ざす　31・6

買物の紐結ふ巡査町の薔薇　31・6

揺るる薔薇寝顔の上の帛飛びぬ　33・5

ゆくりなくも、青露庵の垣外に佇む。

白薔薇その他十指にぎりて垣間見る　33・7

寺の薔薇枝葉末節の中に開く　33・8

三ケ月の死苦は覚悟や薔薇競ふ　34・5

鍵穴めく小さき虫穴薔薇蕾む　34・6

薔薇開きぬ胴の虫穴掩はれぬ　34・6

汝が有縁者の有縁に生きよ薔薇に祈る　34・9

薔薇に祈る僧が簪買ふが如　34・9

薔薇の鬘の前に鼻隆く額の波　35・6、7

彼方破壊の音も一途や薔薇の昼　36・8

隣人の灯と動く火と薔薇暮れぬ　36・8

四季薔薇の夏花「晩年」は「他郷」ならじ　36・8

薔薇褪せてその家・となり家わびしげに　37・3

切株の年輪薔薇の鬘重　大

白薔薇の腮指添へ仰向かす　38・8

確(しか)と佇つ薔薇に溺るる一歩手前　38・8

二人づつの縁(えにし)過ぐるよ薔薇の前　38・8

「舞踏薔薇(サラバンド)」よ死に克つものを吾(あ)は尋(と)め来し　38・8

英雄達の名を負へる薔薇みな紅薔薇　38・8

薔薇明りたすくる夕の海明り　38・8

紅が暮れ黄が暮れ白き薔薇真近　38・8

薔薇は五角馬の額章ダイヤ型　39・12

山棲みや垣の小薔薇を忘れつきり　39・12

薔薇摘めば十九歳の爪めくかな　39・12

門燈下覚めゐつ病みそ白薔薇　40・6

薔薇の窓筥開けきつて身と蓋と　40・7

天昏み紅薔薇のみの地は重し　41・7

白薔薇(しらばら)巨冠接待心の波打ちて　41・7

プレス台の熱きが上へ薔薇落花　41・8

本誌の表紙画を飾りたまひしこともある小畠鼎子氏を偲びて、二句。（のうち二句目）

ためらひなく薔薇の多弁を描き結びぬ　41・10

岩山の皺襞望み薔薇の中　43・6

白薔薇聞き聖母の窟のしめり聞く　43・6

神奈川句会及び城南句会の人々と大磯に遊ぶ。十句。（のうち五句目）

薔薇大輪東海道線の踏切なり　43・7

リルケの墓碑銘なる一詩を読みて。

薔薇を活きて薔薇を矛盾と呼びけるか　43・9

墓櫛比白薔薇花弁畳みたり　43・10

楽園(エデン)の林檎の木に触れ咲きしものよ薔薇よ　44・2

紅(べに)健か「新しき薔薇(ノイエ・ローゼ)」かノイローゼか　44・2

薔薇の花期吾(あ)より孤独に強き吾娘(あこ)　大

*3

二角四脚恩獣の像薔薇の中　45・2

「火竜薔薇(サラマンドラ)」爾今を燃えて燃え死ねよ　45・2

薔薇の棘(とげ)揺るる鶏冠そこなはず　46・8

遺愛の薔薇白したまさか半月あり　46・10

薔薇に触れ薄襞重ね煙の穂　46・11

薔薇緩(ゆる)びぬ時てふものにほだされて　大

コップに薔薇空気の中の水満てて　47・7

叙勲の沙汰を受く。永き年月に亙る成蹊学園に於ける御恩、俳句界におけるそれ、及び家族をもいれての一切の人々のそれを只管に感謝す。

熱き頬諸手に裹み薔薇の襞　49・6

薔薇日増しに五角六角詩(うた)の業(わざ)　大

薔薇の新月和魂洋才なりし父　49・9

婚約の儀を果せし両者に。

汝(なんじ)等(ら)有為角(かど)かど畳む薔薇のさま　50・7

白薔薇は夕べかすかに背を伸すらし　50・9

薔薇の苑男声に女声勝ちけるも　52・12

友もろとも高齢の閾や薔薇蕾む　54・6

真垣越の隣地は小薔薇の生色揺れ　55・10

小薔薇の垣添ひ学童等の声撥ね合ひ往く　55・10

小薔薇明るし花瓣よく反りよく窪み　55・10

小薔薇の色揺れ学童の声打続く　55・10

薔薇園抜けて海に問ふ「日本は何処へ行く」　38・8

牡丹（ぼたん）

あらましを閉ざせしのみの夕牡丹　長

須賀川、牡丹園に一泊して　七句（のうち一・四〜七句目）

嬰児の名様(さま)つけて呼ぶ日の牡丹　来

園沈々不夜とはいはね灯の牡丹　美

四顧は牡丹黄となりつつも大旭日(だいきょくじつ)　美

ほととぎす牡丹の数を口早に　美

松籟のつらなり牡丹のひしめくさま　美

鄙(ひな)言葉「散りんたちりんた」緋牡丹が　美

一っ山の太さよ牡丹蕾に満つ　32・5

須賀川、牡丹園に一泊して

石鼎描く牡丹の蕾実桃のごと　33・6

名も南院牡丹の蕾岩に護(も)られ　53・1

「朝日新聞」に掲載

紫陽花（あぢさゐ）七変化

日の坪に玉菜あぢさゐ森に棲む　銀

紫陽花や岩割れ新色示したり　44・8

＊4

興亡やただ一と夏の七(なな)変(へん)化(げ)　40・10

日の恵(めぐみ)乏しらなりに七変化　41・7

百日紅（さるすべり）白さるすべり

百日紅乙女の一身またゝく間に　長・萬

百日紅ラヂオのほかに声もなし　長

百日紅父の遺せし母ぞ棲む　火・萬

母の危篤状態つづく。十七句（のうち十七句目）

百日紅の「今中」母の生命(いのち)咲かず　銀

松前(まさき)町海岸の入江を訪ふ。ここは、母との生活の、最初の記憶の地なり、その頃の住居現存す。

わが故屋(ふるや)海の端(は)百日紅も亦　母

多岐亡羊の母情悼(いた)めよ百日紅　母

百日紅追はれ心は昔より　美

上田市にて　八句（のうち五句目）

今人来往幹撫づ古城のさるすべり　美

百日紅身を打ちて弗々夜も落花　美

三代の百日紅下女児生れ増す　時

雀の尾障へられ展き百日紅　15・10

或る老詩人、時代の傾向の波間に、「女妖記」なる色懺悔の一書を公刊す

小才早咲き小恋多きか百日紅　35・9

小諸の町をさまよふ。九句。（のうち九句目）

百日紅縦棒太き禅師の字　38・10

百日紅の幹擽ぐれば仏笑む　38・10

百日紅泣くとはいへど鳴く赤児　41・9

八月八日、二百号記念大会の行事の一部、文学散歩の行程の一つとして、誌友諸氏、改築の我が家を訪れ来たらる。即事。一句。

初花映発樹頭の花の百日紅　41・9

百日紅小町が如き古樹の花　48・8

百日紅古樹笑きつづく一つ歌　48・8

東より信濃へ入る駅の百日紅　52・9

父母と由縁の永咲き百日紅咲けよ　53・5

百日を白さるすべり保し得んや　来

梔子の花（くちなしのはな）

口なしの花はや文の褪せるごと　長

ゆくりなくも、青露庵の垣外に佇む。

口なしや整然たりし苦の形　33・7

八重山梔子微志をつつみて厚奉書　41・1

雨の山梔子夕の門燈ほのぬくげ　44・9

泰山木の花（たいさんぼくのはな）泰山木

泰山木の花暁の蝶揚り　32・7

泰山木の蕾食みしは小柄鳥　32・7

朴散り果て泰山木の今ぞ咲く　33・6

K氏祝事

若者四十路に入り得て泰山木咲きぬ　35・6、7

真上の飛鳥を射る図や泰山木咲けり　41・5

泰山木咲きて法王常に老ゆ　42・7

古花の穢や泰山木は新花継ぐ　43・8

青天から甘露降り泰山木咲きぬ　50・7

泰山木花皚々「恩寵溢るるの記」　50・7

註　ジョージ・バンヤンの主著の題名。

我が身辺泰山木花の下品の座か　50・8

泰山木の開花や旧宅改築せむ　55・7

泰山木の花期永し旧宅一新せむ　55・7

里の名文字通り「川上在」や泰山木咲けり　57・7

泰山木の開花や層々一週毎　57・7

泰山木新花の色遂に梢（うれ）に及ぶ　57・7

上層中層下層泰山木咲きぬ　大

泰山木植ゑ花歴夙く過ぎぬ半世紀　55・7

額の花（がくのはな）

面河に一泊の後に

碧山白水額の花には「飾り花」　母

夾竹桃（けふちくたう）

夾竹桃戦車は青き油こぼす　萬

夾竹桃の空ぞ出自に復元せる　母

夾竹桃踊るよ無風の齢（とし）となりそ　母

黒倉や夾竹桃に季（とき）揺れて　30・7

夾竹桃神田の空も青くて雲　36・11

夾竹桃を夕花と成しカレーの香　36・11

夾竹桃川波の辺に寡婦勤　41・9

凌霄の花（のうぜんのはな）凌霄

見ぬ恋は造らずなりぬ凌霄花　42・4

凌霄（のうぜん）は妻恋ふ真昼のシャンデリヤ　来

川口爽郎氏——太宰、その作品「津軽」中に、岩木山の最もうるはしく見ゆる個所には、必ず凄艶の美女住む旨を誌せることを語る。二句（のうち二句目）

風の凌霄ここの覧（み）きれいな岩木山　銀

栗の花（くりのはな）

栗の花脚（あし）の長さは尚ほ仔馬　来

柿の花（かきのはな）

金沢行　六十六句（のうち四十六句目）

「奥の細道」の旅に於ける芭蕉の「石山の石より白し秋の風」の吟をのこせる那谷寺に詣づ。

柿落花石山への道すでに白　銀

鶴川村にて、五句。（のうち四句目）石川桂郎居にて、戯作一句。

個々（みなみな）「千松（せんまつ）」袴姿の柿落花（おちばな）　母

石榴の花（ざくろのはな）花柘榴

この世の未知の深さ喪に似て柘榴咲く　銀

＊5

花柘榴なれば落つとも花一顆　火

若者には若き死神花柘榴　萬

花柘榴陋巷の人口を結び　萬

甲斐、酒折町の加賀美子麓氏に招ぜられて、二日遊ぶ。五句（のうち四・五句目）

花柘榴われ放埒をせしことなし　来

世はハタと血を見ずなりぬ花柘榴　来

花柘榴井戸の底より水嵩む　来
花柘榴わが同齢者さそひ老ゆ　来
健気さが可愛さの妻花柘榴　来
妻遠き日ゆゑに見まく花柘榴　来

金沢行　六十六句（のうち十七・十八句目）

花柘榴くちびるなめて媼どち　銀
花柘榴形（なり）干（ひ）て去年（こぞ）の実さへあり　銀

信濃にて　六句（のうち六句目）

花柘榴故友と此村に生まれたし　銀
花柘榴掌に余る石遠く飛ばす　母
花柘榴情熱の身を絶えず洗ふ　母
傍測苦痛は身をば切るなし花柘榴　時
艶笑譚またぞろ同工柘榴発花　30・7
花柘榴臀［ママ］力妻が笑めば足る　30・7
花柘榴御死苦一と度なりしかど　34・7
傍測苦痛を体験呼ばはり花柘榴　36・8
妻と恋醸（かも）すが夫花石榴　38・9

松山、「中の川」の上流の畔にて。

飛びつき摘む実になる前の花石榴　大
十年経てば悲しみも実に花石榴　40・7
寺域に故人を歎くをゆるせ花石榴　40・7
花柘榴青年ジャンプし塀覗く　41・7
夜中に生（あ）れし児に日さしきて花柘榴　42・7
残務あればか兄の身死なで花柘榴　44・8
幸へ不幸へ急行列車花柘榴　44・10
柘榴初花夕雲すべて縁（ふち）かがやき　45・8

柿若葉（かきわかば）

柿若葉一家坂棲み芸の人　美
節目多き棺板厚し柿若葉　美

青梅（あをうめ）実梅

青梅拾ふ長柄の重き鉄鍋に　41・7
青梅や女豊頬家裏に　43・8
松葉の枝青梅附けし梅の枝　43・9
雨のふる低枝にある実梅かな　4・8

青胡桃（あをくるみ）

村の道家疎になれば青胡桃　来
青胡桃村家入り口向きむきに　来
青胡桃遠（をち）にも一村ちりこぼれ　来

屋内の馬　其一

青胡桃まさに仔馬の目の大きさ　来

青胡桃雲にちかぢか学ぶ子等　時

教師が伝へし恋の名詩や青胡桃　時

戸隠行二十六句。（のうち十八句目）
附近の山路、山村をさまよふ。八句。（のうち六句目）

青胡桃晴日（はれび）山鳩胸も伸（の）し　39・2

風雨の日青胡桃落ち厩に馬　40・8

くるめきくるめき沈む赤き日青胡桃　40・9

青胡桃手製梯子は桟多く　大

青胡桃山の子泣声磊々たり　53・3

対岸にすつくと白狗青胡桃　53・8

山の子の泣声磊落青胡桃　大

木苺（きいちご）

信濃にて　六句（のうち一句目）

萼（うてな）よりはづし掌にのせ山苺　銀

木苺食（た）うぶ雨やり過ごし日の中に　44・11

青葡萄（あをぶだう）

いくさ無しむらさきすべく青葡萄　来

青林檎（あをりんご）

島裏、太平洋に面して行者窟なるものあり。役の行者、当時の外来思想心酔者等に憎み陥られて、こゝに流適隠穏せるあとなりと言ひ伝ふ。

洋を聴く剝ぐ青林檎黠（くろ）むまで　火

湯田中温泉にて本年度萬緑大会開催、その第一回鍛練句会の際の作句。四句。（のうち二句目）

林檎青顆大口開けて甘ゆる猫　大

湯田中温泉にて本年度萬緑大会開催、その第二回鍛練句会の際、在信濃の詩友等の共力に挨拶するの心意にて。二句。（のうち二句目）

青林檎痺れる程の握手の主（ぬし）　39・9

楊梅（やまもも）山桃

山桃今年もいかつき基枝（もとえ）の陰に熟れぬ　48・9

桜桃の実（あうたうのみ）さくらんぼ

紅毛乙女の内腕徒長桜んぼ　41・5

山桜桃の実（ゆすらのみ）山桜桃（ゆすら）

田舎の子の小さき口やゆすらうめ　34・7

長孫次孫頰ずり為（し）合へゆすらうめ　41・7

ゆすら梅採り採りし頃よ孫の頰　45・6

枇杷（びは）

盲女の垂り手母買ひ渡すわた毛の枇杷　母

盲女枇杷受け睫毛しづかに指わななく　母

目の如き豊粒の枇杷盲女の手に　母

枇杷熟れてかをる海気に換気筒　43・8

夏蜜柑（なつみかん）

母、突如重病にて倒る。入院。殆んどフェータルなるものなる旨、院長より宣せらる。十二句（のうち十一句目）

女性（をみな）の一生（ひとよ）よ店の灯あはき夏蜜柑　銀

＊6

夏蜜柑枝垂（しだ）れ築地と中二階　40・6

バナナ

句作散策の途次、たまたま行人どちの会話によりて、傍なる一邸を林芙美子女史の故宅と知る　七句（のうち六句目）

バナナ食べ皮収めつつ遺宅辺に　美

バナ、クリーム解説放送「狂気とは」　30・6

神も独居社頭に独り剝ぐバナナ　35・6、7

＊7

「勝利」は「夜光の玉」やバナナを闇に咀（か）む　38・5

散策の途次、たまたま、昨年の春三ケ月間、家妻と共に通ひし病院の前に出で、ただ通過するに忍びず、門内花圃にしばし佇つ。四句。（のうち三句目）

門前ここよ「死すな」と吾妻バナナ購ひし　38・7

狂句——眼前驚異一大事実。一句。

彎曲し凍傷し宝玉値（ほうぎょくち）のバナナ　大

香西照雄氏と共に、病床にある関透仙老を見舞ふ。五句。（のうち二句目）

バナナそこばく井臼（せいきゅう）の煩省き憩へ　42・5

悲しみ懼（おそ）れ首尾一貫のバナナ重し　48・11

夏木立（なつこだち）夏木

幻住庵址にて（四句）

椎夏木片ひろがりのその下虚し　母

椎夏木仰ぎて独り胸さわぎ　母

父母既になくて頼みし椎夏木　母

頼まれし身が慕ふさま椎夏木　母

夏木立腹しかと満ち午報聞く　31・7

夏木立瓦全を砕き道に敷ける　31・7

無人の灯かげの石柱前に夏木立　33・9

沓掛町附近の笠倉神社境内に憩ふ。名もなき工人の手になれる古堂宇の木彫、ねんごろにして面白し。一隅に長谷川伸筆の沓掛時次郎碑あり。

鞘堂や齢かたむく夏木立　37・11

休暇に入りし時期なれば、三女弓子の通学なしつつある駒場東大教養学部内部を、はじめて単身、逍遥す。七句。（のうち二・三句目）

古(こ)松(しよう)の松籟父にしたしや夏木立　38・9

夏木立「老(おい)低(ひく)木(き)」など在らしめじ　38・9

小諸の町をさまよふ。九句。（のうち七句目）

先づ頼む木とてあるなし夏木立　38・10

金沢行　六十六句（のうち四十八句目）

「奥の細道」の旅に於ける芭蕉の「石山の石より白し秋の風」の吟をのこせる那谷寺に詣づ。

石山の面(おも)に夏木の枝揺る影　銀

鉄垂直に地へ打込めば夏木直し　母

休暇に入りし時期なれば、三女弓子の通学なしつつある駒場東大教養学部内部を、はじめて単身、逍遥す。七句。（のうち五句目）

夏木の幹屋根井戸一つ壁画めく　38・9

堂と塔夏木種々(くさぐさ)相互る　39・8

「幻住庵の記」殊にその結尾の部分を久し振りにてしかと読む。一句。

思ひ捨てて臥せしへ椎の夏木の声　40・6

次女の上を祝福して。一句。

楪夏木紅(べに)とみどりや縁結び　40・6

夏木の側枝太しやおぞき一想念　50・8

槙夏木文楽人形こごしとも　51・7

新樹（しんじゆ）

燈台や緑樹は陸(くが)へ打歪み　長

富士裾野にて　三句（のうち一句目）

新樹どち裹(つつ)まんとし溢れんとす　来

水の日は証(あかし)新樹に訓(さとし)満つ　銀

ラバ襖緑樹日だまり金ン色に　12・4

とある新樹の林に入りぬ雀迎ふ　33・5

深谷に緑青(ろくしやう)の岩新樹群　35・5

一と梢(うれ)一と梢新樹が揺れて誰かが来る　35・6、7

旅宿(はたご)より見下ろす新樹廃家の坪　41・6

花芯にたぐふ色なる夕日新樹の中　42・5

新樹仰ぎ男々しき古老の訃をいたむ　52・7

青葉（あをば）青葉若葉

青葉森怯(おびえ)迹絶ち小犬の目　来

乳房ある仏像青葉の墓の前　銀

宮も寺も遠き裏町青銀杏　銀

母、突如重病にて倒る。入院。殆んどフェータルなるものなる旨、院長より宣せらる。十二句（のうち十二句目）

ヘッドライト吾を打ち無用の青葉歴と　銀

青柏兄弟(きやうだい)回々賤奴へ堕つ　母

青葉越し頭上の太陽水平に　33・9

散策の途次、たまたま、昨年の春三ケ月間、家妻と共に通ひし病院の前に出で、ただ通過するに忍びず、門内花圃にしばし佇つ。四句。（のうち一句目）

銀杏青葉の末広すべる雨健か　38・7

栴檀青葉青道心とその妻と　44・9

日蓮語録中に、次の如き語句あるを読みしことあり。「鳥は鳴けども涙をこぼすことなし。日蓮は泣かざれども、心の中涙の絶ゆることなし。」

日蓮巨眼青葉若葉に雨滌々　大

青葉若葉ほうと明めて日は昧爽　大

若葉（わかば）若葉時

家若葉野に対つて険しうなりぬ　長

畔若葉野に寝る雀多かめり　母

鶴川村にて、五句。（のうち一・二句目）

ペダルからぬげし紅下駄村若葉　母

時計屋に指環赤玉村若葉　母

句作散策の途次、たまたま行人どちの会話によりて、傍なる一邸を林芙美子女史の故宅と知る　七句（のうち一句目）

坪若葉小駅にちかく小坂寄り　美

太宰府への往復の車窓より指さされて、杉田久女氏終焉の地なる一建物の姿を仰ぐこと二回に及ぶ。

丘の狂院若葉とて木々けじめなく　時

松は渝（かは）らず木々若葉して罪古し　33・5

音なき世界を今人すぐ去る椽若葉　34・5

新葉（しんえふ）*8くれなゐ「あかめがしは」は万葉樹*9　42・5

釣風俗もいつしか変遷岸若葉　53・6

広島にて。四句。（のうち二句目）

屍山血河なりし一河や若葉季（どき）　43・7

新緑（しんりよく）緑

妹細れり樫か椎かの緑映え　萬

岩崖のみどりかゞやく朝日子や　萬

海の端（は）を汲むかにみどりの大気吸ふ　母

白髪（しらが）のひとの回想冷ゆるか夕みどり　母

みどり雄々しもの啀へとぶ鴉さへ　美

ここにしばし拡げし指の間緑気織る　美

みどり冴ゆ渦巻き吹かるサイプレス　31・2

父祖の庭のみどりや石と笹は据す　40・7

橄欖*10千歳一葉一痕深みどり　大

老男老女扶助しあひ登る緑の坂　50・8

＊11
墓地さへ広く展望みどりよみがへる　52・3

湖畔の緑叢一息一息夕日裹（つつ）む　50・7

茂（しげり）茂み　茂る

火の島の茂りの乙女吾（あ）に羞ぢしよ　火

＊12
椿茂る二里の闇路へ別れかな　火

島の墓地たゞに茂りの木ぶところ　火

梅雨のしげり「裏切り相次ぐ蝦夷自滅史」　美

朴茂りてその頃よりも颪の声　美

軽井沢町にて　三句（のうち一句目）

路の幅の自動車茂り映し来る　11・10

赤土崖の上の小茂りひとの後日（ごじつ）　34・9

寸土も見せぬ茂りの間（はざま）川の幅　36・11

千曲（ちくま）川より後顧小諸の茂（しげり）よし　38・10

真白白樺茂り光陰矢の如し　43・10

休暇に入りし時期なれば、三女弓子の通学なしつゝある駒場東大教養学部内部を、はじめて単身、逍遥す。七句。（のうち七句目）

坦道頭上樟と椎との茂み触る　38・9

栗三年柿八年いま母に茂る　銀

彼方の丘に城亡じここ楠茂る　31・9

交（つる）める犬等の哀願の眼や榛茂る　32・7

葎を制しつつも茂るや藪の中　33・7

萬緑（ばんりょく）

萬緑の中や吾子の歯生え初むる　火・萬

万緑や万雲一連に流るべう　時

萬緑に涙す「七生」を心語して　30・6

萬緑やアンヂェラスとて短かさよ　31・7

萬緑一連先づ眼が見えてゐる幸よ　34・5

ヘルダーリンにエーテルを讃ふる詩あり。

萬緑や人間自祝のエーテル紀や　48・11

そこばくならず濃緑孫の手で句碑へ贈る　57・4

句碑へ濃緑ここだく孫の手より祝ぐ　57・4

緑蔭（りょくいん）

緑蔭と一幹を去る妙義さらば　火

白雲を出る日仰ぎつ緑蔭に　来

緑蔭に上向き寝る子空広し　来

父が呼ぶ緑蔭に入り眉ひらく　来

緑蔭の言葉や熱せずあたたかく　銀

*13
大緑蔭中に碑巌は根を下ろす　銀
雑誌緑蔭号、にくしこの今弟(おとと)が読む　銀

旧友Hを郊外森松に訪ねて
緑蔭喜戯の「家族合せ」も終りしや　母
遠く細く緑蔭の人等手をつなぎぬ　母
チンドン屋前後の荷解き緑蔭へ　母
チンドン屋緑蔭に吐息紅脚絆　母
チンドン屋緑蔭いざ発つ巷入り　母
緑蔭に直土(ひたつち)・胸毛そこおぞや　母
緑蔭のつどひに参じ風下に　美

浅間牧場にて　七句（のうち五句目）
青眼(せいがん)白眼(はくがん)牛の目うごく緑蔭に　美
老犬吠えて痰も出ざるか緑蔭に　美
小人(せうじん)も不善をなさず緑蔭に　21・9
狼大の護犬や緑蔭の兄弟(あにおとと)　31・8
海の声高き日の子等緑蔭に　31・9
緑蔭に青年・少年・幼児揃ふ　31・9
緑蔭や耳朶も鼻翼もたまものぞ　34・7
緑蔭に人増えくるや走車見つつ　36・9

さかさに吊らば鼻血出る身ぞ大緑蔭　大
緑蔭の身振仰山指話まがひ　大
土橋の景賞づ緑蔭に村人と　大
大緑蔭うしろ姿の妻点じ　43・8
浅間を前大緑蔭は地〔池カ〕心へ沁む　大
緑蔭乙女さそひ唱ひてさそひ熄めぬ　43・11
緑蔭や忘れ花束なほ暮れで　大
楡緑蔭開拓精神北指せしよ　44・11
楡緑蔭嘗ては有髯男子の代　44・11

札幌その他の諸地で。八句。（のうち一～三句目）
「Be ambitious」とは「大成祈願」楡緑蔭　45・2
定命(ぢやうみやう)以て大志を継嗣楡緑蔭　45・2
更に北から梢(うれ)を風訪ふ楡緑蔭　45・2
緑蔭に児寝かす人へ頒(わ)け莨　46・8
緑蔭や胸許(むなもと)指しあひ二婦語る　53・6
緑蔭賞美のをみなとおうなとありにしよ　54・9
緑蔭祈念「才たけよ」と我等願はざりき　54・9
樅の根方に末女とその孩(こ)と小緑蔭　54・9
机上一像緑蔭は高く遠くして　56・10
緑蔭諸鳥明視よろこぶ枝移り　56・10

大河のひびきが緑蔭の多枝をつたはりつつ　56・10

椎若葉（しひわかば）

幻住庵址にて

この椎の瑞葉は細く長きならずや　母

樟若葉（くすわかば）

世盛りの髪の厚さや楠若葉　40・7

厦門回想。

船から汽笛の音風去りしあした楠かをる　56・11

楠若葉人の気絶つて倉の窓　58・3

病葉（わくらば）

ゆくりなくも、青露庵の垣外に佇む。

病葉散るまこと日輪の面過ぎて　33・7

病葉飛んで高渡りすよ浅間風　39・9

病葉といへど山気に紅澄みて　40・8

常磐木落葉（ときはぎおちば）夏落葉

八十路の画人と朗笑常磐木落葉の前　46・6

再び帰郷、鷺谷墓地にて

墓の面を斜めに迅し青落葉　長

写真健在唐松千々に夏落葉　54・8

香川行。二十三句。（のうち十一句目）

香西照雄氏本宅にて。二句。（のうち二句目）

日毎四五泰山木落葉拾ひ除け　39・7

松落葉（まつおちば）

義父の一周忌、強風の中を多摩墓地に詣づ。二句（のうち二句目）

千年の松も落葉は小さくて　来

幻住庵址にて

いちめんに呼名「落穂」の松落葉　母

千葉一宮行　十一句（のうち六句目）

遅進児が松落葉掻く蟹逃げる。　美

鳥取海岸の砂丘にて　八句（のうち二句目）

砂をつかめば射す松落葉人親し　美

在豪徳寺町の豪徳寺に井伊大老の墓に詣づ　一句

風に墓の大老立てり松落葉　18・8

遠隔の地にある妹の実子の姿、彷彿とうかぶ。

松落葉拾ひ二本に裂きて歎く　44・8

卯の花（うのはな）

卯の花にほふ無人部屋ぬけ我が部屋へ　43・12

茨の花（いばらのはな）花茨

花茨白花は楽の通ひ易く　銀

女の学校紅旗かかげて花茨　美

桐の花（きりのはな）

通る時落ちしことなく桐の花　長

桐の花妻に一度の衣（きぬ）も買はず　火・萬

桐の花山羊の鳴く声日々同じ　10・7

桐の花後難（こうなん）妻に遺すまじく　38・7

平谷に傾ぐ木もなし桐の花　41・6

朴の花（ほほのはな）朴散華

蘆の湖にて、十一句（のうち三句目）

朴の花もの装はぬ湖の岩　来

不安は不毛の烏滸（をこ）の胸牌朴咲くに　来

哄笑絶えず朴咲く家も当てにならぬ　銀

鶴川村にて、五句。（のうち三句目）

朴咲く山家ラヂオ平地の声をして　母

朴の花故友みな背水の陣にありし　35・8

手振り眼振りのその一途さや朴散華　57・6

一切音なく己へ回帰や朴散華　大

朴散華回想のことすべて雄々し　大

棕櫚の花（しゆろのはな）花棕櫚

よき妻とともに壮年棕櫚咲けり　来

「愚（おろか）さてふ故郷」なき人棕櫚咲いて　美

金網さへ埃つもれど棕櫚の花　32・6

棕櫚の花才幹八達の人も在らむ　33・5

棕櫚の花薬香沁みて西洋館　39・8

棕櫚四柱廃園にして花咲きぬ　50・8

花棕櫚やなごむ余地なき一倒心　母

忍冬の花（すひかづらのはな）金銀花　忍冬（にんどう）の花

通りすがりの「しがらみ」掃きぬ金銀花　大

忍冬や疲れの色を金花とす　36・8

金銀花妻子のためには酬はれたし　母

註「金銀花」は「忍冬」の唐名。

金銀花医師へ感謝長電話　40・6

銀十（とを）ほど金三つほどの金銀花　41・8

楝の花（あふちのはな）花樗

再び帰郷　旅舎どまり　二句（のうち一句目）

花樗屋根とおなじに暗くなる　長・萬

*14 きのふけふ樗に光るえにしかな　39・7

*15 樗晴街（まち）河（がは）過ぐる筏あり　大

故郷（くに）のにほひの樗花咲く泉あり　44・9

椎の花（しひのはな）

椎の花埴輪は俯仰なき姿　大

えごの花（えごのはな）

えごの花ながれ溜ればにほひけり　長
沈みたるえごや花びら透きとほり　長

次の五句は「蘭」誌へ発表のものと重複す。（うち二句目）

鉢巻も土の香えごの花散りつつ　49・11

合歓の花（ねむのはな）花合歓

合歓は醒めず椿茂りのしづかさに　火

金沢行　六十六句（のうち六十二・六十四句目）

未だ若しと合歓と海とに言はんとす　銀
妻遠し合歓咲き船には艪が二本　銀

金沢にて

泣寝入る合歓とみて砲音殴るごと　母
合歓の咲き場告げし人いま修道女　美
想はれしま、の思出合歓無惨　30・9
花消えぬ合歓の葉「対整結晶」に　30・9
修道院夜は魔物とて合歓とざす　32・8
合歓は雫をあまたこぼす木花期過ぎぬ　33・8
多事に多謝合歓の蕾を観にも寄り　39・7
さめては睡(ねむ)る「三つ子の魂」合歓睡る　39・8
要三十年軽みし一歎合歓の花　39・8
「軽み」とは枝頭葉頭合歓の花　39・8
合歓寝し頃こは土佐犬か秋田犬か　41・11
過度後悔を母いましめぬ合歓の下　45・1
白髪画人合歓の北京を思出草　48・10

金沢行　六十六句（のうち五十三〜六十三句目）

花合歓や時よりこまかきものに砂　銀
花合歓や凪(なぎ)とは横に走る瑠璃　銀
砂丘の合歓花枝低まる衣かければ　銀
合歓の梢(うれ)砂あがき出て花咲かす　銀
枝頭に咲き指頭に咲きて合歓酣は　銀
花合歓のしめりや指のしめり程　銀
指をもて合歓の花梳き葉を叩き　銀
砂丘より足をちぢめて鳥たつ合歓　銀
花合歓や睫毛は白髪となることなし　銀
花合歓に風の物言ひ突然激し　美
花合歓や近眼(ちかめ)の山羊の遠見ぶり　大

夏椿▽（なつつばき）沙羅の木▽

日蝕や花期やや近き沙羅双樹　銀

玫瑰（はまなす）

玫瑰や今も沖には未来あり　長・萬

花咲く木玫瑰に並み荒柏　銀

玫瑰や多端の葉叢花秀づ　銀

玫瑰の夕花をおし開き見る　銀

玫瑰のかをりは遠き薔薇のかをり　銀

玫瑰や断崖夕日に夕応へ　銀

石狩川河口にて。五句。

玫瑰や燈台紅白を積年相　45・2

女人膝下玫瑰砂を綴り笑(さ)く　45・2

玫瑰や「身散んじ」「気散んじ」めぐり逢ひ　45・2

玫瑰の花弁暢達砂の上　45・2

玫瑰の花叢散花視角になし　45・2

玫瑰の初花手型を砂に捺し　58・7

玫瑰や人地にありて地を惜しむ　大

桑の実（くはのみ）

髪結ひが路の桑の実食べながら　長

夏柳（なつやなぎ）

夏柳若木や小柄に未亡人　34・8

豊漁のあとの垂れ網夏柳　35・8

今人(こんじん)知らず夏柳下に「記恩之碑」　大

夏柳残存銅像が眼を流す　38・9

どこでどこへの木遣の声ぞ夏柳　大

連獅子紅白緑髪揮(ふる)ひ夏柳　44・8

竹の落葉（たけのおちば）竹落葉

句作散策の途次、たまたま行人どちの会話によりて、傍なる一邸を林芙美子女史の故宅と知る　七句（のうち四句目）

竹落葉ひそと出てくる遺宅の婢　美

竹の花（たけのはな）

竹の花願ひと詫びと身は重し　33・7

若竹（わかたけ）今年竹

古藪のみなみ若竹蛇はそこに　銀

若竹や店客ある毎赤児降ろす　美

第四女、大学卒業、婚約成立。

若竹や永遠(とは)に地上の赫映姫(かぐやひめ)　大

註　この子、成蹊学園敷地内、藪に近隣する地域にて生まる。われ正に竹取の翁にまがふ、五十一才、その折の子なりけり。

思ひ出の日な近づきぞ今年竹　長

長女の上を　一句

セーラー姿もう今年竹紫雲英風　美

還暦自祝

鮮白の節(ふし)かず六十今年竹　時

もつともらしき昨今なりし今年竹　34・7

今年竹恋の答へに咳払ひ　35・5

今年竹己(おの)が真下へ日は沈む　45・1

今年竹いく度区切りて吼ゆる牛ぞ　41・12

磴の数一年竹と今年竹　42・4

今年竹伸びのび磴は沈みしづみ　42・4

今年竹と乙女や観る目あらまほし　44・5

第三弟と第二妹との上を。一句。

服喪越年竹の名は未(ま)だ今年竹　45・3

燕子花（かきつばた）杜若

かきつばた旗幟同じき明るさに　美

千紫万紅(せんしばんこう)の紫のぬきんでてかきつばた　52・8

水郷に知人そこばく杜若　53・7

花菖蒲（はなしやうぶ）

金沢行　六十六句（のうち五十句目）

「奥の細道」の旅に於ける芭蕉の「石山の石より白し秋の風」の吟をのこせる那谷寺に詣づ。

石山裾むかしを繋ぎ花菖蒲　銀

男の日々へ来る水行く水花菖蒲　49・8

遥かへの菖蒲の花列眼に追ひあぐ　49・8

花菖蒲末女の父は死すべからず　49・8

花菖蒲第三子太郎を肩ぐるまに　53・3

父が男(を)の子放ちつつ護り花菖蒲　58・9

菖蒲（しやうぶ）

迂りては菖蒲の畝の映りけり　4・8

野の菖蒲電柱白き丘ありて　16・9

揺れ次ぐ菖蒲自ら風を催して　52・12

鳶尾草（いちはつ）一八

ゴッホを想ふ。一句。

一八(いちはつ)やオランダ出てより雨を描かず　38・7

一八(いちはつ)の堵列のままの雄々しさよ　40・6

芍薬（しやくやく）

蕾日に焦げんとしては芍薬咲く　来

ダリア

うつろひ易し。吾妻唯今の齢をことほがざらめや。戯作一句

吾妻(あづま)さながらスペインの山とダリヤを背に　母

向日葵（ひまはり）日車

向日葵や極目要塞地帯なり　長

向日葵や戦場よりの文一行　火・萬

向日葵に澄む即興の子を守(も)る歌　火
小向日葵わが広額(ひろぬか)に納まるらん　萬
向日葵の前よりの磴まだ尽きず　来
向日葵やガード都の門をなす　来
向日葵と塔の雲みごもりの相　来
向日葵(ひまはり)護れ南京玉の指輪の子を　来
日まはりや永歎(ながなげ)きしてうとまるゝ　来
向日葵や仮面より先づ帽を脱げ　来
向日葵は連山の丈空へ抽く　来
山の陽は木と水の友向日葵澄む　来

嘗て「信濃居」一聯の句を作りし小家へ家族と共に到りて数日あそぶ。此小閑を得ること幾年ぶりぞ。二十二句（のうち十七句目）

向日葵や身の血清さに尿(しと)清し　銀
向日葵も天へこぼるる花粉ならず　銀
枯向日葵齢ゆゑに人を信ぜんや　母
向日葵や妻をばグイと引戻す　美
向日葵や登る人来れば登り坂　美
向日葵四五花卓へ投ぐ猟の獲物のごと　美
向日葵や贖罪を薬とせし半生　時

軽井沢町にて　三句（のうち二句目）

向日葵に煙突に屋根に八雲立つ　11・10
向日葵こそ歴々行人に顔向けて　31・8
向日葵親し金の睫毛の者すげなし　31・8
向日葵胸にワイルド上気す緋のチョッキ　32・8
向日葵や二た踏張りの時間存す　33・8
向日葵大小何食べたしと言い切り得る　34・7
向日葵や未(ま)だ矮樹(わかき)なる不死鳥椰子(フエニックス)　38・9
一果断向日葵一輪泛かせ飾る　39・8
向日葵や色忌みし英雄誰々ぞ　39・8

湯田中温泉にて本年度萬緑大会開催、その第一回鍛練句会の際の作句。四句。（のうち一句目）

向日葵一本作らで他人(ひと)の詩閲(けみ)する日　大
向日葵の蕊単純に余熱あり　39・9
向日葵の芯と児に沁み子守歌　大
向日葵や女児を望みて男子得しと　41・9
小向日葵尚早革命の物故者等　42・9
向日葵や深彫りなりし一日なりし　42・10
夕向日葵妻敵(めがたき)討ちし劇果てて　43・9
向日葵や一文にして量嵩む　44・10
向日葵一本煙突一本四隣を絶つ　45・10

短命なりしも父の字肉太小向日葵　47・2
向日葵群東向き家も東向き　47・9
向日葵や昨日（きのふ）の赤痍（あかきず）今日は黄に　48・9
向日葵の花芯撫で花瓣撫づ剛と柔　50・10
向日葵突伏し密封大地を窺へる　大
向日葵直立意識を意識するなかれ　53・7
双生児等に向日葵幼株も仲よしや　54・5
「兄弟愛の書」を読むおそれ日車並（な）み　美

葵（あふひ）立葵

立葵滑る口絵を蒐（あつ）めしか　42・7
立葵自答の数も多くなりぬ　44・9

紅蜀葵（こうしよくき）

紅蜀葵肱まだとがり乙女達　火

ゼラニューム

又読む独逸語薬香めきしゼラニュウム　大
吾子は異郷花と葉匂ふゼラニュウム　47・2

罌粟の花（けしのはな）芥子の花

罌粟咲くともたゞ残り役残り役　美
毒と化する寸前散つて罌粟狂ふ　美
芥子嵐柱頭悲劇と喜劇の面　時
馬首を立てし馬だけの像芥子嵐　34・5
花罌粟や放埓しては先に逝く　38・7
日は芥子に没しぬ鶏はこぞり啼く　火

松本たかしを懐ふ

芥子咲くや岬で尽きし死者の道　美

雛罌粟（ひなげし）

散りゆく雛罌粟他者の学問荘厳なれ　美

孔雀草（くじやくさう）

孔雀草早起き幼なの顔そろひ　美

竜舌蘭（りゆうぜつらん）

龍舌蘭朝焼雲は洋（うみ）に立つ　火
読むのみの政事龍舌蘭蕾む　来
個人的廃址に竜舌蘭咲けり　大
隣り家に竜舌蘭咲き年ただ逝く　53・12

睡蓮（すいれん）

睡蓮の明暗たつきのピアノ打つ　火・萬
睡蓮に雨意あり胸の釦嵌む　来
睡蓮の葉の押さへたる水に雨意　来
睡蓮の紅白妻も夢保て　来
紅白の供飯の睡蓮茅舎ねむれ　来

睡蓮や楽も煙も空へゆく　来

まばたきや睡蓮へ馬首立てられて　来

睡蓮や死ならぬもの以て肉浄めよ　銀

富士見の小池翁自作の杖を我に贈りて、自ら寄杖と名のる。

老の賜ひし杖睡蓮の花へ曳く　銀

睡蓮遠く口笛の傍わづらはし　母

睡蓮点々主情の人の背高く　母

睡蓮沿ふ山路ゆきつつ文字つづる　母

睡蓮や挿絵も自筆の秘冊あり　美

睡蓮不語昼とざし初む唇に　30・6

睡蓮や他生の縁に池巡り　30・6

橋を落して島に復りぬ睡蓮花　32・7

睡蓮閉ぢぬ赤鉛筆駆る仕事のまま　34・7

塔は軒を重ね睡蓮枯れんとす　36・5

睡蓮一華拈りてあたら微笑無し　36・8

睡蓮は花閉ぢ旅人遅午餉　38・8

睡蓮や刷新の身の一花々々　40・6

睡蓮描く青空前のプロフィール　41・9

莫妄想の妄の字消えて睡蓮花　41・9

睡蓮の未の刻や帰りなむ　43・10

時計の白盤めぐる紫針や睡蓮花　44・8

睡蓮や無垢を封ぜし夕萼　44・10

札幌その他の諸地で。八句。（のうち四句目）

睡蓮の花数はほぼわが齢数　45・2

百合の花（ゆりのはな）山百合　白百合

百合の香は神の七つの窓を出ず　火

毎日新聞社の催にて、宮城道雄氏と対談す　三句（のうち一句目）

百合の香のしづかに絶え間なく語る　銀

野に咲けど渋民村辺真赤な百合　銀

腮引いてをみなの欠伸百合蕾む　美

百合にいたむ「勇者と裏切り者の歴史」　美

亡友偲びつ嚼む天丼や百合の前　31・8

石柱真白つんざくごとく百合開き　34・7

サンドウヰッチも精進料理百合の午後　42・8

山百合二点藁屋根の下和魂棲む　44・10

白百合と彌撒の児の顔横見せて　火

レオナルドが師ヴェロッキオとの合作「受胎告知」の版画を娯しむ、寮にての生活の身辺を飾るもの　目下此の一葉のみ。（二句）

白百合や天使は聖母より潔し　来

白百合の明暗天使に眉かすか　来

白百合や銀の秤が吾子の手に　銀

白百合多花撥（はじ）け疑問符・感動符　38・10

白百合に金泥凜々し浄土光　39・3
*16

白百合や皓歯長めにみな直（すぐ）に　41・9

開き過ぎし白百合や実（げ）に須臾の間ぞ　42・5
　妻と共に、横浜のニュー・グランド・ホテルに一泊。五句。（のうち三句目）

白百合はうなづき合へり妻との前　43・7

白百合一株残りなからむ方位へ花　50・8

含羞草（おじぎさう）眠草

七月来ねむり草の葉みな真昼　41・8

松葉牡丹（まつばぼたん）日照草

　上田市にて　八句（のうち三句目）

松葉牡丹玄関勉強腹這ひに　美
　親戚の挨拶廻りをなす。更に、或家のくらしのおもかげは……

種継ぎ十年その昼照草他奇もなし　母
　御代田町に近き馬瀬口村の一旧家、明治天皇の小休憩所たりしを以て、史蹟に指定されあるに、めぐりあふ。二句。（のうち二句目）

日照草昼の嗽（うがひ）を召されけむ　39・9
*17

仙人掌の花（さぼてんのはな）覇王樹
　島裏、太平洋に面して行者窟なるものあり。役の行者、当時の外来思想心酔者等に憎み陥られて、こゝに流適隠穏せるあとなりと言ひ伝ふ。

花覇王樹（さぼてん）無銘の碑為し海へ立つ　火
　満五十歳の誕生日に　六句（のうち三句目）

覇王樹（さぼてん）立ち夕蟹走りわれ生れし　銀

花覇王樹（さぼてん）憤りし女瑞々し　美
*18

有髯のそれは漆黒花覇王樹（さぼてん）　37・10

アマリリス

名声消さず為事（しごと）せぬ人アマリリス　美

小判草（こばんさう）結飯草▽

南国とある平地の小墓小判草　49・8
　香川県なる砂井斗志男氏より、毎年の吉例としての初蛍一籠の送付にあづかりて……。六句。（のうち一・二・五句目）

小判草さやぎ蛍の息づくよ　55・6

小判草出没し蛍上り下り　55・6

小判草と蛍籠眼前に膝頭に　55・6

たけだけしき土手草にまぎれ小判草　56・6

小判草少年草土手登らむとす　56・6

小判草つれ立つ弟（おとと）は六歳児　56・6
小判草銀に色かよふ浅みどり　56・6
小判草鞭打ちひしひし馬車ひた走す　56・6
馭者の金モール帽一過せり小判草　56・6

香川行。二十三句。（のうち十二〜十四句目）
有馬暑雨氏邸に一泊。三句。

結（むすび）飯草（ぐさ）の枝と実再会半世紀　39・7
私（わたくし）山（やま）の私（わたくし）墓地（ぼち）辺結飯草　39・7
戦没旧友の妹が妻結飯草 *19　39・7

甘草（かんざう）

罪ある者に甘草咲けり百合に似て　33・7

鉄線花（てつせんくわ）

雨音のなか雨中（あた）る鉄線花　41・5
二友来るまで一時間鉄線花　42・7
妻なき人の二時の昼餉や鉄線花　44・9
鉄線花竹刀打込む紺少年　大
ひとの盛時を讃へ語りぬ鉄線花　52・11
ひとの盛時を語りつ偲ぶ鉄線花　53・7
紺と白との鉄線花訪ひ足きたへむ　57・5
紺と白との鉄線花や亡妻との曾住地　57・5

玉巻く芭蕉（たままくばせう）　玉解く芭蕉　青芭蕉

五月十七日、第四女を得。出産は古人の説にたがはず、まさにこの日の満潮時に当れり。二句（のうち二句目）

軽き太陽玉解く芭蕉呱々の声　銀

松本たかし急逝す　四句（のうち二句目）

青芭蕉まちまちに泣く友が弟子　美
子がためとてねんねこ多彩青芭蕉　39・10

芭蕉の花（ばせうのはな）

死の予兆芭蕉の花の開花すゝむ　31・8

苺（いちご）

怠たりそ疲れそ苺なども食べ　来
苺の皿へ母招じくる何歩ぞや　銀
雌伏の頃の友住みし町初苺　美
山の朝日苺のために地を這へる　大
昔ぶりの小粒苺や丸平笊　50・8

南瓜の花（かぼちやのはな）

吾子等喜戯南瓜の花は民の花　来

柏原にて　六句（のうち一句目）

南瓜末花湯さへ湧き出ぬ一寒村　美
音（おと）骨（ぼね）立つる古レコードや南瓜咲く　42・7

豆類の花（まめるいのはな）豆の花

旅人は闊歩するなし豆の花　銀

沙を混へ故郷(くに)めく地(つち)や豆の花　大

京の辺に鄙びし路や豆の花　53・7

筍（たけのこ）たかんな　たこうな

筍の鋒(きつさき)高し星生る　長

竹の子伸びる一刀両断されし傷癒ゆる　銀

たかんなの影は竹より濃かりけり　長

たかんなや父母(ちちはは)と更に子と和しつつ　52・8

筍(たかうな)数多の前を過ぎけり日は三竿　41・6

蕗（ふき）蕗の広葉

大人(たいじん)の厚膝垣辺蕗広葉　41・8

瓜（うり）瓜畑

京瓜嚙みつつ友と辿りし夜目の道　35・10、11

瓜畑のもののあらはさに坐り猫　母

胡瓜（きうり）

胡瓜刻む音みづみづし藁屋暮るる　40・6

故友の故地細く短き初胡瓜　41・8

夕顔（ゆふがほ）

嘗ての乳母、健在にてたまたま松山にありとて、親戚の一人自転車にて、伴ひ来らんと走せゆく。

身をしぼる夕顔の蕾よ乳母よさらば　母

夕顔や昂じたる火は焔無く　34・7

茄子（なすび）初茄子

なにか恋し茄子の面(も)に山羊映りつつ　銀

茄子のごと紅毛揉み合ふその嬌声　大

紺絣茄子の味噌汁の飽食よ　49・3

初茄子(はつなすび)硬貨の巾着垂れさがる　38・9

トマト

麵麭とトマト、バッハの曲からペトロの声　銀

トマト刻むいま妻子居ず菓子もなし　15・10

甘藍（かんらん）玉菜

玉菜は巨花と開きて妻は二十八　萬

懦夫に遠く玉菜畑の蟾蜍　来

日の坪に玉菜あぢさゐ森に棲む　銀

夫婦(めをと)とは共に小さし玉菜畑　母

玉菜の芯から微かな鶏鳴広漠たり　美

玉菜畑腐りて土もとどこほる　34・7

玉菜結球吾娘(あこ)の「蛤財布」赤し　35・8

撫でし老婆の指鳴りしかに大玉菜　38・8
玉菜ばかりの村や校舎の窓破れて　40・9
等差なき玉菜畑の伸びざかり　52・12

新藷（しんいも）

未だ熱し蒸新藷と湯気の玉　42・10

新馬鈴薯（しんじやが）

新馬鈴薯や農夫掌よく乾き　来
新馬鈴薯と農婦の生身素々と　美
枝葉さへ転び寝新馬鈴薯地にひそむ　31・6

蓼（たで）

山裾へなだれ来て羊歯蓼にまぶる　33・10

青山椒（あをざんせう）

家族を疎開せしめて約半歳空襲下の東都に自炊生活を送れり。二句（のうち二句目）

己が荷の車ひく日や青山椒　来

蓮（はす）蓮の花　白蓮

池心の蓮唯一の女妻老いそ　銀
蓮に佇つや肋あらはの聖者ならで　銀

秋田にて。四句。（のうち一・二句目）

蓮開き尚ほ日の昇る金の鳶　40・10
葉のひまに蓮の蕾の微笑深し　40・10
頭が二つ子負うて辞儀や蓮の花　35・9
提灯の肌理白蓮の肌理つばら　母
白蓮や浄土にものを探す風　美
白蓮の香のいささかの苦味の中　36・11

蓮の葉（はすのは）蓮青葉

古りつつ青き荷葉やまだみな東向き　32・11

秋田大会散会後、香西氏と同道、平泉の地を訪ふ。二十三句。（のうち二十句目）
毛越寺にて。

蓮の巻葉の経巻左右へ開き初む　40・10

青野馬童氏より「鉄斎画集」を贈らる。連日少暇毎に同書冊を繰りて忘我の悦楽に耽る。
美人採蓮図。

荷葉蓮華団々矣走魚身を伸したり　46・8

麦（むぎ）麦畑　麦生　穂麦

帰郷　二十三句。（のうち八句目）
東野にて　五句（のうち三句目）

麦の道今も坂なす駈け下りる　長・萬
高麦のかげに憩ひすこゝはどこぞ　火
麦ひろらいづこにひそみ赤児泣く　火
麦越しに垣越しに友の額見ゆ　萬
麦薄暮夜盲となるとも我等勝たむ　萬

伊良古行　十一句（のうち十句目）
保美の里

訪はれし人訪ひし人いま麦の縞　美

刈る人待ちつゝ一望の麦風に和す　31・6

青き歎き磧に生ひし麦一本　39・6

垣内の麦畑道や吾子を捧ぐ　母

いくさよあるな麦生に金貨天降るとも　銀

麦生無量の端（は）を仰ぎつつ切通し　美

教へ得たり穂麦の風に大工の音　萬

逃げない遠さ穂麦・可能性揺れ満てる　銀

その音のみ穂麦さやぎに耳順（したが）ふ　美

疲れし妻を想ふや穂麦の音（ね）は篤（あつ）し　30・6

雨気こもる穂麦や長女嫁せんとす　35・5

拡声機の分裂音に穂麦と堪ふ　大

飛びつけさうなところに日在り麦穂波　43・9

麦穂波かたみに揺れて促して　43・9

早苗（さなへ）捨苗

弟妹杳（えう）たり捨苗束は密なれど　44・8

帚木（ははきぎ）帚草

帚木や津軽野広さとりとめなし　銀

浅間山麓をややしばし登れる個所に、真楽寺なる古寺
あり、六句（のうち一句目）

古塔ただ一基と帚木一本と　45・1

湯田中温泉にて本年度萬緑大会開催、その第一回鍛錬
句会の際の作句。四句。（のうち三句目）

帚草連山も峨々と相睦む　39・9

むきだしの道祖神帚草呆けて　44・11

浅間林中の真楽寺にて。十二句。（のうち二句目）

まぎれなし塔一基帚草一本　44・12

麻（あさ）麻畑

恋の暗示に戸惑ひし辺やいま麻畑（あさばた）　44・8

夏草（なつくさ）青草

夏草や野島ケ崎は波ばかり　長・萬

夏草たらむ草は黄強し書庫を照らす　火

夏草のまゝに土掘る音つゞく　火

濤おらぶ夏草藪とけじめなし　火

夏草や癒えよと思（も）ふ数五指に充つ　萬

街燈更けて夏草芝居の草のさま　来

松高く夏草咲けり一熟路　来

近江朝の遺蹟碑の前に佇ちて。（二句）

狭土（さど）の夏草訪ひ踏むなきに狼藉に　母

船よりのたけき玉歩の址（あと）夏草　母

松前（まさき）町海岸の入江を訪ふ。ここは、母との生活の、最初の記憶の地なり、その頃の住居現存す。

江の出島夏草もなし赤鳥居　母

*20

夏草に沓脱石や余（よ）は空無　大

夏草に没して臥牛やわが悠歩　39・7

夏草の枝確かさに雀憩ふ　39・7

夏草やこたびは自明の曲り角　40・6

夏草や刃のここが切れここが切れぬ　42・7

夏草の花弁多さや仕事も緒に　43・9

夏草や文学碑横へ想（おもひ）走る　44・8

真珠筏夏草ながらの岸薄し　51・7

一宅地の夏草撒薬もて処置せられぬ　55・10

一宅地の処置せられし夏草ただ枯色（こしよく）　55・10

夏草に父据ゑ撮（うつ）し征（ゆ）きにけり　書簡

青草の朝まだきなる日向かな　長

屋内の馬　其一

親馬が食む青草や乳の素（もと）　来

一宅地の青草毒薬もて屠られぬ　55・10

草茂る（くさしげる）

金沢行　六十六句（のうち十句目）

荒海や松は肉削げ草は濃く　銀

草いきれ（くさいきれ）草炎▽

再び帰郷、鷺谷墓地にて

草炎の墓地へさだかに午砲かな　長

青芝（あをしば）夏芝

富士裾野にて　三句（のうち二句目）

裾野青芝日本にも夜を鳴く小鳥　来

青芝を孔雀と歩み海を偲ぶ　来

聖院青芝椋鳥降りて向き向きぞ　30・8

体験無残青芝窪め轍迹　32・6

子等憩ふ松葉杖・バット青芝に　39・8

「銃殺云々」の禁札の中青芝坦（たん）　39・8

軍空港青芝赤き灯ただ本能　大

朝の青芝青眼以て今日を了へん　44・9

赤児怪訝（けげん）げ灯の青芝に腹這はされ　45・10

安房野島ケ崎にて（四句）

岩垣の間（あひ）の夏芝真平ら　長

夏芝に載りて苫屋の閾かな　長

夏芝やこゝみかげんに海女通る　長

夏芝に建てゝ居るのも苫屋かな　長

城頭の夏芝に枯れ一つ松　火・萬

夏芝に牛馬の朝いきあまた光る　萬

岩が寝し夏芝に寝て牛の陣　萬

未知の犬夏芝はるばる来つつあり　美

靴底すべる夏芝やよろこび居る父ぞ　美

紺制服の裾と歌裾夏芝に　美

夏芝や敗戦後療舎旗樹（た）てず　33・10

所用の帰途、外務省前を過ぎ、ゆくりなくもその門内をさまよふ（二句）

夏芝にわが句帳置くわが一切　36・10

夏芝や紅露羨（とも）しといひし父よ　36・10

註「紅露」とは、紅葉、露伴を一括せる当時の呼称なり。

千ケ滝なる小庵に在る家族達に後より加はる。東京に所用ある際は、気軽に単身往復することを繰返す。今月作品の大部分は、その間の所産。

夏芝や「掬（すく）ひ走り」に修道尼　*21　39・9

夏芝に兄爆笑や弟（おと）勝てば　40・9

夏芝に細三日月や淡懐なる　41・8

夏芝全面決行のごと急傾斜　41・12

黒猫白猫地震（なゐ）おそれあひ夏の芝　50・7

青蔦（あをつた）蔦青し

館（やかた）音なし青蔦一つ欠いて通る　萬

青蔦やあまりひしひし妻の加護　銀

橋欄に青蔦雀の逃げぬ町　美

萬緑東京句会メンバー有志より本復祝として鬼の面一個を贈らる。朝倉文夫氏の作にして、「大人可笑」の銘あり。

事業期すれば青蔦そよぎ鬼笑まふ　時

長女の原稿青蔦松にひそみつゝ　32・6

ベニヤ板にからむ青蔦詩の衰弱　36・11

青蔦や少女が呼べば開（あ）く鉄門　38・9

東郷坂を過ぎて、五十余年ぶりにて、明治四十一年にはじめて入学せし番町小学校を訪ひゆきたり。五句。（のうち二句目）

青蔦の塀のみ「絵草紙屋」は消えて　大

青蔦重畳城ある故郷慕ふかな　大

枝繁き槙ゆゑ蔦もまだ青し　来

青歯朶（あをしだ）夏羊歯▽

夏羊歯やはらか心中合掌固くして　53・9

青芒（あをすすき）青萱

*22
帰来の僧唸りて尿る青芒　火

*23
芒若く其赤屋根の色若きも　来

島裏、太平洋に面して行者窟なるものあり。役の行者、当時の外来思想心酔者等に憎み陥られて、こゝに流適隠穏せるあとなりと言ひ伝ふ。

青萱に切られて血噴く一文字　火

秋田大会散会後、香西氏と同道、平泉の地を訪ふ。二十三句。（のうち十三句目）
高館にて。

弁慶死処は義経のそれ高青萱　40・10

青蘆（あをあし）青葦　蘆茂る

*24
青蘆が松の枯枝に丈とどく　銀

*25
青蘆の髪のみだれに日の光　銀

*26
青蘆密に齢を映す水面（みづも）なし　銀

江戸川辺に佇み、春陽会に出品の茅舎初期ペン画を追想す　八句（のうち一・七句目）

青芦は自（みづか）ら立錐余地も無し　美

青芦描きしはゴッホとおなじ三十路人　美

唐松稚樹（わかき）を青芦封じ余念なし　時

青蘆の岸や白紙にかへらんず　31・6

「茅舎」と銘して三角切石たゞ青芦　32・6

青芦や花びらと垂れ犬の舌　35・5

青芦や石柱彫つては運び去る　35・5

青蘆一株植ゑぬ六十路の庭池に　38・5

風絶えず青葦一株づつ水輪　38・8

青蘆や赤松の幹やや委蛇（ゐだ）たり　38・9

青蘆や舟底修理緻密なる　大

愛犬揶揄して乙女身ひそます青蘆に　41・6

走る片帆高青蘆に添ひつづけ　大

青蘆靡く風を追ひくる友風に　44・8

青蘆の投影滞りなく長し　44・9

己が犬歯で指噛めば鋭（と）し蘆青し　44・11

青蘆よ異郷にパスカル読む吾娘（あこ）よ　大

第四女、大学卒業、婚約成立。

池廻らむ青葦にこの吉報せむ　50・6

嘗て「信濃居」一聯の句を作りし小家へ家族と共に到りて数日あそぶ。此小閑を得ること幾年ぶりぞ。二十二句（のうち七句目）

蘆も茂り氷室の前に鱒飼ふ池　銀

夏蓬（なつよもぎ）蓬長く

さながらに河原蓬は木となりぬ　長

夏萩（なつはぎ）

神奈川句会及び城南句会の人々と大磯に遊ぶ。十句。（のうち七句目）
エリザベス・サンダース・ホームにて。二句。（のうち二句目）

変声期のスポーツの声夏萩越　43・7

石菖（せきしやう）

石菖や老人中竹（ちゆうだけ）切り出して　34・10
石菖に投げ横たへぬ旅の傘　35・8
子持ちなれど石菖の辺に寺男　36・11
渇したる者石菖を分け分けて　38・5
踏みゆく足裏（あうら）石菖尽きて水漬（みづき）初む　40・4
石菖や岩魚追ひあふごと睦む　42・4
石菖や穢（え）の思出に鼻白（はなじろ）む　42・4
石菖叢（むら）に棕櫚一列や妻は旅に　45・11
石菖や行人たのしげ憂はしげ　45・11
石菖や禽（とり）妻を呼ぶ声裂帛　45・11

竹煮草（たけにぐさ）

機関車から叫ぶ方言竹煮草　22・9
山牛蒡と竹煮草凌ぎあひ暑気足んぬ　52・11

鈴蘭（すずらん）

鈴蘭の谷や鐘の音そがひより　時
鈴蘭の花を振り出す小風なる　時
鈴蘭の谷や日を漉く雲一重　時
日が薄まり時が薄まり白鈴蘭　時
鈴蘭の花は抽（ぬ）きとり葉は摘むべく　時
鈴蘭湧くうつむき花と黄の蕾　大
鈴蘭の「離花」とやいはん転び落つ　38・8
鈴蘭贈り伯母に托する父母の仲　38・8
南移の鈴蘭華美の為事を辞退して　49・9

昼顔（ひるがほ）

昼顔のまだ小輪の咲き亘る　長
昼顔や小屋は次第に遠ざかる　長
昼顔の咲きのぼる木や野は広し　来

金沢行　六十六句（のうち六十一句目）

昼顔や我が荷も添ひて友の肩　銀

昼顔や児戯はおほかた掌上事　大

一人得て一客のバス夕昼顔　39・10

昼顔や医師（くすし）なにとて緩歩なす　40・6

昼顔や矢絣姿以後を知らず　大

昼顔と野草（のぐさ）の双葉みつるところ　大

昼顔や映画セットは峨々と一重　41・7

若き姉妹の話題とびとび昼顔に　41・10

昼顔や愕（おど）ろける犬舌納む　大

昼顔無尽赤児あわてて乳を吸ふ　大

弟妹の墓や昼顔とりとめなし　49・9

月見草（つきみさう）

月見草湾を距て丶山灯る　長

月見草房州露は貧しけれど　長

明笛鳴り軍艦通る月見草　長

項（うなじ）一つ目よりもかなし月見草　長

月見草月は朝々残るのみ　長

かの母子の子は寝つらんか月見草　火・萬

ひとを訪はずば自己なき男月見草　母

「夜」を盗むたぐひか月見草摘みぬ　時

気力薄き者等引きあげ月見草　時

八十歳の気の張り黙々月見草　36・11

「古妻」ならで「経（ふ）る妻」なるぞ月見草　39・9

買出しに妻が来し辺や月見草　大

淵も瀬も戦時のままや月見草　39・9

建ち次ぐものは悉皆高し月見草　44・8

真菰（まこも）

人くさき話真菰は葉ばかりに　美

藺の花（ゐのはな）

ダ・ヴィンチを想ふ。一句。

藺の花や拇指（ぼし）越す次指（じし）の天使の足　大

藺（ゐ）　藺草　藺田

青藺草情（じやう）掩ふもの睫毛なる　39・10

どこかで不幸藺田に捨てある白絵襖　34・8

蒲の穂（がまのほ）

蒲の穂のねぎらひ呉るる手ざはりよ　44・9

藜（あかざ）

藜の露警世説きつつ世捨人　39・8

浜木綿の花（はまゆふのはな）

石崖の浜木綿の空真青に　火

浜木綿の遠（をち）や綿々と心中歌　美

三重県答志島桃取なる奥野曼荼羅氏のもとに遊ぶ

友が辺の暮れても見ゆる浜木綿に　時

浜木綿の咲かんとする地を一と日二た日　35・6、7

咲かせて咲きし浜木綿隅田川薄暑　40・7

酢漿の花（かたばみのはな）

棕櫚の下のかたばみ妻の手紙読む　来

蘆の湖にて、十一句（のうち四句目）

松山、「中の川」の上流の畔にて。

川清水わが紋どころ酢漿草（かたばみ）咲く　大

なじみの紀尾井坂を辿りて。

明治百年四葉の酢漿（かたばみ）ここに得て　42・10

西高校の門内へはじめて歩み入り、しばし小池畔に身を置く。七句。（のうち五句目）

立草を立たしめかたばみ花咲きぬ　43・6

亡弟職域家紋かたばみ生きて茂る　46・2

車前の花（おほばこのはな）

車前草（おほばこ）咲きかたちに出でて走り雲　時

花（はな）車前草（おほばこ）山路一途（いちづ）に雨流る　53・3

蕺菜（どくだみ）十薬

十薬に石灰かかり渝（かは）らぬ国　銀

蚊帳吊草（かやつりぐさ）

巡邏素直にわが眼見て過ぐ蚊帳吊草　40・9

蛍袋（ほたるぶくろ）

次女

宵月を蛍袋の花で指す　銀

蛍袋急坂裾に百度石　40・8

一路遠し蛍袋は耳伏せて　42・8

一つ葉（ひとつば）

＊27

一つ葉や浮き来ては去る島の雲　44・12

わが小苑に一つ葉ありて折に悶ゆ　49・6

片白草（かたしろぐさ）半夏生

二十代（はたちだい）の姐御やつれや半夏生　42・5

梅鉢草（うめばちさう）

浅間牧場にて

馬の陰（ほと）乾きて漆黒梅ばち草　32・2

蛇苺（へびいちご）犬いちご▽

蛇苺ヒマラヤ・シーダの苗畑　40・6

犬いちご戦報映画観る暇なし　火

蛇髭（じゃのひげ）竜の髯　蛇の髭の花

旧子規庵を訪ふ　十句（のうち三句目）

でゝ虫の跡の板塀竜の髯　美

蛇の髯の花咲き林道鏄こまか　30・8

鷺草（さぎさう）

鷺草や算盤を置く身の構へ　42・4

虎耳草（ゆきのした）鴨足草

高崎市に遊び、鬼城翁勤務先の裁判所を訪ふ

鴨脚草故人の職場へ搦手から　時

はるばると落ちくる雨や鴨脚草　6・8

陋屋の裏見（うらみ）同志に鴨脚草（ゆきのした）　34・1

苔の花（こけのはな）

苔咲く墓地海を知らざる黒鴉　銀

子は育つ柱・梯子に苔咲きつつ　母

ラバの間の井戸なす底の苔の花　12・2

*28

苔の花戦国坐地蔵膝豊か　38・8

石仏の光背ひかる苔の花　39・6

いつも鮮魚店の軒には苔の花　41・11

苔の花は年に一度や聖鐘楼　44・9

苔の花実生（みしやう）山椒香を秘めて　45・11

苔茂る（こけしげる）苔青し

一気の日曇天潤（ひろ）く蘚（こけ）鮮緑　38・7

藻の花（ものはな）

藻の花や入江へ戻る内気鳥　大

水藻の花馴染の煙管腰から抽（ぬ）き　44・10

藻の花や甘えん坊母子の鷭あそぶ　53・5

萍（うきくさ）

時平ら萍たたへ泥鰌伏し　時

萍（うきくさ）と片足（かたし）流るる男下駄　33・5

そこより萍（うきくさ）顔はかくれて影映る　35・9

青々と萍まみれのものもろもろ　36・11

梅雨茸（つゆだけ）

梅雨茸たち日差まことなるを虞れ　42・8

黴（かび）黴の宿　黴の花　黴びる

家族を疎開せしめて約半歳空襲下の東都に自炊生活を送れり。二句（のうち一句目）

黴を拭き日に当て一と日一と日くらす　来

黴の宿よぢれて燃ゆる生命（いのち）の火　来

饐えて黴びて漢語混りの我が呪　銀

樹々たふし小家建てては人相黴び　母

関指月氏の浄善寺落慶。その簡素なるをよろこぶ。即事一句

寺建ちていまだ硯は黴びてをり　母

黴一拭天馬脚遣ふや翅（はね）つかふや　母

貧窮問答為（せ）ずとも黴の土間過ぐれば　美

黴の「青春彷徨日記」オポテュニスト　39・9

＊29
青丹（あをに）かがやく黴の群華と堕天使と　41・7

＊30
黴未到絵の松颯々たるなれども　42・5

黴の宿無人なればぞ見るに堪ゆれ　44・9

黴の宿女等二人づつで入りぬ　44・9

盲（めしひ）にはにほひもなかれ黴の花　38・8

黴る日々不安を孤独と詐称して　来

黴びる血さへすゝんで流さず吸はるるのみ　美

南面せざる「かの自我」・「崖の面」黴びゆくはや　32・5

「我がメモ」たらしめんための八句（のうち四・五句目）

黴る自我個人のふぐりなどを誇示　34・4

黴る眼や批判と疫病同一視　34・4

老顔の血気（ちのけ）にしめり黴びにけり　35・5

眼は黴びず血で洗ふべき洗濯あり　35・6、7

えごの実▽（えごのみ）

あまた着きてえごの実あまた落ちにけり　長

＊31
庵覗くえごの実を吹く風もろとも　火

青栗▽（あをぐり）

青栗大樹なぞへの影みな団々と　萬

青栗の幹に頭（づ）を寄せ馬の陣　萬

印旛沼行　七句（のうち一句目）

よく踊る青栗一と本沼晴れつつ　32・10

青栗や鍛冶屋に隣る厩あり　42・8

夏の花▽（なつのはな）

こゝで昼餉真赤な夏の花佇つゆゑ　来

重き荷負へるまゝに道辺の小夏花（こなつばな）　来

夏蒲公英▽（なつたんぽぽ）

夏たんぽゝ女の言葉捧ぐるごと　来

秋田大会散会後、香西氏と同道、平泉の地を訪ふ。二十三句。（のうち七・八句目）
無量光院跡。

鳳（おほとり）姿の堂宇地に消え夏蒲公英　40・10

夏蒲公英と絮玉やそも一栄落　40・10

遊意よりも強き訪意や夏蒲公英　47・7

夏れんげ▽（なつれんげ）

金沢行　六十六句（のうち四十句目）

夏れんげさく里したしと鷗くる　銀

林檎青実▽（りんごあをみ）

増田手古奈氏と共に、林檎園多き裏山を散策す　三句（のうち一句目）

林檎まだ小さしとなさず蜆蝶　銀

秋

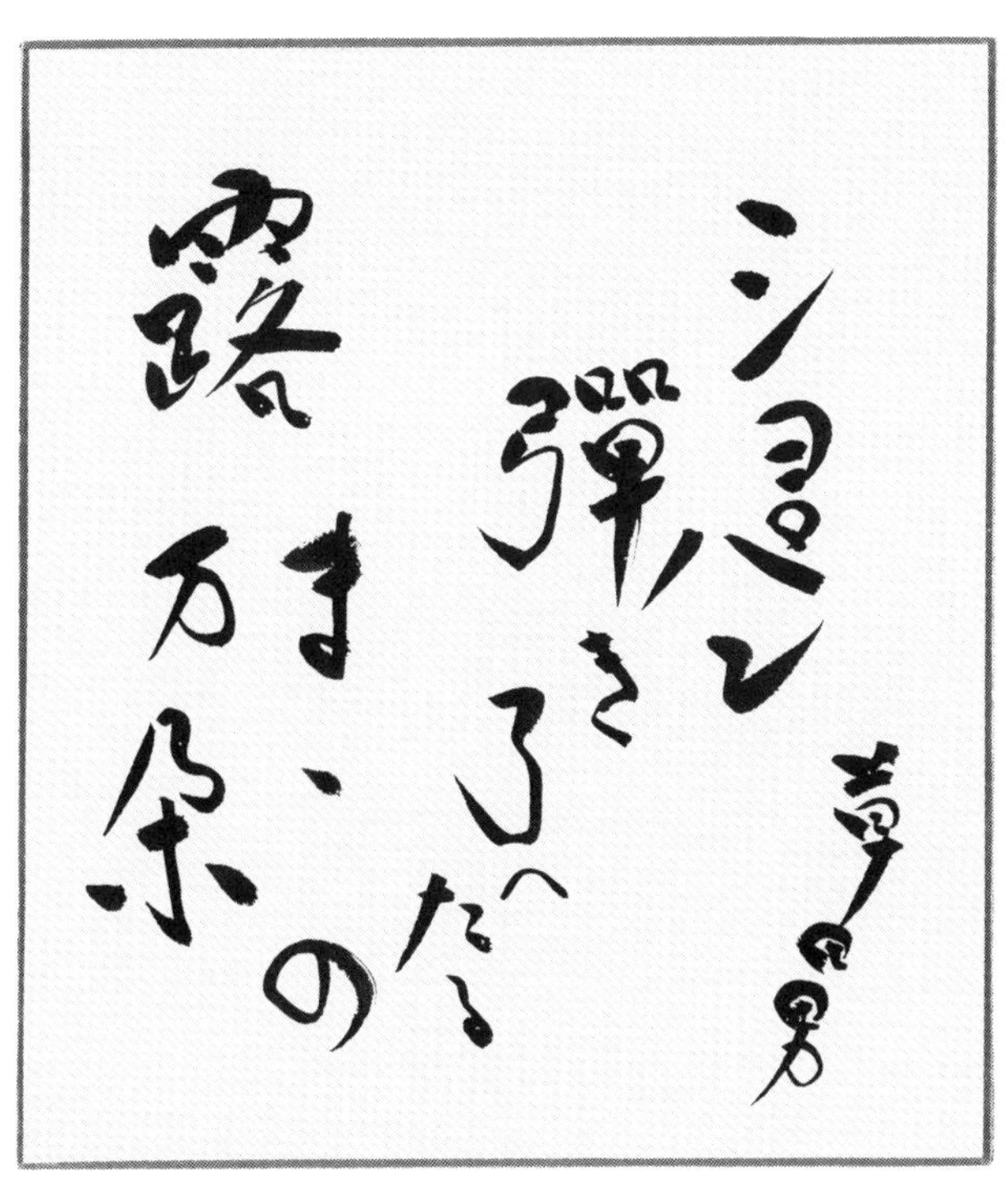

【時候】

秋（あき）白秋　金秋

秋の航一大紺円盤の中　長・萬

望郷

柿の木の無き都辺の秋幾度　長

掃かれたる地にきはやかや秋の人　長

友もや、表札古りて秋に棲む　火・萬

富士現れてハンケチさへも秋の影　来

十九歳よりの愛読書「ツアラツストラ」訳書にて、二十数回、原書にて四回通読、今又原書を、初めより一節づゝ、読み改め始む。二句（のうち一句目）

鳴るや秋鋼鉄の書の蝶番　来

秋の曲子二人母の髪梳きつゝ　来

＊1

少年成ひ長ち五十の秋に満たずして　来

焦土の秋馬ひく綱は端を余し　来

金髪の児に指さゝれ秋の人　来

九月一日出京、三日帰京、長野県諏訪郡本郷村立沢なる小池英三氏の許に二泊八ヶ岳山麓富士見高原に遊ぶ。

秋玲瓏人と真向きに山の顔　来

轍の中老とし行けば栗鼠跳ぶ秋　来

屋内の馬　其一

古語にいふ太腹平頸秋の馬　来

＊2

あけあるとぢある上下二連の秋の窓　来

いつまでも若き林の愚かな秋　銀

牛のそば小松が程の秋の影　銀

橋の秋斯かる男も男の香　銀

野球越えてはるかの秋の放馬愛す　銀

灸据ゑられ泣きわめく声津軽は秋　銀

前の松山市は烏有に帰して無し。復興松山市の一角に佇ちて。二句（のうち二句目）

いま静秋かたみに故郷焼くなかれ　銀

棕櫚の下裸灯みづから秋となり　母

石灯籠に倚る対岸を秋の馬　母

パチンコのぢやらつく音も重まる秋　母

秋親し紺の法被の襟字さへ　母

草履で踏みならせしかにも秋径　母

真直ぐ往けと白痴が指しぬ秋の道　美

吾子の掌曳けば我が秋の掌と等温に　美

はるかの白衣を基督と識りルオーの秋　美

翅裾(はね)だけ展(ひら)くカナリヤ秋のけはひ　美
鎖いつぱいに橋へ出てゐる秋の犬　美
＊3
館で小語り神田でコーヒーそも幾秋　美
＊4
秋鏡裡わが影際立ち且薄らぐ　美
秋碧落祈りこそ二兎を追はざるもの　時
秋鏡中末子(ばつし)と吾と密集す　時
＊5
右手(めて)を納めて左手(ゆんで)そのまま秋の人　時
秋よ女よモナ・リザ浮かす虫眼鏡　30・10
教へる人につれて指さし秋の橋　31・10
秋の磧に煉瓦一個時まろび去る　32・11
秋の鳩壺かと並び高庇　33・9
間食をせぬ子と秋の女と在り　33・9
馬より迅きものここに無し峡の秋　33・10
鎧の騎士(ナイト)も秋の長女も胸隆し　33・10
前門の門歯欠けつつ働く秋　33・10
絶えせぬ秋我声亡母の声に似たり　35・8
コンクリートに猥画の刃彫り細くて秋　35・9

人居ぬ神社声ある寺や洽き秋　35・9
物尺の刻印など撫で妻との秋　35・9
秋の畝残光均らされ遍満し　37・1
萬緑同人達より還暦祝として叢書類と画集を贈らる。さらに、ルオーの大判複製図を添へらる。
口の一線直(すぐ)なる道化黄なる秋＊6　38・1
松山市中の南端を流るる「中の川」のほとりに佇む。五歳の頃に住みし家は戦災に失せて、敷地は道路と化せり。
流るる秋糸で曳く舟烏賊の甲　大
咽喉に障(さや)りし鰻の毛骨故郷(くに)の秋　大
秋の指ひたひた造る萩の餅　大
崖中秋棘ある蔓もただ垂れて　38・12
新化し果てし町に何吠ゆ秋の犬　大
明秋や山池の辺に松雄姿　39・1
深秋の赫(あか)犬(いぬ)渓(たに)へ水呑みに　大
＊7
姉持たぬ誰彼慕ひぬ秋の姉　大
＊8
眸(め)と歯並秋の真珠と銀と　39・1

円地文子女史の小説「女舞」上演さるるにつけて劇場側より句を徴せらる。秋元松代女史の脚色・演出によるものなり。

己(おの)が観る女の終始秋鏡　39・5

次柱をば主柱に移し秋の門　39・10

新内の声の中踏み秋の人　39・10

洗濯を半ばにやめて秋の人　39・10

秋の淵に三角波や五輪期ぞ　39・11

秋に喜戯今度の傷は血が出たり　39・11

継柱犬手離さず寡婦の秋　39・11

秋の枕手載せ掌(てのひら)頰を載せ　39・11

夏期の残務整理を為す必要もありて、中軽井沢千ケ滝の小庵に到りて一泊す。十一句。（のうち二句目）

軽井沢無人の秋を石燈籠　39・11

*9

紡ぎつづけて白糸太み秋の滝　39・11

オリムピック詠唱。十一句。（のうち二・九・十句目）

この戦のみは朗秋闘ふべし　39・11

*10

"In the Long Run" 後半秋の苦汗のみに　39・11

マラソン競技にて、オリムピック二連勝の超絶的成績を世界の前に示せるエチオピアのアベベ・ビキラ選手の姿。

黙(もだ)の秋己が跫音空谷に　39・11

鞍撓(しな)ふ絶え間なき音秋の馬　39・12

離れ屋そのもののみが残りて秋鏡　40・8

隘路ともなりつつ秋の道一つ　40・9

「征服されざる者」の自愛や秋鏡　40・10

日産句会のメンバー数氏と共に、芭蕉の生地伊賀上野の地を踏むを得たり。十四句。（のうち四句目）
その生家を訪れて。（二句）

土間の秋ここをば帰郷と称ばではや　40・10

土間の秋内壁ぞひに足そぞろ　40・10

秋の枝まろき山鳩重からぬ　41・11

飛ぶ鳩一群マラソン一団づつの秋　41・11

手拍子とりつつ妻何想ふ秋の曲　42・10

一処(いっしょ)へ降りりんと犇めく鳩や秋の塔　42・11

曲ベートーヴェン久闊の秋を繰展べつつ　42・11

御所・離宮の天然色写真帖を尚繰りて屢々眺めたのしむ。修学院離宮の堰堤刈込を背景となせる春田の一景などを。二句。（のうち二句目）

枯山水白沙潺湲秋巡(めぐ)る　42・12

旧家の秋熟睡児(うまいご)床に法螺の貝　44・2

能なし女優廃墟に佇つ図こち向く秋　45・10

赤ん坊の笑顔あち側秋の玻璃　大

人現れざる露台幾層時歩は秋　45・11

瞼の人眼中の人秋虔(つつま)し　45・12

「温泉」誌の「道後」特集に寄せし。二句。（のうち一句目）

城の町湯の里今や秋一つ　45・12

今年も秋末子の部屋に白樺椅子　46・12

画中の秋の顔々一つは似顔画らし　47・10

脊姿映る秋鏡負ひて二人前　49・12

＊11

己(おの)が上は他が上直視の秋の底　50・4

丹羽卓、句集を上梓せむとす。そをことほぎての一句。

峡(かひ)ふかく共に尋(と)めしか古都の秋　51・1

蚊を蜻蛉、蜻蛉を雀食ふて秋　日記

秋明し湯は金色の湯口より　集外句

秋白く石を打切る石煙　銀

齢も金秋はじめて観るや三番叟　母

初秋（はつあき）新秋

落葉松(からまつ)洩れて初秋空の朝づきつつ　42・10

「五葉秀」の記念号発刊を祝して。一句。

新秋到来伸びむと五の数(かず)十の数(かず)　53・9

針のメド新秋女の世界さだか　銀

文月（ふみづき）ふづき

文月や拾ひし杖はやや短かし　50・10

誕生日に

煌々と三十路も末の文月(ふづき)照　火

八月（はちぐわつ）

八月も落葉松(からまつ)淡し小会堂(チャペル)　火

八月尽の赤い夕日と白い月　火

八月尽己を食ひ次ぎ己ひもじ　母

とがめなき八月白樺触るべかり　時

三重県答志島桃取なる奥野曼荼羅氏のもとに遊ぶ

真珠筏八月明星飽くまで黄　時

浅間牧場にて

八月尽細渓流につなぎ舟　32・2

谷の罪人頭上八月アポロの歌　34・9

谷空八月脚下を看(み)ざるアポロの歌　34・9

女人の居らぬ夢二の草の絵八月尽　35・9

八月白馬(はくば)の傍(はた)で自問す「死にたきや」　37・10

八月尽馬が首ふる馬上像　37・11
白岩に乗懸け小枝八月尽　37・11
八月都心棄てて来にけり山河在り　42・10
八月や磨（と）ぎ平めたる昼満月　38・10
八月尽鏡愛して水面（みづも）愛す　大
八月尽走せて底揺れ頸飾　38・10
八月尽落葉松（からまつ）だけの鋸屑（おがくづ）に　39・9
*12 八月や本来傾（かし）ぐ「人情碑」　39・9
更けて聞く「唯今」の声八月尽　40・8
暗き水面へ灯負ひの叢枝（むらえ）八月尽　41・9
八月好日白馬三頭けぢめなし　44・10
恵みの八月機内赤児の声折々　44・11
八月尽ただ砂つめし太き甕　集外句

立秋（りつしう）秋立つ　秋来る　秋に入る

*13 秋立つ嶺々（ねね）をやや引きよせて水鏡　39・9
*14 秋立つ小湖も晩年の詩も青く平ら　39・9
来る秋や後ろ歩きの象しばし　50・11
妻健か内火（うちび）の浅間秋に入る　42・9

残暑（ざんしよ）秋暑

蔦温泉付近の桂月翁墓域にて　二句（のうち一句目）
残暑の墓老男老女遠拝み　銀
夜も残暑パンク以上の音一つ　美
残暑の悪夢は虚栄にうづまく当然（ことわり）のみ　33・9
ビラの文字車中秋暑をなぐさめず　銀

秋めく（あきめく）

秋めくと鉢巻のまま憩ふなり　39・10

仲秋（ちゆうしう）中秋

仲秋や中年の婦女書へ没頭　39・11
仲秋や月次（つきなみ）雅会の白頭翁　42・11
ヒマラヤシーダの下枝や仲秋旧職場　43・3
仲秋や盆松給水素々と吸ふ　45・12
山鳩二羽の雄（を）に雄の動きいま中秋　48・11

葉月（はづき）

長女次女に落葉松（からまつ）葉月散りそめぬ　火
十和田湖　十句（のうち一句目）
山湖澄む風にゆかりのなき葉月　銀

面河に一泊の後に

伊予乙女生国葉月の渓を賞(め)づ　母

長女の初産のちかき日々を

葉月富士青屋根の形(なり)禱(いのり)容れよ　36・10

葉月木漏日過去の秒々一つときに　36・10

「伊丹万作全集」上梓（追補）

微粒のダイヤ葉月書き詰め恩友誌　36・11

秋田大会散会後、香西氏と同道、平泉の地を訪ふ。二十三句。（のうち十一句目）
高館にて。

葉月の大河悲跡両岸涵すなり　40・10

葉月の都心捨てて来にけり山河あり　42・8

渾身一体葉月浅間の肌はあり　50・11

渾身一体の浅間や葉月の膚ひろし　53・9

九月（くぐわつ）

九月一日出京、三日帰京、長野県諏訪郡本郷村立沢なる小池英三氏の許に二泊八ヶ岳山麓富士見高原に遊ぶ。

今朝九月草樹みづから目覚め居て　来

九月来石垣の亀甲道一筋　33・9

秋彼岸（あきひがん）萩の餅▽

人買船母遠まさり秋彼岸　母

秋彼岸酔へとも訓(をし)へ堪へもする　美

目くぢら立てて自己を責めねど秋彼岸　38・12

渡る鴉尾梶うごきて秋彼岸　39・10

秋彼岸赤子の涙しほはゆき　大

名もかたちも唯そのままで「萩の餅」　57・10

母がつくりて知人へわけて「萩の餅」　57・10

晩秋（ばんしう）

ルオーの或る一幅の絵に題す。一句。

主(しゅ)よりへだてて晩秋の地に己(おの)がサイン　39・6

十月（じふぐわつ）

十月薄暮人列皺みつつ移る　母

秋暁（しうげう）

牛乳(ちゝ)屋ちらと睹(み)し秋暁の閨正し　萬

水底の亀に秋暁の光とも　33・10

秋の暮（あきのくれ）

貌(かほ)見えてきて行違ふ秋の暮　長

灯入りての魚買ふ女秋の暮　38・1

*15

人影も無く声をもつ秋の暮　39・1

食べものふくむ人に道問ふ秋の暮　39・12

「このでかい道」と指示され秋の暮　大

来ぬバス待つ大樹の下や秋の暮　40・3

ここいらもう「上りバス」のみ秋の暮　40・3

魚食ふ飯食ふいづれに就けても秋の暮　集外句

秋の夜（あきのよ）秋夜

わが母の次妹、多年病にありしが、九十八歳にて逝去す。その面影あれこれ。

内助の功遂げんと祈りしよ秋の夜半も　56・2

秋夜小集犬吠えて又一人楽し　42・11

夜長（よなが）長き夜　長夜

終戦の大詔を拝したる日、及びそれにつぐ日日、六句（のうち六句目）

夜長し四十路かすかなすわりだこ　来

屋内の馬　其四（四句）

夜長馬母子の刻印額に白し　来

馬母子夜長時計の針長短　来

母の尿子の尿馬に夜の長く　来

いくたびか母馬めざめたゞ夜長　来

夜半長し真上の月の久しさに　美

「身頃」といふ言葉などきき夜長なりき　美

夜長ふと見出しものに「肥後守」　大

永き夜の焚火貫く白焔　40・9

睡れざる長夜汽車音楣間過ぐ　火

長夜自影横顔支ふ手小さく　銀

権力と主義の魔踊る長夜なる　*16　38・12

長夜長語命を惜しむことに尽く　大

ちなみに「京舞」上演の際の句をも、ここに誌し置かん。二句。

天寿はとまれ芸は八千代と長夜舞ふ　40・2

「見とどけよ」「受け継げよ」とぞ長夜舞ふ　40・2

命はとまれ芸は八千代と長夜舞ふ　*17　41・3、4

長夜さへいつも宵めき童児像　45・11

註　右三十句、ただ一日の解放されたる句作行によって収穫句群を恵まれたるなれば、一聯に一括して発表す。

秋澄む（あきすむ）空澄む

天つ日に小嵐通ひ碧羅澄みぬ　43・10

聖母子像愛慾受胎の空も澄めよ　33・10

秋気（しうき）

オリムピック詠唱。十一句。（のうち八句目）十月十四日、女子走幅跳び競技において、英国メリー・ランド夫人世界新記録を創る。

人の母広幅跳びぬ秋気の中　*18　39・11

振向かれしことを秋気の背に感じぬ　39・12

匙に溢れ秋気燦爛ものの滾る　51・10

精進湖行（回想）（三句）

宿主夫妻紋服で合奏秋気凜矣(と)　55・12

秋気一丸化されて合奏音も碧羅の色　55・12

夫妻合奏冗語に及ばず秋気凜と　55・12

冷やか（ひややか）冷ゆ　秋冷　朝冷

月冷に白歯をひしと噛み合はす　火

教卓も革帯(バンド)も手触れの冷やかに　火

冷え足採ればその手の如し鷗の屍　美

粘土はいつも押せば冷やか語りつつも　38・6

泰西の空めく夕雲指冷ゆる　来

充棟の鉄材の冷え凜々しさよ　来

たゞ忍べ燃ゆる紅葉の夕冷えは　来

馬息吹く無為の蹄の冷ゆるらめ　来

咳くごとく吠ゆる弱(よわ)犬(いぬ)草の冷　来

上諏訪に木村蕪城氏を訪ふ。

湖冷えや灯を仰ぎつゝ乳飲む児　来

割烹着のポケットへ手や町の冷え　母

魚の肌主婦の生(いき)肌(はだ)夕冷えて　母

冷えに昵まぬ黄のネオンあり餡を噛む　母

気の退潮夜(よる)の足冷ゆ鳩のごと　美

松籟聴く指の冷えだけ指につつみ　39・4

小指もつとも冷ゆと弟と語りしか　40・12

妻の朗笑伝ふる受話器冷ゆるとも　46・1

鉄の階(きざはし)鉄の扉(と)アパート暁(あけ)の冷(ひえ)　55・7

円地文子女史の小説「女舞」上演さるるにつけて劇場側より句を徴せらる。秋元松代女史の脚色・演出によるものなり。

秋冷の差す手引く手も身一代　39・5

屋内の馬　其一

朝冷えの主(あるじ)が触れし馬に触れぬ　来

爽やか（さはやか）爽涼　さやか

神の楽梁をたゆたふ爽かに　火

九十九路(つづらじ)下る泣きむし仔牛爽かに　萬

爽涼の愛なりき鼻梁一筋に　美

響爽かいたゞきますといふ言葉　来

屋内の馬　其一

仔馬爽か力のいれ処(ど)ばかりの身　来

蔦温泉にて　二句（のうち一句目）

桂月晩年眼鏡さはやかなりし此所　銀

*19
病夜(びやうや)の尺八いまいさをしの音(ね)に爽やか　銀

妻爽やか舞台の野路を灯(ひ)の提灯　母

遠山さはやか丁々都心の鉈の音　母

徹夜の果の下痢さはやかや稿成りぬ　34・7

爽かや養老院の残置燈　38・12

美味(うま)さをばうなづき挙げし眼の爽か　39・12

赤児のまたたき爽風浅間より来る　48・9

オリムピック詠唱。十一句。（のうち二・四句目）

「日の丸」爽か新生日本の国際旗　39・11

「日の丸」爽か緋眼の白馬勝に嘶(いば)ゆ　39・11

秋麗（あきうらら）

久しぶりにて、エヴァ・ガードナー主演の「パンドラの函」を見る。一句。

迂魯一気秋麗一気の女人かな　50・3

身に入む（みにしむ）

舞台

銀襖身にしむ「歌舞伎の闇」をうらに　美

秋寒（あきさむ）

「孤独の英雄」フリードリッヒ大王の像に題す。一句。

美王子時代の巨き眼のこり秋料峭　39・6

漸寒（ややさむ）

やゝ寒の壁に無髯の耶蘇の像　来

櫛型月の片明り孤座やや寒し　43・3

朝寒（あささむ）

朝寒の白痴(ばか)の歩みの帯解くる　火

朝寒の撫づれば犬の咽喉ぼとけ　萬

夜寒（よさむ）

久慈浜にて　九句（のうち三句目）

昔のさまに遠吠蜑の里夜寒　美

亡父の晩学一等国の夜寒なりし　33・3

脱獄の壁剔(く)る音の夜寒哉　日記

冷まじ（すさまじ）

或事情下にありて、たまたまテレビの時代劇場面を眺め居しに、突如ひらめき出でし一句ありき

己が歩すすむに「斬つたカ」と覚(さと)る冷(すさま)じや　33・12

「数ならぬ身」どち冷(すさ)まじ子持どち　35・1

「黒塚」の上演に題す

片肌ぬぎ白髪冷(すさ)まじ片靡き　*20　37・3

秋深し（あきふかし）深秋

癲狂院教室のごと秋深く　火

羊より雞鳴け山里秋深く　31・10

秋深し猫が倒せし鉄器の音　32・11

秋深し水輪ひろごり屎(まり)は捲き　33・10

日産句会のメンバー数氏と共に、芭蕉の生地伊賀上野の地を踏むを得たり。十四句。（のうち八句目）
母屋うらなる芭蕉居住の離屋の前へ進む。

竈わき抜け深秋の離屋へ　40・10

ルオーの「深秋」と名づけられたる一作品の上にささぐる作品。

深秋の「主(しゅ)」は白姿遠姿　大

冬隣（ふゆとなり）向寒▽

石塀を縄ではたく児冬迫る　母

向寒やボスの口癖「世は情(なさけ)」　46・11

向寒やロール・キャベツは素(しろ)く蒼く　大

【天文】

秋の日（あきのひ）秋の朝日　秋の夕日　秋没日　秋日

秋落日妻子かげなき真赤な顔　来

＊1
まぼろし真向き秋日のそばに道の上(へ)に　来

秋の日や牛も友得て前掻きぬ　33・10

小池氏宅付近及背後の山麓

暗き三角八嶺(やね)の一嶺ゆ秋朝日　来

屋内の馬　其一

仔馬の口生毛だらけや秋朝日　来

ヘルメット打杭機墜(おと)しの秋夕日　45・11

秋の落暉の爛熟やこも一期一会　47・3

今日の絵に黄の絵具尽き秋落日　美

女の胸の彼方で砕け秋落日　32・11

ヒョットコの愛想いびつや秋落日　39・10

秋日落つヒョットコいつまで手首舞　大

遠信や南北遍照秋落日　46・1

チンチク・チンチク伊予国松山秋落日　大

＊2
悔いの声鳥迹追ふ秋落日　来

なんぞ堅き友亡きのちの秋日の道　来

＊3
亡き友肩に手をのするごと秋日ぬくし　来

毬投げやまこと秋日の露路ゆがめる　母

高台へ名残惜しげに秋日落つ　母

秋日沈める深さや木場の木がそそり　母

状受けに秋日すべらす状斜め　母

秋日は放射七面鳥は示威に倦まず　美

何に詩ぞ秋日の国旗吹き千切れず　12・12

スポンヂ摑み怪訝（けげん）の末子（ばっし）秋日まろし　33・10

不慮の災害、香西家の上を襲ふ。慰めむに言葉なく、ただ次の三句を霊前に捧ぐ。三句。（のうち二句目）

故人と一心遺族一体秋日澄む　39・10

＊4
失神せし一員も復帰秋日覗く　39・11

日産句会のメンバー数氏と共に、芭蕉の生地伊賀上野の地を踏むを得たり。十四句。（のうち三・九・十四句目）

その生家を訪れて。

空が照らす秋日の戸なるくぐり口　40・10

母屋うらなる芭蕉居住の離屋の前へ進む。

秋日三竿草露干（ひ）し間を来しと知る　40・10

離屋の外壁に添ひて彼岸花三株鮮かに花冠を捧ぐるあり。

秋日篤き黄檗地血族絶えにしや　40・10

秋日大輪弟（おと）にも真赤な為事（しごと）あれ　42・12

よき老後館日を負ひ磴秋日　45・11

秋日の皓歯笑（ゑみ）を掩ひし指の隙（ひま）に　45・11

秋晴（あきばれ）秋晴る

秋晴や橋よりつゞく山の道　長

秋晴や香煙街に出で来る　長

秋晴やたまさか戻る軒雀　長・萬

秋晴や友もそれ〴〵祖母を持ち　長・萬

秋晴や故友の命の継穂われ　銀

ひた駈けゆく童児や秋晴底深し　33・11

遠鳴る秋晴カインの裔（すゑ）もアダムの裔（すゑ）　35・10、11

秋晴や宿場はづれに美女居しまま　大

秋晴や君子径（こみち）す遠道す　45・11

無人の秋晴万国旗四角に三角に　53・10

老（おい）の投函女の垣間見秋晴れて　銀

餡麵麭と藁屋の色や秋晴るる　42・10

菊日和（きくびより）

割れし石いつまで尖る菊日和　39・1

秋旱（あきひでり）秋乾き

燈籠浮絵の蝸牛（くわぎう）や故園秋乾く　大

秋の色（あきのいろ）秋光

烈婦の碑転（こ）け臥し秋光そを流る　32・10

印旛沼行　七句（のうち二句目）

灯台秋光鳩は左右をついばめど　集外句

秋の声（あきのこゑ）秋声　秋の音

＊5

汽車得んと急ぎつゝ聞く秋の声　来

雲の一糸も無く白日や秋の声　銀

築地あり柿木ありて秋の声　5・11

浮浪者語ればただ癇高し秋の声　36・11

「十年後の日本」予想記秋の声　大

日産句会のメンバー数氏と共に、芭蕉の生地伊賀上野の地を踏むを得たり。十四句。（のうち六・七句目）

その生家を訪れて。

正（まさ）しう聞きぬ呱々の声又秋の声　40・10

慣はしの市音の中秋の声　大

戸口で子等に食べさす農婦秋の声　42・10

曾住の地、番町のあたりをさまよひて。二句。（のうち一句目）

十指に余る小坂は依然秋の声　42・10

撥の裾ひろき端より秋の声　45・10

頂上を素通る秋声と思はめや　美

秋声や故友名づけし我が「犬耳（けんじ）」　38・11

十月十六日、午後の講義を開始せんとする直前に、前晩遺骨を携へて帰郷せし香西氏夫妻高松市に到着せる時刻なることをおもひて。一句。

遥かに秋声父母として泣く父母の前　39・11

秋声や溜息の後（あと）突如の詩　39・12

都心に仮泊棕櫚一本の秋声に　大

手刷機も煎餅焼機も秋の音　36・11

秋の空（あきのそら）秋空　秋天

年を隔てて茅舎のことどもを想起す。一句。

昇天の竜玉貢（とと）け秋の空　45・11

川口爽郎氏――太宰、その作品「津軽」中に、岩木山の最もうるはしく見ゆる個所には、必ず凄艶の美女住む旨を誌せることを語る。二句（のうち一句目）

晩年とは何ぞや北の秋空瑠璃　銀

富士秋天墓は小さく死は易し　来

秋天一碧潜水者（ダイバー）のごと目をみひらく　母

秋天涯て無し金尺（かねじゃく）当てて船大工　美

秋天円蓋頭蓋骨円く白し南無　44・1
秋天昴矣錨は重く鷗軽く　45・11

秋の雲（あきのくも）秋雲

母の百ケ日忌に、日記の端に書きつけし句　二句（のうち一句目）

秋の浄雲問ひのこしたる事々のみ　銀
雲の秋「巻紙」も置き文具店　42・11

九月一日出京、三日帰京、長野県諏訪郡本郷村立沢なる小池英三氏の許に二泊八ヶ岳山麓富士見高原に遊ぶ。（二句）

荒都遠しこゝ秋雲の母郷たり　来
富士坐して裳(も)裾(すそ)秋雲端を撥ね　来

＊6

秋雲離々兄に通へる顔なりけん　来

鰯雲（いわしぐも）鱗雲

朝戸繰るこちらのかはも鰯雲　長
鰯雲この時空のまろからず　長
鰯雲百姓の背は野に曲る　火・萬
鰯雲真なき人を電話で逮(お)ふ　火
鰯雲個々一切事地上にあり　来
藍に白を点じぬ城ある鰯雲　母
なまなかの鰯雲なり見捨てたり　美
谷の巨樹光へ傘(かさ)形(がた)いわし雲　時

偶成。

いわし雲灯の「昼行燈」無尽燈　大

戸隠行二十六句。（のうち十四・十五句目）
附近の山路、山村をさまよふ。八句。（のうち二・三句目）

飯綱山に粗(あら)目(め)細目に鰯雲　大
鰯雲戸隠山はやや鬼相　39・2
末子(ばっし)の鞍の鳴り次ぐことよ鰯雲　40・8

第四女、大学卒業、婚約成立。

向ひ日や青空千々(ちぢ)の鱗雲　50・6

月（つき）月上る　昼の月　夜半の月　月の輪　月の出　月夜
月光　月明　月影　月下

赤城山上大沼湖畔にて

湖の月通りかくるゝ黒檜山　長
遥かにも彼方にありて月の海　長
庵一つ月を真浴びて隙もなし　長
月負うて帰るや月の木々迎ふ　長
白樺はもとより明し月の羊歯　火
月に秀でし女の額(ぬか)の小さゝよ　火
ひとの邂逅灯影しをりに月の中　火

肩に寒し月のポプラへゆく夜気は　火
ゴシックの場(には)なす月のポプラ達　火
裾あらき月のポプラの木肌かな　火
背信を忘ぜんや月に斑(ふ)ある限り　火
枝一つ月のポプラゆそむき垂れ　火
月の香のセメント崖を路へ跳びぬ　火
裾長の寝巻の子佇ち庭の月　火
蒼かりき月下の地震(なゐ)のたゝずまひ　火
頭(づ)をふりて身をなめ粧ふ月の猫　火
悪日続き月睹(み)る瞼三重となれる　火
月ゆ声あり汝(な)は母が子か妻が子か　火・萬
月へわめくラヂオドラマの悲劇のみ　火
母が家(や)に月の湯あみの我が髪膚　火
顧みし母が家月へ風呂煙　火
祖母・父在(いま)す電線の上(へ)の月の空　火
明笛を月の畳に転がして　萬
かの鷹と牛馬が夜床月の峰　萬
本郷の月大陸へ行く握手　来
病友に文欠きて何の月の詩ぞ　来
月の犬なんたる一途に吠えきたる　来

年余の塵洗ひぬ月の花崗岩　来

終戦の大詔を拝したる日、及びそれにつぐ日日、六句（のうち五句目）

陽が欲しや戦後まどかな月浴びつゝ　来
日々の糧(かて)おほむね黄なり夜々の月　銀
月の背景(かきわり)退場せし母佇立の子　母
桐の月眠りなき神浅黄の中　母
月の面(も)平ら吾子満ち満つる月の頬　母
月の乱雲懺悔は弁疏ならずして　母
朱鷺(とき)は世に迹絶ち恩友月へかへり　美
月色に咽せつつ一木(ひとつぎ)音もなし　美
月の露ねむる車輪をめぐり落つ　美
一つ葦水際一環月びかり　美
そよ風も押さずて月の川流る　美
地上悲因の金貨と小さし淵の月　美
青谷の昼月一音あらば醒めん　時

九月十六日、全日空の催しにより、二万フィート上空に観月（三句）

「月の出」と呼ばんか超高の月現(あ)れぬ　時
超高の月澄みて機はやや揺れて　時
月の翼下に常(とこ)高き富士いま太く　時
月の友耳もあかるく立てるかな　4・11

橋の上の物かげ斜め旅の月　15・10
ともしびや日本の黒屋根月に青く　16・10
月に妻弦月に亡き母偲ぶ　32・12
くびきのがれて沈むや千斤（せんきん）淵の月　35・1
月の清水も岸角泡（きしかどあわ）もかくれゆく　35・1
月の戸口灯の下にある乳母車　38・12
月の藪直幹平滑身を支へず　大

不慮の災害、香西家の上を襲ふ。慰めむに言葉なく、ただ次の三句を霊前に捧ぐ。三句。（のうち三句目）

五郎居ねど十郎囲み月の父母　39・10
月の面に対ひて面上洟をかむ○　39・12
歴々寄せつつ岩乱れ越す月の波　41・3、4
バスの中に幼黒髪月の海　41・3、4
撥ね枝や妻への直路月の森　42・12
櫛型月の片明り孤座やや寒し　43・3

青野馬童氏より「鉄斎画集」を贈らる。連日少暇毎に同書冊を繰りて忘我の悦楽に耽る。安部仲麿明州望月図。

水月（すいげつ）直前天月仰ぐ望郷図　46・8
生命一ッあらば身投げん月の海　集外句
紡錘（つむ）はみな白く小躍り月昇る　39・12
怯心（おびえごころ）の切断面は昼の月ぞ　来

異郷同志秋の蜘蛛の巣昼の月　45・12
昼月に邂逅す葉と草との坪　50・6
夜半の父月の風呂敷白きかな　来
路上を石のうかがひ出でて夜半の月　美
夜半の月と稀なる星と随（つ）ききたる　美
夜半の月すぎはひ険しき窓々寝ず　美
夜半の月故旧恋ふ詩を鉛筆書き　美
夜半の月別辞と謝辞と一とつらに　美
月の輪のまことになさけかすかなる　長
雲の端をまぶしや月の出でにけり　長
月夜なり買ひ来て下駄を眺める妻　火
月光の壁に汽車来る光かな　長・萬
思ひ出づ月光黄色（こんじき）なりし獅子夫婦（めをと）　銀
月光の載るや夜目にも錆びざる鉄　21・3
月光歩むよ二間彼方の亡母を呼ぶ　32・3
縋られ歩む人に月光重からん　36・5
スリッパ一つ夜明前なる月あかり　萬
月明の我が眼をみしか犬なごむ　母
月明の梯子に腰掛け空近し　美
月明の雨戸・釘錆母を見たし　37・12

高まりて緊まりて山市の月明り　大
盆大の月影さざれ湧く水や　美

我に六人の弟妹あれども、殆んどみな離れ去りて、せん術もなし。

月影更けたり昔以来の子供部屋　32・6
草抜きて根を白らめみし月の下　火
逃げたりな月下水草(みぐさ)の塒鳥　美
月下の鬢かかげつつ灯のバスへ来る　34・11、12

月代（つきしろ）

月代も飛ぶ稲妻も山亦山　萬
一ト巌穂(いはほ)峰の月代光背に　萬
月代にほはし応ふる灯さへ無き境に　美
月代や浅間の方は星のまゝ　11・11

盆の月（ぼんのつき）

盆の月町の藪穂もいま枝立(えだ)ち　31・7

顚狂院の所属員と語る

狂女おほかた長男の嫁盆の月　37・1
「新円寂」「孩子」とありて盆の月　38・9
盆の夕月松影いづれ淡しとなみ　39・8
「四足門」もけものも人も盆の月　39・8
綺麗な人達遥かに寡婦や盆の月　41・9
大往生小往生みな盆の月　43・10

三日月（みかづき）三日の月　新月

三日月のそむきて高き夕かな　長
二樹深く岐るゝところ三日月　長
吾妻かの三日月ほどの吾子胎(やど)すか　火・萬
三日月へ乙女の声は落ちず上がる　火
今日も懶し或る白頭に三日月撥ね　火
灯台や三日月こそは陸(くが)の奥　火
大いなる三日月東に母子踊む　萬
うからの辺三日月の辺のにほはしや　来
三日月風色(かざいろ)天の誤算の友早逝　来
雲台に三日月地上に何置かる　銀
三日月のせた水輪こちらへ来たがるよ　銀
三日月やものより逃ぐる祈りならず
三日月や二三度鳴きしヒヨコ箱　10・3
宵の明星雲刈る鎌月伸びちぢみ　36・11
三日月の下なればこそ急坂なれ　大
夕三日月干物降ろす旧(ふる)き景　38・8
三日月無し昨日(きのふ)の刻の此処なれど　40・3
軽舸為して窓の三日月帰宅バス　40・3

信仰の塔は三角に三日の月　銀

大学の空落日に新月得し　火・萬

祖国の事新月のある富士へ禱る　18・2

空は彼所（かしこ）新月共に坂下る　32・8

新月へ垂れしままなる両手啓（ひら）く　32・8

新月肥立つ藁を藉くかに光藉きて　33・12

海の陸（くが）ののりもの走り灯新月下　35・9

新月や御空（みそら）の辞句の返り点　35・9

新月や吾がためたらむと妻の眼色　35・9

孫と末子や一番星と新月と　39・8

館（やかた）みな方形新月生動す　40・6

青梅市郊外に好ましき泉一つを新たに見出でて、しばしば訪ふことを為す。九句。（のうち二句目）

泉の真上欠くれば満つる新月あり　42・6

新月仰ぐ施食盤占め腰据ゑて　44・7

弓張月（ゆみはりづき）　弦月　半月

月に妻弦月に亡き母偲ぶ　32・12

半月もまろき側むけ母が家（や）へ　萬

霧の半月「隻手の声」の光なす　美

半月休む農家開け寝の池の中に　34・10

半月めでたし尿（しと）しに林へ入る女　34・10

半月低し背（せな）の子が食う稲荷鮨　34・10

半月は弦月張力煌として　41・12

遠隔の地にある妹の実子の姿、彷彿とうかぶ。

登りし半月詣でし墓は二つなるに　44・8

夕月夜（ゆふづきよ）　宵月

宵月のやがて大根の葉に照りぬ　長

名月（めいげつ）　満月　今日の月

円月挙げて紅葉山尚ほ明らまで　大

今日の月苦労人天皇いま異土に　46・12

註　われは同齢者なり。

良夜（りやうや）

明治の良夜か掛手拭と手洗鉢（てうづばち）　大

宵闇（よひやみ）

宵闇の義父（ちゝ）の広掌（ひろて）へ子を托す　火

耳たぶ揉んで宵闇の女ひとり言（ごと）　美

無性に石投げ宵闇の中水の音　39・10

後の月（のちのつき）

闇の女かひかがみ急ぎ後の月　銀

秋の星（あきのほし）

人を見舞ひて降らざりし傘秋の星　来

樅・唐松山の秋星吊りさげて　時

星月夜（ほしづきよ）

若者みな去（い）にはかにねむき星月夜　来
星月夜地をつづりつつ道と路　36・5
星どちのえにしの糸や星月夜　40・8
浅間野の路さへ見えて星月夜　40・8
史書はにぎやか山の仮宅の星月夜　40・8

天の川（あまのがは）銀河　銀漢

妻二タ夜あらず二タ夜の天の川　火・萬
天の川京しもた屋の大銀杏　来
天の川強仕書よりも友親し　来
道の元砂利の広場や天の川　来
万物齢の類を異にす天の川　来

屋内の馬　其四

馬と寝る屋の上に高嶺（たかね）天の川　来
天の川此門過ぎて森の声へ　銀

十和田湖　十句（のうち九句目）

櫂を湖舟に措きすつる音天の川　銀
墓山より城山かけて天の川　母
照空燈ふるき皇国（みくに）の天の川　18・10

鎌倉の銀河師を辞し友がりへ　来
負うて行く銀河や左右（さう）へ翼なす　来
銀河の下ひとり栄えて何かある　来

屋内の馬　其四

窓の銀河仔馬のいびき高らかに　来

西日本新聞社主催の俳句大会へ出席、帰途、京都の地に降り「楕円律」の諸氏と語る。

雨音やさし京の銀河はどち向きぞ　銀
銀河依然芽のまま萎えし病の芽　銀

十和田湖　十句（のうち十句目）

湖上銀河篝の影のある障子　銀

「天の川の下に天智天皇と臣虚子と」なる先師の句を誌したる碑の前に佇む。

その師も逝きぬ昼の銀河と時茫々　時
銀河冴ゆ芭蕉を語りあひ居れば　10・11
銀河の下楽人こぞりて一楽流　大
銀河さへ失せし近郊然（しか）ぞ棲む　45・10
銀漢は銀沙乾（けん）霊（れい）よ坤（こん）骨（こつ）よ　母

流れ星（ながれぼし）流星

松山市に到る。

ここの空は低くまろしと流れ星　母
ふるさとももの傾きて流れ星　母

真横へと走(は)せし流星地に疎し　来

秋風（あきかぜ）秋の風　金風

軍隊の近づく音や秋風裡　長・萬
ふりかへる秋風さやぎ已にとほし　長・萬
秋風や脛で薪を折る媼(おうな)　長・萬
揚げ泥も揺る、秋風衝つところ　萬
見つむれば訝かる吾子に秋の風　来
壁を負ふ後髪をば秋の風　来

再び東都に帰りて、街頭に佇てば、

秋風とジープの走り無心なれど　来
友に死なれ宗匠じみて秋風に　来
秋風や老人(おい)気せはしく道を指す　銀
秋風の衝(しょう)にありてぞ吹かれたる　銀
秋風や鋭き羽根はやせしに似て　母
薔薇に秋風浜風めきて絶間なく　母
行き交ふ秋風妙齢たべものばなし軽く　美
秋風は鏡の反射と一筋に　32・11
胸から遠い農婦の帯や夕秋風　33・11
白きたて髪秋風まかせ尾を振りつつ　36・9

*7
秋風にただしぼらるる褐の胸　大

*8
角(かど)家(いへ)なり引く秋風と寄る秋風　40・10

曾住の地、番町のあたりをさまよひて。二句。（のうち二句目）

坂の秋風草履袋はよく揺れしよ　42・10
無心に前を行く女人あり秋の風　火

教室にて

教師は負ひ生徒は対(むか)ふ秋の風　銀
流行歌詞身に覚えなく秋の風　銀
折れた枝跡年輪増さず秋の風　大
けふ訪はねど弟(おと)の閑居辺秋の風　42・12
袂ある人も通らず橋金風　39・1
海より金風呼び戻されて前向きに　48・12

北野民夫の処女句集「私歴」発刊を祝し、序に代へて次の一句を贈る。

金風や私歴を説かでただ唄ひて　53・10

野分（のわき）野分晴

白墨の手を洗ひをる野分かな　長・萬
野分の燭杉(すぎ)形(なり)に三人姉妹なる　銀
その面影野分の黒髪つばさのさま　35・9

対岸へ乗り上げ着きぬ野分舟　40・9

印旛沼行　五句（のうち一・四・五句目）

野分晴よろこぶ皓歯沼へ対け　美
野分晴佐倉の農家いま豊かか　美
野分晴黒網干して義民の里　美
できたての羊羹粗し野分晴　10・11

台風（たいふう）颱風　台風過　台風の目

品川の倦みたる海も台風来　萬
猫の長尾情にうごかず颱風来　42・10
颱風来の外光中を歩みつあり　42・10
颱風来の雲間に夕告雲赤し　美
颱風前古来男は管楽器　美
解き焦る真結びの紐颱風来　34・10
道化てあやす赤子と幼児颱風前　40・8
兄弟並びてマラソン練習颱風前　40・9
迫りくる颱風見詰む入江より　40・9
颱風一過時歩ねんごろに輝くよ　51・11
颱風一過餅重ぬかの力瘤　39・10

日産句会のメンバー数氏と共に、芭蕉の生地伊賀上野の地を踏むを得たり。十四句。（のうち一句目）
駅付近の丘上なる城址公園にて。

致仕以後に成りし城とか颱風禍　40・10
颱風眼の匆々の月や末子（ばっし）の上　美
颱風眼てふ刻なれや施食盤　41・11

黍嵐（きびあらし）

書きものを懐中するや黍嵐　来

秋曇（あきぐもり）

因果めくヂンタの音あり秋曇　火
秋曇売れし後拭く屋台店　美

秋の雨（あきのあめ）秋雨　秋霖

祖国けふ秋の雨降る此音は斯く　来
レイン・コートでみなつつましげ秋の雨　大
秋雨や線路の多き駅につく　長
秋雨のはれかけている久しさよ　6・12
晩鴉の声秋雨雲の中移りつ　38・12
秋霖のドアを閉して出る男　長
同齢者の部屋々々如何ん秋霖に　33・10
秋霖や篤く壁塗る軒の下　42・11

秋雪（しうせつ）秋の雪

＊9
飛び交ひしげき秋の六花や雪白群　39・11

稲妻（いなづま）稲光

前空となく稲妻のひろかりき　長・萬

三年前、於茅舎居
稲妻を仰ぐそびらに茅舎居る　火・萬

教へ児等いねたり稲妻瞼越し　萬

月代も飛ぶ稲妻も山亦山　萬

屋内の馬　其四
稲妻や馬の乳房は胸に在らぬ　来

稲妻の何撃つとなく楽器店　美

「抱（だ）け」とは「庇（かば）へ」「代はつて死ねとよ」遠稲妻　美

稲妻は空の紐妻へ鮨を買ふ　37・12

稲妻を呼び余したる樅の形（なり）　40・8

＊10
詩巌の脊紫電に撃たれ濃むらさき　大

＊11
詩巌へ紫電右側碑文字「無三拝」　大

追分町の奥、浅間の山腹なる真楽寺を訪ふ。同寺は慶長年間の建立と伝承さる。十句。（のうち十句目）
浅間なぞへの棚村道や遠稲妻　42・9

たま〳〵購ひし「ドラクロア画集」魅力量り知られず、日々之を手離さず。偶作五句（のうち四句目）
馬上の友宴へ駆集す稲光　来

三叉路の電光見通し雨やどり　時

失言の帰途を追ひくる稲光　大

厩にゐても馬は嘶く稲光　39・9

秋田大会散会後、香西氏と同道、平泉の地を訪ふ。二十三句。（のうち十九句目）
義経堂にて。
仄光下地の面（おも）からも稲光　40・10

秋の虹（あきのにじ）

追分町の奥、浅間の山腹なる真楽寺を訪ふ。同寺は慶長年間の建立と伝承さる。十句。（のうち九句目）
山又山ただ奥ふかき秋の虹　42・9

霧（きり）夕霧　夜霧　山霧　濃霧

霧深き犬が尾を振りやめぬかな　長

霧の中鉄のひゞきの鍛冶屋の火　長

霧うすき小諸城址に入らんとす　火・萬

子を負ひし人いくたりか霧に遊ぶ　火・萬

霧を帰る五尺背並のダンサー達　萬

十二月三十日、はじめて「火の島」一本を携へて、同書に題簽を賜はりし高村光太郎先生を訪ふ。

街の霧光太郎行に逆(さか)流れ　萬
揃ひし笑応へし笑霧の日暮　萬
走せつゞけうなづきつゞけ霧の馬　来

蘆の湖にて、十一句（のうち五句目）

霧へ霧妻の手紙は文字のせて　来
霧の灯に所持せるものを食べをる人　来

柏原にて　六句（のうち二・四・五句目）

かたき地が霧で滑べるよ一茶の地　美
一茶の裔が逆縁歎くよ霧の中　美
倉床に塵紙敷いて霧に憩ふ　美
霧の半月「隻手の声」の光なす　美
オリオンの外廓・核心霧の中　時
真上のみ寄合ひさだか霧の星　時
実(げ)にひとり遠ン近ン高低霧の灯に　10・3
霧の灯や一点頼みの夫(つま)たらむ　34・2
霧捲く巌(いはほ)尿(しと)する人に尾が生える　35・1
霧にさながら死装束やチンドン屋　36・1
霧を大粒小粒にさせてチンドン屋　36・1
チンドン屋霧中(むちゅう)に非運挽回業　36・1

掌(て)の眼鏡に仕事のにほひ谷の霧　36・11
妙義嶺や横移る霧ここかしこ　37・12
霧一重なほ目に入るは一等星　38・1
霧の香や生姜煮初めし菓子工場　38・1
読書のテラス霧の手摺の源氏格(げんじかう)　38・9

戸隠行二十六句。（のうち六・九句目）
中社及び奥社のほとりにて。七句。（のうち一・四句目）
霧濡れのそのみてぐらの風揺れ急　大
英雄対峙の祈願書二通山の霧　39・2
＊12

夏期の残務整理を為す必要もありて、中軽井沢千ケ滝の小庵に到りて一泊す。十一句。（のうち一・七句目）

軽井沢裏町秋霧パチンコ屋　39・11
聖堂の霧の端窓母呼ぶ声　39・11
ぬくもりの来る方に在り霧の日は　40・10
訛・だみ声すつくと佇てる霧の馬　42・8
槙の木と渋柿の枝(え)へ谷の霧　46・1
萁も亦物買ふ娯しみ霧の中　48・9
夕霧や英字彫らされ老石工　39・11
夜霧の都よ故友十九で稼ぎ初めし　美
日比谷あたりの夜霧僅かにすなほなる　時

行人の片語(へんご)夜霧の浅草や　12・1

ためらひなくも古風な夜霧長女の唄(うた)　32・11

紙の花手に萎ゆれども夜霧したし　34・1

嘗て「信濃居」一聯の句を作りし小家へ家族と共に到りて数日あそぶ。此小閑を得ること幾年ぶりぞ。二十二句（のうち一・十九句目）

山霧やひんがしの方ほのぬくし　銀

山霧つつめ通用せざる聡明を　銀

夏期の残務整理を為す必要もありて、中軽井沢千ケ滝の小庵に到りて一泊す。十一句。（のうち五・六句目）

濃霧の外人一語一語を覗き合ひ　39・11

濃霧の中の白塗車輪友起てかし　39・11

濃霧の中の明るさ曲乗りしつつゆく　41・2

露（つゆ）朝露　夕露　夜露　露の世　露けし

露暗しむらがり醒めし籔雀　長

赤城山上大沼湖畔にて

露けさや頭大きな馬柵(ませ)の杭　長

シヨパン弾き了へたるまゝの露万朶　火・萬

落葉松にけじめなし露の迷ひ栗鼠　火

山石蕗(つは)の岩露に萎えほとんど朱　萬

露の岩に片肢掛けし馬の姿　萬

ひたひ髪思ひ深げに露の馬　萬

露の仔馬たてがみ豊か振り分けに　萬

七月十七日、茅舎長逝の報いたる。

花に露十字架に数珠煌と掛かり　来

正午の露消え行進曲鳴り響き　来

審判の剣に置く露消えしがごと　来

露消えし鏡に時世(ときよ)ありありと　来

露に嘆く童男童女の声に帰り　来

露の鳥崖より飛べば已(すで)に高し　来

＊13

過去の断崖離(さか)るよ露の友佇ちて　来

眼前に露のくづれて花濡れぬ　来

露の日々友が遺愛の日々とこそ　来

耳張って栗鼠走せ満目露の光　来

栗鼠失せて露の巨幹と老の杖　来

露の仔牛その母の辺に母の友　銀

「霧ふかき好摩ケ原の停車場の朝の虫こそすずろなりけれ　啄木」

二分停車好摩ヶ原は木露降る　銀

前の松山市は烏有に帰して無し。復興松山市の一角に佇ちて。二句（のうち一句目）

潜(ひそ)める乙女わが恋ひし町露と消えぬ　銀

「憎め生母を過ぎたる露の年月をも」　銀

母の百ケ日忌に、日記の端に書きつけし句　二句（のうち二句目）

真意とは娑婆のはからひ露慈光　銀

註　浄雲・慈光――ともに母の戒名中の語なり。

三井寺にて

露の鐘鳴るとき母よ子を信ぜよ　母

幻住庵址にて

松根太くも椎根細くも露さまざま　母

厩ほどもなき屋(いへ)露の赤児泣く　母

月の露ねむる車輪をめぐり落つ　美

露の禱(いのり)呼吸の数に及ばずとも　美

我が歯一つ末子に示し露へ投ぐ　美

ロータリーで本読む幼女露そこに　美

鳥取海岸の砂丘にて　八句（のうち一句目）

露の沙丘心の貧しき色は黄なり　美

ゆくりなくも、青露庵の垣外に佇む　四句（のうち一句目）

三角地露敷きつめて日のなすまま　美

露に鳴いて藍ふちどりの牛の舌　時

白馬(はくば)こそ二重瞼や露層々　時

一百姓はためき重き露の衣　15・10

丸かゞみほどの日露の落葉松(からまつ)越し　15・10

鳥取海岸の砂丘にて（二句）

足もと引いて眉へ聳ち露の沙丘　32・10

かりそめの足迹の上沙丘の露　32・10

楕円形(がた)匆々の代(よ)の葉末露　33・5

ゆくりなくも、青露庵の垣外に佇む。（二句）

女人の妻からわが道来れば露の庵　33・7

直視する双眼いまも露にこもり　33・7

露の女の引く手一瞬もの切らる　33・8

露の亀捕(と)られ来し方へ都度に這ふ　33・10

顔も四肢も亀甲型や露の亀　33・10

露の幽霊(すだま)先(さき)つ甘言の座へ惹かれて　35・9

露の幽霊(すだま)誓言(せいごん)せめて糺さまくと　35・9

むかうむいてただ泣く幽霊(すだま)露殖えず　35・9

露の幽霊唇に筆なめし迹　35・9

露の幽霊指に白針運びし迹　35・9

露の幽霊瞼に夜々を寝ざりし迹　35・9

露から分れて落ちる分身願は徒(あだ)　35・9

年深うして息づく露の日の光　36・1

キャベツと豚に真珠と撒かれ露団々(ろだんだん)　36・7

荒露踏む爪ある趾や山の鳥　36・11

孫遠し唐松稚樹露白み　36・11

露その座に神へ仕へて縄の帯　38・1

東郷坂を過ぎて、五十余年ぶりにて、明治四十一年にはじめて入学せし番町小学校を訪ひゆきたり。五句。（のうち四句目）

露の校庭砂利一つづつ「ものの果」　38・9

小諸の町をさまよふ。九句。（のうち六句目）

先師いまはの双眼双涙露に偲ぶ　38・10

露の墓地鉄鎖の環どち結ばれあふ　39・1 *14

露の鴉すべて歎きの声は唖々　39・1 *15

露の墓地東天と三方の天を拝す　大 *16

嚮後二十年命は露かダイヤなるか　39・12

露の香やいかなる命も伽羅の香ぞ　40・10 *17

露の落葉松路肩いためし者卑し　大

露の児遊ぶ「きのふのきのふ」など宣りつつ　42・10 *18

大露一つ頬打つて散りぬ容覚む　44・8

徒らに亡父母呼びそ市井の露　44・9

垂直降下の栗鼠や密林露の音　44・10

鶏鳴や露に爪立ち両三度　45・10

露ひとたび満地や日呼ぶ愛の鐘　46・12

浅間を前明暗犇めく砂利と露　53・4

わが庵は「狩宿」てふ野の露の中　53・5

花田春兆、「村上鬼城伝」をめでたく脱稿、上梓せむとす。序に代へて次の一句を贈り、心より祝福するものなり。

ともに己に克ちし二男子露凜々し　53・6

胎泰かれ無名の露の野に祈る　来

夕露や「をちこち人」とは旅人か　42・10 *19

子等散じ唯夕露のをちとこち　42・10 *20

幹伝ふ朝露牛乳は佇ちつつ飲む　火

上り急坂弘誓の相やはや夕露　51・11

枝から枝時から時生ひ夜露の音　35・9

赭土の上の夜露や父母を祈る　39・11

夜の木の夜露の音のつぎ〴〵に　長

花田春兆、富田木歩の伝記を纏めて出版す。その序文代りに、次の一句を贈る。

露の世の同病なれど彼の鬼気　50・11

墓穴（ぼけつ）露けし金穴（きんけつ）めぐり事務家等佇つ　銀

幻住庵址にて

日照雨（そばへ）去り露けき鶏犬の声伝ふ　母

埋葬後露けく下血（したぢ）走りけり　母

山水画露けし仏画女人に満ち　美

ゆくりなくも、青露庵の垣外に佇む。

露けく白し乳首のごときベルのいぼ　33・7

蔬菜露けし「女街道」入口とか　42・8

【地理】

秋の山（あきのやま）秋山　秋嶺

奥多摩

秋山の上の遠山移るなり　長

秋富士のかなた病友文を待つ　来

九月一日出京、三日帰京、長野県諏訪郡本郷村立沢なる小池英三氏の許に二泊八ヶ岳山麓富士見高原に遊ぶ。

秋富士は朝（あした）父夕（ゆふべ）母の如し　来

秋富士やアラ、ギ古木巨松抱き　来

恩人の公事だけ誌し秋の富士　33・11

＊1

遠望秋富士遠来ギリシャの火ぞ燃ゆる　39・11

秋富士の胸襟のみが雲間より　39・12

小池氏宅付近及背後の山麓

わが座より西秋山へ朝日かげ　来

秋山や不浄場遠ざけ一軒家　39・11

九月一日出京、三日帰京、長野県諏訪郡本郷村立沢なる小池英三氏の許に二泊八ヶ岳山麓富士見高原に遊ぶ。（二句）

八ヶ嶺（ね）のどの秋嶺を愛すべき　来

秋嶺は雲にまみれて野はその影　来
戦雲回顧しばしに秋嶺雲霽れくる　31・10
秋嶺近みポプラ鱗葉息吹なく　31・10
秋嶺の高(たか)前(まへ)濤(なみ)と後(あと)濤(なみ)と　38・1
横雲こそはいたはりの雲秋嶺(あきね)暮れぬ　39・11

秋の野（あきのの）野路の秋

秋の野路歩々に土から石の音　来
先行者を後(うしろ)拝(をが)みや野路の秋　39・11

花野（はなの）

花野渡る三鴉の中の一鴉鳴く　39・2

秋園（しうゑん）秋の園

日産句会のメンバー数氏と共に、芭蕉の生地伊賀上野の地を踏むを得たり。十四句。（のうち二句目）
駅付近の丘上なる城址公園にて。
これより育つ者を抱き往く秋の園　40・10

花畠（はなばたけ）花圃

帰郷　二十三句。（のうち十五句目）
松山高等学校にて　二句（のうち二句目）
花圃いまも水栓漏る、音ばかり　長・萬
花圃に来て日々喫みすてる莨かな　長
某税務署にて
税署の花圃に「みなさんの花です大切に」　銀

土白し花圃花々のけじめはや　母
遠見しつつ夕べの花圃に老夫婦　母
老夫まろく老婦丈立ち夕の花圃　母
——ホトトギス系四誌連合の本年度コンクール授賞式に招かれて博多に到る。同地西公園にて。——
日時計と乞食(こつじき)の影花圃の規矩　時
時を得し花圃や遠野を借景に　34・7
花圃に近し暴漢・痴漢出没所　36・11
散策の途次、たまたま、昨年の春三ケ月間、家妻と共に通ひし病院の前に出で、ただ通過するに忍びず、門内花圃にしばし佇つ。四句。（のうち二・四句目）
ここなる花圃よ世心(よごころ)の裏みな観し頃　大
仁術と内助と克己花圃霽るる　38・7
よく犬を禦ぐ猫あり花圃花群　40・6
青野馬童氏より「鉄斎画集」を贈らる。連日少暇毎に同書冊を繰りて忘我の悦楽に耽る。
秋果三題「多福多寿多男子之図」。
孫に亙らば「多男子」の相花圃の中　46・8
隣地に地主稲荷一祠と一花圃と　55・7

秋の土（あきのつち）

乳児(ちご)抱き据ゑ立膝姿秋の地平　銀
秋の土張り代えし縁に乗りみる人　母

秋の田（あきのた）稲田

街道のとある角に佇つて、成田千空氏手をあげて斯くと指し教へる。三句（のうち三句目）

太宰の通ひ路稲田の遠さ雲の丈　銀

刈田（かりた）

刈田まだ土やはらかし鱄も濡れ　30・9

穭田（ひつぢだ）

穭田に来て何鳥も胸素(しろ)く　41・3、4

秋の水（あきのみづ）秋水

両岸の無言の群衆秋の水　来

庭の端(は)の岸侵しくる秋の水　33・10

背姿かさねて群集投影秋の水　34・10

来つつあり見送られつつ秋の水　37・11

石垣裾の隙穴故地の秋の水　42・9

黒岩滑ら梳髪なして秋の水　42・10

秋水の堰の上なり墓映る　来

秋水へ真赤な火から煙来る　来

小池氏宅付近及背後の山麓

秋水や指の水輪の川手洗　来

秋水や文字刷る音は息せき切り　母

秋水一枚新聞大葉(たいえふ)妻拡ぐ　母

秋水や土手くる乙女朝の裾　31・10

秋水に手ぶりませたる網さばき　33・10

秋水及び底沙あらがふ指の先　38・12

秋水の魚影の背筋爪先に　39・12

水澄む（みづすむ）

十九歳よりの愛読書「ツアラツストラ」訳書にて、二十数回、原書にて四回通読、今又原書を、初めより一節づゝ、読み改め始む。二句（のうち二句目）

巵(し)に澄む水音読みつゞくツアラツストラ　来

面河に一泊の後に

故山いよよ日強くいよよ水澄めり　母

天水桶水澄む村に莨買ふ　31・2

蒼ざめし粘土や都心の水も澄みぬ　38・2

秋出水（あきでみづ）洪水

洪水の夢や顔々旧家族　銀

秋の湖（あきのみづうみ）秋湖

十和田湖畔の女人双身像に

秋湖(しうこ)に立脚独言(モノローグ)して対話(ダイアローグ)　33・11

秋の海（あきのうみ）

秋の海対岸白堊の小窓繁し　30・9

秋の潮（あきのしほ）秋潮

秋潮音なし物を支へし力瘤も　美

初潮（はつしほ）葉月潮

初潮の音聞く松の山づたひ　4・12

葉月汐海は千筋の紺に澄み　萬

秋の波（あきのなみ）

眼の前を江の奥へ行く秋の波　長

煙草絶えて子伴れの友と秋の浜に　30・9

【生　活】

終戦記念日（しゅうせんきねんび）敗戦忌　敗戦の日　八月十五日

終戦記念日「挿話的人物」など在らめや　50・10

入りて見し赫土洞（ほこら）敗戦忌　39・7

敗戦忌舌なき鐘（ベル）の吊られしまま　39・8

黒蟻移す白き卵や敗戦日○　38・10

捨畳藺の芽吹き出て敗戦日　41・10

八月十五日に詠める　五句（のうち一句目）

八月十五日坐遊に堪へず出て歩きぬ　銀

八月十五日春画上半の映画ビラ　美

敬老の日（けいらうのひ）老人の日

老人の日や崎嶇として和光の星　41・11

赤い羽根（あかいはね）

ある老友。

アトリエたまに出でて帰りて赤い羽根　45・12

文化の日（ぶんくわのひ）明治節

＊1 文化の日を隔て又来て白き廟　39・1
父が遺品の梨地の時計文化の日　39・9
亡父も吾(あ)も中二階育ち文化の日　40・9
末の子も大きくなりぬ明治節　7・1

七夕（たなばた）星祭　七夕流し

七夕や男の髪も漆黒に　長

母の危篤状態つづく。十七句（のうち一・三句目）

病室無風七夕一と穂裹(つつ)み来て　銀
七夕や深夜の療衣あまた垂れ　銀
七夕色紙松山夜風は更けてから　母
七夕や乙女をかこみ七婦人　母
七夕や手休み妻を夕写真　母
塵箱が塵ごと横臥七夕前　30・6
七夕一ッ竿淵の真中に打ち巡る　31・7
＊2 浅草七夕浮雲(ふうん)に咽ぶ昼の月　38・9
＊3 七夕や夕べ銅鑼打つ浅草寺　38・9
＊4 浅草七夕未(ま)だ灯を点(つ)けぬ売卜者　38・9
＊5 浅草七夕由縁(ゆかり)めき買ふ皿三つ　38・9
七夕色紙佐久の川藻は長く曳き　大
仙台の七夕の中から来し赤子　52・11
負はれたる子供が高し星祭　長
軒つゞき縁つゞきなり星祭　長
よく書きし母のゆかりか星祭り　母
美厨にも俎をさなし星祭　美
農婦の帯も正すには三重(みへ)星祭　美
夫(つま)と凌ぎて「女の五年」星祭り　32・7
老成の父母若かりき星祭　36・11
蔵に隣れる商人宿や星祭　39・9
「惜名(しやくみやう)」と書きし亡父よ星祭　43・11
星祭障子を擦つて女の影　44・9
多摩川辺へこころから出ん星祭　44・9
丁度ひもじくなりて夕餉や星祭　44・9
鷹狩場(おかりば)の跡なる村や星祭　44・10
大人同志の昔の「綾取り」星祭　44・11

抱負なひまぜの母の苦言や星祭　50・9
末女こそ若き母なれ星祭　53・6
抱負勝ちの母なげきもす星祭　53・9
七夕流す三年服喪をいはざりしも　美

星合（ほしあひ）

母の危篤状態つづく。十七句（のうち二句目）

星逢ひや金属療器の壁谺　銀
星合や遊びの迹の砂の塔　母
駅ほとり峡（かひ）のシグナル星の会（あひ）　38・9

願の糸（ねがひのいと）

願の糸織手の傷も今宵癒えん　44・9

七夕竹売（たなばたたけうり）

良き国手夫妻七夕竹買ひに　44・9

盆休み（ぼんやすみ）

名作の善きダイジェスト盆休　39・8

中元（ちゆうげん）

母居ぬ町に手受けて中元広告紙　母

八朔の祝（はつさくのいはひ）田面の節

井戸端の母が買ひけり田面様　長

温め酒（あたためざけ）

某所にて大雅蕪村の十便帖十宜帖を見る

あた、め酒十便十宜甲乙なし　長

原爆忌（げんばくき）

たまたま広島の原爆忌に当る。松山放送局、ヘッセの「ツァラツストラの陰に」を放送す。宿舎にありて之を聴く。

原爆忌母の信も十全ならざりき　母
原爆忌いま地に接吻してはならぬ　美

「原爆行を発令したる直後、余はいささかも良心の動揺を覚えなかつた」及びその他を誌せる白書、今日に及びて発表さる。

原爆忌髑髏面（づら）なる事務怪物　美
寄る子引寄す歪（ひづ）みて滑ら原爆忌よ　30・10
吸ふ口もろとも乳房焼け飛び原爆忌　30・11
生甲斐・仕事甲斐を千切れし人よ原爆忌　30・11
「身売癖の親」めくもの尚ほ在り原爆忌　30・11
原爆忌この刻かの事何の名でぞ　31・9
原爆忌日の眼雲なし四散せり　31・9
男子の白髪（はくはつ）憾（うらみ）に長し原爆忌　33・6
原爆忌の騒客他（よそ）に海来る月　33・6
寧ろ「殺す快」とは何ぞ原爆忌　34・2

地蔵の列若き尼並み原爆忌　34・2

車窓の妻と手振りぬ刻も原爆忌　大

身体髪膚皮膚黄がゆゑの原爆忌　42・9

全能母に縋れど天燃え原爆忌　大

聖母子像よ数(かず)なき母子の原爆忌　大

まさしくけふ原爆忌「インディアン嘘つかない」　大

震災記念日（しんさいきねんび）震災忌

萬巻の書のひそかなり震災忌　長

休暇明（きうかあけ）二学期

妙義の崎嶇を後に見送り二学期へ　36・11

運動会（うんどうくわい）

金沢行　六十六句（のうち二十四句目）
兼六園にて

梢ごし旅に見下ろす運動会　銀

地のオルガン運動会の君舞へり　銀

孫とはこれか総身「小(ち)さき運動会」　時

太腿らしくなりつつ末子運動会　39・10

何も獲で運動会より母へ戻る　39・11

運動会四時で解散みな山路へ　大

夜学（やがく）夜学生

夜学の灯影詩を恥ぢそとは亡父の戒　美

夜学の灯低くも低し垣向う　時

夜学果たして諸楽器騒音ひとしきり　34・10

「過程(みちゆき)」こそ「寿(ことぶき)」の相(さま)夜学の灯　35・1

夜学行の部厚き列や人避けつつ　37・1

眼頭押さへ首ふり夜学受けつづく　大

夜学の定刻明眸独り来独り去る　40・7

顎引いて夜学の男女(なんにょ)通ふことよ　大

夜学帰途唄ともつかぬ口ずさみ　41・1

青き頭(づ)や高く巨きな夜学の灯　41・2

広場の沙山砂利山越えて夜学生　美

呼び合ひて一人は影絵夜学生　美

襟のホック寛ろげ帰路や夜学生　美

親子ほどに自転車高低(たかひく)夜学生　時

女子夜学生闇へ振り出す靴の沙　時

女子夜学生鮮白靴下期せず競ふ　時

灯のアーチの果ての校門夜学生　33・6

降る闇さへぎる帽の庇の夜学生　33・6

薄墨色にもみ上げ進展夜学生　34・10

女子夜学生バス降口にたむろして　34・10

大禍時(おほまがとき)果つるや夜学生等つづく　34・11、12　美

夜学生灯影乗る肩手を掛け合ひ　39・1

夜学生歓談すカバン積み重ね　大

夜学生戻り来し戸を軽打する　39・6

夜学生の後姿の揃ひ待つ　大

頬杖ならで掌（て）につつむ頬夜学生　39・10

夜学生「汝既に十歳を過ぐ」なれど　大

夜学生夜気の帽をばいたはりつ　42・12

灯の下に影は最短夜学生　42・12

灯の顔どちぞ真向きに語り夜学生　42・12

秋の服（あきのふく）

海へ行く路辺の小窓秋衣裁つ　萬

秋袷（あきあはせ）

髪床の中ではためく秋衣　21・10

新酒（しんしゅ）

栗林公園にて　三句（のうち二句目）

癩者見し新酒美酒飲む人も見し　銀

肘張りて新酒をかばふかに飲むよ　時

新酒酌まず憂（うさ）払はんとつゆ欲せず　大

新米（しんまい）

施餌台に撒く餌新米となりにけり　44・9

夜食（やしょく）

末子が食べし小鯛の裏を母夜食　時

甘干（あまぼし）干柿

干柿の噛み口ねつとり吾子等の眼　母

干柿と馬の鼻辺の肌ざはり　大

干柿や一列（ひとつら）の書は皆読みけん　40・10

薯蕷汁（とろろじる）

奥比叡の直下近江のとろろ汁　51・1

旅すでに家路がかりやとろろ汁　大

秋の灯（あきのひ）秋灯

水の面の秋の灯を雨くだく　長

筆筒も湯呑も秋の灯を容れて　時

＊6

女心（めごころ）は秋の灯と澄むシャンデリヤ　38・12

＊7

左肩痛めど双肩秋の灯に輝き　39・11「朝日新聞」

壺坂寺にて。二句。（のうち一句目）

谷風へ点け得て秋の燭二つ　43・2

秋の燭眉掃（まゆはき）の端（は）の乱れ初む　48・4

秋灯に鬼人（おにびと）衣の襞きびし　火

海までの一地チロチロ秋灯の宵　母
秋灯かげ若き人等の胡坐の手に　16・5
対岸秋灯賞で合ひき友とならざりし　31・11
秋灯つぶら盲夫婦に黒目の子　34・9
バスの秋灯雨戸ばかりを照らしもて　36・11
秋灯の下乙女等の胸佇ち囲み　38・12
機(はた)町(まち)の豆美容院秋灯　39・11
秋灯(あきび)の窓の前過ぐ土塀に影生まれ　40・8

灯火親しむ（とうくわしたしむ）

藁屋根や燈下親しむ幼な声　39・11

秋の宿（あきのやど）秋の家　秋の庵

秋館窓数多声のあるはどれ　45・11

屋内の馬　其一
秋の家土間に伏目の馬母子(おやこ)　来
古樹か喬樹か有加里(ユーカリ)の秋庵と矮鶏(ちゃぼ)　大

秋扇（あきあふぎ）

円地文子女史の小説「女舞」上演さるるにつけて劇場側より句を徴せらる。秋元松代女史の脚色・演出によるものなり。

秋扇や得て失はぬもの芸のみ　39・5

菊枕（きくまくら）

族長をみな同族へ贈るに菊枕　55・4
黄菊白菊をもつぱらにして菊枕　55・4
菊枕編むと明治の唱歌うたひつつ　55・4
菊枕贈らむとて一夕の宴張られし　55・4
菊枕抱きて同族等散りゆきぬ　55・4

灯籠（とうろう）

灯籠や可憐になりては友等死せり　美

簾名残（すだれなごり）秋簾

秋簾梳きそろひたる白き鬟　39・10

障子洗ふ（しやうじあらふ）

障子洗ふ代々の瀬戸片(かけ)沈む川に　火

松手入（まつていれ）

松手入せし家あらん闇にほふ　来
松手入子の無き友の家近く　30・1
松手入楠は層々その軀つつむ　大

火恋し（ひこひし）

放課後のオルガン鳴りて火の恋し　長・萬

秋の炉（あきのろ）秋炉

屋内の馬　其一　（二句）

母のそば仔馬は男秋炉燃ゆ　来
秋炉赤し仔馬母より細面　来

秋耕（しゅうこう）

秋耕の父と居し子の垂れ流し　38・1
黒鯉緋鯉秋耕疲れの父母帰る　41・12

添水（そふづ）

明日宜からめ夜半の添水の鳴りつづく　51・11

案山子（かがし）

三度目の夫（つま）とドライヴ案山子の道　来
礫像ぶりの人あり野には案山子あり　銀
あたりは案山子こけても泣かぬ今の世の子　銀
真摯達責八の字寄せて夜の案山子　38・8
案山子に着せし緋シャツや人をおどすなかれ　38・12
夕日惨休戦めきて案山子満つ　38・12

鳴子（なるこ）

嵐の中何の鳴子の音のあらん　母

威銃打つ（おどしじゅううつ）威銃

ただ一発季（とき）早まりしおどし銃　33・9

＊8
詩碑の辺や絶えず小粒に威し銃　39・9

稲刈（いねかり）稲刈る　田刈　稲車　収穫

稲刈を見渡す老婆眼鏡のまま　美
稲刈られ林中の蒼気尾長鳥　美
妻を愛する青年稲株深刈りに　美
遠く世へつらなる雲や稲刈日　30・9
水稲刈るみだれみだるる唄（うた）の端　39・1
稲刈る母へ迎へ自転車赤灯（あかび）も附け　31・1

＊9
此世の田刈らるべきもの刈られ果て　来
稲車うしろさらさら穂ずれの妻　時
一族切つてのダンディの忌や野はとりいれ　33・11

稲干す（いねほす）稲掛

付近を独り散策。風物すべて、地つづきなる我が故郷伊予に似通ひたり。なつかしさ限りなし。十五句（のうち十五句目）

掛稲すくへばササ快し指の股　銀

稲架（はさ）

稲架の面へ懦夫への呪打ちつけに　萬
派手な五味（ごみ）町から流れ来稲架の間（あひ）　34・11、12

ラジオの謡（うた）が切腹し心中す稲架日和　34・11、12
夢の中の稲架で号泣皆在りし　36・7
若き教師壁懸掛けぬ稲架重し　38・1
稲架暮るる山は二重に遠く三重に　大
遠稲架に子を見とどけの母現はる　大
稲架絡繹今度（こたび）の機関車胸に灯よ　39・1
稲架間の灯農女等寝髪梳く頃か　39・1
二老人閑居ともなく稲架の中　41・2

籾（もみ）籾殻焼く

さる街角にて、かかる塑像の佇てるを触目。

母の腕に稲束子の籠に籾満ちて　44・9
庭土俵籾殻焼きし迹もまろく　時

豊年（ほうねん）豊の秋

＊10 N氏の結婚をことほぎて、

禾黍に添ひ白皙の老帰り来る　火
二人行く並木の左右も豊の秋　来

新藁（しんわら）

付近を独り散策。風物すべて、地つづきなる我が故郷伊予に似通ひたり。なつかしさ限りなし。十五句（のうち八句目）

黒き小牛に新藁負はせうつりよし　銀
新藁や仔牛の「なみだたり」まろし　時
負へる新藁かるく弁当重き子か　31・10

藁塚（わらづか）

藁人形ぶりの藁塚村自栄　38・12

夜なべ（よなべ）夜業

「三度に一度はねむい」と語る夜なべの声　39・10
煙草店守（も）るだけでさへ夜なべなるに　41・2
夜業帽に私物（わたくしもの）の眉目（みめ）かくれて　美
バナナの如き機械油の香や夜業一人　美
夜業人弾むよ戸に倚せオートバイ　33・1
夜業半ば鋼（はがね）はすべて決定稜　33・1
鉄柱にともる灯夜業人の四肢　33・2
回々に夜業の機械一とうなづき　39・1
夜業成就心置きなく明日は旅へ　45・5

竹伐る（たけきる）

等身の多節の竹を切る日なり　41・9

蘆刈（あしかり）

蘆の刈跡母の恋しさ処置なしや　母

桑括る（くはくくる）括り桑

括り桑五歳女児髪穂に括り　41・2

崩れ簗（くづれやな）

崩れ簗うから再遊の声挙げぬ　大

鯊釣（はぜつり）

鯊釣(はぜつり)人の毛臑や海もたゞ黙(もだ)す　30・9

踊（をどり）盆踊　踊子　踊唄

上下(かみしも)の夜河原ほのと此所踊り　銀

紅袂徒歩(かち)に石踏み踊るなり　銀

行く水に横顔続けや踊りの輪　銀

五十路またよきぞと唱(うた)へ宵踊り　銀

好きたいか好かれるよりもと踊り歌　銀

いつせいに手あげて踊りの身が細る　銀

踊るらめ女泣かせぬ世の来るまで　銀

踊望む塀の低さよ座の高さよ　母

踊りの輪に入らむとならず立ち出でぬ　母

松山乙女踊るを見るゆゑ松山人　母

踊の灯北斗星さへみな消えて　母

踊りが歌ふ「かはらぬものは空の青」　母

後(うしろ)姿踊りつつ去る追はんとす　母

踊去るよ乙女へ映りし吾(あ)なりしも　母

踊去るよ故友の妻はや嫁しもして　母

踊去るよわが母不言(だま)つてただ逝きて　母

踊見送りさぐれば千切れて柳の葉　母

うらみとは踊も歌もすぎゆくもの　母

或夏の或夜も流れ踊も去る　母

踊散じて児の瞳(め)の黒き乳母車　母

踊果てし櫓や少年ひたに攀(よ)づ　35・9

柱太し踊櫓の床(ゆか)たしかむ　大

高く低く母等と子等の踊の輪　41・9

踊りの輪ただに輪廻(りんね)のかがやきに　大

をみなゆゑ長袖ゆゑによく踊る　44・9

踊(をどり)女(め)可憐旅出草鞋(わらんぢ)結ふしぐさ　45・1

もう歯のない犬もめぐりて踊の輪　大

いまの鄙人帯負ひつれて盆踊　大

盆踊りも雨や里人風呂へ行く　42・9

吾(あ)にうなづき手拍ちうなづき踊子等　銀

踊子等の上へひとたび涙雨　44・9

鳥等の目見えずなるころ踊歌　35・9

踊歌白眉上げ下げ声若し　46・12

相撲（すまふ）角力　草相撲　勝相撲

角力の顎（あぎと）対者が肩へ喰い込んだり　美

角力敗れしはづみの蹠（あうら）小さしとも　美

母恋ふ者佇ち見る子供の草相撲　31・8

敗者に痛（いた）し赤土地帯の草相撲　34・4

勝相撲の眼はもテレビの眼へ対きぬ　49・9

月見（つきみ）月の座

月の座の一人は墨をすりにけり　長

海螺廻し（ばいまはし）海贏打　海贏廻し　海螺打

海贏を打つ歯車二三の機械のそば　萬

未（ま）だともさず手探る函の海贏を売る　美

海贏を打つ前へ佇つ者排しつつ　大

菊花展（きくくわてん）

岡山の地にて。

菊花展藩公側近の館迹　51・12

菊人形（きくにんぎやう）

山深きところのさまに菊人形　長

菊人形の母ぶり縁奥・柱かげに　33・12

菊人形の日本武（やまとたける）と見はるかす　48・12

秋の野遊び（あきののあそび）秋の遠足

柏原にて　六句（のうち六句目）

番傘小脇秋の遠足倉覗く　美

茸狩（たけがり）菌狩

をみな等笑みつ折に高笑きのこ狩　57・11

紅葉狩（もみぢがり）紅葉焚く

謡曲「紅葉狩」をうたふ（二句）

母が手ほどき散りも忘れし「紅葉狩」　35・2、3

母尋（と）めて鬼女なと見ばや「紅葉狩」　35・2、3

「二百肘の火焔」想到紅葉焚く　大

註　「二百肘の火焔」とは、地獄の火焔のことなるなり。

紅葉焚きし灰やしばらく火を含む　39・12

火におびゆる女人片寄せ紅葉焚く　大

美女現前鬼女も招ばんと紅葉焚く　40・1

秋興（しうきよう）

秋行や家に護りの妻あれば　来

秋思（しうし）

わが秋思水わたりきし一羽鳩　銀

秋思うべなひ終るやバスへ飛び乗れり　34・10

秋思断続欄の端はぶつちがひ　38・12

切株の面(も)も秋思相やや斜かひ　53・8

【行事】

秋祭（あきまつり）

四歳の頃に住みし郊外の漁村なる「松前町(まさき)」、故宅のほとりは昔日のままの俤を残す。

釘の出し路次々々抜けつ浜祭　大

八幡放生会（やはたはうじやうゑ）放生会

親疎の風いのちあまたを放生会　38・7

非力多力あぎとひの音放生会　38・7

鞍馬の火祭（くらまのひまつり）火祭

火祭の松明鉄斎の幅に映ゆ　47・12

盂蘭盆会（うらぼんゑ）盆　盆供　新盆　初盆　盆過

盆詣眼濁る僧に敢へて会はず　44・8

盆詣ブルドーザー音裡数珠繰る音　44・8

藁にかへる馬糞や盆も過ぎし道　銀

盆の路傍水銀色に舞ふをみな　母

テレビ

ニホンの貞操いかに経つつか盆終りぬ　母

ゆくりなく盆の果て日の子規に詣づ　母

三年前は往時や盆僧あまり若し　母

アパートの鉄梯盆僧ただ登る　母

盆の闇美犬（あでいぬ）醜犬（しこいぬ）よき声に　母

ものの食ぶも食ぶるを見るも盆あはれ　美

妻子を詠（うた）ひ弟妹詠はで盆も果（はて）　美

畳屋兄弟肘うち揃へ盆仕事　美

盆中日雲の掌（てのひら）夕日載せて　美

その頃の髪型に為（し）て盆の母　時

盆のもの漂ふ海に艦の楽　13・10

悔恨の盆の供物や芦の下　31・7

次の三作をK君に示して共に笑ふ　三作（のうち一作の二句目）

夫（つま）の世評ふともとながり盆の妻　31・7

母の胸腔腹腔裂けし日盆中日　33・7

うから手つなぎ横広歩き盆詣　33・8

ゴッホを想ふ

盆日和山越道へ日蔭蝶　34・8

遺愛の四季薔薇ふと花とだえ盆来る　35・8

盆すぎぬ有縁一年重ねつつ　35・8

小諸の町をさまよふ。九句。（のうち四句目）

旧盆の人過ぐ先師の故宅の前　38・10

今の世の「裾の乱れ」は盆の僧　大

追分町の奥、浅間の山腹なる真楽寺を訪ふ。同寺は慶長年間の建立と伝承さる。十句。（のうち四句目）

旧盆や雲の端（は）に乗るさざれ雲　42・9

飯綱妙高旧盆果てし盆地村　大

干畳のうらは乱れて盆近み　44・8

直（す）ぐ穂（ほ）そろへば醜草（しこぐさ）ならず盆詣　44・8

遠隔の地にある妹の実子の姿、彷彿とうかぶ。（二句）

裡（うち）暗き吊鐘に盆の日の辺照　44・8

盆の日暮るこの水上（みなかみ）の峯こそ西　44・8

盆供の金蓮（きんれん）野の雨空へ燦々と　44・10

沖つ帆へむかひて盆の供物流る　母

母の手恋し揉んでッと押す盆団子　美

田舟もて友を訪ふあり盆供流る　美

ゴッホを想ふ

路ばたに盆供の金蓮（きんれん）銀の雨　34・8

泉鏡花氏二十三回忌記念興行としての「歌行燈」に詠句を需められて（二句）

作家鏡花氏の身の上は

能役者の娘が亡母盆供養　36・10

恩地喜多八

芸の慢を懲らせしも慢盆供養　36・10

弟へ妹への盆供双手垂る　44・8

通りすがりや黒箸添へし盆供物　44・9

野路の盆供花も木の実もまどかなるも　54・8

世は盛時ならねど盆の供華は沢（さは）に　54・8

野路辺の盆供華（はな）も木の実もすべてまろく　54・9

旧友Hを郊外森松に訪ねて

友も子の新盆参りの留守の下駄　母

新盆や絵巻は雲の帯長く　来

甥の初盆林檎の鼎座に一座載せ　50・5

我が晩婚の齢（とし）までも生かで甥初盆　50・5

初盆や自語自聴こそいとはしき　44・8

遠隔の地にある妹の実子の姿、彷彿とうかぶ。

初盆や折目負目のセーラー服　44・8

盆過ぎや朽（くち）川（かは）舟（ぶね）の忍草　大

梅ケ丘なる或る病院の前を過ぎて。一句。

狂院長の狂恋も過去盆過ぎぬ　39・8

魂祭（たままつり）霊祭

恩友に忠友たり得よ魂祭　来

曇り日の影なき食べ物魂祭　28・8

旧悪放置の世のまま戦死の魂祭　35・4

終戦とも知らで被狙撃魂祭　35・4

文字どほり弾丸断腸の魂祭　35・4

海水真赤になせし戦死の魂祭　35・4

千尋（ちひろ）の底へ蹴られし戦死の魂祭　35・4

母の白髪に老いし陽戦死の魂祭　35・4

魂祭「蝶よ花よ」は受恩の譜　38・8

魂祭二重瞼の父よ母よ　39・11

霊祭亡父の庭松枝垂れ初めぬ　45・1

生身魂（いきみたま）

生身魂実生の棗実がなりて　美

三十年に栗は大樹や生身魂　美

鯛（たひ）頭（がしら）左へ据えよ生身魂　時

玻璃戸の玻璃も風霜経たり生身魂　30・6

生身魂代（よ）経し孔雀の羽根一つ　39・1

迎火（むかへび）門火

雨の迎火幼なの傘に煙（けむ）こもる　美

迎火や牛の名なども呼ばれつつ　31・9

迎火や代々（よよ）喰ふために稼ぎたり　39・8

迎火や闇に映ゆるは施食盤　41・10

迎火や子が孫を呼ぶ「母者声（ははじゃごゑ）」　43・8

男の父にはややあらがひし門火焚く　35・8

早逝の魂(たま)ははにかみ門火燃ゆ　35・8
門火消え犬猫の貌さだかならず　44・9

茄子の馬（なすびのうま）

雛犬の声遠からず茄子の馬　36・10
茄子の馬脚はや失せて石の間に　36・10
走車のみ馬も通らぬ茄子の馬　39・8
バンド練習瓜馬茄子馬流れ次ぐ　40・8
児童遊園に茄子馬置きし如何なる人　41・9

墓参（はかまゐり）　墓詣　掃苔

墓辺(はかべ)去るや次なる墓へ次の野路　38・9
一等国の南国・二十才(はたち)の友の墓　38・9
乳母(ち)が身内の小さき墓にも伴れゆかれぬ　38・9

帰郷　二十三句（のうち二十一句目）

父の墓に母額づきぬ音もなし　長・萬
供華を以(も)て落暉避けつゝ詣るなり　長

再び帰郷、鷺谷墓地にて

知らぬ伯母祖父母ならびに父の墓　長
詣で人貝殻掃くよ漁夫の墓　美
腰伸しつつ墓参の媼たもとほる　42・11
道柴や憩へる前を墓参の児　42・11

遠隔の地にある妹の実子の姿、彷彿(まほ)とうかぶ。（二句）

墓の弟よ天才の書を貪りし途次　44・8
墓の妹よ憂き節しげき竹直(すぐ)に　44・8
石階幅広墓に礼(いや)してただ降る　50・6

遠隔の地にある妹の実子の姿、彷彿とうかぶ。

登りし半月詣でし墓は二つなるに　44・8
むらさきになりゆく墓に詣るのみ　美
義士の名も少しか知らぬ墓詣　10・2

「はやく楽にさして下さい」と一途に訴へたる臨終近き母が声音、今尚ほ我が耳底に鮮かなるなり。三句。（のうち三句目）

いと遥かにヂンタの音ある墓詣　42・4
墓詣水面の樹影ただ迫真　49・9
垂水(たるみ)さへ岸に縋るよ墓詣　50・11
掃苔の苔の色こそ悲喜一色　美

「はやく楽にさして下さい」と一途に訴へたる臨終近き母が声音、今尚ほ我が耳底に鮮かなるなり。三句。（のうち一・二句目）

掃苔や楽になりにし父と母　42・4
掃苔や雨沁む苔と白き蘚(こけ)　42・4
供華の束の濡れ藁解かむとどこほり　38・9
香煙に供華咽ばせて独り久し　大

施餓鬼（せがき）川施餓鬼

最もの白衣は誰ぞ川施餓鬼　美

川施餓鬼瀬の声橋の真下なる　31・7

灯籠流（とうろうながし）流灯

松島にて芭蕉祭の催されし際、根本的「初心」を殆んど忘却せる或る俳人と同宿せしなり。（十六句）

松島流燈ただみる悲喜を丹青光　美

松島流燈群島の優劣闇一殺　美

松島流燈闇に波音・松風死し　美

松島流燈こぞりて不動ひた迫る　美

流燈群落想(おもひ)超えつつ規(のり)一つに　美

流燈一連たれ松島ぞ待たるるぞ　美

流燈無風故旧と戦歿いまねむれ　美

流燈新色隣人を相得しさまに　美

松島流燈不動のままや寝(いね)られず　美

松島流燈此処(ここ)の夜芭蕉寝(いね)ざりし　美

松島流燈ひとみな寝ねて酔人醒む　美

松島流燈三階造りに一酔人　美

松島流燈酔人敢へて石の床(ゆか)に　美

松島流燈三更酔人われ祈る　美

松島流燈他人(ひと)は初心を忘るるとも　美

松島流燈まばたきかはし無尽燈　美

流燈貫通いくさの影と故旧の影　30・12

流燈古色「声識(し)る芭蕉」こや故旧　30・12

送り火（おくりび）

送り火やメリケンくさき月の下　44・10

鏡花忌（きやうくわき）

鏡花忌や灯籠に倚せ落瓦　34・5

鏡花忌や男髪(をがみ)へ水より濃き油　49・12

鏡花忌や袖と手丁と小風(こかぜ)立(だち)　49・12

鏡花忌や駅赤帽の銀煙管　大

子規忌（しきき）獺祭忌

南海多感に物象定か獺祭忌　時

「孤軍」とは「為し熄まぬ個人」獺祭忌　時

門葉(もんえふ)二代無援の一弟子獺祭忌　37・12

蛇笏忌（だこつき）

蛇笏忌や杜若(とじやく)実を古る湖心亭 *1　50・9

素逝忌（そせいき）

「駒並めて」と詠ひし素逝の忌も近し　39・12

ニイチエ忌▽（ニイチエき▽）

ニイチエ忌尾輛ゆレイル光りつ去る　火・萬

白鳥忌▽（はくてうき▽）

白鳥忌死惧れ自他の懶惰悪み　51・6

【動物】

鹿（しか）

傘さして鹿の背に降る雨を見る　6・1

生角を聳せる鹿も妻を呼ぶ　46・1

猪（ゐのしし）

売猪の剛毛めげざるものダンディ　36・7

蛇穴に入る（へびあなにいる）秋の蛇　穴惑ひ

蛇は穴に鳩地を歩む季なれや　38・2

ある体験（一）

追分町の奥、浅間の山腹なる真楽寺を訪ふ。同寺は慶長年間の建立と伝承さる。十句。（のうち六句目）

然なり事なし怒れる蝮穴に入りし　39・1

磴登りきればもの無く秋の蛇　42・9

国の昨を往時となすとき穴惑ひ　銀

身を結び身を解き孤り穴惑ひ　銀

穴惑ひ未だ夕日にあらざりけり　銀

穴惑ひ疎ら葉ねむるねむり草　40・10

穴惑ひ時の推移のまま徐々に　45・3

鷹渡る（たかわたる）秋の鷹

日に臥して地の冷えしたたし鷹来る　来

伊良古行　十一句（のうち一～九句目）

三百年いま又鷹のくる季ぞ　美
鷹に逢ふこと一点も疑はざり　美
鷹を見む万人胸中に古岬　美
果の家出でて同行離るや鷹の影　美
鷹を頂側枝幾重の海の松　美
到るやここを離れぬ鷹か海へ舞ふ　美
鷹の輪も「伊良古白」踏む吾も傾ぎ　美
鷹渡来人しばし若し前後して　美
鷹の海銀に小刻み伊勢の方　美
鷹を仰ぐ急坂そのものに腰掛けて　時
鷹去りゆく山々の間の他山へと　時

*1
鷹来る季金波治まりいま銀波　大
木の下に赤子寝せあり鷹舞へり　来
わが文業こゝに鷹舞ひ遠き富士　来
連山の流るゝまゝに流るゝ鷹　来
鷹消えぬはるばると眼を戻すかな　来

渡り鳥（わたりどり）候鳥

渡り鳥の一点先翔く愛と業　美
渡り鳥ひろがり降りて五樹の縁　美
更にはらはら吸はれ加はり渡り鳥　美
姉妹に甘えし故人や渡り鳥　34・9　美
椋鳥渡る降りる気配の後半数　大
身が重くなりつつ渡る椋鳥二つ　40・4
走車なる脇窓はるか渡り鳥　51・11
頃日を候鳥杜鵑既に啼かず　53・9
候鳥杜鵑「去り初む」と誌し家事日記　54・9

色鳥（いろどり）

色鳥が小首に枝を見上げたる　長
色鳥唱ふ肢より細き枝の上に　38・2
逝きたるなれ色鳥の首は動きづめ　大

小鳥（ことり）

於鎌倉円覚寺断食
飢ゑし眼に小鳥飛び散る黄に赤に　長

*2
燈台下小鳥の声に僧は住む　火
人声や小鳥の声のみうつゝなる　萬

蔦温泉付近の沼辺にて　四句（のうち一句目）

鳴き初む小鳥友を置き来しあたりより　銀
小鳥さへ今日はいきものくさくうたて　30・4
妻は留守小鳥の去就の施食盤　42・12
小鳥の声々京都に国旗映ゆる日よ　43・3

燕帰る（つばめかへる）去ぬ燕　帰燕　秋燕

小諸の町をさまよふ。九句。（のうち三句目）

山燕にて町燕今去らんず　38・10
帰燕の数赤児の頭撫(なで)剃(ぞ)りに　母
大阪の帰燕仰げば旅の声　母
一位の空の燕の訣(わかれ)谷の邨(むら)　37・11
親と仔のけじめはや無し帰燕の空　44・1

赤城山上大沼湖畔にて

秋燕に映えつゝ朝日まだ見えず　長
海の気も平らに重し秋燕　30・9
秋燕翔(か)く岩聳(た)つところ廻り易く　大
錆を削れば凜と鉄痩せ秋燕　39・10

追分町の奥、浅間の山腹なる真楽寺を訪ふ。同寺は慶長年間の建立と伝承さる。十句。（のうち二・三句目）

山の子もスキップするよ秋燕　大
秋燕や振子飛びして岩燕　42・9

鵙（もず）鵙の声　鵙の高音　鵙日和　鵙の晴

鵙の目の対へる畑の一ト火燃ゆ　長
嘴につゞく鵙の目切(きれ)長(なが)に　来
鵙鳴くや十九で入りし造化の門　来
快き夕日や伯労(もず)とあすならう　銀
雀を追ふ鵙あり無人の小学校　銀
潜むべからず鵙が雀を地に押さふ　銀
日は天(てん)眼(がん)楠高く鵙も中(なか)ら枝(え)に　銀
雨濡れの鵙の頭(づ)平ら日が乗れる　母
我の「孤独」は「真赤な血」なるを鵙も知らぬ　母
捨科白めく唾吐けば鵙噴す　美
夕日を前鵙の仔迫らず迫られず　美
猫を呼ぶ女の舌打ち鵙鋭声　33・8
鵙は各個幟が桿をきしませて　33・10
梢まで大木枯れぬ鵙の自処　36・11
御破算の如き音を立て鵙暮るる　38・12
初鵙や堆肥の湯気も高揚り　39・10
梢なる立(たち)枝(え)に鵙や不動点　大
鵙の尾の撥くものなし梢(うれ)透きぬ　39・12
いと遠き鵙の音久し浅間晴　大

鵙の声遠(をち)を望みて道撰ぶ　38・1
鵙高音大学以前の日に似たり　来
死後までつづく市の音聴き鵙日和　33・10
頂髪欠けて鬢髪ゆらぐ鵙の晴　母

鵙の贄（もずのにへ）

「伊豆修善寺の社宅の庭で見付けしもの」なりとて、一種典型的に整ひたるそれを贈らる。七句。

鵙の贄茅舎うからとねむれる地　55・2
鵙の贄海気青あをと見下ろしに　55・2
鵙の贄仔蜥蜴細きを「ししびしほ」　55・2

註「ししびしほ」は、中国大古に罪人を「塩漬」の刑に処することのとなへ。

鵙の贄長脚の指揃へ揃へ　55・2
いづ方となく彼岸見詰めて鵙の贄　55・2
往時往事を小枝一と本鵙の贄　55・2
一指もとより双瞼動かず鵙の贄　55・2

鵯（ひよどり）

胸も無げひよどり谷崖擦り降(くだ)る　33・12

懸巣鳥（かけす）

子供居りしばらく行けば懸巣鳥居り　長
炊煙も尾長懸巣鳥(かけす)も下枝ずき　銀
農衣は玄(くろ)く襁褓(むつき)は白し懸巣鳥(かけす)鳴く　32・8

鶲（ひたき）

鶲揖々笑みかたまけし我が小照　母
木の枝も鶲も蔓のなかにあり　10・3
行くほどに並木移りの鶲かな　10・3
午(ひる)の前後を訪ひくる鶲紋二つ　47・10

鶺鴒（せきれい）

奥多摩

岩うらへ鶺鴒の来て現れず　長
われ等貧し狂院の砂利鶺鴒行く　火・萬
岩に鶺鴒竹てふものは若々し　来

面河に一泊の後に（二句）

岩跳ぶ鶺鴒砂地にはまま下駄の跡　母
伝説(つたへ)に古き鳥の鶺鴒古き国　母
「おのころ島」に二神(ふたがみ)立つ絵馬鶺鴒飛ぶ　44・2

田雲雀（たひばり）畦雲雀　河原雲雀▽

琵琶湖にて

畦雲雀夕波あかりに見えにけり　長
河原雲雀は遠灯点きしと未だ揚がる　33・3

椋鳥（むくどり）

跫音のとまるを椋鳥のおそれけり　長

電線に椋鳥つひに旅はひとり　来
牧の椋(むく)鳥牛のにほひは甘しとて　来
ただ黙(もだ)すあだし事せで椋(むく)鳥一族　時
椋(む)鳥(く)の下過ぎゆけば橋落ちて居り　30・9
行人みな愚かに濡れしと椋(む)鳥(く)騒ぐ　32・7
椋鳥すずなり太く短き鯉も群れ　32・11
唯の土に椋(む)鳥(く)等餌を得て首上げて　35・4
椋鳥降りて路狭ければ縦並び　35・9
見舞ひて安堵椋(む)鳥(く)鳴き林中濡れてゐて　38・1
椋鳥のなに上(じやう)段(だん)枝(え)下段枝ぞ　39・2
椋鳥等虚におびえ吾(あ)におどろきぬ　39・7
「ものすごく働かされた」と椋(む)鳥(く)の下　39・10
北郊や大地より発つ椋(む)鳥(く)の群　42・4
みな愚か居向き正せし椋鳥も　44・1

鶉（うづら）

路の行手小走り踏んで鶉二羽　37・2
傑物次々逝きて店頭鶉交(さか)る　39・8
団魂どち交る鶉の踏み外(はず)し　39・8

啄木鳥（きつつき）

をとゞしの啄木鳥が来ぬ帰る日には　火

花田春兆君を其別荘に訪ふ　四句（のうち二句目）
母子の家啄(き)木(つつ)鳥(き)古木の裾愛す　美
啄(き)木(つつ)鳥(き)や細工物する独身者　39・9
啄木鳥や休診小札山の医者　43・11
啄木鳥のふと物音へ嘴(はし)を斜(なな)め　47・9
啄(き)木(つつ)鳥(き)や元の草場に見つかりもの　49・2
高みに一つ深き巣(す)孔(あな)や啄(け)木(ら)鳥の鋭(と)声(ごゑ)　54・7

鴫（しぎ）

印旛沼行　五句（のうち三句目）
日の中へ発ちたる鴫や足ほのか　美
立つ鴫を見送り一応例外者　34・10

鴇（とき）朱鷺

朱(と)鷺(き)は世に迹絶ち恩友月へかへり　美

雁（かり）雁渡る　雁の列

雁仰ぐいくばく年を距ててぞ　美
雁行く方宵の新月来つつあり　美
雁一(ひと)行(つら)妻吾(あ)を閲(け)みし嘉みせよや　30・11
雁渡る菓子と煙草を買ひに出て　長・萬
雁列の鉤になりゆく濃くなりゆく　美
新月一ついのちあまたの雁の列　美

今よ今よ行く雁一つ一つ羽搏つ　美

初鴨（はつがも）鴨渡る

北海道旅中（三句）

野明りやあちらこちらへ鴨わたる　長・萬

杉の森高低もなし鴨渡る　長

鴨渡る鍵も小さき旅カバン　長

遠来の鴨や水輪をしじに拡ぐ　51・4

鶴来る（つるきたる）鶴渡る

テレビを眺めて。一句。

何の現(うつつ)の一枝(いっし)か啞へ鶴渡る　大

落鮎（おちあゆ）鮎落つ

はるか犬の昼の遠吠鮎も落ちぬ　47・3

鱸（すずき）

杏の飴煮鱸の塩焼父やさし　52・10

秋刀魚（さんま）

秋刀魚青銀妊婦財布の紐解きつつ　母

すげなき者よ各戸秋刀魚焼く候(ころ)も　30・10

秋の蝿（あきのはへ）

秋の蝿一つ真水の上に死す　来

屋内の馬　其三（三句）

馬と寝に来し旅人へ秋の蝿　来

秋の蝿耳打ちをしに目のぞきに　来

秋の蝿言葉通ぜぬ馬へ吾へ　来

雀の頭(づ)蝿の眼秋の小豆色　銀

秋の蝿すらすら歩む腰下げて　34・10

秋の蝿まこと四枚の翅づかひ　34・10

秋の蝶（あきのてふ）

外むきに岩にとまりて秋の蝶　来

明治神宮貴賓室に於ける或る若き俳人達の句会に招かれて　三句（のうち二句目）

あひびきの開(あ)けしままの書秋の蝶　銀

歯車よりもベルトおそれて秋の蝶　美

秋の交番黒板拭に蜆蝶　42・10

門柱めぐり足にまつはり秋の蝶　43・3

遠く偲ぶ小さき顔や秋小蝶　47・10

蜩（ひぐらし）かなかな

一陣のひぐらし鳴く音おこるなり　長

蜩のなき代りしははるかかな　長

会へば兄弟(はらから)ひぐらしの声林立す　火・萬

蜩の声山林に奥まりつゝ　萬

蜩の梢や三日月の逍遥遊　来
行きつぐ一里ひぐらしの刻早や過ぎぬ　来
暁の蜩不義理が三つ四つほど　銀
蜩の鳴く頃客あり淋しからず　銀
二番蜩鳴くや病母へただ帰る　銀
蜩なき石童丸の泣く刻ぞ　銀
幼きをみな蜩どきの縞模様　母

旧友Fの好意にて、夫人及びその女俳友と共に、名勝面河に遊ぶことを得たり。（三句）

ひぐらしや故山深きへ探り入り　母
峡の蜩物語忘じ墓忘じ　母
蜩や白岩に友とその妻と　母
蜩や塵紙鼻へやはらかし　美
草木と共に向きのまんまぞ蜩刻　美
茶所の蜩の声青みつつ　美
蜩や人胸の間橋絶えて　36・11
私家に来て公の音の朝蜩　39・9

秋田大会散会後、香西氏と同道、平泉の地を訪ふ。二十三句。（のうち二十二句目）毛越寺にて。

読経の蜩小魚のいのちは銀　40・10
父恋しひぐらし高野の山めく声　42・8
朝ひぐらし般若心経直ぐ終れど　42・10
初蜩明日へ備へて身をば浄む　54・9

旧友Fの好意にて、夫人及びその女俳友と共に、名勝面河に遊ぶことを得たり。

かなかなや峡残光の露天碁に　母

法師蟬（ほふしぜみ）寒蟬

法師蟬の初蟬なれや鳴きをはる　長

＊3

父を訪ひて来しならなくに法師蟬　火

伊丹万作の遺作シナリオ「俺は用心棒」の映画化されたるを観る。二句（のうち二句目）

回想自ら密度に誇り法師蟬　銀
子を見かけてハイヒール走す法師蟬　美
帰り来て慕ふ比叡や法師蟬　42・10
異郷へ発つかヒマラヤシーダに法師蟬　45・10
法師蟬の声棗の木縦長く　51・11
つくつく法師筑紫もとより四国恋し　41・11
寒蟬鳴き熄む雀がめくらとなる刻に　41・9

蜻蛉（とんぼ）あきつ　黒やんま

蜻蛉行くうしろ姿の大きさよ　長
雀とまれば朽木の蜻蛉諸発つのみ　火
日向飛ぶ旅装束の蜻蛉居て　来

付近を独り散策。風物すべて、地つづきなる我が故郷伊予に似通ひたり。なつかしさ限りなし。十五句（のうち十一句目）

即応とは蜻蛉がとまり藁が動く　銀

灯更けて蜻蛉とらへし指をあまえ嚙む　銀

奥入瀬　八句（のうち八句目）

水淙々蜻蛉立つさへそれも音に　銀

面河に一泊の後に

過ぎる蜻蛉の眼よりも青き魚棲めり　母

浅間嶺へ手あげて放つ蜻蛉かな　12・5

蜻蛉竿午のサイレン穂(ほ)立(だ)ち鳴る　15・10

大気ふかし逃がす蜻蛉の逃げ際は　34・9

忌日にさへ気心不揃黒蜻蛉　大

露地を蜻蛉もと丘なりし土地ゆゑに　39・10

蜻蛉さへ寝てしまひしに迷ひ犬　39・11

追分町の奥、浅間の山腹なる真楽寺を訪ふ。同寺は慶長年間の建立と伝承さる。十句。（のうち七句目）

飛び立てば見ゆる蜻蛉や院の屋根　42・9

「極楽蜻蛉」とまる見しかば居るを識る　大

影絵めく牛馬朝日を織る蜻蛉(あきつ)　萬

水影と四つとびけり黒蜻蛉　長

赤蜻蛉（あかとんぼ）

坂上るを断念せし老(おい)赤蜻蛉　美

赤蜻蛉黙想す羊皮紙干しならび　33・10

テニスはテニス低く往き交ふ赤蜻蛉　39・9

作あきらめて沙のみの畑赤蜻蛉　42・9

今を昔山気織りなし赤蜻蛉　44・10

山で伏目膝辺織りなす赤蜻蛉　44・12

蜉蝣（かげろふ）

謡きこえかげろふ来る夜決意成る　来

蜉蝣や人のみを楽の縛むる　来

虫（むし）虫鳴く　虫の声　虫の音　虫時雨　昼の虫

鳴けるなる虫にも話およびけり　長

さむらひの影の射す身や虫の宿　長

其虫の鳴くとき夜風立つかにも　長

道の虫正午もつとも人絶ゆる　火

別盃の酔の尾かすか夜半の虫　来

草稿に風呂敷被せぬ虫に寝る　来

*4

虫に寝んとす友にはもはや寝(ね)起(お)き無し　来

屋内の馬　其一

片腰さげて尾をふる仔馬朝の虫　来

二時間つづきの末子（ばっし）の寝顔虫飽くなく　美

遠国へ遠山消えぬ午下の虫　美

軒のかげ之をかこめる虫の庭　5・11

虫瑟々名よりも命惜しむなる　30・9

床の虫抽斗多き家なりしよ　41・12

海外よりテープレコーダーにて、長女等家族のさながらの声を送付しきたる。

万波越え来し録音ひろがる虫の夜　41・12

柱にひそむチクタクの音虫絶えぬ　大

虫鳴く夜の日記となりぬ吾子今日立つ　火

夜も昼も虫鳴き怠けつゞけなり　14・12

屋内の馬　其四

仔馬ハタと転（まろ）び寝入りぬ虫の声　来

鍔とて無き懐剣一口（ひとふり）虫声冴ゆ　42・1

倒れ木の下の虫の音一列（ひとつら）に　来

佐倉にて　三句（のうち三句目）

義民の里好晴虫の音絶えはてて　32・11

この森や塒騒ぎへ虫時雨　美

昼の虫いづれは帰りくる人等　長・萬

立川諏訪神社

しき石の間に見えつゝも昼の虫　長

勉強は第一課より昼の虫　来

九月一日出京、三日帰京、長野県諏訪郡本郷村立沢なる小池英三氏の許に二泊八ヶ岳山麓富士見高原に遊ぶ。

遠富士ならず近富士ならず昼の虫　来

＊5

昼の虫枯山水の庭もありて　来

津軽人土切る音す昼の虫　銀

明治神宮貴賓室に於ける或る若き俳人達の句会に招かれて　三句（のうち三句目）

眦（まなじり）あがる昼の虫の音見下ろせば　銀

昼の虫「平家」講じに友とわれ　31・10

昼の虫の鈴紐もつれ岨の空　31・10

犬の声も呼声のごと昼の虫　36・11

日の畦は易々と揺るるよ昼の虫　38・12

＊6

善き店や古典音楽昼の虫　50・4

竈馬（いとど）

灯のあかり唖のいとゞの丸き背に　長

一ト跳びにいとゞは闇へ皈りけり　長

蛼（いとど）を得たり照らし足らざる夜半の灯が　母

真上の掌跳躍以(も)つて蜱が打つ　母

真夜を跳ぶいとどの音にあるしめり　母

いまは他人(ひと)が持つ二十代蜱の仔　母

蜱(いとど)被造亡びるけれど全くて　母

蟋蟀（こほろぎ）ちちろ　つづれさせ

鳴く音あり蟋蟀くゞり出くゞり入り　萬

蟋蟀の音揺れて童女髪鋏(はさ)まる　萬

蟋蟀高音漆黒の身の稜まとふ　45・1

ち、ろ鳴きマネキン人形それの子伴(つ)れ　来

かゞむ人の文身蟋蟀(ちちろ)鳴き初めぬ　来

夜の馬の鬣(たてがみ)ふかしちちろ鳴く　時

初ちちろ青くて居たい菜の類(たぐひ)　35・9

番号入りの下駄箱数多ちちろの季(とき)　36・11

妻らの帰京待てる我が家は早やちちろ　48・10

結(ゆ)ひつけ負んぶで見廻る戸じまりつづれさせ　39・9

故竹下しづの女氏は――今日より吾(あ)「つづれすてろ」と虫啼かしむ――と詠みたれど。一句。

一生とは「綴布(つづれ)の錦」ぞつづれさせ　大

明治は自家他家(うちよそ)つづれさせしよつづれさせ　42・11

鈴虫（すずむし）

鈴虫凜々斜(はす)に刻めば餌は大片(おほぎれ)　43・11

鈴虫凜々友の血圧程よかれ　大

石床に鈴虫ひびき乗馬靴　45・10

夜すがらの鈴虫と暁(あけ)早(はや)の鐘　45・11

鈴虫や渡欧飛行機走せ居る夜半　45・12

すず虫や月無き夜の声たゆたふ　57・9

すず虫や老ゆる身の歎き既に久し　57・9

すず虫や老いゆくなげきつばらなる　大

松虫（まつむし）

妹細れりちか〴〵松虫見しことあり　萬

邯鄲（かんたん）

中空に浮かぶ邯鄲の音か何か　36・12

山家の赤児邯鄲「水からくり」の音(ね)に　37・11

邯鄲や落葉松(からまつ)つづき所在なげ　39・9

邯鄲や父母の調度の中に生(お)ひぬ　大

邯鄲や水音も亦来て溜る　42・10

鉦叩（かねたたき）

鉦叩き小学校の遠さやぎ　12・12

螽斯（きりぎりす）きりぎりす　ぎす

月寒牧場にて

小羊にチョンと打ち鳴くきりぎりす　長

きり〳〵す時を刻みて限りなし　火
詮じあふ少年の知慧きり〳〵す　火
追分から上げ道下げ道きり〳〵す　火
きりぎりす鏡は映すの能を極む　銀

蔦温泉付近の桂月翁墓域にて　二句（のうち二句目）

きりぎりす同音重ね桂月調　銀
海からの煙のにほひきりぎりす　母
中年とは相訪はぬことかきりぎりす　美
きりぎりす舌の根打つて誓言す　美

浅間牧場にて　七句（のうち一〜三句目）

深谷（ふかだに）からも定座の声のきりぎりす　美
平遠望めばひとは腕組むきりぎりす　美
「きりぎりす時雨」といはんを此処（ここ）に現ず　美
きりぎりす御空（みそら）へだけは甘えたし　時
潦（にはたづみ）つぎつぎ消ゆるきりぎりす　30・9
我が樹てし小神も神やきりぎりす　33・9
きりぎりす踵で踏み揉む土不踏　38・10
臥牛甘えて首たふしたりきりぎりす　40・8
山畑や雀来て居てきりぎりす　40・8
語り目毎に座を叩く乳母きりぎりす　41・9
和服の娘（むすめ）町の中なるきりぎりす　42・10
遠ききはみの発破の音やきりぎりす　大
左伊勢路とは中仙道やきりぎりす　43・12
走車除けばひたすら無人きりぎりす　43・12
泣声たしなむ母たのしげやきりぎりす　44・12
きりぎりす時歩の声いまを若々し　53・4
きりぎりすの時歩の声々追ひ追はれ　53・6
きりぎりす小屋をますます日の覗く　大

＊7

一度訪ひ二度訪ふ波やきりぎりす　39・2
煌々と光重しギス未（ま）だ鳴かず　美

轡虫（くつわむし）

くつわ虫女の星のカシオペヤ　母
くつわ虫のメカニズムの辺を行き過ぎぬ　母
夜天に虹を見得るは不幸くつわ虫　母
現存の人住んで闇くつわ虫　母
無燈の女の自転車急ぐくつわ虫　43・3

蟿螽（はたはた）ばつた

はた〳〵に影及ぼせば飛びにけり　長
はたはたや退路絶たれて道初まる　来

はたはたや先行く兄の別れ道　来

はたはた飛んで他人（ひと）の視線の前へ行きぬ　美

ムッソリーニの如き大蝗虫（ばった）今も見たし　大

蝗（いなご）

「荒野に叫ぶ人の声」ヨハネ、その伝説の上を偲ぶこともあり。

蜂蜜甘く蝗ぞ苦きただ二た味　49・10

蟷螂（かまきり）蟷螂（たうらう）

再び独居、僅かの配給の酒に寛ぐ事もあり、灯火へ来れる蟷螂の姿をつく〴〵眺めて唯独り失笑する事もあり。

蟷螂は馬車に逃げられし馭者のさま　来

遠き孔雀近き蟷螂驕姿細し　銀

堕（お）ち蟷螂だまつて抱腹絶倒せり　美

蟷螂は俳徒に類し河童に似る　39・1

蚯蚓鳴く（みみずなく）

蚯蚓なくあたりへこゞみあるきする　長

蚯蚓鳴く浴（ゆあみ）や身体髪膚久し　41・8

散会後残り茶さまざま蚯蚓鳴く　44・7

蚯蚓鳴くや伊予は地つづき海つづき　大

蚯蚓鳴くや浮世の仮睡（かりね）いざひとくち　46・9

地虫鳴く（ぢむしなく）

地虫鳴くや一つで重き焼饅頭　大

バス標識の裾は臼形（うすがた）地虫鳴く　39・11

テレビ煌々ターザン独り地虫の音　42・6

蓑虫（みのむし）

白樺に蓑虫こゝに人住める　来

みの虫や夕つなぎ牛主（あるじ）呼ぶ　33・11

天地に蓑虫一罫高枝（たかえ）の縊死に当る　34・8

茶立虫（ちやたてむし）

此部屋に幾年ぶりぞ茶たて虫　長

同郷人たる全盲の宮崎氏より週に一度腰部のマッサージを受く。（二句）

故郷（くに）言葉での「おびし」揉まるるよ茶立虫　56・12

註「おびし」＝腰部の中心（帯を巻く部分）を総称して斯く言ふなり

やはらかけれど施術ただ孜々茶立虫　56・12

残る虫（のこるむし）

残る音の虫はおどろくこともなし　長・萬

壮心復（かへ）りぬ世に虫の音の残る間（ま）に　来

田に残る虫あり陽ある日に鳴けり　33・12

*8

残る虫地中ふかしときけるなる　39・1

為事果たして悪夢は甘受残る虫　39・10
残る虫の上錯雑の倒れ草　39・12
残る虫路と路会ひ共ひそまり　45・3
残る虫丸鏡どち犇々並み　45・11
残る虫渡欧期迫るオルゴール　45・12

秋の蜘蛛▽（あきのくも▽）

異郷同志秋の蜘蛛の巣昼の月　45・12

【植物】

秋薔薇（あきばら）秋さうび

壺坂寺にて。二句。（のうち二句目）
同寺背後の丘上には、盲人達をして薫香を娯しましむるための花圃あり。

秋薔薇や霊現二人白無垢像　43・2
秋薔薇や結飯(むすび)の容(かたち)やや方円　48・12
親子めく羽虫蜜吸ふ秋薔薇　46・1
島はただまろし晩薔薇(おそばら)襞重ね　45・5
晩薔薇(おそばら)を爪立ち覗く思慕に似たり　46・1
妻健やか遅薔薇活けぬ天・地・人　46・9

木犀（もくせい）金木犀

鋏入れし木々に木犀薫じ亘る　来
夜の木犀老(おい)の声音はのんどより　来
木犀のかをりの大気乳も湧く　19・12
木犀海丹(うに)色(いろ)呼吸脈打ありがたや　33・10
妻と木犀肺気は二(に)葉(えふ)三葉層　34・10
木犀や広からざれど胸厚し　38・11
落(らく)筆(ひつ)前の一盞木犀眦(まなじり)に　38・12

宵の木犀養老院のくぐり門　大
木犀香山路も人家近からむ　39・11
木犀の香に酔ひ夜も鳴く山羊か　大
そこでも薫る石の窪なる散木犀　41・12
木犀薫じ縮緬皺の水の面　45・12
こぼれ木犀女人が紡(つむ)ぐハープの音　46・11

次の二句は「俳句」誌へ発表のものと重複す。（うち一句目）

木犀や帰朝者父のそのにほひ　大
木犀の回想の薫香老いてうすし　53・12
金木犀妻を置き来て友訪ひ居り　母

ルオー画集を繰り見つつ。

祈りの身もだえ金木犀に頭を突入れ　母
不幸者は満身追懐の金木犀　美
特殊たるに堪へぬく夫妻金木犀　時
金釦の胸腔如何に金木犀　34・10
庭の沙場もすでに二代や金木犀　38・12
水の中にも神住む神話金木犀　39・11
倒れしものを起しゐるなり金木犀　39・11
金木犀の大樹や左右(さう)から下校児等　39・11
呑み余る母乳に咽び金木犀　39・11
金木犀とまれ弾き切りトロイメライ　40・10
鍵(キイ)の象牙も黄ばみよろしく金木犀　42・11

木槿（むくげ）花木槿　底紅

垣木槿卒然咲きて繞らせる　美
他人(ひと)の母の八重歯や木槿も若々し　30・9
垣木槿疲れて耳呆けもの聴かず　33・7
花木槿うつろがひびく竹の杖　15・10
花木槿小鳥の骸(から)の尾羽直(すぐ)に　35・10、11

ある記録。二句。（のうちの一句目）

槿花の芯君生ける知る傍話の中　40・9
槿花一輪不安を絶し水平花　41・11
仔牛の瞳「底紅(そこべに)」木槿覗込み　44・10

芙蓉（ふよう）紅芙蓉　花芙蓉

芙蓉は妙齢老(おい)の釣針魚もだゆ　母
芙蓉の名に呼ばれし人そを忘じけめ　美
芙蓉咲きぬ末子(ばっし)が賞でし小鯛の如　30・10
紅芙蓉枝の向きむき四山退(の)く　美
親なくも育ちて妙齢紅芙蓉　36・11
貧と女の暴威知らねど紅芙蓉　36・11
大河一つ南枝北枝に花芙蓉　36・11

秋果（しうくわ）

磴の左右は枝組む秋果門から呼ぶ　35・9

桃（もも）桃の実　白桃

桃流しぬ西王母の桃天竜に　母

天竜に桃流すことより初む　母

桃の肉桃の血飢と渇癒えぬ　母

父母なみに末子の桃も水に受く　美

豊膩なる桃食ひし香や山の星　時

五十路のヂーキル円膩なる桃まぼりつゝ　31・9

頽廃三分の自認度過ぎぬ桃腐つ　36・10

熟れ桃や左右の大気の息づかひ　大

西より東へ山の返照熟れ桃に　大

歯ざはり恋し桃太郎型の桃世に絶え　44・9

桃剝ぐや爪のけがれは一端事　47・8

刳盆の円心から臙脂の桃聳ゆ　52・9

桃の肌に鑿削ぎ削ぎの縦の襞　52・9

里古し宝珠の形の日本桃　53・6

水船六洲氏、高村光太郎氏詩「桃の実」を題材とせる自作版画を贈らる、一句を以て謝意を表はす。

桃の実や其葉と編みし髪と垂れ　来

桃の実枝に尾長鳥俯仰や誕生日　銀

桃の重みを案ずるごと桃の膚に乗す　銀

母の危篤状態つづく。十七句（のうち五句目）

桃のいただき辛くも食べ得て母うなづく　銀

靡く葉や桃の稚実やや長め　時

日本の実桃末子の尻を掌に受けて　時

桃の実の上に母乳のしぶきたる　40・8

掌の白桃父の願ひぞ子に実りぬ　来

白桃や彼方の雲も右に影　来

燭の灯に白桃置きぬ影まろし　17・11

＊1

白桃や神父桃色やや褪せて　39・9

梨（なし）洋梨

＊2

僧は留守梨の鼎座に時計刻む　火

洋梨のかすかな酸味四十路終る　銀

柿（かき）渋柿

道の木に柿実るあり道遠し　来

ビルの前空は負はねど柿のつや　美

一つ家の煙の中の柿の実よ　18・1

響の東京欅の下の低き柿　30・10

柿の実の張りや木(き)洞(うろ)に雨五勺　34・11、12

家を出て自家の柿の辺岨登る　37・2

中洲中島そこ昔より柿実る　大

教訓抜きの童話や柿の丘幾重　38・12

夕の柿羽目板穴に牛の鼻　大

柿の実の渡しつづけし夕日消えて　38・12

柿の実の郷(さと)や校舎にポプラ立つ　大

たわわの柿の幹の辺ものを授受のさま　39・1

孤(ひとつ)家(や)こそは舞台めくもの柿繚乱　39・12

巨(おほ)柿(がき)の滑らの肩や小鳥とまる　39・12

年経したつきの捨物まろび柿ここだ　39・12

渋柿たわわスイッチ一つで楽(がく)湧くよ　美

渋柿や中二階建て孫学ばす　時

渋柿累々残るに戦意喪失者よ　37・2

豊かな園の中に渋柿枝垂れて　39・12

槙の木と渋柿の枝(え)へ谷の霧　46・1

深大寺のほとり、農俳人浅田晴耕氏をその病床に訪ふ。その前庭は、虚子師が終戦直後に、「渋柿のたわわなるかな井戸ふかし」と詠じたるの個所。

渋柿たわわ井戸ふかきままぞ本復せよ　49・12

林檎（りんご）

隣室の診(み)断(たて)ひそひそ林檎一つ　火・萬

喰ふ林檎紅し展び展ぶ日向道　火

世界病むを語りつゝ林檎裸となる　火・萬

林檎喰ふや波懸け岩のいみじき楽　火

乳母車揺るゝ、林檎を持ちつゞけ　萬

闇の林檎嚙み嚙み飢ゑは若々し　萬

一つ買ひし巨(おほ)林檎手に旅人たり　萬

林檎の柄林檎にふかし仏燈下　萬

人どちの交礼繁し林檎囓る　萬

林檎与ふ世に赤をこそ色と言はめ　来

居所を失ふところとなり、勤先きの学校の寮の一室に家族と共に生活す。

空は太初の青さ妻より林檎うく　来

子を抱くや林檎と乳房相抗ふ　来

林檎食べ真赤な寝巻母と臥す　銀

停車場の鳥瞰に小(ち)さき小さき林檎　銀

嚙む林檎紅白一体亡(な)き友よ　銀

林檎のそば涙に洗はれきつた顔　銀

林檎の沢(つや)恩人はただ逝(ゆ)き易し　銀

林檎掻き出し掻き出し尽きし其籾殻　銀

板柳町にて　四句（のうち一句目）

野は林檎町はあかあか晩鴉に満つ　銀

街道のとある角に佇つて、成田千空氏手をあげて斯くと指し教へる。三句（のうち一句目）

坪林檎太宰の故郷この奥二里　銀

にぎはしき林檎樹間に留（と）め置かる　銀

遠景消えて林檎の苑の中に泰（やす）し　銀

仲よき親子夫婦（めをと）見て来て林檎樹下　銀

歌声にさも似し楽（がく）よ林檎円（まる）む　銀

林檎まぼりつ戦備を談ずカインに似る　銀

梯子段に置きたる林檎生（せい）一筋　銀

手握（たにぎ）るに林檎切々詩は待つべし　銀

城中ふかく在るかに林檎のハイライト　母

よき母の腰の緊（しま）りや林檎はこぶ　母

鷹翔け去り鳩来てひそみ林檎園　美

飛ぶまで鳩の走る鉤形（かぎなり）落林檎　美

枝垂（しだ）れ林檎よき個人あり今の世に　美

雲見る雀収果の後の林檎の木　美

深夜のくれなゐ林檎鼎座の天地人　美

墓へ置く遅林檎母は生きたがりし　美

林檎に隣るつかね紙幣か夜の疲れ　30・2

岩と羊歯這ひ迫りをり林檎園　31・10

仕事帰りの片手運転林檎に歯　33・12

食卓の隅々林檎四女揃ひ　34・11、12

拾ひきし烏羽（うば）もて林檎の塵払ふ　34・11、12

林檎上下の窪みへ指や路辿る　38・1

荒草に紅林檎賞づ黄の色も　38・1

一と日も惜し朝の林檎を小柄（こえ）に下（さ）ぐ　大

林檎一顆撫でて孫曰う「はいつてる」　39・1

戸隠行二十六句。（のうち十九句目）

附近の山路、山村をさまよふ。八句。（のうち七句目）

枝林檎ほのはにかみの季（とき）なれや　39・2

或る文学史書中に、島崎藤村の「ほのかなるはじめてのゆかり」の乙女の照影を見る。五句。（のうち五句目）

林檎の下（もと）の「かの径（こみち）」吾（あ）も別（ほか）に識（し）る　40・1

林檎トラックガソリン給油満目赤　41・12

甥の初盆林檎の鼎座に一座載せ　50・5

葡萄（ぶだう）

甲斐、酒折町の加賀美子麓氏に招ぜられて、二日遊ぶ。五句（のうち三句目）

葡萄野の中岩山に一夜寝し　来

葡萄食ふ一語一語の如くにて　銀

栗（くり）毬栗

栗たわわ鷗外の墓花絶つて　銀

嘗て「信濃居」一聯の句を作りし小家へ家族と共に到りて数日あそぶ。此小閑を得ること幾年ぶりぞ。二十二句（のうち二十一句目）

栗の出来名匠彼等はさびしきかは　銀

屋根苔も栗もまろめり笑ひ声　31・10

栗毬（いが）焼きし白き火灰や毬加ふ　31・10

石榴（ざくろ）柘榴　実柘榴

多子の家多自転車や熟れ石榴　39・11

簪も櫛もなき髪笑む柘榴　来

居所を失ふところとなり、勤先きの学校の寮の一室に家族と共に生活す。

斯かりし母よ育児の妻よ風の柘榴　来

号令の無き世柘榴のただ裂けて　銀

母情あはれ盆栽柘榴咲き実る　大

青柘榴乳房のもとに乳足らふ児　火

廃屋は人目なしとて柘榴裂くる　美

四分割姉妹に柘榴実を高盛り　33・11

停（とま）りて足もとのぞく尾長鳥（をなが）や裂柘榴　41・10

棗の実（なつめのみ）棗

棗の実枝本建ての背に来て触れし　33・10

棗の実南国内間（うちま）ぐらしの頃　33・10

棗熟れ町川清濁日でまちまち　39・10

生身魂実生の棗実がなりて　美

二階先づ灯（とも）りぬ棗熟れ初めて　43・3

無花果（いちじく）青無花果

無花果壊（く）え落ち白面詐欺漢前歯なし　萬

枝葉に通ふ香の無花果を食べて自愛　母

無花果に星光死人に口なしとや　31・10

青無花果母居ぬ町に這入りけり　母

家鴨よなまじ歩まば烏滸ぞ青無花果　33・10

胡桃（くるみ）

婆々の背に胡桃の袋かつ〳〵と　火

日と風の通ひて胡桃茂り実のり　来

野の光胡桃のしげり南厚く　来

胡桃樹下腰をおろせば山姿据す　来

自らの歯牙につきて。一句。

動物性（アニマルテイー）の犬歯尚ほ健新胡桃　42・6

渓流恬淡随所にたまる落胡桃　42・10

柚子（ゆず）

少数に深く教へて柚子の軒　美
柚子は枝向き性（しよう）こりもなき祖母の愛　美
耳遠き祖母を探（さが）しに柚子の下　39・12
月が伴（つ）れ出し星残されぬ柚子の辺に　39・12
黄の上黄ばむ柚子や雨の日祖母のそば　40・11
山家の柚子シグナル・トンネルすぐそばに　40・11
ふと湧く夕餉のもくろみ祖母は柚子を掌（て）に　45・5

柑子（かうじ）

甘（あま）橿（かし）の柑子や笥に盛る旅の飯（いひ）　49・2

橙（だいだい）

帰郷　二十三句（のうち十七句目）
橙は実を垂れ時計はカチカチと　長・萬

朱欒（ざぼん）

朱欒（ざぼん）の内かはめくもの身つつむ母恋へば　美
朱欒裂くや鸚鵡冠毛立てみだす　大

榠樝の実（くわりんのみ）

榠樝の実天賦をとめの薫りの実　来
榠樝（くわりん）を拾ひ豆仏像を購ひし日ぞ　37・3
楠はみどりくわりん熟れわがレストラン　44・3
榠（くわ）樝（りん）拾ひ懐沃（こ）やし薫らせつ　45・4
榠樝一樹幹貞直に実の爛香　45・4
楠負ひ山負ひ榠樝は熟るる顆々大小　45・4
よき曲とは馴染の曲や榠樝の実　大
＊3
実薫る榠樝樹切られふるさと亡びゆく　50・4

紅葉（もみぢ）もみぢ葉　紅葉山

白日・紅葉煙草廃めたる両手垂らし　火
戦後の子紅葉のうらに赤々と　来
たゞ忍べ燃ゆる紅葉の夕冷えは　来
栗林公園にて　三句（のうち二句目）
大名・明治三度び代（よ）かはる林泉（しま）紅葉　銀
嘗て四年間級主任として相親しみし教へ児R・Y学業半ばにして出征することとなれり。九句（のうち八句目）
咽喉も鼻も涙にいたむ松・紅葉　銀
深大寺にて
別に風音松にもみづる沙羅双樹　母
高校女生徒奈良漬に酔ひ寺紅葉　時
＊4
紅葉は火焔「平凡長寿」も宜かれども　39・11

紅葉明りに赤き地刻々時過ぎつつ　*5　39・11
磴左右（さう）より紅葉の遅速織りなして　*6　39・12
紅葉の登路（のぼりぢ）妻との歴史三十年　40・11
掌（て）の形（なり）の紅葉降り来よ掌の上へ　40・11
山紅葉日の光漉し紅（こう）に化す　40・11

高山寺にて。一句。

紅葉の磴を絡繹鳥獣戯画の寺　43・2
赤き放心需め紅葉の旅に出づ　43・11
海からの晩鴉も納め島紅葉　大
山の胸の一隈紅葉（もみ）づ由（ゆゑ）を知らず　46・1
戦後の一年終るよ実生（みしやう）のもみぢ葉に　来
円月挙げて紅葉山尚ほ明らまで　大

黄葉（くわうえふ）

渓黄葉昼のふくろふ音を漏らす　45・11

秋篠寺。

萩まろやか満株黄葉伎芸天　49・4

照葉（てりは）照紅葉

照紅葉断崖に「垂直」の語を愛す　39・12

紅葉かつ散る（もみぢかつちる）

露天舞台紅葉且つ散る頃なれや　45・11

黄落（くわうらく）黄落期

全市黄落橋を左右（さう）へと渡り次ぎ　51・12

倉敷の地にて。

黄落期闊歩し佇立し闊歩なす　39・11

楓（かへで）山紅葉　紅楓

山紅葉女声（めごゑ）は鎌の光るごと　39・12

見市六冬、岩井未知氏等の東道によりて、奥吉野に遊ぶ。談山神社にて。一句。

紅楓神仏「妻と二人」の「友と四人」　50・2

銀杏黄葉（いちやうもみぢ）

銀杏黄葉（もみぢ）鐘の面（も）に鋳て童児像　37・2
銀杏黄葉旅人に道指すよすが　37・2

秋の芽（あきのめ）秋芽

都心下校時からたち秋芽やはらかく　母

新松子（しんちぢり）

風樹の歎水の載せくるは松子のみ　30・8
口笛は余裕のひびき新松子　41・6
松笠を仰のき気味に新松子　54・6

桐一葉（きりひとは）

桐一葉音たゆみなき鍛冶の音　来

桐一葉影が来かけて人往にぬ　銀

桐一葉板の間住みに拾ひ来て　銀

桐一葉遥か遥かを知人過ぐ　銀

偶成。一句。

桐一葉「日当りながら逝きし師」か　39・8

登りの人は滅多に過ぎず桐一葉　大

銀杏散る（いちやうちる）

三猿古ればみな泣くさまや銀杏散る　時

茅舎ゆめ死を急かざりき銀杏散る　37・2

木の実（このみ）木の実拾ふ

鈴懸実りぬ誘ひ合ふ音の二粒づつ　時

学の森今年の木の実椀莢に　38・2

金福寺地域内に蕪村自身の墓もあり。やや久しく三人にて附近を逍遥す。二句。（のうち一句目）

われは小石を友は木の実を形見とす　38・3

鈴懸は対の実垂らし夫婦墓　41・2

＊7

櫧の黒実仏に散るよ柄付きのまま　42・5

白樺の花が実となり手ざはりよし　45・8

神域の木の実拾ひて老いし口へ　大

南天の実（なんてんのみ）南天燭　実南天

南天軒を抽けり詩人となりにけり　萬

事小康葉が多すぎる南天に　銀

肉食たのし風の南天雨戸叩く　銀

てるてる坊主と南天の影ここ灯り　美

南禅寺のほとり、第一日の宿舎「茶月」にて。一句。

南天の熨斗葉めく葉の溝を走す　38・3

高枝に攀ぢ藁屋根・南天見下ろして　40・4

見市六冬、岩井未知氏等の東道によりて、奥吉野に遊ぶ。如意輪堂にて。一句。

南天紅白訣別の一字縁繞らす　50・2

久慈浜にて

蜑が露路出口ふさがる実南天　32・2

但馬美作氏・吉田健二氏の東道にて、大徳寺を縦覧することを得。その塔頭の一つ、聚光院の利休自刃の間の内外にて。二句。（のうち二句目）

実南天柄まで真紅や自若たり　38・3

枳殻の実（きこくのみ）

水戸城址にて

枳殻の実たまに自転車砂利撥ねる　32・2

枳殻の実この著者の書は遠ざくる　43・11

芙蓉の実（ふようのみ）

ひとを隔ての「見えざる垣」や芙蓉の実　美

芙蓉の実母鳥の胸風に割れ　時

杉の実（すぎのみ）

切出研げば少年心や杉の実穂　40・6

橡の実（とちのみ）

奥入瀬　八句（のうち四句目）

屈強の橡の実つかむや水去来　銀

一位の実（いちゐのみ）アララギの実

九月一日出京、三日帰京、長野県諏訪郡本郷村立沢なる小池英三氏の許に二泊八ヶ岳山麓富士見高原に遊ぶ。

アラ、ギは武し其実は紅く小さし　来

小池氏宅付近及び小池氏宅の人々

アラ、ギは紅実老農白眉垂れ　来

檀の実（まゆみのみ）

法隆寺にて。二句。（のうち二句目）

侍べれる塔頭犇々檀の実　49・1

栴檀の実（せんだんのみ）

付近を独り散策。風物すべて、地つづきなる我が故郷伊予に似通ひたり。なつかしさ限りなし。十五句（のうち七句目）

橋白く栴檀に実の多きところ　銀

他国への走車きりなし実栴檀　39・5

老婆と語る栴檀葉と実未だ青き　39・11

椎の実（しひのみ）

椎の実三粒呉れたりき出てゆけよがし　銀

椎の実の背くらべばかり「鮮矣仁」　38・7

榎の実（えのきのみ）

＊8

関西の空に澄む陽や榎の実散る　44・12

紫式部（むらさきしきぶ）

才女めく紫式部草家づとに　45・3

橘（たちばな）

香は橘他郷ながらも南の夜　美

銀杏（ぎんなん）

赤児の拳指横ならび青銀杏　36・11

菩提子（ぼだいし）菩提樹の実

青道心菩提樹直下青実拾ふ　40・6

枸杞の実（くこのみ）

枸杞の実垣女友達親をおそる　40・3

山椒の実（さんせうのみ）実山椒

筆で食ふ隣家も多子や実山椒　美

為事（しごと）の日実山椒朱脱ぎ漆出で　美

山梨（やまなし）小梨

名は小梨なれども紅き実みなまたたく　53・11

茱萸（ぐみ）

みそつ歯で山茱萸囓んで幼姉妹　39・9

茱萸の味みそつぱそのものの味　54・3

通草（あけび）

旧友M長逝の報を耳にす。

マドロスたりし形見のパイプ蔓通草（あけび）　47・2

蔦（つた）蔦紅葉

売手買手ともに妙齢蔦なほ青　美

萬緑東京句会メンバー有志より本復祝として鬼の面一個を贈らる。朝倉文夫氏の作にして、「大人可笑」の銘あり。

厳（いか）つき張りで笑む鬼の面蔦盛（さか）る　時

松に紅蔦はや十年の妻帯者　来

地下室群れ出る乙女のさやぎ蔦紅葉　32・11

書を読みて老いしかの眉宇蔦紅葉　36・5

＊9

白亜館紅蔦淋漓闇に散る　38・12

十字架に虚飾紅蔦まつはれり　49・9

倉敷の地にて。

床も煉瓦中庭四壁蔦もみづ　51・12

竹の春（たけのはる）

遠く来れば濡れて色香の竹の春　40・6

芭蕉（ばせう）芭蕉葉

白馬の蹄肉色芭蕉肥ゆ　母

大津、円満院にて

探幽描くは芭蕉へ母のかくれん坊　母

たかがあれだけ憾（うら）みはこれだけ灯の芭蕉　母

夢想の場（には）芭蕉の裾みな草に没す　34・7

夢想の場芭蕉旆（はた）立て旆を伏せ　34・7

椎の苑芭蕉の葉蔭兄事の迹　36・10

芭蕉林に棚引く煙実務の日　39・8

つづら折になりゆく町筋芭蕉多株　52・12

伏目の茅舎芭蕉葉面にあらはる、　来

南無母よ芭蕉の葉筒雨吹き入る　母

如（によ）冥（めい）福（ふく）蕉蔭遺愛の猫睡る　美

破芭蕉（やればせう）

関口芭蕉庵址にて。一句。

破芭蕉把手（ノブ）ピカピカと「くぐり門」　38・7

今年[*10]破れて芭蕉年々復活す　40・10

カンナ

花瓣も狭しとカンナの緋の霑ひ　31・8
カンナと咫尺火を蔵すれど火放たず　34・11、12

サフランの花（サフランのはな）サフラン

垣裾サフラン「おばあさん児」も旅立てかし　39・10

朝顔（あさがほ）団十郎▽

朝顔の花筒女の咽喉ふくらか　来
受洗の子朝顔厩咲き封じ　来
朝顔煤煙密室とどろダンス館　銀

旧友等と次々に会ふ、或日旧友F（高校校長）の勤先を訪ねて、その校庭に憩ひつつ。（五句）

朝顔や友等笑へば幼な顔　母
朝顔やここの校歌を作れとこそ　母
朝顔の芯白きまま銀に通ふ　母
朝顔や子でありし日は終りし筈　母
朝顔繚乱白き舎より楽おこる　母

親戚の挨拶廻りをなす。或家の生活のおもかげは……

朝顔も白だけ教祖の額かかげ　母
朝顔や漁村の娘の耳ものききたげ　美
末子を待つ朝顔活けて低きへ置き　美
朝顔の咲きて落ち止む松雫　17・10
朝顔や砂子ほど歯の欠けにけり　17・10
朝顔の泛き蔓なほも家が城か　31・9
樹上の朝顔修学旅行の前解説　32・11
朝顔や帚も熊手も末ひろがり　33・8
母の涙・朝顔の芯とがめなきも　34・7
人見ぬ猫といまだ葉だけの朝顔と　35・8
山鳩来て鳴く木立あり朝顔あり　36・11
朝顔見んと末子素足で飛石を　36・11
朝顔さまざま子供部屋にて娘部屋　36・11
朝顔柵末子も小さき叔母となり　36・11
朝顔みな方円統ぶる容なる　36・11
赤ん坊のしやつくり朝顔風もなく　36・11
朝顔や昨夜寝ずけふを案ずる妻　37・11
谷の孤屋紺朝顔と人の顔　37・11

松山、六才頃の旧居のほとりなる「立花神社」にて。九句。（のうち六句目）

朝顔や母の言聞き流されつ　38・11
孫と摘みし朝顔の香と葉のにほひ　38・12

新郎の手作り朝顔粋（いき）好みに　＊11　40・6
幼稚園へ駆込み駆込む朝顔や　40・8
膝の辺の朝顔弟と庭椅子に　40・9
千雲万雲距つ孫女等紺朝顔　40・9
朝顔や未だ黄の花の残置燈　41・9
朝顔や日々好日を小刻みに　大
朝顔の花筒ふかく時の鐘　大
孫がつまみて蒔きし種より初朝顔　41・9

本誌の表紙画を飾りたまひしこともある小畠鼎子氏を偲びて、二句。（のうち一句目）

朝顔や描線太く声低く　大
孫等外地に朝顔の蔓絡々たり　41・11
朝顔へ雨小娘へ励まし語　41・12
朝顔膚にヒヤと新家族・旧家族　42・10
四辻の朝顔ビラは「宗吾劇」　42・10

偶成。二句。（のうち二句目）

地団駄踏むは勇気にあらず紅朝顔　44・8
朝顔の団十郎咲き代（よ）に淡し　45・10
朝顔の明（あか）さ食べ得て食べさし得て　大
朝顔の晩花の青花漲れる　45・11
耳朶にふと触れし朝顔つめたく白　46・12
秋の朝顔一詩を得れば一処去る　47・3
ひたすら無音白朝顔のにほひなる　47・10
朝顔の筒から日を呼ぶ朝の楽　50・9
朝顔の押花透くよ歴として　50・12
一事完了朝顔の前五指ひろぐ　51・10
父の好みの朝顔や名は「団十郎」　54・11
紅と白と空色と団十郎と咲けり　50・8

鶏頭（けいとう）

絶壁の端の鶏頭の朝日燃ゆ　来
よその兄弟絆（きづな）血と濃き小鶏頭　母
鶏頭一陣街道沿ひに乾きもせで　38・12

葉鶏頭（はげいとう）かまつか

かまつかは焰挙げ水落ちやめず　45・11

コスモス

密雲漏るる日をコスモスの軽がると　39・12
コスモス越しに白湍長流次女婚前　40・10
馴染のコスモス駅柵は消炭の膚（はだ）　大

白粉花（おしろいばな）おしろい

山手（やまのて）留守居の頃の白粉花（おしろい）いま墓辺（はかべ）に　大

白粉花(おしろい)や匆忙(そうぼう)窓外土荒れぬ　36・11

鳳仙花（ほうせんくわ）

島裏、太平洋に面して行者窟なるものあり。役の行者、当時の外来思想心酔者等に憎み陥られて、こゝに流適隠穏せるあとなりと言ひ伝ふ。

洋が咲かせし無人の磯の鳳仙花　火

秋海棠（しうかいだう）

子規は既に祖父の代の人秋海棠　34・9

秋海棠毬石の隙(ひま)さざれ石　47・2

菊（きく）白菊　小菊

捨菊をまはりから水漬しけり　長

豆菊も猛獣遣ひのビラも久し　火

その庭菊友の利害に消長す　母

大人すげなく子供しつこし菊の金　母

山の日のすわる溜池菊の中　33・11

揺れ菊や父犬が来し母子犬　39・1

菊の茶事胸隆きものえもん抜かず　39・1

五輪記事の新聞紙積み菊久し　39・12

菊の香や騒人常に苦味(くみ)の中　40・11

註「騒人」は「風騒の人」の意。

季(とき)よ故友よ「菊花の約(ちぎり)」講じ初む　大

黄白の菊の落瓣舗道干て　47・12

白菊や祖母の代(よ)塩でもの潔めき　38・12

塀の裾ひろびらきなり小菊つづく　母

*12

玉小菊縫ひて香煙とどこほる　39・1

残菊（ざんぎく）

残菊二三株いとけなき樹の枝に倚り　40・12

西瓜（すいくわ）

西瓜赤し山骨南面雨乾く　母

水平座さがして陋屋に西瓜置く　美

三重県答志島桃取なる奥野曼荼羅氏のもとに遊ぶ

西瓜食べんと各々壁を離れたり　時

輪切西瓜の上から「大人の世」を見てゐる　時

刻も真赤赤衣の乙女西瓜買ふ　31・8

母が妹等育てゐし頃よ西瓜の色　33・9

まどかな家路西瓜を提げて帰る人　44・10

南瓜（かぼちや）

小池氏宅付近及び小池氏宅の人々

古墓や南瓜の肌は粉をふきて　来

南瓜の山そこへ女の香をのがる　銀

有形有限南瓜トラック駆け消えぬ　銀

冬瓜（とうぐわ）

冬瓜みな瞭々として雌伏せる　41・11

青瓢（あをふくべ）瓢簞

瓢簞や大張り小張り赤児の声　母

禅林の瓢簞下半先づ熟れて　43・3

瓢簞の干されし下を遊魚過魚　46・3

馬鈴薯（じやがいも）

樹海行（戦時回想）

古馬鈴薯を茹でし行（かう）厨樹海行　55・11

我が馬鈴薯実のれ燕雀（えんじやく）たのしげなり　来

中世デューラー馬鈴薯の葉を神（かみ）飾（かざり）　47・7

芋（いも）芋畑

芋の葉の干（ひ）たる撫で撫づ天馬いづこ　来

芋の葉にあまたの砂の跳ねる音　18・10

首振る芋葉掌（て）刀（がたな）以て両断す　44・10

芋畑や煙出ている煙出し　6・12

自然薯（じねんじよ）

新自然薯翅（はね）側（そば）め飛ぶ短軀鳥　46・3

間引菜（まびきな）貝割菜

間引菜や世話に添へつつこぼれ世話　34・11、12

赭土行くやたゞ雑草の貝割菜　31・7

山雲から黄が消え朝の貝割菜　39・1

貝割菜垣もみどりに若き戸主　39・10

貝割菜塒騒ぎは隙（すき）もなし　39・11

南画の世界は光描かねど貝割菜　42・10

貝割菜もつれつつ来る音と声　43・2

長女先づ多子となりつつ貝割菜　43・11

肺腑抉りつ茅舎は「甘ちやん」貝割菜　大

「通行止」の径（みち）ゆけば無人貝割菜　46・7

遠く来て無人の域過ぐよ貝割菜　53・4

唐辛子（たうがらし）

唐辛子男（をのこ）児（ご）の傷結（ゆ）ひて放つ　銀

散会後、ただ独りにて、同島の健者地区をあゆむ。六句のうち一句目

唐辛子ちぎり嘗めこころ更らに覚めぬ　銀

茗荷の花（めうがのはな）

＊13

薑（しやうが）茗荷村道白く黄なるのみ　40・10

茗荷など咲き密林の入口なり　46・11

生姜（しやうが）薑

閨怨じみし昼の横顔生姜買ふ　美

霧の香や生姜煮初めし菓子工場　38・1

＊14

薑（しやうが）茗荷村道白く黄なるのみ　40・10

稲（いね）稲穂　豊の穂▽

中学生朝の眼鏡の稲に澄み　萬

教へ児と道は夜に入る稲吹く音　萬

つゝましや旅降りいでし稲の音　来

昼の酔津軽の稲風稲ゆする　銀

稲暗緑命毛鋭（と）かりし母の文字よ　母

たつつけの人よく走る稲明り　30・9

付近を独り散策。風物すべて、地つづきなる我が故郷伊予に似通ひたり。なつかしさ限りなし。十五句（のうち十四句目）

空からさかさに吊りて南の稲穂長し　銀

稲の穂の出でて露草いちじるし　6・11

豊の穂の茎裾白鞘裹（づつ）みなる　34・11、12

早稲（わせ）早稲の穂

古き日を想ふ　一句

早稲の香や見送ればお下髪一筋ぞ　美

明眸の寸づまりの顔早稲の花　時

戸隠行二十六句。（のうち二十句目）

附近の山路、山村をさまよふ。八句。（のうち八句目）

早稲の田のたたみ下りきてみすず叢（むら）　大

信濃暮れて早稲咲く稲田明りの中　42・11

戸隠行二十六句。（のうち十二句目）

中社及び奥社のほとりにて。七句。（のうち七句目）

華表修理早稲の田の面（おも）出穂にしらみ　39・2

稗（ひえ）

山鳩ひそと稗啄んで交（さか）りたる　35・6、7

稗抜きつつ遠くへ届く笑声　42・10

甘藷（さつまいも）藷

女仕事に力みし色や新甘藷（さつま）　36・5

丘がたくさん覗き込む町新藷季（しんいもどき）　時

格式高き彼（あ）の世なる魂蒸藷召せ　31・1

歯のうらに塩気もうごきふかし藷　35・9

ふかし藷載せし桒や白き皺　35・9

夢の中湯気の中よりふかし藷　大

快気者の遊歩や藷葉（いもは）むらさきに　53・6

玉蜀黍（たうもろこし）もろこし　唐黍

干蜀黍（ほしもろこし）祖母尚ほものを固しぼり　42・7

干蜀黍（ほしもろこし）と友の老母と黄の色沢（いろつや）　34・2

もろこしを噛んで含ます代ありたり　大

＊15
日々愚痴と唐黍もたらす婆々ありとか　火

＊16
「さればさ」と唐黍一つを焼きて給（た）ぶ　火

明治神宮貴賓室に於ける或る若き俳人達の句会に招かれて　三句（のうち一句目）
唐黍五六株（しゅ）神饌畑へ巷の音　銀

唐黍高く野の人四山忘じたり　43・10

浅間晴唐黍の乳歯満ち揃ひぬ　44・12

黍（きび）

妻恋ふや黍の戦ぎ葉双肩（もろかた）に　萬

小松は野を蕪せしめんとす黍抗ひ　銀

黍の株切口揃ひ国歌聞ゆ　16・1

友との旅山畑黍株削ぎ立てれど　31・10

粟（あは）

母が遺愛の三毛の手ざはり粟熟れぬ　母

蕎麦の花（そばのはな）

小池氏宅付近及背後の山麓（二句）
花蕎麦や雲を千分（ちわ）けて日の霽る丶　来

花蕎麦や日向の山はわが山のみ　来

踵揃へて上げ下げ語る蕎麦の花　母

詩念払ひて細事為さんと蕎麦の花　母

ちらちら赤し低き松原・蕎麦の畝　33・9

ここらの嶺々の名識りて多子や蕎麦の花　38・12

道すがら蕎麦畑さへ貧しき村　39・9

蕎麦の花雨後の小石はみな素肌　40・10

畦豆（あぜまめ）

小池氏宅付近及び小池氏宅の人々
日と畦豆映れる水や故郷めく　来

幻住庵址へと志す。
畦豆しげり行く径いよよ嶮しうれし　母

小豆（あづき）新小豆

淑やかや磨きしごとき新小豆　美

内赤き古椀に盛り新小豆　美

長子多病の母の畑より新小豆　美

亡き母われを手塩にかけぬ新小豆　美

落花生（らくくわせい）南京豆

ベートーヴェン聴くと掌(て)に分け落花生　来

精進湖行（回想）

既に戦時や「湯がける」苦味の落花生眼を惹くのみ　55・12

我居所より程遠からぬ三鷹町禅林寺内に、太宰治氏の新墓あるを訪ふ。三句（のうち三句目）

南京豆墓前に嚙み嚙み未成年　銀

ホップ　ホップ摘む

白雲の起伏乏しらホップ畑　大

ホップ畑佐久の口笛昼小風　39・9

ホップ畑バス待小屋の小ぢんまり　40・9

ホップ畑離ればなれに牛と馬　40・9

いくさなど無かりし城址ホップ畑　40・9

ホップ畑農家ながらに女部屋　40・9

女等は小分けに積むよホップ摘み　39・9

秋草（あきくさ）秋の草

秋草の多きにつれて人恋し　長

秋草をもたらし塞ぐ燈下かな　長

尾瀬沼

湖つゞき藺つゞき秋草平らかに　火

秋草に昔(さき)のひとの娘(こ)吾妻佇つ　来

閼加桶に秋草石童丸の唱(うた)　来

壮年老年の僧八人、横列をかたちづくりて読経。祭壇上の写真は例の病床上にて撮れる横顔のものなり。

遺影の頭僧より魁偉供華(くげ)秋草(あきくさ)　銀

谷の秋草彼方の懸路ゆくは妻　時

秋草一茎少しもつれて轍の中　32・12

秋草に置幅張りて孫の脛(はぎ)　大

追分町の奥、浅間の山腹なる真楽寺を訪ふ。同寺は慶長年間の建立と伝承さる。十句。（のうち八句目）

秋草や蔵の裏さへ南向き　42・9

秋草や鳥でさまざま塒のとき　42・10

先つ代の秋草あれこれのあらましを　48・9

＊17

困じ果て一休眼外らす一秋草　50・4

秋草そのいさぎよき仰ぎ人恋し　54・8

＊18

与士てふ名の「士」があはれなり秋の草　来

草の花（くさのはな）

草の花の芯の香聞きぬ双手(もろて)突きて　38・2

ドーミエの「ドン・キホーテ」の図に題す。愛馬「ロシナンテ」の姿、いとしくも奇妙なり。一句。

騎馬か駱駝か草の花踏み沙漠めく　39・2

懐石容器は朱椀尽しや草の花　51・11

草の穂（くさのほ）草の絮　草の穂絮

草穂振れば衣擦（きぬずれ）の音や大気の中　美

拡声二つからまり草の絮とび交ひ　43・9

穂絮喜遊パラドックスとエロクェンス　46・9

草の実（くさのみ）

おぼえの容（すがた）かの草の実は世に絶えしか　34・5

草の実に草のしめりの伝ひつつ　35・1

草の実つぶら女人いのちをいたはれば　37・3

「朝日新聞」より転載

城の空谷（からたに）草の実の綺羅熟れこぼる　52・1

草紅葉（くさもみぢ）

飯盛山に白虎隊の遺蹟を訪ふ　七句（のうち五句目）

空しくおそく来りしならず草紅葉　美

足萎女（あしなへめ）の歩みおのづと草紅葉　42・11

末枯（うらがれ）

末枯や行きつつ猫の走り出す　長・萬

末枯に下ろされ立てる子供かな　長

末枯に老婆傘の柄名札揺れ　萬

末枯に小男帯の総を負ひ　萬

末枯もどかし声音（こわね）の記憶はや活きず　来

末枯や御空（みそら）は雲の意図に満つ　来

末枯や白眉長くて虫に似たり　29・12

砂利道尽き路の面が末枯路　39・11

秋の七草（あきのななくさ）

追分町の奥、浅間の山腹なる真楽寺を訪ふ。同寺は慶長年間の建立と伝承さる。十句。（のうち五句目）

七草の何々咲くぞ塔は三重（みへ）　大

萩（はぎ）小萩　白萩

萩叢やかゞみて居ればをはる雨　長

仕置場へはせつける女か時化の萩　36・11

萩叢や地に据ゑ梵鐘裾開き　42・11

萩咲かせてここだく臙脂の餅つくりぬ　57・10

吾子の屎（まり）小筋や小萩咲き初めぬ　来

一掬の小萩が下のさざれ石　37・11

白萩の枯れて太りぬ河のはば　日記

萩の実（はぎのみ）

萩も実りぬ独りの声の宮女の句　銀

芒（すすき）糸芒

温泉宿のうらに芒の一軒家　長

なにもかも失せて薄の中の路　長

打靡く芒ばかりの嶮しさよ　長

少年老いぬ芒の土手の制札よ　萬
光太郎住む山かけて芒出穂　銀

上田市にて　八句（のうち八句目）

古城の径左右が紅らみ初芒　美

手のもの喰はんと芒の丘へふるへつつ　33・10
神の銀杏の梢に風あり夕芒　33・10
山芒中年夫妻の妻先立ち　36・11
初芒汝は抽んづと吾に言はる　37・11
丸山いただき芒ばかりに尚まろく　38・12

戸隠行二十六句。（のうち十二句目）
附近の山路、山村をさまよふ。八句。（のうち一句目）

山芒縦晴空の前に高し　39・2
地も高し萱叢凌ぎ新芒　42・9
磴は一条階は千々なり新芒　大
睦みあふ白馬の総尾島芒　45・4
みな直立紅銀の糸新芒　銀

尾花（をばな）花薄　穂芒

前途に岩門背後に岩門花芒　大
塀内凌ぐ穂芒いまも世間知らず　銀
穂芒や明治出京の汽笛の音や　32・11

精進湖行（回想）

行けど行けど豊饒なる穂芒音を消しあふ　55・12

萱（かや）

萱の葉の雄々しきままに結び文　母

刈萱（かるかや）

もつる苅萱「女家族」へ帰りゆく　美

茅（ちがや）茅萱

されど嬬曳茅萱の紅も失せ果てゝ　火

蘆の花（あしのはな）

西日本新聞社主催の俳句大会へ出席。福岡の地に到着、直ちに竹下しづの女氏を訪れしも折悪しく旅中にて会ふを得ず。

おしはかる声音や蘆の花さわぐ　銀

竹下しづの女氏の令息、龍骨氏の五周忌の霊前に供ふ

花蘆辺朝日のごとき母と居て　銀
文学思慕の眼挙げし亡父蘆の花　45・8
チャイムの音塔へ納まり蘆の花　大

泡立草（あわだちさう）

野良猫なりに尾高く挙げて泡立草　大

数珠玉（じゅずだま）

飛鳥川辺に数珠玉残れそのほかみな　49・6

葛（くず）真葛　葛の葉

島裏、太平洋に面して行者窟なるものあり。役の行者、当時の外来思想心酔者等に憎み陥られて、こゝに流適隠穏せるあとなりと言ひ伝ふ。

窟の口山帰来を吊り葛を垂れ　火
御茶之水の花咲かぬ葛今や無縁　36・10
昔(そのかみ)の畦と沿ふ径(みち)葛の谷　38・12
深葛に聳景隈なくまろみたり　大
今日より喪鉄軌は長く葛纏れ　44・1
真葛越し脚下浪湧く真白なり　長
葛の葉の昼の裏見や親子牛　銀
葛の葉ものを掩ひぬ歩む乙女の脛(はぎ)　40・8
天光ひたひた葛の葉未だ掌(てのひら)大(だい)　43・9

葛の花（くずのはな）

木の間路くだる風あり葛の花　4・11
脛(はぎ)のみか腿をはばみて葛の花　38・9
葛の蔓四五本撚(もつ)れ花太し　42・9

藪枯らし（やぶからし）

学荒ぶヒマラヤシーダへ藪からし　銀
他人(ひと)の精励睹(み)つゞく重さ藪からし　30・9

撫子（なでしこ）大和撫子

撫子やぬれて小さき墓の膝　母
撫子や闇の黒目の朝鳥　母
撫子や母とも過ぎにし伊吹山　母
路傍の阜(をか)旅人凭(よ)らしむ小撫子　美
長女はやくも母や撫子蕾添ひ　36・11
したたか雨に臥せし撫子真上霽る　大
撫子の筒長蕾尖(さき)笑(さ)きぬ　43・10
仔牛の辺大和撫子咲き余る　大

野菊（のぎく）

*19
形影まろし野菊うたかた流れゆく　来
旅に居て曇れる午前初野菊　来
野菊は左右(さう)へ撥ねては直る乙女行く　来
初野菊仮想の女人みなあはれ　来
里近し野菊の下に土竜の土　来
*20
療院へ道よりかしぐ野菊径　来
*21
松山は野菊多きや然(さ)よ今こそ　銀

野菊一つも没後の現（うつつ）小虫来て　母

「野菊の墓」の映画化されたるものを観る

川波さへ強きにすぎて初野菊　美

女ニコヨン裾さばきなく夕野菊　美

＊22

野菊映ゆ気強き女の気弱さに　時

上田市にて

千曲河畔の町の中なり初野菊　32・2

闃（げき）たり野厠ひらく肛門・初野菊　35・9

戸隠行二十六句。（のうち十六句目）

附近の山路、山村をさまよふ。八句。（のうち四句目）

山の午（ひる）野菊の花冠真上向　大

初野菊鏤ばめ崖の縦草叢　39・9

若き裳裾野菊も紅（べに）に刺繡（ぬひとり）して　40・5

追分町の奥、浅間の山腹なる真楽寺を訪ふ。同寺は慶長年間の建立と伝承さる。十句。（のうち一句目）

他郷更に遠く野菊へ来りけり　42・9

連山負ひて望洋の地や初野菊　43・10

雨の土に馬蹄の迹や初野菊　44・10

狗尾草（ゑのころぐさ）猫じやらし

猫じやらし触れてけもの丶ごと熱し　火・萬

藪虱（やぶじらみ）草虱

降り出して返へす道辺の草じらみ　長

火中して爆ぜもせざりき草虱　41・1

草じらみ未だ疎遠の背を見遣る　48・12

曼珠沙華（まんじゆしやげ）彼岸花

曼珠沙華落暉も蘂（しべ）をひろげけり　長・萬

曼珠沙華人なき渚船なき海　火

曼珠沙華南国の出に田が親し　火

故友、川端茅舎を偲ぶ。

曼珠沙華寄りあひ故人に心寄る　来

四十路さながら雲多き午後曼珠沙華　来

悼石橋秀野夫人　二句

いとどしき朱（あけ）や折れたる曼珠沙華　銀

二列（ふたつら）の曼珠沙華路行方知らず　銀

曼珠沙華悲しみこそは醒めきつて　銀

曼珠沙華この悲愁コーヒーの昂りから　母

曼珠沙華「末期の眼」こそ燃ゆる筈を　母

曼珠沙華火宅めがけて消防車　美

曼珠沙華女（め）は涙（なんだ）拭く目頭へ　美

南面のやや西よりに曼珠沙華　時

曼珠沙華に蕾や今生(こんじやう)に明日ありて　時
曼珠沙華故人長考に入りしまま　時
いとしみ綴る日本の言葉曼珠沙華　時
かへり観れば行けよ行けよと曼珠沙華　時
曼珠沙華山にも畦のあるならひ　16・12
曼珠沙華母の右手へ凭れ行く　30・11
うすくひろく白壁剝げぬ曼珠沙華　30・11
不遇のことは後人齎(さい)せよ曼珠沙華　33・10
曼珠沙華山村暦日の五味(ごみ)捨場　33・10
曼珠沙華を風にいたみぬ風下に　34・9
水明草明友の歿後の曼珠沙華　34・9
径(みち)は草にうもれ其処から曼珠沙華　34・9
故友が待ちしわが詩(うた)湧き初め曼珠沙華　34・9
曼珠沙華吾(あ)を拾ひ立て友は逝きぬ　34・9
友愛一途に「笑(わらひ)」咲かせき曼珠沙華　34・9
曼珠沙華一株や兄事はとこしへに　34・9
曼珠沙華山禽海鳥たまに過ぐ　34・10
此の或日よさらばと落日(おちび)曼珠沙華　34・10
捨壺ながら無垢の天水曼珠沙華　34・10
石同志曼珠沙華どち故人不語　34・10

曼珠沙華は佇つ人を視てそれに聴く　34・10
石と巌地を圧すれば曼珠沙華　35・10、11
萬緑叢中黒土抽いて曼珠沙華　35・10、11
語り初むるは下唇や曼珠沙華　36・11
墓に伍して谷を覗きて曼珠沙華　37・11
曼珠沙華走せ次ぎこの身運ばるる　37・12
曼珠沙華世の坦道を行路難　37・12
急坂に車まろばす曼珠沙華　37・12
曼珠沙華日輪円周刃を呈す　37・12
血も乳も出ずよ薙がれし曼珠沙華　38・1

帰郷、「東野(ひがしの)」の奥なる山裾を数十年ぶりにて辿る。
嘗て回覧誌「楽天」のメンバーと共に逍遥せし地なり。
(三句)

曼珠沙華「南友」と呼ばむ人と共に　38・1
曼珠沙華故里の野へ愛の鐘　38・1
曼珠沙華なぞへすなはち身を寄す可し　38・11
曼珠沙華午告鶏(ひるつげどり)としはぶく老(おい)　38・11
曼珠沙華飯粒こぼし銭落し　38・11
曼珠沙華昼の露を風横取りす　大
曼珠沙華凝血天へしたたれり　38・11
曼珠沙華血もて購ひたる短命　38・11

曼珠沙華南面十日王者待つ　38・11

生得のすがた盛衰曼珠沙華　大

己祝し己とむらふ曼珠沙華　39・10

曼珠沙華鶏鳴声を八裂(やつざき)に　39・11

筬(をさ)の音が丘に織り出す曼珠沙華　大

鳥はもとより虫の羽音す曼珠沙華　大

曼珠沙華故人も木(こ)がくれ草がくれ　大

曼珠沙華の群落次々巡礼す　大

曼珠沙華の残栄や日はゆめ昃(かげ)らず　39・11

母を知らず妻持たぬ人曼珠沙華　40・9

刻を逸せず流れ去る水曼珠沙華　40・9

曼珠沙華農婦の帰宅門を入る　大

曼珠沙華有縁(うえん)とのみに結縁(けちえん)無み　41・1

曼珠沙華長白髪もみだしなみ　41・12

草を剃り詰めし畔より曼珠沙華　42・11

由縁(ゆかり)ふるき熟路や今日は曼珠沙華　42・11

一つや二つや数飛び超えて曼珠沙華　42・11

五雲の五指日の玉摑み曼珠沙華　42・11

曼珠沙華顕(あ)れ次ぐみどりの玉櫛笥　42・11

故人等彼方青山彼方曼珠沙華　42・11

曼珠沙華年毎冷えそ日本の血　42・11

曼珠沙華の晩花一株や伎芸天　43・3

中弟欠けぬ信濃にはやき曼珠沙華　43・11

偏向なかりし一生や熾烈曼珠沙華　44・1

寺に仰ぐ彫(ほり)物(もの)竜象曼珠沙華　44・1

曼珠沙華故友の賞でし伊吹近し　46・12

時は流れ洲は錘(つむ)形や曼珠沙華　46・12

曼珠沙華めぐり会はめとめぐり会ひぬ　47・2

全校悼む白面文人曼珠沙華　49・3

歌手沢田研二、やうやくに道化役化し、その青春も亦うつろはんずる気配なり。

白曼珠沙華真珠環(たまき)を懸けてしばし　49・10

今日行けば仏縁の曼珠沙華に会はむ　51・8

曼珠沙華の秘色や高き地へせめぐ　53・10

縁(えにし)の友同行の友曼珠沙華　54・10

曼珠沙華鉄路に添ひて径(みち)二条　54・10

北国奥地へはこばるる身へ曼珠沙華　54・10

先づは往路や先駆しつづくる曼珠沙華　54・10

往く先ざき回想沢に曼珠沙華　54・10

曼珠沙華酣(たけなは)や人跡ただに稀　54・10

目(め)許(もと)胸許とざされつづけ曼珠沙華　54・10

唯兀と寺門先づ在り曼珠沙華　54・10

長流沿ひに旧藩主の別邸あり曼珠沙華　56・4

彼岸花「目連尊者の母親は」　来

東都辺ながら栴檀の木と彼岸花　39・10

彼岸花孝為せし妻悔なからん　39・10

「彼岸花――花よりも美しい黴」と、その一文中に誌したる故友伊丹万作の命日は、ゆくりなくも秋彼岸の九月十九日なり。一句。

我在る限り故友が咲かす彼岸花　40・8

ただに別辞の如し名残の彼岸花　40・10

＊23
野面より呼びに来しかに彼岸花　40・10

＊24
甚七郎は芭蕉彼岸花は曼珠沙華　40・10

「まさきくあり」とのみ識る彼岸花一本　41・1

鳥獣保護区彼岸花消え翅の音　42・12

彼岸花よ夢立帰り夢戦前　48・4

彼岸花の蕾道辺に遅速あり　51・10

彼岸花友の忌日へ余日あり　51・10

彼岸花田舎芝居の青天井　大

彼岸花千日鬘の入鹿唸る　56・4

彼岸花お三輪横顔の鼻見せず　56・4

彼岸花淡海公釣針で人釣るべう　56・4

彼岸花鱵七斗酒辞せず正体ただつつむ　56・4

彼岸花の花期永く人の世の変遷縷々　56・4

彼岸花老女の呼びかけやさしく凜　56・5

中庭の彼岸花緋色雄々しきかに　56・5

中庭の彼岸花給仕の仕草むしろ艶に　56・5

桔梗（ききやう）

大地から競り出し岩頭桔梗咲く　53・3

男郎花（をとこへし）

足弱の来ぬところなり男郎花　39・11

吾亦紅（われもかう）

吾亦紅オートヂャイロが遊びにくる　美

売れ次げり造花の派手な吾亦紅　39・1

水引の花（みづひきのはな）水引草　水引

亡母あちこち義理がたかりしよ水引草　時

ゆくりなくも、青露庵の垣外に佇む。

生命へ生命ささげまつりぬ水引草　33・7

水引草妻にまことの祝事在れ　45・4

岩峨々や水引草は朱点打つ　45・11

水引やここは木洩日いつも濃きや　45・11

水引を手帖に栞す紅(べに)両端　45・11

水引や渓(たに)径(みち)二番目の日向　45・11

水引や生命(いのち)ある詞句細字にルビ　45・11

松虫草（まつむしさう）

松虫草谷ゆ生ひ出し一木に触れ　萬

露草（つゆくさ）

稲の穂の出でて露草いちじるし　6・11

露草や濃淡絶し今朝の空　36・10

夢遊者さながら浄め次ぎし手露草に　36・11

露草の花の実らんずる気配　47・2

車前（おほばこ）車前子

白河関址にて　六句（のうち三句目）

足弱を偲びもするや車前草(おほばこ)に　美

健在自祝信濃おほばこ鮮緑に　大

近ぢかと路よけあふや車前草(おばこ)鳴る　30・7

山雨急おほばこさへも騒立ちて　43・12

忍草（しのぶぐさ）

盆過ぎや朽(くち)川(かは)舟(ぶね)の忍草　38・9

犬蓼（いぬたで）赤のまま　赤のまんま

勝ち誇る子をみな逃げぬ赤のまま　美

桑海残存赤のまんまも径沿ひに　47・3

烏瓜（からすうり）

みづから青き水傲慢や烏瓜　母

スキップに追つけぬ母烏瓜　31・1

烏瓜高ひくのある汽車徐々と　33・12

恰好つけて家鴨昼寝や烏瓜　38・12

烏瓜のいかでか池へ落ちなんや　大

切株ばかり人到らねど烏瓜　44・2

烏瓜畳押さへて媼起(た)つ　大

蒲の絮（がまのわた）蒲の穂絮

＊25

霊薬摂つて蒲の穂絮(ほわた)にくるまれよ　銀

傷すべて古傷となり蒲穂絮　51・3

浮御堂も古松も身堅む蒲穂絮　51・3

老父老妻魚(いを)煮しめ売り蒲穂絮　51・3

故友の思出自愛せしむよ蒲穂絮　51・3

対岸呼ぶごと左右遠きごと蒲穂絮　大

茸（きのこ）たけ

おのづから苔もなぞへや茸立つ　35・6、7

妻子等嘗て此処に饑ゑたり日の茸（きのこ）　38・10

好晴の菌山南面にほひ立つ　57・11

をみな等に菌山南面ただに素直　57・11

銃声は他山のひびき茸こぞる　美

紅茸（べにたけ）

紅茸大小死者の猥談遠きかな　33・8

秋芝▽（あきしば）

秋芝の夫の辺膝突きうしろ指し　母

全面隈々幼児を据ゑて秋の芝　34・10

山帰来の実▽（さんきらいのみ）

島裏、太平洋に面して行者窟なるものあり。役の行者、当時の外来思想心酔者等に憎み陥られて、こゝに流適隠穏せるあとなりと言ひ伝ふ。

窟の口山帰来を吊り葛を垂れ　火

花枸杞▽（はなくこ）

今日より喪花枸杞の枝撓み折れず　44・1

蘭の実▽（らんのみ）

蘭の実黒し独居独作倦かぬかも　39・12

冬

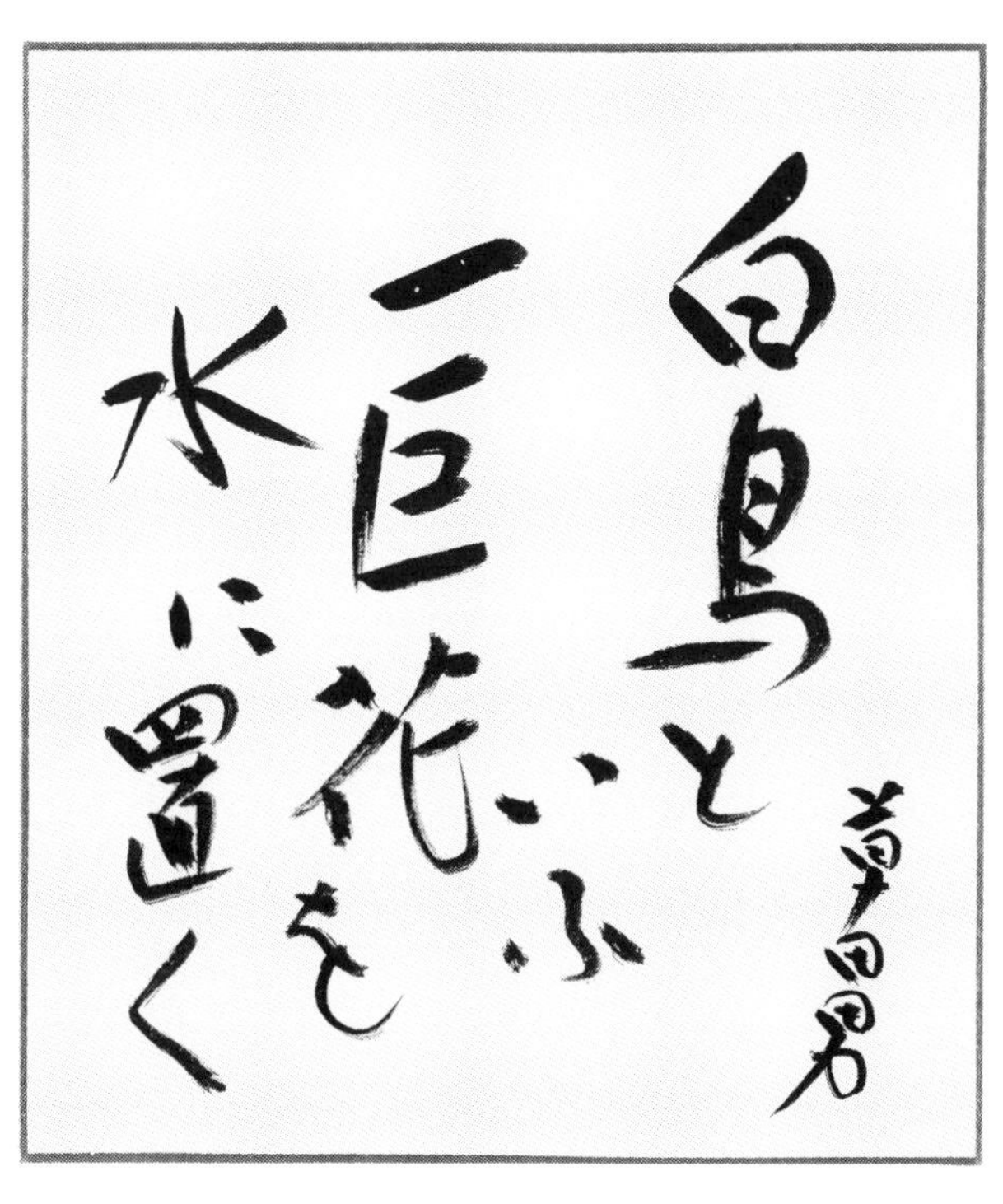

【時候】

冬（ふゆ）冬帝　冬将軍

冬すでに路標にまがふ墓一基　長・萬

冬の風鈴たゞ一息の今年なりし　火

狂院の冬の青藪日は正午　火・萬

軍国の冬狂院は唱（うた）に充つ　火・萬

赤き幹冬の松籟捧げ立つ　火・萬

洋傘（かさ）は突き足は踏みつゝ冬の闇　火

大学生冬のペリカンに待ち待つ　火

吾手なほひそかに素（しろ）き冬の皮膚　火

冬の苔鴨の錦毛むしらるゝ　火

火見櫓曇天を冬の刻移る　火

人あり一と冬吾を鉄片と虐げし　火・萬

灯台の冬ことごとく根なし雲　火

冬新た高圧線の銀線に　萬

机上冬父も欲りしは湧く力　萬

空かけてコンクリートの冬現る　萬

牛はしづかに冬の大きな耳を対けぬ　萬

亡き夫人智恵子の色絵冬爛漫　萬

脚下の冬汽車がもつとも白ら煙　来

吾子のあれば冬の水飴氷砂糖　来

機関車一つ拱手の火夫に音なき冬　来

月曜の唱歌の声や友亡（な）き冬　来

三十三年間の恩友、伊丹万作を失ひてより三ヶ月、一月休暇に曾遊の地、富士見高原を再び訪ふ。

外光や友亡（な）き者の冬の旅　来

学問で建てし家据し冬の棕櫚　銀

再び関梅春氏の許を訪ふ　九句（のうち六句目）

冬の露鶏（とり）のまばたきただまろく　銀

＊1

兄等（けいら）の頭上冬壁に「最後の晩餐図」　銀

散会後、ただ独りにて、同島の健者地区をあゆむ。六句（のうち二・三句目）

四季載せて今（いま）冬載せて海はあり　銀

冬のハンケチ自由ならざる諸手振り　銀

高松市の郊外、香西照雄君のもとに数日滞在　七句（のうち一・二句目）

棕櫚の立木下枝（したえ）茂りて四国の冬　銀

冬の白壁雀尾出せばその尾の影　銀

＊2

父てふものは冬経るごとに妙になるよ　銀

付近を独り散策。風物すべて、地つづきなる我が故郷伊予に似通ひたり。なつかしさ限りなし。十五句（のうち一・二・九・十・十三句目）

蛇の衣冬までのこり草に引いて　銀
蛇の衣冬見れば頭(づ)のあらざりき　銀
南の冬あ向きこ向きに泥鰌居て　銀
男帯ほどの水にも冬の目高　銀
冬も素足南国乙女過ぎて薫る　銀
歴史は胸裡に冬の屋島に木々深し　銀

佐藤継信戦死の遺跡にて　三句（のうち一句目）

猫居て微雨に耳振る史蹟冬の鳶　銀
二つの唐傘冬の松から青き雨　銀
それぞれの冬や牝鶏下駄を踏み　銀
捨(すて)晒(され)莨(たばこ)冬を凌いだ山鳩鳴く　銀
開くとき光りぬ冬の昼花火　銀
冬の仏像麺麭は一と日の生物にて　銀
ガードの冬亡母どこからでも出て来る　銀
母なき冬石臼の目をきざむ音よ　母
かきならす香炉の灰もいつしか冬　母
冬の魚臭母さいなみし人もあり　母

学歌審査員の一人として、久振りに東大を訪ふ。二句。（のうち二句目）

学の厦(が)冬の厦(が)壁画の騎手は紅顔に　母
冬の女と女の間(あひ)のかをるのみ　母
冬の市場日之出模様の紅褪せて　母
鴉ども騒ぎて冬の青落葉　母
谷の冬吉凶いづれの紋服ぞ　美
冬の明眸先立つ白狗(びやつく)の甘えやう　美
一物無し冬のまぶしさそこ罩めて　美
冬(ふゆ)框(がまち)腰かけ客と小土産と　美
冬のルムペン打球の音見る痛さうに　美
冬の鳶父を勢(きほ)はす木場娘　美

伊良古行　十一句（のうち十一句目）
一寺の境内に、保美に於て巻きたる芭蕉、越人、杜国三吟歌仙の冒頭三句を刻りたる句碑残れり。

碑の冬苔杜国の句のみ色に流れ　美

石川桂郎氏を、その別棟療屋に訪ふ　七句（のうち三句目）

臥(ふせ)つて見せ起きてみせよや冬小藪　美

千葉一宮行　十一句（のうち一・六〜八句目）
一行中には違和本後の一友も混る

冬杉の焦色おどろき恙なし　美
遅進児が松落葉搔く蟹逃げる○　美
冬の蟹泥底ながら床滑に　美

第一波濤冬の砂丘の上に見えぬ　美

多磨墓地にて　二句（のうち一句目）

日本近代史やうやく厚し冬の墓地　美

叱りあふ如く尾長(をなが)鳥等冬睦む　美

L・P盤となりたるを以て、やうやくに「第九シムフオニー」L音盤を購ひ得て、家族と共に之を聴く　七句（のうち三・六句目）

いまは弱し冬の涙が眼(まなこ)ぬくめ　美

一人一人が光栄(はえ)の柱ぞ冬の殿堂(みや)　美

冬の泥の坪踏みひろげ家鴨どち　美

冬の噴水携帯ラジオに携帯され　時

野方町、功運寺墓域中に、「純徳院芙蓉清美大姉」なる一墓あり。即、林芙美子女史の奥津城なり。（四句）

冬の墓「匆忙書体(そうぼうしょたい)」を移したり　時

父母の墓辺この冬墓は「淋しがり」　時

翰林めく椎叢(しひむら)もあり冬の墓　時

冬の墓「情のをみな」も史中の人　時

体操教師以外の教師の冬やつれ　時

吹きすさぶタオルで拭くや冬の汗　時

オリオンの「隈星」も容れ冬の谷　時

子育てのにほひや冬を酸く甘く　時

ある一団と関西旅行をせる際、華蔵寺を訪ふ

赤土も古れば冬苔吉良の墓所　時

金(きん)の渦をこち向けて冬の喇叭吹く　時

冬陽炎が呼び出せしや一舟を　時

まひ〱はもう居ず冬の水すまし　13・2

嘗て四年間、級主任として相親しみし教へ児、山本麟、二十二歳、学業半ばにして勇躍出陣すること、なれり。

亡き彼が汝(なれ)に活き陽(ひ)は冬を超ゆ　19・2

鵙ひそむこの冬の藪裾高し　30・3

地平まで女気(によき)絶つて「冬の夢」全し　31・1

青竹杖につく余地もなし冬磧　32・3

人工楽園構想しろじろ冬の棕櫚　32・3

去る者は路傍へ去り冬の道一筋　32・3

佐倉にて　三句（のうち二句目）

己(おの)が居まどかに抉りて冬の蟻地獄　32・11

一月四日の記録

末子にあり得よ冬の孔雀が尾を拡げよ　33・1

冬の砂利白し左右へも歩みみし　33・2

冬竹一本倒れ居て越えがたきかな　33・3

黄と赤の弁慶縞の子冬の羊　33・3

母に似たりし冬のこの手よ右と左　33・3

倚るやそのまま腰掛く冬の岐(わか)れ幹　33・12
竹青し冬の詩業の汗拭ふ　33・12
冬の間(ま)の雨洗ふべし椎の煤　34・1
山吹は一とすぢ一とすぢしばし冬　34・1
冬の噴水徒長徒速のものの中に　34・1
冬の噴水老大学生心身千々(ちぢ)　34・1
野方町、功運寺墓域中に、「純徳院芙蓉清美大姉」なる一墓あり。即、林芙美子女史の奥津城なり。
冬苔の厚さや女人の墓は撫さじ　34・1
かたみに冬嘴太(はしぶと)小鳥対き合へる　34・2
冬の藪辺セメント徐々に石と化して　34・2
冬の掘割小店に真赤な柄の箒　34・2
野方町、功運寺墓域中に、「純徳院芙蓉清美大姉」と銘したる一墓あり。即、林芙美子女子の奥津城なり。
あかがね包丁豆腐屋過ぎて冬の墓　34・2
青みどろも今は紺色冬の鯉　34・11、12
冬の倉「絶ちたる恋」の品重ね　35・1
冬の谷夕彩雲(あやぐも)の下となりぬ　35・2、3
冬の機械に破玻璃戸(やれはりど)さしさはりなしと　35・2、3
冬の合唱たべもの舌に乗り揺れて　35・2、3
冬の豪語烏賊からも血の出かねまじく　36・5
冬のはぢらひ一少年がり二少年　36・5

床へ大地へひびきて冬の鉄工場　36・5
冬陽炎海へ揺れ出て遠岬　36・5
或る座談会記事中に「草田男はエスケープしてゐる」の語ありき
冬の校舎子供のほかに女の声　36・7
冬の竹筒袖の筒手を秘めて　37・1
殖えゆく星冬の窓辺の木犀に　37・2
釘穴・鋸溝(のこみぞ)在りたる冬の流材(るざい)ゆく　37・2
七三の向きに孤家(ひとつや)冬の森　37・2
祖(おや)多し冬のかたばみ葉を閉ぢて　37・3
冬の亭(ちん)ただ四脚や故友遠し　37・3
礼装の裾紅蹴つて冬の磴　37・3
君と歩みぬ冬の一と瀬と一と淵過ぎ　37・3
冬の小魚あしおと逃げて巣に集ふ　37・3
冬の湍襞多き岩は若きかや　37・3
冬の鶺鴒起伏をたどり時うつり　37・3
無色とは純白冬の神父館　大
聚光院中の利休の墓に詣づ。一句。
右歩すれば冬砂の波直(す)ぐ左手(ゆんで)へ　38・3
真珠庵の方丈にて、若き独身の住職と語り、抹茶の饗応を享く。三句。(のうち三句目)
冬の一宇閉塞戦図・一休像　38・3

大徳寺苑内に、「鬼界ケ島の流人（るにん）」の一人、康頼の塚あり。一句。

帰還者の碑さへ古り古り冬松籟　38・3

但馬氏・見市氏の東道によりて、洛北の諸寺を訪ふことを得たり。叡山を借景とせる園通寺にて。四句。（のうち三句目）

厚垣みどり冬の一喝一条に　38・3

この冬辻すべての路の中腹に　38・3

曼珠院を経て、「一乗寺下り松」の辻を過ぐ。数多くの路のおのづから落合ふ個所なり。六句。（のうち二・四句目）

この冬辻武蔵のみかは吾（あ）も今立つ　38・3

恥かし*3とは若さの彰（あかし）冬添水（そふづ）　大

死に難*4し水長く冬の松は常磐（ときは）　38・3

冬の棕*5櫚遺児等父より丈（たけ）高み　38・3

唇歯の*6間（かん）藪薙ぎ冬苔荒れざらめや　大

冬苔痩*7せここ画中人みな豊頬　38・4

松も*8鶴も冬の光の絶空に　大

冬それぞれ形のよしみ松の傘　大

腹のふくれし古懸簾（かけす）のみ冬街道　38・4

瓦礫墜ち鎮まり冬の埃も亦　38・4

籠目白みどり寄せあひ冬山家　39・1

仕事は若しもみあげ垂るる冬の汗　大

冬虔（つつま）し日輪安置の潦　39・1

百姓の冬旅姿手首撫す　39・1

百姓の冬旅姿宵欠伸　39・1

「熱き*9潔き青年」ならぬ冬の涙　39・1

ひとか*10たならぬ有縁の冬の勿忘草　39・1

一家全員テレビの前に集ひて、ケネディ大統領の葬儀当日の実景上に、哀悼の情を頌つ。一句。

冬の"the sun"白馬（はくば）"the man"の柩輓く*11　39・2

里の子ならん冬の柳条輪に結ひつ　39・3

勤務先の成蹊学園にての講義中、森鷗外の本質を解説するに際して、その短篇「仮面」を引きあひにするを常とする我なれば……。一句。

冬も饒舌「仮面」ならざる一仮面　39・3

富士の前冬陽炎の闊さの中　39・4

人生半ばで踏み入りしかに冬密林　39・4

冬の密林豺狼出でてあなや消えぬ　39・4

岩の冬苔撫づれば豹の頭の如かり　39・4

煙管吹きぬき耳鼻相通じ冬の翁　39・12

冬の白樺細実つけつつ皆若し　40・1

冬の坂白衣過ぐときすべて白し　40・1

冬の新道単独行の人と犬　40・1

金星と帰心は冬もうるほひて　40・1

関口町カテドラルにて。三句。（のうち一句目）

栄光を希ひ鍍金す冬の岩へ　40・3

枝々の生松葉より冬の光　40・3

愚痴一切を封ぜむか冬の肉落ちなむ　40・3

カレーに燃ゆる冬の身はやも子に縁談　40・6

註　こは旧作なれども、香西氏の示唆に基づきて、思ひ出でたるままにここに記録し置くなり。

をみな等の喪の古言葉冬金魚　40・11

テレビ所見。

道化冬晒片目涙の「描き涙」　40・11

先行く水に水落ち冬の水泡不尽　40・12

冬の花芯より五弁日を走せしむ　40・12

冬の残光楽譜の上を横移り　41・1

冬瞭々廃墟に巡る丸柱　41・1

こちら側の頬が笑みたり冬の友　41・1

目白区の、とある個所に、「世界平和協会」なる門標を掲げたる宏壮なる一構への地区あり。

古りし日の丸まだ冬づける椎群落　41・2

冬の逆光眉目わかたねど笑みつつ来る　42・2

竜頭捲く音小刻みや冬の母　42・12

冬のパセリー茂りてひとりでに暮るる　43・3

土竜の塚はみな一度づつ冬久し　43・4

壁の真中に大きな呼鈴冬の漢　44・2

胸から腰から壮枝や冬の百日紅　44・2

自愛せむ冬の葉のみの曼珠沙華　44・3

蜂の古巣蟷螂の卵ひそみの冬　大

墓所の冬斯くも相違の犬と犬　45・3

足許の土指し古都の冬を語る　45・3

全曲中ドラム一打や冬の楽　45・4

一物一物与へて冬をぬくとげに　45・5

冬の金魚子をあやしつつレイ・アウト　45・5

詩人の妻学者の母ぞ冬泰かれ　46・3

能面の眉は高みに黙(もだ)の冬　46・3

若者の冬の歯灼熱のもの食べる　46・3

修道尼三人邂逅冬ひそか　46・5

冬の野鳩木々相睦む刈込垣　46・6

冬の山鳩かの二山もまろき頭(づ)ぞ　47・11

冬の祈身の体臭の場を去りて　47・12

冬の祈人黙し魚口うごく　大

日の丸に裏表なし冬朝日　大

踵の迹もとどめずシスター冬の土　48・2

冬の和風家居跡めく宮居跡　49・6

次の二句は「俳句」誌へ発表のものと重複す。（のうち二句目）

暁(あけ)烏(がらす)玄(くろ)く明るき冬の声　49・11

とくとくの清水。一句。

冬の涓滴うなづきうなづきやをら流る　50・3

崖下からの冬の臥牛の眼に礑(はた)と　53・11

碌山館にて。

冬の眼福泰西名画のコピー若く　53・11

妻亡(な)き冬真昼の地震(なゐ)の語り出でず　54・2

自らの踵の音も冬を稀に　54・2

樹海行（戦時回想）

磁気内蔵の樹海の岩石や冬荒涼　55・11

青空仰ぐ冬帝の長き脛の下に　銀

壜はまどかに鏡は直し冬将軍　美

神無月（かんなづき）

たらちねとして日々潔し神無月　火

乳房のかげに弾む一つ音神無月　31・10

十一月（じふいちぐわつ）十一月三日

あたゝかき十一月もすみにけり　長・萬

＊12

十一月三日鶴唳の園に読む　萬

詩の湧きつぐことが詩十一月の薔薇　美

十一月の薔薇と葉叢に深日差　美

佐倉にて　三句（のうち一句目）

紺碧の十一月三日髪膚明(あか)し　32・11

＊13

愛慾踊る聖代十一月三日　38・12

十一月の櫛目正しき日の光　大

十一月の日差・昃(ひかげり)自知の座に　大
十一月の母の首筋小草花　39・1
十一月川辺の墓地の前潺湲　40・10
十一月の雨雀(うじゃく)はしやぐ施食盤　42・11
十一月の海気吸ひては暖気吐く　45・5
十一月一途(いちづ)々々に飛鳥川　49・4

岡山の地にて。
島嶼すずろ其の果(はて)四国土十一月　51・12

立冬（りつとう）冬立つ　冬に入る　冬来る

かの詐欺漢冬立つ街に今日いかに　萬
冬に入る構へや白樺も細流も　53・11
冬来る梢々(うれうれ)竹が勝ち初む雑木山　31・11

冬ざれ（ふゆざれ）冬ざるる

三宝寺池にて
冬ざれや石段おりて御堂あり　長
鷗の糞冬ざれ柵へ吾の上(へ)へ　火
香西君と吟行。途中、其夫人の勤先の学校に立寄る。二句（のうち二句目）
女学校冬晒落書「I like him」　銀
冬晒地蔵の前過ぎ俳諧師(はいくつくり)なれど　母

水戸城址、弘道館址にて（二句）
冬ざれ庫(くら)葵の紋をみどりに塗り　32・2
冬ざれ井戸一(ひ)と度(たび)深くいま古りて　32・2
「赦(ゆる)して」「赦さぬ」ギャングごつこも冬ざるゝ　31・1

小春（こはる）小春日和　小春風　小春凪

*14
笑めば小春うなづく顎の失せし人が　銀
悼斎藤茂吉先生（読売新聞の需めに応じて）五句。
（のうち四句目）
語りつ瞑(つむ)る瞼まろかりし小春恋し　母
高みの欄に小春童児のあぎとの裏　母
鼻が下がりて眼が覗きけり小春犬　母
小春の蠅首級くるりと廻し拭く　美
たゞも、いろ盲女小春の耳朶長し　30・11
腕と手の力ぬきつつ小春道　33・12
小春翁パンを嚙み居り餡のぞく　36・5
留守居姿の小春女の眼のしづかさ　37・2
小春の貨車に青啄木鳥(あをげら)のごと取附いて　38・1
馬が来てよろこぶ犬や木場小春　39・1
犬のギャロップ成女のスキップ小春久し　大
小春なる裸人形金紙の上　39・12

十月三十一日次女婚礼の日に身辺即事を叙して、前途を祝福す。一句。

鑿槌ひびく小春の家を巣立して　40・10

望郷さへも育て小春の伊勢の海　45・5

小春も永日「可愛い目をしたいい子だよ」　45・12

たまさかの昼湯小春の藪揺れて　47・11

*15

四女みんな華やぎ小春日和なるに　40・10

話しぶりとうなづき定か小春凪　45・5

*16

嶼訪ふ波は松慕ふ波小春凪　44・12

*17

小春凪指環に真珠鳥羽乙女　44・12

冬暖（ふゆあたたか）冬ぬくし　暖冬

歳末なれど冬煖とてこころ甘え勝ち　57・12

女言葉の冬暖天気予報了る　48・3

別れ路や冬ぬくければ雨後の月　長

冬ぬくき赤衣の女ほゝけたり　火

石川桂郎氏を、その別棟療屋に訪ふ　七句（のうち四句目）

悲喜をにれはむ性（さが）は責（せん）なし冬ぬくかれ　美

散会後、ただ独りにて、同島の健者地区をあゆむ。六句（のうち四句目）

暖冬とやわれ健康にあまなひて　銀

水綿はゆらぎ暖冬の人閲ぎ　美

暖冬不安「平和の鳩」の頭（づ）・ピカソの頭（づ）　美

浮誇の徒の暖冬に遠く鷗の屍　32・1

或る事に際して一句

暖冬暖気と必死の俗情につきあひぬ　32・3

暖冬呆け弟子とは交歓厭人語　34・3

*18

暖冬さながら引緊りたる御笑顔　38・3

岡山の地にて。

暖冬の旅先大き城小さき城　51・12

霜月（しもつき）

山口誓子氏との対談会の催ありて大阪に到る

霜月や誰でもを観る旅の人　時

十二月（じふにぐわつ）

十二月夫婦（めをと）羊に鳩下りて　来

十二月個人マラソン白線沿ひ　38・2

冬至（とうじ）一陽来復

膝を打ち手を拍ち呼びぬ冬至鳩　40・1

一陽来復マーブル円卓双手に撫づ　40・3

師走（しはす）極月

馬多き渋谷の師走吾子と佇つ　火・萬

乗客を盛りて師走の夕日盛りて　銀

鴛鴦（をしどり）とくわゐを描きて師走の子　母

師走の父大櫛末子（ばっし）を梳る　美

岬の師走白き顎髯刈込んで　美

源義朝謀殺の故地なる天坊の古刹を訪ひ、慣はしに従ひて木太刀を奉納す。

師走の木太刀へ墨書や流血遠からず　美

師走しづかなわが足音や人ふりむく　美

元雲（もとぐも）ともども煌と師走の離れ雲　時

家角壁角師走の日かげ余力ありて　時

師走の日座さぐりぬ臈たけややすが目　32・12

晩（おそ）く重きかの恋果てしや師走の沼　32・12

水源護（も）る椎叢師走の音遠し　33・1

椎の枝ぎらぎら師走の日をさへぎる　33・1

眼鼻をば撥（ばち）で避けざま師走風　33・12

野方町、功運寺墓域中に、「純徳院芙蓉清美大姉」なる一墓あり。即、林芙美子女史の奥津城なり。（二句）

風を凌いで師走豊かの日ある墓ぞ　34・1

日は師走供華は菜の花菜の葉垂れて　34・1

師走の灯競走用自転車のみの店　37・2

師走の雞鳴もはや河清を待たざるなり　37・2

いまや若き女人や師走の階の前　40・11

遥か東の海彼の孫や師走空　40・11

師走の道岐るよ丘のうらおもてへ　40・12

師走星故友の遺児等世に会ひしが　40・12

日も極月風を聴かんと仰ぎたり　34・1

年の暮（としのくれ）歳末　歳晩　年の尾　年の果　年迫る　年暮る　暮

理髪所の造花のちりや年の暮　日記

歳末の生面の茂吉髭真白　火・萬

歳末都心の鞠躬如たる煙にむせ　36・5

歳末の父たり水晶簇一基　大

歳末のオルガンの音（ね）と鞴の音（おと）　39・2

歳末なれど冬煖とてこころ甘え勝ち　57・11

歳末なれど法隆寺遠望おほどかに　57・12

歳末の大きな街路を遠望す　57・12

歳晩や火の粉豊かの汽車煙　長

二十九歳の「学帽歳晩」忘れめや　38・2

歳晩の新月仰ぎ汝（な）は幼き　大

歳晩や長明画像肥り肉(じし)　大

歳晩の煙と老婆腰強く　大

歳晩や奔湍石菖湧ききそふ　40・12

歳晩双幅頼朝像と重盛像　54・1

神の凧オリオン年の尾の空に　萬

農家の土間に名残の鞍や年の果　大

嶮しき坂には強き名が附き年迫る　時

捨提灯に尿る酔漢年迫る　33・12

白き靴ベラ旅しばしばの年暮るる　美

亡母をなほざりならねども又年暮るる　35・1

暮の富士歌の茂吉に会ひに行く　火・萬

「胡麻撒(ふ)り煎餅」落ちて平らに暮の土　美

酒か水か暮の人負ふ甕鳴りつ　美

暮の町耳辺かすめし球の音　美

坂を好みし亡友思ひつ暮を歩む　美

顕微鏡覗く女に暮の影　31・1

石川桂郎氏を、その別棟療屋に訪ふ　九句（のうち一句目）

暮の父訊きあふ子等の齢(とし)の丈(たけ)　31・1

箒役もあまたや暮の道修理(みちなほし)　34・1

ネオンの林に桃色提灯暮の吾娘(あこ)等　35・1

第二の宿舎「ミヤコ・ホテル」にて。二句。（のうち二句目）

暮のホテル「録音弾琴」日もすがら　38・3

＊19

暮の土間丈余の帯織るただ世のため　38・3

曼珠院を経て、「一乗寺下り松」の辻を過ぐ。数多くの路のおのづから落合ふ個所なり。六句。（のうち六句目）

暮の今事(こんじ)「狸祭」の人絡繹　38・3

暮の旅の乙女等に揺れさるるをがせ　48・3

行く年（ゆくとし）年送る

行く年やヨルダン受洗主あやに若し　母

L・P盤となりたるを以て、やうやくに「第九シムフォニー」L音盤を購ひ得て、家族と共に之を聴く　七句（のうち五句目）

青寒裡真紅の讃(ほめ)歌(うた)友を妻を　美

或席上にて、若き人々に

佩刀も二ふり君等と年送る　18・2

此年送る辞を述べつつも敵憎し　19・2

歳(とし)迎へんと歳送る空夕むらさき　39・2

大晦日（おほみそか）大歳

天竜寺にて。二句。

蜒々太き池をことほぎ大晦日　38・4

大晦日日向の離堂二人(ふたり)占(じ)め　38・4

首まげて角(かど)まがる牛大年なり　来

大年の日落ち流水尚見ゆる　来

年越（としこし）年移る

四季薔薇の花しばし熄む越年葉　39・3

モカ芳醇翁まどかに越年せし　52・2

遺愛の猫死して四季薔薇年を次ぐ　33・3

一月（いちぐわつ）

一月の月桂樹叢機影高し　来

急坂の切株一月既に忙し　時

寒の入（かんのいり）

三十三年間の恩友、伊丹万作を失ひてより三ヶ月、一月休暇に曾遊の地、富士見高原を再び訪ふ。

寒の入り心あやふき折には旅　来

大寒（だいかん）

大寒の人等ゆききの肩交はす　41・1

大寒来礎石の裾の新色に　41・1

寒の内（かんのうち）寒

寒冴高校生の弔銃に　火・萬

三十三年間の恩友、伊丹万作を失ひてより三ヶ月、一月休暇に曾遊の地、富士見高原を再び訪ふ。

指細く耳朶薄し寒の旅の中　来

後手(うしろで)の閉め戸走りぬ寒の客　34・2

＊20

墨蹟寒香五臓雲行き水行けり　38・4

＊21

寒巌鏘々友情は璧美酒は玉　大

海軍あがり寒の双脚踏みひろげ　39・1

海軍あがり寒の一切胸衣袋(かくし)に　39・1

「一の日」真赤寒(かん)の小さき象牙の賽　39・3

まばたきや被爆者寒(かん)の赭土(あかつち)像(ぞう)　39・3

関口町カテドラルにて。三句。（のうち二句目）

聖母と寒岩点々条々小鳥の糞　40・3

弾きてうなづき弾きつづく妻寒(かん)新た　40・12

冬の朝（ふゆのあさ）寒暁

居所を失ふところとなり、勤先きの学校の寮の一室に家族と共に生活す。

寒の暁(あけ)ツィーンツィーンと子の寝息　来

冬の日（ふゆのひ）

冬の日や電車を出れば顔ゆるむ　火・萬

短日（たんじつ）暮易し

短日の群れ買ふ顔のをみな等や　長

短日や母に告ぐべきこと迫る　長

四年間手掛けし教へ児等、業終るとて一夕我を中心に送別会を催す。四句（のうち二句目）

四年（よとせ）経（た）つは実に短日の如かりし　来

青年等短日走せ切り解散す　35・2、3

＊22
人煙・砲煙ただ短日の香煙や　39・1

短日や赤児の欠伸徐々として　48・2

＊23
短日一家父戻る刻三姉妹　50・4

＊24
一と三あり二なき短日の句淋し　50・4

靴少し靴型あまた暮れ易し　母

暮れ易きも夜目にしるきもをみなる　母

＊25
君が末子（ばつし）も一幼稚園児暮れ易し　美

道問ひ寄れる間も雑貨店暮れ易く　42・11

はかなくも只管に暮れ易き季（とき）ぞ　54・6

側近に一命消え季（とき）暮れ易く　54・6

季（とき）暮れ易く薄暮爪先つまづきつつ　54・6

睦五郎同志つまづき暮れ易き　大

冬の夜（ふゆのよ）　寒夜　寒き夜

於鶴見総持寺断食　（三句）

我と軍人寒夜の生徒統べて寝る　長

北窓も寒夜の音も遠し〳〵　長

寒夜鳴くは数多の鳩の一つならむ　長

寒夜源氏をと、ぞてふ文字に読み了る　火

耳澄ます寒夜思ひ出はるかさに　火

寒夜声す走り終らぬ跫音（あしおと）と　火

寒夜母をとほして聞きぬ首途（かどで）の辞　来

寒夜の妻糸巻の糸中高に　来

鼠族戮（つく）して寒夜読む文字ひつそりと　銀

久慈浜にて　九句（のうち二句目）

藁屋つづきわが宿寒夜の枢（くるる）落す　美

寒夜いま敵都真昼の鬼畜にくし　19・2

寒夜カルメン唱ひし者や快眠せめ　34・3

寒夜推敲「不夜城」などはいづことまま　39・3

金沙きらめく寒夜の幔幕故友の数　41・1

礫像四肢ひとの寒き夜さむく見ゆ　銀

寒き夜も湯口ふくべのあたゝかに　集外句

冷たし（つめたし）

図書室留守番

書を読むや冷たき鍵を文鎮に　長
玩具日々に冷たく我子玉の如く　火
女給の手細し冷し(ひや)と撫でし嘘　火
水天碧冷鷗の崖とわが居る崖　火
足はつめたき畳に立ちて妻泣けり　萬
骰子(さいころ)は冷めたし事務の才は無し　来
鷗の冷屍平沙を「此処(ここ)」と名づけ難く　美
鷗の冷屍先だつ不浄の人跡無く　美
鷗の冷屍海搔きし足も翔けし翅(はね)も　美
鷗の冷屍双翼それぞれ身に倍す　美
鷗の冷屍長翼風が吹き促がす　美
鷗の冷屍よたゞ一向(ひとむき)の友が遺志よ　美
鷗の冷屍よ齢十九か五十六か　美

注　故友伊丹万作にめぐり逢ひしは我が齢十九歳、この一聯を詠ふ現在は五十六歳。

鷗の冷屍両翼折れで胸裂けで　32・1
鷗の冷屍無銘の旗幟を海へと臥せ　32・1
鷗の冷屍空へと真向く白十字　32・1
手の甲に置かれし喜捨の冷めたさに　37・2
被誘拐児の玩具つめたき機関銃　38・11
指股ぬくきへ冷えし指組み祈りたる　42・1

寒し（さむし）寒さ　寒気　寒冷

寒ざむと鶏鳴つゞき続きけり　長
ジヤズ寒し汽車の団煙之に和し　長・萬

於鶴見総持寺断食

夜寒し僧の口笛すぐ熄みぬ　長
夕汽笛一すぢ寒しいざ妹へ　火・萬
懐中燈の寒き灯の輪の別れかな　火
みな寒し桐の切株穴をそなへ　火・萬
勲章さむく禱れる胸ゆ揃ひ垂れ　火・萬
七面鳥叫ぶ土曜の夕べ寒く　火・萬
ラヂオの銃声看板さむく相対す　火・萬
世は寒しインバネス被(き)て鴨を提る　火
寒き枕頰に堪へざる者は死すべし　火
己が胸見下ろす如く寒き崖を　火
群鷗の艪の如き声さむ〴〵と　火
青さ寒さ群鷗数を尽すとき　火
夫(つま)たり父たり群鷗寒く啼き啼きて　火

犬若付近

断崖裡鵜の海さむき銀となる　火

金髪もひとり火気なき教師の群　萬

非力者を嗤ひし人に天（そら）寒し　萬

寒煙をどこからでも立て屋根の波　萬

楣間には「不如帰」初版の黒田清輝描く浪子の姿を小額として掲ぐ。

運命の絵姿浪子淡くさむく　来

寒くたのし鋏切る音針落つ音　来

けふ寒き藁塚に手をさし入れぬ　来

寒ければ先行くやめて母を待つ　来

寒き母持物すべて胸に抱き　来

寒き公園「殺さざるものは食ふべからず」　銀

記事・報道「鬼の居ぬ間（ま）」のなき寒さ　銀

板裏草履飲食（おんじき）うれしと寒き足踏（たたら）　銀

麦一粒の母の頰痕（ほほきず）恋しさむし　銀

寒き枕辺亡母へ金貨並べし夢　母

メリーゴーラウンド土曜廻り来さむくとも　母

メリーゴーラウンド脛（すね）の傷さへ寒げもなく　母

状出しに出れば寒げの人五三　母

寒き鶏鳴犬の足もと明らみきぬ　母

教授等さむし「二世紀後石炭（コール）尽きる」などと　美

落し物さがす燭のみさむく定か　美

この二年余、句友としてしばしば会し、互に親しみし老版画家織田一磨氏急逝。

語らぬ神と語らずなりし人間（ひと）と寒し　美

鷗の骸（から）嘴（はし）のまた端茜さむく　美

寒沙払ひ目をもて死鷗の目を覗きし　美

寒沙に埋めぬ飛鳥（とぶとり）鷗の身を縦に　美

寒沙に没しぬ鷗胸抱く二重の翅（はね）　美

水戸城址、弘道館址にて　十句（のうち六・八句目）

昼の闇のさむき香古書の香にかよふ　美

寒むや軒を目さぐる弾痕あるを識れば　美

ひと寒げに己が旧地を測量す　時

往来でつくる刺身や都心さむく　時

戦時の富士朝寒ければ空青く　13・2

「太陽」と赤きネオン字巷路さむし　30・2

運河さむし犬の眼が釣り耳も釣り　30・4

鳩と鷗松島いまだ寒からず　30・11

鷗葬りわが爪の間は寒沙充つ　32・1

買ふ男も酒瓶もまださむざむと　32・3

一月二日の記録

神燈あまた朱の色照らし寒からず　33・1

白衣さむくねんねこの母然らずとや　33・3

名人直系絶えて友情所在さむし　33・4

友情さむし「芸」は籬（まがき）か篩（しがらみ）か　33・4

諸芸さむし贅肉すべてとがらせて　36・5

耳朶さむく掩へば聴こえざるがごと　38・4

上高田なる功運寺の墓域には、吉良上野介の墓碑あり、林芙美子女史の墓碑あり。三句。（のうち三句目）

芙美子の墓よ寒き帰途には何食べん　39・3

吹かるる袂喪の豊頬のさむからむ　41・3、4

身近くを飛鳥過ぐれど丘寒し　43・2

数珠音さむく時計秒音柱伝ふ　46・3

わが愛する某レストランに、ビュッフェの「闘牛士」の複製一幅をかかぐ。一句。

寒むや「血と砂」牛が敵なる戎衣肩に　50・3

鳩も鷗も松島はまだ寒からず　*26　50・7

寒さ見詰めて妻あり次子の生（あ）れんとす　火・萬

母が里の寒さ避けゆく杉林　14・3

オルガン絶え寒さ凜々しきピアノ勃る　15・4

於鎌倉円覚寺坐禅

閉ぢし目が寒気にうるむ懐しや　長

妻と其の寒気凜々しきピアノの音　萬

某月某日、二句（のうち一句目）

眼前は日照る寒気と希望のみ　来

鉄の湯の血脈流る寒気の中　来

三十三年間の恩友、伊丹万作を失ひてより三ヶ月、一月休暇に曾遊の地、富士見高原を再び訪ふ。

硝煙の如き寒気の香に山々　来

無学の責め前より寒気うしろより　銀

動く機械の五臓上下位寒気へ熱　銀

寒一気遅れし仕事を叫び合ひて　銀

小さき寝顔ヂンヂンと寒気敵憎し　19・2

寒気の渓流や、高みへも走せつ、過ぐ　33・3

同僚の田辺幸雄氏、突如病臥、病状はかばかしからず。

寒気刻々患苦のみかの個体の中　大

前号に発表せし我が愛する或るレストランに掲げられたるビュッフェの「闘牛士」の複製画像を詠みたるものに、更に次の一句を追加す。

牛の熱気遠きも戎衣に寒気こごし　50・4

灯台の寒冷光（かんれいくわう）はや、黄ざせり　火

凍る（こほる）氷る　凍ゆ　凍む

或る個人的な嘆きを　六句（のうち四句目）

家を追はれし長子氷りし鯛一尾　銀

松籟や人と人の間凍らんず　35・2、3

凍らざる湖(うみ)波(なみ)うすく徐々然と　39・4

「貧者の一灯」こごえ育てる生命の義　母

学と詩と背骨二本の凍(し)み易く　銀

靴は凍(し)む都の晩鴉高々と　15・3

或る怖(おそ)れ唇噛む歯凍(し)み乾き　32・4

樹海行（戦時回想）（二句）

富岳からの風絶つて樹海一途に凍(し)む　55・11

樹海凍むのみ直道直進の一隊伍　55・11

冱つ（いつ）凍つ　凍て　凍

三児の一人凍てたる指の数にぎやか　銀

卓上一花凍て、蘂さへ相交へ　火

凍金魚ラヂオの声に息吹あり　火

雲の根は屋根々々にあり線路凍て　火

線路凍て、垣と垣とで犬せめぐ　火

映画たゞ凍てしヒマラヤの肌が移る　火

凍て死にし蛆一粒や塵もなし　萬

三十三年間の恩友、伊丹万作を失ひてより三ヶ月、一月休暇に曾遊の地、富士見高原を再び訪ふ。

富士真白水車は小屋へ凍てつきて　来

鉄に凍つチャペル扉の白楽書　母

＊27

辛(から)きへ身を副(そ)へ甘きへ拉せよ凍つる世を　美

三日月凍て、自省一番星は自恃　31・2

一月七日、萬緑誌友との新年会席上の題詠（三句）

さながらと眠るが如と凍死哭す　33・1

終始なき大(たい)沢(たく)の辺に凍死人　33・1

手綱二条白馬もろとも凍死人　33・1

金網凍てしへ寄るよ遠望きはめむと　33・2

ミケランジエロのかの彫像を想ふ

立(たち)眠(ねむ)りそ凍てて石化す奴隷化す　35・2、3

凍つる細指もみしだきつつ頤(おとがひ)へ　37・3

＊28

双唇掩ひて嘴(はし)髭(ひげ)凍てめ夜半の湖(うみ)と　38・2

＊29

壁飾男鹿の首凍て角(つの)多岐に　38・3

＊30

書架凍てぬ読(ど)経(きやう)も生(しやう)者(じや)の声なるに　38・3

自らの「尻小玉」抜き河童等凍つ　大

偶成。一句。

樹海行（戦時回想）

樹々凍てて色なし少年等豊頬に　55・11

凍等し鉄の燭台アダムの首　萬

嘗て四年間、級主任として相親しみし教へ児原田芳治十九歳、心臓麻痺にて急逝す。六句（のうち四・五句目）

遺影見るに堪へず凍てたる遺骸よりも　来

たましひとは「事」か迹なし「物」みな凍て　来

上諏訪に木村蕪城氏を訪ふ。

円湖凍て、方位東西相隣る　来

凍の香や犬はあまりに善良に　美

凍水車目のない達磨ポケットに　34・2

パール・バックの「大地」を映画化せるものを、多年を距てて再び観る。女主人公の俤、殊にその横顔、わが亡母に酷似す。

母の眼こそ凍天凍地の一髪へ　41・1

外人闊歩凍地にかかはりなきがごと　42・3

軍鶏は牝をひたすら護る凍丸池　45・3

幸田露伴の初期の一作品の上を、久し振りにて回想す。

「一口剣」の畳む鍛冶の音凍真中　52・3

冴ゆ（さゆ）冴え　灯冴ゆ

狂へる唱は冴えて風呂場に反響す　火・萬

若き大工一つ灯冴ゆる鉋屑　火

濤声冴ゆるげにげに犬吠の名のごとく　火

声音冴ゆ光太郎たゞ進むのみと　萬

＊31

高松市の郊外、香西照雄君のもとに数日滞在　七句（のうち四句目）

兄等を発し離るる声は冴えたるよ　銀

幼長男眼やさし次男声冴えたり　銀

過程音いま決定音機械冴ゆ　銀

冴ゆる客観妻の涙の目も横顔　銀

金槌の音添へ打ちの音冴えて　母

＊32

日を待てる夜空の色の一書冴ゆ　母

悼斎藤茂吉先生（読売新聞の需めに応じて）五句。（のうち三句目）

天の声うつそみの声冴えて消えぬ　母

メリーゴーラウンド爆音直進頭上に冴え　母

玻璃戸冴ゆ白きは牛乳の指のあと　母

旧子規庵を訪ふ　十句（のうち七句目）床にはブロンズの子規胸像一基据ゑられたり。

この部屋に三代鳳眼冴ゆる春よ　美

水戸城址、弘道館址にて　十句（のうち七句目）

両刀重き武士の草履の音冴ゆるか　美

汝(な)が目信じて妻となりきと声冴えつ　美

青年一団リヤカー転宅音冴えて　美

空襲に際しての吟、六つ（のうち一・四句目）

堡塁ならず艦橋ならず命(いのち)冴ゆる　20・2

敵機の音ぞ鉄兜裡に冴え籠もる　20・2

たゞに知れる亡き猫の眉目(みめ)冴えうかぶ　31・3

隣家なき破風高しや遠音冴ゆ　32・12

用談節々(ふしぶし)君が声冴ゆ香に立つかに　35・1

*33 冴ゆる直線御髪(おぐし)御肩(みかた)はとはにまろく　38・3

「去来の墓」にて。一句。

「詩人はいのち墓は塊(いしくれ)」妻の語冴ゆ　38・4

横顔冴えつ背姿ほんの「坐り皺」　39・1

*34 冴ゆる笛声導くごとく通ふごとく　39・1

冴冴えしめ能なき戸主の座に戻りぬ　39・7

同族の声冴ゆる中豚の耳　大

弓(きゆう)は提琴愛撫し愛撫し古曲冴ゆ　40・2

*35 笛の音冴ゆ祖国ぞ近き且は遠き　40・2

*36 発止々々と切手にスタンプ明眸冴ゆ　40・12

しがらみ無し小岩も冴えて明日香川　48・12

成田千空、第一句集を世に問はんとす。とりあへず、「序に代へて」の次なる一句を贈る。

みちのくも北深く棲み一気冴ゆ　大

写し絵の双眼まともや一途に冴ゆ　53・11

古画の中燭の穂冴ゆるよ真上かけて　53・11

暮れ残る豆腐屋の笛冴え〴〵と　長

牛啼けり夜半の轆轤冴えつゞき　長

孤児なる女中突如発狂す　三句（のうち一句目）

夜すがらの卒業の歌暁(あけ)に冴え　長・萬

灯台へ上る

階のかず読みのぼる声冴え〴〵と　火

枕辺に洋傘(かさ)濤声の冴え〴〵と　火

角たれて牛行く姿のみ冴え〴〵　火

人々と別る。海辺に佇ちて、いつまでも見送り呉れられしなり。四句（のうち一句目）

白沙の青松冴え冴え残るよ艫(とも)の別れ　銀

一月六日、陸鷲帝都訪問飛行の壮観あり

飛翼冴え冴え日章二つ脇挟み　19・3

「宇宙解説」脳貧血めく気の冴えや　36・5

「宮本武蔵」興行のために詠草を需められて

巌流島（二句）

天下る木剣の冴え頭を割つたり　36・11

天へ切れ飛ぶ鉢巻の冴え一秒差　36・11

溜飲冴え鳴る怯心の去る証なる　大

我が最初の記憶中の生物は、海辺の紅蟹なり。

紅蟹冴え出づ波型塗の新壁から　40・12

よき友のその妻伝言冴え冴えと　大

窓富士冴え金瓔珞下三周忌　46・3

＊37

無精髭芒々たりな醒めて冴えて　50・4

採点と父の仏菓に灯ぞ冴ゆる　火・萬

採点の灯冴えて干せし碗にやどる　火・萬

厳寒（げんかん）酷寒

酷寒かなし母よと呼ばぬまでにして　来

日脚伸ぶ（ひあしのぶ）

孤児なる女中突如発狂す　三句（のうち三句目）

狂人も狡き日のあり日脚伸ぶ　長・萬

春待つ（はるまつ）春を待つ

壁間には「順礼紀行」当時のものと覚しき故園主の写真を掲ぐ

写真も蘆花はひたもに春待つ眼　来

一月上旬、伊豆長岡の病院に星野立子さんを見舞ふ。フランスへ出て来れる当時の、調和保たれたるゴッホの絵をえらび、その額一面を携ふ。

人まつたうまつたうな春早よ来たれ　46・3

或る個人的な嘆きを　六句（のうち六句目）

春を待てる汝が子の眼澄む見たまはずや　銀

春近し（はるちかし）

春近し目黒の川へ石叩き　来

春近し無事とはけじめけむらふこと　美

光の中に黄の日差増し春近し　美

林泉の端に米とぐ嫗春近み　32・3

末子依子、生花の免状を得たるを以て、芸名を案ぜよと需めければ、即興的に依水と定む。

春到らば依水の丘の野花活けよ　41・1

冬尽く（ふゆつく）冬の別れ

オリオンとの別れやにほふ青畳　大

【天文】

冬日（ふゆひ）冬日向　冬日差　冬日没る　冬落暉

機影去り直視為し得る冬日あり　長
さゞら波暮れば冬日載りにけり　長
冬日さす外出用意の二階かな　長
永く居て薄き冬日にあたゝまる　長
戻りたるところへ冬日射してくる　長

於鎌倉円覚寺断食
午前の冬日午後の冬日や飢深し　長
棕櫚影を交へて冬日壁の面　火
此坂のいたゞきの冬日射す町へ　火・萬
谷の家（や）の冬日へ掃き出す埃見ゆ　火
煤煙流音あり館上冬日得て　火
冬日沁みてきたなからざる馬の傷　火
冬日手に足にねむごろ怠け者　火・萬
女車掌おとがひ上げぬ冬日に呼び　火
冬日わがもの屑花崗岩五彩散らす　火・萬
喰べる手を書く手をさむき海の冬日　火

灯台へ上る（二句）
灯台の冬日の白扉内へ開く　火
凹壁白く冬日が展くスペクトル　火
海へ没（い）る冬日なれば斯く淡むまで　火

犬若付近
赤き岬鵜の沖岩を冬日護（も）る　火
一ところ冬日慕うて雲隆み　火
せんなさに冬日の砂を蹴（け）てもみし　火
撫でゝあつむ冬日ぬくみの上砂を　火
冬日の白布四隅展げて穢（ゑ）を払ふ　萬
南（みんなみ）に冬日日ねもす北蒼し　来
海からの荷や負ひし馬冬日に走す　来

嘗て四年間、級主任として相親しみし教へ児原田芳治十九歳、心臓麻痺にて急逝す。六句（のうち二・三句目）
汝（なれ）よ汝（なれ）の葬式に行く冬日低く　来
笑ひ声冬日の鉄路汝（なれ）居ぬ世　来
鏡なす冬日や光芒剣なす　来
冬日遅々仔馬が牛の角なめて　来
冬日居り乳房が来よと赤児泣く　銀

直面一瞬*1「ゆるし給はれ」冬日の顔々　銀

冬日中（なか）交*2はさんに語なし句のみ談ず　銀

冬日の*3耳朶眼（まなこ）なければ眼挙げず　銀

冬日中*4「さげすまれ云々（うんぬん）」の句を評す　銀

散会後、ただ独りにて、同島の健者地区をあゆむ。六句（のうち六句目）

此島の頭上の冬日信ぜばや　銀

冬日一輪をりをり光あらたにす　銀

嘗て四年間級主任として相親しみし教へ児R・Y学業半ばにして出征することとなれり。九句（のうち一・三〜七句目）

冬日に応へ皓と淋漓と旗襷　銀

近見にも味方の一人冬日の像　銀

冬日勁し握手の吾が手潰（つぶ）れんとす　銀

金具冬日に燦と一語や「師よさらば」　銀

冬日散るよ学兵に師と呼ばれたるよ　銀

冬日見詰めて涙を支ふ下瞼　銀

庭にも無し背高き母の冬日の影　母

たまたま、原民喜氏の終焉の場所なる踏切を過りて、六句。（のうち一句目）

ここの線路や「冬陽の短き顔」がのぞく　母

よろしき代の冬日の場末歩き得たし　母

未（いま）だ朱唇のコーヒーの迹歯に冬日　母

床低きショーウィンドウに冬日溜る　母

冬日の鉄壁たゞねんごろに鋲多く　美

こぼれガソリン自（みづか）ら乾き冬日うすし　美

かたちなき勝利納（い）るるや冬日揺るる　美

豊頬に冬日の翳をいなしつつ　美

多磨墓地にて　二句（のうち二句目）

冬日三竿喪服の婦なれば和服にて　美

久慈浜にて　九句（のうち七句目）

冬日たのしむ犬浜沙を前押しに　美

茨城県五浦（いづら）海岸に岡倉天心の観浦楼址を訪ふ。こは日本美術院発祥の地なり　七句（のうち六句目）

碑像冬日にぬくげ有髯四十代　美

校門前の冬日のポストへ町娘　美

冬日浴びて色放つ方の景を描く　時

冬日負ひて振向く既往みな明らか　時

黒猫の双眼冬日にそむきたる　時

冬日展（の）び詩集行間行間わびし　14・6

舟踏んで少年冬日の艦の下(もと)　18・2

嘗て四年間、級主任として相親しみし教へ児、山本麟、二十二歳、学業半ばにして勇躍出陣すること、なれり。

師弟は一つ死生は一つ冬日一つ　19・2

獣機退去嬰児の肌理(きめ)に冬朝日　20・2

空襲に際しての吟、六つ（のうち五句目）

冬日さす機械の細部如意の外(ほか)　30・1

冬日のパチンコ明治歌謡とたゞちりぢり　30・2

冬日の松原下校児まぎれに辿りつゝ　30・2

群像は水を見遣るよ水の冬日　31・2

玻璃函の葉茶屋の葉茶に冬日みどり　33・3

銀髪へ巓頂の冬日照りわかれ　33・12

南中の正午の冬日アヴェ・マリア　34・1

冬日いとし人の心と盲点と　34・1

冬日落つ仕へし果(はて)のすがたして　34・1

跨橋(ブリッヂ)内の冬日に独りかかはりゆく　34・2

牛糞(ぎうふん)褐色(かちいろ)籾殻黄にまぜ冬日の舌　34・11、12

揺る堂のさまに君去る冬日のバス　35・1

冬日千筋(ちすぢ)の束髪かげの眸(め)を忘れず　35・1

光源の冬日と昼の月とあり　35・1

冬日の若者しばし腰掛く革の鞠に　35・2、3

数ふも一つ涙に影や冬日中　36・5

冬日の白痴乙女にはやされ物食べる　36・5

道は一つ冬日光芒西を掃く　36・7

不動の牛雲漏る冬日の端々に　37・2

斜雲(はすぐも)さへ冬日容易に脱せざる　37・2

「発力」の元は「廻転」冬日に鳴る　37・3

三体仏に冬日や父母と友と亡し　37・3

糸車厠の戸口冬日あふる　37・3

金福寺地域内に蕪村自身の墓もあり。やや久しく三人にて附近を逍遥す。二句。（のうち一句目）

画俳離俗冬日自楽の碑文字肥ゆ　38・3

水面(みづも)に冬日投ぐれば石は抛物線　大

冬日の巨幹水声の来てはせあがる　39・4

輪切レモンのさまや冬日の芯蒼む　39・12

野の社ここにぞ冬日天降る　40・1

こころ貧しき空の色あり冬日澄む　40・1

泊木から降りては小鳥冬日浴ぶ　40・3

鳴き飛ぶ鴉その脊に冬日ぬくからめ　40・10

少年に冬日当りて左右へ白狗(びやくく)　42・4

二重否定は煌と全像冬朝日　45・4

註　二重否定は究極に於て肯定の座に復することなり。

楣間の能面無人座布団冬日照る　45・12
光芒の冬日枯野に帰納せり　46・3
冬日つつむ山鳩雌雄の豊胸を　47・12
冬日のぬくみ触知す石の壁の面（も）に　47・12
マラソン選手へ冬日の光被烈風越し　47・12
蜂蜜の糸たれたたむ冬日中　大
南雲中冬日黄となり紅（べに）を強め　48・2
明日香の冬日高光りつつ暮れなづむ　48・12
まほろばの空の奥所（おくど）に冬日まろし　49・2
道の上冬の日向へ出るところ　長
空瓶と老いし盲の冬日向　火
戦記なれば殺（さつ）の字多き冬日向　火
日向もこれだけ歩を拾ひあふ佃の人　美

水戸城址にて

「うはまへ」下に小使手を入れ冬日向　32・2
冬日向お手玉と牛乳（ちち）のこぼれ痕（あと）　45・1

曼珠院を経て、「一乗寺下り松」の辻を過ぐ。数多くの路のおのづから落合ふ個所なり。六句。（のうち五句目）

冬日向斬りつつ遁れし路はどれ　38・3
密林中径一間の冬日向　39・4

自影に去れと宣（の）る密林の冬日向　39・4
白廊曲折ふたたびつづく冬日向　40・2
行く馬の背の冬日差はこばるゝ　来
山の冬日射しきて鉢の中に開く　来
松籟や打ちつけならぬ冬日差　35・2、3
給仕二人と呆けつ見居りし冬落日　13・3
冬落日晒れ看板を黄に消しぬ　火
病むを訪ふ睫毛にあまる冬落暉　来

冬日和（ふゆびより）冬晴

冬晴れの晴衣の乳を飲んでをる　火・萬

成蹊大学より還暦祝として時計を贈らる

秒針や冬晴の日のよき脈搏　37・2

寒晴（かんばれ）

寒晴れや故友の好物なと食べん　34・2

冬旱（ふゆひでり）

釘引き抜く出直しの音冬旱　大

冬の空（ふゆのそら）寒天　寒空　冬空

尚ほ来つつあり密林の寒天籟　39・4
寒空や聞き流せしを妻に詫ぶ　43・2
冬空は澄みて大地は潤へり　長・萬

冬空をいま青く塗る画家羨(とも)し　長・萬
冬空西透きそこを煙ののぼるかな　火・萬
冬空に聖痕もなし唯蒼し　来
冬空・茅舎、終結なりや開始なりや　来
嘗て四年間、級主任として相親しみし教へ児原田芳治十九歳、心臓麻痺にて急逝す。六句（のうち六句目）
冬空に縋らんか巨松に縋らんか　来
冬空や腹案童話と万国旗　銀
石川桂郎氏を、その別棟療屋に訪ふ　七句（のうち一句目）
横山に冬空横へ展び流れ　美
一月四日の記録
わが記憶のあの頃か末子の冬空は　美
或席上にて、若き人々に
松籟や冬空の蒼旗に透き　18・2
河原の上の冬空と水のもとすゑと　37・3
＊5
翡翠翔けて冬空の色地へ繡(ぬひと)る　38・4
＊6
後顧無憂撥矢(はっし)と冬空すなどりへ　38・4
冬空は底澄み浮雲(ふうん)為に高し　41・1

冬の雲（ふゆのくも）冬雲

冬の雲梯神の顔こそ人の顔　40・10
孫達へ祖父急ぐかに冬浮雲　46・3
妹手拍(う)つ冬雲切れて日が射せば　火・萬
冬雲は狂院の藪にせりあがる　火・萬
濡れ砂に冬雲映り巨(おほ)き破船　火
再び関梅春氏の許を訪ふ　九句（のうち七句目）
冬雲うごき襤褸つづられ衣(きぬ)となる　銀
食は腹に落ちゆき冬雲厚くなれり　銀
冬雲仰ぐ末子(ばっし)と甘きを嚙みながら　美
冬雲騒然落日光のささ搔きに　32・12
冬雲の赤き細き手入日擁す　40・1

冬の月（ふゆのつき）月冴ゆ

無機物のみの工区に深く暮の月　時
万福招来は万相停止か暮の月　35・1
石川桂郎氏を、その別棟療屋に訪ふ　七句（のうち七句目）
冬を大きな櫛形月(くしがたづき)や女性(にょしゃう)の恩　大
谷月冴ゆる太道・小川一筋づつ　美

寒月（かんげつ）

寒月下灯の濁りたる電車行く　長

街角の産院なれば寒月浴び　火

時計刻む音（ね）にさへ離（さか）り寒月下　来

白痴茅舎偲ぶや寒月白（はく）を研ぐ　来

父母未生以前とは祖国寒満月　来

寒月の載るや夜目にも錆びざる鉄　来

次子生れて寒の半月朝は黄に　14・4

昼の寒月裾淡々と裾青し　32・3

寒月覗くかあらゆる梢にある我が巣　35・2、3

寒月や独歩ながらの泣上戸　40・1

科学自体は残酷ならず寒の月　40・1

冬三日月（ふゆみかづき）寒三日月

睡（ね）重（おも）りを横抱き急ぐ冬三日月　来

師走三日月縦（たて）横（よこ）の相具足して　来

冬三日月暮れてもこごしき背（せな）の薪（まき）　時

寒三日月吾（あ）ももとすゑを建て直さん　37・2

冬の星（ふゆのほし）寒星

寒明星愛児等中に末子（ばっし）あり　32・11

寒星の数を琴の音爪追ひに　火

群鷗に暮れ寒星の乱れなく　火

寒星や神の算盤（そろばん）ただひそか　銀

或る個人的な嘆きを　六句（のうち五句目）

寒星母座振りはなさるる星も無く　銀

始まつたばかりの喧嘩寒星出づ　母

石川桂郎氏を、その別棟療屋に訪ふ　七句（のうち五句目）

寒星充ちて剝製鵲飛ばんとす　美

眉宇の張り気早に寒星一つ出て　美

空襲に際しての吟、六つ（のうち二句目）

地には「独逸放送」敵機寒星過ぐ　20・2

オリオン

オリオンと店の林檎が帰路の栄（はえ）　長・萬

冬の友オリオンはやも柘榴の上（へ）に　火

神の凧オリオン年の尾の空に　萬

枯枝も相組めオリオン正しきに　来

オリオンに芯三点や林檎まぼる　母

電柱の触感オリオンの別れ近し　美

冬オリオン規矩と連体宵青し　大

冬の風（ふゆのかぜ）寒風

嘗て四年間級主任として相親しみし教へ児R・Y学業半ばにして出征することとなれり。九句（のうち九句目）

冬の松籟吾（あ）も詩に強きのみならず　銀

冬の松籟煙草吸ふ息浅しとも　31・11

＊7
父母（ふぼ）は丹頂子等黄金色（こがねいろ）松韻冬　38・4

青空に寒風おのれはためけり　火・萬

蜑達も寒風に目をうるませて　火

灯台へ上る

寒風高く海へ出でんと茲をひたに　火

煉瓦塀たゞ寒風の想夫恋　萬

寒風や女子も猫族たるを得ず　来

寒風に未来を問ふな臍に聞け　来

孤児肘を挙げぬ返しの寒風に　母

寒風に孤児なに物もなきところ　母

指示をする母の手しばし寒風に　38・2

凩（こがらし）

明星現れて鳶舞ふ凩程よしと　美

北風（きたかぜ）北風（きた）

女進む髪の分け目を北風（きた）へ対け　萬

熔鉱炉火気の高みに人と北風（きた）　来

義父の一周忌、強風の中を多摩墓地に詣づ。二句（のうち一句目）

牛はもう何年生きる墓地は北風（きた）　来

北風（きた）の中酔人詫びる楽しげに　時

水戸城址、弘道館址にて

「学生警鐘」北風（きた）のみ声し吹きさらし　32・2

ままごと道具抱きて北風（きた）をば一散に　34・2

早すぎる涙やはや衝つ次の北風（きた）　34・2

北風（きた）迅しはためくこの母あの母よ　34・2

棕櫚に北風（きた）乃木神社裏修道院　40・2

爪先走り北風（きた）に日本（にっぽん）修道女　40・2

空風（からかぜ）からつ風

空風日和親戚づきあひふと一件　31・2

空つ風むべ低きかな三番星　39・3

隙間風（すきまかぜ）

隙間風狂言自殺の看護（みとり）なる　長

隙間風天井うまき今のうつゝ　長

隙間風車掌の歌の尾客へ来る　火

あかんぼの香のみ隙間風殆ど無し　火

家族達の身辺のクリスマス・カード中の一枚を眺めて、即事。

脚光浴びて隙間風めく風情なる　美

隙間風そして洩れ灯を天使覗く　38・2

虎落笛（もがりぶえ）

たまの早寝をなし得と別る虎落笛（もがりぶえ）　萬

一汁一菜垣根が奏づ虎落笛　来

余生のみ永かりし人よ虎落笛　母

枯れては芦の声なしどこの虎落笛　31・3

鎌鼬（かまいたち）

一人を隔てし人に鎌鼬　6・4

初時雨（はつしぐれ）

初時雨その笠雲は日の上に　39・12

頬へ手へ私雨や初時雨　39・12

初時雨為事の後の眼福に　39・12

独歩する身に東都辺の初時雨　40・1

時雨（しぐれ）

街道や時雨いづかたよりとなく　長

錦絵

時雨るゝや好いた同士の同じ顔　長

時雨るゝや烏賊より出づるトビカラス　長

故山のごと高し時雨のビルディング　火

新国劇の、「瞼の母」に題す

時雨一過肩に旅の荷瞼に母　時

時雨るゝや光りこそすれ石だゝみ　3・11

時雨れつゝ西に黄色き雲もあり　12・12

罪も個人の顴骨隆し時雨れくる　36・1

泉鏡花氏二十三回忌記念興行としての「歌行燈」に詠句を需められて
宗山の娘お袖、すなはち、芸者お三重

海女の涙桑名の時雨舞一筋　36・10

樟時雨一木（ひとき）ほどなる一枝（ひとえ）もあり　38・3

註　大晦日の嵯峨野行、元日の大神宮・清水寺参詣の際には、妻と共に過ごす時間そのものをたのしみて、一切句作を為さず。

冬の雨（ふゆのあめ）

佐藤継信戦死の遺跡にて　三句（のうち二・三句目）

せまきせまき戦死の史蹟冬の微雨　銀

兄が一弟失ひし場所冬の雨　銀

「禱り岩」なるもの残存す。那須与一、扇の的の風に動揺せるをとどめたまへと、那須権現に禱りし場所と言ひ伝ふ。

冬雨の禱りて叶ひし岩洗ふ　銀

波紋は恒型メタセコイヤに冬の雨　46・1

霰（あられ）

道訊きにゆきし子を待つ父へ霰　33・4

行路の路面大幅小幅に霰跳ね　33・4

霜（しも）霜解　強霜　霜の花

屋根の霜樹の葉の霜を仰ぎ見る　長

霜踏んで行くや悪夢は昨夜（きぞ）の事　長

霜解けず遺影軍帽の庇深く　火・萬

電車霜のきしめきたて、揺れ進む　火

霜の威に墓ことごとく蒼ざめぬ　火

九十九（つくも）潟近づく霜と氷かな　火

霜消えてたゞ貝殻の白き残る　火

教へ児とかたまり撮（うつ）る霜真白　萬

霜に的乙女を発す白羽の矢　来

ヂープ快速霜の下（もと）より埃立つ　銀

霜の小垣小垣課税を区切りあひて　銀

老眼鏡掛け初め武き霜の丈（たけ）　銀

咽（のど）ちかく肩あたり抱き霜の猿　美

幾叢（いくむら）も信濃の夕霜松の梢（うれ）に　30・1

霜の犬腰老ゆ肩のあたりよりも　大

「卵より牡鶏（をんどり）が先」霜踏み次ぐ　39・12

在る子の前で亡き子褒むるな庭の霜　大

新居（にひむろ）や裏手の霜の更に剛（つよ）く　40・12

霜の刃の上に一身支へられぬ　40・12

或る経験。二句。（のうち二句目）

霜遍満同志以外弟子在るべからず　40・12

戸主たる想ひ筏一つの上の霜　42・2

人生成就の彼（か）の未亡人霜小薔薇　43・11

暁闇や百日紅を霜滑る　大

父の五十回忌を修せむとす。一句。

庭訓の庭に尚ほ立つ霜なつかし　50・3

土曜母訪ひ霜解けなどを語りたし　母

強霜や筒井筒さへ罪のもと　時

上京して坂たどる子に霜の花　36・5

雪催（ゆきもよひ）

雪催ひ菓子食ふならば灯に染めて　火

初雪（はつゆき）

飯盛山に白虎隊の遺蹟を訪ふ　七句（のうち一句目）

少年死処暁（あけ）の初雪既に消え　美

初雪ちらちら垣どなりどち代がはり　美

但馬氏・見市氏の東道によりて、洛北の諸寺を訪ふことを得たり。叡山を借景とせる園通寺にて。四句。（のうち一～三句目）

比叡初雪形の本元三角に　大

比叡初雪和尚の機嫌よき日とか　38・3

比叡初雪紺朝顔のシャンデリヤ　38・3

＊8

舞ふ初雪団地に興ずる人もなし　42・2

初雪きしむ運勢の星新たなれ　42・2

初雪の夜も消えざりし橋渡る　46・7

雪（ゆき）六花　雪明り　深雪　白雪　新雪　積雪　飛雪▽

降る雪や明治は遠くなりにけり　長・萬

萁の火降る雪中に点きにけり　長

たゝみたる傘はすこしの雪まじり　長

我汽車にあふられたりし雪の傘　長

藪の中雪は敷かれてありしかな　長

石に無く岩には雪の残りたる　長

某月某日の記録　四句（のうち一〜三句目）

折からの雪葉に積り幹に積り　長・萬

此日雪一教師をも包み降る　長・萬

頻り頻るこれ俳諧の雪にあらず　長・萬

某月某日の記録

紅　雪　惨　軍　人　の　敵　老　五　人　長

某月某日の記録　四句（のうち四句目）

世にも遠く雪月明の犬吠ゆる　長・萬

雪は霏々黄金の指環差し交す　長・萬

身の幸や雪や、凍て、星満つ空　長・萬

足あとの雪の大路を妹がりへ　火・萬

窓外に積む雪ピアノの丈に迫る　火・萬

窓の夜気十三回忌雪なかりし　火・萬

あかんぼの舌の強さや飛び飛ぶ雪　火・萬

雪厚き白磁の笠に電気ともる　萬

雪新た教へ児等の頭（づ）青く黒く　萬

うたゝ浅学雪かぎりなく炭に降る　萬

雪に征（ゆ）きぬ職員室の端戸より　萬

縮れ毛を刈りペンを捨て雪に征きぬ　萬

暗く白く未明の雪の降るが見ゆ　来

雪ぐせや個の貧の詩はみすぼらし　来

妻の父信州疎開先にて急逝す、報に接し直ちに其地へ行く。五句（のうち一・四句目）

思へば二度父失ふやこたびも雪　来

流水はたゞ急ぐもの雪の橋　来

妻の父信州疎開先にて急逝す、喪の家にて、三句（のうち一・二句目）

鼠・犬・馬雪の日に喪の目して　来

回想裡の人亦雪の窓を背に　来

*9
青空や雪の浅間ゆ両開き　来
たゝみ傘柄ふかく手入れ雪の母　来
屋上の雪へ灯おとし倉泊り　来
雪負うて倉へ戻りし猫おそろし　来

富士見の町の雪の中をさまよふ。（九句）

雪の磴高みに孤屋琴の鳴る　来
友歿後百日雪に琴ひゞく　来
琴の音や佇ちきくまゝに雪きしむ　来
琴の音(ね)切々(せつせつ)魂(たま)に詫び詫ぶ雪の面　来
父母ありて友ありて弾くか雪の琴　来
六段といふ曲をさなし雪をさなし　来
いま鳴る琴いま光る雪友は亡(な)し　来
雪皚々せめて琴の音こなたへ来よ　来
琴の音ゆけ亡友(とも)の辺(べ)空へ雪の地下へ　来
信濃路に降る雪昏し空に織り　来
降る雪点々アラ、ギ巨幹にあたり散る　来
榛原は雪をのがれんかげもなし　来
松は鳴り雪は舞ひきて餉(け)に乗りぬ　来
雪建札(たてふだ)の文字消しいくさ北辺より　銀

勝ち負けのみ誇なき世や雪ちらつく　母
故友の誇吾(あ)に宿りをり雪降りそむ　母
両手組めば握手に似たり雪降りつぐ　母
雪やむまじ踊習ふに踊りつづけ　母
雪の木々夜も真写(まうつ)しに鉄気泉　母
雪の夜の電話は遠し故友ちかし　母
降る雪しるし家系樹めきし細木の前　母
黒き地や身を降る雪の打ちつけに　母
松籟の消ぬかのままに雪降る音　母
杭(くひぜ)一本雪降る条々かぎりなし　母
つぎつぎに雪降る水輪二重がほど　母
雪の上五指・土不踏誰(た)が足あと　母
くすぐるごとき哀歓の雪降り初めぬ　美
紅き実は滑らかいまだ雪積まず　美
明治の雪修身例話みな哀れに　美
折々や渦の真中(まなか)に雪堕つる　美
面影迫りて祈るほかなし面(おも)打つ雪　美
祖母・父母の死苦の総和や雪降り次(つ)ぐ　美
我が死苦は重かれ雪のみ清浄なる　美
降る雪を鳥凌ぎゆく昇りゆく　美

真向から聞く耳雪の日本犬　美

戯作「探梅」

梅といふ娘(こ)を降る雪に探せども　11・4
妹を得て雪をかなしむ心うすし　11・5
そゞろ浅学雪かぎりなく炭に降る　15・4

一月六日、陸鷲帝都訪問飛行の壮観あり（七句）

目覚めて雪平日なるもの今あり得ず　19・3
雪と影戦は昼も夜も深し　19・3
雪と日や機影十字を三つ組に　19・3
機影又機影櫟は雪着た幹　19・3
雪の地は機影へ返へす谺の元　19・3
雪の行人所用の歩み機影の空　19・3
我(あが)弟(おと)ちかく空飛ばんこと雪に著し　19・3
亡き友恋し雪の上(へ)琴の音の中に　22・8
化粧(けは)ひし若肌雪に一毛もひゞらがず　30・2
頭(づ)の雪を払ひつ漁る烏二羽　30・4
火薬出現に動ぜぬ一騎士映画も雪　31・11
二帆づつの沖船雪の降らぬ海　32・12
水底から雪降る玻璃から女の眼　34・3
雪の富士闇に就く後人いづこぞや　36・1

懸絶や上下青雲(せいうん)雪の富士　38・2

大

雪の富士白鷗海へ膚触れぬ　38・2
水に降る雪観てあればあたり白む　38・5
降る雪の水輪多さよ降らざらめや　38・5
幾年ぶりの雪ぞ銀婚祝(ほ)ぎ了んぬ　38・5
夢殿・金閣焼きし子孫へ雪降るよ　39・3
「ありがと」と言はるる奴隷や雪降り次ぐ　39・3
剛直の張綱一線盛り積む雪　39・3
時を違へてみな逝きましぬ今日は雪　39・3
日毎若き母に日毎の雪降りしか　大
階層の雪の大廈や文業歩々　39・3
ひとりひとりの正心(しやうしん)へ雪降り次ぐかに　39・3
昨日降り尚在る雪や卵茹づ　39・3
富士一体冠絶せる辺の雪ふくやか　39・4
織りなす雪故友の胸腔中(きようかうちゆう)さながら　39・5
「武士の娘」の妻の一言雪降る中　39・5
降る雪泣(なき)熄(や)め太陽顔を洗ひたり　39・5
雪の後金星したたり富士消えず　39・5
南国のヒマラヤ・シーダ雪恋ふ季(とき)　39・12

雪富士を望む午鳴く雞のそば　40・3
雪富士や来たれと呼べば山来るなり　40・4
コック帽の三人都心の虚空の雪　42・1
サンドウィッチ・マン表裏もあらず篠つく雪　42・2
浅雪や戸開きて陰に人もなし　42・2
雪に裹(つつ)まれ雪よりのぞく千木の端　44・4
紅(べに)鳥(どり)黙(もだ)し雪降るさまは捲柱　44・4
泰山木の葉裏も雪の照返　44・4
奥は知らず亡弟職場の雪の門　44・4

次妹急逝。（二句）

関西なれど榛の雪木や妹亡し　44・4
没後の雪在りのすさびの旧庭(ふるには)に　44・4
雪降る日撥ねる鍵盤噴水林　45・3

赤坂見附。

弁慶橋に思ひ出しては降る雪よ　45・3
鵲の来て今日の雪降り亙る　49・6
生き者の唄や一天雪零(こ)ぼす　50・2

*10

未生以前の太郎次郎に夜半の雪　50・2

法王ヨハンネ・ポーロ二世、唯一の被爆国なる日本を訪ひ来られて、信徒等に接見さる。七句。

飛雪が打つ帽二たとほり同宗へ白他宗へ緋　56・3
中指は人指さで雪中人へ迫る　56・3
慕ひ寄る人の波やとどまるなき雪の波や　56・3
涯(はて)なき降雪宣(の)り言葉絶えず世へ満(み)ちゆく　56・3
「万軍のエホバ」の名と「キリスト」の名降り降る雪　56・3
降る雪刻々「自律の人ならざれば期待せず」と　56・3
我が家の祭壇に故人なる一宗徒雪洽(あまね)し　56・3
雪の小部屋十手の総さへ緋に揺れて　集外句
六花か弔花か唱(うた)ある観念哲学城　美

高村光太郎先生の訃(ふ)報に接す

「結晶」と「しらべ」の命よ六花の雪　美
六(りっ)花(くわ)舞ふ銀婚更に第一歩　38・5
あかんぼに紅き唇雪明り　火・萬
国は予後雪月明の捨て車輪　来

「宮本武蔵」興行のために詠草を需められて
三十三間堂

笑む女(をみな)あぎと下より雪明り　母
彼我迫る一歩一と息雪明り　36・11
ヘッドライト深雪の楪大樹射し　火
壮行や深雪に犬のみ腰をおとし　萬

*11 深雪の照り双頰へ来てそを熱す　来
*12 深雪道来し方行方相似たり　来
女名の家の濡縁深雪嵩む　母
ただに素顔の青流沿へり深雪道　母
深雪降らしていま憩ふ空月と星　母
たべ物の切口ならび夜の深雪　母
深雪の夜友をゆさぶりたくて訪ふ　母
桐林降りすごしつつ深雪かな　10・4
深雪の上白き足あとたゞ一すぢ　17・4
深雪飛ぶ翅に撥ねられ粉になつて　44・4

次妹急逝。

深雪して遺愛樹の洞（うろ）ふたがりぬ　大

一月六日、陸鷲帝都訪問飛行の壮観あり

白雪やかならず機影の在る文化　19・3

妻の父信州疎開先にて急逝す、報に接し直ちに其地へ行く。五句（のうち二句目）

記憶を持たざるもの新雪と跳ぶ栗鼠と　来
富士こそ新雪憂国憂民岩へ語る　39・4
新雪やあかがね電線色をさなく　40・2
新雪や白き聖鐘裾びらき　40・2
積雪の地震（なゐ）一瞬を伝はりぬ　火・萬
かなたになやむ行人こなたただ飛雪　母
飛雪のいぶき十七音詩ただ一息　母

雪女（ゆきをんな）雪女郎

独り児を雪女郎より護りけり　長
雪女郎おそろし父の恋恐ろし　火・萬

雪晴（ゆきばれ）

雪晴の家族会議といはば美事　母
雪晴機関車ゆきたき方へ駆けつづけ　時
雪晴れへ白鳩飛ぶや白皚々　34・1
雪晴の無一塵空催笑す　大
雪晴や緋鯉の仔ただ緋を千万千万（ちまちま）　44・4

風花（かざはな）

風花と日の光又も三叉路や　31・1

吹雪（ふぶき）

吹雪く夜の犬つれし使者白かりき　美

冬の雷（ふゆのらい）

冬の雷に醒めし眠を継がんとす　長
はるか冬の稲妻左右（さう）の雲刺せり　火

冬霞（ふゆがすみ）

付近を独り散策。風物すべて、地つづきなる我が故郷伊予に似通ひたり。なつかしさ限りなし。十五句（のうち四句目）

冬がすみ丘の墓地中ただの家　銀

第二の宿舎「ミヤコ・ホテル」にて。二句。（のうち一句目）

祖父等住みし黒谷消さず冬霞　38・3

猫と鶏に仔犬無視され冬霞　大

冬霞古学府なれば避雷針　40・2

冬の霧（ふゆのきり）冬霧　煙霧

飯盛山に白虎隊の遺蹟を訪ふ　七句（のうち二・三・六・七句目）

降りくる冬霧なぞへと直木昔のまま　美

遠望無し冬霧に揺れ一炊煙　美

冬霧に手かざす想ひ古事今事　美

冬霧湧くや十九碑十七歳十六歳　美

ある記録。二句。（のうち二句目）
モナリザの図に題す。

すぐそこに居り到る道煙霧のみ　40・9

冬夕焼（ふゆゆふやけ）

冬夕焼過不及もなき笑ひ声　萬

卵黄を掻き解き掻き解く冬夕焼　美

L・P盤となりたるを以て、やうやくに「第九シムフォニー」L音盤を購ひ得て、家族と共に之を聴く　七句（のうち一句目）

轟く古典真紅の虹立つ冬夕焼　美

ステンドグラス冬の夕焼をさまざまに　14・2

冬夕焼明星いまだ緑星　40・12

冬の虹（ふゆのにじ）

嘗て四年間、級主任として相親しみし教へ児原田芳治十九歳、心臓麻痺にて急逝す。六句（のうち一句目）
霊前へ　一句

冬の虹消えぬ強さもやさしさも　来

冬虹消ゆ三層閣前過ぐる間に　美

「我がメモ」たらしめんための八句（のうち一句目）

七つも筋の通つた批判冬の虹　34・4

【地理】

冬の山（ふゆのやま）冬山　雪嶺　雪山

冬富士や背中かゆくて吾子恋し　萬

三十三年間の恩友、伊丹万作を失ひてより三ケ月、一月休暇に曾遊の地、富士見高原を再び訪ふ。（二句）

寒富士や俳句の行衛国の行衛　来

寒富士は空をひろめて緊く細く　来

仔馬やせぬ冬不二いかつき頃なれば　来

富士見の町の雪の中をさまよふ。

富士白衣弾琴しかも唱の声　来

四誌連合コンクール授賞式に出席する途次、戦後久し振りにて富士の姿を仰ぎ、その感銘をとりあへず句形中に誌しとどむ。（四句）

雪の富士生のなかなる眠り覚めぬ　時

雪の富士緊々密々裾滾る　時

白馬の眼繞る癇脈雪の富士　時

雪の富士落暉紅さと円さの極　時

眼前や三方一瀉の雪の富士　39・4

雪の富士なだれて刷きて聳ゆるかも　39・4

白富士の天柱にして朝日影　39・4

白富士や東開きに白堊荘　大

白富士仰ぐ個室障壁へ身を引きて　39・4

白富士に直面一途の日を重ねん　39・4

絨毯踏み白富士仰ぐこの稀事　39・4

白富士やうつつの楽はわが背後に　39・4

永遠をしらべに楽聖の曲富士白光　39・4

白富士や眼中梁払はれつ　39・4

白富士や家を貫く水車の軸　39・4

今日の糧を謝しぬ正午の白富士に　39・4

白富士や老父母と子とその妻と　大

白富士やわが父母地上へ来て去りし　39・4

密林出るや富士は雪と日密々に　39・4

別れとは歩み初むこと雪の富士　39・4

屹立と均整双備暮の富士　大

次妹急逝。（三句）

新仏拝みに西下雪の富士　44・4

天のみ高し死のみ相継ぎ雪の富士　44・4

涙の多寡をあげつらふ世や雪の富士　44・4

冬山くらしうつむき照らす五日月　来

こゞし冬山星は天火の名のまゝに　来

冬山幾重此の世が二重に見ゆる性　美

冬山や柿の黒き木月うてり　22・8

冬山の山ぎは赤らみ落日迎ふ　33・12

曼珠院を経て、「一乗寺下り松」の辻を過ぐ。数多くの路のおのづから落合ふ個所なり。六句。（のうち一句目）

決闘遺跡冬山がかり冬野なる　38・3

雑木冬山星出易きか紛るるか　40・3

山鳩やかの冬山もまろき頭ぞ　46・3

三十三年間の恩友、伊丹万作を失ひてより三ヶ月、一月休暇に曾遊の地、富士見高原を再び訪ふ。（三句）

鶏鳴はまさに男声や雪の嶺々　来

雪嶺や肌幾重にもむすびあひ　来

雪嶺や群鳥樹頭を見すて見すて　来

骨太の窓枠の中雪の嶺々　来

富士見の町の雪の中をさまよふ。

雪の嶺々琴柱の如し無絃の楽　来

信濃支部発会の催しありて、豊科にいたる　三句（のうち一句目）

雪嶺や伸び詰まりたる人の丈　30・4

三十三年間の恩友、伊丹万作を失ひてより三ヶ月、一月休暇に曾遊の地、富士見高原を再び訪ふ。

雪の山間馬のはせくる音なれや　来

都より雪山見ゆ日のコーヒー飲む　15・2

山眠る（やまねむる）

遠山眠り避雷針下に秘冊ねむる　母

＊1

ここの苔守りつつ眠れ嵐山　38・4

冬野（ふゆの）雪の原　雪原

曼珠院を経て、「一乗寺下り松」の辻を過ぐ。数多くの路のおのづから落合ふ個所なり。六句。（のうち一句目）

決闘遺跡冬山がかり冬野なる　38・3

雪の原の灯影まことに片ほとり　長

雪の原縁一とすぢ会ひに行く　来

角キラリ雪原の鹿既に在らず　来

落日新た雪原の月の斑は旧知　銀

枯野（かれの）枯野人

我のみの枯野の我の立ちあがる　来

大小の荷が歩みゆく枯野父子　来

赤きもの甘きもの恋ひ枯野行く　来

比喩もろとも信仰消えて枯野の日　来

枯野母子語るか棚に横凭れ　来

行くほどに枯野の坂の身高まる　銀

衆目を蹴つて脱兎や枯野弾む　銀

枯野ひそか脱兎一途の直進に　銀

再び関梅春氏の許を訪ふ　九句（のうち八・九句目）

猟犬の仔犬枯野を嗅いでばかり　銀
太棹（ふとざを）三味線の音（ね）ある枯野や下駄すげる　銀
枯野の銃乙女の胸辺撃ちたからん　銀
梶棒を顔へ高揚げ枯野人　母

たまたま、原民喜氏の終焉の場所なる踏切を過りて、六句。（のうち四・六句目）

枯野の時歩世の時歩「通過」許されざる　母
この枯野代（よ）が償はば「世の央（なかば）」　母
生きてみばや枯野の犬と生命（いのち）共に　母
時問へば枯野の少年応（いら）へなし　母
捨トラックさしもかしがず枯野久し　美
枯野測量二人呼応は嬉しげに　美
敗犬去れば眼をしばたたき枯野犬　美
重きものさがしては投げ枯野の子　時
舌を収めてもの考へて枯野犬　時
より高く泣く子に泣き止め枯野の子　時
日と月の光の授受や枯野の刻　時
胸毛厚き男子（をのこ）ならねど枯野吟　35・1
枯野白犬黒三点の貌ふり向く　35・4

枯野の線路郷にあり郷のほか知らず　37・2
枯野の神父等歩と語とともに相合ふか　37・2
枯野の雲陽が丸窓を開きたる　37・2
枯野の音電車の走り澄ませし音　37・4
主（あるじ）へ走る枯野の犬や尾を卍　38・2
枯野果なしをのこ児十語母一語　大
枯野発つ鳥や双翼二度に光り　39・4
枯野へひびく壮大世紀の生みし古曲　40・2
教科書の重み負ひゆく枯野の子　大
鉄柱堆積総崩れの音枯野中　40・3
枯野の巨犬おびえぬ犬と相親しむ　大
莨火擦りし焔仰ぎぬ枯野犬　41・1
枯野の入口清流添ひに湯屋一つ　42・1
緋の布を干して枯野や古戦場　42・1
カステラや明日へと乾く濡枯野　42・4
細字読みつつ少年行くよ枯野踏み　43・2
何者かと「指切りげんまん」枯野ゆく　46・3
光芒の冬日枯野に帰納せり　46・3
単車輛すり足で着き枯野駅　47・11
手を口にあげては食ふ枯野人　萬

冬田（ふゆた）雪の田

冬田の杭(くひぜ)たのしきゆゑに妻もだす　銀

伊丹万作の遺作シナリオ「俺は用心棒」の映画化されたるを観る。二句（のうち一句目）

どこの冬田ぞ「達者で暮らせ」と画面ゆ声　銀

冬田からおどろき去るは川千鳥　35・1

湖風(うみかぜ)湖雨(うみさめ)冬田刈株いま浄白　大

林間に雪の田や道も見つかりぬ　来

冬景色（ふゆげしき）冬景

樹海行（戦時回想）

磁石も利かぬ樹海道や冬景切迫す　55・11

水涸る（みづかる）川涸る

十年経つても育たぬ学校河涸れぬ　35・2、3

冬の泉（ふゆのいづみ）

先に在りし子等の去る待ち冬泉　時

みな白草(しらくさ)冬の泉は水の色　34・3

或る座談会記事中に「草田男はエスケープしてゐる」の語ありき

冬の泉辺暴力教室脱出して　36・7

冬の水（ふゆのみづ）

冬の水一枝の影も欺かず　長・萬

三宝寺池にて

一とつかみ冬水に置く枯松葉　長

石材や冬の落ち水かがやけり　来

宮城(みやゐ)はうつゝ受影は永久(とは)の冬の水　来

冬水に沈む町影塔を欠く　来

紙船の二舷圧されて冬の水　美

L・P盤となりたるを以て、やうやくに「第九シムフォニー」L音盤を購ひ得て、家族と共に之を聴く　七句（のうち二句目）

さやぐ冬水眼前が即(そく)到達地　美

つひに厚さなき洲の端や冬の水　時

竹幹こぞり冬の落ち水総(ふさ)をそろへ　33・12

冬の水に平らに触れぬたなごころ　37・3

立杭に当り噴散冬の水　39・3

日没以後の月は自照や冬の水　40・12

他人(ひと)を案ずる温顔もあり冬の水　44・4

岩滑る冬水一重漆黒に　大

寒の水（かんのみづ）寒水

新しき切株寒水砂を寄せ　来

日々の工事日々衣(きぬ)洗ふ寒の水　母

栗林公園にて　三句（のうち一句目）

寒水の緋鯉よきのふの癩の島よ　銀

雫しつつ寒水宙を横跳びぬ　時

躁鬱の境がかりの寒水呑む　37・4　時

冬の川（ふゆのかは）冬川

いくつかの新聞紙上に、需められて発表せる年頭吟を、ここに再録し置くなり。

冬河下り下流をいはず海を想ひ　（朝日）　時

冬の川「咽喉を鳴らす」といふよろこび　時

飯盛山に白虎隊の遺蹟を訪ふ　七句（のうち四句目）

山腹めぐる冬川すべては去りつ来つ　美

反響感佩冬川波の穂を見に来し　38・4

冬の海（ふゆのうみ）冬海

人々と別る。海辺に佇ちて、いつまでも見送り呉れられしなり。四句（のうち二句目）

冬の海面（うなも）兄等との間にひろくなる　銀

冬海や落花のごとく鷗浮く　火

犬若付近　（二句）

冬海や空を劃（くぎ）りて赤き岬　火

冬海は紺岩階を踏みのぼる　火

散会後、ただ独りにて、同島の健者地区をあゆむ。六句（のうち三句目）

冬海玲瓏歴史はいくさと苦の歴史　銀

茨城県五浦（いづら）海岸に岡倉天心の観浦楼址を訪ふ。こは日本美術院発祥の地なり　七句（のうち二・三句目）

一望の冬海金粉打ちたしや　美

天日と冬海余白即充実　美

冬の波（ふゆのなみ）冬波　冬濤

冬の青波ここなる二人瀬戸の子ぞ　銀

瀬戸の冬波愛犬のごと腹這ひ寄る　銀

瀬戸の冬波影踏遊（かげふみあそび）寄せては引く　銀

茨城県五浦（いづら）海岸に岡倉天心の観浦楼址を訪ふ。こは日本美術院発祥の地なり　七句（のうち四・五句目）

岸をふりむく孤礁の松や冬の濤（なみ）　美

碑文棒書「亜細亜は一つ」冬の濤　美

冬波（ふゆなみ）重畳山裏一つ雨と風　30・12

同行のM氏と共に、その親戚の家に立寄る。三句（のうち一句目）

藁屋根は安眠（やすらひ）の相冬の濤　33・2

人々と別る。海辺に佇ちて、いつまでも見送り呉れられしなり。四句（のうち四句目）

冬波ゆきて兄等の足下に白ろまりつつ　銀

花崗岩冬波洗ひ雨そそぎ　銀

遠濤と遠岩睦む明るさよ　火

冬濤の真白き上の水けむり　火

冬濤や砕けし波の綾載せて　火
岩の呟き直ぐ冬濤の声勃る　火
冬濤の一穂や岩を呑みて余る　火
冬濤の最後躍りぬ懸崖へ　火
冬濤の湧かんかあはや鷗発つ　火
群鷗空に遅れ冬濤のみそ来る　火
冬濤真白蜑の煙の濁りはや　火
冬濤・鷗人寰(じんくわん)よりも去り難き　火
冬濤の濤垣水平線も無し　火
左右(さう)の果冬濤深く陸(くが)にあり　火
冬濤幾重階為す九十九里の間　火
冬濤三里沿ひ来てたゞに破船在り　火
冬濤怒る破船汀に埋(う)もるれば　火
冬濤や折れたるマスト砂を突く　火
冬濤のひゞき破船のしゞまのみ　火
破船たゞ冬濤崩れ敷妙に　火

大洗海岸にて　十二句（のうち十句目）

冬濤(なみ)やくりかへしこそ世のまこと　美

茨城県五浦(いづら)海岸に岡倉天心の観浦楼址を訪ふ。こは日本美術院発祥の地なり　七句（のうち一句目）

冬濤(なみ)や等高の五岬・無塵の松　美

同行のM氏と共に、その親戚の家に立寄る　三句（のうち三句目）

この夜一稿を草せむ予定なりければ、帰京を急ぐ

冬濤起伏「自己」を語らねばならぬ日ぞ　美
冬濤(なみ)や浮雲積んで日に達せず　時
冬濤の眉間砕けし白煙　時
冬濤や懺悔の果の白勢ひ　時
冬濤や倦まざるものの青と白　時
冬濤の迫る青さの胸押さふ　時

伊良古行

伊良古冬濤(ふゆなみ)父母(ちゝはゝ)恋し誰か恋し　30・5
冬濤(なみ)とゞろ声となり得ぬ詩碑の詩句　32・1
冬濤(なみ)穂に穂「老子よ」などと口籠(くご)る詩句　32・1
冬濤(なみ)無限「詩」よ何ものにもあやかるな　32・1
冬濤や地の名浦の名かりそめぞ　36・5
日の冬濤耳朶ささやきも沖辺より　36・5
船窓へ冬濤の腹海失す　41・1

寒潮（かんてう）

泉鏡花氏二十三回忌記念興行としての「歌行燈」に詠句を需められて

宗山の娘お袖、すなはち、芸者お三重

千尋(ちひろ)の寒潮(さむしほ)潜るよ父と師のために　36・10

冬の浜（ふゆのはま）冬浜

冬浜を一川の紺裁ち裂ける　火

散会後、ただ独りにて、同島の健者地区をあゆむ。六句（のうち五句目）

海辺の墓地冬砂深しかりそめに　銀

＊2

「漁夫の利」を得んづ冬浜侏儒(こびと)群る　39・1

霜柱（しもばしら）

霜柱倒る一歩を移す毎に　火

凍土（いてつち）

凍坂や相撲に負けし子転びゆく　母

L・P盤となりたるを以て、やうやくに「第九シムフォニー」L音盤を購ひ得て、家族と共に之を聴く　七句（のうち四句目）

唱ふ肉声凍地(いてち)へ捺せし唇より　美

凍土へ倒るや大谷石割れぬ　39・3

寒土の果に富士あり家に屋根あるなり　40・3

氷（こほり）氷塊

九十九(つくも)潟近づく霜と氷かな　火

捨て椅子の氷の椅子ぞ野に据われる　13・3

空襲に際しての吟、六つ（のうち三句目）

氷輪(ひょうりん)や闘つて居て呉れる空　20・2

曼珠院を経て、「一乗寺下り松」の辻を過ぐ。数多くの路のおのづから落合ふ個所なり。六句。（のうち三句目）

「車がかり」の陣央めがけ一氷刃　38・3

氷の上唱ふが故に身は軽げ　42・3

掌(て)に氷塊にぎれど海相果(はて)なきよ　美

氷柱（つらら）

妻の父信州疎開先にて急逝す、報に接し直ちに其地へ行く。五句（のうち三句目）

氷柱の前の男之子(をのこご)斯る子欲し　来

人煙や氷柱の端の玉雫　来

凍滝（いてたき）冬の滝

丸太を桟に組める細路をはるばる下りて滝場に達す。四句

滝も冬も一途の方(かた)へ向ひつつ　45・5

滝一条払矣(ふつ)と納めて冬の潭　45・5

冬の滝繰り次ぎ昏れ次ぐ糸車　45・5

暗転の中に白じろ冬の滝　45・5

氷湖（ひようこ）凍湖

上諏訪に木村蕪城氏を訪ふ。（三句）

凍湖一面町に冬咲く花を見ず　来

夫婦(めをと)住む鉄路と凍湖見下ろして　来

光芒とともに凍湖へ夕日降(くだ)る　来

冬の土▽（ふゆのつち）

冬の土母往き去りしままの道　母

【生活】

勤労感謝の日（きんらうかんしやのひ）

小包の紐解き勤労感謝の日　大

七五三の祝（しちごさんのいはひ）七五三　千歳飴

畳店青き香に満ち七五三　美

石地蔵の袖の長さよ七五三　時

人工飛星(じんこうひせい)知らぬならずて七五三　32・11

畳の上の茶托の前に七五三　33・12

七五三遺し合ふなり小鈴の音(ね)　39・1

珈琲飲む無帽の巡査七五三　40・11

愚かなる「無」の扁額や七五三　40・11

七五三古風なあそび「かくれんぼ」　大

山市にそそる天然記念樹七五三　40・11

パチと締まりし母の帯止七五三　41・2

祖母の好きな門のくぐり戸七五三　43・7

昼を共に歩む半月七五三　45・1

広く緊まれる老の口笑み七五三　45・1

孫葉子の初の七五三を祝し、飴袋の面に刷られある「高砂」の絵姿に托して、うから等すべてのさいさきを祈る。一句。

胸越す白髪(はくはつ)肩越す白髪千歳飴　39・1

千歳飴の袋見上げて見下ろして　39・12

千歳飴初孫手首太うなりぬ　39・12

正月事始（しやうぐわつのことはじめ）事始

需められて、いくつかの新聞雑誌のために作りし新春詠草中、左の二句を録し置くなり。二句。（のうち二句目）

二十億人の初集会は無けれども　美

いくつかの新聞紙上に、需められて発表せる年頭吟を、ここに再録し置くなり

与へんと欲することを事初　〔同盟通信〕　35・1

年の市（としのいち）

声かけられはしやぐ媼(おうな)年の市　時

飾売（かざりうり）

遮閉溝から古き水音注連を売る　54・1

門松立つ（かどまつたつ）松飾飾る

母の無き仔馬柱に松飾り　来

箱庭の小道具売る店松立てて　38・3

冬至粥（とうじがゆ）

冬至粥いかなる春の遠からじぞ　銀

年木樵（としきこり）年木売

年木売櫺子に馬をつなぎけり　長

餅搗（もちつき）

餅をつく湯気がつつむよ日がくるめく　35・1

寺門に倚れば餅搗く音と地のひびき　38・3

年取（としとり）

三十三年間の恩友、伊丹万作を失ひてより三ヶ月、一月休暇に曾遊の地、富士見高原を再び訪ふ。

来たり見たり山齢一つ加はりしを　来

*1
兄等(けいら)の笑声これで五十歳(ごじふ)を迎へます　銀

元日所詠。二句。（のうち二句目）

加齢やすらか晩鐘以後も古都歩き　38・4

水清うして松青うして汝(な)が子加齢　44・2

註　亡父の和歌作品中に「王陵は蛮国なれど尊しや水清うして松青うして」の一作あり。

冬休み（ふゆやすみ）

水戸城址にて

城址(しろあと)の甍の三校冬休み　32・2

追儺（ついな）

姉の窓から幼弟の窓へ追儺豆　57・2
姉を弟（おと）を訪ふは小鳥等追儺豆　57・2
姉の上を先づ訪ふ小鳥等追儺無風　57・2

豆撒（まめまき）

姉も幼し弟の窓辺へ豆撒く音　57・2

冬着（ふゆぎ）

*2
冬著さまざま魂（たま）覚めきつて病人（やむひと）等　銀
冬著で会ひて襟もと胸もと相親し　銀
彼等の部屋建ち居り冬着の子等仰ぐ　美
ともに冬著手の平つなぎ子と歩む　14・12
畳から起ちゆく冬著の皺つややか　35・1
書を読むや家居冬著の襟正す　大
冬著の背で冬著の孫を通せん坊　40・1
子の冬著真赤や河原に子守の父　40・10
笑顔の緊（しま）りよき妻冬着裾も厚く　40・10

冬羽織（ふゆばおり）

しろ〴〵と母が前掛け羽織の前　火・萬
見下ろせば譲りの羽織の紐の揺れ　39・12
恋しや父よ羽織の紐の御飯粒　42・5
媼微笑羽織の紐を根元締め　45・11
羽織乳首へ紐の鐶差す母恋し　46・3

綿（わた）真綿

我が祖父の綿と吾妻の祖母の綿と　銀
綿の荷へ凭れまじくて一人子（ひとりご）や　母
雲引くかに乙女と真綿引きし日はや　大

負真綿（おひまわた）綿子

高松市の郊外、香西照雄君のもとに数日滞在　七句（のうち五句目）
綿衣（わたご）の母君探し出しては朝の礼　銀
布綿衣（わたご）閾を越ゆる悠揚ぶり　45・5

夜着（よぎ）

小（ち）さき初夜着粘土細工は布帛の中　33・11
寝てみせよと夜着賜（た）ばりしか吾（あ）と弟（おと）に　41・8

衾（ふすま）

寒衾裡己が身の腱撥（はじ）きみし　47・3

蒲団（ふとん）布団　干蒲団

うから眠る子等の蒲団はや、低く　萬
冬蒲団妻のかをりは子のかをり　萬
十年の間（ま）に小蒲団の殖えにけり　来

夢中吟

果（は）てしなく弟（おとと）ともぐる巨蒲団（おほぶとん）　時

バス運転手座布団提げて入れ換り　42・1

夫妻たのしげ蒲団かついで山路下る　43・3

末子（ばつし）の布団に或夜共寝や人形とも　34・10

天へ高き磴又磴に干布団　美

濫りに人を訪ひ来よ縁の干蒲団　33・11

干蒲団げに寝ては起き寝ては起きて　33・11

干布団してありそのさまあわただしげ　34・4

或る座談会記事中に「草田男はエスケープしてゐる」の語ありき

干蒲団新小屋の屋根広野の中　36・7

干蒲団ユーカリ日を呼び薫り立つ　38・4

ちゃんちゃんこ

其子の家の藁屋根厚しちゃんちゃんこ　母

同行のM氏と共に、その親戚の家に立寄る　三句（のうち二句目）

ちゃんちゃんこの肩上げ厚し濤屏風　美

地主いつしかの町中に呆けちゃんちゃんこ　32・3

煙草屋の娘とちゃんちゃんこの母と　40・3

ねんねこ

赤児の頬ねんねこ黒襟母へつづき　美

ねんねこから横目つぶらの見晴しや　美

ねんねこの歩みや水鉢豆腐はこぶ　30・4

白衣さむくねんねこの母然らずとや　33・3

ねんねこ姿は孔雀模様や子を誇る　33・10

炊煙や灯色ふくみてねんねこへ　40・2

父一人ねんねこを負ひ山を負ひ　40・3

ねんねこの黒襟でもり片言（かたこと）歌（うた）　42・1

ねんねこの児の揉むごとく跳ぶごとく　42・4

ねんねこの妹と母とをめぐるなり　43・4

ねんねこの熨斗（のし）さながらの襟正し　大

ねんねこどち明日を語りて左右へ別る　49・2

重ね着（かさねぎ）厚着

厚着脱げば父（ちち）心（ごころ）松青うして　41・2

着ぶくれ（きぶくれ）

着ぶくれて子が可愛いといふ病　美

毛衣（けごろも）裘　革ジャンパー

其銀で裘（けごろも）など得よ和製ユダ　萬

「萬緑」新年句会の席題作品

居据われる裘着んと細男　35・1

小人族を脱しつつありや裘（けごろも）族　大

子育てや革ギャムパーに鉢巻して　40・4

斯かる写真一葉遺れるあり。

青年ヒトラー織指映りて革ジャンパー　52・9

毛皮（けがは）

「萬緑」新年句会の席題作品

胸つぶるるふためきあれや毛皮のまま　35・1

毛布（もうふ）

寝よと父母毛布に子等をつゝむ時　来

ジャケット　ジヤケツ

たゝかひに育ちゆく子とギャケツの母　来

父命じギャケツの姉妹打合せ　来

ギャケツの端のどをつゝみて花とひらく　来

紺のジャケツの女町川瀬にさやぎ　母

ジャケツ厚くたゞ一枚の楽譜抱く　29・1

白ジャケツ乙女犇々饂飩造る　34・2

ギャケツ女人も骨董店も縁なしや　37・1

外套（ぐわいたう）オーバー

外套の釦手ぐさにたゞならぬ世　火・萬

晩年（三十九歳）のショパンの写真あり。そは

身に外套己(おの)がアルバム卓上に　火

野の男外套胸より吹かれ開き　萬

心身ぬくし外套とほす鉄の火気　来

さぐり進む盲者や外套抜きエモン　美

チェホフの小照に題す

黒かがやく細長外套雑種犬と　時

羽織でかばふ外套の娘(こ)の泣声を　30・12

若き外套天文台員(アストローマー)の土曜(はんどん)退(び)け　34・2

宛然羊群外套群中妻現はる　39・3

オーバーの胸に倚り寝る次の代(よ)の子　銀

二重廻し（にぢゆうまはし）マント

もの定めなげにマントの一青年　火

遠き丘のマントの人や若からん　来

母のそばマントの中の新刊書　来

緋マントや母へ手出さんふためきに　母

頭巾（づきん）御高祖頭巾

お高祖頭巾(こそづきん)の裾ひらめきの紅(べに)消えめや　38・2

冬帽（ふゆぼう）

冬帽とつて初産の報ことほぎぬ　40・3

防寒帽（ばうかんぼう）毛帽子

特攻飛行帽なり毛帽の後頭部　34・3

頬被（ほほかむり）

ほほかむりの女五人を率て漢（をとこ）　母

千葉一宮行　十一句（のうち二句目）

頬被り渡舟の席の坐り沢（づや）　美

柏原にて　六句（のうち三句目）

頬かむり柏原人眼を見合はず　美

頬かむり母脱ぎ捨てぬ父戻りぬ　時

夫婦（めをと）勤むよ夕日を避ける頬被り　32・4

ゆゑもなき真昼女人の頬被　34・2

頬被り脱ぎつ喪の家（や）へ寄るもあり　40・2

襟巻（えりまき）マフラー

人の世想ふ顎髯襟巻一重の上（へ）　31・1

末子の襟巻小馳受け口小歯並び　38・3

動く袂マフラーまだ朱の歩む妻　銀

マフラーのみ「ありのままにてよし」とのみ　37・3

ショール　肩掛

両手に荷母のショールの裾展（ひら）く　美

車中は路傍ショールでかくす涙離々　時

黒き肩掛年経し指環ゆるやかに　火

石川桂郎氏を、その別棟療屋に訪ふ　七句（のうち六句目）

堆書の陰に小肩掛置き看護妻（みとりづま）　美

豊饒なりし世の肩掛や臙脂長し　51・2

手袋（てぶくろ）手套　革手袋

妹ゆ受けし指環の指を手袋に　長・萬

手袋の鋲（ホツク）の音も別れさだか　火

落ちて拾ふ手袋砂に歴矣（くき）と痕　火

雪白の手袋の手よ善き事為せ　来

胃袋大の麵麭手袋の掌（て）に軽し　銀

竹幹や指手袋に収め得たり　母

急坂半ば手袋拾ひ易かりし　美

妻と四女の手袋今を乱れあひ　34・1

拾ひし手袋女の子のか小女（こをんな）のか　36・5

古手袋距ててものを盗（と）りし児あり　大

青天の白雲日吐きぬ手套脱ぐ　美

自らへ手套を投げて濤の前　時

水なき河床手套を以て叩くかな　37・3

手套（しゆたう）敢へて投げつけざりき我が詩護（も）りて　大

くろがねの悲恋の詩成りぬ革手套　33・3

革手套約を未済の手なれども　34・1

長女妙齢革手套サッと貸せとこそ　34・3
革手袋父の歴史の後負ひつつ　42・2
有刺線新し馴染の革手套　45・6

足袋（たび）白足袋

足袋ぬちに歩きづかれのほてりかな　長
勁（つよ）き拇指蝸牛のごとく覗く足袋　火
脱ぎし足袋吹飛（ふきと）びぬかろんぜられぬ　来
足袋越しに足打ちし水重かりき　銀
老婆掃く己（おの）が足袋の上（へ）掃き勝ちに　美
白足袋のチラチラとして線路越ゆ　火
子は唱ふ母の白足袋光るとき　萬
白足袋遺し泣くほか寝るほかなかりしか　萬
腰紐白足袋脱ぎあり仏壇之を護（も）る　美
母のくるぶし白足袋の歩に砂利こごし　時
汝（な）を恋ふる夫（つま）ぞ白足袋はかばそれを　33・10

文芸協会当時のメンバー記念写真を見る。そのなかに松井須磨子の姿を認む。

「火の女優」白足袋左右のさきとざし　35・9

或る座談会記事中に「草田男はエスケープしてゐる」の語ありき

白足袋の前反り後反り夫（つま）に添ひて　36・7
前後反る白足袋夫（つま）に添ひ歩む　36・8

「野々宮」への路にて。一句。

白足袋を庇ひつつ東道古心めく　38・4
和服の日伏目がちなり白足袋へ　39・12
運動場横切（よぎ）る白足袋誰（た）が姉ぞ　39・12
白足袋の中へ白足袋妻在らず　40・12
語りつつか白足袋二双下窓過ぐ　41・5

マスク

崖上の医者の窓よりマスクの人　来
黒眼鏡マスクの人に満てる如し　母
マスク一つ干しあり母娘（おやこ）共に忙し　美
妻への感恩マスクして巷間にあり　38・2
共に白しマスク・鉢巻風に向き　45・4

毛糸編む（けいとあむ）

柱廊が影曳く子無き毛糸編み　来
毛糸編む気力なし「原爆展見た」とのみ　銀

餅（もち）餅焼く

餅白くみどり児の唾泡細か　萬
詩よりほかもたらさぬ夫（つま）に夜の餅　萬
教へ児が白ら餅呉れぬ世に立ちて　来
臼いただきに白餅成りて妻潔（きよ）し　母

すざつて犬の見上ぐる高さ餅の杵　時

吾娘（あこ）等の肌都の餅は粗なれども　時

餅焼く火さまざまの恩にそだちたり　来

紅白にねばるや餅焼く箸の先　38・3

寒卵（かんたまご）寒玉子

歎きに餌やる忘れて居しに寒卵　母

寒卵黒髪解きし頭（づ）のかたち　母

寒卵歴史に疲れざらんとす　時

笊の中寒卵転び転（まろ）び返り　38・3

窓の閾に仮に置きあり寒卵　42・12

寒卵は不壊（ふゑ）のまどかさ孩児逝きぬ　50・6

塩ささやく寒玉子なる茹玉子　大

雑炊（ざふすい）

もの言へば雑炊焦げの舌にがし　来

共に雑炊喰すキリストの生れよかし　来

焼芋（やきいも）焼芋屋

風呂蓋めきし焼藷の蓋子客集ひ　母

焼藷屋の声あるあまたの夜の屋根　時

眼を拭ひ焼藷深かぶか喰ひ初む　30・3

焼藷の行燈（あんどん）しげしげ紅塗りしか　33・2

焼藷黄なり嫁（とつ）がむはなやぎごとの間（ま）に　35・2、3

見舞ひて安堵焼藷買ひてしばし野路を　38・1

焼藷を食べつつ行くや星稚（をさな）し　41・1

辛抱の限り熱しや掌の焼藷　42・4

身内だけの祝宴久し焼藷添へ　48・3

焼藷屋も救世軍も風に呼ぶ　美

西大久保なる幼時の旧居附近にて

焼芋屋通る歯入屋世は古し　10・3

四谷の隈にも老舗（しにせ）尽きたり焼藷屋　39・12

月なくて降りみ降らずみ焼藷屋　40・3

焼藷屋と幾度前後になることぞ　大

焼藷を縦ざまに持ちうからたち　40・4

友の遺児の洋行随筆焼藷喰ふ　40・4

大人の今も焼藷店で待たされつつ　42・5

町の名坂の名かはり果てしも焼藷屋　44・7

蒸饅頭（むしまんぢゆう）

むし饅頭浪曲なれど母恋ふ声　時

見なれし我指没する膚（はだ）や蒸し饅頭　34・1

湯気を呼吸しむし饅頭喰む今に愚か　34・1

鯛焼（たひやき）

鯛焼の熱き鱗の角立（かどだ）たし　時

前へすすむ眼して鯛焼三尾並ぶ　時

鯛焼を売る他人（ひと）の母指潔（きよ）し　31・2

鯛焼や丘にただ乗る古社　42・5

鋤焼（すきやき）牛鍋

教師二人牛鍋欲りて熄むことあり　火

鮟鱇鍋（あんかうなべ）

東都の店の中庭乾き鮟鱇鍋　52・3

おでん

歳末の新学制に就ての再教育講習を受くるために城東区に数日通ふ。或日、路傍の掲示によりて東京裁判の処刑を知る。即景即吟。

朝のおでん種々（たねだね）煮らる道ばたに　銀

納豆（なつとう）

納豆屋と自動車の間（ま）を駈け抜けし　美

為事の前熟睡果てしよ納豆の糸　時

寒造（かんづくり）

人に伴（つ）れて寒造り見て勢はんとす　来

冬構（ふゆがまへ）

冬構北門の前一清流　35・4

砂利を均らすその音さへも冬構　42・1

冬籠（ふゆごもり）

昼の闇得し猫の眼と冬ごもり　来

猫が鼠まぼるを些事とす冬籠　来

夕日のはなやぎ日毎眺めて冬籠　42・3

冬館（ふゆやかた）

冬館訪ふ近道や廃墟の中　来

土工白ら息汚職の真白の冬館　銀

水戸城址、弘道館址にて　十句（のうち五句目）

冬館昼の闇見る身をそばめ　美

＊3

俳諧一途涙一途か冬館　38・3

ライターの火を見て眼を見ず冬館　48・2

北窓塞ぐ（きたまどふさぐ）北窓閉づ

絣地の一枚北窓塞ぎ足す　31・4

北窓二つ塞ぎて凭す廃車輪　39・2

水戸城址、弘道館址にて　十句（のうち四句目）

北窓も南窓も又廊も戸ざす　美

線路沿ひ北窓みな閉ぢ戸口なく　37・3

亡母の書簡「倫敦四隣北窓閉づ」　49・10

或る存在の上を。

北窓塞がず隠花植物常(とこ)眺め　49・10

冬の灯（ふゆのひ）冬灯　寒灯

四年間手掛けし教へ児等、業終るとて一夕我を中心に送別会を催す。四句（のうち四句目）

三十人唱(うた)ふ冬灯と吾を囲み　来

倉に孤り茶色の冬灯亦孤り　来

万戸の冬灯左右(さう)に照りあふさまなれど　39・12

冬灯(ふゆび)へ蜜蜂童話発想近からむ　銀

父母(ふぼ)の冬灯(ふゆび)父母の居(ゐ)たしかめ寝る子あり　銀

久慈浜にて　九句（のうち一句目）

蜑が家(や)の冬灯軒漏り屋根漏りて　美

冬灯のいのちクリスタル・グラスの窓涙す　美

国旗の玉の残光機影に早や冬灯　時

遠き妻の寐顔冬灯の護(も)りてあらむ　12・3

むく犬の毛の奥の瞳(め)や赤き冬灯　32・12

冬灯の玻璃駈け出でくる友影跳ねる　33・1

一月二日の記録　（三句）

冬灯しづかより大いなる人在る無く　33・1

冬灯にあらはな銀杏より楠頼もしく　33・1

老師微恙友の冬灯も谷戸に無く　33・1

分け入りて冬灯をともす中心に　36・5

本舞台＊4がかりに亡(う)せぬ冬灯淡し　38・3

闇に富士聖書とベッド冬灯の圏　39・4

闇黒廊下神父冬灯の室へ入りぬ　40・1

いつもの想念冬灯いつもの道照らす　40・2

闇の扉離れて冬灯ある扉へ　40・2

冬灯の窓に黒三角形修道女　40・2

「素燈」ともいふべき冬灯修道女　40・2

鳥等寝(い)ね冬灯も宵の修道書　40・2

冬灯洽しえらばるる者召さるる者　40・2

乳牛等冬灯下乳房今は張らで　43・2

寒燈にひとり寝る塵たちにけり　火・萬

行人に寒燈まざ〱と把手(ノブ)をのみ　火

一寒燈主客を照らす片面(かたつら)づゝ　萬

寒灯も襖のわれ等が影も身近か　来

栞(しをり)みどり戦前の書を寒燈下　来

冬座敷（ふゆざしき）

真珠庵の方丈にて、若き独身の住職と語り、抹茶の饗応を享く。三句。（のうち三句目）

冬座敷首根めぐらし面談なす　38・3

畳替（たたみがへ）

鳥籠から栗散り次ぎて畳替　36・8

障子（しやうじ）

灯の障子湯気の影あり糧（かて）の影か　来

母を言はず障子を夕刊打ちし頃　母

叮嚀な第一声破れ障子から　時

日の障子へ向けて坐せしむよく見んため　37・3

但馬美作氏・吉田健二氏の東道にて、大徳寺を縦覧することを得。その塔頭の一つ、聚光院の利休自刃の間の内外にて。二句。（のうち一句目）

この壁裾復（また）は紊（みだ）れず西障子　38・3

障子のあちら孫が押さへし片掌（かたて）の影　大

灯の障子坐像の影はまろきもの　39・1

白障子の明けゆく此の世の桟の影　大

襖にもたれ障子叩きて故人を呼ぶ　大

襖（ふすま）

寒灯も襖のわれ等が影も身近か　来

襖にもたれ障子叩きて故人を呼ぶ　大

屏風（びやうぶ）

みちのく泊り屏風語中に「月文銭」　母

同行のM氏と共に、その親戚の家に立寄る　三句（のうち二句目）

ちやんちやんこの肩上げ厚し壽屏風　美

需められて新聞雑誌等に発表せる年頭吟中より数篇を、記念として、ここに録し置くなり。（その一）

三代の屏風や朱拓正気歌　39・2

母娘（おやこ）の帯を屏風仕立や新居祝（にひむろげ）　40・12

留学の留守部屋屏風絵水淙々　45・12

絨緞（じゆうたん）

冬絨氈抓（つま）む水銀千々（ちぢ）に千々（ちぢ）に　42・4

暖房（だんばう）　暖房車

煖房中に塵紙束も豊けくて　大

恪勤の人と旅人暖房車　37・2

ストーブ　煖炉

聖母像高し煖爐の火を裾に　長・萬

妻の父信州疎開先にて急逝す、喪の家にて、三句（のうち三句目）

遺骨此山下りし後の暖炉の音　来

炭（すみ）

うたゝ浅学雪かぎりなく炭に降る　萬

農俳人、浅田晴耕氏自らの林を切りて焼きし炭を賜ふ、即事を詠みて、愛謝の情をあらはす。

金星や賜ひし炭を火にしつゝ　来

そゞろ浅学雪かぎりなく炭に降る　15・4

桜炭京にみならひ京料理　大

炭火（すみび）

点々の炭火に闇の灰かける　火
茂吉歓語手啓(ひら)き炭火見下ろして　火・萬
採点の喜憂炭火の音とひそか　火・萬
帰りつゝ去りつゝあらん炭火細る　萬

某月某日、二句（のうち二句目）

心赤し炭火ゆ灰を削(そ)ぎ落し　来

四年間手掛けし教へ児等、業終るとて一夕我を中心に送別会を催す。四句（のうち一句目）

教へ子ら若し吾(あ)にのみ炭火据ゑ　来
濡れ豆腐焼くや炭火の総紅蓮(ぐれん)　母
君がはこぶ炭火そこばく吾ととのへ　37・3

詩仙堂を訪ふ。三句。（のうち二句目）

吐月峰鳴らす者なく丸炭火　大

消炭（けしずみ）

路も三和土(たたき)粉炭消炭火に焚いて　美

炭団（たどん）炭団干す

友病よろし木賊に炭団干して　萬
干炭団花著けし竹みな枯れぬ　30・3

石炭（せきたん）

石炭は重き馬鈴薯(ポテト)よ母去りゆく　美　*5
石炭の山やわが歩は世紀の歩　39・8

註　われは二十世紀第一年の誕生。

炬燵（こたつ）

横顔を炬燵にのせて日本の母　萬
渓音と炬燵のぬくさ絶え間なし　来
炬燵話仔馬別れの母追ひしと　来

上諏訪に木村蕪城氏を訪ふ。

炬燵の辺友の赤児が袖振り泣く　来

余寧君の初児

うつし絵の乳児(ちご)来て我が家の炬燵辺に　銀
炬燵さめて我家に男の世界一つ　母

一月二日の記録　八句（のうち四・五句目）

師と炬燵に故郷の城の灯を語る　美
師と炬燵に自愛の膝もひとり撫づ　美
蔵の中大炬燵の火ぬくき有縁(うえん)　22・8
想ひ浮かびし亡母や一(ひ)と度(たび)炬燵に据ゑ　35・2、3
早炬燵四側寄りあふ夜の友垣　45・5

立つても緋坐つても緋や炬燵の辺　集外句

炉（ろ）

教へ児の炉辺なる脛の伸びたる脛　来

秩父の町はづれに妻子を疎開せしめて、七句（のうち六・七句目）

炉辺に笑む銀の歯古りし他人（ひと）の母　来

川が海へ行くごと炉辺に国想ふ　来

炉辺の母サッカリンの紙指はたき　来

再び関梅春氏の許を訪ふ　九句（のうち四・五句目）

主（あるじ）の声炉辺へ出てくる戸の重さ　銀

自在一筋君が父母なる尉と姥　銀

久しさの炉火の八時はやや夜更け　銀

麻縄一束真新しくて炉辺に熱し　38・2

榾（ほた）

日向に在れ榾を探して来るまでは　40・3

火鉢（ひばち）

店主と末子（ばっし）梯子段裏火鉢ぬくく　32・12

炉開（ろびらき）

父母いつしか先代や夫妻炉をひらく　美

湯気立て（ゆげたて）

湯気立ちつ舞ひつ産後の髪撫で、やる　火・萬

真珠庵の方丈にて、若き独身の住職と語り、抹茶の饗応を享く。三句。（のうち二句目）

頑固とは血脈継ぐこと湯気立つ音　38・3

湯気立ちて打つよその家（や）の天井を　大

日記買ふ（にっきかふ）

黄八丈の袖や部厚き日記買ふ　40・1

焚火（たきび）落葉焚　夜焚火

焚火火の粉吾の青春永きかな　火

紙焚火・置砂街（まち）の生色か　銀

一月四日の記録

遊園地で父と火焚きし日な忘れそ　美

教会の庭豪放の焚火せよ　時

ネオンの前宵月照らし焚火燃え　37・1

掃除と焚火好きな小使よく笑ふ　43・3

宵焚火目のきららかの女人なる　44・4

矮鶏の前に大焚火をば為す勿れ　44・7

走車に遠し赤き焚火と白雲と　46・1

夫を失へる或婦人に、

落葉焚けば燃え琴弾けば鳴るなれど　来

火の番（ひのばん）夜番　寒柝

木目だらけの火の番小屋の老（おい）が観る　35・2、3

響呼んで来る夜番より吾は惨め　火・萬
寒柝も街も後にす家路かな　長
高台へ寒柝の音の夜もすがら　火

火事（くわじ）遠火事　火事跡

火事は遠きや道化役者（ピエロ）は座右（ざう）にマスコット　銀
一失火鳴り照る見ても敵憎し　19・2
火事のサイレン火急や亡母は疎きかに　32・3
遠火事の夜空をにごすこともなし　7・2
＊6
焼けあとに母が刈ります愛児（まなご）の髪　来
＊7
焼けあとに松亭々と夫婦（めをと）若し　来

橇（そり）

妻の父信州疎開先にて急逝す、報に接し直ちに其地へ行く。五句（のうち五句目）

橇駆る子等や喪へ行く我の足遅し　来
前山の橇の子眺め戸口の子　来
禿木といふべき木々や子等の橇　来
橇の子の叫びと走りいくすぢも　来
橇の子等軍歌ためらふこともなく　来

冬耕（とうかう）

同行のM氏と共に、その親戚の家に立寄る　三句（のうち一句目）

冬耕の匆来の知人へ手を振つて　美
立影いまや冬耕の鍬肩に納む　32・12
冬耕や身の要（かなめ）なる腰太く　33・3

蕎麦刈（そばかり）

蕎麦茎紅し友垣刈りて死の鎌寝る　母

蓮根掘る（はすねほる）

鼻の鈍りし漁村の犬や蓮根掘り　32・6

大根干す（だいこんほす）干大根

久慈浜にて　九句（のうち八句目）

ものみな藍の岬端（さきばな）にして干大根　美

寒肥（かんごえ）

祖妣の亡霊現（あ）れ来ず寒肥にほふ闇　母
此地や農家庭も赭土（あかつち）寒肥す　34・2
刈込顎鬚寒肥一事に没頭す　34・2
蒼きまで玄（くろ）きまで濃き寒肥や　40・11

フレーム　温室

温室（むろ）の温気（うんき）臭しや「自任豪傑樹」　大

猟人（かりうど）猟師

あの眼色剃りあと青き鉄砲打ち　34・1

父を捨てて猟師のあとに子等蹤きゆく　34・1

泥鰌掘る（どぢやうほる）

畦添ひ逃ぐる内気の泥鰌見たけれども　41・12

炭竈（すみがま）

炭竈や下界の鉄橋鳴りにけり　長

子が来しと炭竈守や手を伸ばす　44・5

炭焼（すみやき）

炭を焼く長き煙の元にあり　長

紙漉（かみすき）

国栖の地にて。

漉紙真白く「激（たぎ）つ河内」は蒼かりき（「朝日新聞」に掲載）　50・1

見市六冬、岩井未知氏等の東道によりて、奥吉野に遊ぶ。国栖の地にて三句。

紙漉き漉くや火種一つに姫鏡　50・2

漉紙成就山心よりの水一条　50・2

心気の紙漉継ぐをうべなひ一学童　50・2

竹馬（たけうま）

竹馬の青きにほひを子等知れる　時

竹馬の子等や河床遥か低く　37・3

竹馬仰ぎ反りかへりたる犬の咽喉　41・7

拾銭銀（ぎざ）貨（ぎざ）竹馬の竹二本も買ひ　45・10

竹の香や竹馬組まれ垣結はれ　48・3

竹馬（ちくば）の友等よ高だか青あを竹屋残る　50・5

竹馬の友等は閻友やあちこち凭れあひ　50・5

縄飛（なはとび）

縄跳びもぬくもる迄か激しはげし　来

縄とびの縄は冷えねど夜迫る　来

雪達磨（ゆきだるま）

孤児なる女中突如発狂す　三句（のうち二句目）

狂ひ寝や雪達磨に雪降りつもる　長・萬

雪達磨今更にして軒低き　40・3

方位失し目鼻もあらぬ雪だるま　大

雪達磨やうやく麓村へ出し　46・7

スケート

前髪の乱れ髪の間スケート観る　美

スケートのいかなる傷をか負ひて走る　美

スケートや雲の円蓋忘れ果て　美

吾娘（あこ）夫妻のスケート嘉（よみ）す番傘携（さ）げ　時

少年横抱きスケート先頭凱陣めく　時

ラグビー

書庫守に声なきラグビー玻璃戸走す　火・萬

＊8

行きずりのラグビー・風呂屋声に充てど　来

ラグビーのせめぐ遠影たゞ戦後　来

ラグビーや青雲一抹あれば足る　銀

ラグビーの暮色はなほも凝りつ散りつ　銀

ラグビーと乳牛斑の身風にそろへ　銀

風邪（かぜ）流感

縁談や巷に風邪の猛りつゝ　長・萬

風邪の窓孤雲真向きに遠ざかる　長・萬

風邪の子抱きてさびれ床屋の前過ぎし　母

末子が横目で話しにくるよ風邪床へ　美

風邪熱に輾転す詩は生まれつづく　13・3

風邪気の象時は光りて吾子にやどる　31・3

風邪声の独語なりしよ独歩止めず　38・12

風邪の児の押しきり唱ふ声の膜　大

風邪熱ありやと母の額を子の額へ　42・1

女車掌流感期なる夜声嗄れ　美

湯ざめ（ゆざめ）

片々たるもの煎餅よ湯冷めせり　美

「温泉」誌の「道後」特集に寄せし。二句。（のうち二句目）

雨に風に旧き温泉の湯醒なし　45・12

咳（せき）咳く

採点遅々睡てせく咳は隣り家か　火・萬

教へ児の咳せし声のそれと判る　萬

たまの映画蜜の如し咳殺しつつ　銀

這ひとまり畳へおとす咳二つ　銀

咳は声窓越にすさまじき月へ　母

厭人の果ての祈りも咳混り　母

終生主義者病み咳く未知の信濃も恋ひ　美

もの見るだけに倦みし幽霊闇の咳　美

旧子規庵を訪ふ　十句（のうち六句目）

当主亦若く病むてふ咳冴えて　美

咳に充つエンヂン鳴りて出ぬ電車　13・5

露路へ下がれる手洗バケツ咳の声　32・3

末子の咳砂利の中なるさざれ石　36・5

「祇王寺」は、門前に「訪客謝絶」なる一札をかかぐ。一句。

大咳のさだかに男声そも「是空」　大

或る経験。二句。（のうち一句目）

弟子を頼みの衰褪詩人咳(がい)一咳　40・12

笑ひ耽りの咳真咳(ほんせき)へつづきけり　41・3、4

咳くヒポクリット・ベートーヴェンのひゞく朝　来

咳いても独りなりき嚔をして二人ぞ　33・10

山の少年谺を呼んで後咳いて　37・3

嚔（くさめ）くしやみ

三日月のひたとありたる嚔かな　長

隅だけが鳴るハモニカの孤児嚔　母

大きな息子の父めく嚔母笑ふ　時

母楽し我の嚔に掛声す　10・3

咳いても独りなりき嚔をして二人ぞ　33・10

指立ててことうながす子父は嚔　34・2

大嚔酒気昂然の松葉杖　41・2

メリケン式の貌江戸風(えどぶり)の嚔せり　42・12

電車の床佇立乙女の嚔散る　49・9

偶作。チャップリンの足下に呈せんか。

泥棒氏クシャミ免かれシャックリ否　39・3

水洟（みづばな）

指磊塊見えぬ水洟繁く拭かる　萬

茂吉先生最晩年の照影を今また、つくづくと眺む

老(おい)は突如水洟「白鬚大明神」　美

青洟に母の耕す土けむり　33・12

水洟にとなりて涙の迹乾く　37・3

月の面に対ひて面上洟をかむ。　39・12

「思ひ出し笑」の人の水洟よ　40・2

水洟まで涎まで父母生きざりき　40・3

青洟さむし馬鹿と呼びあふ子供達　44・2

レムブラントの「働く小婢の像」の複製画を愛蔵すること久し。

箒を浄め洟(はな)をかみ明暗の中　49・3

息白し（いきしろし）白息

矢絣や妹若くして息白し　火・萬

息白じろ女騙されかけ居るらし　火

荒磯の正午の馬の息白し　火

息白しいつまで残る明星ぞ　萬

若き息黒天鵞絨(ビロード)に触れて白し　来

息の白さ豊かさ子等に及ばざる　来

嘗て四年間級主任として相親しみし教へ児R・Y学業半ばにして出征することとなれり。九句（のうち二句目）

学兵汝(なれ)吾が仰ぎ目に息白き　銀

盲人めく窪き細目や息白く　大
白き息はきつゝこちら振返る　長
白ら息籠(ごも)り滑らかなりき獅子の舌　萬
牛と仔馬わが白息も片流れ　来
土工白ら息汚職の真白の冬館　銀
友の白息妻子両手に余るらむを　33・2
戸惑ふほど悦ぶ白息の母を見しや　33・2
祈る手へころせる息の白き息　34・10
故石田波郷氏よりプレゼントを受けし思ひ出。二句。
（のうち二句目）
金襴筐(こばこ)に古墨や白息泰かりき　46・1
（「文藝春秋」一月号より転載）

木の葉髪（このはがみ）

木葉髪文芸永く欺きぬ　長・萬
涙の張り木葉髪とて黒髪ぞ　34・1
日差篤し木葉髪にも巻麺麹にも　38・12
一筋の白髪在らねど木葉髪　41・2

胼（ひび）

小さき腮(あぎと)乳濡れの胼もう消えし　美
胼の唇なめつつの母笑めば痛き　34・2
一本松にヂェット機音や胼の人等　36・5
赤児の頬目にはとまらぬ胼もよひ　37・1
胼の指が積む豊(とよ)色(いろ)の揚豆腐　41・1

悴む（かじかむ）悴ける

悴みてひとの離合も歪(いびつ)なる　来
悴む謀議ノックの音は骨の音　31・4
野鼠をりをり口へ悴む揃へ指　32・4
悴かむ掌(て)へ金槌落とさる金(かね)を下に　33・2
＊9
悴むごと鳴り熄む鍾子期鍾子期よ　大
悴みさがす老婆や切符出て来たり　39・2
悴みて「神のみぞ知る」と唧てる人　41・1
火に寄らず茶菓に手触れず悴(かじ)け客　46・3

懐手（ふところで）

吾子の母乳房もやすき懐手　来
メリーゴーラウンドその番人の懐手　母
両袖両肘引きめに母の懐手　49・5

日向ぼこり（ひなたぼこり）日向ぼこ

日向ぼこ涙多くて怠惰の身　母
佃の日向人からこぼれ落ちたくなし　30・3

フリードリッヒ大王晩年の像に題す。一句。

日向ぼこりの老王栗鼠ももう出でこず　42・4

日なたぼこ視野に入らぬは己が顔　来

帰郷者の如く橋辺に日なたぼこ　来

藪の気を吸ひつつ背は日向ぼこ　銀

南へ歩むよさながら日向ぼこ　母

母の店へ来る客仰ぎ日向ぼこ　美

久慈浜にて　九句（のうち六句目）

揚舟に猫日向ぼこ海をなみし　美

日向ぼこ父の血母の血ここに睦め　時

ツルハシを置いて街路の日向ぼこ　10・2

千葉一宮行

日向ぼこ泣いて投げつく石可笑し　31・2

日向ぼこの子に「アメリカ」を言はしめず　34・10

あわただしからずや俳論家、急進を唱へ、勿ち転じて、伝統を説くは

日向ぼこののぼせさましに床柱　35・2、3

正宗白鳥氏の生涯の上をも、ことに就けて回想すること多し。一句

一死見詰め或は小風の日向ぼこ　38・3

海の香の中友垣と日向ぼこ　47・11

幼馴染なるY・K女に結びつく思出と告白。二句。（のうち一句目）

「私ちよつと御小用に行てこうワイ」日向ぼこ　49・5

註　「御小用」は「御小水」の松山方言。

関梅春氏に次の二句を捧ぐ。二句。

日向ぼこ解かりつくせし夫と共に　50・3

愚痴とは「完璧期するのさはり」日向ぼこ　50・3

【行　事】

神の留守（かみのるす）

落枝は地にやすらへり神の留守　5・2

酉の市（とりのいち）三の酉

三角に羊羹切りし娘（こ）三の酉　大

三の酉傷兵四十の坂越えしか　39・12

神楽（かぐら）

神楽囃子のどさくさまぎれヒョットコ舞　39・10

里神楽（さとかぐら）

男（を）の神女（め）の神ただ行き交はし里神楽　39・10

日の落つる音ピイヒャラと里神楽　39・10

高き高き母と見しかも里神楽　39・10

除夜の鐘（ぢよやのかね）

水甕に水も充てけり除夜の鐘　長

除夜の鐘眼前居る妻もう居ぬ母　銀

全日空の催により、丑年の者だけにて伊勢神宮初詣飛行

篝火冲天伊勢参道へ除夜の鐘　時

第三の宿舎「菊水」にて。一句。

除夜の鐘「二つ音」床を巡り競ふ　38・3

滞仏中の第三女を偲ぶ。三句。（のうち二句目）

カテドラルの古鐘を除夜の鐘と聴け　46・2

（「東京新聞」より転載）

永生明存して二生無し除夜の鐘　48・1

クリスマス　降誕祭　聖夜　聖樹

クリスマス碧羅の色もて陽を飾る　35・1

父の創りし裸像もありてクリスマス　36・7

死にたい妻も生きたい母もクリスマス　36・7

脚下は古称の「灯の海」だらけクリスマス　38・2

クリスマス夜半の牛馬の尿（しと）虔（つつ）まし　38・2

クリスマス妻生みし父母の霊に謝す　38・2

クリスマス「老友情」もかがやきあひ　42・1

女児の論文昨夜完了クリスマス　42・1

光にそむく壁には昼の灯クリスマス　54・1

面紗素（しろ）く塔頂も然（さ）なりクリスマス　54・1

隣人の戸の音戸越しに降誕祭　銀

蔓のからみし迹ふかき杖降誕祭　銀

降誕祭睫毛は母の胸こする　銀

前途永き妻に加護あれ降誕祭　銀
看護婦とまがふ理髪婦降誕祭　33・1
戦後の聖夜ゲルマン白き禿顱頂(とくろちやう)　銀
聖夜の四壁想望(おも)ふは火の雨黙示録　銀
聖夜とやヒロシマ環礁実験図　銀
食後の真水聖夜の吾子等祈り初む　時
身は幸運児謝しつ祈れと聖夜妻　35・2、3

成蹊大学より還暦祝として時計を贈らる

果物と人工の菓子聖夜沢に　37・2
孫の聖夜紙雛めきて紙天使　38・2
最も低し聖夜末子(ばつし)の切る十字　38・4
ひそやかや聖夜夜明の小盗人(こぬすびと)　大
両手両足揃へ佇つ児に聖夜来る　40・12
諸事等しなみの団地へ聖夜の鐘　大
命を謝す聖夜を沈黙せる神へ　42・1
聖夜の灯に歴たる伽藍白噴水　46・6
ことのはは終りぬ聖樹灯りけり　銀
この家(や)では日当たるはここ豆聖樹　美
聖樹陰モナ・リザ齢(とし)の諸相帯ぶ　35・1

成蹊大学より還暦祝として時計を贈らる

聖樹避けざま棕櫚に触れたる音さやか　37・2
独り佇てば聖樹越しなる大河光る　40・3
庭聖樹灯り港の遠灯ともに　40・12
庭聖樹灯り涓滴音いづこ　40・12
日の神の手遊ぶ朝の聖樹の上　40・12
路傍なる聖樹に金の風銀の風　53・12
聖夜劇の出を待つヨゼフ髪灰色　美
聖夜劇の幼基督(クリスト・キント)しやつくりこ　美
聖夜劇のマドンナ人を見まじとす　美

芭蕉忌（ばせうき）　時雨忌　翁忌

二百五十年忌を迎へて、（二句）

芭蕉忌や遥かな顔が吾を目守る　来
芭蕉忌や十まり七つの灯をつがん　来
芭蕉忌や己が命をほめ言葉　時
芭蕉忌や人の世ひろく時不レ尽　35・5
芭蕉忌や来者(らいじや)さもしさそらおそろし　38・7
忌日の芭蕉独り祀るや浪に魚　41・9
時雨忌や見ぬ恋つくる性(さが)も熄(や)まで　33・11
侘びしさに識らず言ふ嘘翁の忌　37・11

漱石忌（そうせきき）

弟子とて秀才一夕話漱石忌　35・5

戻りし人に八手・黒門漱石忌　36・11

大門外を世人絡繹漱石忌　42・5

入営▽（にふえい）

目の大きな子供なりしが入営す　長・萬

入営の遺せる旆(はた)の月夜かな　長

嘗て四年間、級主任として相親しみし教へ児原田芳治、十九歳、兵に召さるゝ、齢をも待たで、心臓痲痺にて急逝す。（霊前に供ふ）

入営の君を見たしと思ひしが　19・2

【動物】

冬眠（とうみん）

多寿黒顔(こくがん)の冬眠の亀瞼素(しろ)く　34・1

冬の鹿（ふゆのしか）

雪の鹿跳(は)ね逃げし迹二つづつ　来

狐（きつね）

すつくと狐すつくと狐日に並ぶ　萬

鼬（いたち）

のつぺらぼう鼬の頭のうしろ影　美

鼬の路伸(の)し切りの首伸しながら　美

鼬急ぐ次第太りの身を長く　美

鼬いそぐ浮かぶ瀬あらば身を捨てんと　美

胴跳(と)びぬつづまり脚も跳ぶ鼬　時

鼬の頭(づ)がさむき全身ふり返り　41・1

兎（うさぎ）

秩父の町はづれに妻子を疎開せしめて、七句（のうち三・四句目）

兎親子福寿草亦親子めく。　来

絹機を織るやかゞよふ白兎　来

衆目を蹴つて脱兎や枯野弾む　銀
枯野ひそか脱兎一途の直進に　銀

竈猫（かまどねこ）

＊1
竈猫火をかくすもの火に焼けしよ　美

海豚（いるか）

三女の帰国を、羽田空港に迎ふ
銀の海豚（いるか）さはやか童女を負ひ戻りぬ　美

鷹（たか）

我が声や教へ児五人に鷹舞へり　来
其発行所より贈られて「レオナルドの創造的精神」を読む。偶作
遠き鷹石の橋梁岩を綴る　来
付近を独り散策。風物すべて、地つづきなる我が故郷伊予に似通ひたり。なつかしさ限りなし。十五句（のうち三句目）
蛇の衣電柱の鷹つよく愚か　銀
行く鷹とは頭上彼方へ越えし鷹　銀
背も豊か鷹の横顔夕澄みに　母
旅人や町裏かへる鷹を仰ぐ　美
影も声も落ちず海鷹ただ一つ　時
鷹憩ふ峯の枯松枝欠けで　34・10
全山により白きなし鷹の胸　34・10
降り際に予期のふるへや鷹の翅（はね）　34・11、12
飛び散る鳥の羽（は）鷹自らの羽も散りて　35・2、3
鷹消えて睫毛の翳（かげ）を空に観る　大
初富士や鷹二羽比肩しつつ舞ふ○　大
富士夕影舞ふ鷹正位にまた復す　大

冬の鵙（ふゆのもず）冬鵙

鳴くまでは鳴かぬ冬鵙市騒ぐ　来
水戸城址にて
水戸の鵙高台高木に越年せり　美
最も高き榛の木ありや冬の鵙　34・1
馬居る日にはそをつなぐ杭冬の鵙　34・11、12
冬の鵙趾（あし）うらかけて尾を一刷　大
冬の鵙下枝にふつくら転校児　42・1
声高し日本に残れる冬鵙は　45・12
渡欧滞仏の第三女の上を想ふ。一句。
汝は冬鵙小柄のフランス人等に伍し　46・1

笹鳴（ささなき）

笹鳴や職場（ば）に知己ある謂（いはれ）なし　来
笹鳴ちらちら亡母はいつも訪ひ姿　銀

爪木折る音もありつつ笹鳴ける　40・1
聖母の岩窟笹鳴姿現はして　43・5
主(しゅ)は復活聖母は老いず笹鳴ける　43・5

冬雲雀（ふゆひばり）

冬雲雀石切場ふかく深くなる　火
冬雲雀切通しほぼ一駅程(いちえきてい)　時
日向へ急ぐ水音ありて冬雲雀　37・2
五年に半間(はんげん)店幅ひろげ冬雲雀　38・4
正道の正側ゆけば冬雲雀　41・1

寒雀（かんすずめ）

古下駄は音も立たずよ寒雀　長
見られゐる壁の影なる寒雀　長
次子生れぬ舌ふくみ鳴く寒雀　火・萬
友病臥わづかの竹に寒雀　火・萬
寒雀とび下りし時仕事に起つ　来
天餌足りて胸づくろひの寒雀　銀
寒雀並みて汝(なれ)等も男女(をめ)男女か　11・5
青黒き家並(やなみ)に牛乳瓶(ちちびん)・寒雀　33・2
谷の町崖際好み寒雀　38・4
分校の犬痩せしめそ寒雀　39・12
闊達や摩天の枝に寒雀　大
寒雀松かさよりもまろくして　40・3
寒雀羽腋(はわき)つくらふこそばゆげ　42・1
施餌盤に「二三羽・十二三羽」寒雀　*2　44・2

寒鴉（かんがらす）寒鴉(かんあ)

寒鴉(かんがらす)破船にあまた沖へ啼く　火
寒鴉啼きて沖には国もなし　火
寒鴉破船と吾をあさみ啼く　火
頭上高く破船を諸発(もろた)つ寒鴉　火

遅がけながら、「楢山節考」を読む。表よりか、裏よりか、万人おのれが上を書かれ終りたるなり。

おふくろ捨てて女房拾うて寒鴉　美
寒鴉口髭しごくひとの夫(つま)　46・3
雲遠し虚空を羽打つ寒鴉にも　萬
塒さわぎの寒鴉けものの声もすこし　母
寒鴉(かんあ)雌雄の健在歴々鷗の屍　美
寒鴉(かんあ)鳴きひとの眼を見ぬ者居りて　美
小雲の下行方を代(か)へし寒鴉あり　時
町過ぐる寒鴉一声づつを繁く　45・1
密林や谺へ寒鴉応へ鳴き　大

密林の寒鴉泣くよ耳あるは聴け　39・4
待つ間もなく次ぎの寒鴉の帰る見ゆ　40・1
寒鴉(かんあ)過ぎ杳たり知人のまた知人　41・1
鳴き次ぐ寒鴉若者須臾に走せ去りて　53・12
償へよと寒鴉(かんあ)謝せよと山鳩鳴く　大

木菟（みみづく）木菟(づく)

採点を了へ措(お)く二時の木菟の音あり　火・萬
木菟は呼ぶ父は頭(づ)黒うして逝けりし　火・萬
女子寮うら男子寮遥か木菟の森　46・11

鷦鷯（みそさざい）三十三才

三十三歳(みそさざい)地へ下りぬ茶を呑みに起つ　美
遺木の洞(うろ)たつた一夜を三十三才　34・3
夏期の残務整理を為す必要もありて、中軽井沢千ケ滝の小庵に到りて一泊す。十一句。（のうち八句目）
三十三才濡れて白頬嘘を知らず　39・11
屋姿(やすがた)消えてもいつもの刻に三十三才　40・8

水鳥（みづどり）浮寝鳥

水鳥と水の青さの吹かれ寄りぬ　美
風の水鳥みな尻揚り胸揚り　美
水鳥に遠く来し裾払ふ女　大
遥かなるゆゑ水鳥へ遠眼鏡　52・2
水鳥暮るる杭にその数紛れつつ　大
水鳥暮るる杭(くひぜ)の数の夕まぎれ　54・2
一羽につづく一双二双の水鳥ゆく　54・2
浮寝鳥大勢時代に乗りかへぬ　31・2
御太鼓結びは祝事(ほぎごと)の帰途か浮寝鳥　大

鴨（かも）

世は寒しインバネス被(き)て鴨を捲る　火
中年に違はざるなり鴨を捲る　火
冬の苔鴨の錦毛むしらるゝ　火
睡眠不足覚ゆ青鴨捲りつゝ　火
小閑充実鴨くさきまで鴨の群　母
遠ネオン読めて意味なし鴨も旅寝　美
夜鴨の声はかなしむばかり人には悔　美
数しれぬ鴨の場(には)あり海の上　7・1
手ざはりや鴨獲網(かもとりあみ)は濡れ性(しやう)に　34・3
輪に舞ふ鳶の眼の下鴨の捕られつづく　34・3
掌中の鴨糠雨に頭をふるよ　34・3
釦さぐれば糸穴小さし夜鴨鳴く　35・1
靄や鴨や食後しばしば詩を思はず　37・12
多く去り残れる友も多き鴨　39・11

一と灯ありて影は春き鴨の声　大
夜鴨の声むかしの艪臍の声に似て　42・1
首の輪も著（しる）し目交（まなかひ）鴨過ぎる　42・4

鴛鴦（をしどり）鴛鴦（をし）　鴛鴦の沓

鴛鴦の深淵に得し妻なるか　美
ただ一角の巌頭鴛鴦（をし）の淵深し　美
鴛鴦や交情水の流るるまま　39・9
鴛鴦（をし）の雄しかと多彩に細面　40・5
夫（つま）が先んじ鴛鴦（をし）等寝にゆく滑りゆく　41・2
山の日沈む影絵なれども鴛鴦（をし）二つ　42・2
鴛鴦（をし）の夫（つま）を大きく描（ゑが）き彩りぬ　52・2
鳴き交はす山鳩や鴛鴦（をし）淵央（ふちなか）に　38・5

宮脇白夜氏の新婚を祝して。
鴛鴦（をし）二つ張り出（いで）し岩の胸の上に　大
鴛鴦の沓（くつ）万波の彼方吾娘（あこ）単身　45・12

千鳥（ちどり）白千鳥　川千鳥　友千鳥　千鳥足

此の荒磯（ありそ）千鳥を絶す群ら鷗　火
千鳥去り「目無千鳥（めんないちどり）」の語も遠のく　38・6

大洗海岸にて　十二句（のうち五句目）
岩群を群れ過ぐ初日の白千鳥○　美

冬田からおどろき去るは川千鳥　35・1
日射し来て二三羽しるき友千鳥　43・6
定かに見えぬただ一羽なる千鳥足　43・6

鳰（かいつぶり）鳰（にほ）

鳰きやうだい玉乗りめきし水掻きぶり　母
小娘となりゐし吾子等鳰の行衛　母
「水に麵麭を投ずる」日々ぞ鳰を見る　30・6
鳰が雌（め）を追ふ水しぶき螺旋綴り　31・5
森へ「聖林（ハイン）」と呼べば愕き鳰潜る　39・11

都鳥（みやこどり）

おも〳〵と飛んで一羽の都鳥　12・4
コンクリートのギリシヤ円柱都鳥　34・3
都鳥若者の三味佇ち弾きに　大
都鳥恋の冥福三味供養　38・9

冬鷗（ふゆかもめ）

寒鷗（かんおう）一つ歩前足下に魂（たま）むなし　美

鶴（つる）

*3
松も鶴も冬の光の絶空に　38・4

凍鶴（いてづる）

凍鶴や等しく書かぬ文の敵　長
凍鶴やわが故友世が忘るるとも　40・2

白鳥（はくてう）スワン　黒鳥

白鳥といふ一巨花を水に置く　来
一白鳥白波立てゝ身を濯ぐ　来
白鳥仰がず白鳥の居は空を青む　銀
珠紐掛けんわが白鳥の胸辺まで　銀
厭人の情白鳥に煙雨となる　銀
灯影長し白鳥項寄せあふ間　母
白鳥等胸寄せ囲む中の夜気　母
投影に恥ぢざる者よ白鳥身　美
白鳥の水輪や呼吸の輪にあらねど　美
白鳥と柳の縁はや幾歳　美
白鳥や虔しきもの雨後の水　美
白鳥や王子の眉目して少年工　時
胸に抱きて白鳥の卵一つならん　時
白鳥一列水面を移る「時の柱」　時
白鳥一点斜路一途にはるかより　時
白鳥の背に天白の羽根さはだつ　時
白鳥や水源はただ水底に　時
白鳥の独りの退出藻の閾　時
白馬と白鳥ひそやかに向き変はるのみ　時
白鳥や石の亀甲水面に敷き　33・6
遠き白鳥・為事は魔物吾を呼ぶかに　34・2
世の男性白鳥仰向きし咽喉識れりや　34・2
白鳥や十に九の割女人美しき　34・2
白鳥の風死せる船移りきぬ　35・4
白鳥沈思色いささかの黒と黄と　35・4
白鳥や白玉の児を布につつみ　35・4
純白のエロス白鳥首揮ふ　35・4
白鳥や「這ふ者」は「飛ぶ者」を知らず　35・4
白鳥や地上といへど水の上　35・4
忘れ得ざる人々白鳥の対岸に　35・5
白鳥やソドム・ゴモラは一と度燃え　35・5
白鳥の嘴や従ふ身をいたはる　35・5
白鳥たまの採餌の首ふる切なげに　35・5
水一線白鳥吃水深うして　35・8

白鳥や愛なき巷ゆ愛の鐘　35・8
白鳥の巣籠り久し白落羽　36・11
眼を吊りて離騒の白鳥戻りきぬ　38・6
白鳥も塑像も真向きみじろがず　大
白鳥片羽岸へ弓張り夕明り　39・2
就寝の白鳥半弦の月に等し　大
金貨降らず闇の白鳥見とどけぬ　大
招かざるに遠くより来む死と白鳥　39・7
楽人の死のアナウンス白鳥へ　40・3
白鳥や控えつ佇てる裾模様　40・11
白鳥寝(いね)んと夜目に颯々羽づくろひ　41・10
月の白鳥漕ぎあらはれし月の船　大
遅速なき二白鳥ゆゑ相並び　44・8
喝と呼び喝と応へて二白鳥　大
白鳥の寝にゆく入江ふかく長く　大
夕(ゆふ)寂(さび)や北斗の数の七白鳥　44・8
太白これを照らし白鳥熟睡(うまい)せる　大
白鳥自若渡欧せむとの一少女　44・8
煙見えぬ莨白鳥(スワン)の濠の闇　美
新刷の自誌自文読むスワンの前　大

内映(ば)えしつつ開くスワンの厚水輪　40・6
妻へ趨(おもむ)く水尾音高しスワンさへも　41・3、4
頭(づ)を上下白閃々のスワンの恋　42・11
うろつく「むく犬」黒鳥が白鳥誘ひゆく　35・5
黒鳥悔(くや)まず白鳥未だうべなはず　35・5

鮟鱇（あんかう）

橋の上で打ち切る鮟鱇底響く　美

寒鯉（かんごひ）

きのふより喪や寒鯉の鱗(うろこ)に触る　美
寒鯉の背鰭や撫すになびきつつ　美
寒鯉や高齢仙の如く逝きし　美
寒鯉不動机上白紙に沼の風　美
巨き寒鯉かたはら小鯉息添へて　美
寒鯉親子その母の喪の妻は家に　美
寒鯉雄々し黒天鵞絨(ビロード)の座布団も　美
なげきの妻のやつれすくはむ寒鯉切る　美
妻よなげきに勝てとはいはず寒鯉切る　美
逝きしをいたみ生きんと誓ひ寒鯉切る　美
寒鯉へ声は音ほど達せざり　時

寒鮒（かんぶな）

上諏訪に木村蕪城氏を訪ふ。

もてなさる焼きし寒鮒さらに煮て　来

牡蠣（かき）酢牡蠣

教へ児を悼むや星出で牡蠣を食べ　萬

石川桂郎氏を、その別棟療屋に訪ふ　九句（のうち二句目）

インクの香その妻牡蠣焦（い）る音つゝまし　31・1

＊4 あらぬ方（かた）へ尽す子なれど酢牡蠣饗（う）けよ　33・2

冬の蝶（ふゆのてふ）冬蝶

付近を独り散策。風物すべて、地つづきなる我が故郷伊予に似通ひたり。なつかしさ限りなし。十五句（のうち十二句目）

冬の瑠璃蝶密着の翅開き初む　銀

冬の蝶葉並（はなみ）立て気味月桂樹　32・11

冬蝶二つ縦に羽（は）たたみ身添へ合ひ　47・12

凍蝶（いててふ）

凍蝶の羽根閉づることもなかりけり　5・5

冬の蜂（ふゆのはち）

真黒な女の靴や冬の蜂　9・4

冬の蠅（ふゆのはへ）

冬の蠅ちりあそぶごと吾子の詩句　銀

文字の上意味の上をば冬の蠅　銀

綿虫（わたむし）大綿　雪虫

綿虫や帰り点（とも）さん戸主の部屋　時

綿虫や故人拐（さら）はれ行きしが如　42・4

停車場の大綿たれにかゝはりある　火・萬

前髪に大綿はやも嬰児ならず　火・萬

大綿や世間の轍ここ過ぎて　銀

大綿載りて想ひ指紋のこまかさに　銀

大綿や菓子嚙む音の口ごもり　銀

吾子と在れば大綿降（くだ）り来（く）乳一滴　母

大綿もここ行人のたぐひなる　時

大綿・小綿聖像日本のかなしみに　37・2

大綿や女手一つの炊煙に　38・1

大綿や気配の中の命飛ぶ　大

大綿や書き留めよきもの書き抽かん　大

雪虫や高さの重さに堪へ得ずに　銀

【植物】

冬の梅（ふゆのうめ）雪中梅▽

雪中梅この旅白くなりにけり　母

雪中梅一切忘じ一切見ゆ　母

雪中梅雪にかくれぬ首花眼前　美

雪中梅雪中鶯も在り得たり　美

雪中梅闘ひつづけ争はず　美

雪中梅曲がり初めたる僧の腰　30・4

現前せり一心同体「雪中梅」　38・5

雪中梅空でもつるる晴雀　39・3

早梅（さうばい）

早梅や後へはひかぬヂャズの腰　34・2

野方町、功運寺墓域中に、「純徳院芙蓉清美大姉」と銘したる一墓あり。即、林芙美子女史の奥津城なり。

墓の空早梅縫ふかに花つづる　34・2

早梅や鉄路の鳴れる方みんなみ　38・4

早梅や後頭まさに青道心　大

上高田なる功運寺の墓域には、吉良上野介の墓碑あり、林芙美子女史の墓碑あり。三句。（のうち一・二句目）

早梅や名君・怨敵即一身　39・3

早梅一輪「接吻哀願」一途の事 *1　39・3

一月上旬、伊豆長岡の病院に星野立子さんを見舞ふ。フランスへ出て来れる当時の、調和保たれたるゴッホの絵をえらび、その額一面を携ふ。

左手供され左手で握手ここ早梅　46・3

帰り花（かへりばな）返り花　帰咲

ひと枝にうすく真白く返り花　長

返り花三年教へし書にはさむ　長・萬

帰り花母恋ふ小田巻繰返し　母

返り咲く枝の間くらく思ひけり　5・3

大型核爆弾実験強行のニュースをききて

「神を畏れよ」返り花さへ死の灰忌む　時

重きを掌に乗せ女肘引く返り花　34・10

亡母の髪膚は尚ほも眼前返り花　34・11、12

分校に女教師は居ず返り花　41・2

花筒も厚く柘榴の返り花　42・1

凶事ならずいと数多なる返り花　44・2

岡山の地にて。

返り花吉備団子から黄粉散る　大

冬桜（ふゆざくら）寒桜

自らは殆んど観ること無かりしが、家族等が次々と牽きつけられ居し「ああ忠臣蔵」、通年続映、つひに終結篇となれり。

介錯挨拶「お腹召されい」寒桜　45・1

冬木の桜（ふゆきのさくら）枯桜

枯桜峠得たれる憩ひ独り　33・3

枯桜神父の灯の窓縦長し　銀

枯桜受けよと強ひし悔のみに　銀

けふ壮心枯桜銀松は金　母

星は月の前衛後衛枯桜　美

水戸城址にて

枯桜小使の家が校外に　32・2

星を得むとして明星や枯桜　32・11

枯桜春以後よきこと世にありしや　36・5

「黒塚」の上演に題す

黒塚跡鬼相といへど枯桜　37・3

三日月（みかづき）含みけふ四日月枯桜　40・12

枯桜再会までに二度咲くべく　45・12

冬薔薇（ふゆさうび）

居りながら居ぬといふ家の冬薔薇蹴る　火・萬

冬薔薇石の天使に石の羽根　萬

*2

雲に爆音石に冬薔薇我に此書　萬

高松市の郊外、香西照雄君のもとに数日滞在　七句（のうち六句目）

香西君の姿

独りごちつつ世話して呉れる冬小薔薇　銀

頰賞であひ撫であふ乙女冬薔薇　34・1

冬薔薇の香を聞く柳眉逆立ちぬ　大

冬薔薇（ふゆばら）一花指尺（ゆびさし）を越すさしわたし　40・11

人生成就の彼（か）の未亡人霜小薔薇　43・11

牝鶏は引き声ばかり冬薔薇　大

冬薔薇のうらの萼（うてな）の隆まりゐて　48・3

捲き寄せて返さむずる波冬咲く薔薇　51・3

冬薔薇とクリスタル・グラス身を削ぎて　51・3

註　作りし以後に心づけば、前なる一句は、殆んど二音節にて成立せるものなりし。

冬薔薇の襞層々や指を組む　大

冬薔薇の襞廻転の一帰結　51・4

冬薔薇一株芝焼く灯（ほ）明り忽ち殖ゆ　55・3

冬椿（ふゆつばき）寒椿

落日の黄の暈幾重寒椿　40・3

寒椿遠村遠望確かむる　40・3

吾（あ）が恋へりしは丹青の美女寒椿　40・3

ドア閉める乙女の足業（あしわざ）寒椿　44・4

花とともにひそむ哢や寒椿　46・5

侘助（わびすけ）

秋桜子氏を見舞へば、本復。門辺なる木々の花の名をその夫人指さして教へらる。

侘助のみづから笑ふ「太郎冠者」　49・6

山茶花（さざんくわ）

女家族は紙屑多し山茶花散る　美

詩仙堂を訪ふ。三句。（のうち一句目）

白砂（はくさ）を治め山茶花落花のみ掃くらん　38・3

ひめつばき

＊3

「赤」の題出されて咲くか姫椿　美

八手の花（やつでのはな）花八手

八ッ手咲け若き妻ある愉しさに　火

学歌審査員の一人として、久振りに東大を訪ふ。二句。（のうち一句目）

いまも小さき我が手や東大の花八手　母

人工の森に男女と花八ツ手　12・4

戦はるか古花八ツ手刈りおとす　13・5

花八手塗料粗材を完膚とす　32・12

孫の拳（こぶし）をつつみつかみぬ花八手　大

父を愛して話題とはせず花八手　40・2

柊の花（ひひらぎのはな）

柊の花から白くこぼれ落つ　長

柊の花多ければ喜びぬ　長

一年一度の花咲き柊葉さわだつ　時

柊咲き日本犬どち吠えぬ里　時

＊4

花柊「無き世」を「無き我」歩く音　38・1

茶の花（ちやのはな）

茶の花は雄蘂（をしべ）の奢（をごり）日は沈む　萬

母が家（や）ちかく便意（べんい）もうれし花茶垣　銀

付近を独り散策。風物すべて、地つづきなる我が故郷伊予に似通ひたり。なつかしさ限りなし。十五句（のうち六句目）

茶の花や嘴黄なる白家鴨　銀

茶の花うつむき英字書かれし日本の石　銀

茶の花や竹の枝（え）靡きてすぐ復（かへ）る　母

石川桂郎氏を、その別棟療屋に訪ふ　七句（のうち二句目）

花茶の気鬩一と条眼が迎ふ　美

茶の花や花びらかこむ亡母の顔　33・10

花茶と雛(とり)出版祝ひに出ざりし詫び　33・12

出来し名刺を身内が眺め花茶垣　37・2

巨きなる茶の花仲よげ農夫婦　39・11

新道といへど花茶の垣副ひに　40・1

人を扶けむ薬もろともの茶の落花　43・2

蜜柑（みかん）蜜柑畑

丘の一つ家(や)蜜柑の皮を数多捨てて　銀

付近を独り散策。風物すべて、地つづきなる我が故郷伊予に似通ひたり。なつかしさ限りなし。十五句（のうち五句目）

雨の日は昼の灯多し蜜柑村　銀

潮に泛く蜜柑や雨の白き船　銀

なまぬるき蜜柑相嚙み血族(みうち)沙汰　母

朝の蜜柑食へ強く産め敵にくし　19・2

運河に濡れて蜜柑の皮の流るるころ　34・1

蜜柑たわわかの眉目(みめ)永遠(とは)に深窓に　38・2

銀笛や日毎賞味の蜜柑も老(ふ)け　大

望郷きららか蜜柑の裏は剝ぎ易く　39・12

伊予産蜜柑青軸の裾星型に　大

蜜柑畑伴れ弾きのさまに照り合ひて　52・2

枇杷の花（びはのはな）

枇杷の花健羨に堪へぬ恋観たし　34・11、12

むく犬はどこに眼ありや枇杷の花　42・1

木守（きまもり）木守柿

木守林檎轆轤は土の玉まはす　美

師の逝きし年の余日を木守柿　34・11、12

木守柿山市の午後の四時の色　40・10

木守柿消し忘れある残置燈　42・1

弟妹逝きぬ木守柿の辺蔕の数　大

冬紅葉（ふゆもみぢ）

冬紅葉映して無風測量錘　40・1

紅葉散る（もみぢちる）散紅葉

散紅葉人なつかしく重なりて　来

夏期の残務整理を為す必要もありて、中軽井沢千ケ滝の小庵に到りて一泊す。十一句。（のうち二句目）

散紅葉乗せて唐松時序のまま　39・11

木の葉（このは）木の葉散る

街路樹は散るヂャンケンの手は振られ　来

野の家に病めり黄に散るプラタナス　14・2

枯葉（かれは）

旧子規庵を訪ふ　十句（のうち四句目）

手洗鉢空しき台木一つ葉枯れ　美

落葉（おちば）

地にありて細るまゝなり槙落葉　長

どろ靴を落葉の上に踏み入るゝ　長

落葉踏むことにも倦きて道に出づ　長

大学に来て踏む落葉コーヒー欲（ほ）る　火・萬

落葉に偲ぶ学の鉄鎖の重かりしよ　火・萬

落葉幾重嬉しき兵は上を向く　萬

ひらりと礼落葉降る中走せながら　来

谷角毎の幹撫しゆくよ古落葉　35・5

久振りに本郷を訪ひ、大学構内を歩む

ここの落葉を昔のさまに羊角風　36・11

勤務先の成蹊学園五十周年祝賀会催さる。祝日席上、二十余年の勤続者として、他の同性質の同僚達と共に表彰さる。

馴染の落葉煉瓦の肌（はだへ）はや桃色　38・1

＊5

挙措出入ひそかなりけめ戸樋落葉　40・10

わが三弟の生前の職場なりし西高校の前庭を訪ふ。

ヒマラヤ・シーダも免かれ難くさざめ落葉　49・12

朴落葉（ほほおちば）朴散る

＊6

金剛茅舎朴散れば今も可哀さう　銀

銀杏落葉（いちやうおちば）

銀杏落葉相似衆人の生活（くらし）如何に　来

銀杏落葉の掌（て）は樹下の石撫でさすり　37・2

銀杏落葉人訪ひし者人より去る　37・2

冬木（ふゆき）

池の中冬木の影は底知れず　火

冬木根を深くも掘りぬ水の湧く　来

冬木裾日だまり媼眉をなみ　来

冬木の風足をはばみて背（せな）を衝く　銀

冬木根にこぼれミルクや科（とが）吸はる　母

冬杉円錐尖塔かくし人影なし　母

都の冬木よ父の下宿ゆ望み初めし　美

冬幹や目なれしものに母の肌　美

信濃冬松嶺（ね）々をふくみて日のにほひ　美

水戸城址、弘道館址にて　十句（のうち一句目）

銀杏冬木数（かず）を容れあひ隣接せり　美

人の背後を過ぐる挨拶榛冬木　時

少しく久しく相語るごとし榛冬木　時

伊良古行

冬松を蘖形（なり）に句碑樹つ巌（いわ）　30・5

浪千切れ青き冬木の時化る見よ　30・12

水戸城址にて

冬木の下煙迎へて汽車見下ろす　32・2

爪先も踵もひびかず榛冬木　34・1

榛の冬木便宜の小橋みなあらは　34・1

負ふ荷の下に忍ぶかにゆくよ榛冬木　34・1

榛の冬木小揺（さゆ）れて乙女倚り語り　34・1

植木屋の坪の冬木と馬の顔　35・1

収斂の虎来て冬木を切れと吼ゆ　39・12

わが三弟の生前の職場なりし西高校の前庭を訪ふ。

摩天の冬木なれば梢（うれ）どち囁きあひ　49・12

冬木立（ふゆこだち）寒林

冬木立汝来しかと雫打つ　来

君遠し冬木立めくその町の名　35・1

巣鴨のある場所にての蝕目即事。一句。

「ここへの駐車空気を抜くぞ」冬木立　40・3

母人開けし口小ささよ冬木立　40・4

寒林に写真開（あ）け見つさにづらふ　10・3

寒林や反哺の鴉の声に満つ　大

寒林や全き渇（か）れ花渇れきのこ　39・4

寒林や岩礫・岩砂岩を繞る　39・4

寒林の封ぜし二軒隣人図　41・1

名の木枯る（なのきかる）

枯無花果他郷の穢（ゑ）海（かい）砂黒く　34・2

枳殻捨挿しながら檜葉青し　40・12

枯木（かれき）裸木　枯枝

明滅ネオン灯々に跛行す枯木空　火

岡持の中ぬくからん枯欅　母

さくらなる横（よこ）斑（ふ）の梢（うれ）枝（え）大枯木　37・4

裸木と冬常磐木に暮の鐘　大

枯枝婆娑心労斯くては肺いかに　火・萬

枯枝も相組めオリオン正しきに　来

空の声枯枝に鳩の胸と腹　来

水戸城址にて

枯（かれ）枝（え）透く自転車据ゑて車輪透く　32・2

枯柳（かれやなぎ）冬柳

香西君と吟行。途中、其夫人の勤先の学校に立寄る。二句（のうち一句目）

君が妻折には呼子笛吹くらむ冬柳　銀

冬柳逞しき神父小柄神父　31・2

*7

毛髪条々端までかなし冬柳　38・3

枯桑（かれくは）

枯桑や子等は手を垂れ雲は来る　火

枯茨（かれいばら）

枯茨枝織り小鳥の巣藁織り　37・2

チャールトン・ヘストン主演「十戒」を再び見る。一句。

枯茨炎上「神は声だつた」　50・3

枯蔦（かれづた）

基督は癒えし者の眼蔦散り尽き　時

枯蔓（かれづる）

枯蔓とは落葉した蔓襁褓乾く　33・2

枳殻垣つつむ枯蔓君が家　37・3

不動の掌に羂索の把蔓枯るる　42・4

冬枯（ふゆがれ）

基地展望の枯丘登る身をためしに　美

冬芽（ふゆめ）

千葉一宮行　十一句（のうち三句目）

槙垣の冬芽は黄なり舟乾く　美

水仙（すいせん）水仙花

永保つ水仙・遺影と閨の闇に　母

水仙の芯自らを囲ひたる　母

旧子規庵を訪ふ　十句（のうち八句目）

「臥して見る秋海棠の梢かな」なる子規の一句を想起す。

ここに臥せば水仙の芽も梢なる　美

水仙の葉ことごとく花凌ぐ　10・4

水仙仰ぐ「這ひはひ人形」古今一気　34・1

故郷に於て、われ幼時より、「きれい（綺麗）」の「い」を、「赤い」の「い」などの如くに活用するに慣れきたれり。

水仙と母さんがきれい茹卵子　35・2、3

小石と地馴染めるところ芽水仙　40・4

水仙嗅く新壁前に青畳　大

水仙凋れ人逝き群書類聚遺る　大

近見正見に水仙歎ぜし正六歳　49・4

水仙や藪をうしろに池のはた　日記

奪ひ得ぬ夫婦の恋や水仙花　来

五歳のおどろき赤き絵具と水仙花　30・2

葉牡丹（はぼたん）

葉牡丹や右（め）手に島裾左手（ゆんで）からも　40・1

葉牡丹や錆びつつ保つ大鉄器　42・1

葉牡丹いささか今から育て谷の家　43・3

葉牡丹畑かしこ臥牛も数あまた　44・3

千両（せんりやう）

千両*8や杖を退（しりぞ）け舞ひ耽（ふ）けて*9　40・2

枯菊（かれぎく）

枯菊の風槙垣に青みつゝ　30・2

枯芭蕉（かればせう）

冬芭蕉此家（や）で貰ふ吾子の卵　萬

枯芭蕉手の平あてて押してみる　7・3

枯芭蕉多株や連山峯多し　43・4

枯芭蕉新装（にひよそほひ）のきざし夙に　54・3

冬菜（ふゆな）

冬菜四五畝君のよはひのほつほつ増え　37・3

葱（ねぎ）

葱は青勝ちべにがら塗りの店格子　38・3

大根（だいこん）大根畑　煮大根

或る個人的な嘆きを　六句（のうち三句目）

大根めくもの長子めくもの愚か　銀

路の果大根肩出す岩間の土　美

一気強し畑（はた）に苔生ひ冬大根　33・2

流れざる身ありや大根の葉流る　33・3

大根人参一店灯ながす露路ぞひに　35・2、3

友が居迹無し練馬にのこる大根畑　35・1

大根畑へ鍬できざみし土の階　37・2

大根煮るにほひの湯気が岨路へ　時

忍苦にも優劣はあり煮大根　集外句

人参（にんじん）胡蘿蔔

大根人参一店灯ながす露路ぞひに　35・2、3

胡蘿蔔（にんじん）に蘇花咲く朱根細りつつ　大

寒竹の子（かんちくのこ）

芽寒竹黒目ばかりの早熟児　35・2、3

麦の芽（むぎのめ）芽麦

土は自在に麦の芽葉先まろやかに　美

末子さへ自律のきざし麦芽立つ　43・3

月の横顔大柄の星麦芽立つ　33・3

冬の草（ふゆのくさ）冬草　冬青草

五の数をまもる花瓣や冬野草　39・1

冬野草臥（ね）かせし茎や卓に副ふ　大

根以（も）て立つ冬草なれば打ちふるふ　39・2

「湯湧谷」をなまりて「祝谷（いはひだに）」や冬青草　57・1
「朝日新聞」より転載

名の草枯る（なのくさかる）枯薊　枯浅茅▽

蜘は木を這へり薊も枯れ果てゝ　火

薊など教師のかくれ場所枯れぬ　15・12

パンは浮かみ林檎は沈む枯浅茅　火

枯葦（かれあし）葦枯る　枯蘆　枯芦

こちら倒れに叢雲映り芦枯るる　時

一つ蘆なれば枯れ初む影一つ　39・10

夏期の残務整理を為す必要もありて、中軽井沢千ケ滝の小庵に到りて一泊す。十一句。（のうち四句目）

葉先のみみな垂れ蘆の枯れんとす　39・11

強き灯の在る辺枯蘆白条々　40・3

枯蘆や肥ゆることなき榛の木々　41・1

山無きも西に横雲蘆枯るる　42・10

枯れては芦の声なしどこの虎落笛　31・3

枯れも乱れもはげしき芦花や芒の間（ま）　33・12

枯芦や午前はきのふの宴想ふ　36・5

枯芒（かれすすき）枯尾花　冬芒

枯すゝき逃げて来し犬わがほとり　来

基地展望枯芒めく語を宣りそ　美

素直なものが侘びしくなつて古芒　時

枯尾花路あるのみに堪へめやも　35・1

あのもこのも隊伍ととのへ冬芒 *10　39・1

冬芒群れて八万四千語 *11　39・1

枯葎（かれむぐら）

鷗さへひそめて颪の枯葎　来

そして更に問へよや冬の八重葎 *12　44・2

枯芝（かれしば）

たまたま、原民喜氏の終焉の場所なる踏切を過りて、六句。（のうち二・三句目）

電車過ぐれば枯芝すらも立ちをののく　母

無辜が無辜償ひ無名の枯芝丘　母

枯芝瞭然おもてもうらも愚かな碑　母

枯芝や兄分教授等ほとほと逝き　母

日の枯芝地下へ潜(ひそ)みたき代よ来るな　時

残置燈下枯芝ゆゑに深夜明し　35・4

枯芝と露坐仏の膝ただなめらか　39・3

峡の子等枯芝明り未だ遊ぶ　大

冬芝や埴輪の肘はまろく曲がり　42・1

枯芝や埴輪の唱部(うたひべ)身は歌筒　大

枯芝に黒土撒くや芽誘ひに　52・4

藪柑子（やぶかうじ）

再び関梅春氏の許を訪ふ　九句（のうち三句目）

旅の吾子実だけを摘んで藪柑子　銀

幻住庵址にて

我が供華真赤椎落葉から藪柑子　母

藪柑子かかる里曲に眼鏡橋　40・3

藪柑子雀の跗にさへ遠し　大

年頭作品として諸所より需められて創りし諸句中より、次の二聯を記念として録し置くなり。二聯。（のうち一聯の一句目）

年越えぬ紅二点なる藪柑子　「東京新聞」　44・1

藪柑子何も無き地に幣を立て　45・4

那須野の旅小粒の老友藪柑子　45・5

那須野回想。三句。

実が二つ尚ほ双葉(ふたば)にて藪柑子　48・4

藪柑子宮裏更に人目離(か)れて　48・4

広き境(さかひ)の遠くへ行かんず藪柑子　48・4

藪柑子と唯木(ただき)の二葉神の森　50・8

竜の玉（りゅうのたま）蛇の髯の実

竜の玉宵月の辺は縹(はなだ)色(いろ)　時

竜の玉ただ聴く他人(ひと)の「風樹の歎」　38・12

竜の玉ウォーミング・アップの声真剣　39・12

直幹亭々裾は竜の髭竜の玉　52・8

祖父の祖父が据ゑし岩とか竜の玉　44・8

あちらに二孫こちらに四孫竜の玉　48・11

蛇の髯に実のなつて居し子供かな　長

蛇の髯の実の瑠璃なるへ旅の尿　来

松笠落つ▽（まつかさおつ）

松笠落ちて父の銭母の飯恋し　母

冬芝▽（ふゆしば）

水戸城址、弘道館址にて　十句（のうち九句目）

「平野の人」孔子の廟址冬芝坦

美

新年

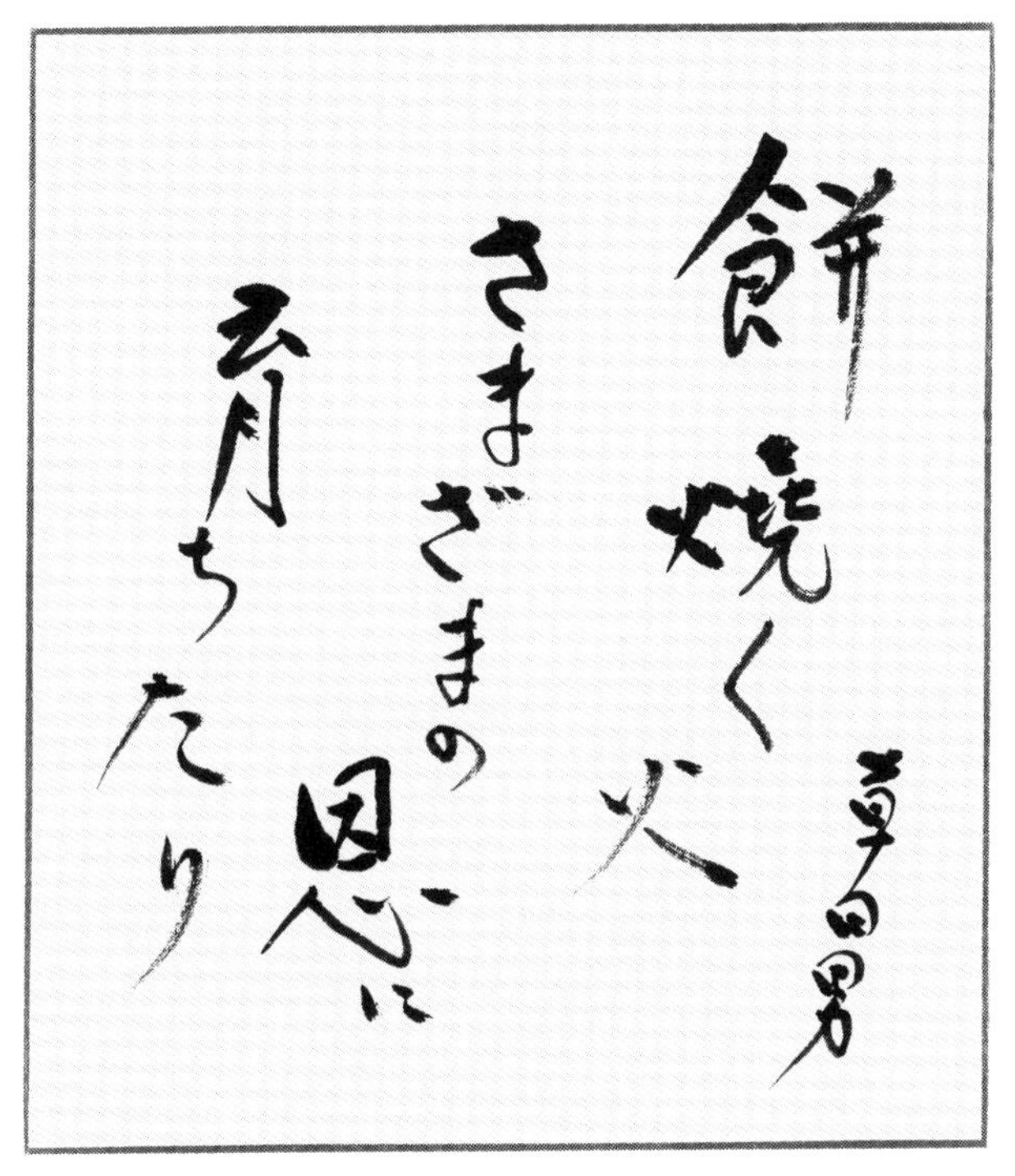

【時候】

新年（しんねん）年新た　年頭　年始　来る年

年新た星斗闌干峡の空　47・1

註　右八句（三句目）「朝日新聞」及び「東京新聞」より転載。

関東の赤松良し黒土よし年新た　56・1

年頭の灯台白しと報げやらむ　火

年頭の灯台白きを見て足りぬ　火

年頭とて鵞ペン造りてみし頃よ　美

鷗葬り年頭一汀海へ傾ぐ　美

久慈浜にて　九句（のうち九句目）

年頭の蜑の組打ちとめ女　美

年頭独り映画の銃口真向きなる　37・3

新聞紙上発表の年頭句を需められて。記念に録し置くなり。

離屋に年頭国旗新家庭　大

需められて詠みたる新年詠草中、次の二篇を、記録として、とどめ置くなり。二篇。（のうち二篇目）

オリーブ苗。五句。（のうち五句目）

年頭日日オリーブ苗は小葉薫る　40・11

年頭躍筆墨条のみの白馬の図　41・1

年頭胡坐みな横顔のエヂプト絵　46・1

同行三人年頭不穢の星空恋ひ　47・1

註　右八句（二・五句目）「朝日新聞」及び「東京新聞」より転載。

洲に仰ぐ年頭の星浄天地　47・1

山頭仏域年頭急雨の音もなく　53・1　＊1

（「朝日新聞」より転載）（三句）

年頭を銀婚祝ぎつつ京めぐりぬ　55・1

年頭のおけら火廻しぬ妻朗らに　56・1

去来の墓の可憐さを年頭の妻笑みぬ　56・1

新聞、雑誌類に需められて作れる新春雑詠のいくつかを記念として録し置くなり。

国びらきの地をば踏んで年始　大

城山越へて年始に無沙汰の藪の家へ　日記

転載二篇。（のうち一篇の一句目）記念として録し置くなり。

雲煙すなはち白竜なして年来る　大

「東京新聞」

光る輪の如き年来よ五輪の後　40・1

初春（はつはる）明の春　新春　迎春

甲州なる飯田蛇笏氏居にて、四句。（のうち三句目）

尚ほも巨眼初春の障子四囲に遠く　母

需められて新聞雑誌等に発表せる年頭吟中より数篇を、記念として、ここに録し置くなり。（その二）

明けの春語り掛けたく仕事為(し)たし　39・2

絵中新春聖童の手に夜の雲雀　母

下(した)嘴(はし)納めて上嘴新春鳳凰図　40・12

一月上旬、伊豆長岡の病院に星野立子さんを見舞ふ。フランスへ出て来れる当時の、調和保たれたるゴッホの絵をえらび、その額一面を携ふ。

新春祝(ほ)ぎ爛春へまで自愛されよ　46・3

古城新春名も「白鷺」の動意満つ　52・1

（「朝日新聞」より転載）

ただ想望裡の故郷の新春も恋しけれど　56・1

迎春いかに白亜家並の邑区巴里(ぱり)　46・6

正月（しやうぐわつ）

祖母恋し正月の海帆掛船　来

正月の群をば抽かずうづもれず　16・3

今風俗(いまぶり)なりに末子正月髪長し　43・2

睦月（むつき）

睦月なり富士の影絵の代とは言はず　39・4

睦月のいろ三百年の樅の色　39・4

*2「舞ひ納め奉りました」睦月風*3　40・2

次妹急逝。

睦月なる死別や尼の和語の経　44・4

睦月施餌台この鳥糞は今年のもの　46・3

好晴や睦月海辺に友と睦む　50・1

わが愛する某レストランに、晩年の作と推せらるるピカソのデッサンを主とせる一作「聖母子」の複製をかかぐ。二句。（のうち一句目）

睦月豊満「幼童基督」乳首含む　50・3

喬木仰ぎ古道たづねつ睦月行　53・1

「歴史の道」と呼ばるる古道を睦月行　53・1

築地いくつも落ちあふ古道睦月行　53・1

十二神将円陣以(も)て護れ睦月行　53・1

神将の寺低く睦月行の道遥か　53・1

「東京新聞」に掲載（以上五句）

去年今年（こぞことし）

全日空の催により、丑年の者だけにて伊勢神宮初詣飛行

去年今年月の空をば日の宮へ　時

聚光院中の利休の墓に詣づ。一句。

聳えて充ちて風穴一つ去年今年　大

年頭作品とて諸所より需められて創りし諸句中より、次の二聯を記念として録し置くなり。二聯。（のうち一〜三句目）

うから等と代を語り次ぎ去年今年　44・1

突放して魂容るるもの去年今年　44・1

人たる身は永遠を知らねど去年今年　44・1
（「朝日新聞」）

元日（ぐわんじつ）元旦　元朝　大旦

諸新聞より需められて作れる新年句中より左の一句を録す

元日やしづかに在れば言葉肥えて　美

需められて作れる年頭句二種を記念として、ここに録し置くなり。二種。（のうち一種の二句目）櫟。

元日の正午時計の針正す　45・1
（「朝日新聞」）

元旦や若き齢の若き刻　46・2

「湯湧谷」は此の国の霊地やけふ元旦　57・1
（「朝日新聞」より転載）

元旦や赤いモ、ヒキ武者絵凧　日記

耳鳴るまで元朝恩寵溢るるよ　48・2

霊地なれば元朝湯煙の八雲立つ　57・1
（「朝日新聞」より転載）

元朝祝ぐる神事調べてそを祝ぎぬ　58・1

いくつかの新聞紙上に、需められて発表せる年頭吟を、ここに再録し置くなり。（二句）

旧景が闇を脱ぎゆく大旦　時

正邪みな前向きすすむ大旦　時
（朝日）

いくつかの新聞紙上に、需められて発表せる年頭吟を、ここに再録し置くなり

わが眼をば撥じく眼もなし大旦　35・1
（同盟通信）

二日（ふつか）

水戸城址にて

二日の光坂広ければ低きがに　美

一月二日の記録　八句（のうち三・六句目）

ここが師門海気の明星二日の夕　美

師は微恙二日夜なれど初詣　美

二日の灯買ふ縁のある煙草店　34・1

松の内（まつのうち）

松の内校歌作成の責果たさん　32・12

若き歯を磨く音強し松の内　43・2

松過（まつすぎ）

色なきも砂糖湯一杯松過ぎぬ　萬

松過ぎぬ戦報映画の揺る、地平　来

女正月（をんなしやうぐわつ）女正月

祖母と母の女正月にも相伴（しやうばん）す　50・1

【天文】

初空（はつぞら）初御空

大洗海岸にて　十二句（のうち九句目）

初空こそ時を剰（あま）すれ海真青　美

初空の星空ここに太古のさま　47・1

註　右八句（四句目）「朝日新聞」及び「東京新聞」より転載。

大洗海岸にて　十二句（のうち八句目）

初御空古ることもなき海は語る　美

いくつかの新聞紙上に、需められて発表せる年頭吟を、ここに再録し置くなり。

初御空はや飛び習ふ伝書鳩　（東京）　時

需められて詠みたる新年詠草中、次の二篇を、記録として、とどめ置くなり。二篇。（のうち二篇目）

オリーブ苗。五句。（のうち四句目）

初御空月桂樹下にオリーブ苗　（「東京新聞」）　40・11

「人生は出直し利かず」とは世の定説なり。されども、敢へて一茶調に托しての、戯唱一つ。

然（さ）も然（さ）うず出直し利かね初御空　50・2

初日（はつひ）初日の出　初日影

いや果てより不夭の初日赤くまるく　銀

不夭の初日われよくも死なざりしかな　銀
不夭の初日よわくて逝きぬ強くて逝きぬ　＊1　銀
初日差月桂樹越し軒端しのぎ　母

大洗海岸にて　十二句（のうち一・二〜七・十二句目）

揚船の舷撫づる漁夫初日徐々と　美
岩頭の鵜めく人群(ひとむれ)初日今し　美
初日は昇り海は寄りくる音たからか　美
岩群を群れ過ぐ初日の白千鳥○　美
一点口にからし初日の汐飛沫　美
初日早や身に負ふ荷さへぬくめ初む　美
初日燦々海女の膝の間鯛一尾　美
今朝の初日いま舂(うすづ)きて鷗の屍　美

需められて、いくつかの新聞雑誌のために作りし新春詠草中、左の二句を録し置くなり。二句。（のうち一句目）

何が走り何が飛ぶとも初日豊か　美

いくつかの新聞紙上に、需められて発表せる年頭吟を、ここに再録し置くなり。（同盟通信）

紺地に金の初日織りなす旗一流　時

需められて作りし年頭吟中より左の二句を誌し置くなり（のうち一句目）

初日を信じ次代を信ぜざるべからず　時

大洗海岸にて（二句）

初日の濤(なみ)身に岩含み岩を越ゆ　32・1
薬香立つ浜草の実や初日団か　32・1
初日打つて暮鳥詩碑面文字消ゆ　32・1
玉抱くとは勇智抱くこと初日円か　33・1

註　需められて、いくつかの新聞雑誌のために作りし新春詠草中、右の三句（のうち一句）を録し置くなり。

いくつかの新聞紙上に、需められて発表せる年頭吟を、ここに再録し置くなり

初日へ歩む先師の足音(あおと)偲びつつ　〔東京〕　35・1

需められて作りし年頭吟中より左の二句を誌し置くなり。二句（のうち一句目）

海より初日世代より新世代生まる　36・6
拈華微笑の指頭の潔さ初日に想(も)ふ　41・3

朝日新聞紙より需められての新年詠唱三句。記念として、ここに録し置くなり。三句。（のうち一・二句目）

初日赤し双眼黒き間こそは　39・12
初日に対し鳩の心と蛇の知恵　39・12

需められて詠みたる新年詠草中、次の二篇を、記録として、とどめ置くなり。二篇。（のうち二篇目）
オリーブ苗。五句。（のうち一・二句目）

蜜月土産のオリーブ苗へ初日差　＊2　40・11

海気呼ぶオリーブ苗へ初日差　＊3　40・11

需められて作れる年頭祝賀句中より、次の二篇を記念のためにここに記録し置くなり。二篇。（のうち一篇の一句目）

怯心去れよ妻への接吻初日の中　40・12

初日差海（かい）波（は）の上はすべて東　＊4　42・1

新聞、雑誌類に需められて作れる新春雑詠のいくつかを記念として録し置くなり。（五句）

初日大輪大和三山みなみどり　43・1

石壁厚き玄室へさへ初日ざし　43・1

百年の計あれ参ぜん初日差　43・1

初日見んと末子が上る磴の音　43・1

初日の壁大和みやげの仏像図　43・1

年頭作品とて諸所より需められて創りし諸句中より、次の二聯を記念として録し置くなり。（二聯のうち一聯）

中尊寺。

千古の杉初日条々光堂　＊5　44・1

盆栽に苔厚きまま初日差　46・2

初日の前力をぬきて強歩せむ　大

初日未だ真（しん）紅（く）のままの増す光　大

註　右八句（七・八句目）「朝日新聞」及び「東京新聞」より転載。

初日より温風爽風波打ちくる　48・2

地点に仰臥初日面上過ぎゆくよ　48・2

指裾括る初日の金糸「な忘れそ」　48・2

唐招提寺にて。二句。

八（やつ）柱（ばしら）の八（や）つ根（ね）を初日鞘（さや）裹（つつ）み　大

戒壇上一物も無し初日展ぶる　大

三月堂にて。二句。

日光月光面輪通ひて初日中　大

「不空羂索」

初日に倣ひ頭上脚下へ直線光　49・1

法隆寺にて。二句。（のうち一句目）

夢殿の夢の扉（とぼそ）を初日敲（う）つ　大

旅の初日明日香もちかき芳野杉　50・1
（「朝日新聞」に掲載）

芭蕉に由縁ふかき地にて。

「雲雀より上」なる峠初日冲す　50・1
（「朝日新聞」に掲載）

海の初日凝らせし眉雪の端見えて　50・2

沢（さは）なるものの数をかぞへて初日の子　50・2

わが愛する某レストランに、晩年の作と推せらるるピカソのデッサンを主とせる一作「聖母子」の複製をかかぐ。二句。（のうち二句目）

初日へ睫濡れて縺（もつ）れて安堵して　50・3

（「朝日新聞」より転載）（三句）

鳳凰堂初日の一水擁したる　51・1

初日のしらべ楣間天女の楽（がく）のしらべ　51・1

天蓋台座初日も古金（こきん）のかがやきに　51・1

大洗海岸にて　十二句（のうち三句目）

荒海の果（はて）敷雲に初日の出　美

朝日新聞紙より需められての新年詠唱三句。記念として、ここに録し置くなり。三句。（のうち一句目）

初日の出現存三代の初代たり　39・12

初日の出五浦（いづら）定住の武山の筆　50・2

註　我が家にその一軸存す。武山は、木村武山。

初日影白布の面（おも）の白（はく）こぞる　51・3

「朝日新聞」より転載

城頭白（しら）壁（かべ）刷新の気の初日影　52・1

初明り（はつあかり）

需められて新年の句を数多く作りし中より、左の二句を録し置くなり。二句（のうち一句目）

書の面（おも）の灯（ほ）色（いろ）に代はり初明り　銀

初東風（はつごち）

転載二篇（のうち一篇の一句目）記念として録し置くなり。

初東風や忌明けの友を先づは訪ふ　40・1

「小説新潮」

初凪（はつなぎ）

再び関梅春氏の許を訪ふ　九句（のうち一句目）

初凪の海や棕櫚ある泉澄む　銀

需められて、新聞雑誌のために詠みしいくつかの年頭吟中より、この一句を録し置くなり。

初凪や若者にして縁（えにし）の使者　時

需められて作りし年頭吟中より左の二句を誌し置くなり（二句目）

楫とりもすなどりびとも初凪に　時

久慈浜にて　（二句）

初凪や頭可愛ゆき姫小松　32・2

初凪や女児等の末々波なかれ　32・2

初凪の濡れたる玉を拾ふなり　41・3

*6

初凪の展望共には為し得ねども　39・2

需められて作れる年頭祝賀句中より、次の二篇を記念のためにここに記録し置くなり。二篇。（のうち一篇の三句目）

初凪や砂の斜面（なぞへ）に根上り松　＊7　大

年頭作品とて諸所より需められて創りし諸句中より、次の二聯を記念として録し置くなり。（二聯のうち一聯の四句目）立石寺。

初凪の松島や一枝だに鳴らず　＊8　44・1

初凪やヴイ自らは揺れず語らず　54・2

初霞（はつがすみ）

通学路とて新切通初霞　45・6

【地理】

初景色（はつげしき）

神木の大き洞（うつろ）や初冴　46・1

初富士（はつふじ）

初富士や仰向（あむ）きうつむき舳（みよし）進む　41・3

＊1　Long love!即答初富士実証に　41・3

京都行。往途に於てのみならず、帰途に於ても亦、めでたき富士の姿を車中より仰ぎ得たり。九句。

妻とそれぞれ車中指組む初の富士　大

漠々の雲間に歴々初の富士　38・3

妻と語る星霜の迹初の富士　38・3

いく度か苦に醒め喜（き）に酔ひ初の富士　大

寿のきはみ「百」の相（すがた）に初の富士　大

初富士や人歩と牛歩和すが見ゆ　38・3

残光統べて古雅の朱鷺（とき）色初の富士　大

初富士の去りゆき前途の雲想はず　大

夜天の初富士そは自らが創るべし　38・3

需められて新聞雑誌等に発表せる年頭吟中より数篇を、記念として、ここに録し置くなり。（その三）（三句）

初富士を仰ぐ同船同舷に　大
初富士の裾のなだれて寄する波か　39・2
初富士の前眼高（がんかう）のゆらぎなく　39・2
初富士の前に山市の万国旗　大
紅日は右肩の真上初の富士　39・4
初富士の霓裳ひたと湖（うみ）際まで　39・4
舞ふ雲の片袖頭上へ初の富士　大
初富士が呼ぶよ湖（うみ）の面（も）踏み趨（ゆ）かん　39・4
初富士へ湖上より霽伺候しつつ　39・4
初富士の雪の面（も）齢条幾万条　39・4
飽くまで男体あくまで女体初の富士　大
一億の貌（かほ）を籠（こ）めつつ初の富士　大
涙脆さも浮雲（ふうん）もよしや初の富士　39・4
初富士や郷畏みて煙上げず　39・4
初富士や鷹二羽比肩しつつ舞ふ○　大
初富士の暮れつつ天火未だ無し　39・4
初富士暮れぬ今の世の灯はまたたかず　39・4
初富士の天籟聴かんと夜半を期す　大

需められて作れる年頭祝賀句中より、次の二篇を記念のためにここに記録し置くなり。二篇。（のうち一篇の二句目）

初富士銀冠その蒼身は空へ融け　＊2　42・1

需められて作れる年頭句二種を記念として、ここに録し置くなり。二種。（のうち一種の一句目）
楪。

初富士は双手双翼今か拡ぐ　＊3　45・1

【生　活】

若水（わかみづ）若水汲

需められて詠みたる新年詠草中、次の二篇を、記録として、とどめ置くなり。二篇。（のうち二篇目）

オリーブ苗。五句。（のうち三句目）

若水をオリーブ苗へ打注ぐ　＊1　40・11

いくつかの新聞紙上に、需められて発表せる年頭吟を、ここに再録し置くなり

若水汲むや水と流るる畏友の書　〔同盟通信〕　35・1

子の日の遊（ねのひのあそび）小松引

子等がため父いづこかへ小松引きに　時

成人の日（せいじんのひ）

成人の日の落し物咎めずに　34・1

需められて新聞雑誌等に発表せる年頭吟中より数篇を、記念として、ここに録し置くなり。（その四）（三句）

成人の日の子の一難父母励ます　39・2

成人の日の子の筆紙何を誌(しる)す　39・2

成人の日の子に母を父讃ふ　39・2

フォークで食べつつナイフを挙げて成人祝(ほ)く　39・6

成人日身を伸(の)せしめて祝福す　39・9

左右の肩に姪と甥とを成人日　49・2

弓始（ゆみはじめ）

日と的と円(まど)かにまぶし弓始　40・12

門松（かどまつ）

一月二日の記録　八句（のうち二句目）

師へ行く夜道門松以外松や笹や　美

門松出(しゅっ)荷(か)剰し残れり湖畔村　大

転載二篇。（のうち一篇の四句目）記念として録し置くなり。

門松や次孫生(あ)れ来て孫のそば　〔「東京新聞」〕　40・1

大いなる門松日本の星宿る　大

門松や今更惜しむ冠木門　45・3

門松や山城の窓空につぶら　50・1

院々の門松男松女松こぞり　「朝日新聞」に掲載　53・1

門松の砂のつかえてきしりぬ戸　日記

注連飾（しめかざり）輪飾

輪飾や都心ながらの中二階　40・12

アクロポリスの山景一幅輪飾添ふ　51・2

鏡餅（かがみもち）

寝言いふ程に育ちぬ鏡餅　15・1

屠蘇祝ふ（とそいはふ）屠蘇

屠蘇の酔ひ耳が聞えずなりにけり　18・4

雑煮祝ふ（ざふにいはふ）

いくつかの新聞紙上に、需められて発表せる年頭吟を、ここに再録し置くなり

雑煮祝ふ前に生まれぬ第一作　〔東京〕　35・1

年賀（ねんが）廻礼

父母は亡し師の加寿はるか祝ぎぬ　母

一月二日の記録　八句（のうち一句目）

新聞紙上発表の年頭句を需められて。記念に録し置くなり。

仲人へ賀詞や品川埃旧く　美

長女の婿の握手握力歳を祝ぐ　38・2

回想の新春。

旧藩主へ年賀のほとりひそけかりし　43・1

滞仏中の第三女を偲ぶ。三句。（のうち一句目）

異国古都に加寿せよ紅きワインもて　（「東京新聞」より転載）　46・2

需められて作れる年頭祝賀句中より、次の二篇を記念のためにここに記録し置くなり。二篇（のうち二篇の一〜五句目）

――回想――

廻礼や城下に育ち十九才　42・1

門入りて重木戸軽木戸御廻礼　42・1

廻礼をみなのいとこただ笑ふ　42・1

城北の祖母よろこびぬ御廻礼　42・1

廻礼の名刺も尽きぬ城灯る　42・1

回想の新春。＊2

回礼用の小名刺子へも整へ呉れ　43・1

年賀状（ねんがじやう）賀状

わが賀状中の所書「松庵」いさぎよし　56・1

書初（かきぞめ）

（「朝日新聞」より転載）（三句）

胸張つて書初へ身を臥せにける　大

書初や南中の日の幹一本　49・1

書初や旅の矢立を文鎮に　49・1

読初（よみぞめ）

新聞紙上発表の年頭句を需められて。記念に録し置くなり。

読初や大草原と海を恋ひ　38・2

読初「源氏」に「日を招び戻す」てふ語あり　39・5

需められて作れる年頭句二種を記念として、ここに録し置くなり。（うち二種の一～五句目）読初。

身より出でし四囲の塵掃き読初　大

（「東京新聞」）

去年より教材「奥の細道」読初　45・1

需められて作れる年頭句二種を記念として、ここに録し置くなり。（うち二種の三～五句目）読初。

「妄執」と歎きし芭蕉を読初　45・1

玉石は必然（ことわり）自句集読初　45・1

自作なれども童話（メルヘン）可憐読初＊3　45・1

仕事始（しごとはじめ）初仕事

新聞紙上発表の年頭句を需められて。記念に録し置くなり。

西陣の仕事初の彩（あや）も見ん　38・2

仕事始の昼の灯煌と屋根裏部屋　46・6

星野立子さんへ寄す。即事一句。

迅（と）く癒えませそのはらからと初仕事　47・1

註　右八句（六句目）「朝日新聞」及び「東京新聞」より転載。

まさしう好きな本名誌し初仕事　50・5

買初（かひぞめ）

いくつかの新聞紙上に、需められて発表せる年頭吟を、ここに再録し置くなり

第九シムフォニー・レコード姉妹の買初めに　35・1

（東京）

鳥総松（とぶさまつ）

宵の灯に赤き灯もあり鳥総松　長

回想の新春。

校門の鳥総松こそ久しけれ　43・1

鳥総松久し馴染の珈琲館　46・3

福達磨（ふくだるま）達磨市

ひとと逢へば笑ひ声出る達磨市　美

多女の一女に背丈与へよ達磨市　美

活眼いまだの達磨高低達磨市　33・3

達磨市はりぼて賽子（さいころ）角まろし　37・3

長女一家一年半ぶりにて帰国す。四句。（のうち一句目）

達磨市真赤海彼の孫等帰途に　42・4

餅花（もちばな）

餅花や不幸に慣るゝこと勿れ　長・萬

餅花や新築以後の地震（なゐ）かすか　41・1

繭玉（まゆだま）

廊下の音繭玉サッと母戻りし　時

繭玉に多かれ母恋ふ年の数　34・1

繭玉や話題うれしみ「家と旅」　34・2

母の代(よ)の鼠夜々出て繭玉喰む　34・7

（「東京新聞」より転載）（五句）

繭玉用品かねてそなはり天袋　51・1

七子の中の二女が繭玉飾るなり　51・1

繭玉やカラーで撮つて遠き父へ　51・1

繭 玉 や 縁 者 友 垣 集 散 す　51・1

繭玉や今宵の空は星吊りて　大

年木（としぎ）

二把づつを生徒持参や年木積む　42・1

左義長（さぎちやう）

上諏訪に木村蕪城氏を訪ふ。

左義長へ行く子行き交ふ藁の音　来

獅子舞（ししまひ）獅子頭

戸隠行二十六句。（のうち二十二句目）

ゆくりなくも、中社の祭日にめぐりあふ。六句。

（のうち二句目）

獅子頭畳の上の灯の提灯　39・2

傀儡師（くわいらいし）

髪ふりみださせ木偶(でく)を手先に傀儡師　36・10

春着（はるぎ）春著

膝に来て模様に満ちて春着の子　来

母の丈程よく凌ぎ春着の娘(こ)　41・1

春著真赤時計も持たぬ齢よし　時

初手水（はつてうづ）

殖えもせねど鮒棲む井戸や初手洗　50・1

初刷（はつずり）

初刷精読おそれといとひの種あらむも　時

初写真（はつしやしん）

たまたま、亡母の言葉を思ひ出でて

初写真男のくせに口ゆるむな　34・1

初便（はつだより）

滞仏中の第三女を偲ぶ。三句。（のうち三句目）

海彼(かいひ)へ飛ぶうからをこぞる初便　46・2

（「東京新聞」より転載）

海彼の父へ干支(えと)の色絵の初便り　50・1

初電話（はつでんわ）

おとなしくなるなと友へ初電話　40・3

関口町カテドラルにて。三句。（のうち三句目）

初笑（はつわらひ）

「縁の下の力持ち」と卜せられたる初笑　美

久慈浜にて　九句（のうち四句目）

宿の婢の目糞落ちきて初笑　美

若き盲女眦ふかく初笑　美

転載二篇。（のうち一篇の五句目）記念として録し置くなり。

日の光眩しがりあひ初笑　40・1

（「東京新聞」）

クックッ笑ふだけの娘等観て初笑　40・3

金髪乙女〝serious〟と吾を初笑　40・12

初笑年差五十の少年と　大

初笑金環飾のしばし紛る　45・4

註　結婚指環脱落、その行衛しばし判明せざりしにより。

「朝日新聞」より転載　（二句）

孫の一人の男孫を興じて初笑　58・1

一族中でも邪気なき幼童初笑　58・1

初鏡（はつかがみ）

転載二篇。（のうち一篇の二句目）記念として録し置くなり。

初鏡端然として己を観る　40・1

（「東京新聞」）

初髪（はつかみ）

回想の新春。

初髪の束髪の母眉目ゆたか　43・1

初茶湯（はつちやのゆ）

「東京新聞」より転載　（五句）

自ら嘉し嫁しゆく娘なり初茶の湯　52・1

嫁せむとて別れんとての初茶の湯　52・1

父母へ焚く黒炭白炭初茶の湯　52・1

幼馴染の一川ひびき初茶の湯　52・1

母娘の「おてまへ」よしと見る父初茶の湯　52・1

初茶事や遠きテレビは音はしやぎ　54・2

初門出（はつかどで）

「朝日新聞」より転載。三句。

公道未だ乱れざる刻初散策　55・1

父祖以来の土の坪出て初散策　55・1

家居嘉する妻をも誘ひ初散策　55・1

乗初（のりぞめ）初電車　初渡舟

回想の新春。

九段坂かしぎ下りぬ初電車　43・1

新聞、雑誌類に需められて作れる新春雑詠のいくつかを記念として録し置くなり。（のうち一句目）

小淵小瀬明日香川をば初渡り　43・1

歌留多（かるた）トランプ

歌留多散らばり今さら蔵書とぼしさよ　母

孫が撒きし歌留多や永遠(とは)の地(つち)の上に　39・8

トランプの角(かど)のまろさや子等と憩ふ　39・1

絵双六（ゑすごろく）

少年われへお下髪(さげ)垂れきし絵双六　美

羽子板（はごいた）

羽子板の割れて半ばの何に似たる　美

羽子板で我の机辺に遊ぶかな　14・1

羽子板の押絵層々末子(ばつし)笑む　34・1

羽子板二三歯刷子四五の洗面所　集外句

羽子（はね）羽子つく

会議の窓遠(をち)の農家は羽子の音　来

羽子の音嘗て日は降(ふ)り人は揃ひ　銀

久慈浜にて　九句（のうち五句目）

海女の羽子干網を弾ね沙へ停(と)まり　美

家の前榛の木に倚り羽子疲れ　時

「萬緑」新年句会の席題作品

磴の上に晩年の居か羽子の音　時

羽子突く長女「蓋然の平和」口にして　34・1

七重の丘の奥なる村や羽子の音　42・1

水戸城址、弘道館址にて

黙々羽子突く冷やかな顔突如笑ふ　32・2

手毬（てまり）手毬つく

母姉の禱りの前を手毬の子　銀

ピアノ大蓋の上安置の手毬大　53・2

焼跡に遺る三和土や手毬つく　来

音のよし大橋の上手毬つく　38・4

夕べのとばりつく毬末(いま)だ赤に見ゆ　大

独楽（こま）

眼をこする埃濛々独楽勝負　41・1

待機する独楽あり直進する独楽あり　41・1

筋金入りの胴体戞(かつ)々(かつ)独楽勝負　41・1

腕一本紐一本や独楽勝負　41・1

破魔弓（はまゆみ）　破魔矢

一月二日の記録　八句（のうち七・八句目）

破魔矢一本俳諧は飛ぶ白羽箭（はくうせん）　美

破魔矢に金ン末子（ばっし）への土産真ッくれなゐ　美

女家族支ふる者や破魔矢受く　時

長女次女に瞳（め）澄む夫（つま）来よ破魔矢二本　時

暁（あけ）の明星破魔矢の的はかたちなく　時

破魔矢に揺れる小鈴や女性（にょしょう）やさしかれ　時

破魔矢もつ人絶間なき往来かな　10・4

一月二日の記録

友を惜しみ師を案じつつ破魔矢受く　33・1

都心向けて江東の子の破魔矢飛ぶ　37・2

笑み語る破魔矢の羽根を男へ向け　大

需められて詠みたる新年詠草中、次の二篇を、記録として、とどめ置くなり。二篇。（のうち一篇目）

草庵の新築、歳末に落成。三句。

床に破魔矢「暮しの舞台」実現せり　40・11

破魔矢の羽矢竹ともども汚れなし　40・11

破魔矢ささげて舞はむ内外（うちと）の魔へ向けて　40・11

＊4

山路の憩（いこひ）破魔矢横たふ岩の上　45・5

今秋渡仏予定の三女のためにとて請（う）けし破魔矢なり。

女手の破魔矢や衆に紛れざれ　大

「朝日新聞」よりの転載。三句。

先づは他人（ひと）の上（へ）案ずる吾妻（あづま）破魔矢受く　大

己（おの）が上（へ）ひたに忘るる吾妻破魔矢受く　54・1

「白羽箭（はくうせん）」なる破魔矢飛ぶ音心耳打つ　54・1

弾初（ひきぞめ）

いくつかの新聞紙上に、需められて発表せる年頭吟を、ここに再録し置くなり。

大挙して友が弾き初め聴きにゆく　（東京）　時

初旅（はつたび）

新聞紙上発表の年頭句を需められて。記念に録し置くなり。（四句）

銀婚の初旅古都へ志す　38・2

銀婚の初旅に富士現（あ）れしめよ　38・2

初旅の座右に妻を据ゑなばや　38・2

初旅や三十六峰加茂一水　38・2

初旅車窓たまの国旗も後々と　39・4

初旅や頭上出迎ふ山の雲　39・4

初旅や彼方よりただ新大気　39・4

初旅や学（がく）問（もん）行（かう）の吾子と別れ＊5　44・1

年頭作品とて諸所より需められて創りし諸句中より、次の二聯を記念として録し置くなり。二聯。（のうち一聯の一句目）

この初旅人寰遠き星空見に　47・1

註　右八句（一句目）「朝日新聞」及び「東京新聞」より転載。

初夢（はつゆめ）

祖母が姑そを呼ぶ亡母初夢に　34・1

初寝覚（はつねざめ）

初寝覚今年なさねばなす時なし　来

初口笛▽（はつくちぶえ）

末つ娘（こ）の初口笛や夙く起きて　46・1

初映画▽（はつえいぐわ）

初映画鍛冶の音ある西部劇　46・6

【行事】

初詣（はつまうで）

一月二日の記録　八句（のうち六句目）

師は微恙二日夜なれど初詣　美

一月二日の記録

目のかたい児負ふ人亦初詣　33・1

元日所詠。二句。（のうち一句目）

午（ひる）まへ午あと加茂の東を初詣　38・4

平等長寿と黒白決戦を初禱　大

年頭作品とて諸所より需められて創りし諸句中より、次の二聯を記念として録し置くなり。（のうち一聯の四句目）

立石寺。

初詣終へ岩山の峯尋（と）めて　44・1

（「東京新聞」）

偉丈夫の慫（しよう）慂（よう）御（み）嶽（たけ）へ初詣　45・5

朱の鳥居緋衣の乙女と初詣　45・5

山（さん）社（しや）の楣（び）間（かん）濤（なみ）の彫物初詣　45・5

「朝日新聞」より転載（三句）

若き父母の足（そく）跡（せき）の地へ初詣　46・1

初詣漣（さざなみ）づくし厳島　大

初詣鳥居亡き父母二たばしら　46・1

白朮詣（をけらまゐり）白朮火

（「東京新聞」より転載）（五句）

おけら火や稀なる旅の宿を出て　49・2

おけら火に蹤きゆき坂あり社あり　49・2

おけら火捧ぐる袖とも触れて旅の袖　49・2

おけら火の映ゆる横顔笑（ゑみ）の隈（くま）　49・2

おけら火の旅先妻に廻（めぐ）り燻（く）ゆり　49・2

（「朝日新聞」より転載）

年頭のおけら火廻しぬ妻朗らに　56・1

初弥撒（はつミサ）

紅傘黒傘初弥撒（みさ）よりの帰宅四散　45・3

（「東京新聞」より転載）（三句）

生垣猶ほ鮮（あざ）らけき町初弥撒へ　48・1

松の果（はて）にヒマラヤシーダ初弥撒へ　48・1

刻を期して嫁せし子女等も初弥撒へ　48・1

初弥撒や碧眼神父疾に堪へて　48・1

（「東京新聞」より転載）（二句）

初弥撒や碧眼神父和語朗々　48・1

初弥撒や四柱のさまに岩聳ゆ　48・1

実朝忌（さねともき）

需められて新聞雑誌等に発表せる年頭吟中より数篇を、記念として、ここに録し置くなり。（その二）（五句）

磴下に無人の待自動車や実朝忌　39・2

実朝忌定命（ちやうみよう）伸びし代なりとや　39・2

詩歌（しいか）すらだにも乱れて実朝忌　39・2

詩歌の位（くらゐ）は身の自（みづから）や実朝忌　39・2

実朝忌押し対（むか）ひ聴く海の声　大

【動物】

嫁が君（よめがきみ）

年(とし)に一度はものに臆すな嫁が君　美

音さやに家一とめぐり嫁が君　美

初鶏（はつどり）初雞▽

需められて新年の句を数多く作りし中より、左の二句を録し置くなり。二句（のうち二句目）

初鶏や夜の名残り吠ゆ愚か犬　銀

初鶏に先立つ隣家の母の声　美

転載二篇。（のうち一篇の二句目）記念として録し置くなり。

初雞の如く東へ応へまし（「東京新聞」）　40・1

初雀（はつすずめ）

初雀庭ひとところ砂明り　13・1

施食盤声こぼさねど初雀　43・2

初鴉（はつがらす）

沢なりやうから声群る初鴉　39・4

初鴉ただ離れじの飛群なる　39・4

新聞、雑誌類に需められて作れる新春雑詠のいくつかを記念として録し置くなり。

社から寺から三輪の初鴉　43・1

——俳人自照——（三句）

初鴉大虚鳥(おほをそどり)こそ光あれ　大

初鴉大虚鳥こそ天翔けれ　大

初鴉大虚鳥の声限り（「朝日新聞」より転載）　大

人住まねば秘園と呼ばれて初鴉　55・1

町雀の声は未だ無し初鴉　55・1

初鴉閭巷遂には人語生まる　55・1

伊勢海老（いせえび）

めでたや伊勢海老松山流の野暮に煮し　50・5

【植物】

楪（ゆづりは）

楪（ゆづりは）やはそはの葉はいかなる葉　35・1

楪や町筋上下ただ寄りあふ　38・3

需められて作れる年頭句二種を記念として、ここに録し置くなり。（二種のうち一種の三句目）

石田波郷氏の上を。

楪（ゆづりは）紅緑異質の友の遺業祝（ほ）ぐ　（朝日新聞）　45・1

福寿草（ふくじゆさう）

秩父の町はづれに妻子を疎開せしめて、七句（のうち三句目）

兎親子福寿草亦親子めく。　来

福寿草天使を銀の線描きに　美

物干台だけが日溜り福寿草　40・3

長啼カナリヤ咽喉ふくらまし福寿草　40・3

良き鉢罅（ひび）しを一括締めて福寿草　大

老婆ながらもみあげ黒し福寿草　43・4

若菜（わかな）

若菜一つつかんで溺れし子犬の目　日記

仏の座（ほとけのざ）

その人あらでうから住む辺や仏の座　大

蘿蔔（すずしろ）

畑大根今や「すずしろ」細葉立てて　34・2

子日草（ねのひぐさ）姫小松

久慈浜にて

初凪や頭可愛ゆき姫小松　32・2

雑

松風や日々濃ゆくなる松の影　長・萬

東海の岸や貝殻あら〳〵し　長

木漏れ日は椿の幹に白く激し　火

何といふ脚下はるかぞ駱駝照る　火

照る火口オーイと呼びし声なれど　火

くるぶしの深山(みやま)の花は何花ぞ　萬

深山の花われ礫像の臥(ね)しごと臥る　萬

深山の花に転(まろ)び肢(あし)挙げ馬しばし　萬

電熱器造りもたらし弟の手　来

電熱器オレンヂ色の火針にも映ゆ　来

屋内の馬　其一

歯切よし秣切る音爪切る音　来

金沢行　六十六句（のうち二句目）

玄(くろ)き珈琲飲みて別れて旅路青し　銀

見るから熱き妻の涙や息見え初む　銀

悼斎藤茂吉先生（読売新聞の需めに応じて）五句。（のうち五句目）

壁画は燃え詩歌(しいか)の柱倒るる代か　母

幻住庵址にて

幻の端近の人椎日照雨　母

四季薔薇や産後の老猫日の石に　美

松本たかし急逝す　四句（のうち一句目）

四季薔薇(ばら)淡し「直接の友」又欠けて　美

大洗海岸にて　十二句（のうち十一句目）

緋の袴汐風いたく巫子羽織る　美

蝶ネクタイ「鬼の居ぬ間」の歿後評　美

山陰行

心(うら)八重に旅空八雲立ち初めぬ　美

谷口雲崖・松原文子両氏と河原町鮎宿に遊ぶ　八句（のうち二・七句目）

うたかたたえず中流をゆき一清流　美

清流眼前相忘れ相顧みて　美

＊1

縁で着替へて羽織りつつあり他人(ひと)の母　美

＊2

母の頃に似るゆゑ羽織のをみな美(は)し　美

「万緑」誌発行に際して、さまざまの好意を尽されたる関本有漏路氏、突如脳溢血にて逝く。

棗型の「茅舎が友」の顔も失せぬ　美

檣(ほばしら)裾(すそ)に白鳥の船の帆を溜めて　時

競馬場そとに一峯聳ゆのみ　4・7

草の株踏みて間近や競馬場　4・11

旧き家は諸木枝垂れ尾長鳥　10・7

笹舟を掌(て)に野路の渇たへがたし　13・8

葉を絶つて日の幹の胴牛五頭　21・12

床柱古風な日めくり未(ま)だ厚手　31・3

青い休日メリヤスの騎手裸馬　33・5

神を封ぜし塔と閉ざせる貝一つ　34・3

あの母恋しわれ貝観れど貝は見ず　34・3

旅前や大仏色のわらじ虫　34・7

玉子殻万年青(おもと)に臥せて大人達　34・11、12

友の墓よ一宿一飯をいくそたび　35・1

ベラフォンテを聴く

年よSunnyなれ民族の声ぞ男声(をごえ)なる　35・1

長女の初産のちかき日々を

生まれなば玉包まむと白一重　36・10

「伊丹万作全集」上梓

遺愛の四季薔薇ただ水そそぎ水そそぐ　36・10

和毛(にこげ)浅くも白一重にはピンク紐　36・11

語り合ふ踞みて暖簾の内と外　37・2

馬糞つぎつぎ転がし掃かる虐殺日　37・11

＊3

四季薔薇の果(はて)の平花(ひらばな)なりとても　大

＊4

「秋の寺」かよ「閑古鳥」かよ憂き身一つ　38・3

＊5

西王母の桃めく頭(かしら)・貌(かほ)なれども　38・9

汽車煙泥鰌居て立つ泥煙　大

樅のまつかさ巨きや聖日めきて歪(ひづ)む　大

井の頭池畔をさまよひゐて、偶成。一句。

「青葉茂れる桜井」とは「落花以後」てふ歎(たん)なりしか　39・6

一と条に如露みたしゆく水の音　39・7

蝶ネクタイの対坐少年を判じ得ず　40・7

山鳩二羽来籠りし樹も散り透きて　40・11

身に水浴び過熱機械へ撒水せり　41・3、4

開花の季(とき)を知らず無憂樹実房垂る　42・4

都のたつみ足鍬(えんぐは)踏込む男あり　42・4

シュヴァイツァーの肖像に題す。一句。

蝶ネクタイ玄色バッハを弾きし日か　42・4

妻と共に、横浜のニュー・グランド・ホテルに一泊。五句。（のうち一句目）

蝶ネクタイの紅毛児と笑み午餉たのし　43・7

エディップスの上に通ふ想(おもひ)を。

眼(まなこ)剔(あぐ)れど父母よ冷暖露と陽と　45・5

矢倉の墓「去来」ぶりなる撰文(もじえらび)　50・6

「青き夜」てふ語を知りハモニカ賞で初めしか　50・11

供華(くげ)の花冠皚々悼みの神(しん)通ふ　53・11

とつくににある者等も負うて詣(まう)でける　54・3

墓の文字の新(あ)らあらしき色褪せいそぐ　54・4

この奥津城われらを見詰むまともより　54・4

軽食ながら「巨口細鱗」水亭よし　54・11

樹海行（戦時回想）

樹海無音天上の秀峰独り守(も)り　55・11

精進湖行（回想）

霊峰仰がむと精進湖へ教へ児等と徒歩行にて　55・11

「遊於芸(げいにあそぶ)」の扁額や友の祖母を一婢護(も)りて　56・5

紺と白との馴染の町花言なく過ぐ　57・5

【デューラーの銅版画「騎士と死と悪魔」による群作十三句　昭和十九年作（『来し方行方』）】

デューラーの銅版画「騎士と死と悪魔」の俳句化。同版画は高校生の頃より我の愛好せしもの。

蜥蜴ゆく騎士行進の四蹄の間(ま)を　来

眼(まなこ)澄む犬馬は騎士の汗の伴(とも)　来

夏も寒し画面を過(よ)ぎる決意の槍　来

夏痩せの魍魎騎士はかへり見ず　来

智の蛇嗤ふ個の命数の砂時計　来

夏枯木死神(しにがみ)騎士の眼路(まぢ)追ひ得ず　来

騎士の好餌公敵夏野の果(はて)にひそむ　来

炎天の馬衣は緋ならめ髑髏は白　来

騎士は負ふ故友茅舎の露の崖を　来

騎士既に城に発せる清水越えぬ　来

地の上の夏山の上祖国の城　来

騎士の別れ故山は夏樹(なつき)岩に栄(さか)ゆ　来

名を換へよ騎士と夏山誰が世ぞ　来

＊註、茅舎には「デューラーの崖」なる一聯の作あり。

【歌舞伎「保名」による群作　二十句　昭和三十四年作（『時機』）】

保名

路傍店頭、テレビの枠内に中村歌右衛門の「保名」を観る。知悉せず――「保名」の生涯。佇立少頃、行人ことごとく怪しめども、われ歔欷を制する能はず、不覚にも慟哭に移らんとして、遂に其場を去る。

花散る幹から真昼の幽霊(すだま)・物狂ひ　時

男髪(をがみ)も柳も東西わかぬ左右(さう)へ垂れ　時

一と本一と本描かれて花菜(はなな)橋わたし　時

落花の中長袴の中つまづいて　時

「何者じゃ春爛漫の木石(ぼくせき)とは」　時

男(を)の花衣緋の一筋は血の証(あかし)　時

「なすな恋鳥はひそまり蝶は啼かず」　時

「なんの春ただ二人にてたつた一人」　時

中空に狂つてしまへば蝶の齢(とし)　時

春の流ここにとどまらず此処に在り　時

一つ蝶真(ま)澄(すみ)水面(みづも)と双(ふた)つ蝶　時

「春や春なんにも要(い)らぬ蝶が要る」　時

「艶(あで)なりしは吾か君かやあれなる蝶」　時

物狂ひ蝶と羽搏たむ肩慄(ふる)へ　時

「うれしや蝶の身今在るあの窓あの几帳へ」　時

春の扇現（うつつ）と指して夢と追ふ　時
かげろふの身を玉章（たまづさ）と矯わめ矯わみ　時
鐘は遅日こころの奥のもう一声　時

反句（反歌に倣ふ）

凍蝶のその眼の瞳（ひとみ）数を知らず　時
凍蝶成仏すいかにいはんやかの善女等　時

【歌舞伎「木賊刈」による群作　二十七句　昭和三十四年作（『時機』）】

木賊刈

「日の君」去りぬ鬚髯は刈らで木賊刈りに　時
細る頬へ髭は張り伸び木賊刈りに　時
たゆたひの自座空（から）にして木賊刈りに　時
自ら架せし腰折橋や木賊刈りに　時
人外境に日か「君」が目か冬木賊　時
古洲一つ亀甲に割れ冬木賊　時
逃げ鳥は空白へ去り冬木賊　時
冬木賊手負ひの竜も蛇も居ず　時
冬木賊仙女を気に吐く蟇（ひき）も居ず　時
青きがままに冬たり得たる木賊陣　時
峻（そそ）るのみの冬山籬（まがき）木賊陣　時
冬はもとより日の情（なさけ）うすし木賊薙（な）ぐ　時
鎌の刃に鑢（やすり）の木賊薙がれ鳴る　時
理にも情にも直（すぐ）なる「君」居ず木賊薙ぐ　時
既往は既往枝も葉もなき木賊薙ぐ　時
嵐の前の火を噴く前の木賊薙ぐ　時
火の色も光も生むな木賊薙ぐ　時

澄徹の死水(しすい)の張りや木賊薙ぐ　時

木賊刈つて月下に束ぬ笙の形(なり)　時

刈木賊月出し笠の粗庇(あらびさし)　時

刈木賊を前荷後荷や前荷すすむ　時

雲煙無用の寒月歩む木賊荷鳴る　時

刈りきし木賊十日生色重々し　時

刈りきし木賊枯るるにまして剛(つよ)まる日々　時

刈りきし木賊独り寝膝折り肘折りて　時

反句（反歌に倣ふ）

「刈つたり木賊命は長短一節(ひとよ)続き」　時

「刈つた木賊で諸(もろ)傷(きず)擦(こす)り療やしやせう」　時

【歌舞伎「直侍」による群作　十二句　昭和三十六年作（『時機』）】

直侍

――恋を思はば、われはつねに、緋の色をば想ふなり。

裾端折(はしより)ちらつき雪も細縞に　時

雪降る音蕎麦さらさらと走り書　時

闇ものかは按摩の使者(つかひ)雪せはし　時

三千歳とは末かけての名雪しげしげ　時

雪の小門鳴子は内外(うちと)の胸さわぎ　時

起(た)つても緋くづをれても緋丸火桶　時

雪にも消えぬ緋の病(やみ)上り手離さで　時

生きるに苦界生きるに悪業雪の二人　時

雪しづれ十手の総(ふさ)さへ緋にゆれて　時

訴人(そにん)かままよ閻魔の庁も雪に緋か　時

緋の雪降つても「此の世ではもう会はねえぜ」　時

蹴破る籬緋が追縋る雪に呼ぶ　時

【デューラーの銅版画「メランコリア」による群作三十七句　昭和四十七年作（『時機』）】

昭和四十七年四月二十九日、「デューラーとドイツ・ルネッサンス展」の招待日に、夥しいデューラーの版画に直接に目が触れる機会を恵まれた。

その夜とつづく日の午前との短時間中に、私の裡なる必然性が一種の至上命令として肉薄してきて熄まず、ついに次に掲げる一聯の作品が誕生した。デューラーの代表的三大銅版画のうち、「騎士と死と悪魔」とは、今から殆ど二十年以前に同名の一聯の俳句作品を、今回と同様のありようで生み出さしむるべく、私の裡なる必然性が至上命令を以て私に肉薄してきた。その結果としての収穫俳句作品は、句集「来し方行方」中に既に採録済みである。その銅版画の複製も同句集に収めてある。前回と今回との二聯の作品を読者に滞りなく味読して貰うために、今回の展示主催者が提供して呉れている、これらの版画に関する解説文を紹介し、且つ、私自身の作品化に伴うさまざまの位点と心の角度とについての「注」をいくつか附記して置くことにする。

《騎士と死と悪魔》（一五一三年）

この銅版画は《メランコリア》と《屋内の聖ヒエロニムス》と共に、いわゆる三大銅版画の一つとしてデューラーの版画芸術の最高峯を示すものである。深い皺を刻まれた暗い感じの顔をした騎士が、隙間もなく甲冑で身を蔽い、槍を肩にかついで、物に動じぬ威容のある姿勢で駿馬を御している。これは進行の完全な横向きの描写であり、しかもその衣裳は（中略）デューラーと同時代の騎士の風俗を示している。一方その馬は見事に比例美を構成された理想態であることは明らかである。騎士のお伴は犬ばかりでなく、（中略）死神が、砂時計をかざしながら、その駄馬を騎士の馬と並べている。さらに騎士の後からは、不気味な悪魔が槍を担いでついて来る。（中略）たしかにこの騎士は、彼につきまとう悪魔の危険と、死の不気味な力を知りながら、それにおびえてはいない。だが、それは彼が悪や死の克服者であるためなのだろうか。画面の象徴的内容については様々の解釈がなされてきた。この騎士に「キリスト教の戦士」としてのエラスムスあるいはサヴォナローラの暗示を見ようとする試みがなされた。だが、いずれにしてもデューラーは、この騎士の像を単独で荘厳化しているのではなく、他の二点の銅版画との弁証法的な関連の中に置いているのだと思われる。

《メランコリア》（一五一四年）

三大銅版画の中でもその意味のもっとも謎めいた作品として、様々な解釈の試みがなされてきた。デューラーがこの作品において、メランコリアを無為の病的な状況と見做す中世以来の四気質説の解釈を捨てて、これを瞑想的、創造的、知的な人間が陥り易い傾向と見做す古代のアリストテレスにまで遡る解釈に基づいていることは確かであり、土星（注一）をメランコリアの星であるとする占星術の諸観念もこれに取り入れられている。この深々と坐った有翼の婦人は全く絶望的な無為の状態に陥っているのではなく、土星と対抗する木星を象徴する「魔法（注二）の桝目」や、彼女の頭のテウクリウム（注三）という薬草の冠によって、土星の完全な影響力は抑止されており、石うす（注四）の上で熱心に書き物をする幼児（注五）も彼女の本来の姿を暗示する。彼女の周囲の乱雑といえるような状態で配置された様々の事物は計器類、工作道具類、立体幾何学的工作物、錬金術のるつぼなどに大別されるが、それらはいずれも芸術家、建築家、職人、また数学、幾何学に基づく学問をになう者に関係する。遠景の土星に発する光の不穏な顫光現象は画面全体に波及して、画面には《屋内（注六）の聖ヒエロニムス》と対照的な気分が漂っている。パノフスキーはこの作品において「デューラーの精神的自画像」を見出した。

蝙蝠飛んで白夜（注八）は昼夜の外（ほか）の刻　時
蝙蝠白しオーロラ（注九）は自意の七色に　時
虹（注七）は神の、オーロラは存在の誓約か　時
白蝙蝠冲天の軟体憩（いこひ）所（ど）なし　時
両翼上に銘「メランコリア」首鼠（しゅそ）蝙蝠　時
対（たい）オーロラ櫛曳く放散土星光　時
オーロラは薙鎌や弧の背（せな）厚く　時
オーロラ恒座大振鈴の紐不動（うごかず）　時
白夜の楣間（びかん）大源「死（トツト）」の砂時計　時
白夜の「数譜（注二）」世紀の数なる「15」に尽く　時
秤の皿虚（むな）し白夜に右と左　時
犬なれど「香函（かうばこ）（注十二）つくる」白夜に素（しろ）　時
白夜の忠犬膝下沓（たふ）下に眼落としつ　時

白夜の忠犬軀畳みたたむ一令無み　時
白夜の忠犬百骸挙げて石に近み　時
オーロラのみ多彩個々物無機の白　時
結晶体白夜に唯球或るは多面　時
白夜の輪廻石の条紋年輪相　時
白夜の鋸厚し白夜の音を絶つ　時
白夜の鉋重し白夜の気を均らす　時
土星とオーロラ至近や釘と槌距たる　時
白夜の釘抜抜本の露頭白に紛れ　時
白夜は北限姉弟(注五)天使は白夜に区々　時
白夜の姉弟計器と秘冊(注四)弓手馬手に　時
弟天使白夜の昏夜を石貨に乗り　時
動意なきサンダル白夜に裳裾垂れて　時
白夜のガウン厚きも膝へ肘尖鋭く　時
オーロラ半円拡ぐるコンパス無限大へ　時
オーロラ凝視姉天使白眼(注十二)即青眼　時
姉の長眉緊しオーロラへ愁眉挙ぐ　時
白夜に語らず信の姉の辺知の弟　時
信の代と知の代のあはひ白蝙蝠　時
信と知の相殺の空白蝙蝠　時

白夜に飛ぶ一朱火錬金の坩堝より　時
両翼凭る青穂の冠茎直立　時
白夜に銀巨き主鍵と鍵束と　時
オーロラ一つ梯子の桟の間に遠市　時

注一　私は「土星」をメランコリアの星とみなす占星術の観念にそのままに従いはしない。むしろ、白夜とオーロラの現象を惹きおこしている定かな光源を想定したかった。

注二　「魔法の桝目」とだけ解釈しないで、無限に流れる時間の現象の全体に相渉る「数譜」と理解したかった。

注三　これも亦、木星の土星への「対抗」の象徴としてだけでなく、それ自身の内蔵する生気そのものの発現相と採りたかった。

注四　「石うす」なりとする解釈は形態上甚だ疑問がある。価値の代置物であり、しかも未だ無用物の形態裡にある原始的な「石貨」の姿と、私の眼には映ったのである。

注五　ただの「幼児」ではない。女人天使の同胞としての有翼の小天使。

注六　《屋内の聖ヒエロニムス》の銅版画の画面は、他の二つの銅版画の内的世界、瞑想と行動、それのダイアレクテイクの必然性を暗示して、一種のカタルシスを遂げ得た後の、しばしの静謐さのようなものが満ちわたっている。

注七　「虹」現象はノアの洪水直後の神の誓約。

注八　「白夜」をこの一聯作品に関する限りにおいて、夏季の季語と認定する。

注九　「オーロラ」、右と同断。

注十　右の二注に述べたことのこの発動実践は、有季写生道の本旨と矛盾撞着するものではないと信じる。

注十一　「白眼」は他者を受け納れない場合の双眼の色。「青眼」は他者をも無碍に受け納れる場合の双眼の色。

注十二　「火の島三日」の群作中に、三原山火口附近での「犬なれど香函造る暑き硫気」の一作が含まれている。写生句であるが、私の脳裏には、この「メランコリア」図中の犬の姿が鮮かに重ね写真となっていたことを想起する。

前書・註一覧

【春　時候】

＊1　ホトトギス系四誌聯合の本年度コンクール授賞式に招かれて博多に到る
　静雲居なる花鳥山にて歓談す。静雲翁の背はすでにいたく曲りたり。

＊2　ヘルベルト・フォン・カラヤンの指揮下による「第九シムフォニー」を聴く。人類の所有し得たる芸術史上の二大巨人とは、つひに、ミケランヂェロとベートーヴェンとの謂なるか。

＊3　俳人協会の大会投句稿を諸氏と共に、携へゆきて、鎌倉の芙蓉荘に投宿、只管に予選を為す。翌日午後、諸氏と同道光則寺に遊び、相別れて以後は独り材木座及び滑川の対岸を散策して楽しむ。十七句。（のうち十二句目）
　妙本寺にて。八句。（のうち三句目）

＊4　明治座二月狂言のために需められて作りし諸句中より、左の四句を記念として録し置くなり。四句。（のうち二句目）
　「河の女」（田中澄江作）一句。

＊5　註　多摩川河畔の古き料亭の長女、環境と永きしきたりよりきたる宿運を諦めて、次女の将来に期待せんとすることをテーマとせるものなり。

＊6　俳人協会の大会投句稿を諸氏と共に、携へゆきて、鎌倉の芙蓉荘に投宿、只管に予選を為す。翌日午後、諸氏と同道光則寺に遊び、相別れて以後は独り材木座及び滑川の対岸を散策して楽しむ。十七句。（のうち九句目）
　材木座なる高浜家を訪れて、虚子先生夫人に面会、久しき欠礼を詫ぶることを得たり。六句。（のうち六句目）

＊7　三女弓子、一年浪人の努力の果に第二回の東大受験をなす。その及落発表予定の夜、当人とは別に、終日野をさまよひし途をそのままに伸ばして、単身、九時過ぎに及びて、駒場教養部の掲示場所に臨む。二句。（のうち一句目）

【春　天文】

＊1　五日市の山路にて、嘗ての同僚大久保氏に邂逅す。同氏は七十余才の白髯、同地にありてプロテスタントとしての一種の道場を開設せられたりとのことなり。一句。

＊2　大久保氏の親友にして、これまた同僚なりし手塚氏、昭和十九年の秋、老人結核を患ひて辞職、帰郷保養せられしが、二、三ケ月後に急逝せらる。大久保氏と共に、手塚氏の上のくさぐさを回想す。手塚氏の帰郷直後の来信中に「萩咲きてふるさとの飯真白なり」との一句ありしことをも、大久保氏に伝へ、当時と現在との世事世相変転の激しさに、今更感慨無量なるものありたり。一句。

＊3　水谷八重子所演の際にものせる自句はことごとく忘失せるも、今回はしなくも山本富士子によりて、新脚色下に「春琴抄」再上演せられたるにつき、谷崎潤一郎への思出をも兼ねて、新たに作れる二句を載録し置くなり。二句。（のうち二句目）

＊4　俳人協会の大会投句稿を諸氏と共に、携へゆきて、鎌倉の芙蓉荘に投宿、只管に予選を為す。翌日午後、諸氏と同道光則寺に遊び、相別れて以後は独り材木座及び滑川の対岸を散策して楽しむ。十七句。（のうち十句目）

妙本寺にて。八句。（のうち一句目）

＊5　註　渚辺に小穴を穿ち小さき杓子もて海水をはこび入れつづくる一幼児の姿に遭遇す。何のための所業ぞと、いぶかしみ質せしに対して、その幼児誇らしげに、大洋の水を汲み出し尽さんと念願するものなりと答ふ。おもはず夢幻界より己に復れるセント・オウガスティンは、人智もて神の一切事を推知せんと欲することの蒙昧極まりのなきをば、頓悟せりと、然かいひ伝へらるるなり。

＊6　香西照雄氏と共に、病床にある関透仙老を見舞ふ。五句。（のうち五句目）

四人の子女の育成と実生活の健闘とに終始せられし夫人は既に他界、常心喪失の一女はその座にあらず。一句。

【春　地理】

＊1　前号に発表せし我が愛する或るレストランに、完全に白描なるピカソの一幅の複製掛かる。前景に三頭の馬はげしく相争ひ、同時に、二頭づつは遥かなる地平線へそれぞれ消え去らんとする景なり。そが構図の上に雌雄の別の暗示あり。

＊2　註　トルストイの有名なる民話に此題目のものあり、ひとの所有欲は無限なるもひとは畢竟其屍を横へる六尺の地を必要とするのみなることを説けり。

＊3　福田蓼汀氏、「山火」誌の記念号発刊のことを祝して、次の一句を贈る。同氏と世田谷の同番地区内に住みつづけて、俳人同志としての交遊密なりし当時を回想すれば、只管になつかし。

【春　生活】

＊1〜3　四谷見附の風月堂にては草団子を鬻ぐ。若葉荘にての例会の帰途、しばしば立寄りて故辻井夏生氏と共に、そを賞味せしことを想ひ出でて。三句。

＊4　ある政治家の招宴に、我も亦応じて出席せる一員なりしかども、その挙措を眺めつづくるうちに、折からの国際問題その他の関連下に、一想念、おのづから我が年頭に揺曳するをとどめ得ざりしなり。一句。

＊5　福田蓼汀氏主宰の俳誌「山火」二百号記念特別号に

「祝辞に代へて」と題して以下の五句を贈る。祝賀のこころを後々までとどめんためにここに転載し置くなり。五句。（のうち一句目）
　中野駅付近に蓼汀氏が独身生活を送られつつありし頃の俤を思ひ出づれば、ただなつかし。一句。

*6　わが講座の聴講女子大学生中に、ひそかに、我に「アパッチ酋長」なるニックネイムを附し居る者等あることを知る。さらば、汝等敗戦後の女族等よ、今後は西部劇見物毎に、そが中に描かるるアメリカインディアンの運命の上に、我とともに一掬の涙をそそぐを常となせ。一句。

【春　行事】

*1　ホトトギス系四誌聯合の本年度コンクール授賞式に招かれて博多に到る
　河野静雲氏に東道せられて太宰府を訪ひ、一寺に庭園を賞で傍なる一亭にて憩ふ。

【春　動物】

*1　河野静雲氏に東道せられて太宰府を訪ひ、次いで観世音寺に至り、傍なる戒壇院に鑑真和尚の坐像安置せらるるを拝す。渡日海上汐風に盲ひ給ひしおもかげを、唐招提寺に安置せらるる乾漆像に偲びて、芭蕉翁が「若葉して御目の雫拭はばや」と詠進せる作品は世人の耳に熟するところなり。こは大和に赴任せらるる以前、この地に於て布教に従はれし頃の姿にして、木彫像なれども、安泰と悲哀との相を兼備へたり。

*2　註　戦災以前の、さまざまの時期の松山市の情景を撮せる写真集を新聞社より贈らる。銀行の建物などの多き二番町の白昼、路傍にて「ちようさいぼ」に会はされゐる一少年の姿も偶然に、そのままにて永久にその俤を伝ふることになりたるなり。「ちようさいぼ」とは松山言葉にて、相手より思ふ存分に苛めぬかるることをいふなり。

*3　金沢行　六十六句（のうち三十七句目）
　柴山湖にちかく街道に沿ひて首洗池なる小池あり。齋藤実盛の首級を得たる手塚太郎光盛、その相貌は実盛なるに頭髪黒きを怪みて此池に洗ふに、むざんにも白髪あらはれきたりしとぞ。
　現在池中に碑を樹つ。

*4・5　終戦以後多年わが家族達が吉祥寺教会にて指導をかたじけなくせる独逸人神父ナーヴェルフェルト師、現在は南山大学附属の教会にあるも、夏時のみ、旧軽井沢教会に出張し来らる。一日同師を小庵に招ず。十一句。（のうち五・六句目）

*6　義弟、勤務先ロンドンより臨時帰国せるを、妻と共

にその宿泊先のホテルに訪ふ。二句。（のうち二句目）

記念品として、ウエッジウッドの陶皿を貰ふ。

その絵模様、即事。

【春　植物】

＊1　散策の途次、殆ど三十年ぶりにて江古田の哲学堂に到る。その三十年間に、夙に父を失ひ、近く母を失ひたり。楼門の左側に、幽霊の木像一基依然として佇てるを見る。

＊2　われ、青梅市の風光を愛し、しばしば散策して二十四、五年に及ぶ。同駅前に明治期の創業かと覚しき、西洋料理店「梅月」あり。同市全域に拡大されつつある高層建築化の大勢に急迫されて、遂に同店も解体され姿を消すに到る。又、同店創業の頃の、同市周辺の俤を偲びて、次の一句をおくる。

＊3　福田蓼汀氏主宰の俳誌「山火」二百号記念特別号に「祝辞に代へて」と題して以下の五句を贈る。祝賀のこころを後々までとどめんためにここに転載し置くなり。（二句目）

その後、下北沢町における近隣同士として空襲時代に至るまでの七八年間をすごす。各自結婚生活に入りしことも、僅かに前後せしのみと記憶す。二句。（のうち一句目）

＊4　川端龍子氏の告別式に参ぜし帰途、今は殆んど原形をとどめざる青露庵の傍を過ぎ、本門寺裏坂裾なる池畔に到りて、茅舎と共に遊びし時を回想す。三句。（のうち三句目）

＊5　註　茅舎最晩年の一作に「昇天の竜の如くに咳く時に」とあり。

＊6　ハリー・ベラフォンテが日本の民謡、「さくらさくら。弥生の空は、見渡す限り。……いざや、いざや、見にゆかん。」の一曲を吹き込みたる音盤を聴く。「彼は涙に誘はるること早きに過ぐ。」との平畑静塔氏の評言も在るなれども、つひに涙を押ふること能はざりき。

＊7・8　二月二十四日、青山南町なる青南小学校校庭に、同校創立七十周年記念祝賀会に際して「降る雪や明治は遠くなりにけり」の句碑建立せらる。その除幕を詠ひて。三句。（のうち一・二句目）

＊9　俳人協会の大会投句稿を諸氏と共に、携へゆきて、鎌倉の芙蓉荘に投宿、只管に予選を為す。翌日午後、諸氏と同道光則寺に遊び、相別れて以後は独り材木座及び滑川の対岸を散策して楽しむ。十七句。（のうち七句目）

材木座なる高浜家を訪れて、虚子先生夫人に面会、久しき欠礼を詫ぶることを得たり。六句。（のうち四句目）

＊10・11　川端龍子氏の告別式に参ぜし帰途、今は殆んど原形をとどめざる青露庵の傍を過ぎ、本門寺裏坂裾

なる池畔に到りて、茅舎と共に遊びし時を回想す。三句。（のうち一・二句目）

＊12　俳人協会の大会投句稿を諸氏と共に、携へゆきて、鎌倉の芙蓉荘に投宿、只管に予選を為す。翌日午後、諸氏と同道光則寺に遊び、相別れて以後は独り材木座及び滑川の対岸を散策して楽しむ。十七句。（のうち十三句目）

＊13　妙本寺にて。八句。（のうち四句目）

＊14　安立恭彦氏の居を訪れて、他の俳友達と花に遊ぶ、六句。（のうち五句目）

安立氏の生活をことほぐの意をこめて、次の二句を同家にのこす。二句。（のうち一句目）

＊15・16　俳人協会の大会投句稿を諸氏と共に、携へゆきて、鎌倉の芙蓉荘に投宿、只管に予選を為す。翌日午後、諸氏と同道光則寺に遊び、相別れて以後は独り材木座及び滑川の対岸を散策して楽しむ。十七句。（のうち八句目）

材木座なる高浜家を訪れて、虚子先生夫人に面会、久しき欠礼を詫ぶることを得たり。六句。（のうち五句目）

俳人協会の大会投句稿を諸氏と共に、携へゆきて、鎌倉の芙蓉荘に投宿、只管に予選を為す。翌日午後、諸氏と同道光則寺に遊び、相別れて以後は独り材木座及び滑川の対岸を散策して楽しむ。十七句。（のうち一・二句目）

光則寺にて。三句。（のうち一・二句目）

＊17〜20　俳人協会の大会投句稿を諸氏と共に、携へゆきて、鎌倉の芙蓉荘に投宿、只管に予選を為す。翌日午後、諸氏と同道光則寺に遊び、相別れて以後は独り材木座及び滑川の対岸を散策して楽しむ。十七句。（のうち十四〜十七句目）

妙本寺にて。八句。（のうち五〜八句目）

＊21　註　国木田独歩の詩に「鎌倉妙本寺懐古」なる三節よりなる短唱あり。その第三節は次の如し。「梢の鳩の歌ふらく／ありし昔も今も尚ほ／夕日いざよふ妙本寺／芙蓉の花は美なるかな」。「文学界」の先駆ともいふべき独歩を中心とせる文学青年グループ「青年文学会」のメンバーたりしことある小杉未醒（後の放庵）、この詩を評して、「『芙蓉の花は美なるかな』といふが如き文学者としては余にも曲節なしと評せられむほどの率直なる表現こそ、独歩文学のシンセリティー（独歩の愛用語）そのものの魅力発露ならずんばあらず。」と述べたることあり。

＊22・23　ゲーリー・クーパー逝く。彼はわれの同齢者なり。即ち、三十五年の永きにわたりてスクリーン上に親しみしことを、改めて強く意識す。晩年の彼をしてリンカーンを演ぜしめたしとは、実現の可能性もなき我が多年の夢想的腹案なりき。たまたま小庭の一隅に辻井夏生氏によりて贈られしリラの幼樹一株ありて、今年は殊に豊かに花開くあり。因みに誌せばホイットマンの「リンカーン追慕詩」は、この花に托して、その第一節を詠み出せるものなり。

＊24　今春甲斐の桃花村を訪れし際の所詠中、次の一句を発表作品より脱落せしめしことを、加賀美子麓氏より惜しむ旨の通信ありたり。依つて、素直にここに発表し置くものなり。

＊25〜29　新学制による教員再教育講習を受くるために、会場青梅高等農林学校に通ふ。帰途多磨横山の頂を歩むに、たまたま山林の伐採されたる迹に踏入る。思はず終戦当日の自作「切株に据し蘖に涙濺ぐ」の句を想起す。五句。

＊30　水谷八重子所演の際にものせる自句はことごとく忘失せるも、今回はしなくも山本富士子によりて、新脚色下に「春琴抄」再上演せられたるにつき、谷崎潤一郎への思出をも兼ねて、新たに作れる二句を載録し置くなり。二句。（のうち一句目）

【夏　時候】

＊1 戸隠行二十六句。（のうち四句目）
戸隠、宝光社の宮司京極家に二泊す。同家の子息は、わが勤務先なる成蹊学園においての同僚なり。三句。（のうち三句目）

＊2 註　故徳富蘇峰氏のある一文によりて、実質的には兎角に恵まるること薄かりし乃木夫人の生涯なりしことを知りたることあり。自刃遂行の数日以前にも、旧交あつかりし或る老夫人に、「私も何故となく今後永く此の世に生きつづけられる身とは考へられません」といふが如き感慨語をそれとなく漏らし、「現在病魔にとらへられてゐられない以上、それは気の弱りと申すものです」とその夫人にたしなめられ、「もとより私も、いつまでも永生きをして、おいしい魚でもを、もつともつと沢山に食べたいとは望みますが……」、とただ微笑の中に一切をまぎらはし去られたりとのことなり。この一事、如何とも堪へがたきものありて、我が記憶中よりつひに薄らぎ果つることなし。

＊3 沓掛町附近の小社の裾に、長谷川伸の自詩自筆の沓掛時次郎碑なるもの一基あり。碑面の辞句は次の如し――「千両万両枉げない意地も、人情搦めば弱くなる。　浅間三筋の煙の下に、男、沓掛時次郎。」「一筋の煙は明らかに義理と人情とを指すならん。果して然らば、三筋目の煙は如何なるものをか指す。それこそは、義理と人情とを確保しつつも、その世界より人をして完全に脱却せしめ得る要素ならざるべからず」――　作者及びフィクション中の主人公とは、全く無関係に、かかることどもを、そこはかとなく考へつつ独り山路を辿る。二句。（のうち二句目）

＊4 終戦以後多年わが家族達が吉祥寺教会にて指導をかたじけなくせる独逸人神父ナーヴェルフェルト師、現在は南山大学附属の教会にあるも、夏時のみ、旧軽井沢教会に出張し来らる。一日同師を小庵に招ず。十一句。（のうち二句目）

＊5 オリムピック詠唱。十一句。（のうち五句目）
十月十二日、重量上げ競技において、三宅義信選手金メダル獲得。本夏、中軽井沢千ケ滝スポーツ・センターにて、同選手等一団の練習状況を、わが家族等と共にしばしば眼前に熟視したれるなり。

＊6 秋田大会散会後、香西氏と同道、平泉の地を訪ふ。二十三句。（のうち六句目）
「奥の細道」中に「秀衡が跡は田野になりて……」とあるその部辺、及び伽羅御殿の迹と伝ふる個所を探ねさまよひしも、一物をもとどめず文字通りの空無なりき。

＊7 明治座より需められて作れる数句、秋桜子先輩より「面白し」との言葉を賜はりたるに甘え、又後述せる如き旧友との因縁をも記念し、兼ねては、本誌記

念号の装飾たらしめんとて、ここに採録し置くなり。
六句。（のうち五句目）

花かんざし「新撰組余聞」との傍題あり、主人公は言ふを俟たず近藤勇。京都池田屋事件の際、勤王派の犠牲者の一人の荷物中より京土産の花簪を見出し、その後の自己の頽勢中にありながらも、馬場宿の遺女にはるばるとそを持参し、はからずも、同女に危害を加へんとする一暴漢を斬つてすつるに到る。

＊8 東郷坂を過ぎて、五十余年ぶりにて、明治四十一年にはじめて入学せし番町小学校を訪ひゆきたり。五句。（のうち五句目）

昔のそのあたりとおぼしき個所に、小さき文具店あり。店頭にものしづかなる母婦の姿あるを認めて、むなしく通過することをなし得ざりき。

＊9 其級の担任に我の当りゐる高校生一人、一度びは自決してとまで思ひつめたりとて、一身上の相談に来る。相語りつゝも現在の「日本の青春」のはかなさと多難さを思ふ。

＊10 その私邸址を開放せる高橋是清公園にて。四句。（のうち四句目）

奥処木立の中に、椅子に身を据ゑし和服姿の銅像一基あり。高橋翁は、わが叔父故三土忠造の先輩指導者なりき。

＊11 終戦以後多年わが家族達が吉祥寺教会にて指導をかたじけなくせる独逸人神父ナーヴェルフェルト師、現在は南山大学附属の教会にあるも、夏時のみ、旧軽井沢教会に出張し来らる。一日同師を小庵に招ず。十一句。（のうち四句目）

＊12 「中央公論」に連載中の司馬遼太郎氏作「空海の風景」を愛読。今夏讃岐における大会の際、バスガイド往還副ひなる一角を指して、「幼童空海、幼友等と共に、この山中にしばしば分け入りて喜戯せし由を伝ふ」と説明す。されども、そは、森々たる深山にはあらずして……。

＊13 東郷坂を過ぎて、五十余年ぶりにて、明治四十一年にはじめて入学せし番町小学校を訪ひゆきたり。五句。（のうち一句目）

東郷公園にて一句。

＊14 香西照雄氏、斎藤茂吉氏晩年悲恋の書簡集と永井ふさ子氏の解説文との載りたる「小説新潮」二冊を貸与せらる。永井ふさ子氏は、我にとりて完全に無縁なる人なりしにもあらず。たまたま、書簡中に宿運の場として誌されある浅草寺に到りて、両氏の上なる往時のくさぐさを偲ぶ。五句。（のうち二句目）

＊15 戸隠行二十六句。（のうち二句目）

戸隠、宝光社の宮司京極家に二泊す。同家の子息は、わが勤務先なる成蹊学園においての同僚なり。三句。（のうち一句目）

＊16 福田蓼汀氏主宰の俳誌「山火」二百号記念特別号に「祝辞に代へて」と題して以下の五句を贈る。祝賀のこころを後々までとどめんためにここに転載し置

くなり。五句。（のうち四句目）

現在においても、共に井の頭線に沿へる近距離内に住みて、ゆくりなく相会へば、俳句文芸を談じて倦むことなし。一句。

＊17 明治座より需められて作れる数句、秋桜子先輩より「面白し」との言葉を賜はりたるに甘え、又後述せる如き旧友との因縁をも記念し、兼ねては、本誌記念号の装飾たらしめんとて、ここに採録し置くなり。六句。（のうち三句目）

さくら判官

遠山金四郎を主人公とする、既に周知の「いれずみ判官」の一挿話。

＊18・19 岡田村に島丈道師を訪ふ。我父二十代の終に、目下戦禍の地なる厦門にて師を知り、爾来没年に至るまで交を絶たず。師は四十余歳にて妻女を失ひ後数年にして職を辞し仏門に入る。二十余年来大島に庵を結びて独居、傍俳句を嗜まる。川端茅舎、亦、十代の終に師のもとにありて病を養ひしことありしと聞く。師現在七十余歳。

【夏　天文】

＊1 註 “I will reply” は、聖書中の “Vengeance is mine. I will reply.” に基づく。

＊2 松山市における萬緑全国大会果てたる翌日、嘗ての廻覧雑誌「楽天」のメンバーたる旧友等男女十数人と共に中島なる小島に遊ぶ。同島は、旧制高校時代におけるわが曾遊の地なり。三句。（のうち三句目）

＊3 終戦以後多年わが家族達が吉祥寺教会にて指導をかたじけなくせる独逸人神父ナーヴェルフェルト師、現在は南山大学附属の教会にあるも、夏時のみ、旧軽井沢教会に出張し来らる。一日同師を小庵に招ず。十一句。（のうち八句目）

＊4 終戦以後多年わが家族達が吉祥寺教会にて指導をかたじけなくせる独逸人神父ナーヴェルフェルト師、現在は南山大学附属の教会にあるも、夏時のみ、旧軽井沢教会に出張し来らる。一日同師を小庵に招ず。十一句。（のうち十句目）

＊5 註「アウフウィダーゼーエン」（ごきげんよう）を独逸人の叫ぶを距たり聴けば、我等が耳には「オフィラゼー」とひびくなり。

＊6 終戦以後多年わが家族達が吉祥寺教会にて指導をかたじけなくせる独逸人神父ナーヴェルフェルト師、現在は南山大学附属の教会にあるも、夏時のみ、旧軽井沢教会に出張し来らる。一日同師を小庵に招ず。十一句。（のうち十一句目）

＊7 永き病床にある伊丹萬作を訪ふ。「孤独の眼」なる言葉を遺ひて俳句の聯作を作りたしと言ふ。芸としての事の是非はしばらく措くも、斯くいふ彼の心事は察せられたり。当夜計らずも一句を得て彼への状の端に書きつけ遣る

＊8 明治座五月興行に、尾崎士郎原作「人生劇場」（青

春の伝説篇・落日の歌篇）上演さる。需められて三句を詠む。三句。（のうち三句目）

戦時中当局催すところの雑誌統合打合委員会の席上にて唯一回尾崎士郎氏と面接す。たまたま消化器を患ひつつあればとの理由下に、氏は、氏の分として卓上に据ゑられたる夕餉の一皿をも、すすんでわれに提供せられたり。食糧事情極度に逼迫せる時期にして、さもしき思出なれども、なつかしき思出なり。

*9　その私邸址を開放せる高橋是清公園にて。四句のうち三句目。奥処木立の中に、椅子に身を据ゑし和服姿の銅像一基あり。高橋翁は、わが叔父故三土忠造の先輩指導者なりき。

*10　数年前、栗林一石路氏葬儀の場にて、隣席なる中野重治氏に、なにげなき調子の低声にて、「木魚の音といふものは、よいものですなあ」と言はれしことが、何故にか想起されて。一句。

*11　ベトナム戦線報道テレビを観る。二句。（のうち二句目）

十七歳のベトコン青年、たちまちに刎頸せらるるの場面に直面せる瞬間、我が国にて製造せられたる青春煽情映画の題名、いなづまの如く、わが脳裏をひらめき過ぎたり。

*12　遥かなる以前にも、一と度その場所に到りて句作せしことありし追分町の浅間神社を久し振りにて訪ふ。「吹飛ばす石は浅間の野分かな」の芭蕉句を彫りつけたる一丈になんなんとする巨巌一基聳ゆ。折から激しき雷雨の襲来あり。三句。（のうち一句目）

*13　註　明治の歌僧愚庵、幼児維新の騒亂のために血族すべての生死もわかず独り流離す。終生其安否行衛を知らんと求めてやめず。晩年の作品に左のものあり。――ちちのみの父に似たりと人が言ひし我が眉の毛も白くなりにき。

*14　嘗て「信濃居」一聯の句を作りし小家へ家族と共に到りて数日あそぶ。此小閑を得ること幾年ぶりぞ。二十二句（のうち十三句目）

「鬼城輪講」中の一句、「小男のえんぐわ踏込む二押し三押し」にてその物あるを知りし柄鍬（えんぐわ）（又は足鍬）をば、たまたま眼前に実見す。原始的農具なり。

【夏　地理】

*1　註　20年以前、亡父の墓標を整へんがために、母と共に帰松せることあり。その帰途、神戸に船の近づける際、岩壁上につらなれる倉庫の面に、大いなる白き平仮名文字を以て横書きせるものを、母の指し示して「こは（ぬめのこばた）と称ふる土地ならん」といふにぞ、我も注意をこらしみれば、いづくんぞ計らん、当時珍らしく左書きせるものを、誤りて右方より読みし結果にして、正しくは、「たばこ

のめぬ」（禁煙）の意味と判明、母子互ひに背を叩きあひ、つひには甲板上に抱腹絶倒したりし。既に茫々として往事なり。

＊2　註　或る外国小説中に於て「with wide smile」なる描写語に逢着し、「骨相を異にせる日本人のことなれば、日本語中にはおそらく恰好なる飜訳語無からん」との感想を漏らせしに、神田秀夫氏、ひびきの物に応ずるが如く「にんまりと笑む」なる一語を提出せらる。蓋し、適訳名訳ならんか。されども、我亦別途におもひをこらして、右の如き我流の一訳語を案出せるなり。

＊3　註　ファウスト第一部。女主人公グレッチェンが無垢なるがままに漸く悲運の中に沈みゆきつつある折、己が部屋にて独り誦する歌の中に、次の如き詞あり——「鬼人（おにびと）わが父、浮かれ女（め）わが母。」

＊4　松山市における萬緑全国大会果てたる翌日、嘗ての廻覧雑誌「楽天」のメンバーたる旧友等男女十数人と共に中島なる小島に遊ぶ。同島は、旧制高校時代におけるわが曾遊の地なり。三句。（のうち二句目）

＊5　曾て、祖師ケ谷大蔵に住みゐたる頃の伊丹万作と共に、成城町との間に介在する低地をしばしば散策したり。年を隔てて、偶然にもその場に到りみれば、旧態ほぼ保たれゐたるは、却つて、せつなさの想ひをつのらしめたり。彼は、永らく画業の道より転じて映画界に入りし身なりき。一句。

＊6　註　「鈷鉧潭ノ記」は「唐宋八家文」中にあり。

＊7　須坂なる徳永哲郎氏に導かれて、信州、上八丁町外、薬師院に一泊。若き尼君山岸諦観氏の司るところなり。同院にて、有志者の句会を催す。六句。（のうち五句目）

【夏　生活】

＊1・2　農俳人、加藤湖虹氏、其長男の国民学校入学を記念すとて、端午の節句に句会の宴を催して、われも招かる、触目二句をもつて祝意を表はす。二句

＊3　岡田村に島丈道師を訪ふ。我父二十代の終に、目下戦禍の地なる厦門にて師を知り、爾来没年に至るまで交を絶たず。師は四十余歳にて妻女を失ひ後数年にして職を辞し仏門に入る。二十余年来大島に庵を結びて独居、傍俳句を嗜まる。川端茅舎、亦、十代の終に師のもとにありて病を養ひしことありしと聞く。師現在七十余歳。

＊4　註　故伊丹万作、「楽天グループ」集合の席上にて、突如笑と共に、松山言葉にて斯く言へることありたりき——「この三清（当時のわが仇名）が、どこぞで独りチビリチビリやつとる姿を想像してみると、噴出さずに居れんねや」

＊5・6　在松山時代に故友伊丹万作、失笑しつつ次の如く述懐せしことあり、「この三清（さんせい）（当時のわが仇名）、市中独酌の姿に遭遇せしと仮定せんか、我等瞬間に

して笑倒せむ」。（二句）

＊7　八月十八日、孫葉子の初誕生日を祝ふ。卓上にバウム・クッヘンを飾る。即事。

＊8〜13　岡田村に島丈道師を訪ふ。我父二十代の終に、目下戦禍の地なる厦門にて師を知り、爾来没年に至るまで交を絶たず。師は四十余歳にて妻女を失ひ後数年にして職を辞し仏門に入る。二十余年来大島に庵を結びて独居、傍俳句を嗜まる。川端茅舎、亦、十代の終に師のもとにありて病を養ひしことありしと聞く。師現在七十余歳。（六句）

＊14　岡田村に島丈道師を訪ふ。我父二十代の終に、目下戦禍の地なる厦門にて師を知り、爾来没年に至るまで交を絶たず。師は四十余歳にて妻女を失ひ後数年にして職を辞し仏門に入る。二十余年来大島に庵を結びて独居、傍俳句を嗜まる。川端茅舎、亦、十代の終に師のもとにありて病を養ひしことありしと聞く。師現在七十余歳。

＊15　終戦以後多年わが家族達が吉祥寺教会にて指導をかたじけなくせる独逸人神父ナーヴェルフェルト師、現在は南山大学附属の教会にあるも、夏時のみ、旧軽井沢教会に出張し来らる。一日同師を小庵に招ず。十一句。（のうち一句目）

＊16・17　明治座より需められて作れる数句、秋桜子先輩より「面白し」との言葉を賜はりたるに甘え、又後述せる如き旧友との因縁をも記念し、兼ねては、本誌記念号の装飾たらしめんとて、ここに採録し置くなり。六句。（のうち一・二句目）

歌舞伎曼陀羅

筋はやや荒唐無稽なるも、「名古屋山三」は「出雲のお国」の保護者として四条河原に小屋掛興行をなしつつも、故主豊臣秀次を死に到らしめたる陰謀の張本人を石田三成と信じて、報復の機会をうかがひつづくるうち、そが全くの誤解なりしこと判明、「山三」は「お国」ともども三成の前にて華やかに舞ひつづくるなり。

＊18〜21　嘗て「信濃居」一聯の句を作りし小家へ家族と共に到りて数日あそぶ。此小閑を得ること幾年ぶりぞ。二十二句のうち十二、十四〜十六句目

「鬼城輪講」中の一句、「小男のえんぐわ踏込む二押し三押し」にてその物あるを知りし柄鍬（えんぐわ）（又は足鍬）をば、たまたま眼前に実見す。原始的農具なり。（四句）

＊22〜24　俳人協会の大会投句稿を諸氏と共に、携へゆきて、鎌倉の芙蓉荘に投宿、只管に予選を為す。翌日午後、諸氏と同道光則寺に遊び、相別れて以後は独り材木座及び滑川の対岸を散策して楽しむ。十七句。（のうち四〜六句目）

材木座なる高浜家を訪れて、虚子先生夫人に面会、久しき欠礼を詫ぶることを得たり。六句。（のうち一〜三句目）

＊25　明治座より需められて作れる数句、秋桜子先輩より「面白し」との言葉を賜はりたるに甘え、又後述せ

る如き旧友との因縁をも記念し、兼ねては、本誌記念号の装飾たらしめんとて、ここに採録し置くなり。六句。（のうち六句目）

「花かんざし」の作者、伊藤大輔は、わが旧友にして、いはゆる「楽天グループ」の先輩なり。

＊26 香川行。二十三句。（のうち二十二句目）

砂井・二川・宮武の三人の同志達と、近郊散策に最後の日を費す。八句。（のうち八句目）

三氏に、岡山の乗換駅までの見送りを受けたり。一句。

＊27 註　泰西の銀松に似通ひたる一巨松あり。或る回覧雑誌のメンバーたりし、我々中学生間にて、そを「バビロンの松」と称へたり。今日到り見れば、依然たる姿をとどむ。

＊28 明治座より需められて作れる数句、秋桜子先輩より「面白し」との言葉を賜はりたるに甘え、又後述せる如き旧友との因縁をも記念し、兼ねては、本誌記念号の装飾たらしめんとて、ここに採録し置くなり。六句。（のうち四句目）

花かんざし

「新撰組余聞」との傍題あり、主人公は言ふを俟たず近藤勇。京都池田屋事件の際、勤王派の犠牲者の一人の荷物中より京土産の花簪を見出し、その後の自己の頽勢中にありながらも、馬場宿の遺女にはるばるとそを持参し、はからずも、同女に危害を加へんとする一暴漢を斬つてすつるに到る。

＊29 註　成蹊学園内の藪に隣れる棲家に住み居たる際の出生なりければ、赫映姫にたとへたることのありし依子、その者の初産なれば、之なる一句の存在するゆゑんなり。

＊30 註「世間の斯かる徒輩と交遊なさんほどならば、我は寧ろ犬となりて月に吠えん」（「ヴェニスの商人」）　因みに、萩原朔太郎の処女詩集「月に吠える」の題名は、右の詞句に胚胎せること、我の夙に看破せるところなり。

【夏　動物】

＊1 帰途たま〳〵、所謂富士見高原療養所前を過ぐ。草樹会の俳友富田南子氏の実弟、俳号与士氏永くこゝにありて病を養ひつゝ傍ゞ俳誌「高原人」の編輯にも携はり、同誌を我にも寄贈せらるゝことありしが、いたましくも早世せらる。記憶今更に新たにして若き命をなげくの思ひに堪へねば、同所地域に一歩を踏入れて少時佇む。

＊2 岡田村に島丈道師を訪ふ。我父二十代の終に、目下戦禍の地なる厦門にて師を知り、爾来没年に至るま

で交を絶たず。師は四十余歳にて妻女を失ひ後数年にして職を辞し仏門に入る。二十余年来大島に庵を結びて独居、傍俳句を嗜まる。川端茅舎、亦、十代の終に師のもとにありて病を養ひしことありしと聞く。師現在七十余歳。

＊3　文部省関係の官公立学校職員の文芸修業誌「文芸広場」二百号に達せるを以て、委員等記念の寄せ書きをなせるその最後尾に、即興的に次の一句を誌す。石川桂郎氏二十四年以前戯れに、当時の吾が新妻に対ひて「貴女の御亭主は蝮の性（さが）」と宣りたる一言耳底に遺れるがゆゑなり。

＊4　ヘンリイ・フォンダ、その面影我が故友伊丹万作に似たりと子等のいへば、新聞広告に探して、その主演するところの西部劇「荒野の決闘」を観る。面影のみならず、その物腰まで、奇しくも、故友に似通ひたり。

＊5　沓掛町にちかき丘上なる杉浦翠子氏の仮寓の登口には、今年新たに「翡翠庵入口」なる指標樹てられたり。けだし、「杉浦非水」の名に通はすものならんか。一句。

＊6　須坂なる徳永哲郎氏に導かれて、信州、上八丁町外、薬師院に一泊。若き尼君山岸諦観氏の司るところなり。同院にて、有志者の句会を催す。六句。（のうち二句目）

＊7・8　終戦以後多年わが家族達が吉祥寺教会にて指導をかたじけなくせる独逸人神父ナーヴェルフェルト師、現在は南山大学附属の教会にあるも、夏時のみ、旧軽井沢教会に出張し来らる。一日同師を小庵に招ず。十一句。（のうち七・九句目）

＊9　須坂なる徳永哲郎氏に導かれて、信州、上八丁町外、薬師院に一泊。若き尼君山岸諦観氏の司るところなり。同院にて、有志者の句会を催す。六句。（のうち一句目）

＊10　註　伊丹万作は長き顎の持主なり。されば、ありのすさびに、彼がことを「顎万」なる名を以て呼びたることもありたりき。

＊11　註「雀のたご」は、雀の卵に彷彿たる寄生虫の梅の木などに宿りし迹。空気清純なりし時代には、その姿を多く見かけたりき。

＊12　須坂なる徳永哲郎氏に導かれて、信州、上八丁町外、薬師院に一泊。若き尼君山岸諦観氏の司るところなり。同院にて、有志者の句会を催す。六句。（のうち三句目）

＊13　砂井斗志男氏、甲虫三匹を壜中に封じたるものを、はるばる携へ来りて我に贈らる。されども――翌日と翌々日、須坂の徳永喆夫氏と同道、同地の温泉宿に身をよせ居たる際、宿の素朴極まる一女中、あはれなりとて逃がしやらんことを我に要求してやまず。一句。

＊14　追分なる花田春兆氏の別宅を訪ふ。隣地に、満洲より引揚げて再び業を成就せる開拓一族の家あり。給水筒めきたるもののコンクリート面に、深く彫りつ

けたる一聯の文字を読めば、「拓人不知風雪」とあり。忽ち念頭にひらめくものありて僅かに一語を転じて、一句を成す。

＊15〜17　嘗て「信濃居」一聯の句を作りし小家へ家族と共に到りて数日あそぶ。此小閑を得ること幾年ぶりぞ。二十二句（のうち九〜十一句目）

信濃追分浅間（せんげん）神社の境内に、芭蕉の「吹きとばす石も浅間の野分かな」の句碑遺る。

＊18　須坂なる徳永哲郎氏に導かれて、信州、上八丁町外、薬師院に一泊。若き尼君山岸諦観氏の司るところなり。同院にて、有志者の句会を催す。六句。（のうち六句目）

【夏　植物】

＊1　戸隠行二十六句。（のうち五句目）

附近の村社の境内に、この地を西行法師訪れたることありしとの伝説の附帯せる「西行桜」なる古樹一株あり。一句。

＊2　佐藤春夫氏に「淡月梨花の歌」なる詩作品あり。想ふ人の幼き頃の写真を眺めて「かゝる頃のかゝる姿を見しぞうらやまし」との意味を詠へりと記憶す。我も亦、家妻十九歳、初めての演奏会を終へしまゝの姿にて庭隅に佇ちて撮せる写真一葉、そを取出で、眺めつゝ人の世の時の経過の余りにも早きを歎ずる事あり。

＊3　町村牧場にて。牧場内の庭園奥深く高台の上に、彼方を向ける大いなる牛の銅像あり。近づき正面を眺むれば、初代主の言葉としてただ一行に「牛に感謝す」と彫込まれあり。一句。

＊4　秋田大会散会後、香西氏と同道、平泉の地を訪ふ。二十三句。（のうち五句目）

「奥の細道」中に「秀衡が跡は田野になりて……」とあるその部辺、及び伽羅御殿の跡と伝ふる個所を探ねさまよひしも、一物をもとどめず文字通りの空無なりき。

＊5　ソ聯児童劇の創始者ナタリア、サーツ女史、亦ソ聯の嵐に失せんとすと聞く。二十年に近き以前、世にも聰明敬虔意志の香高き容顔の持主なりと思ひしとあり。

＊6　福田蓼汀氏主宰の俳誌「山火」二百号記念特別号に「祝辞に代へて」と題して以下の五句を贈る。祝賀のこころを後々までとどめんためにここに転載し置くなり。五句。（のうち五句目）

たまたま氏が故郷萩市に遊ぶ機会あらんとするにつけて、烏有に帰せし我が故郷の昔時の俤と酷似せるならんことを思ふこと切なるものあり。一句。

＊7　三女弓子、一年浪人の努力の果に第二回の東大受験をなす。その及落発表予定の夜、当人とは別に、終日野をさまよひし途をそのままに伸ばして、単身、

九時過ぎに及びて、駒場教養部の掲示場所に臨む。二句。（のうち二句目）

＊8　俳人協会の大会投句稿を諸氏と共に、携へゆきて、鎌倉の芙蓉荘に投宿、只管に予選を為す。翌日午後、諸氏と同道光則寺に遊び、相別れて以後は独り材木座及び滑川の対岸を散策して楽しむ。十七句。（のうち三句目）

　光則寺にて。三句。（のうち三句目）

＊9　註　光則寺は、日蓮の高弟日朗幽閉の跡にして、そが上を想ひやりたる日蓮の紅血文字の遺れるあり。境内に「あかめがしは」の若木数株ありて眼を奪ふ。こは、山部赤人の名歌中の「楸（ひさぎ）」に当るものならんかと推定せる学説あるなり。

＊10　聖地巡礼より最近帰朝せられたるY神父を、その母堂と共に一夕我家に招ず。自ら撮影せられたる聖地諸景のスライドを壁面に映出せられ、且、「ゲッセマネの園」にキリストの当時より現存するものなりと言ひ伝へられる橄欖巨樹の一葉を白紙上に貼付せるものを、記念品として賜はりたり。

＊11　二月二十四日、青山南町なる青南小学校校庭に、同校創立七十周年記念祝賀会に際して「降る雪や明治は遠くなりにけり」の句碑建立せらる。その除幕を詠ひて。三句。（のうち三句目）

＊12　岡田村に島丈道師を訪ふ。我父二十代の終に、目下戦禍の地なる厦門にて師を知り、爾来没年に至るまで交を絶たず。師は四十余歳にて妻女を失ひ後数年にして職を辞し仏門に入る。二十余年来大島に庵を結びて独居、傍俳句を嗜まる。川端茅舎、亦、十代の終に師のもとにありて病を養ひしことありしと聞く。師現在七十余歳。

＊13　嘗て「信濃居」一聯の句を作りし小家へ家族と共に到りて数日あそぶ。此小閑を得ること幾年ぶりぞ。二十二句（のうち八句目）

　信濃追分浅間（せんげん）神社の境内に、芭蕉の「吹きとばす石も浅間の野分かな」の句碑遺る。

＊14　香川行。二十三句。（のうち十八句目）

　砂井・二川・宮武の三人の同志達と、近郊散策に最後の日を費す。八句のうち四句目。樗の花咲く下にて相語る。たまたま一人が携帯せる歳事記を一見せるに「きのふけふ樗に曇る山路かな　芭蕉」とありて、余りにも眼前の景さながらなりしため、我等一同、ハタと緘口を余儀なくせしめらる。そのことをも、たのしき想出たらしめんとして、次の一句を即製して句帖に誌す。一句。

＊15　香川行。二十三句。（のうち二十三句目）

　帰途の車窓よりの景によりても、なほ追想しきりならしめらる。一句。

＊16　十年来継続しきたりたる「吉祥寺句会」メンバーの一人、小畠鼎子女史急逝。女史は青龍社創立以来三十五年間の会員なり。生前制作品の一幅の画面の俤をしのびて。一句。

＊17 註　明治天皇の肖像を眺めつつ、わが亡父、ある折に「おそれおほいが、口臭の強い御方ではないかと想像される風丰だ」と半ば笑に揺られながらの感想を漏らせしことありしを、多年を経たる今、ふと思ひ出でたるなり。

＊18 ヘンリイ・フォンダ、その面影我が故友伊丹万作に似たりと子等のいへば、新聞広告に探して、その主演するところの西部劇「荒野の決闘」を観る。面影のみならず、その物腰まで、奇しくも、故友に似通ひたり。

＊19 註　香川県への出発の前晩にサンケイ社の「随筆」誌に需められし一文をまとめ、そが中にて、明治時代に東京堀端土手のあたりにて親しみみし、可憐の穂草のさまを述べ、そが亡び果てたるにや、この何十年つひに目に触るる機会を得ざる歎きを述べたる直後なりしに、いかなる天運の恵みにや、まがふかたなきその草に、有馬氏所有の裏山にてハタとめぐりあふことを得たり。通称は「こばん草」なること後日に判明せるも、当地にては「結飯草」といひならはされ居る由なり。

＊20 その私邸址を開放せる高橋是清公園にて。四句。（のうち一句目）
　奥処木立の中に、椅子に身を据ゑし和服姿の銅像一基あり。
　高橋翁は、わが叔父故三土忠造の先輩指導者なりき。

＊21 註　南軽井沢、鐘ヶ崎附近に修道院あるらしく思はる。

＊22 岡田村に島丈道師を訪ふ。我父二十代の終に、目下戦禍の地なる厦門にて師を知り、爾来没年に至るまで交を絶たず。師は四十余歳にて妻女を失ひ後数年にして職を辞し仏門に入る。二十余年来大島に庵を結びて独居、傍俳句を嗜まる。川端茅舎、亦、十代の終に師のもとにありて病を養ひしことありしと聞く。師現在七十余歳。

＊23 帰途たま〳〵、所謂富士見高原療養所前を過ぐ。草樹会の俳友富田南子氏の実弟、俳号与士氏永くこゝにありて病を養ひつゝ傍ゝ俳誌「高原人」の編輯にも携はり、同誌を我にも寄贈せらるゝことありしが、いたましくも早世せらる。記憶今更に新たにして若き命をなげくの思ひに堪へねば、同所地域に一歩を踏入れて少時佇む。

＊24～26 金沢行　六十六句（のうち三十四～三十六句目）
　柴山湖にちかく街道に沿ひて首洗池なる小池あり。齋藤実盛の首級を得たる手塚太郎光盛、そが相貌は実盛なるに頭髪黒きを怪みて此池に洗ふに、むざんにも白髪あらはれきたりしとぞ。

　現在池中に碑を樹つ。

＊27 毎日新聞に需められて「火の島」支部に招かれたる三重地方遊の際の作品五つを発表せるにより、北海道遊の折の作品と時期的に前後するも、とりあへず、

そをここに転載し置く次第なり。五句。（のうち二句目）

＊28 須坂なる徳永哲郎氏に導かれて、信州、上八丁町外、薬師院に一泊。若き尼君山岸諦観氏の司るところなり。同院にて、有志者の句会を催す。六句。（のうち四句目）

川中島合戦の戦没者の冥福を祈るべく建てられたる地蔵一基門前にあり。一句。

＊29 或る人の筆になる「ミルトン伝」を読みて、彼がいかにして個人的なる詩人的「使命感」より、次第に晩年の没我的なる全人類的「使命感」に到達せるかの委細を詳らかに知ることを得たり。

＊30 香西照雄氏と共に、病床にある関透仙老を見舞ふ。五句。（のうち三句目）

老の自ら語るところによれば、徹宵坐禅、もつて心頭無私の秘境に到れれば、視力減退にかかはりなく、筆を揮つて、書と絵画との世界に悠遊するとのことなり。一句。

＊31 岡田村に島丈道師を訪ふ。我父二十代の終に、目下戦禍の地なる厦門にて師を知り、爾来没年に至るまで交を絶たず。師は四十余歳にて妻女を失ひ後数年にして職を辞し仏門に入る。二十余年来大島に庵を結びて独居、傍俳句を嗜まる。川端茅舎、亦、十代の終に師のもとにありて病を養ひしことありしと聞く。師現在七十余歳。

【秋　時候】

＊1　三十三年間の友、伊丹万作没すとの報に接す、すべての気力消え失せ、薄志弱行のさま、爾来三週間たゞ無為の日を送りつゝあるなれどもせんすべなし。九句（のうち一句目）

＊2　帰途たま〳〵、所謂富士見高原療養所前を過ぐ。草樹会の俳友富田南子氏の実弟、俳号与士氏永くこゝにありて病を養ひつゝ傍ら俳誌「高原人」の編輯にも携はり、同誌を我にも寄贈せらるゝことありしが、いたましくも早世せらる。記憶今更に新たにして若き命をなげくの思ひに堪へねば、同所地域に一歩を踏入れて少時佇む。

＊3・4　関本氏の告別式当日相語りし小学館の白井寅介氏（郷峰）僅かに一日を隔てて同病にて急逝。同氏は「萬緑」誌運行の一半をも担ひつづけて今日に倒れるの人なり。茫然自失、無常の一気身の内外をとざす。

＊5　山口誓子氏との対談会果てて、中村三山氏とほとんど二十七、八年振りにて会す。同氏の東道によりて醍醐、宇治の地に遊ぶ。同氏の姿をなつかしみつつ、その背後に従ふ。

＊6　（附記）　オスカー・ワイルドはアンドレ・ヂッドにむかひて、「我は汝の余りにも真直なる口の線を好まず。」と言ふを常とせり。されども、究極の意味に於ては、ヂッドも亦、道化役の一人たるを免がれざるべし。

＊7・8　テレビ中にたまたまグロリア・スワンソンの姿現はれたりとて、家族等直ちに我を呼びに来たる。旧き馴染の女優として、わが話題中に登場することしばしばなればなり。二句。

＊9　夏期の残務整理を為す必要もありて、中軽井沢千ケ滝の小庵に到りて一泊す。十一句。（のうち九句目）
　一ケ月を距てて、「白糸の滝」の前に再び佇つ。一句。

＊10　オリムピック詠唱。十一句。（のうち九句目）
　十月廿一日、マラソン競技において円谷幸吉選手三位を獲得。陸上競技においてオリムピック競技場に日本国旗のかかげられたるは二十八年振りのことなり。同選手のインタビュウに答へし言葉「マラソンは孤独の戦であることを痛感しました。長時間にわたる自分自身との苦しい戦です。」

＊11　洛北の大徳寺中、真珠庵のみは観光団体への公開を自ら禁ず。同庵に精密なる写実の大幅「一休像」掛かる。壁前の肘掛椅子上に身を倚せ、わずかに右方へと垢面を向く。しかも瞳のみは反対方向の眦際に寄せたり。対者より視線を逸らせるかに似たれども、その実画像の主は、われわれ対者を悉く真正面より直視せるなり。（この構図の機微は、すべて「モナ・リザ」のそれと完全に一致す）

＊12　沓掛町附近の小社の裾に、長谷川伸の自詩自筆の沓

掛時次郎碑なるもの一基あり。碑面の辞句は次の如し――「千両万両枉げない意地も、人情搦めば弱くなる。浅間三筋の煙の下に、男、沓掛時次郎。」「二筋の煙は明らかに義理と人情とを指すならん。果して然らば、三筋目の煙は如何なるものをか指す。それこそは、義理と人情とを確保しつつも、その世界より人をして完全に脱却せしめ得る要素ならざるべからず」――作者及びフィクション中の主人公とは、全く無関係に、かかることどもを、そこはかとなく考へつつ独り山路を辿る。二句。（のうち一句目）

＊13・14　岩村田町附近に仙緑湖なる人造湖あり。この附近に戦時中疎開し居たる佐藤春夫の命名するところ。湖畔に春夫の自作自筆による詩碑一基据す。詩辞は以下の如し――「げに仙緑のめでたさは、朝浅間の水かがみ。夕凪にほふさざなみに。彩雲泛ぶ五千坪」。三句。（のうち二・三句目）

＊15　萬緑誌の旧号雑詠欄に漫然と眼を通し居たりし際に、香川なる藤谷朝子氏の作品「人形もなく（鳴く）声をもつ秋の暮」に逢着し、その字面を辿りゆくうちに、ふとひらめくものありて、ただ一語を改めて、次の一句を得たり、おのづから芭蕉の「この道や」の表裏二句にも通ひたるところあり、且又、「われ神を見たり。神は詞なりき」なる荒野より帰れるモーゼの言をも想起せしめられて、ただ己ひとりこの結果に興趣を覚ゆ。一句。

＊16　三島氏原作・水谷氏所演の「鹿鳴館」に需められて、読まず観ずして、次の四句を作る。後日、その舞台を実見せる某女史より「かの作品にさながらなりし」と伝へられたるに興じて、そをここに録し置くなり。四句。（のうち二句目）

＊17　ここ数年間、明治座出し物のために、需められて毎月数句を寄せつづけきたれるも、その大部分は記録し置かざりしために忘失せり。たまたま、次の二句の揮毫を或る人々より需められたるにつけ、記憶を新たにして、そをここに載録し置くなり。前者は原作者泉鏡花の思出のため、後者は花柳章太郎の思出のためなり。

「京舞」

＊18　「朝日新聞」

＊19　松山市主催の子規五十年祭に招かれて帰郷。九月十九日の忌日に、市庁ホールにて祭典挙行さる。尺八の吹奏にて、式典開始、行事の合間毎に吹奏つづく。子規晩年の句に「春の夜に尺八吹いて通りけり」の作ありしことを想起す。

＊20　註　たまたま戦時中われの集団疎開せしは、かつて黒塚のありし地なり。同地は現在遊園地となり、傍に白真弓神社あり。されば、次の如き明治時代の狂歌今に残れり。「その昔鬼住みしとは白真弓いまは公園人が黒塚」

【秋　天文】

＊1　三十三年間の友、伊丹万作没すとの報に接す、すべての気力消え失せ、薄志弱行のさま、爾来三週間たゞ無為の日を送りつゝあるなれどもせんすべなし。九句（のうち三句目）

＊2・3　三十三年間の友、伊丹万作没すとの報に接す、すべての気力消え失せ、薄志弱行のさま、爾来三週間たゞ無為の日を送りつゝあるなれどもせんすべなし。九句（のうち八・四句目）

＊4　オリムピック詠唱。十一句。（のうち六句目）
　十月十四日、日本対アルゼンチンの、小雨中におけるサッカーの激しき接戦を観戦。日本軍完勝す。

＊5　帰途たま〳〵、所謂富士見高原療養所前を過ぐ。草樹会の俳友富田南子氏の実弟、俳号与士氏永くこゝにありて病を養ひつゝ、傍ゝ俳誌「高原人」の編輯にも携はり、同誌を我にも寄贈せらるゝことありしが、いたましくも早世せらる。記憶今更に新たにして若き命をなげくの思ひに堪へねば、同所地域に一歩を踏入れて少時佇む。

＊6　帰途たま〳〵、所謂富士見高原療養所前を過ぐ。草樹会の俳友富田南子氏の実弟、俳号与士氏永くこゝにありて病を養ひつゝ、傍ゝ俳誌「高原人」の編輯にも携はり、同誌を我にも寄贈せらるゝことありしが、いたましくも早世せらる。記憶今更に新たにして若き命をなげくの思ひに堪へねば、同所地域に一歩を踏入れて少時佇む。

＊7　八高線沿ひなる越生（おごせ）町に遊ぶ。町の背後の小山を大観山と名づけ、そこに展望台式の小公園を設け近代様式の白堊廟を築く。「万国無名戦士の墓」と称へらる。今次大戦の戦場たりし各地域、殊に日本軍転戦の各地より、ひろく戦没遺霊をあつめきたりてここに合祀す。この墓所の設立はもとより維持の一切も亦、山麓に位置する正法寺の住持なる一人物の手によりて達成されゐるものの如し。廟内は、祭壇香炉その他整へあるも、文字通りの無人なり。十三句。（のうち五句目）

＊8　日産句会のメンバー数氏と共に、芭蕉の生地伊賀上野の地を踏むを得たり。十四句。（のうち十三句目）
　離屋の外壁に添ひて彼岸花三株鮮かに花冠を捧ぐるあり。

＊9　オリムピック詠唱。十一句。（のうち十一句目）
　十月二十三日、対ソビエットとの女子バレー・ボール試合において、日本ティーム完勝す。今回オリムピックの最絶頂の光景出現せる観ありし。

＊10・11　遥かなる以前にも、一と度その場所に到りて句作せしことありし追分町の浅間神社を久し振りにて訪ふ。「吹飛ばす石は浅間の野分かな」の芭蕉句を彫りつけたる一丈になんなんとする巨巌一基聳ゆ。折から激しき雷雨の襲来あり。三句（のうち二・三

句目）

＊12　註　上杉謙信、武田信玄よりの戦勝祈願書、期せずして同時に、本神社に到来せしなりといふ。

＊13　三十三年間の友、伊丹万作没すとの報に接す、すべての気力消え失せ、薄志弱行のさま、爾来三週間たゞ無為の日を送りつゝあるなれどもせんすべなし。九句（のうち二句目）

＊14〜16　八高線沿ひなる越生（おごせ）町に遊ぶ。町の背後の小山を大観山と名づけ、そこに展望台式の小公園を設け近代様式の白堊廟を築く。「万国無名戦士の墓」と称へらる。今次大戦の戦場たりし各地域、殊に日本軍転戦の各地より、ひろく戦没遺霊をあつめきたりてここに合祀す。この墓所の設立はもとより維持の一切も亦、山麓に位置する正法寺の住持なる一人物の手によりて達成されゐるものの如し。廟内は、祭壇香炉その他整へあるも、文字通りの無人なり。十三句。（のうち一～三句目）

＊17　秋田大会散会後、香西氏と同道、平泉の地を訪ふ。二十三句。（のうち四句目）

「奥の細道」中に「秀衡が迹は田野になりて……」とあるその部辺、及び伽羅御殿の迹と伝ふる個所を探ねさまよひしも、一物をもとどめず文字通りの空無なりき。

＊18　追分町に近き「借宿（かりやど）」部落に、「遠近（をちこち）の宮」なる小社あり。祭神は岩長姫命、社名は伊勢物語中の「信濃なる浅間の嶽に立つ煙遠近人の見やはとがめぬ」に基づく。三句。（のうち一句目）

＊19・20　追分町に近き「借宿（かりやど）」部落に、「遠近（をちこち）の宮」なる小社あり。祭神は岩長姫命、社名は伊勢物語中の「信濃なる浅間の嶽に立つ煙遠近人の見やはとがめぬ」に基づく。三句。（のうち二・三句目）

【秋　地理】

＊1　オリムピック詠唱。十一句。（のうち一句目）

この中、第二句、第三句、第四句及び第九句、第十句、第十一句を除ける他の五句を朝日新聞紙上に発表。すべてを併せて、記念としてここに録し置くなり。

【秋　生活】

＊1　八高線沿ひなる越生（おごせ）町に遊ぶ。町の背後の小山を大観山と名づけ、そこに展望台式の小公園を設け近代様式の白堊廟を築く。「万国無名戦士の墓」と称へらる。今次大戦の戦場たりし各地域、殊に日本軍転戦の各地より、ひろく戦没遺霊をあつめきたりてここに合祀す。この墓所の設立はもとより維持の一切も亦、山麓に位置する正法寺の住持なる一人物の手によりて達成されゐるものの如し。廟内は、祭壇香

炉その他整へあるも、文字通りの無人なり。十三句。
（のうち六句目）

住持の作品とおぼしき和歌二首「立ちのぼる煙のはてにほのみゆるわれを育てし親のふる里」「尽しても尽し満たさで涙する身を尽したるみたま思へば」、及び仏理解説文を誌したる数幅を壁面にかかげたり。

＊2〜5　香西照雄氏、斎藤茂吉氏晩年悲恋の書簡集と永井ふさ子氏の解説文との載りたる「小説新潮」二冊を貸与せらる。永井ふさ子氏は、我にとりて完全に無縁なる人なりしにもあらず。たまたま、書簡中に宿運の場として誌されある浅草寺に到りて、両氏の上なる往時のくさぐさを偲ぶ。五句。（のうち一・二・四・五句目）

＊6　三島氏原作・水谷氏所演の「鹿鳴館」に需められて、読まず観ずして、次の四句を作る。後日、その舞台を実見せる某女史より「かの作品にさながらなりし」と伝へられたるに興じて、そをここに録し置くなり。四句。（のうち四句目）

＊7　オリムピック詠唱。十一句。（のうち七句目）

十月十四日、レスリング競技において、日本軍金メダル三個を獲得。その際の上武洋次郎選手の姿。

＊8　岩村田町附近に仙緑（せんろく）湖なる人造湖あり。この附近に戦時中疎開し居たる佐藤春夫の命名するところ。湖畔に春夫の自作自筆による詩碑一基据す。詩辞は以下の如し——「げに仙緑のめでたさは、朝（あした）浅間の水かがみ。夕凪にほふさざなみに。彩雲（あやぐも）泛ぶ五千坪」。三句。（のうち一句目）

＊9　三十三年間の友、伊丹万作没すとの報に接す、すべての気力消え失せ、薄志弱行のさま、爾来三週間たゞ無為の日を送りつゝ、あるなれどもせんすべなし。九句（のうち六句目）

＊10　岡田村に島丈道師を訪ふ。我父二十代の終に、目下戦禍の地なる厦門にて師を知り、爾来没年に至るまで交を絶たず。師は四十余歳にて妻女を失ひ後数年にして職を辞し仏門に入る。二十余年来大島に庵を結びて独居、傍俳句を嗜まる。川端茅舍、亦、十代の終に師のもとにありて病を養ひしことありしと聞く。師現在七十余歳。

【秋　行事】

＊1　註　遥かなる以前に「……杜若実を古るほとりかな」なる詞句をふくめる蛇笏作品に接したることあり。この表現のうちに——殊に杜若（とじやく）と音読せしめし個所に——古武士的なる堅牢なる感覚と「かきつばた」の盛時を回想反映せしめる発刺の情懐の瑞々しさにうたれたりしなり。

【秋　動物】

*1 毎日新聞に需められて「火の島」支部に招かれたる三重地方遊の際の作品五つを発表せるにより、北海道遊の折の作品と時期的に前後するも、とりあへず、そをここに転載し置く次第なり。五句。（のうち五句目）

　伊良湖岬遠望。

*2 岡田村に島丈道師を訪ふ。我父二十代の終に、目下戦禍の地なる厦門にて師を知り、爾来没年に至るまで交を絶たず。師は四十余歳にて妻女を失ひ後数年にして職を辞し仏門に入る。二十余年来大島に庵を結びて独居、傍俳句を嗜まる。川端茅舎、亦、十代の終に師のもとにありて病を養ひしことありしと聞く。師現在七十余歳。

*3 岡田村に島丈道師を訪ふ。我父二十代の終に、目下戦禍の地なる厦門にて師を知り、爾来没年に至るまで交を絶たず。師は四十余歳にて妻女を失ひ後数年にして職を辞し仏門に入る。二十余年来大島に庵を結びて独居、傍俳句を嗜まる。川端茅舎、亦、十代の終に師のもとにありて病を養ひしことありしと聞く。師現在七十余歳。

*4 三十三年間の友、伊丹万作没すとの報に接す、すべての気力消え失せ、薄志弱行のさま、爾来三週間たゞ無為の日を送りつゝあるなれどもせんすべなし。九句（のうち九句目）

*5 帰途たま〳〵、所謂富士見高原療養所前を過ぐ。草樹会の俳友富田南子氏の実弟、俳号与士氏永くこゝにありて病を養ひつゝ、傍ゝ俳誌「高原人」の編輯にも携はり、同誌を我にも寄贈せらるゝことありしが、いたましくも早世せらる。記憶今更に新たにして若き命をなげくの思ひに堪へねば、同所地域に一歩を踏入れて少時佇む。

*6 われ、青梅市の風光を愛し、しばしば散策して二十四、五年に及ぶ。同駅前に明治期の創業かと覚しき、西洋料理店「梅月」あり。同市全域に拡大されつつある高層建築化の大勢に急迫されて、遂に同店も解体され姿を消すに到る。

人を介して、面識ある同店主に次の一句をおくる。

*7 松山市における萬緑全国大会果てたる翌日、嘗ての廻覧雑誌「楽天」のメンバーたる旧友等男女十数人と共に中島なる小島に遊ぶ。同島は、旧制高校時代におけるわが曾遊の地なり。三句。（のうち一句目）

*8 八高線沿ひなる越生（おごせ）町に遊ぶ。町の背後の小山を大観山と名づけ、そこに展望台式の小公園を設け近代様式の白堊廟を築く。「万国無名戦士の墓」と称へらる。今次大戦の戦場たりし各地域、殊に日本軍転戦の各地より、ひろく戦没遺霊をあつめきたりてここに合祀す。この墓所の設立はもとより維持の一切も亦、山麓に位置する正法寺の住持なる一人物の手によりて達成されゐるものの如し。廟内は、祭壇香炉その他整へあるも、文字通りの無人なり。十三句。

（のうち四句目）

【秋　植物】

＊1　終戦以後多年わが家族達が吉祥寺教会にて指導をかたじけなくせる独逸人神父ナーヴェルフェルト師、現在は南山大学附属の教会にあるも、夏時のみ、旧軽井沢教会に出張し来らる。一日同師を小庵に招ず。十一句。（のうち二句目）

＊2　岡田村に島丈道師を訪ふ。我父二十代の終に、目下戦禍の地なる厦門にて師を知り、爾来没年に至るまで交を絶たず。師は四十余歳にて妻女を失ひ後数年にして職を辞し仏門に入る。二十余年来大島に庵を結びて独居、傍俳句を嗜まる。川端茅舎、亦、十代の終に師のもとにありて病を養ひしことありしと聞く。師現在七十余歳。

＊3　われ、青梅市の風光を愛し、しばしば散策して二十四、五年に及ぶ。同駅前に明治期の創業かと覚しき、西洋料理店「梅月」あり。同市全域に拡大されつつある高層建築化の大勢に急迫されて、遂に同店も解体され姿を消すに到る。

又、同市の慌しき変遷相の上を……。

＊4・5　夏期の残務整理を為す必要もありて、中軽井沢千ケ滝の小庵に到りて一泊す。十一句。（のうち十・十一句目）

三笠ホテル附近に有島武郎終焉の地あり。三十数年前に一友と共に初めて此地を訪れし頃には、二階建の函状のその別荘、釘附けの状態のままに放置されありしも、現在は一切除去されて、ただ記念碑一基のみをとどむ。二句。

＊6　註　武郎自決の直後、同胞なる里見弴氏、一族のアイドールとして多年君臨しつづけし畏兄の斯かるかたちを以てせられたる長逝に対する複雑執拗なる自己の感情を、一種の感想小説なる「平凡長寿」の一篇中に披瀝せることとありしなり。

＊7　俳人協会の大会投句稿を諸氏と共に、携へゆきて、鎌倉の芙蓉荘に投宿、只管に予選を為す。翌日午後、諸氏と同道光則寺に遊び、相別れて以後は独り材木座及び滑川の対岸を散策して楽しむ。十七句。（のうち十一句目）

妙本寺にて。八句。（のうち二句目）

＊8　毎日新聞に需められて「火の島」支部に招かれたる三重地方遊の際の作品五つを発表せるにより、北海道遊の折の作品と時期的に前後するも、とりあへず、そをここに転載し置く次第なり。五句。（のうち一句目）

＊9　三島氏原作・水谷氏所演の「鹿鳴館」に需められて、読まず観ずして、次の四句を作る。後日、その舞台を実見せる某女史より「かの作品にさながらなりし」と伝へられたるに興じて、そをここに録し置くなり。四句。（のうち一句目）

*10 十月二十八日、豪毅不抜の意志力を以て闘病生活に堪へつづけきたられたる辻井夏生氏、遂に永眠さるとの悲報到る。深悼以て、二十九日の告別式霊前に次の二句を捧ぐ。二句。（のうち一句目）

今より十数年以前、成蹊学園校宅の一隅に仮寓中の我一家の庭前に、氏自らが携へ来られ植ゑつけたまはりし芭蕉一株は、その後、数次の転宅にもかかはらず、現在、我が小庭の二ケ所に繁茂しつづけて宛然林状を呈しつつあり。

*11 福田蓼汀氏主宰の俳誌「山火」二百号記念特別号に「祝辞に代へて」と題して以下の五句を贈る。祝賀のこころを後々までとどめんためにここに転載し置くなり。（三句目）

その後、下北沢町における近隣同士として空襲時代に至るまでの七八年間をすごす。各自結婚生活に入りしことも、僅かに前後せしのみと記憶す。二句。（のうち二句目）

*12 八高線沿ひなる越生（おごせ）町に遊ぶ。町の背後の小山を大観山と名づけ、そこに展望台式の小公園を設け近代様式の白堊廟を築く。「万国無名戦士の墓」と称へらる。今次大戦の戦場たりし各地域、殊に日本軍転戦の各地より、ひろく戦没遺霊をあつめきたりてここに合祀す。この墓所の設立はもとより維持の一切も亦、山麓に位置する正法寺の住持なる一人物の手によりて達成されゐるものの如し。廟内は、祭壇香炉その他整へあるも、文字通りの無人なり。十三句。（のうち九句目）

住持の作品とおぼしき和歌二首「立ちのぼる煙のはてにほのみゆるわれを育てし親のふる里」「尽しても尽し満たさで涙する身を尽したるみたま思へば」、及び仏理解説文を誌したる数幅を壁面にかかげたり。

*13・14 秋田大会散会後、香西氏と同道、平泉の地を訪ふ。二十三句。（のうち三句目）

「奥の細道」中に「秀衡が迹は田野になりて……」とあるその部辺、及び伽羅御殿の迹と伝ふる個所を探ねさまよひしも、一物をもとどめず文字通りの空無なりき。

*15・16 岡田村に島丈道師を訪ふ。我父二十代の終に、目下戦禍の地なる厦門にて師を知り、爾来没年に至るまで交を絶たず。師は四十余歳にて妻女を失ひ後数年にして職を辞し仏門に入る。二十余年来大島に庵を結びて独居、傍俳句を嗜まる。川端茅舎、亦、十代の終に師のもとにありて病を養ひしことありしと聞く。師現在七十余歳。

*17 洛北の大徳寺中、真珠庵のみは観光団体への公開を自ら禁ず。同庵に精密なる写実の大幅「一休像」掛かる。壁前の肘掛椅子上に身を倚せ、わずかに右方へと垢面を向く。しかも瞳のみは反対方向の眦際に寄せたり。対者より視線を逸らせるかに似たれども、その実画像の主は、われわれ対者を悉く真正面より直視せるなり。（この構図の機微は、すべて「モ

ナ・リザ」のそれと完全に一致す）

*18 帰途たま〳〵、所謂富士見高原療養所前を過ぐ。草樹会の俳友富田南子氏の実弟、俳号与士氏永くこゝにありて病を養ひつゝ傍ゝ俳誌「高原人」の編輯にも携はり、同誌を我にも寄贈せらるゝことありしが、いたましくも早世せらる。記憶今更に新たにして若き命をなげくの思ひに堪へねば、同所地域に一歩を踏入れて少時佇む。

*19 三十三年間の友、伊丹万作没すとの報に接す、すべての気力消え失せ、薄志弱行のさま、爾来三週間たゞ無為の日を送りつゝあるなれどもせんすべなし。九句（のうち五句目）

*20 帰途たま〳〵、所謂富士見高原療養所前を過ぐ。草樹会の俳友富田南子氏の実弟、俳号与士氏永くこゝにありて病を養ひつゝ傍ゝ俳誌「高原人」の編輯にも携はり、同誌を我にも寄贈せらるゝことありしが、いたましくも早世せらる。記憶今更に新たにして若き命をなげくの思ひに堪へねば、同所地域に一歩を踏入れて少時佇む。

*21 子規最晩年に帰郷の念きざし、せめて東京付近にて郷里に俤似通ひたりと推せらるる場所、興津へ転地せんとの願望切なりしも、周囲の反対に会して僅かに思ひとどまる。されども尚ほ執着のこりて、同地の人に「興津には野菊多く候や」との問合せを発し、「興津には野菊少しと存ぜられ候」との返辞を得て、やうやくに断念す。このこと、虚子の小説「柿二つ」に誌すところなり。

*22 沓掛駅付近、古宿（ふるじゅく）在の小丘の上に、杉浦翠子女史の歌碑あり。「あめつちに命さびしと思ふとき浅間は燃ゆる日のいりぎはに」と録されて、女史晩年の作品とおぼし。

*23・24 日産句会のメンバー数氏と共に、芭蕉の生地伊賀上野の地を踏むを得たり。十四句。（のうち十・十一句目）

　離屋の外壁に添ひて彼岸花三株鮮かに花冠を捧ぐるあり。

*25 戦後プロミンなる適薬輸入されて、全快せる人もありと聞きしことなど考へつつ、同島小山裾なる池辺に到る。岸の草皆枯れたり。思はず一句を口ずさむ。

【冬　時候】

＊1　高松港外に大島なる島あり。同島の半ばを区切りて青松園なる癩園となす。同園員には俳句をたしなむ人々も多しとききて香西照雄君と共に到り、講堂にて俳句を語り質問に応じたり。九句（のうち五句目）

＊2　高松市の郊外、香西照雄君のもとに数日滞在　七句（のうち七句目）
香西君の父君健かにましますをも交へて三人夜々相語る。わが父も今にして健在ならば、かくやあらんと、うらやまし。

＊3　詩仙堂を訪ふ。三句。（のうち三句目）
石川丈山、虎渓三笑ならずとも、老齢独居を飽くまでも守りて、京洛の地へみだりに出でずと自戒せる和歌一首あり、そが解説書壁面に懸る。「渡らじなせみの小川の浅くとも老の波添ふ影のはづかし」と但馬氏は読み判じたり。あるひは、その方正しからんも、吾は最後の七音を「彰はづかし」と自意にまかせて読みとりたるなり。

＊4　箕面なる吉田汀白氏の御遺族を弔問せんとて、一旦、宝塚の地へ移る。こたびの第四の宿舎は「三紀」とて、飯田蛇笏氏が生前投宿意を得たりとて再遊せられたるところなりとか。芝のみによりてなる庭園にして、川堤との境を、丈高からぬ逞しき一連の松樹にて区切る。楣間の扁額に「水長松青」とあり。晩年の蛇笏氏が「老い難き心」なる心境をしきりに唱説せられたることを想起して。一句。

＊5　見市氏と同道、吉田汀白氏の故宅を訪ふ。御病臥中の厳父、ホトトギス派の長老自然氏には、却つてその痛歎を甦らせんことをおそれて直接面会することを避け、玄関にて他の御遺族とのみと少時言葉を交はすにとどめたり。三句。（のうち三句目）

＊6　続京都行。十二月三十一日、自ら嵯峨方面へ妻を導く。此の地は、故友伊丹万作が十数年住みつづけたる地にして、さまざまの道は、彼と共に散策せし記憶を明らかに甦らしむるものあるなり。西芳寺――苔寺――にて。三句。（のうち一句目）

＊7　西芳寺の門前近くに、個人の蒐集品を常時展示せる「池大雅館」なるものあり。十数年以前にこの地を訪ひし際には存在せざりしもの。精選書画を前にして、忘我にちかきよろこびの一刻を持つことを得たり。七句。（のうち一句目）

＊8　西芳寺の門前近くに、個人の蒐集品を常時展示せる「池大雅館」なるものあり。十数年以前にこの地を訪ひし際には存在せざりしもの。精選書画を前にして、忘我にちかきよろこびの一刻を持つことを得たり。七句。（のうち五句目）
「老松白鶴」図。

＊9・10　八高線沿ひなる越生町に遊ぶ。町の背後の小山を大観山と名づけ、そこに展望台式の小公園を設け

近代様式の白亜廟を築く。「万国無名戦士の墓」と称へらる。今次大戦の戦場たりし各地域、殊に日本軍転戦の各地より、ひろく戦没遺霊をあつめきたりてここに合祀す。この墓所の設立はもとより維持の一切も亦、山麓に位置する正法寺の住持なる一人物の手によりて達成されゐるものの如し。廟内は、祭壇香炉その他整へあるも、文字通りの無人なり。十三句。（のうち十二・十三句目）

　脚下の正法寺より、何人のすさびにや、笛声伝はり来る。

*11　註　時と処と人とを異にすれども、ゲーテとの会見直後にナポレオンの呟ける感慨語「かしこに“the man”立てり」そが、ゆくりなくも我が記憶中によみがへりきたれるなり。

*12　若き友香西照雄氏、光太郎詩集「道程」絶版本を東大図書館にて筆写し之を贈らる。愕きと歓び限りあらず。即事を句になし、以て同氏に謝す。二句（のうち二句目）

*13　三島氏原作・水谷氏所演の「鹿鳴館」に需められて、読まず観ずして、次の四句を作る。後日、その舞台を実見せる某女史より「かの作品にさながらなりし」と伝へられたるに興じて、そをここに録し置くなり。四句。（のうち三句目）

*14　高松港外に大島なる島あり。同島の半ばを区切りて青松園なる癩園となす。同園員には俳句をたしなむ人々も多しときさて香西照雄君と共に到り、講堂にて俳句を語り質問に応じたり。九句（のうち八句目）

*15　十月二十八日、豪毅不抜の意志力を以て闘病生活に堪へつづけきたられたる辻井夏生氏、遂に永眠さるとの悲報到る。深悼以て、二十九日の告別式霊前に次の二句を捧ぐ。（二句目）

　辻井夏生氏は、我身と同様、四女の父君にあらるるも、多年の養育めでたく結実して、子女ことごとく目出度き自立の現状にありとはいへども……。

*16・17　毎日新聞に需められて「火の島」支部に招かれたる三重地方遊の際の作品五つを発表せるにより、北海道遊の折の作品と時期的に前後するも、とりあへず、そをここに転載し置く次第なり。五句。（のうち三・四句目）

*18　帰京後四日にして、かねて病臥中の国語科同僚、田辺幸雄氏つひに長逝す。通夜の席上にておのづからかたちづくられたる次の如き第一句と、「遺影に捧ぐ」と前書せる第二句とを告別式の席上にて朗読解説なすべしと、学校当局より命ぜらる。第二句を解説中に、突如として空濁り、激しき寒波襲来せり。

*19　西陣を訪ふ。半ば土間に埋没せるごとき手機（てばた）の二台により生計を立てつつある夫妻の方々に会ひ、その仕事のさまをつぶさに見ることを得たり。卓抜の技倆なるも名人気質にして、全くの労銀のみによる家計なることをも知りたり。一句。

*20　西芳寺の門前近くに、個人の蒐集品を常時展示せる「池大雅館」なるものあり。十数年以前にこの地を訪ひし際には存在せざりしもの。精選書画を前にして、忘我にちかきよろこびの一刻を持つことを得たり。七句。（のうち二句目）

*21　西芳寺の門前近くに、個人の蒐集品を常時展示せる「池大雅館」なるものあり。十数年以前にこの地を訪ひし際には存在せざりしもの。精選書画を前にして、忘我にちかきよろこびの一刻を持つことを得たり。七句。（のうち三句目）

　「山客小酌」図。

*22　八高線沿ひなる越生（おごせ）町に遊ぶ。町の背後の小山を大観山と名づけ、そこに展望台式の小公園を設け近代様式の白堊廟を築く。「万国無名戦士の墓」と称へらる。今次大戦の戦場たりし各地域、殊に日本軍転戦の各地より、ひろく戦没遺霊をあつめきたりてここに合祀す。この墓所の設立はもとより維持の一切も亦、山麓に位置する正法寺の住持なる一人物の手によりて達成されゐるものの如し。廟内は、祭壇香炉その他整へあるも、文字通りの無人なり。十三句。（のうち十句目）

　住持の作品とおぼしき和歌二首「立ちのぼる煙のはてにほのみゆるわれを育てし親のふる里」「尽しても尽し満たさで涙する身を尽したるみたま思へば」、及び仏理解説文を誌したる数幅を壁面にかかげたり。

*23・24　亡き夫人重病の床にありし期間にさへ、本誌の校正その他に終始尽力されし土田久兵衛氏に、次の一句と裏書的一句とを贈らんとす。二句。

*25　関本氏の告別式当日相語りし小学館の白井寅介氏（郷峰）僅かに一日を隔てて同病にて急逝。同氏は「萬緑」誌運行の一半をも担ひつづけて今日に倒るるの人なり。茫然自失、無常の一気身の内外をとざす。

*26　註　末女たまたま松島瑞巌寺を訪ひ、ゆくりなくも、二十年以前に同寺に於て催ほされたる俳句大会に招かれし際の我が献句、尚ほ保存せらるるに接し得たりと。

*27　L・P盤となりたるを以て、やうやくに「第九シムフォニー」L音盤を購ひ得て、家族と共に之を聴く七句（のうち七句目）

　終始くりかへさるゝ、その「歓喜」の主題メロディーおのづから次の詞句となりて、我が心の中に唱ひ出でられたり。註するまでもなく、全体は三段に区切れて最後の一区切は「を」を延音となしつゝ、リフレインとして唱ひつゞけられたるなり。

*28　ニイチェの諸書を読返す。メカニズムとニヒリズムとの世紀の到来の必然性を警告せる逆説的予言といはんよりも、飜せばそはむしろ、もはやゲーテを生み得ずキリストを活かし得ざるにいたりし当面世紀に対する身もだえにも似たる悲愁悲歎の声にあらず

や。

＊29　見市氏と同道、吉田汀白氏の故宅を訪ふ。御病臥中の厳父、ホトトギス派の長老自然氏には、却つてその痛歎を甦らせんことをおそれて直接面会することを避け、玄関にて他の御遺族のみと少時言葉を交はすにとどめたり。三句。（のうち二句目）

＊30　帰京後四日にして、かねて病臥中の国語科同僚、田辺幸雄氏つひに長逝す。通夜の席上にておのづからかたちづくられたる次の如き第一句と、「遺影に捧ぐ」と前書せる第二句とを告別式の席上にて朗読解説なすべしと、学校当局より命ぜらる。第二句を解説中に、突如として空濁り、激しき寒波襲来せり。

＊31　高松港外に大島なる島あり。同島の半ばを区切りて青松園なる癩園となす。同園員には俳句をたしなむ人々も多しとききて香西照雄君と共に到り、講堂にて俳句を語り質問に応じたり。九句（のうち六句目）

＊32　「銀河依然」出来せりとて、北野民夫氏見本一部を携へ来らる。うれしともうれし。就中、表紙の深き紫藍の染色のよさ、類ふるにものなし。或は撫し、或は繰り、独り同書をたのしみて暁に到る。

＊33　一般観光客には公開されざる真珠庵を、但馬氏・吉田氏のよしみによりて、縦覧許可さるることを得たり。等伯・相阿弥などの障壁画の名品に富む。さる皇后の御化粧殿を移せる一室あり、茶室造りなり。一句。

＊34　八高線沿ひなる越生（おごせ）町に遊ぶ。町の背後の小山を大観山と名づけ、そこに展望台式の小公園を設け近代様式の白堊廟を築く。「万国無名戦士の墓」と称へらる。今次大戦の戦場たりし各地域、殊に日本軍転戦の各地より、ひろく戦没遺霊をあつめきたりてここに合祀す。この墓所の設立はもとより維持の一切も亦、山麓に位置する正法寺の住持なる一人物の手によりて達成されゐるものの如し。廟内は、祭壇香炉その他整へあるも、文字通りの無人なり。十三句。（のうち十一句目）

脚下の正法寺より、何人のすさびにや、笛声伝はり来る。

＊35　明治座二月狂言のために需められて作りし諸句中より、左の四句を記念として録し置くなり。四句。（のうち一句目）

「竜笛」一句。

＊36　註　日本の地のとある路傍の屋台店にて、朝鮮に国籍を持つ戦前世代人と戦後世代人との二人、相語るをテーマとせる情景。

＊37　洛北の大徳寺中、真珠庵のみは観光団体への公開を自ら禁ず。同庵に精密なる写実の大幅「一休像」掛かる。壁前の肘掛椅子上に身を倚せ、わずかに右方へと垢面を向く。しかも瞳のみは反対方向の眦際に寄せたり。対者より視線を逸らせるかに似たれども、その実画像の主は、われわれ対者を悉く真正面より直視せるなり。（この構図の機微は、すべて「モ

ナ・リザ」のそれと完全に一致す）

【冬　天文】

＊1〜4　高松港外に大島なる島あり。同島の半ばを区切りて青松園なる癩園となす。同園員には俳句をたしなむ人々も多しとききて香西照雄君と共に到り、講堂にて俳句を語り質問に応じたり。九句（のうち一〜四句目）

＊5　続京都行。十二月三十一日、自ら嵯峨方面へ妻を導く。此の地は、故友伊丹万作が十数年住みつづけたる地にして、さまざまの道は、彼と共に散策せし記憶を明らかに甦らしむるものあるなり。西芳寺——苔寺——にて。三句。（のうち三句目）

＊6・7　西芳寺の門前近くに、個人の蒐集品を常時展示せる「池大雅館」なるものあり。十数年以前にこの地を訪ひし際には存在せざりしもの。精選書画を前にして、忘我にちかきよろこびの一刻を持つことを得たり。七句。（のうち七・六句目）

＊8　註　方丈に隣る一室に明治天皇より寄附せられたる古風なるシャンデリヤあり、又、その尊影をも楣間に掲ぐ。「僧朝顔幾死にかへる法の松」なる芭蕉の名吟を想起す。

「老松白鶴」図。

＊9　二月三日、義父没後の雑事を果さんために、出先の地より更に深雪の中を軽井沢町へおもむく。途上にありて、今日は我等が結婚記念日なることを思ひ、今更に十年は経過せりとの感深し。三句（のうち一句目）

＊10　三好達治氏の一作——「太郎を眠らせ、太郎の屋根に雪ふりつむ。次郎を眠らせ、次郎の屋根に雪ふりつむ。」こは世に名作と噂せらるるものなり。されども、我いま敢へて唱和して次なる一作を得たり。こは寧ろ、広重「東海道五十三次」中の「蒲原」なる「夜の雪」、その一景と相通ふものひたすらなることを自覚す。

＊11・12　二月三日、義父没後の雑事を果さんために、出先の地より更に深雪の中を軽井沢町へおもむく。途上にありて、今日は我等が結婚記念日なることを思ひ、今更に十年は経過せりとの感深し。　三句（のうち二・三句目）

【冬　地理】

＊1　続京都行。十二月三十一日、自ら嵯峨方面へ妻を導く。此の地は、故友伊丹万作が十数年住みつづけたる地にして、さまざまの道は、彼と共に散策せし記憶を明らかに甦らしむるものあるなり。西芳寺——苔寺——にて。三句。（のうち二句目）

＊2　我が勤先なる成蹊学園に於て古くより唱へつづけら

れたる「心力歌」の一節に、次の如き詞句あり。「見よ眼前の小天地は、離合聚散常ならず、得るに喜び失ふに悲しみ、絶えて心の泰らぎなし」。一句。

【冬　生活】

＊1・2　高松港外に大島なる島あり。同島の半ばを区切りて青松園なる癩園となす。同園員には俳句をたしなむ人々も多しとききて香西照雄君と共に到り、講堂にて俳句を語り質問に応じたり。九句（のうち九・七句目）

＊3　見市氏と同道、吉田汀白氏の故宅を訪ふ。御病臥中の厳父、ホトトギス派の長老自然氏には、却つてその痛歎を甦らせんことをおそれて直接面会することを避け、玄関にて他の御遺族のみと少時言葉を交はすにとどめたり。三句。（のうち一句目）

＊4　よき学究にして、且つ、頑健を以て自他共にゆるせし文字通りの活動家の同氏の急逝は、汀白氏のそのことともども、無常迅速の念をいやが上にも強からしめずんば熄まざるものあり。二句。（のうち二句目）

＊5　チャップリン七歳、弟六歳の或日、その母突如喜色面に溢れ「遂に汝等をして飽食せしむるを得」とて、おのおの双手に石炭塊を握らしむ。既に狂し居たるなり。

＊6・7　国展の画家真垣氏の火災を見舞ふ、余りにも完全に烏有に帰せる現場の有様に同情に堪へぬと同時に「再出発します」とのみ愚痴一つこぼさぬ同氏に衝たる。二句

＊8　三十三年間の友、伊丹万作没すとの報に接す、すべての気力消え失せ、薄志弱行のさま、爾来三週間たゞ無為の日を送りつゝ、あるなれどもせんすべなし。九句（のうち七句目）

＊9　西芳寺の門前近くに、個人の蒐集品を常時展示せる「池大雅館」なるものあり。十数年以前にこの地を訪ひし際には存在せざりしもの。精選書画を前にして、忘我にちかきよろこびの一刻を持つことを得たり。七句。（のうち四句目）
「伯牙弾琴」図。

【冬　動物】

＊1　一新聞の一海外記事によれば、広島、長崎に於ける惨禍資料の一切は今日にいたるも尚ほ政治要路者の一部と軍部をのぞく以外、米国一般民衆の知るところたらしめられ居らざるものの如し。

＊2　註　泉鏡花の長篇随筆に「二三羽・十二三羽」あり。雀の生態に滲透して、そこにも亦、一個の鏡花世界を揺曳せしむ。ために、同好者相集りて「二三羽・十二三羽の会」の組織をみるにいたれるなり。

＊3　西芳寺の門前近くに、個人の蒐集品を常時展示せる「池大雅館」なるものあり。十数年以前にこの地を訪ひし際には存在せざりしもの。精選書画を前にして、忘我にちかきよろこびの一刻を持つことを得たり。七句。（のうち五句目）

「老松白鶴」図。

＊4　綜合雑誌「俳句」、わがために特集号を編みしが出来。一本を、父母の霊前に捧げ、共通の好物たりし牡蠣を供ふ。すべて一私事なれども、かりそめならず。

【冬　植物】

＊1　註　平林たい子女史の小説「泥の花」中の一節に、放浪極貧時代の芙美子女史が友人なる一女性と同棲中の一人物への恋慕やみがたく、唯一回の接吻を哀願する場面あり。両者はそれ以後永遠に相会することなかりしなり。この場面を想起するごとに、芭蕉ならざれども我は「あはれさしばしやまざりけらし」の感に襲はるるを常とす。

＊2　若き友香西照雄氏、光太郎詩集「道程」絶版本を東大図書館にて筆写し之を贈らる。愕きと歓び限りあらず。即事を句になし、以て同氏に謝す。二句（のうち一句目）

＊3　旧子規庵を訪ふ　十句（のうち九句目）

子規の出題に応じて、門弟達夫々に趣向をこらせし土産物を携へて、その誕生日をにぎはゝしめたりとの記事残れり。

＊4　十月二十八日。正宗白鳥氏逝く。氏は東洋的なる個人的直観の世界に、西欧的なる客観的思弁の世界を打重ねたるまま、終生その座に浮動しつづけたる明治的宿命下の最も典型的なる文人なりき。されどもこの二世界の渾融あるひは止揚は、単なる情感・思念の営為を以てしては果たさるるべくもなきものならん。ここに、氏が一旦有縁の人となりつつも竟に無縁の人として遠ざかりしかの内村鑑三氏の存在を、われのこと新しく想ひ描かざるを得ざる所以なり。嘗て白鳥氏のものせる一文中に「われの死滅するその瞬間に於てこそ、一切の存在を挙げて、宇宙そのものも亦滅亡するなることを一考するとき、われは常に限りなき愉悦を覚ゆ」なる意味の文字を読みとりたることあり。卒読、先に述べたる二世界の奇妙なる混淆、このドグマの前にただ慄然たらざるを得ざりき。

＊5　日産句会のメンバー数氏と共に、芭蕉の生地伊賀上野の地を踏むを得たり。十四句。（のうち十二句目）

離屋の外壁に添ひて彼岸花三株鮮かに花冠を捧ぐるあり。

＊6　茅舎歿後はやくも十年。嘗て彼をもメンバーの一人とせしところの九羊会を、久振りにて開き、虚子先生の出席を得たり。次の一句、虚子選に入る。「朴

散華即ち知れぬ行方かな」とは、彼の辞世句ともいふべきものなり。

*7 よき学究にして、且つ、頑健を以て自他共にゆるせし文字通りの活動家の同氏の急逝は、汀白氏のそのことともども、無常迅速の念をいやが上にも強からしめずんば熄まざるものあり。二句。（のうち一句目）

*8 明治座二月狂言のために需められて作りし諸句中より、左の四句を記念として録し置くなり。（三句目）
花柳章太郎の追悼興行なることに寄せて。二句。（のうち一句目）

*9 註　この座にて「京舞」を観たるが、その舞台姿の見納めなりし。

*10・11 八高線沿ひなる越生（おごせ）町に遊ぶ。町の背後の小山を大観山と名づけ、そこに展望台式の小公園を設け近代様式の白堊廟を築く。「万国無名戦士の墓」と称へらる。今次大戦の戦場たりし各地域、殊に日本軍転戦の各地より、ひろく戦没遺霊をあつめきたりてここに合祀す。この墓所の設立はもとより維持の一切も亦、山麓に位置する正法寺の住持なる一人物の手によりて達成されゐるものの如し。廟内は、祭壇香炉その他整へあるも、文字通りの無人なり。十三句。（のうち七・八句目）
住持の作品とおぼしき和歌二首「立ちのぼる煙のはてにほのみゆるわれを育てし親のふる里」「尽しても尽し満たさで涙する身を尽したるみたま思へば」、及び仏理解説文を誌したる数幅を壁面にかかげたり。

*12 註　文藝春秋社に勤務の土田亙平氏を訪れて、八重葎なる草を図解せしに、同氏はそを直ちに本誌のカットに転用したることあり。同氏の近作に「日向ぼこ問ふを罷めたる平安か」あり。先日紀尾井坂より文藝春秋社脇の小坂を登りつつある折に、冬日向のみどりの草叢中にいと小さき可憐なる八重葎のあるを見出でて、とりあへず三本を摘みて同氏にもたらしたり。

【新年　時候】

＊1　「東京新聞」

＊2　明治座二月狂言のために需められて作りし諸句中より、左の四句を記念として録し置くなり。四句のうち四句目。
　花柳章太郎の追悼興行なることに寄せて。二句のうち二句目。

＊3　註　その訃報に接したる瞬間に、同外題下の幕切ちかき右の科白、あざやかに我が耳裡に甦りきたりたり。

【新年　天文】

＊1　註　漢人五十の年歯を不夭と別稱す。人生の定命は盡きたりとの意ならで、困苦多き無常の人生行路を、とまれここまで辿りきたりたりとの祝福の意こもるなるべし。

＊2　「東京新聞」

＊3　「東京新聞」

＊4　「朝日新聞」

＊5　「東京新聞」

＊6　需められて新聞雑誌等に発表せる年頭吟中より数篇を、記念として、ここに録し置くなり。（その一）
　南海なる故郷の廻覧雑誌時代の旧友メンバーに寄す。一句。

＊7　「朝日新聞」

＊8　「東京新聞」

【新年　地理】

＊1　高山樗牛の墓所、龍華寺を訪ふ。嘗て中学生時代に読みたる、その一文の一個所、久振りにて、鮮かに念頭に甦り来る。そは——
　"Long love, early death or madness! Which do you take, my young friends?"

＊2　「朝日新聞」

＊3　「朝日新聞」

【新年　生活】

＊1　「東京新聞」

＊2　「東京新聞」

＊3　「東京新聞」（三句）

＊4　「朝日新聞」

＊5　「東京新聞」

【雑】

＊1・2　チャップリン七歳、弟六歳の或日、その母突如喜色面に溢れ「遂に汝等をして飽食せしむるを得」とて、おのおのの双手に石炭塊を握らしむ。既に狂し居たるなり。

＊3　十月三十日。新聞紙上にて、全く予期せざりし一記事に遭遇す。白鳥氏、青年時代に洗礼を受けし故植村正久氏の長女植村環女史に招請して、最後の祈禱を受け、クリスチャンとしてのひたすらに安泰なる一死を遂げられたりとの報知なり。

＊4　金福寺を訪ふ。芭蕉を追慕して蕪村の建立せる芭蕉庵あり。その傍に「憂き我をさびしがらせよ閑古鳥」の句碑あり。この句の初案「……秋の寺」を、後日「……閑古鳥」に改めたりと言ひ伝ふるものなり。一句。

＊5　その私邸址を開放せる高橋是清公園にて。四句のうち二句目。奥処木立の中に、椅子に身を据ゑし和服姿の銅像一基あり。高橋翁は、わが叔父故三土忠造の先輩指導者なりき。

付録

季題断章

○造化の具体的な現れが季題である。春夏秋冬の巡るのは神の力の現れで、それと一つになる。自我に立て籠もらず、それと一つ心になれば、浅ましい自我から脱することになる。季題に現れている「物」は客観界だが、それに触れ、それと心が通って、「ひかり」となって出てくるものだけを射止める。そのときわれわれは、自己を大我として生かす道に身を置くことになる。私が季題に固執するのは、たんにいままでそれでやってきたからでもなく、伝統派にいるからでもない。(『俳句と人生――講演集』みすず書房、平成十四年)

○日本人にとっては、季題は、共通の符牒のようなものであって、それに接すれば、誰でもいろいろな連想を鮮やかに豊かに心の中に繰り展べずにはいられないのです。従って、われわれひとりひとり異なった者の心の中の、感情、心理、思想などの要素も、その季題の中へ、封じ込み結晶させておきさえすれば、われわれに共通な季題のよびおこす連想の波に乗って、われわれの個別的な感情、心理、思想さえも、あらわに説明叙述しないでも、容易に他人に感得させることができるのです。(『俳句入門』みすず書房、昭和五十二年)

○季題はいつの間にか、私にとって対象の本質を把握し自己の本質と融合さすための唯一の契機点となってしまっている。対象であるところの交渉存在一般は無限に多元的であって、謂ってみればどこにそれとの交流の手がかりをもとめていったらいいのか当惑するばかりであるが、多年の経験の末に、現在の私は殆ど無意識に、それの可能の発端を、不断に季題(季物)という一点の上にのみさがしつづけているようになっている。そして、恵まれた或る一瞬間に、季題は、対象の内奥と自己の内奥とのめぐりあいの運命の一点となってかがやきでるのである。(『中村草田男全集』第九巻、みすず書房、昭和六十一年)

○季題というものは実在の世界のものです。この世に起こる現象であり、万人に長いあいだの経験からわかりやすいものです。ですから自分独特の説明することが困難な内界・内的要素を、そのまま説明しないで何かあるものの裏に封じ籠めてみごとに一体にする、そういうときにいちばんいいのは季題です。よく「事物」といい、モノとコトに分けて考察しますが、私は季題というものは全部モノだと考えます。形にある蜜柑・桜・菜の花、これはむろんモノです。形のない秋風、これもモノです。われわれの内側にある心の世界・意識の中の存在ではなく外界に存在するものです。これに対して感覚・心理・感情・思想・念願・信念などすべてわれわれの心の裡・内面界にあるものがコトだと思います。俳句は季題というモノを通してわれわれのコトを表現し他人に感じ取らせる――説明して理解させるのではなく――自分のいのちを季題に籠めて、言わないで、モノの裏に封じ籠めて、相手の魂のうえで受け取らせるのです。芭蕉にはいくつか羨ましいかぎりの作品があります。それは立派に季題というモノを通してコトを述べているのです。(『俳句と人生――講演集』みすず書房、平成十四年)

○俳句は季題というモノによってコトを表す日本独特の象徴詩ですから、われわれは心に聞こえる何ものかの声に――天から降ってくるかというとそうではなく、われわれの胸の中からわれわれに聞こえてくる声に――はっきり耳を傾けて進んでゆくべきだと思います。(『俳句と人生――講演集』みすず書房、平成十四年)

○俳句の場合、この「感じたこと」の大部分を、できるだけ表面であらわに説明しようとしないで、「見たこと」「聞いたこと」の中へ、つまり直接体験した対象の中へ、しかも対象の中心である季題のうらへ、封じこみ結晶させようと心掛けなければならないことだけが、一般の作文の場合と非常に相違しているだけです。根本の写生的態度の覚悟は、俳句の場合にも共通どころか、俳句においてこそ、もっともきびしくまもられていかなければなりません。(『俳句入門』みすず書房、昭和五十二年)

○子規は、短命に終ったので、その創作事業は、作者の心の内容を、季題のうらに深く封じ込み結晶させ、季題を中心とする対象の姿が、そのままで、作者の心の奥処の代弁者であるというまでの域の実現には到達できませんでした。彼が為し残した一切は、直ちに彼以後の人々に受け継がれ、ひきつづき現在の時代の自覚した俳句作者たちがいっしんに実現させ、到達しようと努めつつある実情にあります。(『俳句入門』みすず書房、昭和五十二年)

○今日の私は、俳句性を規定して、「季題を中心とするあらわに表現化された有形の現象界と、その背後に感得されるべく暗示されている無形の領域」との「二重性の世界」であると定義づけているのである。(『魚食ふ、飯食ふ』みすず書房、昭和五十四年)

○子規は俳句についてわかりやすいように絵画の例を挙げていろいろなことを説明しました。写生道についても大事な大本を絵画を例に引いてきて説明しました。俳句はたしかに絵画と似たところがあります。しかし金輪際違うのです。俳句は絵画的な方向へ進むほうが生かしやすいですけど、絵画的な俳句だけが俳句だと思うのは誤りです。もっと危険なのは、絵画的な、今日流行の言葉でいえばカラフルな作品を作れば名人だと思うおそれ、それだけで事足れりと思ってしまうおそれがあることです。俳句が具体的なモノ、存在するモノを通して生かそうとするのは作者の中に満ちて生きているその人の内面界です。感覚・心理・感情・思想・念願・信念、そういう内輪の世界を、それとなくごくちょっとですけど、季題というモノを通して暗示できればほんとうにありがたいことなのです。（『俳句と人生——講演集』みすず書房、平成十四年）

○絵画などで、「平和」という思想の象徴として「鳩」の姿を描いたりすると申しましたが、それだって、ただ「鳩」の姿をどんなに描いたっていいというわけではありません。画家が「平和」というものに対して抱いている気持や心理が、さながらに暗示されるように描かれなければなりません。すなわち、その「鳩」の姿はいかにも光り輝く幸福と安泰そのものの感じを帯びていなければいけません。その画家独特の「平和」に対する気持が「鳩」の姿の中にりっぱに封じ込まれ結晶されている場合にこそ、それははじめて特色あるりっぱな「平和」の象徴画となりうるわけです。俳句における季題もまた、このようなありようにおいての、作者の内面界の象徴になっていなければならないのです。季題が、その場合の自分の気持、否、その場合の自分の魂そのものであるかのように思われてくるまで、じっと念じ入らなければなりません。そして、その沈潜のままに、遂には季題が、りっぱに自分の代弁者となってくれることを見とどけ、察知する境に達したときに、こんどは、ただただ素直に、その場合の独特の感じのままの季題を如実に表現することに努めなければなりません。この一事にさえ成功すれば、皆さんは、俳句の形式中で、無理にも自分の感情、心理、思想を、読者に説明形式で伝達しようとあがく必要はなく、りっぱに季題が、皆さんのその内面界のありようを無言のうちに読者に感得させる役を果たしてくれます。（『俳句入門』みすず書房、昭和五十二年）

○われわれの判断できない力によって生み出されている世界、いわゆる自然界の中の一物としての自分を謙虚に客観視する。この態度がほんとうの写生の基である。季題といっしょに生き、あるいは季題に没入して自己を生かすということは、人間界を脱皮する方向へ没入してそれに終始することである。浅ましい人間的なものを自分の中で燃やすのではなく、もうひとつ大きな自然界の中の一存在物として、自分が季題と共存を相渉る。だから空間的には、自然界の中へわれわれは出てゆく。時間も時計のうえでの人間本位の時間でなく、春夏秋冬、他の生物と平等の権利と分け前にあずかって自分が暮らしている時間、そこへ身を置く。これはわれわれを時間的にも空間的にも客観視することだ。そのとき大我としての自分の姿が、心に映ってくる。個人において痛切な問題である物と心の対峙の、その物の中に身を置いて、極度に謙遜になり、極度に広い連関の中において、自分の心をとらえ生かしてゆく。これが俳句の大切な本質である。（『俳句と人生——講演集』みすず書房、平成十四年）

○すべて物を測る尺度は時間性と空間性によるが、時間と空間には人間本位の時間と人間本位の空間があるわけだが、季題はそれらのみに終始しない。小説などは人間に始まって人間に終わる。それは人間空間を重視しているのである。時間も時計で測れる生活上の時間だけが必要だと一般に考えられがちだが、大我が活かされる季題の世界は、もう一つ外にある。(『俳句と人生——講演集』みすず書房、平成十四年)

○米国生まれの詩人エズラ・パウンドは、詩を三つの種類——メロポエイア、ファノポエイア、ロゴポエイアに分けている。一言でいえば、音楽的な詩、映像の詩、意味と連想の詩ということだろうか。

パウンドから離れるかもしれないが、私は一俳人としての立場から、右の説を敷衍して考えてみたい。メロポエイアは、一種自然発生的な詠出だが、内容が乏しいのに、リズムないし調子の良さで人を悲しませたり、うっとりさせたりする類いのもので、詩文学としては初歩的で幼稚なものだと私は思う。第二のファノポエイアは、調子だけで人を泣かすのではなく、また、娯しみや遊びの文学としてではなく、切実に日々を送っている個人生活、社会生活の経験から響いてきたものを実体化させる詩文学——まさしく正岡子規が唱導した「写生」がそれに当たるわけで、お涙頂戴ではなく、もっと生きた世界を中心にして詠えよ、というものである。

しかし近代詩人は経験だけでは満足しなくなった。経験の中に宿る永遠の意味、永遠の真理をこそ詠いたい、つまり人生詩が進んで、信仰、哲学に近い思想詩の叫びに到らなければならないとした。それが私の解するロゴポエイアである。そうなると、実生活の感動をありのままに伝える「写生」ではなくて、信仰、哲学に近い思想の世界の突きつめた感銘を以心伝心で伝える「あれだよ」つまりメタファ(暗喩)の方法をとる外はない。

欧米の詩文学では、思想を伝達するためのメタファつまり符牒のような詩語(例えば蜘蛛は人を陥れる悪者の意味をもつなど)が使われてきたが、わが俳壇の一部には、それを直輸入して、ひけらかし、人を煙に巻くような作品が現れた。しかし幸いにも日本の俳句文学には「季題」という掛け替えのない一種固有のメタファ(むしろシンボルというべきか)が存在している。造化という大きな時間的、空間的存在と一つになって永遠のいのちを生きていこうとするとき——すなわち俳句文学を思想詩、象徴詩として高めようとするとき、「季題」のもたらす共通の暗示性と連想性は不可欠なのである。(『中村草田男全集』第十八巻、みすず書房、平成元年)

自句自解

木葉髪文芸永く欺きぬ

相当老練の作者が、私の句を鑑賞して下さる場合にさえ、しばしば其のキイ・ポイントがはずれていて、詩界としての意味が、あらぬ方にそらされていることがしばしばある。それは、俳句文芸の根本性質にひそむ不備からくるのではなくて、鑑賞者の鑑賞の背後にひそむ生活感情が、（作者たる私自身のそれと可成り）相違していることに根ざす。此句も――「主人公は只管文壇に登場し得る日の来らんことを夢みて、陋巷中に所謂、文学青年の歳月を労費してきたが、ふといま気づいてみれば齢既に傾きつつも前途には何の可能性も光明もない」というように解釈されてしまったことがある。「机上に展べられた、日の目を見ることのない原稿紙の上には、思わず掻きむしった半白の長髪の落毛が、雲脂と共に乱れている」などという言葉さえ添えられていた。「幼い頃から、外界を忘却する程度にまで文芸の世界に魅了されて、次々といろいろな作品を読み耽ってきた。それらの作品は、真・善・美、あらゆる要素と方向についての、此世ならぬ完全な世界を心の眼の前に展開してみせてくれた。そして、――私はいつの間にか、愚かにも、フィクションの世界と現実の世界とを混同してしまっていたとでもいおうか、――文芸が、かかる麗しい世界が、此地上のどこかに存在し、他日いつかは自分の身の上にも訪れてくることを私に約束して呉れているかのように信じこんでしまっていた。しかし今、中年の秋に臨んで、ふと気づいてみれば、一切は虚妄であったとの思いのみが徒に痛切である」というのが、此句を私が創らざるを得なかった根本の素因としての感慨なのである。

蟾蜍長子家去る由もなし

此句の「由もなし」を粗雑にも「術もなし」と同種の意味にとっての解釈があった。「術もなし」であれば、「……しようと欲するが、それを達成する手段が発見されない」という意味となる。「由もなし」は、「……というような事態は、おこり得よう筈がない」の意味である。此句全体の暗示しているものは、「宿命の中に於ける決意」に近いものである。家族制度とか、新憲法とか、そういう観念や事実と、此想念は勿論関係を持ち得ないとは断言しない。しかし此想念は、それらが結びつく範囲よりももっと深い、人間的紅血の通った私のこころの奥処に於て誕生した。

勇気こそ地の塩なれや梅真白

此句の「地の塩」は、勿論、聖書中の「汝等は地の塩なり。塩もし其味を失わば、何を以てこれに塩せん。もはや用なく、外に棄てられて、ひとに踏まれんのみ」に淵源している。聖書の此一とつづきの文句中では「地の塩」は「信仰者」を指しているのだが、後には——他者によって生成せしめられるものでなくて自ら生成するもの、他者によって価値づけられるものではなくて自らが価値の根元であるもの——の意味に広く用いられる。十九年の春——十三歳と十四歳との頃から手がけた教え児達が三十名「学徒」の名に呼ばれるまでに育って、いよいよ時代の火のルツボの如きものの中へ躍り出ていこうとする、「かどで」に際して、無言裡に書き示したものである。折から、身辺には梅花が、文字通り凛烈と咲き誇っていたのである。

炎天や金潤ひて銀乾く

炎天のいかなる場所で、いかなるものを詠ったというのでもない。炎天其物を詠ったのである。生成と造作、天才と能才、叡智と理知、人格と個性——金と銀。

共に雑炊喰(を)すキリストの生(あ)れよかし

二十一年の作。キリストの再臨説などを唱ったものでは毛頭ない。これはジープを駆っているアメリカ牧師の青い眼を眺めていたときに、不意に湧きあがってきた作品である。厳密にいって、その精神文化の根幹に宗教というものの伝統を持ちつづけてくることのなかった日本民族が、その代置物をさえ喪失してしまった現在、なにをよりどころとして、外部からではなく精神生活の内部から再び起ちあがることができるだろうかということが、私にとって一種切迫した問題であった。しかもそれは飽くまでも、雑炊によって日々の生命を辛くもつないでいっているこの日本の現在の民衆そのものの中から、誰かが起ちあがってくるというかたちによって以外、期待することのできないものであった。切迫した「糧の問題」の彼方に、私は「心の糧の問題」を更に幾倍か痛切に思いめぐらさずには居られなかったのである。（ここまで書いてきたとき、私は不意に広島への原爆行に出発するに際して、その飛行士が、キリストの前に、キリストの名によって許されを祈ったという事実を後日にいたって知った瞬間、ただ一撃に心頭から爪先まで震撼させられたという亀井勝一郎氏の告白を思い出した。キリスト教そのものの問題ではない。キリスト教の、国際間に於ける行使の実状の問題である。）

炎熱や勝利の如き地の明るさ

二十二年の作。当時勤先の学校の寮に生活していたが、高い二階の廊下の端の窓から、はるばると道路を距てた夏の真昼の、くらめくように明るい野面を見渡しているときにできた。この作品については、いちはやく高屋窓秋氏がある書中で実にいい解説を施して下さったので、作者自身今更多くを述べる必要がないくらいである。たしか「ギリシャ的境地の顕現」のようなものが感じられるというように言って貰ったと記憶する。しかし、そういう究極の念願のようなものを、どうしても一度私が口にのぼせずに居られなかったのに、やはり実際の歴史の段階が作用していた。「勝利」を口にのぼし得る可能性が絶無である歴史的段階が、却って私をしてその語を叫ばしめたのだといえる。たとえ「生きる」という事実が、直ちに貴い目的其物であったとしても、私は、個人の場合に於てさえ、ただ与えられた生命を保全して、一生を通過するというだけのライフを、どうしても肯定する気持になり得ないように、未曾有の窮地に陥ったわが民族の将来の上にも、ただ生存と生活との保証が獲得されれば熄むとは到底考え得ないものである。私の場合「勝利」という言葉は、何等かの意味での「光栄の存在」たり得る可能性、それの獲得の謂である。私の場合「敗戦の悲歎」とは、何等かの意味での、光栄の民族たり得る可能性が、永遠に失われたのではあるまいかという、極度のおそれと極度の悲しみとであった。（この作品ができた丁度その頃であったろう。まだ小学校の生徒であった長女と次女が、教会で知りあった米人の一女児の家庭に誘われて何度か遊びに出かけたことがあった。何回目かの訪問から帰ってきた子供達の嬉々としての報告の言辞のうらに、私はフト必要以上の随順と讃仰との色あいがひらめくのを聞きつけた。私は直ちに、わざと頑迷極まる父親の相貌を装って、再度の訪問を、理由をも添えずに禁止してしまった。私は、私の愛児の身のうちに、いささかでも奴隷的な血の動きが示され初めることを許すわけにはいかなかったのである。）

与へんと欲することを事始

基督者である家妻は、私自身の性情と生活態度に多年接し続けているだけに、私においての欠陥は、善意を心中に抱いているという意識だけにとどまり勝ちであることを指摘して「……愛と善行のいさおしなくんば主の前にいかでか罪を免がるべき」の言葉を告げ知らせる。「受けること」だけに甘えてしまうまいとの実践的反省を基として、「与えること」に私はちかって一歩を踏み出そうとしたのであった。

餅焼く火さまざまの恩に育ちたり

「餅焼くや」と意味だけを主とせずに「餅焼く火」と具体描写になっているのは、故郷で多年父母代りに私を育ててくれた祖母との生活のイメージが先ず直接に甦ってくるからである。年頭の伸餅、餡餅、それからも永く水餅を日毎焼いて食べた。金網の真下の真赤な炭火、その色と明るさが真白い餅の厚さを透して幸福に眼に映じた。祖母の愛を手近に、海外から呼びかけてくる両親の愛、親戚の愛、教師の愛、友人の愛——過去半生を振返ってみると、あらゆる存在とそれとの愛憎両面をあげての触れあいの総体、それを総括して「恩」と称えるべきであることに気づく。

日向ぼこ父の血母の血ここに睦め

「身体髪膚これを父母に受く、敢えて毀傷せざるは孝の始なり」の語を変形させただけのものではない。父は比較的夭折、母は七十路で他界、父は純情型、母はむしろ理性型に属した。父母の比較的短かった夫婦交情は内地と外地とに隔絶されている期間がやや永かっただけに、却って親密の度を濃厚にしていたともいえる。しかしそれよりも、日向ぼこをしつつ己が肉体の総脈管を流通する血液の源を思いやっているうちに、永遠の昔からの有縁多数者の血がここで渾然一体に睦み合っている事実に震撼された。

降る雪や明治は遠くなりにけり

「降る雪や明治は遠くなりにけり」の句の作者は私である。あの一句が——というよりもあの一句から肝心の冒頭の「降る雪や」という季題の部分を勝手に切除してしまった残余の部分の「明治は遠くなりにけり」が、最初は誰の手によったものか解らないが、とにかく戦後の時代であるところの現代の上を掩ってながらられた感慨語として利用されて以来、一種の通念的流行語と化して、あらゆる部辺で頻繁に用いられるようになった。

先日もある場所で、ある人から面と向ってあの文句（流行語の部分）は概念的であると評せられた。流行語となったために、いつしか内容までが無気力化され、空疎化されて受取られていることの実証である。

明瞭（ハッキリ）とここに明記して置くが、あの一句は戦後に作られたものではない。私は小学校時代の大部分を東京で送ったが、年を経た大学生時代になってから、東京においての最後の小学生生活を送った青山の南町にある青南小学校を久し振りで独りで訪れてみた。折から突如の雪が降りはじめ降りしきって、その真白なカーテン越しにみるその放課後の学校の無人の風景は、時間の観念を奪い去って、昔がそのまま現在であるかのような錯覚を一旦与えると同時に、次の瞬間には反転して、したたか強く、一切は過ぎ去った、明治というあのなつかしい時代は永久に過ぎ去った、という感銘をきざみつけたのである。その折にあの句が生まれた。

私はその青南小学校において、菅沼という世間的には無名な一教師によって、貴重な消えることのない根本精神を教え込まれ植えつけられたのである。それは「恥を知れ」という一精神であった。（それは、直ちに以て、「明治の精神」と唱えることができるであろう。）

私は明治三十四年の生まれであるが、明治時代を真に意識して送ったのは四十年代の五年間だけである。しかしながら、日露役の戦勝の時代をも、活気づき湧き立つ町の雰囲気としてだけはハッキリと感得していた。明治天皇の鹵簿を番町及び富士見町の小学校生徒として九段坂上で拝謁することができた。

日韓合併の祝賀提灯行列の灯の流れが堀に反映する有様

を父の肩車に乗せられて雀躍しながら眺めた。五年生の折に離京し帰郷したが、その途次、尾の道の港では、明治天皇御不例の号外の鈴が鳴り渡っていた。今思えばあれが明治終熄の声であった。短時日ではあったが私はハッキリと明治時代を生活したのである。何よりも私は、根深く明治時代の教育の恩沢に浴し、よって以て「明治の精神」を植えつけられたる者であることを自覚する。

日本人が真に頼もしかったのは、明治三十七、八年頃まででであったという声も聞かれる。夏目漱石の作品「心」の主人公は、その遺書の中に、「自分は明治の精神に殉ずる者である」旨をしたためている。本質的な意味においては、ゆめゆめ「明治は遠くなりにけり」であっては、相ならないものなのである。

踊るらめ女泣かせぬ世の来るまで

終戦直後何年間か勤先の学校の学寮内に、他の同僚の家庭と雑居生活をしていた頃に、未だ荒涼としていた或る街道上ではじめて復活された盆踊を見物にいって、複雑な感慨裡に佇立して作った群作中の一句。祈りに近い願望が一応背理的なかたちに托されて切々と訴えられている点を見のがさないで貰いたいものである。戦前まで女の歴史は兎角涙の歴史であった。更に夫や愛人を戦場に失ってしまった彼女達に、法律的成文の上では解放の時代がはじめて到来したかのように強調されはじめていた頃あいであった。この季題下にかかる内容を活かしたことの先鞭である。

青蔦やあまりひしひし妻の加護

石造又は煉瓦造の建物や、塀に纏いついている蔦ではなく、樹木全体の幹をつつんで葉の繁茂している蔦である。昔からの西荻窪の中村家の付近で、幹の全体を青蔦につつまれ切った一喬木の姿を眺め馴れていた。樹木は蔦に保護されて共棲を完うしているかの外観を呈しているが、樹木の方が蔦に次第に侵されつつあることは、少し慮ってみれば自明である。実際的判断・社会生活的常識などに欠け勝ちの私自身は、兎角その方面で残念ながら妻の加護をしばしば受け勝ちであった。「過保護」という戦後の流行語もある。未だ甘えの趣絶無ではないこの私の反省感慨。

空は太初の青さ妻より林檎うく

「太初」という語感が強く作用して、楽園におけるアダムとイブとの姿を彷彿させるものがあるとの世評を得た作品。終戦直後、勤先の学校寮に同僚達と雑居していた頃だが、インフレの急昇で法外な価格であったが、実に久し振りで見事な真紅な林檎を一個妻の手から掌上に提供された折に、この一句が迸り出た。青天の下であった。よしいかなる艱難が前途に待ちかまえていようとも、日本の再出発と共に私自身も一家を率いて再出発するのだと強く心中に期せずにはいられなかったのである。

妻への感恩マスクして巷間にあり

家庭人として妻から受けている恩恵を自覚しているにしても、日本人的風習として一歩巷間に出れば決してそれを口頭にのぼせまいと自制している――というのではない。私は色眼鏡、黒眼鏡を着用して自己韜晦の無責任の心境で世間の中へ出て行った経験を持ち合わせていない。しかし程度の相違はあるが、マスク一個を着用しただけでも、たとえ巷間にあり巷間に行歩しつつも、家庭人としての心懐心境を保持し継続させながら、ひとり落ちついた暖かい雰囲気中に行動し消光しつづけることが出来るのである。

花柘榴情熱の身を絶えず洗ふ

「世に赤をこそ色と言はめ」という詞が私の作品中にある。七、八歳の頃郷里の町で私は数名の女友達に囲まれていた。或る軍人の未亡人の娘姉妹、その姉の方と私は一方ならず親しんで、石榴の花下で遊び睦んだ記憶は消えることがない。彼女はゲーテの「ウィルヘルム・マイステル」中の独立した短章「美しい魂の告白」の女主人公の具現者の如くであった。後年新教の牧師の妻として奉仕の一生を成就して夭折してしまった。中学以後の私は遥かから目礼を交わすだけであったが彼女の存在は「聖なるもの」其物であった。「絶えず洗ふ」は「絶えず洗はん」の自戒。

卵黄を掻き解き掻き解く冬夕焼

新婚後間もなくの頃、「妻祈る真黄色なる夕焼に」の作品を詠んだことがある。「冬夕焼」とは季節が異なるが、黄色を主色とする夕焼の場合は一日の終熄の平安な気持を与える。万事が質素であった故郷での小学生時代には、よく祖母から鶏卵一個だけを与えられて、ぬく飯の上に直接ぶっかけるか、汁を多くしてフワフワに煮るか、薄膜様に伸ばして焼いて食べるか、自由に料理するのが楽しみであった。長箸で小刻みに掻き解いても表面張力で決してこぼれ落ちないのが、子供心にも楽しかった。

蟷螂は馬車に逃げられし馭者のさま

敗戦直後家族とも未だ一処に会し得ず、依然としていわゆる「疎開鰥夫」の生活をしている頃に、或る夜壁上へ飛来してきた蟷螂の姿を眺めながら詠んだ偶作。三角顎髭を生やしたようないかつくやせた面貌、長靴で締め上げた長脚、腰のあたりだけを燕尾服まがいに膨らましている。わざと幅広にしつらえた革鞭を打ちおろすための準備運動として後方へ振上げはしたものの、肝心の打ち下ろすべき対象物が消えはてている。それは、日本人全体と私自身との「虚脱」の象徴物以外の何物でもなかった。

曼珠沙華落暉も蘂をひろげけり

「曼珠沙華」の数多い細身の花弁は、ほとんど同数の、「蘂」をそれの上に加え、総体として真紅の色彩を存分に八方十方へ放射しているのである。この句においては、仏画中に描かれた落陽の姿のように光は金色を含んだ真紅の糸となって空の全面へ放射され尽している。やや誇張された描写による「曼珠沙華」と「落暉」との完全なる一致融合図である。この花の「ほとけ花」「地獄花」などという異名にあらわれているように、西方浄土を別にしてはこの花を考えるわけにはいかないのである。

鰯雲個々一切事地上にあり

一天をしばらく鰯雲が掩いきると天蓋はかえって平板化される。個々の雲塊は輪廓が明瞭であるけれどもすべて相似形であり、全体としては焦点のない無意味に近い単調さである。作者の生来の性情としては、とかく憧憬とか理想とかの情念にうながされて肉眼も心眼も虚空に誘われ勝ちなのだが、コンクリートな相対的な個々の一切が混在するこの地上においてこそ所与として一切の価値の母胎を所有しているのだと自覚せしめられたのだ。「地上人」の自己の再認識。

原爆忌いま地に接吻してはならぬ

「いま」は「原爆忌」の当日を指し、同時に世界の情勢推移の現状を指す。個人の独語であって、同時に、日本民族の一員としての人類の一単位としての自戒宣言にも通じる。「カラマゾフの兄弟」の三男アリョーシャは、自己の信仰を支えてくれていた長老が急逝し、ついで逸早く腐臭が発しはじめた夜、突如窮極の不条理と背理の上に惹起された「回心（えしん）」のひらめきに撃たれて大地へ直接接吻した。しかし、現実中の現実、原爆とその歴史とを現状に委ねたまま我々は斯かる「回心」に倣うことは許されない。

父となりしか蜥蜴とともに立ち止る

晩婚の作者にとっては結婚という事実がひたすらの愕きであったと同様に「人の父」となるという事実も直面してみて今更ながらのひたすらな愕きであった。勤先の学校の職員室に居た耳へ初児誕生の報が電話を通じてもたらされた折に、一途の安心と我と我が身をうたがうような愕きに身をもて扱いかねて校庭へ出てしまった。そこでこの句が蜥蜴との出会いと双方の躊躇いの一瞬に電光の如くにひらめき出た。六月十二日の事であった。俳壇において爬虫類の点出が天地の必然性の動きを暗示していると評された。

萬緑の中や吾子(あこ)の歯生え初(そ)むる

「降る雪や明治は遠くなりにけり」と相幅のようなかたちで私の代表作とみなされている。共に当面の季節的人事的体験の痛切さに急迫された詩因を中心としながら、前者の詠嘆は半ば過去へ趨り、後者の祝福は半ば未来へ翔っている。双方とも上五音の部分の定着を得るまでに永く胸中にあたため続けていたものが、それぞれ東大俳句会と山上御殿の東大ホトトギス句会とで定着した。「萬緑」の語はもちろん漢詩中の一節の「断章取義」的転用であるが、現在では新季題としてひろく公認されるに到った。

桜の実紅経てむらさき吾子生る

「さくらんぼ」は本来は日本桜の極度に小粒な真黒な色に近い紫色に熟する実を指していた名称であった。いつの間にか、外国から輸入された純果物の「桜桃」の呼名と混同されてしまった。この句では明瞭に区別するため冒頭から「桜の実」と詠み出している。勤先の校庭の桜の花が散ってから以後、その下を逍遥しながら私は幼児の得られるまでの時間を期待し楽しみ、その実の熟してゆく経過を仰ぎ見つづけていた。島崎藤村の「文学界」の同人達の青春彷徨期を描いた「春」と、それらのメンバーが市井の実生活中に苦闘する時期を描いた「家」との丁度中間時期を描いた小説に、「桜の実の熟する時」がある。

記憶を持たざるもの新雪と跳ぶ栗鼠と

二十一年。「妻の父信州疎開先にて急逝す。報に接し直ちに其地へ行く」との前書のある一聯中の一句である。この句など、さしづめ次のような三行詩のかたちででも記述すれば、意味は明快すぎる程明快に伝達されるのである。

記憶を持たざるものは幸(しあわせ)である
彼等には何等の悲傷もあり得ない
万物一新の新雪と、その上を跳ぶ栗鼠と。

無生物の「新雪」を「栗鼠」と一括して「……ざるもの」の中に入れてしまうところには、山本健吉氏の指摘されたような、私のうちなる「メルヘン的要素」のはたらきが無意識に作用していて、一般読者にやはり難解の感を与えるのかもしれないが、それにしてもただそれくらいの詩的内容を十七音裡に消化し切れない我が技術の未熟をなげかずには居られない。私は知識的なことは片端から抜かしてしまうに拘わらず、人事的なこと、人生体験の方は、相当微細な点に亙ってまで記憶していて、いってみれば、しょっちゅうその負担のカセの下にあるようなものである。自分自身の過去の過失と罪業とは、まざまざと今日唯今の感情の上にのしかかってくる。故人から蒙った恩愛の記憶や、共に過した愉悦の時間の回想は、それが酬い得ずとりかえしのつかないという理由で、いくどもいくども私を悲しませつづける。（それだけではない。戦後の激しく変転しつづけてゆく社会の中に身を置きつつも、私にとっては素早く適応転進することなどは不可能であって、いつも現在の時間には、同時に過去の背景が添ってくる。私は現在の生活と相交渉しつつも、同時に納得のゆくまで過去の全体験とも亦対決しつづけ、次第次第に、それを検討し、解決し、清算し、是正してゆく以外には、今日を生きてゆく方法がないのである。）

鼠・犬・馬雪の日に喪の目して

前句と同時期に作られたものである。ギリシャ劇が運命劇であるに対して、沙翁劇は普通、性格劇であると称えられている。しかし、近代の性格劇が文字通り性格そのものに直結するために、或る場合の感銘は却って単楽器的薄手さであるに相違して、沙翁劇の場合は、徹底的な交響楽的豪華さの裡にそれが達成される。科白はレトリック的言辞の氾濫であるが、不思議にもその中に、一条、いつも写実以上の写実の生命が脈打つのである。「リア王」がコーデリアの死をなげく長科白もその類であるが、その中に一ヵ所、こんなような文句が含まれていた。「もうもうお前は死んでしまった。そこいらの馬や犬や鼠などが、あんなに生きていてあんなに動いているのに……お前はもう死んでしまった。」高等学校の一年生の折、私は私の祖母を失ったが、そのときに「リア王」の科白中の、この単純な表現の実感にしたたかに惹きつけられたのである。妻の父の疎開先は、山中の別荘地の落葉松林の中であるが、今、妻の母とさまざまの用件を片附けていると、窓の傍の深い雪の道を折々荷馬が近々と身を寄せて下ってゆく。隣家の犬が、所在なさげにやってきて縁側の閾の上に鼻端をのせて、私等の動作を静かに眺めている。夜は、疎開の生活が一年余りつづいた間に、いつしか鼠が居つくようになっていたとみえて、床の置物の間から、そいつが一匹、首鼠両端的な姿勢で寝床の中の私をジッと覗いている。私は二十数年振りでリア王の科白を思い出さずには居られなかったのである。沙翁も亦、それを意識していたのであろうか……気がついてみれば、我々の身辺では馬・犬・鼠、この三種類の動物程、やさしい顔貌と涙にうるおったような黒眼を備えているものは他に居ないのであった。

汐浴びの声ただ瑠璃の水こだま

終戦後やや年数が経った頃、日産句会で金沢文庫のある金沢へ海水浴に行った折の所収。しかし、基本をなすものは、多年故郷松山で唯一の海水浴場梅津寺浜へ通いつめていた中学生頃に半ば無意識的に体験していた海水浴場独特の雰囲気の復活であり文学的確保であった。遠浅の瑠璃の海面全体に拡散され反響してくる水音と人声との混淆、飽くまでも、明るい大気全体の揺らぎつづける「活気ある静謐」とでも形容したいハーモニイ。２２１　２２２１　２２１という整調が極めて美しいと高屋窓秋氏が褒めてくれたと記憶する。

冬の水一枝の影も欺かず

或る一日の独歩吟行の帰途、夕冴えの野水辺に佇んでいた際に、眼前の即景が網膜に沁みこんでこの一句が獲得された。ただし、どこかの部分の表現が未だ十全でなかったが、数日以後に武蔵野探勝会で立川郊外の曹洞宗の一寺へおもむき、そこで崖下の水辺に独り身を置いているうちに遂に全表現が完成した。虚子師は直接に口頭で私の作品を褒めたことはない。この日の吟行に同行していた四女の高木晴子さんが、「あの一句が披講された折にお父さんが独りで唸り声を挙げていたわよ」と私に報告してくれた。

終生まぶしきもの女人ぞと泉奏づ

清音を立てて湧きつづける泉辺に居て、過去に結びつきのあった幾つかの女性の存在と交渉の経緯の思い出に誘い込まれ、結局、「女性なるもの」全般の上への終生変るべくもない憧憬と祝福とをありのままに述べたものである。私には「灼(や)けただれた」ような、又は「なまなましい」女性との相関歴史は一切ない。「私からはこんな――まぶしきもの――などという言葉が生まれてくる必然性がないのです」と故三鬼が訴えるように呟いたものである。対極二様の人生を双方共に生活することは何人にも不可能なのである。

雪ぐせや個の貧の詩はみすぼらし

「背後に作者の豊かな個性の裏打ちのない詩作品は、表面レトリックはいかに巧緻華麗を極めていようとも、つづまりは詩的貧困の作品であって、色褪せて見える」という意味に、最近、ある場所で解釈されて私はほとんど呆然とした。それでは、文学論の常識第一課を、得々と呟いたというに過ぎなくなる。「個」を「個性」の略語ととるよりも、「個と全」の場合の「個」「個人」と解する方が、より自然であることを私は疑わない。仮に「個」を「個性」と解するとすれば、「雪ぐせや」の上五音の部分との、詩的生命の緊密さはどこに求められ得ようか。必ずしも「雪ぐせ」であるを必要としなくなり、陰寒な感じを与える季題でありさえすれば、いかなる季題でも置き換え得られることになってしまう。そんな空疎な句は許されない。此句の主題(テーマ)(という方が適当であろう)は――ここに、或る作者があって、己の貧困生活を素材とした詩作品を次々に発表していたとする。しかも、その作者は、生活者として、未だ自己意識とその権威感とに執着し切っていたとする。当然の結果として、其詩作品は、単なる日常生活者としての貧の訴え以上に出ることが出来ない。斯かる場合の貧生活の散文的な報告は――素材が素材であるだけに、ただ「みすぼらし」という感銘に尽きざるを得ない。此場合「貧」は偶然以上のものにまで、高められも、深められもしないからである。「貧」に限らない、いかに実生活的に痛切な体験であろうとも、たとえば、「病」(死病さえも)それが生活上の偶然の「姿」にとどまっていて、現象以上の「相」にまで高められていない限り、読者としては――人間としての同情こそひきおこされるものの、詩としての深さとしてそれに衝たれることはあり得ない。「貧」でも「病」でも、それを偶然性以上のものにまで高め得なかったような作者は、実生活上のつづく時期に、同じく偶然に富有又は健康となれば、他愛なく、驕慢、放逸の俗悪な人間性に転落する可能性を多分に内蔵している。世間の人々も作者達も、このことに案外無自覚であって、「貧」の姿が強調されてうたわれている諸作品は、直ちに真摯痛切の詩だと速断し勝ちである。「公」のものにまでつきぬけていなければ、そこに「詩」は存在しない。私が或る時、或る現実の作品等を基として、右のような思想感慨に襲われていたとき、折から冬は深く、数日以前からふと雪が降りはじめ、其後は、ふと曇りさえすれば、直ちに雪がちらつくような天候であった。だらしなく、ともすれば惰力で降ろうとする雪は、だらしなく、ともすれば惰力で漏らす「貧」の訴えにも似ていたのである。

一汁一菜一能に足るよ鯉幟

「一汁一菜」は昔からの慣用語であるが、過剰な贅沢に流れない程度においてのすこやかな食生活の基準を示した語。この語は同時に衣住の双方をも兼ねあらわしている。「一能」は作者の場合、具体的にいえば俳句という小文学なりにとにかく唯一筋にその制作に没頭し得ることの喜びを感謝の心で吐露しているのである。作者は嗣子としての男の子を持たないがこの「鯉幟」の姿を仰ぐことによって戸主としての心身の充足をことあらためて強く意識したのである。もちろん「一汁一菜」と「一能」と、「一」の音を重複させることによって一途の思いが強調されている。

藁にかへる馬糞や盆も過ぎし道

「盆」の行事は、亡き数に入っている肉親達の霊を呼び迎えるので、再びは繰返し得ない嘗ての生活の思い出には必然的にかなしみの影が伴ってくる。しかし、これを機会（しお）に一年一度の里帰りが為されて、ほぼ一年の半ば頃に、以前と以後とを劃する一線を曳く役をも果たしているわけである。「藁にかへる馬糞」は、どこかに、「人間は結局土に帰する」という消息に通っているかもしれない。一旦、魂棚に供えた茄子の馬や胡瓜の馬がそのまま野の四辻のほとりに据えられていることもあった。馬そのものが往来するこんな街道風景は既に完全に見られない。

あかるさや蝸牛かたくかたくねむる

作者は小動物が好きである。一番最初の記憶中には松前（まさき）海岸における赤い蟹があり、それに直ぐ続く松山での記憶中には付近の神社の竹垣に雨後群れていた白色勝ちの蝸牛の姿がある。この一句は句作を初めた当初「蝸牛や何処かで人の話声」などと相前後して多摩河原近くの静かな村の石垣径で出来たのであったと思う。石垣に殻の口を密着させた蝸牛は、私の幼時そのものが永遠の極度の明るさの中にあって、最も健やかな永遠の安眠をつづけてみせて呉れているかのような安堵相として私の眼に映ったのである。

ほととぎす敵は必ず斬るべきもの

軽井沢の小宅で夜半の枕に載せていた耳もとへ、不意に時鳥のいわゆる「血を吐く如き」激しい痛烈な叫び声が伝わってきた折に生まれた一句。文芸上の自分自身の所信に基づいてどうしてもその儘には放置しているわけにはいかない或る歪曲と偏向についての糾弾の一文を書かなければいけないという決心が、その折にはっきりと定まったのである。可成りそれから年月の経った現在回想してみると、あるいは蕪村の「鞘走る友切丸やほととぎす」というあの作品の影響がどこかに伴われているかもしれない。

寒卵歴史に疲れざらんとす

この「寒卵」は、戦後未だ衣食住——殊に食糧問題が不備を極めていた——その時期に健康と体力とを養いつづけることによって、活きてゆく基本活力を喪失させまいと自戒し営為しようとする心気を象徴している。何期間もの戦時体験と、戦後の国内的国際的歴史の激変を体験しつづけることによって、「歴史」なるものの必然的絶対力に開眼せしめられるとともに、それに唯受動的に揺り上げられ揺り下ろされて、ついには「不毛の疲労」に陥りたくないと真から念願したのである。

寿の極み百の相(すがた)に初の富士

「寿」を「いのちながし」と訓むように、これは、長齢(つまり多齢)を指す言葉である。古事記などにおいては、すべての事物の長大多量を暗示する言葉として「八」の語がしばしば冠せられていることは周知の事実である。富士固有の姿は、むしろ、「八」の姿に酷似しているはずであるが、武蔵野の我が家から秩父山系つづきのやや南方に確認される富士は、もっと左右への横幅を豊かに恵まれていて、その逞しさの形状は明らかに「百」の字の面影に通っている。多齢以上の「寿」があり得ないように、その「初富士」の面影は、一姿であって万相兼備のものである。

芭蕉忌や己が命をほめ言葉

芭蕉が脱藩逐電するに当たって友人の門柱に貼り残したといわれている「雲と隔つ友かや雁の生き別れ」の句にはじまって、死の前年の句であるところの「この秋は何で年よる雲に鳥」に到るまで、彼の内的生命の本質を吐露した大部分の作品の底を貫通しているものは人生如電の無常観そのものの反映である。しかも、四時人生如電を痛感している者ほど、生命に執着し、生命存続事実を祝福せずにはいられない。そのままに私自身の立場であることを芭蕉忌に際してこそ私はことあらためて痛感せずにはおられない。
〈以上『中村草田男全集』第六巻〈みすず書房〉より抄出〉

中村草田男句碑一覧（所在地・建立年）

石碑（直筆、刻字のまま）

一度訪ひ二度訪ふ波やきりぎりす	愛媛県松山市・県立松山北高等学校中島分校	昭和39年
降る雪や明治は遠くなりにけり	東京都港区南青山・区立青南小学校	昭和52年
萬緑の中や吾子の歯生え初むる	東京都調布市・深大寺	昭和57年
夕櫻城の石崖裾濃なる	愛媛県松山市・東雲公園	昭和58年
貝寄風に乗りて帰郷の船迅し	愛媛県伊予郡松前町（草田男寓居跡）	〃
四方の名山姿に岦(い)でて練雲雀	埼玉県深谷市・仙元山公園	昭和60年
日の丸に裏表なし冬朝日	香川県さぬき市長尾町・宇佐神社	昭和61年
妻二タ夜あらず二タ夜の天の川	新潟県阿賀野市・やまびこ通り	平成1年
冬の水一枝の影も欺かず	東京都立川市・立川公園根川緑道	平成3年
田を植ゑるしづかな音へ出でにけり	愛媛県伊予郡松前町・ひょこたん池公園	平成5年
既に妻の朝の物音空に凧	愛媛県喜多郡内子町	〃
みちのくの蚯蚓短かし山坂勝ち	福島県二本松市・高国寺	平成6年

枝垂れ林檎よき個人あり今の世に　長野県須坂市・徳永山長勝寺　平成7年

蜻蛉行くうしろ姿の大きさよ　長野県安曇野市・安曇野の里　〃

玫瑰や今も沖には未来あり　青森県青森市・青森県立図書館　平成9年

炎熱や勝利の如き地の明るさ　青森県五所川原市・菊ヶ丘運動公園　平成14年

勇気こそ地の塩なれや梅真白　長崎県西彼杵郡長与町・JR長与駅前　〃

八月も落葉松（からまつ）淡し小會堂（チャペル）　長野県北佐久郡軽井沢町・聖パウロカトリック教会　平成17年

勇氣こそ地の塩なれや梅眞白　愛媛県松山市・県立松山東高等学校　〃

萬緑の中や吾子の歯生え初むる　神奈川県足柄上郡中井町・中央公園・万緑の丘　平成18年

空は太初の青さ妻より林檎受く　東京都武蔵野市・成蹊大学　平成23年

石　碑（活字体）

野は林檎町はあかあか晩鴉に満つ　青森県北津軽郡板柳町・中央アップルモール　平成17年

春の月城の北には北斗星　愛媛県松山市・平和通り・3丁目2　平成20年

板　碑（活字体）

茶の花は雄蘂の奢日は沈む　愛媛県伊予市三谷・えひめ森林公園　昭和57年

玉垣碑（活字体）

萬緑の中や吾子の歯生え初むる　愛媛県松山市・伊豫豆比古命神社（椿神社）　平成12年

降る雪や明治は遠くなりにけり　〃　〃
春の月城の北には北斗星　〃　〃
田を植ゑるしづかな音へ出でにけり　〃　〃
家を出て手を引かれたる祭かな　〃　〃
水甕に水もて充てり除夜の鐘　〃　〃
葉桜や同じ禱りに隣合ふ　〃　〃
耕せばうごき憩へばしづかな土　〃　〃
種蒔ける者の足あと洽しや　〃　〃
母の日や大きな星がやや下位に　〃　〃
子千鳥の親を走せ過ぎ走せかへし　〃　〃
負はれたる子供が高し星祭　〃　〃

校碑（活字体・文章は草田男による）

青春、友情、希望——ここに存在せし一切のものの不滅を信ず
愛媛県松山市・愛媛大学教育学部付属中学校（旧制松山高等学校跡地）　昭和44年

中村草田男略年譜

明治三四年（一九〇一）
七月二四日　清国福建省厦門(アモイ)の日本領事館で、父・修（二八歳）、母・ミネ（一九歳）の長男として生れる。本名・清一郎。父は当時、清国領事。祖父・永英、祖母・貞。祖父母は夫婦養子で、母方の曾祖父は松山藩久松家の重臣。

明治三七年（一九〇四）三歳
清国から母と帰国し、松山市郊外松前町海岸に住む。父、ニューヨーク勤務となる。

明治三九年（一九〇六）五歳
松山市内に転居（子規の生家跡に近く、中の川に臨む家で、現在の北立花町）。腸チフスに罹る。

明治四一年（一九〇八）七歳
父、帰国。祖母を除く一家全員で上京し、麹町区（現・千代田区）三番町一口坂下に住む。番町小学校に入学。大腸カタルに罹る。

明治四四年（一九一一）一〇歳
青山高樹町に転居。青南小学校に転校。受持の青年教師・菅沼新太郎の気骨と情熱に強い感化を受ける。

明治四五年・大正元年（一九一二）一一歳
一家で松山市旭町四八番地に転居、松山第四小学校に転校した。父、ロンドン勤務となる。

大正二年（一九一三）一二歳
母、ロンドンの父の許へ。父、島崎藤村その他の作家の短編を翻訳して同地の雑誌に発表。

大正三年（一九一四）一三歳
四月　県立松山中学校に入学。

大正五年（一九一六）一五歳
松山中学校回覧同人雑誌「楽天」のメンバーとなる。伊藤大輔、伊丹万作、重松鶴之助らを知る。

大正六年（一九一七）一六歳
町の図書館で折々「ホトトギス」を読み雑詠欄に投句したが、全没。

大正七年（一九一八）一七歳
強度の神経衰弱に悩まされ、中学を休学。

大正九年（一九二〇）一九歳
松山中学五年に復学。三土興三にすすめられ、ニイチェの『ツァラトウストラ』を初めて読み、以後生涯の書となる。

大正一〇年（一九二一）二〇歳
三月　松山中学卒業。松山高等学校入学試験に失敗、上京し一時、日本大学予科に籍を置く。

大正一一年（一九二二）二一歳
四月　松山高等学校文科甲類に入学。
秋、修学旅行解散後の帰途の車中で、ある異常な心理体験に遭遇した。このことが、以後の内的外的生活に大きな影響を残すことになる。

大正一四年（一九二五）二四歳
一家、東京に転住。
四月　東京帝国大学文学部独逸文学科に入学。
夏、杉並区西高井戸（現・杉並区松庵二―九―六）に新居落成し転居。

大正一五年・昭和元年（一九二六）二五歳
三月一五日　父、急逝（五三歳）。

昭和二年（一九二七）二六歳
再び神経衰弱に悩まされる。斎藤茂吉の『朝の螢』を読み驚嘆、詩歌に開眼。

昭和三年（一九二八）二七歳
大学を休学。「ホトトギス」を参考にして一年間自己流の句作。

昭和四年（一九二九）二八歳
二月　初めて虚子を丸ビルに訪ねた。大学に復学。東大俳句会に入会。毎回、水原秋桜子に指導を受ける。

昭和六年（一九三一）三〇歳
四月　国文科に転科。東大俳句会の幹事になる。

昭和七年（一九三二）三一歳
新興俳句運動次第に活発になる。
高野素十、松本たかし、川端茅舎らとの交友はじまる。

昭和八年（一九三三）三二歳
三月　大学卒業。卒業論文は「子規の俳句観」。
四月　成蹊学園に就職（旧制七年制高等学校教授）。
八月　虚子に伴われて北海道、岩手等に遊ぶ。

昭和九年（一九三四）三三歳
六月「ホトトギス」同人となる。

昭和一〇年（一九三五）三四歳
三月　松山に帰郷。
この年見合い一〇回。

昭和一一年（一九三六）三五歳

二月三日　福田直子（二三歳）と結婚。

新興俳句の旗手日野草城の連作「ミヤコ・ホテル」（「俳句研究」昭和一〇・四）に賛否両論が激突。草田男は、神聖なる結婚を冒瀆する作品群とみなし「新潮」七月号で「尻尾を振る武士」を、「俳句研究」一〇・一一月号の連載で「長生アミーバ」を発表し、批判を展開。

一一月　第一句集『長子』（沙羅書店）刊行。

昭和一二年（一九三七）三六歳

六月　長女・三千子出生。

冬、斎藤茂吉を訪ね、『長子』を贈る。

昭和一三年（一九三八）三七歳

一月　犬吠岬、九十九里浜に遊び群作を得る。

八月　伊豆大島を訪い、「火の島三日」の多作。

昭和一四年（一九三九）三八歳

一月　次女・郁子出生。

七月一日「俳句研究」座談会「新しい俳句の課題」に加藤楸邨・石田波郷・篠原梵と出席（司会・山本健吉）。座談会の発言内容から共通の傾向として「俳句における人間の探求」が確認され、以後、楸邨、波郷と共に「人間探求派」と称される。

一一月　第二句集『火の島』（龍星閣）を刊行。高村光太郎を訪ね、『火の島』を贈る。

昭和一五年（一九四〇）三九歳

八月　美ヶ原三城牧場に遊び群作を得る。

昭和一六年（一九四一）四〇歳

六月　第三句集『萬緑』（甲鳥書林）刊行。

七月　川端茅舎逝去（四四歳）。その死を悼む連作「青露変」の「汝等老いたり虹に頭あげぬ山羊なるか」「白布涼しあづまの腰はなほ満てる」等が、特高警察と関係のあった小野蕪子から自由主義者と威嚇指弾され、日本俳句作家協会常任幹事ら時局便乗者からも圧迫される。

昭和一八年（一九四三）四二歳

「ホトトギス」への投句をやめる。

一〇月『蕪村集』を刊行。

昭和一九年（一九四四）四三歳

三月　三女・弓子出生。

秋、虚子の疎開先小諸を訪ねた。

昭和二〇年（一九四五）四四歳

七月　学徒農村通年労働隊を率いて福島県安達郡下川崎村の高国寺へ行く。

八月　同地で終戦を迎え、帰京。

一一月　妻子を成蹊学園の明正寮へ呼び戻す。

一二月　東京、日産火災俳句会（職場俳句会）が発会、指導者として招聘される。

昭和二一年（一九四六）四五歳

一月　妻の父、福田弘一急逝。

九月　長野県富士見高原に遊び、「秋雲離々」の群作を得る。

一〇月　主宰誌「萬緑」を創刊。定価四円、三二頁。虚子、茂吉、光太郎が祝言を寄せられる。

句集『長子』（再版）刊行。

「世界」一一月号に桑原武夫が「第二芸術論」を発表。同編集部の依頼で反論「教授病」を執筆するが、用紙事情のため掲載されず、結果的に翌二二年六月号の「現代俳句」に掲載。

昭和二二年（一九四七）四六歳

四月　萬緑東京句会（於・吉祥寺）が発足。

五月　句集『火の島・萬緑』（合本再版、スバル出版社）を刊行。

九月　自選約三〇〇句を収めた『現代俳句全集4』（富岳本社）を刊行。

一二月　第四句集『来し方行方』（自文堂）を刊行。

昭和二三年（一九四八）四七歳

六月　『やさしい短歌と俳句』（谷馨との共著、天平堂出版）刊行。

沢木欣一の好意で、金沢、粟崎砂丘（内灘）に遊び、「指頭開花」の群作を得る。

昭和二四年（一九四九）四八歳

二月　子規の俳論を抜粋編集し『俳句の出発』（創元選書）を刊行。

四月　成蹊大学政治経済学部が創設され、同学部の教授となる。

七月　『中村草田男二百句撰』を刊行。

「萬緑」一〇月号から雑詠選後評を「四季開花」と名付ける。

昭和二六年（一九五一）五〇歳

八月　成田千空・川口爽郎らの案内で奥入瀬渓流、十和田湖、蔦温泉等に遊ぶ。

一二月刊の『連歌・俳諧俳句・川柳』（至文堂）の「俳諧俳句」を担当。

一二月　『草田男自選句集』（河出書房）を刊行。

「萬緑」の休刊続く。

昭和二七年（一九五二）五一歳

五月　四女・依子出生。

七月　母ミネ逝去（七〇歳）。

八月　『中村草田男句集』（角川書店）を刊行。

昭和二八年（一九五三）五二歳
二月　第五句集『銀河依然』（みすず書房）を刊行。
五月「萬緑」五〇号記念全国大会（於・東京、後楽園涵徳亭）。
八月　母の埋骨のため帰郷、その途次三井寺、幻住庵址等を訪ね、帰郷作品と併せ群作「母郷行」一六四句を得る。
一〇月　第一回萬緑賞に成田千空を推挙。

昭和二九年（一九五四）五三歳
八月　杉並区西高井戸一―九六（現・杉並区松庵二―九―六）の亡父の建てた家に転居。
冬　伊良湖岬に遊ぶ。

昭和三〇年（一九五五）五四歳
二月『新しい俳句の作り方』を刊行。
「角川俳句賞」が創設され、その選考委員になる。

昭和三一年（一九五六）五五歳
三月　東京新聞俳壇選者となる。
五月「萬緑」一〇周年記念大会（於・東京朝日新聞社）を開催。
六月　第六句集『母郷行』（みすず書房）を刊行。

昭和三二年（一九五七）五六歳
九月「萬緑」一〇〇号記念全国大会（於・東京朝日新聞社）開催。
一一月『蕪村・一茶』（角川書店）の蕪村の部を清水孝之と共に執筆、刊行。

昭和三三年（一九五八）五七歳
「俳句」二月号で「中村草田男」特集。
九月『中村草田男集』（角川書店）刊行。自選一〇〇句を収めた『現代俳句全集5』（富岳本社）を刊行。
一〇月　第一回萬緑新人賞に花田春兆・小野希北を推挙。

昭和三四年（一九五九）五八歳
四月　虚子逝去（八六歳）。
虚子歿後の朝日俳壇の選者となる（星野立子・石田波郷と共選）。
九月『俳句入門』（みすず書房）刊行。

昭和三五年（一九六〇）五九歳
一月　現代俳句協会幹事長になる。

昭和三六年（一九六一）六〇歳
「萬緑」休刊続く（六月号から復刊）。
五月　四誌（年輪、青、菜殻火、山火）連合俳句会の選者となり、福田蓼汀と九州俳句大会に出席。
「萬緑」九・一〇・一一月号で還暦記念特集。
一一月　現代俳句協会内の前衛俳句批判に端を発した紛争から、その幹事長を辞す。
有季定型を守る同志と共に「俳人協会」を発足させ、初代会長となる。

昭和三七年（一九六二）六一歳

「俳句」一月号で金子兜太との往復書簡「現代俳句の問題」を執筆、前衛俳句を批判する。

五月　健康上の理由で俳人協会会長を辞す。

「萬緑」六月号で一五〇号記念特集。

七月　俳人協会全国俳句大会の選者となる。

年末から翌年初にかけて夫人と共に京都へ。南禅寺、円通寺、清水寺、青蓮院、一乗寺下り松、金福寺、苔寺、西陣などに遊ぶ。（但馬美作、見市六冬、吉田健二の案内）

九月「萬緑会規約」を廃止、「萬緑規約」を制定。

昭和三八年（一九六三）六二歳

七月『萬緑合同句集』（刀江書院）刊行。

八月　松山城、子規堂、道後温泉などを訪れる。

昭和三九年（一九六四）六三歳

一月　山中湖のホテルに宿泊、富士を眼前に多作。

昭和四〇年（一九六五）六四歳

四月　成蹊大学文学部新設、同学部教授となる。

七月　発行所をみすず書房から、武蔵野市緑町の香西照雄宅に移す。

『新編・中村草田男句集』（角川文庫）を刊行。

九月　日本ライン、長良川鵜飼、明治村、伊賀上野の芭蕉生家などに遊ぶ。

昭和四一年（一九六六）六五歳

「萬緑」九月号を二〇〇号記念とし、山本健吉との対談「方法以上」を掲載。

昭和四二年（一九六七）六六歳

三月　成蹊学園を停年退職。以後、非常勤講師となる。

「俳句」九月号で「中村草田男特集」。

一一月　第七句集『美田』（みすず書房）刊行。

『定本中村草田男全句集』（集英社）刊行。

俳人協会第三回俳句大会で、水原秋桜子、阿波野青畝、山口誓子らと座談会（司会　秋元不死男）。

昭和四三年（一九六八）六七歳

六月　大磯に遊ぶ。

七月　富士山麓、白糸の滝、猪之頭の養鱒場、本栖湖などに遊ぶ。

昭和四四年（一九六九）六八歳

四月　成蹊大学名誉教授の称号を受ける。

一〇月　『ビーバーの星』（福音館書店）刊行。

昭和四五年（一九七〇）六九歳

三月　万国博覧会記念事業のタイムカプセルに収納する文学作品に第一句集『長子』が選ばれる。

一一月　一一月号で「萬緑」二五〇号記念号。
一二月　俳人協会副会長になる。

昭和四六年（一九七一）七〇歳
九月「中村草田男書展」（於・大阪今橋画廊）
一一月　ＬＰレコード「俳句の世界・草田男集」を発売。

昭和四七年（一九七二）七一歳
三月　俳人協会副会長を辞し、顧問になる。
同月　草田男編『萬緑季語撰』刊行。
五月「俳句研究」六月号で「中村草田男特集」。
一一月　すぐれた俳句作品により文化向上に寄与したとして紫綬褒章受章。

昭和四八年（一九七三）七二歳
八月　秋芳洞、萩市内、越ヶ浜などに遊ぶ。
一一月　橿原神宮、石舞台、甘樫丘、飛鳥大仏、法隆寺、中宮寺、唐招提寺、薬師寺、秋篠寺、二月堂などに遊ぶ。

昭和四九年（一九七四）七三歳
四月　永年の教育学術文化向上に尽くした功績により、勲三等瑞宝章を受章。

昭和五〇年（一九七五）七四歳
「萬緑」一月号を三〇〇号記念特集とし、高浜年尾・水原秋桜子・富安風生・山口青邨・加藤楸邨の作品掲載、山本健吉などが寄稿。
三月　萬緑発行所を香西照雄宅から自宅に移し、「萬緑」の編集を北野民雄・香西照雄・岡田海市・宮脇白夜の輪番制とする。

昭和五一年（一九七六）七五歳
三月　成蹊大学非常勤講師を辞す。
一一月　姫路、倉敷を周遊。

昭和五二年（一九七七）七六歳
二月　港区立青南小学校校庭に〈降る雪や明治は遠くなりにけり〉の句碑建立。
一〇月　メルヘン集『風船の使者』（みすず書房）を刊行。
喜寿記念俳句展を東京銀座「ギャラリー四季」で開催。
一一月　直子夫人永眠（六十四歳）。
一二月　マリア・セシリア直子の遺骨を五日市のカトリック教会に埋葬。墓の表に〈勇気こそ地の塩なれや梅真白〉の句を彫る。

昭和五三年（一九七八）七七歳
二月　メルヘン集『風船の使者』が芸術選奨文部大臣賞受賞。
一二月　第一句集『長子』復刻版刊行。

昭和五四年（一九七九）七八歳
「萬緑」三月号を三五〇号記念特集とし、平畑静塔との対談「老いの価値」を掲載。
三月　エッセイ集『魚食ふ、飯食ふ』（みすず書房）刊行。
「俳句とエッセイ」一一月号で「草田男・波郷・楸邨特集」。

昭和五五年（一九八〇）七九歳
六月　第八句集『時機』（みすず書房）刊行。
一〇月「俳句」臨時増刊号「中村草田男読本」刊行。
一一月『蕪村集』（大修館書店）復刻版刊行。

昭和五六年（一九八一）八〇歳
七月　傘寿祝賀全国大会（於・都ホテル東京）山本健吉・井本農一・平畑静塔・草間時彦などが祝意。

昭和五七年（一九八二）八一歳
五月　文芸家協会定時総会で名誉会員に推挙。

昭和五八年（一九八三）八二歳
「萬緑」五月号を四〇〇号特集とし、山口青邨・山口誓子・加藤楸邨・飯田龍太の作品や、井本農一、今栄蔵、中村汀女、福田蓼汀などの評論を掲載。
八月五日　急性肺炎のため逝去。前夜、カトリック吉祥寺教会の宮崎神父により受洗、ヨハネ・マリア・ヴィアンネ・中村清一郎となる。
八月二〇日　東京カテドラル聖マリア大聖堂で萬緑葬。
九月　正五位に叙せられる。
五日市カトリック霊園の直子夫人の墓に合葬される。

昭和五九年（一九八四）
六月　芸術院賞恩賜賞受賞。
一一月『中村草田男全集』全一八巻（みすず書房）、刊行開始（〜平成三年）。
一二月『草田男季寄せ』上下巻（萬緑運営委員会編、「草田男季寄せ」刊行会）刊行。

平成一二年（二〇〇〇）
八月『萬緑季寄せ』（萬緑運営委員会編）刊行。

平成一五年（二〇〇三）
八月　第九句集『大虚鳥』（みすず書房）刊行。

平成二九年（二〇一七）
三月　草田男主宰誌「萬緑」終刊。七一年の歴史を成就。

あとがき

この書は中村草田男の全俳句作品を一巻に集成したものだが、これを刊行するについては、現代俳句史上におけるその挺然たる一代の業績を後代に伝えるという動機のほかに、これを刊行句集順あるいは編年体で編纂するのではなく、季題別に分類した意図が説明されてしかるべきだろう。これについていささか解説をほどこしておきたい。それは同時に草田男にとって季題とはなんであったかを考えることとなるはずである。

季題と十七字は俳句の根本の条件と見做されてきたこと、これは俳句史上の否定できない事実だろう。季題不要論も自由律もその伝統の周辺で発生し、現代に至るまで伝統との確執を繰り返してきたのだといっていい。そうした見取りにおいては、俳句は疑いもなく芭蕉に始まる。季の詞は和歌や連歌連句の伝統が生みだした約束である。しかしそれが単なる文芸上の約束では説明のつかない精神的な働きをもつものであることを、発句において最初に発見し、作品に体現したのは芭蕉そのひとだからである。

野ざらし紀行の桑名のくだりに見る〈明ぼのやしら魚しろきこと一寸〉は杜甫の五言律詩「白小」を典拠とするといわれる。その杜詩の第二聯「天然二寸魚」および第六聯「傾箱雪片虚」がこの句の発想に大きくあずかっていることは疑う余地がない。だから芭蕉は原句においては上五を「雪薄し」と置いたのである。箱を傾ければはらはらとこぼれ落ちる雪片である。このとき白魚はまだ杜詩に随順した文芸上の詞、文芸趣味であることをぬけ切れないでいる。

「草の枕に寝あきて、まだほのぐらきうちに浜のかたに出て」の芭蕉自身の純然たるいのちの体験はしかし杜詩に借りた「雪薄し」で済まされるものではないことに、やがて芭蕉は想到していったに違いないのである。杜詩のいう「白小群分命」は「明ぼのや」としたときに初めて、芭蕉自身の固有のいのちの感動体験となった。三冊子の「この句、はじめ、雪薄し、と五文字あるよし、無念の事也といへり」というくだりがその間の芭蕉の精神の消息を端的に示している。

このときに白魚は初めて単なる約束としての季の詞から、一句の中心をなす根本条件へと生まれ変わり、発句そのものの独立を可能にしたというべきだろう。俳句という造化の門はここに始まる。つまり草田男のことばを引くなら「外なる『自然』の要素と、内なる作者の『自己』の要素」(「二先業明暗」)との、いのちにおいての融合が始まる。季題とはそうした意味における自然と自己の融合の中心として、芭蕉を魁として始まった俳句の根本要素なのである。

近代俳句の唱導者だった正岡子規はこの中心の働きが、江戸後期の月並派に見られるように、自然そのものよりも自己の精神からする観念の遊びに堕していることを、空想あるいは理想と呼んで嫌った。類型的な観念操作にほかならないからである。写実を取り戻さなければならない。だから子規は西洋美学の絵画論を写生理論に導入し、河東碧梧桐の〈赤い椿白い椿と落ちにけり〉を、理想の介入をゆるさず小口から実在の写生写実に徹した「印象明瞭」の作として称揚した。「椿の句の如き之を小幅の油画に写しなば、只々地上に落ちたる白花の一団と赤花の一団とを並べて画けば即ち足れり。蓋し此句を見て感ずる所、実に此だけに過ぎざるなり」(「明治二十九年の俳諧」)と、季題を観念性から切り離し、実在写生の対象と見做したのである。

子規の後継たる碧梧桐と高濱虚子の確執の種子は、ここにすでに胚胎している。虚子においては季題は一句の中心として、伝統的な季題趣味とともに、初期から保持されている。虚子はその伝統の、文学的趣味をも含んだ季題趣味を自己の壺中の天として保持したままに、大らかに写生を考えている。花鳥諷詠である。碧梧桐はその季題趣味が必然的に含む理想を排するために、無中心論を展開してゆくことになる。つまり季題に一句の中心を置くときに生じる理想趣味を拒み、俳句の散文化、自由律化を呼ぶことになる。

子規がその入り口を示した写実に碧梧桐は忠実に従おうとしているのである。「中心点を捨て想化を無視するといふことは、多くの習慣性に馴れた人々に破壊的であると考へらるる。其破壊的であると考へらるる処に新たなる生命の存することを思はねばならぬ」(「無中心論」)。その写実の純粋さのなかに「偽らざる自然に興味を見出す新たなる態度」を、伝統の因循を払った詩想の近代化を探ったのである。虚子はその否定された季題の中心性という本質を、守旧と自ら称しつつ擁護してゆく。しかし子規が写生論において締め出してしまった作者の内面の新化、近代化という課題は、ついぞ取りこぼされたままになるのである。

虚子自身が互いに独楽のごとくに弾けたと形容するこの対立の意味を、時代の制約のなかでなお正確に捉えていたのは大須賀乙字だろう。対立の碧虚双方が自身の理を持つとともに、双方が互いに補いあわなければならない欠陥を持つ。「一俳句の統一的情趣のうちに作者の情意的活動が融け込んで自我を没した場合に季感といふものが成り立つのであつて、季語とは斯様の場合の中心的景物を指していふのであるから、俳句を離れては季語はないのである」(「季感象徴論」)。

乙字にいわせれば、季題とはまずは歳時記に分類記載されたことばにすぎないのであって、「牡丹に積極的な繁華な趣があり、藤に愁をひくが如き風情があるとやうにきめて了つて居る」ような季題趣味は空想、つまり観念的概念的先入見に過ぎない。一俳句作品において季題が具体的実在として作者の具体的情意と融合しているときにのみ、季題は単なる詞であることを超えて、季語という一作品全体の中心を形成することになる。この中心性の洞察において俳句はふたたび芭蕉以来の真の伝統に目覚める契機を得ているといっていい。

虚子がやがて高野素十の客観写生をよしとして、自身と共通する主観的情趣の作家である水原秋櫻子を排斥する結果となったのは、理由のあることだといわなければならない。草田男またその意義には着目する。すなわち、先行する空想を離れて「自然のいのちと、作者の『自己』のいのちとを完全に融合せしめるために創作過程として、必ず執られなければならないところの正統なる方法」(同前)がまずは客観写生なのである。

乙字が直覚していた季語のいわば具体的精神性は、作者の内面としての精神と実在としての自然が完全に一致融合する驚きのなかで実現する。明ぼのやと自身の体験の真実へと立ち帰り、杜詩からする空想から離れたとき、芭蕉は自己のいのちが具体的に一句に実現してくるさまにあらためて驚いたはずである。ホトトギス武蔵野探勝会の立川普済寺吟行においての草田男の作品〈冬の水一枝の影も欺かず〉を目にして虚子が唸ったというのは、こうした世界と精神との新しい一致の可能性を感じとったからに相違ない。

草田男は東京帝大ドイツ文学科に入って後、生涯二度目の神経の衰弱に見舞われている。この内面へと籠ってしまって外部世界と遮断されがちだった精神を、母方の大叔母である山本鶴が故郷松山の幼馴染であった虚子のもとへともたらしたのである。虚子はさしあたって秋櫻子をその草田男の俳句養育係に指名した。この当時の草田男にとって僥倖というべきは、秋櫻子と同じ帝大法医学研究室に高野素十が在籍していたことである。その素十に連れ出されては、いつしか草田男も客観写生の修練を積んでゆくことになる。

「この期間の私にとっては、鉛筆と手帳をたずさえて、自然（すなわち季題周辺）の場に自分を臨ませて、他の一切を忘れて―自己を不在ならしめ人生から逃避して―純粋一途に客観写生という方途のままに自然の恩沢の胸辺に抱きとられるのがなににもまさる喜びであり、一種の救済の道であった。この一年間の自己流の忠実きわまる客観写生の実践によって、私は俳句デッサンの基礎の基礎を無意識に獲得した結果となった」。子規の写生唱導は歴史の濾過を経て、素十を介して草田男に流れ入っているというべきである。草田男初期の〈黄楊の花ふたつ寄りそひ流れくる〉〈ひと枝にうすく真白く返り花〉などは、素十の〈甘草の芽のとびとびの一とならび〉〈真青な葉も二三枚返り花〉と作者の区別をする必要がないほど似通っている。

このいわば単元写生からさらに、季題を中心として作者の内部生命の表現へと向かう複合的な写生へと、草田男の道が始まる。「俳句とは『自然の生命と、自己の生命との一致によってのみ自己の生命を培いたい』という特殊要求から生まれ出て来た特種文学である」（「季題と写生」）。芭蕉以来の正統を、しかし精神の近代的課題とともに進まんとする自覚である。

この季題観の複合化は、それが子規も考えていた類型を断ったありのままの写実ということを忘れるなら、内面へと傾いて、つまり自己の具体性の根拠が自然との一致にあることを忘れて、精神の不用意な先行となる。「中村草田男君は『新時代の俳句』といふ言葉を使つて次代の俳句といふものを自己の主張の方向に置いてゐる。私はそれ等の『りきみ』『あせり』の態度を見て少し危ぶむ心持もある」（『虚子俳話』「伝統俳句」）。この虚子の危惧は理由のないことではない。「人間性、社会性に重きを置くことは季と優位を争ふことになる。勢ひ俳句ではないものを産むことになる」（同前）。草田男の道は虚子の壺中の天の季題趣味とは別箇の、近代的精神を実質として遂行されてゆくしかないのである。思想詩という石地の道の始まりなのである。

この点では山口誓子の草田男批判も看過されるべきではない。昭和三十五年に催されたふたりの対談（現代俳句研究四月号「現代俳句をめぐる諸問題」）のなかで誓子は、草田男の季題観を精神季題と呼び、それがアレゴリーとなる危険を指摘するのである。誓子は季題観においては知覚派であることを標榜し、自分には初めから眼の前に知覚季題があるとする。それに対して「あんたの方はあとから精神季題が現われてくるんじゃないですか」と迫るのである。季題趣味における空想、理想ならぬすでに内面に抱えられた思想が先にあって、その精神を打ち出すために「それの突破口として季題をみつけてくる」と批判しているのである。

草田男の〈蟾蜍長子家去る由もなし〉は、端からは鈍重と見える長子の覚悟の据えようと命運をいうために、蟾蜍を類比的に援用したとするのが当時の大方の解釈だったろう。それではこの蟾蜍はせいぜいイメージ喚起のための、ただの寓意的観念にすぎないことになる。だから草田男は季題を模索するのではない、机上の作句ではないと反論するのである。だから「作品以前、創作以前の平生の作者の内的外的の生活実質こそが一番に重要な要素であり問題なのである。平生不断に培われた要素であってこそ、自然の生命との彼我融合の瞬間に、作為を超絶して、無意識に詩として誕生してくるのである」（「平生」）。

思想詩とは、この蟾蜍が精神内容と比例するもう一方のアレゴリカルな均衡点ではなく、そこに彼我融合した具体的なイデアが実現する中心点となるとき、初めて生まれてくるものだろう。「実在としての季題を透して顕現する自然の生命と、自己の生命とを融合せしめようとする純粋素朴なる写生の態度」（「季題と写生」）があって初めて可能な領域である。

「私はしばしば原野の中に身を置いていたにもかかわらず、自然に触発され誘発されて、必然的な衝迫におしたてられるままに『人生句』『思想句』とでもいえる範疇の句を生んだことはしばしばであった」。子規以来の俳句の近代化への希求はその思想詩において成就するものと考えられるのであり、そこに草田男の先例のない造化の道が拓け始めるのである。

この先例のない「伝統の克服」において季題は「たえず徹底した『矛盾の場』」として草田男に立ち現れてくる。「本来、たった十七音という極端な畸型的短形式が、それにもかかわらず立体的な完全態たらんとして、自ら生み出した内的拘束条件即内的充実条件がとりもなおさず『季題』であって、季題は一種の矛盾そのものなのです。『主観』と『客観』、『内』と『外』、『叙事詩』的要素と『抒情詩』的要素、『意識』と『実在』、『個』と『全』――あらゆる相反要素がただ一点に結集して、相閲ぐ場所であるのであります。使い古された言葉ですが――『絶体矛盾の自己同一』、まさにそのようにして、ここ『季題』の一点において、実作者は、あらゆる矛盾を克服し、そして新しい『独自性』にかがやく『現代の俳句』を誕生せしめつづけなければならないのです」（「現代俳句の問題」）。

第一句集『長子』においてすでに胚胎していたこの思想詩という課題は、第四句集『来し方行方』においてひとつの大きな昂まりを迎える。この句集におけるたとえば〈夜の蟻迷へるものは弧を描く〉から始まって晩年の〈初雲雀晴を見越して深井掘る〉まで、その探究は弛みなくつづけられてゆく。この道は、ここでは触れる余裕がないが、自己の生命というその深みの次元、信仰とゆるされという問題にまで及んでゆくのである。そうして読者はその折々に現れる〈厚餡割ればシクと音して雲の峰〉といった、写実も思想もなにも限定できない五感総動員の、天衣無縫の作品に随所で出会って驚嘆するのである。その意味においても草田男は、芭蕉以後の文学史における一箇の、選ばれた詩人であったといわなければならない。

この書のなかで読者は同一の季題においても、それぞれの句に附された典拠とともに、草田男の精神の深化を辿ることができるだろう。そこに季題というものの持つ深々とした意義が探られなければならない。さらにこの書は、今後永く営まれてゆくだろう草田男研究にとって、まことに重要な一級の基礎資料となるであろう。

最後に申し添えておきたい。この全句集成の企画は、萬緑同人渡辺舎人の長年にわたる全句電子記録打ち込みという、厖大な努力に成った電子記録媒体の提供と氏の編集参加によって初めて可能となったものである。これに賛同し、一年半余に渡り、全一一、六一四句の校訂および季題の捌き等の労を惜しまなかった全句編集委員、すべての協力者に、あわせて敬意と感謝の念を表明するものである。

平成二十八年十一月

萬緑運営委員会

初句索引

＊初五の現代かな遣い五十音順に配列した。

【あ】

アーク燈　一一七
アーケード　一一五
唖々と又　九六
"I will reply"　一一一
愛郷の　七九
愛犬揶揄して　二三五
挨拶もどきの　八七
藍に白を　二五七
「愛」にちかき　六七
あひびきの　二九三
「相見違ひ」　六一
愛慾踊る　三三五
隘路とも　二四七
喘ぐべく　五四
会へざりし　一九一
敢へて馭す　四二
会へば兄弟　二九三
青々と　三三九
青蘆が　二三五
青芦描きしは　二三五
青蘆靡く　二三五
青蘆の
—髪のみだれに　二三五
—岸や白紙に　二三五
—投影滞り　二三五
青芦は　二三五
青蘆一株　二三五
青蘆密に　二三五
青蘆（芦）や
—赤松の幹　二三五
—石柱彫つては　二三五
—花びらと垂れ　二三五
—船底修理　二三五
青蘆よ　二三五
青嵐臥牛　一一五
青い休日　四一六
青藺草　二三七
青無花果　三〇五
青稲の　一三五
青梅拾ふ　二一三
青梅や　二一三
青蛙
—仔馬へ白き　一七七
—四肢を側めて　一七七
—高音や峯には　一七七
—蟄して黒蛙より　一七七
—土下座ならずと　一七七
—鳴き絢爛と　一七七
—鳴きて釈放　一七七
—鳴きて只管　一七八
—泣くや今昔　一七七
—睡りぬ金目に　一七七
—明暗極みぬと　一七七
青柏　二一六
青萱に　三三五
蒼かりき　二五八
青き雨　一一六
青きがままに　四三九
青き頭や　二七六
青き歎き　三三二
青き踏む　四四
蒼きままで　三八四
「青き夜」てふ　四三七
仰ぐ石崖　一九一
青草の　二三三
青栗大樹　二四〇
青栗の　二四〇
青栗や　二四〇
青胡桃
—遠にも一村　二一三
—雲にちかぢか　二一四
—村家入り口　二一三
—手製梯子は　二一四
—晴日山鳩　二一四
—まさに仔馬の　二一三
—山の子泣声　二一四
青黒き　三九四
青柘榴　三〇五
青さ寒さ　三四二
蒼ざめし　二七二
青芝を　二三三
青簾　一五六
青空仰ぐ　三三五
青空に
—梅晴れて世事　六四
—寒風おのれ　三五五
—終始夕日へ　五三
青空は　二一三
青空や　三五九
青竹杖に　三三一
青田白鷺　一三五、一八七
青田段丘　一三五
青谷の　二五八
青田のごと　一三五
青田の靄の　一三五
青蔦重畳　二三四
青蔦の　二三四
青蔦や
—あまりひしひし　二三四
—少女が呼べば　二三四
青道心　三〇九
青蜥蜴　一七九
青丹かがやく　二四〇
青嶺まどか　一二三
青葉越し　二一七
「青葉茂れる桜井」
とは　四一六
青芭蕉　二一九
青洟さむし　三八七
青洟に　三八七
青葉森　二一六
青葉若葉　二一七
青富士や　九五
青みどろも　三三二
青麦や　八五
青もかち　八六
青柳の　八一
青山青谷　一一三
青林檎　二一四
赤鉛筆
—逆持ち攪けり　一五二
—六本買ひぬ　九八
閼加桶に　三一七
我弟ちかく　三六〇
紅蟹潜む　一二四、一九一
あかがね包丁　三三二
紅き地火　九五
赤き放心　三〇七
赤き幹　三三九
赤き岬　三四九
紅き実は　三五九
赤きもの　三六五
あがく蛇　一八〇
赤くも塗らで　八〇
吾が恋へりしは　四〇二
赤児怪訝　二三三

赤児こそ　七〇
赤児さめし　一〇二
赤児の欠伸　一五七
赤児のいのちの　一七三
赤児の拳　三〇九
赤児へ下目　二四
赤児の咳　三三
赤児の頬
—ねんねこ黒襟　三七四
—目にはとまらぬ　三八八
赤児のまたたき　二五三
藜の露　三三七
赤土崖の　二一八
赤土に　六六
緒土の
—上の夜露や　二六九
—上の地衣より　八九
赤土も　三三一
赤土山も　四〇
緒土行くや　三一四
アカデミック　二〇七
赤蜻蛉　二九五
茜刷き　一二三
「赤」の題　四〇二
吾が母と　六九
明るさの　五〇
あかるさや　二〇五
あかんぼに　三六一
赤ん坊（あかんぼ・赤んぼ）の
—笑顔あち側　二四八
—掛け声一つ　八一
—香のみ　三五五
—五指がつかみし　一四九
—舌の強さや　三五八
—しやつくり　三一一
秋明し　二四八
秋風と　二六三
秋風に　二六三
秋風の　二六三
秋風は　二六三
秋風や
—老人気せはしく　二六三
—脛で薪を　二六三
—鋭き羽根　二六三
秋鏡中　二四六
秋草一茎　三一七
秋草その　三一七
秋草に
—置幅張りて　三一七
—昔のひとの娘　三一七
秋草の　三一七
秋草や
—蔵の裏さへ　三一七
—鳥でさまざま　三一七
秋草を　三一七
秋曇　二六四
秋雨の　二六四
秋雨や　二六四
秋親し　二四五
秋芝の　三三六
秋白く　二四八
秋簾　二七八
秋田犬　一〇九
秋立つ小湖も　二四九
秋立つ嶺々を　二四九
秋近き　一一〇、一七九
腮引いて　三一七
秋に喜戯　二四七
秋の朝顔　三一二
秋の家　二七八
秋の畝　二四六
秋の海　二七二
秋の枝　二四七
秋の磧に　二四六
秋の曲　二四五
秋の航　二四五
秋の交番　二九三
秋の浄雲　二五七
秋の燭　二七七
秋の土　二七一
「秋の寺」かよ　四三六
秋の野路　二七一
秋の蠅
—言葉通ぜぬ　二九三
—すらすら歩む　二九三
—一つ真水の　二九三
—まこと四枚の　二九三
—耳打ちをしに　二九三
秋の鳰　二四六
秋の日や　二五四
秋の風鈴　一五九
秋の淵に　二四七
秋の枕　二四七
秋の指　二四六
秋の落暉の　二五四
秋薔薇や
—結飯の容　三〇〇
—霊現二人　三〇〇
秋晴や
—君子径す　二五五
—香煙街に　二五五
—宿場はづれに　二五五
—たまさか戻る　二五五
—故友の命の　二五五
—友もそれぐ　二五五
—橋よりつゞく　二五五
秋日篤き　二五五
秋日落つ　二五四
秋灯かげ　二七八
秋彼岸
—赤子の涙　二五〇
—酔へとも　二五〇
秋日三竿　二五五
秋日沈める　二五五
秋日大輪　二五五
秋灯つぶら　二七八
秋日の皓歯　二五五
秋灯の下　二七八
秋灯の窓の　二七八
秋日は放射　二五五
空瓶と　三五二
秋深し
—猫が倒せし　二五四
—水輪ひろごり　二五四
秋富士の
—かなた　二七〇
—胸襟のみが　二七〇
秋富士は　二七〇
秋富士や　二七〇
秋碧落　二四六
秋めくと　二四九
秋館　二七八
秋山の　二七〇
秋山や　二七〇
秋行や　二八二
秋よ女よ　二四六
秋落日　二五四
秋玲瓏　二四五
秋炉赤し　二七九
飽くなきとても　一三九
悪日続き　二五八
欠伸・昼寝の　一七二
飽くまで男体　四二
アグリー・ダックリング　一八九
アクロポリスの　四三
あけあるとぢある　二四五
暁烏　三三五

開け切りの　一二七
開けつぴろげ　一五九
揚げ泥も　二六三
明けの春　四一四
暁の鯛　二九四
暁の不動蛾　一九二
暁の明星　四一八
揚羽蝶
—一都の生活　一九二
—軒低き辺ぞ　一九二
揚羽遂に　一九二
揚雲雀
—肥よどみなく　五五
—手の措き場など　五五
—投手先づ来て　五五
—ひとに追風　五五
—無明一体　五五
—若き声天の　五五
揚舟に　三八九
あげ舟の　一三五
揚船の　四一七
吾子顎に　六三
吾子達の　二〇五
吾子と在れば　三九九
吾子のあれば　三三九
吾子の上　一三六
吾子の呼気を　一七二
吾子の受験期　三九
吾子のセル　一四九
吾子の手の　三六
吾子の掌曳けば　二四五
吾子の母　三八八
吾子の春　一七
吾子の屎　三一八
吾子の瞳に　七八
吾子は異郷　二二六
吾娘春寒　二
顎引いて　二七六
吾娘夫妻の　三八五
吾子二人　七八
吾子も亦　一六八
吾子等喜戯　二二九
吾子等に遠き　一九二
吾娘等の肌　三七八
朝泉　一三八
朝乙女　一〇六
朝顔柵　三一一
朝顔さまざま　三一一
朝顔の
—明さ食べ得て　三一二
—泛き蔓なほも　三一一
—押花透くよ　三一二
—咲きて落ち止む　三一一
—芯白きまま　三一一
—団十郎咲き　三一三
—筒から日を呼ぶ　三一三
—花筒女の　三一一
—花筒ふかく　三一三
—晩花の青花　三一三
朝顔煤煙　三一一
朝顔膚に　三一三
朝顔へ　三一三
朝顔みな　三一一
朝顔見んと　三一一
朝顔も　三一一
朝顔や
—昨夜寝ずけふを　三一一
—漁村の娘の耳　三一一
—ここの校歌を　三一一
—子でありし日は　三一一
—砂子ほど歯の　三一一
—友等笑へば　三一一
—母の言聞き　三一一
—日々好日を　三二二
—描線太く　三二二
—帚も熊手も　三二一
—未だ黄の花の　三二二
朝顔繚乱　三二一
朝霧や
—牛馬は四肢の　一三一
—首ふるごとく　一三一
—まづ岩山の　一三一
浅草七夕
—浮雲に咽ぶ　二七四
—未だ灯を点けぬ　二七四
—由縁めき買ふ　二七四
朝ぐもり
—湯雫乾く　二二五
—芸する峡の　二二五
朝ざくら　七〇
朝寒の
—撫づれば犬の　二五三
—白痴の歩みの　二五三
朝涼を　一〇九
朝つばめ　五七
朝戸繰る　二五七
麻縄一束　三八三
朝の青芝　二三三
朝の梅　六六
朝のおでん　三七九
朝の郭公　一八二
朝の自転車　一五七
朝の蟬　一九八
朝の蛍　一九四
朝の蛍に　一九四
朝の蜜柑　四〇三
朝の落花　七六
朝冷えの　二五二
朝ひぐらし　二九四
朝日全形　一七
朝雲雀
—擂鉢池は　五五
—通信講座の　五五
浅間が叱し　一三三
浅間暮れ　一三三
浅間と語る　一五一
浅間と小浅間　五六
浅間なぞへの　二六五
浅間鳴り　一九三
浅間嶺へ　二九五
浅間の巨虹　一三三
浅間の虹　一三三
浅間野の　二六二
浅間のみ　一二三
浅間は左右の　一二三
浅間晴　三一六
浅間もとより　一三〇
浅間を前
—大緑蔭は　二一九
—明暗犇めく　二六九
薊と小店　九〇
薊と緬羊　九一
あさみどり　二一九
薊など　四〇八
薊の棘　九〇
朝焼の　二二五
朝焼や
—ささべりの漁家　二二五
—白樺空へ　二二五
浅雪や　三六一
足あとの　三五八
跫音の　二九一
蘆角育つ　九一
紫陽花や　二一〇
足さき見つつ　一七七
肢出し蝌蚪よ　五一
足萎女の　三一八
蘆の刈跡　二八一
蘆は考へ　九六

足はつめたき　三四二
蘆も茂り　一四六、二三六
足許の　三三四
足もと引いて　二六八
足下を　一三五
鰺焼くにほひ　一九〇
足弱の　三三四
足弱を　三三五
味はひつつ　三四
鰺を焼く　一九〇
飛鳥川辺に　三一九
明日香の冬　三五二
預け物して　四六
明日は朝焼　一二五
明日宜からめ　二七九
鴉声豊かな　五七
汗多かり　一六九
汗落ちぬ　一六八
汗が糸ひく　一六九
汗さへ無しや　一六九
汗して　一七一
汗してマラソン　一六九
汗沁みて　一七〇
汗する彼　一七〇
畦添ひ逃ぐる　三八五
汗伝ふ　一六九
汗と垢の　一七一
汗と笑　一六八
汗に重き　一七〇
汗拭ひ　一七一
汗の犬が　一七一
汗の上を　一七〇
汗の囈語　一六九
汗の男　一七〇
汗の水夫　一六八
畦のクローバ　八七
汗の刻　一七一
汗の子と　一七〇
汗の子一人　一六九
汗の四肢や　一七〇
汗の巡礼　一六九
汗の父　一六九
汗の友の　一七一
汗の母者が　一六九
汗の光　一七一
汗の二人　一七一
汗の身に　一七〇
汗のわれ　一七〇
汗冷えの
―膚撫す熱き掌　一七〇
―独語夫のみの　一七〇
畦雲雀　二九一
汗拭きし　一六八
汗拭きて　一六九
汗ふけば　一七〇
畦豆しげり　三一六
汗も毒気　一六九
焦る世へ　一八三
畔若葉　二一七
汗を尽して　一七一
遊び雲　一八四
遊び女いたみ　二二六
遊び女に　一三四
遊ぶかに　二〇一
与へんと　三七二
あたしがいくさ　一六九
あたゝかき　三三五
あたゝかな　二四
あたゝめ酒　二七五
頭禿げ　六八
アダムによりて　四九
新しき
―切株寒水　三六七
―浴衣に妻の　一五〇
あたりは案山子　二七九
当り矢二本　一〇六
あちらに二孫　四〇九
厚餡割れば　一一二
厚垣みどり　三三三
「熱き潔き　三三三
暑き口上　一〇三
厚着脱げば　三七四
暑き日の　一〇四
熱き頬　二〇九
暑き夜風　一〇三、一六九
熱き夜の　一〇二
厚ゴムを　一八
吾妻かの　二六〇
吾妻さながら　二二四
吾妻の運河に　二〇七
「艶なりしは　四三八
艶に無色や　四二
あとさきなすよ　四八
「跡とどめず」と　三四
あととり少年　一九
後荷かけて　七五
後の祭の　一七五
アトリエたまに　二七三
穴惑ひ
―未だ夕日に　二八八
―時の推移の　二八八
―疎ら葉ねむる　二八八
吾にうなづき　二八一
兄が一弟　三五六
動物性(アニマルティー)の　三〇五
姉妻に　二八九
姉のある　九八
姉の上を　三七三
姉の長眉　四四三
姉の窓から　三七三
姉も幼し　三七三
姉持たぬ　二四六
姉等より　七四
姉を弟を　三七三
あの眼色　三八五
仰向き歩みつ　四九
あの母恋し　四三六
あのもこのも　四〇八
アパート乾く　二〇五
アパートぐらし　九七
アパートの　二八四
阿は一円　一七五
家鴨の恋　五九
家鴨よなまじ　三〇五
虻生れて
―左右へ揺れ飛び　六三
―羽搏ちの暈や　六三
―晴れて教師も　六二
危なき場所は　一〇八
虻水のむ　六三
油の彩の　一九七
吾へ上げし　三三
アポロの夏風　一一四
雨音の　三二九
雨音やさし　二六二
雨蛙　一七八
甘樫の　三〇六
蜑が家の
―籠に初音や　五三
―冬灯軒漏り　三八〇
甘辛き
―柳川鍋や食も一事　一五三
―柳川鍋や場末よし　一五三
蜑が露路　三〇八
天下る　三四八
蜑達も　三五五
あまた着きて　二四〇
あまた蒔く　四三
甘茶一滴　四八
天つ日に　二五一
天の川
―強仕書よりも　二六二
―京しもた屋も　二六二
―此門過ぎて　二六二
海女の涙　三五六

海女の羽子　四二七
網戸の外　一五六
雨燕　一八七
雨に凩　三八六
雨濡れの　二九〇
雨の梅　六六
雨の梅や　六六
雨の山梔子　二一一
天の声　三四六
雨の地に　二〇一
雨の土に　三三一
雨の薔薇よ　二〇八
雨の日の
—カステラ五月の　九九
—地をあるく鳩　二〇七
雨の日は　四〇三
雨の昼の　二〇二
雨の藤　七八
雨のふる　二一三
雨の迎火　二八五
アメリカ青年の　二〇三
あやなさで　九九
彩ふたたび　一二三
鮎さまざま　一八九
歩み入る　一〇〇
歩み来る　六二
歩み寄れば　一五七
洗ひ馬　一六一
洗ひ髪
—息吹一つも　一六八
—男の手には　一六八
—右白胸の　一六八
—短かめや　一六八
荒磯の　三八七
洗ひ浴衣　一五〇
荒海の　四一九
荒海や
—島なく日の辺　一二五
—松は肉削げ　二三三
荒草に　三〇四
嵐の小窓　四九
嵐の中　二七九
嵐の日　一五六
嵐の前　四三九
新鋤田　四二
あらため祝がな　一七〇
荒露踏む　二六八
新縄なして　一三三
あらぬ方へ　三九九
荒布や　一七〇
あらましを　二一〇
新家建てんと　一九七
アラ、ギは
—武し其実は　三〇九
—紅実老農　三〇九
「ありがと」と　三六〇
蟻地獄
—嘗ては笑窪　二〇三
—そのもの失せぬ　二〇三
—つたなき読経　二〇三
—禍なるかな　二〇三
蟻地獄と　二〇三
或る怖れ　三四五
歩き初めし　一七八
在る子の前で　三五七
主の声　三八三
主は占春　一八
主へ走る　三六六
或夏の
—或夜も流れ　二八一
—一旅人と　九五
アルミの音　一三四
或る屋根の　一七五
安房小湊の　二〇四
袷の子　一四九
愍みは　二一
吾を襲ふ　二〇一
闇黒廊下　三八〇
安産なれ　一三七
杏の餡　二九三
餡造る　一九
アンテナの　一七四
暗転の　三七〇
餡麵麭と　二五五
遺愛の四季
—薔薇ふと花とだえ　二八四
—薔薇ただ水そそぎ　四三六
—薔薇多忙の薔薇や　二〇八
遺愛の猫　三四〇
遺愛の薔薇　二〇九
飯綱妙高　二八四
飯綱山に　二五七
飯粒四五が　一四一
家々よりも　六五
遺影の頭　三一七
遺影見るに　三四六
家うら家うら　一四四
家裏の　六五
家角壁角　三三八
家角の　八七
家三代　一九
癒えつつぬくし　二四
家苞長閑　二四
家の前　四二七
家ふかく　一五一
家若葉　二一七
家を追はれし　三四五
家を出て
—自家の柿の辺　三〇三
—手を引かれたる　一七四
庵覗く　二四〇
庵一つ　二五七
厳つき張りで　三一〇
いかなすがたに　八三
如何なる紘の　四七
生甲斐・仕事甲斐を　二七五
呼吸して居りし　九九
息白じろ　三八七
息白し　三八七
息つめて　一九四
生きてゐる　一〇四
生きてみばや　三六六
生きてる生きてる　一六九
息ながく　七五
息の白さ　三八七
生身魂
—実生の棗　二八五、三〇五
—代経し孔雀の　二八五
生き者の　三八一
生きものひそみ　二〇四
異郷同志　二五九、三〇〇
異郷に出て　一七二
異郷へ発つか　二九四
生きるに苦界　四四〇
戦斯かるを　一一〇
いくさ無し　二一四
いくさなど　三一七
戦はるか　四〇二
いくさよあるな　三三三
いくさを経し　九五
いく度（たび）か
—苦に醒め喜に酔ひ　四一〇
—母馬めざめ　二五一
いくたびの　一三四
幾年ぶりの　三六〇
幾叢も　三五七
池埋められ　四八
生垣猶ほ　四三〇
池の中　四〇四

池廻らむ　二三五
異国古都に　四二三
遺骨いづこ　六四
遺骨此山　三八一
遺骨の窓　一五八
憩はせすずし　一〇七
勇まんとの　七三
いざ行かん　二〇三
石垣裾の　二七二
石崖の
―片陰沿ひの　一三〇
―浜木綿の空　二三七
石崖前に　一五三
石崖若蔦　八六
石壁厚き　四一八
石地蔵の　三七一
石段の　四六
石と巌　三三二
石同志　三三二
石灯籠に　二四五
石床に　二九七
石に優曇華　二〇二
石に無く　三五八
石の如き　一七九
石塀を　二五四
石山仰ぐ　一一〇
石山裾　二三四
石山の　二一六
偉丈夫の　四二九
居しを忸怩と　八〇
石を外に　一〇二
いづ方と　二九一
椅子の背に　七六
泉一面　一四一
泉奏で　一三八
泉から　一三八
泉涸れず　一三九
泉こそ　一三八
泉にしばし　一三七
泉白し　一三六
泉透く　一三八
泉澄む　一四一
泉湛ふ　一四一
泉たふとし　一三九
泉と再会　一三九
泉と日差　一三七
泉中　一三七
泉に在れば　一四〇
泉に一花　一三八
泉の兄弟　一三七
泉に笑声
―「涙は不潔」　一四〇
―不潔がゆゑに　一四〇
―本来潔くば　一四〇
泉に洗眼　一四〇
泉にふかく　一三七
泉の泡の　一四一
泉の円心　一三八
泉の音　一三六
泉の女
―急坂降りくる　一三八
―必然夫子へと　一三八
泉の女を　一三八
泉の影と　一三九
泉の子
―礫と雫　一三七
―声つかへれば　一三七
泉の声　一三八
泉の小鳥　一三八
泉の子等　一三七
泉の濯ぎ　一三七
泉の底
―石は方円　一四〇
―銀音粒に　一三八
泉の冷たさ　一三九
泉の中　一三九
泉の辺
―水気の中に　一三七
―対岸なるもの　一三七
泉の母子　一三六
泉の真上　二六一
泉の前　一三九
泉の水泡　一三九
泉の面
―風の運命　一四〇
―千割れし月の　一三七
―月訪ひ月色　一三七
―場かぎりつつ　一三六
泉の浴女　一三八
泉の湧く　一四一
泉の湧口　一四〇
泉久し　一三七
泉一つ　一三九
泉啓けて　一三八
泉へ落ちで　一三九
泉へ来て　一三八
泉辺疾駆　一四〇
泉へ誦する　一三九
泉辺発ち　一四一
泉辺に
―足洗ひあひ　一三九
―砂の指迹　一三八
―とどまらんか　一四〇
―日のありどころ　一三六
―発意か無為か　一三七
泉辺の
―母子や母のみ　一三九
―われ等に遠く　一三六
泉辺は　一三六
泉へ晩鍾　一四一
泉辺へ
―生きものすべて　一三六
―意を果たしては　一三七
泉辺までへ　一四一
泉辺や
―熊笹みどり　一四〇
―ここらの父母の　一三九
―語なく少年　一四一
―山寺の山号　一四〇
―慈母にも通ふ　一四〇
―壁画に資せむ　一三七
―報命のごと　一三六
―胸を恁すに　一三八
泉へ詫ぶ　一三八
泉満々　一三九
泉やがて　一三七
泉ゆたか　一三九
泉を獲て　一三七
泉をば　一三七
泉を踏みし　一三八
いづれの方も　一八三
居据われる　三七四
伊勢海老めく　一〇三
五十路にして　一三七
五十路のヂーキル　三〇二
五十路また　二八一
磯歎き　四三
板裏草履　三四三
板壁二階　一〇五
痛きはよし　二〇三
板子一枚　二一九
徒らに　二六九
鼬いそぐ　三九二
鼬急ぐ　三九二
鼬の頭　三九二
鼬の路　三九二
到るやここを　二八九
一葦帯水　九一
一位の空の　二九〇
一援一助　一九二

一億の 四二一
一果断 二二五
一月の 三四〇
一河のほとり 一七二
一寒燈 三八〇
一隅の 九五
一語にも 二一
苺の皿へ 二二九
一山一水 一九七
一事完了 三一二
無花果壊え落ち 三〇五
無花果に 三〇五
一失火 三八四
一時の御縁 一七〇
一清水 一四三
一汁一菜
—一能に足るよ 一四七
—垣根が奏づ 三五六
一少年の 一九二
一陣の 二九三
一途に生くる 九八
一像梅雨に 一一七
一族切つて 二七九
一族中でも 四二六
一宅地の
—青草毒薬 二三三
—処置せられし 二三三
—夏草撒薬もて 二三三
一男孫 八九
一電柱 四二
一堂一像 二一三
一と三あり 三四一
一度訪ひ 二九八
一人を 三五六
一年一期 一九九
一年一度の 四〇二
「一の目」真赤 三四〇
一白鳥 三九七
一八の 二二四
一八や 二二四
一半永失 一一三
一番星も 二九
一飛燕 五七
一百姓 二六八
一物一物 三三五
一片舟 一七一
一望の 三六八
一枚戸の 九〇
市松模様に 二〇
一命陽春 二〇
いちめんに 二二〇
一物無し 三三〇
銀杏青葉の 二一七
銀杏落葉
—相似衆人の 四〇四
—人訪ひし者 四〇四
銀杏落葉の 四〇四
一様ならぬ 一八九
銀杏冬木 四〇五
銀杏黄葉
—鐘に面に 三〇七
—旅人に道 三〇七
一陽来復 三三八
一雷雲 一一三
一里塚の 四一
一路いつまで 一九六
一老鶯 一八四
一路遠し 三三八
一羽ごとに 一八八
一羽につづく 三九五
一竿の 五九
一気踊つて 一二五
一掬の 三一八
一気強し 四〇七
一気の日 三三九
一挙に遂げし 一八一
いづこかに 九一
いづこかの 一一一
いづこにも 七八
一切音なく 三三一
一菜成りて 一七七
一茶の裔 三五
一茶の裔が 二六六
一っ山の 二一〇
いつしかに 一七〇
一視同仁 二一
一死見詰め 三八九
一指もとより 二九一
一尺は 五五
一生とは 二九七
一処へ降りんと 二四七
一身一業 八五
一心に 七九
いつせいに 二八一
一泉一個の 一四〇
一孫に 七四
一点口に 四一七
一等国の 二八六
一本松に 三八八
いつまでも 二四五
逸馬となり 九五
いつもすずし 一〇六
いつも鮮魚 二三九
いつもの想念 三八〇
凍つる細指 三四五
凍金魚 三四五
凍坂や 三七〇
凍て死にし 三四五
凍水車 三四六
凍蝶成仏す 四三九
凍蝶の
—その眼の瞳 四三九
—羽根閉づることも 三九九
凍土へ 三七〇
凍鶴や
—わが故友世が 三九七
—等しく書かぬ 三九七
凍の香や 三四六
凍等し 三四六
糸繰車 六七
糸車 三五一
井戸清水 一四二
いとしみ綴る 三三二
異土での浴衣 一五〇
いと遠き 一九〇
いとどしき 三三一
蝗被造 一九七
蝗を得たり 二九六
井戸端の 二七五
いと遙かに 二八六
いと低き
—鞦韆に据し 四六
—日覆くぐり 一五六
田舎の子の 二一四
異なげな 二〇三
稲妻の 二六五
稲妻は 二六五
稲妻や 二六五
稲妻を
—仰ぐそびらに 二六五
—呼び余したる 二六五
嘶恋し 一四〇
犬いちご 三三八
犬が振る 一一五
犬さへも 六六
犬なれど 四四二
犬ねむる 一四八
犬のギャロップ 三三六
犬の口から 一九
犬の声 二八
犬の声も 二九六
犬の粥も 五一
犬の身の 一〇三
犬ふぐり
—一面恩寵 九〇
—祈らぬよりはの 九〇

—打ちなだれつつ　九〇
—丘越す風を　九〇
—飼主に似る　九〇
—記憶事一切　九〇
—淡如たりし　九〇
—突く杖長く　九〇
—人なつつこさに　九〇
稲暗緑　三一五
稲刈られ　二七九
稲刈を　二七九
稲刈る母へ　二七九
稲車　二七九
稲の穂の　三一五、三三五
命あゆむ　一九四
命の過半は　一三九
いのちの中道　七四
命は一度　一一九
命は木より　一八二
命はとまれ　二五一
命はまろき　一六七
生命一ツ　二五九
生命へ生命へ　三二四
命を謝す　三九一
繭の花や　二三七
禱に悖らぬ　二四
祈りの前の　九五
禱の前を　五七
祈りの身　三〇一
祈る手へ　三八八
茨垣も　二三
尿すれど　一三四
胃袋大の　三七六
遺木の洞　三五五
いまさら春愁　四七
今更に　四六
いま静秋　二四五
今ぞ夜半　一九七
未だ熱し　三一
いまだ蝌蚪　五一
未だ朱唇の　三五〇
いま鳴る琴　三五九
いまの世人　五三
今の日本の　一二三
いまの鄙人　二八一
今の世尚ほ　一一四
今の世の
—「裾の乱れ」は　二八四
—落花画中を　七五
いまは眼下や　六八
今は共に　一六五
いまは他人が　二九七
今は稀な　六八
いまは弱し　三二一
今風俗なりに　四一四
今への恋情　一九八
今見れば　六四
いまも小さき　四〇二
今や次第に　九一
いまやその　六八
いまや水着　一五〇
いまや若き　三三八
今よ今よ　二九三
今を昔　二九五
忌むべき碑　二〇五
妹の嫁ぎて　二二
妹手拍つ　三五三
芋の葉に　三一四
芋の葉の　三一四
芋畑や　三一四
妹細れり
—樫か椎かの　二一七
—ちか〳〵松虫　二九七
妹ゆ受けし　三七六
妹を得て　三六〇
いや果てより　四一六
伊予乙女　二五〇
伊予柑裂く　八〇
伊予産蜜柑　四〇三
伊予の品位の　一三三
伊予人に　二二
いよよ暑し　一〇三
伊予を発して　五一
伊良古（湖）冬濤　三六九
入江日盛
—黒石段と　一二六
—母みなもとに　一二六
入りて見し　二七三
黥文は　一六八
入歯一挙に　一四四
入歯では　五九
色鳥唱ふ　二八九
色鳥が　二八九
色なきも　四一五
色灯の下に　三八
岩々すずし　一〇五
岩うらへ　二九一
岩峨々や　三三四
岩垣の　三三三
岩崖の　二一七
岩が寝し　三三四
「曰く」「曰く」　一〇三
鰯（いわし）雲
—個々一切事　二五七
—この時空の　二五七
—真なき人を　二五七
—戸隠山は　二五七
—灯の「昼行燈」　二五七
—百姓の背は　二五七
岩すず（ゞ）し
—「母」に座示す　一〇六
—ピアノの上の　一〇六
岩滑る　三六七
岩燕
—霧に先後す　五六
—たちまち語り　五六
岩と岩の　九〇
岩と羊歯　三〇四
岩と砂　一九六
岩跳ぶ鶺鴒　二九一
岩と松　一七一
岩に鶺鴒　二九一
岩に山吹　七九
岩の梅　六五
岩の呟き　三六九
岩の冬苔　三三四
岩肌の　七八
岩襖　六一
岩群を　三九六、四一七
岩窟の　一三四
岩山の　二〇九
「所謂」の　五九
院々の　四二二
因果めく　二六四
インクの香　三九九
“In the Long run”　二四七
院長へ　七九
生角を　二八八
植ゑ贈られ　七七
植木屋の　四〇五
飢ゑし眼に　二八九
植田と行人　一三五
上へと誘ふ　六九
有縁めく　八七
魚食ふ飯食ふ　二五一
魚の肌　二五二
魚店に　一一七
鵜飼に次ぐ　一六二
うかがへば　一四四
泛かび跳ね　三五
うから手つなぎ　二八四
うから眠る　三七三
うからの声　四九
うからの辺　二六〇
うから昼餉の　一五六
うから等と　四一五
萍と片足流るる　二三九

産月近づく 四四
生みつけられし 七四
湖つゞき 三一七
海と砂 一二八
海と空 一一九
海鳴りや 一九〇
海に入る 一一八
湖の凪 一四七
海の彼方は 一六六
海の香の 三八九
海の気も 二九〇
海の陸の 二六一
海の声 二一九
湖の月 二五七
海の初日 四一八
海の端を 二一七
産の日近し 一八四
海の面素め 一一五
海の和音の 六〇
湖冷えや 二五二
海へ没る 三四九
海辺の人が 四八
海辺の墓地 三七〇
海へ行く 二七七
海までの 二七八
海見ぬ 九九
海より金風 二六三
海より初日 四一七
洋を聴く 二一四
梅一輪 六四
梅一枝 六六
梅未だ 六六
梅開花 六四
梅ヶ枝ゆるる 六五
梅が下 六六
梅固し 六四
梅紅梅 六四
梅紅白 六六
梅栄ふ 六六
梅咲きて 六六
梅酣 六六
梅的皪 六五
梅といふ 三六〇
梅に悼む 六四
梅に消えし 六六
梅の枝 六四
梅の里 六七
梅の芯 六五
梅の花
―はやき朝日は 六六
―ピアノ幼学 六四
梅の間の 六七
梅の瑞枝 六五
梅の道 六五
梅の下
―山水にある 六六
―墓地いま水に 六四
梅の落花 六五
梅の輪郭 六五
梅馥郁 六六
梅真白 六七
梅落花
―岨道なれば 六六
―濡れ洲の色の 六五
―鴨の点糞 六五
梅を愛せし 六四
裏返る 一八一
末枯に
―下ろされ立てる 三一八
―小男帯の 三一八
―老婆傘の柄 三一八
末枯も 三一八
末枯や
―白眉長くて 三一八
―御空は雲の 三一八
―行きつつ猫の 三一八
うらみとは 二八一
恨みも電光 一九一
心八重に(うら) 四三五
売猪の 二八八
売手買手 三一〇
売りて手渡す 一七一
瓜畑の 二三〇
麗はしき 一六〇
うれしき日 一一一
「うれしや蝶の 四三八
売れ次げり 三三四
梢に巣箱 六〇
熟れ桃や 三〇二
迂魯一気 二五三
鱗重ねの 六五
うろつく「むく犬」 三九八
「うはまへ」下に 三五二
雲煙すなはち 四一三
雲煙無用の 四四〇
雲海に 一一一
雲海の 一一一
雲海や
―金色に鳴る 一一一
―まだ夜のごとき 一一一
運河さむし 三四三
運河に濡れて 四〇三
運河の左右 一七七
雲台に 二六〇
運動会 二七六
運動場 三七七
運動場の 一四四
運命の 三四三
栄位の師も 八二
営々と 一九七
映画たゞ 三四五
栄光を 三三四
永日乙女の 二二五
永日働き 二四
嬰児の名 二一〇
永生明存して 三九〇
英雄対峙の 二六六
英雄達の 二〇九
英雄の 一四九
栄落へ 二七
絵団扇屋 一五九
笑顔の緊り 三七三
描く絵を 一八五
駅辺は灯と音 六七
駅へ昼寝に 一七一
駅ほとり 二七五
「益友」などと 三八
えごの花 三二三
絵師としいはば 一七
回心も徐々 六〇
枝々の 三三四
枝から枝 二六九
枝繁き 三三四
枝葉さへ 三三一
枝一つ 二五八
枝林檎 三〇四
絵中新春 四一四
楽園(エデン)の林檎の 二〇九
縁の友 三三三
縁久し 七二
江の口の 一二七
江の出島 二三三
柄のまま杖が 四九
絵日傘など 一五九
海老茶・暗緑 一四九
笑み語る 四一八
笑む女 三六一
笑めば小春 三三六
獲物多くて 七八
エリート幽霊 三八
襟のホック 二七六
エレキ・ギターの 一七一
エロとスポーツ 一一一
蜒々太き 三三九
縁側に 六四
足鍬踏む 一六一
遠景消えて 三〇四
円月挙げて 二六一、三〇七
円湖凍て、 三四六
遠国へ 二九六

円弧をめぐる　一三九
艶笑譚　二一三
炎暑の中　一〇四
厭人の
—情白鳥に　三九七
—果ての祈りも　三八六
遠信や　二五四
宛然羊群　三七五
遠足率て行く　三九
遠足の
—緩歩幾組　三九、四三
—疲れの指を　三九
—なぜとなく持つ　三九
—列伍に昼月　三九
遠足果てし　三九
遠足へ　三九
遠足や　三九
円卓白布　一六六
縁談や　三八六
炎帝へ　九八
縁で着替へて　四三五
炎天厚し　一三九
炎天歩む
—吾は「残留の　一三八
—いよよ玉虫　一三九
炎天以前　一三九
炎天一路　一三九
炎天下
—鏡面に地火　一三九
—百姓夫婦　一三九
炎天下の　一三九
炎天来れば　一三九
炎天古松　一三九
炎天城山　一三八
炎天頭上　一三九
炎天何処へ　一三九
炎天に
—妻言へり女　一三八
—名所写真師　一三八
炎天の
—巨松や　一三九
—号外細部　一三八
—城や四壁の　一三八
—城や雀の　一三八
—空へ吾妻の　一三八
—叩く扉熱し　一三八
—千曲の方より　一三八
—手の小竹凋る　一三八
—野路や溜飲　一三八
—馬衣は緋ならめ　四三八
—万国旗また　一三九
—人列昏し　一三八
—「虚無僧」脛浄し　一三九
—町筋縁側　一三九
—瞳細まりて　一三八
炎天拝す　一三九
炎天悲報　一三八
炎天白道　一三九
炎天奔流　一三八
炎天や
—裡へと乾く　一三九
—鏡の如く　一三八
—金潤ひて　一三八
—こと待ちとほす　一三九
—空にさまよふ　一三八
—手払はれたる　一三九
—爆音封じ　一三九
—ベートウヴェン曲　一三九
炎天老婆　一三九
炎天を　一三八
豌豆咲く　八四
エントザーグング　一八九
炎熱の　一〇四
炎熱遍満　一〇四、一五九
炎熱や　一〇四
延年の舞　七五
演能すずし　一〇九
「縁の下の力持ち」と　四二六
縁柱　四八
鉛筆の　二〇三
遠望秋富士　二七〇
遠望無し　三六三
遠来の　二九三
遠路経てきて　七九
老が老に　一九九
老紫雲英　八七
老いし友を　二〇
追ひつぎくる　一四五
追ひづめごと　一五九
老といふ　二〇七
老どちの　五七
老いぬれば　一八六
老の賜ひし　二二七
老の投函　二五五
老の涙かみ　四〇
甥の初盆　二八五、三〇四
老は突如　三八七
老人(おいびと)白し　一〇九
老呼ばはりせし　一八七
追分から　二九八
往時往事を　二九一
黄濁病母　二〇七
樗晴　三二一
負うて行く　二六二
嫗すずし　一〇九
嫗微笑　三七三
嫗まるまる　七一
負ふ荷の下に　四〇五
黄白の　三一三
凹壁白く　三四九
追ふゆゑに　一〇〇
往来で　三四三
黄落期　三〇七
負へる新藁　二八〇
大石臼の　一三九
大いなる
—門松日本の　四二二
—旧き掌一枚　四三
—三日月東に　二六〇
巨柿の　三〇三
狼大の　二一九
巨き寒鯉　三九八
大きく小さく　六五
大きな息子の　三八七
巨きなる　四〇三
扇の舞　一五八
大草の　九〇
大嚔　三八七
多く去り　三九五
大阪朝涼
—板裏草履の　一〇九
—わりこせりこに　一〇九
大阪の　二九〇
大咳の　三八六
祖父となりし　一三七
大粒の　四三
大露一つ　二六九
大年の　三四〇
鳳姿の　二四〇
巨虹や　一二二
オーバーの　三七五
車前草咲き　一三八
大禍時　二七六
大晦日　三四〇
大門外を　三九二
公の　五七
オーロラ凝視　四四三
オーロラ恒座　四四二
オーロラのみ　四四三
オーロラは　四四二
オーロラ半円　四四三
オーロラ一つ　四四三
大綿・小綿　三九九

大綿載りて　三九九
大綿も　三九九
大綿や
—女手一つの　三九九
—書き留めよきもの　三九九
—菓子嚙む音の　三九九
—気配の中の　三九九
—世間の轍　三九九
丘の上の　一四三
丘がたくさん　三一五
丘きはむれば　五四
をかしいほど　七三
丘南面の　四二
丘の家　三九
丘の蚊柱　二〇二
丘の狂院　二一七
丘の一つ家　四〇三
男髪も柳も　四三八
岡持の　四〇五
鷹狩場(おかりば)の　二七四
沖つ帆へ　二八四
沖は梅雨　二一四
沖は夏雲　二一一
奥あさき　二〇
屋上の　三五九
奥は知らず　三六一
奥比叡の　二七七
臆病犬か　九九
奥より見れば　一四六
送り火や　二八七
おけら火捧ぐる　四三〇
おけら火に　四三〇
おけら火の
—旅先妻に　四三〇
—映ゆる横顔　四三〇
おけら火や　四三〇
男心いつも　七三
起こし絵の　一六六
お高祖頭巾の　三七五
怠りそ　三三九
お下髪には　七五
幼きを　二九四
幼子の　一六七
幼馴染の　四二六
筬の音が　三三三
教へ得たり　二三二
教へ児が　三七七
教へ児と
—かたまり撮る　三五七
—食ぶ菩薩嶺の　三六
—道は夜に入る　三一五
教へ児の
—咳せし声の　三八六
—炉辺なる脛の　三八三
教へ児はだか　一六六
教へ児等(ら)
—いねたり稲妻　二六五
—若し吾(あ)にのみ　三八二
教へ児を　三九九
教へる人に　二四六
唖蟬の　二〇〇
唖蟬や
—母の瞬き　二〇〇
—父母歿後そして　二〇〇
鴛鴦と　三三八
鴛鴦の　三九六
鴛鴦や　三九六
鴛鴦の湖　二四、一八六
鴛鴦の雄　三九六
鴛鴦の沓　三九六
鴛鴦の夫を　三九六
おしはかる　三一九
鴛鴦二つ　三九六
汚職報　一三四
白粉花や　三一三
「洗足水」の　一三〇
押せど動かず　一六六
遅き月代　二八
晩く重き　三三八
遅紫雲英　八七
遅桜
—東上の人に　七四
—はは呼びちち呼び　七四
—貧富こめての　七四
—ものの初めの　七四
晩薔薇を　三〇〇
遅夕焼　一二五
御太鼓結びは　三五五
落枝は　三九〇
落清水　一四三
墜ち蟬の　一九
落椿
—鉤先ゆるみ　六八
—彼芸匠で　六八
—艶はさながら　六八
—森出る鳩の　六八
—山池埋めて　六八
—わが乳母島の　六八
落ちて拾ふ　三七六
堕ち蟷螂　二九九
落ちにゆく　一四一
落葉幾重　四〇四
落葉焚けば　三八三
落葉に偲ぶ　四〇四
落葉踏む　四〇四
落ち水添ひに　一八七
御茶之水の　三三〇
夫から　八八
乙鳥は　五七
尾で払ふ　二二〇
音ある梅　六六
音ある夏　九七
弟すずしげ　一〇六
弟対鏡　一七二
弟へ　二八四
男一匹を　八五
男帯　三三〇
男性(おとこ)か否か　一六七
男同志　一〇九
男ながらに　一八三
男の父には　二八五
男の日々へ　二二四
男も女も　一三一
音さやに　四三一
落し文　一九七
落し物　三四三
弟亡せし　五〇
弟河童に　九五
音と冴の　一〇七
をとゞしの　二九二
弟天使　四四三
音なき世界　二一七
おとなしかりし　七九
おとなしく　四二六
大人すげなく　三三三
大人同志の　二七四
大人の今も　三七八
大人等を　四九
音のよし　四二七
音はおほかた　一八
音骨立つる　三二九
乙女合唱　九九
乙女夏風邪　一七三
乙女額に　一〇八
乙女の愚　一六二
乙女の手　一七
乙女の脛　三一
乙女は口笛　五二
乙女紐引き　一五四
踊歌　二八二
踊りが歌ふ　二八一
踊子等の　二八一
踊去るよ
—乙女へ映りし　二八一
—故友の妻はや　二八一
—わが母不言　二八一

踊散じて　二八一
踊望む　二八一
踊の灯　二八一
踊りの輪　二八一
踊りの輪に　二八一
踊果てし　二八一
踊見送りさぐれば　二八一
踊女可憐　二八一
踊るらめ　二八一
女は姉ぶり　一八
同じ石日が　一七九
尾の厚き　一四八
尾上の日　七三
己が衣も　三一
己が上　二四八
己が上ひたに　四二八
己が居まどかに　三三一
己が犬歯で　二三五
己が故郷の　一四二
己が把を　八五
己が荷の　三三一
己が歩すすむ　二五三
男の神女の神　三九〇
己が観る　二四七
己が胸　三四二
「おのころ島」に　二九一
おのづから
—一飯の恩　一一六
—苔もなぞへや　三三六
—盲の日傘　一五九
男の花衣　四三八
己祝し　三三三
己へ吐きし　六二
己を突如　五五
帯赤く　一五八
怯心の　二五九
「お日さん」と　一三九
帯へ袂へ　一七五
「オフィラゼー」　一一四
おふくろ捨てて　三九四
おぼえの容　三一八
朧三更　二八
朧三日月　二八
朧夜は　二四
をみなにあらず　一三八
をみなの魂　一七五
女性の一生よ　三一五
をみなの円腕　一〇一
をみなゆゑ　二八一
をみな等笑みつ　二八二
をみな等に　三三六
をみな等の　三三四
女等は　三一七
をみな等も　一〇五
思ひ出づ月光　二五九
想ひ浮かびし　三八二
思ひ捨てて　二一六
「思ひ出し笑」の　三八七
思ひ出の
—場所は薄暑の　一〇〇
—日な近づきそ　三三三
—火色礵々　一六六
思ひ出も　一八九
思へば二度　三五八
おも〳〵と　三九六
面影迫りて　三五九
重き荷負へる　二四〇
重きもの　三六六
重きを掌に　四〇〇
面も振らで　七八
尾もふらで　五一
想はれし　三二二
親馬が　二三三
祖多し　三三二
親仔雀　五九
親仔雀の　五九
親子千鳥
—跳ぶとき鳴きつ　一八八
—飛べば子千鳥　一八八
—翅打ち交はし　一八八
—日はそのさだめ　一八八
母娘の帯を　三八一
親子ほどに　二七六
親子めく　三〇〇
親雀
—荒壁の面に　六〇
—仔雀ラヂオ　五九
親千鳥
—片跂佇ちに　一八八
—佇つ影子千鳥　一八八
親と仔の　二九〇
親なくも　三〇一
親指で　一七一
親より低き　八九
泳ぎ子等　一六三
泳ぎつ渉りつ　一八一
泳ぎ女の　一六三
泳ぎ女一人　一六三
泳げば濡れ　一六三
泳げる鳥の　一四三
オリーブ芽鉢に　八六
折々己れに　一五六
をりをりに　一一五、一三五
折々や　三五九
オリオンと　三五四
オリオンとの　三四八
オリオンに　三五四
オリオンの
—外廓・核心　二六六
—「隈星」も容れ　三三一
折返し　一八〇
折からの　三五八
降り際に　三九三
降りくる冬霧　三六三
折りたたまれて　八六
折鶴に　二〇一
居りながら　四〇一
織りなす灯蛾　一九三
織りなす雪　三六〇
オルガン絶え　三四四
織る飛燕　五七
折れた枝跡　二六三
「愚さてふ　三三一
愚かなる　三七一
負はれゐて　一七〇
負はれたる　二七四
尾をひかぬ　一六一
恩愛回顧　一九九
おん顔の　四八
恩人の　二七〇
温泉宿の　三一八
女家族
—支ふる者や　四二八
—鈴懸木鈴振り　八一
女家族は　四〇二
女言葉の　三三七
女仕事に　三一五
女車掌
—おとがひ上げぬ　三四九
—流感期なる　三八六
女進む　三五五
女出入が　三八
女手に　四三
女手の　四二八
女名の　三六二
女ニコヨン　三三一
女の一語　七三
女の唱　一三八
女の学校　三三〇

女の脛も　八五
女の胸の　二五四
女の幽霊　三八
をんな哺む　一五一
婢等の　一九二
恩友に　二八五
Onward!　八一

【か】

カーキー色の　一九一
ガードの冬　三三〇
回々に　二八〇
開花の季を　四三六
快気者の　三一五
会議の窓　四二七
懐旧や　一八六
海気呼ぶ　四一八
海軍あがり
―寒の双脚　三四〇
―寒の一切　三四〇
外光及びて　一〇一
邂逅は　七八
外光や　三三九
悔恨の　二八四
改札チラと　六〇
買ひし供華に　八五
介錯挨拶　四〇一
「怪獣館」は　一六四
海上の如くに　一九三
海上半月　一一三
外人闊歩　三四六
外人墓地に　一一五
海水真赤に　二八五
懐石容器は　三一七
階層の雪の　三六〇
回想自ら　二九四
回想もどかし　六八
回想裡の　三五八
買出しに　二三七
戒壇上　四一八
懐中燈の　三四二
貝塚に　五五
廻転砥石で　一四七
街道に　一六〇
外套の　三七五
街燈更けて　二三二
海棠日交　七七
街道や　三五六
峡の青星　一五三
階のかず　三四七
峡の子等　四〇九
峡の白鷺　一八七
峡の鯛　二九四
海彼のうから　五四
海彼の父へ　四二五
海彼へ飛ぶ　四二五
峡ふかく　二四八
峡ふかし　一一八
買物刻の　一一三
買物の　二〇八
貝寄風に　三〇
海流の　六二
廻礼の　四三三
廻礼や　四三三
回礼用の　四三三
廻礼を　四三三
街路樹は　四〇三
貝割菜
―垣もみどりに　三一四
―塒騒ぎは　三一四
―もつれつつ来る　三一四
櫂を湖舟に　二六二
買ふ男も　三四三
帰らんと　一六九
帰り来て　二九四
帰り来ずや　一三九
返り咲く　四〇〇
帰りつゝ　三八二
返（帰）り花
―吉備団子から　四〇〇
―母恋ふ小田巻　四〇〇
―三年教へし　四〇〇
顧みし　二五八
かへり観れば　三三二
帰る雁　五八
かへること　五六
蛙の合唱　五一
蛙の卵の　五一
帰る日の　五八
蚊起きあがる　二〇一
顔一つ　一三七
貌見えてきて　二五〇
顔も四肢も　二六八
顔寄せあひ　一一八
かをる白雨　一二〇
顔を掩ふて　一七〇
蚊が一度の　二〇二
科学自体は　三五四
科学も薬も　五五
案山子に着せし　二七九
峨々たる機械に　三〇
花下に唱ふ　七一
花下に貰ひぬ　七二
花下に呼ぶ　七二
花下に我等　七一
花下の思出　七二
花下の　七二
鏡自体は　一九一
鏡なす　三四九
かゞむ人の　二九七
かが（ゞ）やきの
―央夏乙女　九六
―夏や地の鯉　九六
斯かりし母よ　三〇五
篝火冲天　三九〇
篝火もつれ　一六二
花下を過ぐ　七一
花冠多々　二〇七
花間の鳩　七一
鍵穴めく　二〇八
垣内の　三一二
夏季学校　一四八
我鬼忌の大気　一七六
我鬼忌は又　一七六
垣裾サフラン　三一一
書初や
―旅の矢立を　四一三
―南中の日の　四一三
かきつばた　二二四
かきならす　三三〇
画技に籠れる　一四五
柿の木の　二四五
柿の実の
―郷や校舎に　三〇三
―張りや木洞に　三〇三
―渡しつづけし　三〇三
垣木槿
―卒然咲きて　三〇一
―疲れて耳呆け　三〇一
書きものを　二六四
臥牛甘えて　二九八
臥牛つぎつぎ　五九
蝸牛二つ　二〇五
蝸牛見たし　二〇五
蝸牛見まほし　二〇五
臥牛等すずし　一〇七
家居嘉する　四二六
柿落花　二一二
柿若葉　二一三
楽器唱ふに　八八
恪勤の　三八一
隔歳五十　二〇二
格式高き　三一五
楽人の　三九八
学荒ぶ　三三〇
斯く栖みて　七二
拡声機の　二三三
「学生警鐘」　三五五
楽聖死面　一五二
楽聖死面は　一五二

拡声二つ　三一八
学と詩と　三四五
隔二十年　一六二
学の厦　三三〇
楽の音の　一一七
楽の音は　七一
学の森　三〇八
斯く美食し　一五二
学兵汝　三八七
学問で　三一九
学友どち　四八
神楽殿　一三九
神楽囃子の　三九〇
鶴唳や　一五六
かくれなき　一七一
隠場墜ちし　一七六
掛け抱く　四三
掛稲すくへば　二七九
崖上の　三七七
影絵めく　二九五
かげ多し　一六七
崖下る　一七九
駈けくる子　一九
崖下からの　三三五
崖白く　一八七
崖中秋　二四六
崖椿　六七
掛手拭　二九
崖に網　一五七
翔け抜けて　一九二
崖の端や　五七
崖の面を　二〇
影も声も　三九三
戻りたる　三四九
駈ける機関車　九六
駈ける馬上　一六七
かげろふ中　三三
かげろふの　四一九
かげろふ（陽炎・蜉蝣）や
—彼方へ行かむと　三三
—声誉と成就　三三
—人のみを楽の　二九五
花崗岩　三六八
火口近き　二二一
火口一つ　二二一
火口壁　一一〇
過去の断崖　二六七
籠雲雀が　五五
籠目白　三三三
風上へ　八三
鵲の　三六一
傘さして鹿　二八八
風下の　六一
傘の中の　六六
洋傘（かさ）は突き　三一九
風花と　三六二
火山の夏雲　一二二
河鹿にまがひし　一八六
悴みさがす　三八八
悴みて
—「神のみぞ知る」と　三八八
—ひとの離合も　三八八
悴むごと　三八八
悴かむ掌へ　三八八
悴む謀議　三八八
傾ぐ門を　七九
夏日は呼び　一一〇
楫とりも　四一九
火事のサイレン　三八四
火事は遠きや　三八四
梶棒を　三六六
我執のいのちを　四九
果樹園に　一八
果樹の幹　一四八
禾黍に添ひ　二八〇
歌人名は　七六
花芯にたぐふ　二一六
数しれぬ　三九五
カステラや　三六六
「数ならぬ　二五三
霞みかすむ　三三
霞む赤陽　三三
絣地の　三七九
風涼し　一一六
風邪気の象　三八六
風邪声の　三八六
風絶えず　三三五
風たはむれて　七〇
風に流るる　六二
風に墓の　三二〇
風邪熱ありやと　三八六
風邪熱に　三八六
風のえにし　四六
風邪の子抱きて　三八六
風邪の児の　三八六
風の下　一〇四
風の蟬　一九八
風の凌霄　二一二
風の日覆は　一五六
風の噴水　一五五
風邪の窓　三八六
風の水鳥　三九五
風乗りの　一六四
風光り　三一〇
風光る　三一〇
風六月　一〇〇
風を凌いで　三二八
嫁せむとて　四二六
数ふも一つ　三五一
片足を　一三六
片陰が　一三〇
片陰昏き　一三〇
片陰に　一三〇
片陰の
—親の腹下　一三〇
—濃ゆくて西山　一三〇
—中から揺れ出づ　一三一
片陰細き　一三〇
片陰や
—訪ひて長居は　一三〇
—夜が主題なる　一三〇
片陰ゆく　一三〇
肩から出し　五九
かたき地が　二六六
「火宅」の語　七三
片腰さげて　二九六
肩ごしに　一七
肩しかと　一八四
片袖へ　三一七
かたちなき　三五〇
肩に寒し　二五八
片虹と　二一一
肩の間ゆ　一九一
片肌ぬぎ　二五三
肩張りし　一四六
肩一つ　一六三
片雛の　三一七
片帆もて　二一六
かたみに冬　三三二
不語よ　一三九
語らで堪へて　一〇九
語らぬ神と　三四三
語り合ふ　四三六
語り初むるは　三三二
語りつつか　三七七
語りつ瞑る　三三六
語り目毎に　二九八
肩をおとせし　一四一
勝相撲の　二八二
勝ち誇る子　三三五
勝ち負けのみ　三五九
火中して　三三一
画中の秋の　二四八
画中の海潮　一五二
渇医えての　一三九

活眼いまだの　四四
活眼や　一三七
楽器携げて　一三四
活気の昼　一八二
郭公が　一八二
恰好つけて　三三五
郭公や
—屋を慈しむ　一八二
—角い円など　一八二
—岩上の草　一八二
—卓上酒中の　一八二
—チャイムの音の
一八二
—ちゃんちゃんこ手
に　一八二
—世の上の雲へ　一八二
学校林　八一
渇したる　三三六
合掌こそは　一八三
合掌すずし　一〇八
合掌せし　一四二
合掌の　一六八
合唱は　一四〇
合掌を
—眉間に当てぬ
一八一
—緊めよ緊めよと
一八三
闊達や　三九四
「刈つた木賊で　四四〇
「刈つたり木賊　四四〇
勝つて黙つて　一八三
嘗ては宵から　一六四
戛と戛　九七
喝と呼び　三九八
河童水芸　一六五
割烹着の　二五二
過程音　三四六
カテドラルの　三九〇
糧のごと　五〇
夏天の鷹　一八八
角家なり　二六三
過度後悔を　二二三
門過ぎぬ　二〇七
蝌蚪育つ　五一
蝌蚪小さし　五一
蝌蚪に告ぐ　五一
寒土の果に　三七〇
蝌蚪の古池　五一
門橋に　一四三
門火消え　二八六
門松出荷　四三二
門松の　四三二
門松や
—今更惜しむ　四三二
—次孫生れ来て　四三二
—山城の窓　四三二
蝌蚪見れば　五一
蝌蚪を見る　五一
蚊とんぼや　二〇二
金網凍てしへ　三四五
金網さへ　二二一
かなかなや　二九四
金具冬日に　三五〇
金床・金槌　一〇六
悲しみ歩めば　四六
悲しみ懼れ　二一五
かなたになやむ
三六二
彼方の丘に　二一八
彼方破壊の　二〇八
金槌の　三四六
奏でる海へ　八三
金亀子の　一九六
蟹雄雄　一九〇
「蟹の飯炊　一九〇
鉦叩き　二九七
鐘鳴る片陰　二三〇
鐘の音　一〇八
鐘の音や　一五一
鐘は遅日　四三九
蚊の迹へ　二〇一
蚊の声の　二〇一
かの詐欺漢　三三六
かの鷹と　二五八
かの夏蝶　一九一
かの母子の　二三七
かの町の　一四三
画俳離俗　三五一
蚊柱遊ぶ　二〇二
蚊柱とほし　二〇二
蚊柱や　二〇二
香は橘　三〇九
小春凪　三三七
黴一拭　二四〇
黴の「青春　二四〇
黴の宿
—女等二人　二四〇
—無人なればぞ
二四〇
—よぢれて燃ゆる
三三九
黴未到　二四〇
華表修理　三三五
黴る自我　二四〇
黴びる血さへ　二四〇
黴る日々　二四〇
黴る眼や　二四〇
黴を拭き　三三九
兜虫　一九五
寡婦の前　一三三
かぶりもの　四一
壁飾　三四五
壁の真中に　三三四
壁を負ふ　二六三
壁をたよりに　三八
花圃いまも　二一七
「果報者」など　一五七
南瓜未花　二一九
南瓜の山　三一三
花圃に来て　二一七
花圃に近し　二一七
鎌倉の　二六二
かまつかは　三一二
竈猫　三九三
竈わき　二五四
鎌の刃に　四三九
蒲の穂の　二三七
髪厚く
—しばしば夕立
一二〇
—はや眼濁る徒　三八
神から還りし　二〇四
髪黒き　七三
裃姿の像　六三
上下の　二八一
紙漉き漉くや　三八五
剃刀すずし　一〇六
紙焚火　三六三
上手向き　一四二
上手より　一三四
髪床の　二七七
神なき糊塗の　一〇一
上根岸　二一
神の銀杏の　三一九
神の丘が　一三八
髪の奥　一六九
神の楽　二五二
神の凧　三三九、三五四
紙の花　二六七
神の春風　二一九
神の番犬　五〇
神の窓　一三三
神の右も　五五
神は一筋　一四五
紙船の　三六七
髪ふりみださせ
四五五
神も独居　二一五
髪も髯も　一七〇
髪結ひが　二三三
神より彼方　四五
「神を畏れよ」　四〇〇
神を封ぜし　四三六
噛む指長閑　二四
噛む林檎　三〇三

甕の口に 二〇四
亀の仔何へぞ 一七七
亀の子や 一七七
亀へ落花 七五
蛾も睡る 一九三
鴎来て 一六〇
鴎さへ 四〇八
鴎の骸(から) 三四三
鴎の糞 三三六
鴎の冷屍
—海掻きし足も 三四二
—先だつ不浄の 三四二
—双翼それぞれ 三四二
—空へと真向く 三四二
—長翼風が 三四二
—平沙を「此処」と 三四二
—無銘の旗幟を 三四二
—両翼折れで 三四二
鴎の冷屍よ
—たゞ一向の 三四二
—齢十九か 三四二
鴎葬り
—年頭一汀 四一三
—わが爪の間は 三四三
鴎より 九八
鴨渡る 二九三
火薬出現に 三六〇
蚊帳越しの 一五七
蚊帳に弔す 一五七
蚊帳に孤り 一五七
萱の葉の 三一九
蚊帳は海色 一五七
蚊帳へくる 一五七
荷葉蓮華 三三一
空風日和 三五五
辛きへ身を副へ 三四五
がらくた荷 一一三
烏瓜
—高ひくのある 三三五
—畳押さへて 三三五
烏瓜の 三三五
鴉すずしく 一〇八
鴉ども 三三〇
鴉の声 一一三
鴉の巣 六〇
空つ風 三五五
空の押入 一五四
空濠より 一九九
落葉松に 二六七
唐松(落葉松)の
—里の手花火 一六四
—ほのと松籟 一八三
落葉松洩れて 二四八
唐松稚樹 二三五
雁仰ぐ 二九二
刈りきし木賊
—枯るるにまして 四四〇
—十日生色 四四〇
—独り寝膝折り 四四〇
刈込顎鬚 三八四
借りし切出し 一〇五
かりそめの 二六八
刈田まだ 二七二
刈木賊 四四〇
刈木賊を 四四〇
雁はたゞ 五八
雁一行(ひとつら) 二九二
雁行く方 二九二
雁列の 二九二
雁渡る 二九二
槙櫨一樹 三〇六
槙櫨の実 三〇六
槙櫨拾ひ 三〇六
槙櫨みな 八〇
槙櫨を拾ひ 三〇六
軽井沢
—裏町秋霧 二六六
—無人の秋を 二四七
軽き太陽 三一九
軽く壊し 八九
歌留多散らばり 四一七
刈る人待ちつゝ 三二三
「軽み」とは 三二三
枯芦(蘆)や
—午前はきのふの 四〇八
—肥ゆることなき 四〇八
枯無花果 四〇五
枯茨
—枝織り小鳥の 四〇六
—炎上「神は 四〇六
加齢やすらか 三七二
枯枝透く 四〇五
枯枝婆娑 四〇五
枯枝も 三五四、四〇五
カレーに燃ゆる 三三四
枯尾花 四〇八
枯枳殻 四〇五
瓦礫墜ち 三三三
枯菊の 四〇七
枯桑や 四〇六
枯桜
—受けよと強ひし 四〇一
—小使の家が 四〇一
—再会までに 四〇一
—神父の灯の窓 四〇一
—峠得たれる 四〇一
—春以後よきこと 四〇一
枯山水 二四七
枯芝と 四〇九
枯芝に 四〇九
枯芝や
—兄分教授等 四〇九
—埴輪の唱部(うたひべ) 四〇九
枯芝瞭然 四〇九
枯すゝき 四〇八
枯蔓とは 四〇六
枯れては芦の 三五六、四〇八
枯野白犬 三六六
枯野測量 三六六
枯野発つ 三六六
枯野の入口 三六六
枯野の音 三六六
枯野の巨犬 三六六
枯野の雲 三六六
枯野の時歩 三六六
枯野の銃 三六六
枯野の神父 三六六
枯野の線路 三六六
枯野果なし 三六六
枯野ひそか 三六五、三九三
枯野へひびく 三六六
枯野母子 三六五
枯芭蕉
—多株や連山 四〇七
—手の平あてて 四〇七
—新装の 四〇七
枯向日葵 二二五
枯松は 六三
枯れも乱れも 四〇八
かれらの春夜は 二四
彼等の部屋 三七三
彼等を穫たる 一九七
川が海へ 三八三
河風すずし 一〇七
川風や金波 一五八

川上の　四四
川狩の
―小網の兄弟　一六二
―小さき兄に　一六二
乾きし地が　八九
川清水
―捨石臼に　一四三
―ただのつぺらの　一四三
―手機の音の　一四三
―弾み合はせて　一四三
―わが紋どころ　一四三、二三八
革手套　三七六
川施餓鬼　二八七
翡翠の
―一毛だにも　一八五
―飛ぶこと思ひ出し　一八五
―淵掠めしを　一八五
翡翠や
―犬来て大河の　一八六
―久闊一泊　一八五
―橋下の「闇を　一八六
―水亭徘徊　一八六
革手袋　三七七
川波さへ　三三一
川波の　八八
川舟を　二四
かはほりに　一七七
かはほりや
―かの灯下宿屋　一七七
―夕されば希望　一七七
厠の節穴　一八三
河原の上の　三五三
河原雲雀は　二九一
蚊を蜻蛉、　二四八
寒鴉雌雄の　三九四
寒鴉過ぎ　三九五
寒鴉鳴き　三九四
寒一気　三四四
旱雲へ　一三一
寒煙を　三四三
寒鷗一つ　三九六
官衙街　一六三
寒鴉
―口髭しごく　三九四
―啼きて沖には　三九四
―破船にあまた　三九四
―破船と吾を　三九四
寒巌鏘々　三四〇
寒気刻々　三四四
寒気の渓流　三四四
寒衾裡　三七三
岩窟聖母　一四四
玩具日々に　三四二
寒月下　三五三
寒月の　三五四
寒月覗くか　三五四
寒月や　三五四
寒鯉雄々し　三九八
寒鯉親子　三九八
寒鯉の　三九八
寒鯉不動　三九八
寒鯉へ　三九八
寒鯉や　三九八
寒冴　三四〇
頑固とは　三八三
閑古鳥
―厩にあれば　一八三
―走足急かで　一八三
―古き体重計　一八三
―道そのものが　一八三
看護婦と　三九一
看護婦の　一九二
関西なれど　三六一
関西の　三〇九
簪も　三〇五
寒沙に埋めぬ　三四三
寒沙に没しぬ　三四三
寒沙払ひ　三四三
元日の　四一五
元日や　四一五
間食を　二四六
旱水一条　一三一
寒水の　三六八
寒雀
―とび下りし時　三九四
―並みて汝等も　三九四
―羽腋つくらふ　三九四
―松かさよりも　三九四
完成が　一〇五
寒星の　三五四
寒星母座　三五四
寒星充ちて　三五四
寒星や　三五四
眼前興なし　一六四
寒蟬鳴き熄む　二九四
眼前に　二六七
眼前は　三四四
眼前や　三六四
寒柝も　三八四
寒卵
―黒髪解きし　三七八
―歴史に疲れ　三七八
寒卵は　三七八
元旦や
―赤いモ、ヒキ　四一五
―若き齢の　四一五
邯鄲や
―落葉松つづき　二九七
―父母の調度の　二九七
―水音も亦　二九七
元朝祝ぐる　四一五
寒椿　四〇二
眼底さえて　一四六
館で小語り　二四六
旱天鳶の音　一三一
旱天の　一三一
寒燈に　三八〇
巌頭に　一六七
関東の　四一三
岩頭の　四一七
巌頭の
―薊や海の　九〇
―梅なる「白き　六六
―なぞへどまりに　一八七
寒灯も　三八〇、三八一
カンナと咫尺　三二一
寒の暁　三四〇
寒の入り　三四〇
かんばせへ　五三
寒晴れや　三五二
寒風高く　三五五
寒風に
―孤児なに物も　三五五
―未来を問ふな　三五五
寒風や　三五五
寒富士は　三六四
寒富士や　三六四
岩壁いつくし　五八
岩壁すずし　一〇六
岩壁へ　一四五
寒三日月　三五四
寒明星　三五四
寒夜いま　三四一
寒夜カルメン　三四一
寒夜源氏を　三四一
寒夜声す　三四一
寒夜推敲　三四一

寒夜鳴くは　三四一
寒夜の妻　三四一
寒夜母を　三四一
橄欖千歳　二一七
官僚の　九〇
寒林に　四〇五
寒林の　四〇五
翰林めく　三一一
寒林や
―岩礫・岩砂　四〇五
―反哺の鴉の　四〇五
―全き渇れ花　四〇五
「偽悪家少年」　一三四
木あるを　六六
木苺食うぶ　二一四
帰意の首　一七〇
鍵の象牙も　三〇一
牛糞褐色　三五一
木洞のままに　一七三
機影去り　三四九
機影又　三六〇
帰燕の数　二九〇
既往は既往　四三九
記憶の軍歌も　一一七
記憶を持たざるもの　三六二
機械とまる　一〇五
機械は無心　一一四
聞かぬ子の　四八
機関車から　二三六
帰還者の　三三三
機関車一つ　三三九
帰雁との　五八
木々相触れ　六二
木々溢れ　七九
樹々凍てて　三四六
聴き倦まず　一三八
聞き覚えも　一六一
黄菊白菊を　二七八
木々さまざま　七一
樹々たふし　二三九
聴き慣れし　一八二
帰郷近し　一七三
帰郷者の　三八九
菊花展　一八二
菊人形の
―母ぶり縁奥　一八二
―日本武と　一八二
菊の香や　三一三
菊の茶事　三一三
菊枕
―編むと明治の　二七八
―贈らむとても一夕の　二七八
―抱きて同族等　二七八
紀元節の　三一七
聞える阿呍　一六一
枳殻垣　四〇六
枳殻の実
―この著者の書は　三〇八
―たまに自転車　三〇八
聞こゆるかに　四三
象潟の　一〇一
黄桜の　七五
きざやかに　一六八
如月の　二二
如月人　二二
如月や　二二
機山墓辺　三四
雉子叫び　五三
騎士既に　四三八
岸ぞひに　八六
忌日にさへ　二九五
忌日の芭蕉　三九一
雉子鳴く　五三
雉子鳴（な）くや
―今なほかたき　五三
―鴉の声の　五三
―しげりの砂丘　五三
―日本海へ　五三
鬼事逃げる　一六九
岸の媼　一四二
騎士の好餌　四三八
雉子の声　五三
義士の名も　二八六
騎士の別れ　四三八
騎士は負ふ　四三八
記事・報道　三四三
岸もあらで　三一五
汽車得んと　二五六
汽車煙　四三六
汽車発着　一一六
机上一像　二一九
鬼城代書の　一六一
奇峭に残雪　一三六
机上冬　三一九
岸をふりむく　三六八
傷すべて　三三五
帰省子に　一四八
帰省子のせて　一四八
帰省の卓　一四八
煙管吹きぬき　三三四
北国奥地へ　三三三
北風の中　三五五
北の花見　四四
北は蒼し　一三五
北風迅し　三三五
北窓塞がず　三八〇
北窓二つ　三七九
北窓も
―寒夜の音も　三四一
―南窓も又　三七九
来たり見たり　三七二
基地展望　四〇八
基地展望の　四〇六
基地の祭　一七四
基地は金魚も　一八九
帰鳥もなし　八〇
「亀甲田」は　四二
来つつあり　二七二
啄木鳥の　二九二
啄木鳥や
―休診小札　二九二
―細工物する　二九二
―元の草場に　二九二
切つて倒して　一七五
切符とハンカチ　一五一
屹立と　三六四
来て働く　一六七
黄と赤の　三三一
黄なる板の　五三
絹機を　三九二
黄の上黄ばむ　三〇六
きのふけふ　三二一
昨日降り　三六〇
きのふより　三九八
木の枝も　二九一
気の退潮　二五二
木の根に昼寝　一七一
木の洞や　八六
木の芽垣　八〇
木の下に　二八九
騎馬か駱駝か　三一七
黄八丈の　三八三
黄花なべて　四九
木は蟠根　一四〇
気は若からず　一一三
黍の株切口　三一六
着ぶくれて　三七四
君がはこぶ　三八二
君が末子も　三四一
君が妻折には　四〇六
君と歩みぬ　三三二
君遠し　四〇五
君にも亦　七二
義民の里　二九六
脚下ただ　一六三
脚下の冬　三二九
脚下は古称の　三九〇
脚下も水　一四一
脚光浴びて　三五五
キャッチ・ボール

の　九五
キャベツと豚に　二六八
旧悪放置の　二八五
旧園主へ　七九
旧街道の　一五九
九回の　一九
久闊の　一三三
旧仮名遣は　一四三
旧家の秋　二四七
旧景が　四一五
九皐に　五九
旧山河　一九四
給仕二人と　三五二
旧正や　二〇
灸据ゑられ　二四五
旧泉や　一三七
急湍の　一四四
旧知の泉　一三九
旧東海道　一五四
旧道問へば　三三
弓（きゅう）は提琴　三四七
牛馬啼く　一九三
旧藩主へ　四二三
急坂半ば　三七六
急坂に　三三二
急坂の　三四〇
旧盆の　二八四
旧盆や　二八四
旧友に　八三
及落掲示　三八
胡瓜刻む　三三〇
暁闇や　三五七
狂院長の　二八五
狂院の　三三九
けふ丑の日　一〇三
京瓜嚙みつつ　三三〇
胸奥の　一三八
教会の　三八三
教会発して　三五
鏡花忌や
—駅赤帽の　二八七
—男髪へ水より　二八七
—袖と手丁と　二八七
—灯籠に寄せ　二八七
教科書の　三六六
仰臥昼寝　一七二
業閑に　四四
行々子
—入相の鐘　一八五
—画中最前に　一八五
—汝等が辺早や　一八五
—汝等まで来れば　一八五
—本棚のある　一八五
教訓抜きの　三〇三
嚮後二十年　二六九
教師が伝へし　二一四
教師早春　一一
教師立ちて　三九
教師は負ひ　二六三
教師二人　三七九
郷愁は　一一六
教授等さむし　三四三
行商と　一〇八
教杖と　二七
狂女おほかた　二六〇
怯心去れよ　四一八
狂人も　三四八
けふ壮心　四〇一
「兄弟愛の　三三六
兄弟犬　一四
兄弟並びて　二六四
鏡台の　一五九
同胞（きょうだい）は　八〇
教卓も　二五二
夾竹桃
—踊るよ無風の　二二二
—川波の辺に　二二二
—神田の空も　二二二
—戦車は青き　二二二
夾竹桃の　二二二
夾竹桃を　二二二
けふ訪はねど　二六三
今日の絵に　二五四
今日の糧を　三六四
今日の月　二六一
京の辺に　三三〇
京の御寺の　七一
喬木仰ぎ　四一四
鏡面に　二〇三
今日も懶し　二六〇
今日行けば　三三三
今日より喪
—鉄軌は長く　三三〇
—花枸杞の枝　三三六
橋欄に　三三四
狂瀾を　七二
巨幹亭々　一一
曲水迹　三七
曲水の　三七
玉石は　四二四
曲ベートーヴェン　二四七
巨犬黙し　四三
馭者の金モール　三三九
虚像実像　一六四
挙措出入　四〇四
居に近み　三〇〇
「漁夫の利」を　三七〇
去来の墓の　四一三
虚を吠えつゞく　一九〇
帰来の僧　三三五
霧うすき　二六五
切株しめり　八一
切株に　八一
切株の
—年輪薔薇の　二〇八
—面も秋思相や　二八三
切株ばかり　三三五
切岸へ　八七
きりぎりす
—鏡は映す　二九八
—踵で踏み揉む　二九八
—小屋をますます　二九八
—「時雨」といはんを　二九八
—舌の根打つて　二九八
—時歩の声いまを　二九八
—時歩の声々　二九八
—同音重ね　二九八
—時を刻みて　二九八
—御空へだけは　二九八
きりぎりすの　二九八
ギリシヤの花　八三
基督は　四〇六
切出研げば　三〇九
霧たちまち　一一〇
切通し　一三三
霧にさながら　二六六
義理人情　一六〇
霧濡れの　二六六
霧の崖　一一二
霧の香や　二六六、三一五
桐の月　二五八
霧の中　二六五
桐の花
—後難妻に　三三一
—妻に一度の　三三一
—山羊の鳴く声　三三一
霧の半月　二六一、二六六
霧の灯に　二六六
霧の灯や　二六六
桐林　三六二

霧一重 二六六
桐一葉
—板の間に住みて 三〇八
—音たゆみなき 三〇八
—影が来かけて 三〇八
—遥か遥かを 三〇八
—「日あたりながら 三〇八
霧ひらけば 二二一
霧深き 二六五
霧へ霧妻 二六六
霧捲く巌 二六六
気力薄き 二三七
霧を大粒 二六六
霧を冒す 二二一
霧を帰る 二六五
綺麗な人達 二六〇
極まれば 一〇六
銀河依然 二六二
槿花一輪 三〇一
銀河さへ 二六二
銀河冴ゆ 二六二
槿花の芯 三〇一
銀河の下
—楽人こぞりて 二六二
—ひとり栄えて 二六二
金貨降らず 三九八
銀漢は 二六二
金冠・緋衣の 三三
金魚あぎとひ 一八九
金魚巨眼 一八九
金魚煌耀 一八九
金魚手向けん 一八九
金魚の水の 一八九
金魚ばかり 一九〇
金魚浮沈 一八九
金魚見る 一八九
金銀花
—医師へ感謝 三三一
—妻子のためには 三三一
銀婚の
—初旅古都へ 四二八
—初旅に富士 四二八
金沙きらめく 三四一
金飾帽を 一八三
金星と 三三四
金星や
—足指ちかく 一八九
—賜ひし炭を 三八一
金談即 二一
銀笛や 四〇三
銀十ほど 二二一
銀の海豚 三九三
金の渦を 三三一
銀の滝 一四四
金の吹口 一四六
金髪乙女 四二六
金髪に 四二
金髪の
—児に指さされ 二四五
—たつのおとしご 一四八
銀髪へ 三五一
金髪も 三四三
金屛に 二〇一
銀屛風 一五七
金風や 二六三
銀襖 二五三
金鳳華 九〇
金釦の 三〇一
金ン目の蟇 一七八
金木犀
—妻を置きて来て 三〇一
—とまれ弾き切り 三〇一
金木犀の 三〇一
銀翼暗翼 一四七
金襴筐に 三八八
銀鱗を 五一
悔い改めし 六七
杭一本 三五九
悔いの声 二五五
空手に拭ふ 一五八
喰ふ林檎 三〇三
九月来 二五〇
陸(くが)は夕焼 一二五
釘穴・鋸溝 三三二
釘の出し 二八三
釘引き抜く 三五二
茎立ちに 八五
茎立てど 八五
括り桑 二八一
供華の花冠 四三七
供華の束の 二八六
供華を以て 二八六
枸杞の実垣 三〇九
草入水晶 二二
草かげろふ
—天鵞絨上に 二〇二
—吹かれ曲りし 二〇二
草木立ち 一〇三
草木と共に 二九四
草清水 一四四
草じらみ 三三一
草団子 四〇
—噛む口笑む 四〇
—辛さに見舞は 二六〇
草抜きて 四三五
草の株 三一七
草の花の 三一八
草の実つぶら 三一八
草の実に 一六五
草笛熄む 一一八
草深野 三一八
草穂振れば 五一
叢の 二四六
鎖いつぱいに 一九三
「草分け同志(どち)」 三三三
草を剃り 二五三、二五九
櫛型月の 九五
櫛は眼前 七三
狗児も猫児も 九八
孔雀水平に 三二六
孔雀草 七七
九十に垂んと 三〇六
楠負ひ山負ひ 三五九
くすぐるごとき 三二〇
葛の葉の 三五六
樟時雨 一八五
樟大樹 九五
楠の下に 三三〇
葛の蔓 三三〇
葛の葉もの 三三〇
楠はみどり 三〇六
崩れ簗 二八一
楠若葉 三三〇
果物と 三九一
くだり来て 一七九
九段坂 四二七
九段の夜桜 四五
愚痴一切を 三三四
唇動き 一五〇
朽洞(くちうろ)を 七二
愚痴とは「完璧 三八九
口なしの 二二一
口なしや 二二一
くちなはの 一八〇
くちなはや 一八〇
蛇自ら 一八〇
口の一線 二四六
嘴に 二九〇
口髭の 一八五
口一つで 二〇四
口笛斉唱 九六
口笛は 三〇七
口笛も 一八四
口笛を 二六
沓掛の 一八七

屈強の　三〇九
クックッ笑ふ　四二六
靴下ばきの　一五〇、一八八
靴少し　三四一
靴底うすく　一七
靴底すべる　三三四
靴は凍む　三四五
くつろぎ動く　六一
くつわ虫　二九八
くつわ虫の　二九八
くどからぬ　三二〇
「句無く逝く夏」　二一〇
「国生」講じて　二一七
故郷言葉での　二九九
国の勢ひは　一九八
国の昨を　二八八
故郷のにほひの　三二一
国は予後　三六一
国原に　一〇四
故郷人けふも　一七七
国びらきの　四一三
故郷めく町　一四一
故郷よりここが　一七〇
国を罵る　一五一
くびきのがれて　二五九
踵揃へて　三一六
踵の跡も　三三五
踵の音　一一七
踵のはこび　六四
首のなき　四九
首の輪も　三九六
首ふり亭主　一五九
首振る芋葉　三二四
句碑へ濃緑　二一八
首まげて　三四〇
茱萸の味　三一〇
雲かけて　八五
雲越しに　六五
雲透く夏日　一一一
雲すべて　四五
雲絶えて　一〇四
雲遠し　三九四
雲にのみ　五四
雲に爆音　四〇一
雲の秋　二五七
蜘の網　二〇四
雲の一糸も　二五六
蜘蛛の囲に　二〇四
蜘蛛の高巣に　一九八、二〇四
雲の夏　二二
雲の根は　三四五
雲の端を　二五九
雲の前に　八四
雲の峯（峰）
—余りに蒼し　一二三
—海へ竝み出て　一二二
—唐松林　一二二
—縦向きに魚　一二二
—途上にして揉む　一二二
—など無し村童　一二三
—日本の裔孫　一二三
—宿へ着きたる　一二三
雲の峰の
—多面や美味を　一二二
—面に面影　一二二
—白き音楽　一二三
蜘は木を　四〇八
雲はみな　五六
雲引くかに　三七三
雲へ蟬　一九八
雲間の空　五四
雲見る雀　三〇四
曇り日の　二八五
雲を背に　一六三
倉壁高し　三三
暗き三角　二五四
暗き水面へ　二四九
昧きより　一〇四
暗く明るし　七八
暗く白く　三五八
鞍撓ふ　二四七
蔵に隣れる　二七四
倉に孤り　三八〇
倉の入口　三四
倉の内外　三六
倉の春蔭
—一茶茶色の　三三
—ひとはどれだけの地を　三三
蔵の中　三八二
倉床に　二六六
栗毬焼きし　三〇五
栗三年　二一八
クリスマス
—妻生みし父母の　三九〇
—碧羅の色もて　三九〇
—夜半の牛馬の　三九〇
—「老友情」も　三九〇
栗大樹　一九一
栗たわわ　三〇五
栗の出来　三〇五
栗の花　二二二
刳盆の　三〇二
来る秋や　二四九
狂ひ寝や　三八五
狂へる唱は　三四六
十字架墓　四二
来るなと鳴くは　一八四
くるぶしで　一七〇
くるぶしに　一六〇
くるぶしの　四三五
車井戸の　六五
「車がかり」の　三七〇
胡桃樹下
—岩岸ながら　一九〇
—腰をおろせば　三〇五
くるめきくるめき　二一四
暮るる春水　三五
暮るる山面　八四
暮れてゆく　二〇四
暮れ残る　三四七
暮の今事　三三九
暮の旅の　三三九
暮の父　三三九
暮の土間　三三九
暮の富士　三三九
暮のホテル　三三九
暮の町　三三九
暮れ易きも　三四一
黒揚羽
—後翅粧ひ　一四六、一九二
—頭上に森の　一九二
—左右より風呼び　一九二
—ふためき遥かな　一九二
黒蟻赤蟻　二〇四
黒蟻移す　二〇三、二七三
黒犬さへ　一九四
黒犬二匹の　一九七
黒岩滑ら　二七二
黒かがやく　三七五
くろがねの　三七六
黒髪賞でて　五二
黒髪や　一九一
黒き肩掛　三七六
黒き小牛に　二八〇
玄き珈琲　四三五
黒き地や　三五九

黒雲から　五八
黒小鳰　一〇五
黒塚跡　四〇一
黒土の　一七
黒土退いて　一三八
黒に赤　一九四
黒猫白猫　二三四
黒猫の　三五〇
黒南風や　一一五
黒眼鏡　三七七
群燕もはや　五八
群鷗空に　三六九
群鷗に　三五四
群鷗の　三四二
軍空港　二三三
軍国の　三三九
勲章さむく　三四二
軍人の家　一〇二
群像は　三五一
軍隊の　二六三
薫風や　一一五
「群盲撫象」と　三八
形影まろし　三二〇
閨怨じみし　三一五
圭角の　一一三
軽舸為して　二六〇
蛍火夜々　一九五
桂月晩年　二五二
雞犬の声　二八六
頃日を　二八九
迎春いかに　四一四
敬称つけて　一八三
芸匠の　六八
軽食ながら　四三七
渓声へ　六五
鶏声まちまち　一一七
啓蟄の　二二
啓蟄や　二二
毛糸編む　三七七
鶏頭一陣　三一二
「遊於芸（げいにあそぶ）」の　四三七
芸の慢を　二八四
競馬場　四三五
芸は永久に　二〇三
鶏鳴の　九五
鶏鳴は　三六五
鶏鳴や　二六九
軽羅の笑に　一四九
兄等の笑声　三七二
兄等の頭上　三二九
軽羅の末子　一四九
兄等を発し　三四六
渓流水浴　一六三
渓流恬淡　三〇五
渓流や　一七八
下界掩ふ　一一三
けがれしと　一九一
閑たり野厠　三一二
激湍の　一三六
隙を充たす　一三六
下校青年　一三三
下校の群　一七四
今朝九月　二五〇
今朝の初日　四一七
芥子嵐　二一六
蚰蜒に　二〇四
罌粟咲くとも　二一六
芥子咲くや　二一六
夏至さだか　一〇一
夏至麦まし　一〇一
月下の鬢　二六〇
月光歩むよ　二五九
決行いつまで　六二
月光の
—壁に汽車来る　二五九
—載るや夜目にも　二五九
結晶体　四四三
「結晶」と　三六一
ゲッセマネから　四〇
決闘遺跡　三六五
傑物次々　二九二
月明の
—雨戸に・釘錆　二五九
—梯子に腰掛け　二五九
—我が眼をみしか　二五九
月曜の　三三九
月輪と　七二
健気さが　二一三
実にひとり　二六六
実に悪びれで　八六
化粧ひし若肌　三六〇
夏花買ふ　一七五
けふ寒き　三四三
毛虫もいま　一九三
けむたがる　一四九
煙見えぬ　三九八
欅と椎　六八
蹴破る籬　四四〇
螻蛄肥えぬ　二〇四
嶮しき坂には　三三九
喧嘩は石火　一五六
玄関から　一四九
紫雲英田にほふ　八七
紫雲英田の　八七
紫雲英束　八七
紫雲英田や　八七
紫雲英摘む　八七
紫雲英野に　八七
紫雲英の果　八七
紫雲英ゆらぐ　八七
健在自祝　三三五
健在なれ　一六七
玄色以て　一八〇
懸絶や　三六〇
現前せり　四〇〇
原祖の雉子の　九九
「謙遜」と　一七一
現存の　二九八
現段階で　三八
原爆忌
—いま地に接吻　二七五
—この刻かの事　二七五
—髑髏面なる　二七五
—母の信も十全　二七五
—日の眼雲なし　二七五
原爆忌の　二七五
原爆までの　一三〇
顕微鏡　三三九
権力と　二五一
恋しさも　一〇三
小石と地　四〇六
恋しや父よ　三七三
恋の暗示に　三三二
鯉幟
—七人に兄　一四七
—地平線てふ　一四七
鯉幟群芝の上に　一四七
恋は語らず　一八〇
耕耘機　四二
耕耘機の　四二
公園で　一七九
香煙に　二八六
公園の　二一
広苑や　五九
広闊の　三一
向寒や
—ボスの口癖　二五四
—ロール・キャベツは　二五四
紅血脈々　三三
高原翁も　六三
光源の　三五一
高原の　一三〇
高原真日向　一一六
高校女生徒　三〇六
煌々と
—光重しギス　二九八
—三十路も末の

二四八
後顧無憂　三五三
仔牛舌で　一〇〇
仔牛の辺　四二一
紅日は　三三〇
仔牛の瞳　三〇一
困じ果て　三一七
港市は山へ　一五四
仔牛独り　一六八
孔子木　九一
哄笑絶えず　三二二
高所に拘禁　一一八
行進曲　一四七
行人ちらほら　四〇
行人に
—寒燈まざ〳〵と　三八〇
—端近の座と　一六八
行人の
—片語夜霧の　二六七
—行く方向けて　一五三
行人みな　二九二
香水・真珠　一五七
洪水の　二七二
香水の
—香ぞ鉄壁を　一五七
—香のひま老の　一五八
—嬌女や武士の　一五八
香水ほのか　一五七
香水や
—切符の角で　一五八
—口を拭ひてとは　一五八
—声音きり〳〵　一五八
—繋がれ泣くは　一五八
好晴の　三三六
好晴や　四四四
紅雪惨　三五八
後退不能の　一〇四
煌たる頂上　一一二
煌たる中　一四六
光太郎　三一九
光太郎の　四九
降誕祭　三九〇
候鳥杜鵑　二八九
剛直の　三六〇
交通笛の　一五五
航つゞく　一四四
校庭春陰　三三
校塔に　三九
公道未だ　四二六
「高度成長期」　一六四
荒都遠し　二五七
紅と白と　三二二
紅梅護る　六七
紅白に　三七八
紅白の　二二六
紅白盆梅　六七
耕馬耕人　四二
耕馬疲れぬ　四二
耕馬に朝日　四二
耕馬の日　四二
耕馬白皙　四二
光風巨松　三〇
紅楓神仏　三〇七
光風永久なれ　三〇
光風や　三〇
幸へ不幸へ　二一三
光芒と　三七一
広茫の　八四
光芒の　三五二、三六六
興亡や　二一〇
高邁の　二一六
仔馬爽か　二五二
仔馬の口　二五四
仔馬の視野　五〇
仔馬ハタと　二九六
仔馬やせぬ　三六四
公明な　一八三
紅毛乙女の　二一四
蝙蝠白し　四四二
蝙蝠飛ぶよ　一七六
蝙蝠飛んで　四四二
蝙蝠の
—鼻寄せヒヤと　一七七
—水面掠めし　一七六
蝙蝠は黒衣　一七六
蝙蝠や
—赤門燈の　一七六
—家負うて女　一七六
—少年の眼へ　一七七
—父のせんたく　一七六
—見つからざりし　一七七
—無縁の野球の　一七七
—もう花見えず　一七六
校門の　四二四
校門前の　三五〇
郷友と　一九九
稿料そこばく　二〇二
号令の　三〇五
行路の辺　一六五
行路の路面　三五六
五雲の五指　三三三
声入るまで　一七四
声かけられ　三七二
声高し　三九三
声のみかは　五三
声寄る蚊　二〇一
声を声音を　一九五
子負ひ孫負ふ　一一二
小扇しづかに　一五八
珈琲飲む　三七一
凍らざる　三四五
氷食ふや　一五三
氷食べし　一五三
氷に砂糖　一五三
氷の上　三七〇
氷水
—甘し罪人の　一五三
—縦長く力　一五三
氷屋の　一五三
蟋蟀高音　二九七
蟋蟀の　二九七
子が来しと　三八五
子が去ると　一一三
子がためと　二二九
枯渇樹の　一九六
五月の浦々　九九
五月の声　九九
五月の燈下　九九
五月の陽　九九
五月富士
—ただ消え黄昏　一三三
—水に手浸す　一三三
五花等円　二〇八
蚕蛾に似し　一九三
黄金なす　二二五
古花の穢や　二一一
古画の中　三四七
仔鴉育ち　一八四
仔鴉や　一八四
漕ぎ初めし　一八〇
故郷かしこ　一九四
故郷と告げて　六一
酷寒かなし　三四八
国旗の玉の　三八〇
刻々と　五三
黒人手つきは　一九三
穀装の　二〇一
黒倉や　二一二
黒鳥悔まず　三九八
告天子　五四
小雲の下　三九四
「極楽蜻蛉」　二九五
黒鯉緋鯉　二七九
「孤軍」とは　二八七
苔厚き　一三六

苔咲く墓地 二三九
苔寺の 一七九
苔の花
―戦国坐地蔵 二三九
―実生山椒 二三九
苔の花は 二三九
ここいらもう 二五一
ここうぶすな 二〇五
小声には 一八
こゝ追分 一三〇
ここが師門 四一五
ここ故郷 一六七
ここ支那の 三九
こゞし冬山 三六四
ここ想定の 七七
こゝで昼餉 二四〇
ここなる花圃よ 二七一
古語にいふ 二四五
ここにしばし 二一七
ここに臥せば 四〇六
ここに又 一八五
ここに山藤 七八
ここの落葉を 四〇四
ここの苔 三六五
ここの線路や 三五〇
ここの空は 二六二
ここの地の 一九四
古語の「火足る」も 一六六
こゝは地の 一七八
「ここへの駐車 四〇五
ここより昇天 三一三
ここらの嶺々の 三一六
心赤し 三八二
心の鞘に 一八三
こころの芯 一四三
こころ貧しき 三五一
快き 二九〇
五歳のおどろき 四〇七
五歳の梅雨か 一一七
小才早咲き 二一一
子さへ遺さで 七一
小坂片陰 一三一
孤座へ来て 一九八
故山いよよ 二七二
故山のごと 三五六
腰いたく 四八
腰かけ憩ふ 四六
来し方へ 六一
仔鹿二つ 一七六
古式の飛行機 一八三
乞食等すずむ 一六三
小為事成就 一八四
ゴシックの 二五八
腰伸しつつ 二八六
孤児肘を 三五五
腰紐白足袋 三七七
小清水の 一四三
戸主敢へて 七三
五十年 一七三
五十年来の 一六六
五十のはぢらひ 七一
古樹か喬樹か 二七八
戸主たる想ひ 三五七
湖上銀河 二六二
古城址の 一五五
古城朱夏
―大阪少年 九八
―大阪弁ただ 九八
古城新春 四一四
五情の上に 六六
古松の下枝 一一八
古松の松籟 二二六
古城の径 三一九
小世帯相手 四〇
故人恋しく 一三八
個人的 二三六
故人と一心 二五五
個人と自己の 六五
古人見詰め 一一七
故人等彼方 三一三
梢ごし 二七六
梢で鳴き 六〇
梢なる 二九〇
梢の子 七八
梢踏んで 一六八
梢まで 二九〇
仔（子）雀の
―採餌や双翼 五九
―死しておもかげ 五九
―ひびらぎ降り来し 五九
―よちよち飛びの 五九
仔雀や 五九
仔雀を 五九
コスモス越しに 三一二
午前なほ 一〇三
午前の冬日 三四九
去年今年 四一四
子育てすずし 一〇七
子育ての 三三一
子育てや 三七五
こぞヴィナス
―雨滴重しと 七六
―釈迦誕生の 四八
去年より教材 四二四
応へまし 八三
小高きへ 一一七
子宝得つつ 八二
炬燵さめて 三八二
炬燵の辺 三八二
炬燵話 三八二
冴冴えしめ 三四七
東風さむし 二九
子千鳥の
―親を走せ過ぎ 一八八
―千鳥歩きを 一八八
東風に揉まれて 二九
東風の犬 二九
東風のくる 二九
東風の白髯 三〇
東風の山路 二九
東風吹けば 二九
こちへかあちへか 一一八
こちらが躱はし 四五
こちら側の 三三四
こちら倒れに 四〇八
小遣一片 一五三
小遣銭の 一五二
料理人（コック）の汗 一七一
コック帽の 三六一
小包の 三七一
骨は動かず 二〇
仔燕や 一八四
コップ酒 一〇〇
小粒なる 一四五
コップに薔薇 二〇九
孤亭に蝸牛 二〇五
午笛の遅速に 九五
古塔ただ 三三二
古塔なれば 一九三
古塔一つ 一二八
小蜥蜴一と条 一七九
小蜥蜴や 一七九
ことごとく 二〇四
今年竹
―いく度区切りて 三三四
―己が真下に 三三四
―恋の答へに 三三四
―伸びのび磴は 三三四
今年竹と 三三四
今年も秋 二四八
今年破れて 三一一
事小康 三〇八
言魂の 一七二
子とてなし 一六五
ことに叶ひて 一四〇
琴の音切々 三五九

琴の音や 三五九
琴の音ゆけ 三五九
言の葉散つて 七九
ことのはは 三九一
子供居り 二九一
子供心に 一六六
子供の日
—室内台上に 一四六
—妙にも小葉の 八七、一四六
—竜骨の間を 一四六
子供等は 二五
小鳥さへ 二九〇
小鳥印の 一五三
小鳥の声々 二九〇
小鳥等吸ふよ 七一
小夏山 一三三
小虹七色 一二三
来ぬバス待つ 二五一
仔猫甘え 五一
仔猫のさま 五〇
仔猫の斑 五〇
仔猫の行衛 五〇
五年に半間 三九四
この雨の 一七九
此の荒磯 三九六
此の或日よ 三三二
この戦 二四七
この湖に 一八六
この奥津城 四三七
この壁裾 三八一
子の髪整へ 一〇九
この枯野 三六六
この頃や 五一
此坂の 三四九
この椎の 三三〇
子の四肢横抱き 二二四
此島の 三五〇
五の数を 四〇八
この青年 九五
此谷を 一二〇
子のための 一〇六
此地や農家 三八四
この地を愛して 一八二
「このでかい 二五〇
此年送る 三三九
木葉髪 三八八
この初旅 四二九
この玻璃窓 四〇
此日夏日 一一〇
此日雪 三五八
此二夕年 二〇五
子の冬著 三七三
この冬辻
—すべての路の 三三三
—武蔵のみかは 三三三
此（この）部屋に
—幾年ぶりぞ 二九
—三代鳳眼 三四六
木の間路 三三〇
この身が児孫 二八
この村や 五四
「木の芽がすみ」に 八〇
木芽季の 二五
木の芽ひそと 八〇
この森や 二九六
この門内 七二
この家では 三九一
この闇は 一九四
此世の田 二七九
この世の未知の 二二
この乱世に 四七
子は唱ふ 三七七
小蠅遊ぶ 二〇一
御破算の 二九〇
子は育つ 二三九
こはそも「名誉 七二
小鼻動かす 一九六
こは馴染 一九九
小花ひたひた 九〇
こは「平家 一九五
小薔薇明るし 二一〇
小薔薇の色 二一〇
小薔薇の垣 二一〇
小春翁 三三六
小春なる 三三六
小春の貨車に 三三六
小春の蝿 三三六
小春も永日 三三七
小判草
—銀に色かよふ 三二九
—さやぎ蛍の 一九四、三二八
—出没し蛍 一九四、三二八
—少年草土手 三二八
—つれ立つ弟 三二九
—鞭打ちひし 三二九
小判草と 一六六、三二八
湖畔の緑叢 三二八
湖畔をめぐり 一八
小羊に 二九七
小向日葵
—尚早革命 三二五
—わが広額に 三二五
辛夷すがし 一六六
仔豚暖か 二四
仔豚等母に 九〇
小淵小瀬 四二七
小踏切 一二七
古踏切 一七四
小蛇一筋 一七九
小部屋二つ 三七
こぼれガソリン 三五〇
こぼれ木犀 三〇一
高麗狗・仔狗 一〇六
小松は野を 三一六
「駒並めて」と 二八七
「胡麻撒り煎餅」 三三九
小百足や 二〇四
小娘と 三九六
ゴム製品 一〇〇
米搗虫
—成就新居へ 一九七
—山路固きへ 一九七
子持ちなれど 三三六
子守唄（歌）
—あり鶯の 五三
—夢は「上り藤」か 七八
木守柿
—消し忘れある 四〇三
—山市の午後の 四〇三
小森に虹の 一五二
木守林檎 四〇三
木漏れ日は 四三五
子安貝 六九
故友が待ちし 三三二
故友恋し 九七
故友四五 一一四
故友の遺画 一九四
故友の思出 三三五
故友の故地 三三〇
故友の誇 三五九
小指もつとも 一五二
子等憩ふ 三三三
子等がため 四三二
子等散じ 二六九
子等孫等への 一六四
五輪回想 八三
五輪記事の 三三三
これより育つ 二七一
五郎居ねど 二五九
更衣 一四八
声音冴ゆ 三四六
子を負ひし 二六五
子を庇ふ 五八

子を抱くや 三〇三
語を忘じ 七六
子を見かけて 二九四
紺絣 二三〇
コンクリートに 二四六
コンクリートの
—ギリシヤ円柱 三九六
—大廈の直前 九八
金剛茅舎 四〇四
金色堂に 一五四
渾身一体の
—浅間や葉月の 二五〇
—葉月浅間の 二五〇
今人知らず 三三三
今人来往 二一一
紺制服の 三三四
婚前の 一五八
紺地に金の 四一七
紺と白との
—鉄線花訪ひ 三一九
—鉄線花や亡妻との 三一九
—馴染の町花 四三七
来んとする 一一三
紺のジャケツの 三七五
紺碧の 三三五

【さ】

犀川を 一二四
細工物 一〇九
最後まで 六八
骰子(さいころ)は 三四二
最先駆けて 一〇九
妻子へ帰る 五三
細字用の 八三
細字読みつつ 三六六
才女めく 三〇九
妻子等嘗て 三二六
妻子を詠ひ 二八四
採点遅々 三八六
採点と 三四八
採点の 三八二
採点の灯 三四八
採点を 三九五
才能では 六四
歳晩双幅 三三九
歳晩の
—煙と老婆 三三九
—新月仰ぎ 三三八
歳晩や
—長明画像 三三九
—火の粉豊かの 三二八
—奔湍石菖 三三九
歳末都心の 三二八
歳末なれど
—冬煖とて 三三七、三二八
—法隆寺遠望 三二八
歳末の
—大きな街路を 三二八
—オルガンの音と 三二八
—生面の茂吉 三二八
—父たり水晶 三二八
再遊や
—一渇医ゆる 一四三
—流れ合ふごと 一六二
サイン得るための 二〇
冴え返る 二一
囀（さへづ・り）や
—人なつかしむ 五八
—唯一羽なり 五八
—一幹よりして 五九
早乙女の 一五〇、一六一
早乙女や 一六一
坂上るを 二九五
坂おりて 一五九
さかさに吊らば 二一九
さがしものは 一七四
坂すずし 一〇六
咲かせて咲きし 一〇〇、三三八
坂に仰ぐ 一一一
坂に来て 四八
坂の秋風 二六三
坂の空 一二六
坂の中途の 一〇六
坂の上ゆ 一一一
坂を好みし 三三九
咲き切つて 二〇八
鷺草や 二三九
左義長へ 四二五
先つ代の 三一七
咲きて花の 八四
先なる鳩の 一〇六
先に在りし 三六七
沙丘の泉
—梢越す風に 一三六
—小鳥つぎつぎ 一三七
—小鳥の浴み 一三六
沙丘の泉へ 一三七
砂丘の合歓 三三三
砂丘より 三三三
先行く水に 三三四
先んじて 四二
作あきらめて 二九五
桜狩の 四四
桜炭 三八二
桜鯛 六〇
さくらなる 四〇五
桜の実
—教師身辺 二〇七
—光は解かる 二〇七
—紅経てむらさき 二〇七
桜の芽 八〇
さぐり進む 三七五
柘榴初花 二一三
酒か水か 三三九
酒と女の 一三八
酒をそそぎて 一〇八
左肩痛めど 二七七
笹鳴ちらちら 三九三
笹鳴や 三九三
笹舟を 四三六
笹舟小 五一
笹舟も 九九
さゝべりなす 七一
さゞら波 三四九
差入れて 一三九
坐して明日香の 一九
匙に溢れ 二五二
指しに指して 五七
定かなり 一九五
定かに見えぬ 三九六
五月をみな等 一〇〇
五月なる 一〇〇
五月野の 一三四
雑誌緑蔭号 二一九
里近し 三三〇
里の子ならん 三三三
狭土の夏草 三三三
里の名文字通り 二一二
里古し 三〇二
さながらと 三四五
「さながら」などと 六九
さながらに 三三六
早苗饗や 一六一
然なり事なし 二八八
実朝忌
—押し対ひ聴く 四三〇
—定命伸びし 四三〇
錆びし銀船 一〇一

鋳を削れば 二九〇
座踏み佇つ 二二四
覇王樹立ち 一九〇、二二八
朱欒裂くや 三〇六
朱欒の内かは 三〇六
さまよふ男女 一八六
五月雨に 一一九
五月雨の
—赤泛子一点 一一九
—庭面の水輪 一一九
寒き鶏鳴 三四三
寒き公園 三四三
寒き母 三四三
寒き枕 三四二
寒き枕辺 三四三
寒き夜も 三四一
寒くたのし 三四三
寒ければ 三四三
寒さ見詰めて 三四四
寒ざむと 三四二
寒空や 三五二
寒むや「血と砂」 三四四
寒むや軒を 三四三
さむらひの 二九五
さめては睡る 三三三
然も然うず 四一六
さやぎ持たぬ 八一
さやぐ冬水 三六七
鞘堂の 二二〇
鞘堂や 二二五
左右上下 一五七
冴ゆる客観 三四六
冴ゆる直線 三四七
冴ゆる笛声 三四七
更に北から 二一九
更にはらはら 二八九
「舞踏薔薇（サラバンド）」よ 二〇九
「火竜薔薇（サラマンドラ）」 二〇九
印度（サリー）衣装の女 一六八
猿芝居の 一〇三
百日紅
—「今中」母の 二二〇
—乙女の一身 二二〇
—追はれ心は 二二〇
—古樹笑きつづく 二二一
—小町がごとき 二二一
—縦棒太き 二二一
—父の遺せし 二二〇
—泣くとはいへど 二二一
—身を打ちて弗々 二一一
—ラヂオのほかに 二一〇
百日紅の 二一一
笊の中 三七八
去る者は 三三一
されど嫦曳 三一九
「さればさ」と 三一六
沢蟹とりて 一九一
沢なりや 四三一
沢なるものの 四一九
爽かや 二五三
早蕨の 八九
山雨急 三三五
三猿の 六五
三猿古れば 三〇八
三階倉も 一七七
散会後 二九九
三角地 二六八
三角に 三九〇
三角の 一三〇
三ケ月の 二〇八
山河の光 八一
巑岏の 一三三
残菊二三株 三三三
残光統べて 四二〇
残光に 一六一
残光の 四一
山湖澄む 二四九
山湖仙色 一八六
山菜の種々 七九
三歳裸女の 一六七
三叉路の 二六五
三々五々は 七〇
三児あれば 八八
山市にそそる 三七一
山市には 一四三
山市の乙女等 一五五
三児の一人 三四五
三尺寝 一七三
山社の楣間 四二九
三十人 三八〇
三十年に 二八五
残暑の悪夢は 二四九
残暑の墓 二四九
山水画 二七〇
山勢水勢 六六
残雪光 三六
残雪の 三六
残雪も 三六
残雪や 三六
三千歳とは 四四〇
山荘の 一四二
残像の 一五八
三代の 二一一
—屛風や 三八一
—芝焼くに 四一
三体仏に 三五一
サンダル夫妻 二九
三段に 八六
残置燈下 四〇九
山頂観音 五三
山頂の 一九八
サンドウィッチ・マン 三六一
サンドウヰッチも 三二七
山頭仏域 四一三
「三度に一度は 二八〇
三度目の 二七九
三年前は 二八三
三の酉 三九〇
三白馬は 三四
三羽三羽 一九二
三百年 二八九
山腹めぐる 三六八
山坊すずし 一〇七
秋刀魚青銀 二九三
残務あればか 二二三
山門の 一〇八
自愛すずし 一〇八
自愛せむ 三三四
椎・樫を 一一九
詩歌すら 四三〇
詩歌の位は 四三〇
寺域に故人を 二一三
椎夏木
—仰ぎて独り 二一五
—片ひろがりの 二一五
恣意ならぬ 二一三
椎の枝 三三八
椎の苑 三一〇
椎の花 二一三
椎の葉は 二〇〇
椎の実の 三〇九
椎の実三粒 三〇九
ヂープ快速 三五七
自影に去れと 三五二
汐浴びし 一六四
汐浴びの 一六四
仕置場へ 三一八
塩ささやく 三七八
汐路凌ぎ 一九五
潮に泛く 四〇三
栞みどり 三八〇
自我が庶民へ 一八
四月一日 三三
四月の詩銭 三三
四月馬鹿
—幾度肝胆 三八

枝頭に咲き　二三三
指頭に指す　一九五
児童遊園に　二八六
師と炬燵に
—故郷の城の　三八二
—自愛の膝も　三八二
しどみ咲く　八二
尿も春光　二八
淑やかや　三一六
品川の　二六四
死なざりしよ　八八
信濃暮れて　三一五
信濃路に　三五九
信濃路は　一二〇
信濃なれや　一一六
信濃冬松　四〇四
信濃へ解放　一九六
信濃へ来て　一七九
死に難し　三三三
卮（し）に澄む水音　二七二
死にたい妻も　三九〇
死蛇の　一八〇
死ぬてふこと　五〇
詩念払ひて　三一六
師の故宅　一六四
「しのび返し」を　六二
師の眼漆黒　七三
師の逝きし　四〇三
死の予兆　二一九
詩の湧きつぐ　三三五
しばし掌へ　六三
師は微恙　四一五、四二九
芝焼く焔も　四一
芝焼けば
—水槽下に　四一
—焔の数が　四一
詩碑の辺や　二七九
渋柿たわわ
—井戸ふかきままぞ　三〇三
—スイッチ　三〇三
渋柿や　三〇三
渋柿累々　三〇三
雌伏の頃の　二一九
しぶり夕立　一二〇
四分割　三〇五
師へ行く夜道　四二二
慈母の下に　八三
姉妹のごと　一八一
縞毛虫　一九三
島椿　六七
嶼訪ふ波は　三三七
島の娘佇てり　一四四
林泉の端に　三四八
島の墓地　二一八
島はただ　三〇〇
清水溢れて　一四二
清水一条　一四二
清水落ちて　一四二
清水落しむ　一四三
清水通ひて　一四四
清水潺湲
—足頸を揺る　一四二
—対蹠界いま　一四二
清水沿ひ　一四二
清水でそそくさ　一四一
清水と小門　一四二
清水流る
—懺悔の後の　一四一
—水面のかしぐ　一四三
清水に洗ふ　一四二
清水の味　一四一
清水のうたかた　一四二
清水の音　一四二
清水の岸　一四二
清水の声と　一四一
清水の幅　一四二
清水飲めで　一四二
清水奔りて　一四二
清水見るに　一四二
地虫鳴くや　二九九
自明の結論　一六八
しめりし沓に　四九九
霜消えて　三五七
霜月や　三三七
霜解けず　三五七
霜に的　三五七
霜の威に　三五七
霜の犬　三五七
霜の小垣　三五七
霜の刃の　三五七
霜柱　三七〇
霜踏んで　三五七
霜遍満　三五七
「死」も亦赤きを　二〇二
指紋さへ　一九四
寺門繕い　一九二
指紋に似たり　二〇
寺門に倚れば　三七二
石橋（しやくけう）の　三二一
石橋自ら　三二一
石橋渡れば　一八〇
借景やや　七四
蠖尺虫（しやくとり）の　一九四
「借名」と　二七四
惜命ならぬ　七四
ジャケツ厚く　三七五
ヂャケツ女人も　三七五
ヂャケツの端　三七五
写真の中　二〇七
ジヤズ寒し　三四二
車窓金星　一〇五
車窓の嫗　一〇六
車窓の妻と　二七六
遮断機久し　三九
車中客　一二五
車中は路傍　三七六
車道だらけ　一五五
社燈の銘　一九八
蛇の髯に　四〇九
蛇の髯の
—花咲き林道　二三九
—実の瑠璃なるへ　四〇九
車便尽し　一七一
遮閉溝から　三七二
石鹼玉
—浮きゆきぬ森の　四六
—天衣無縫の　四六
三味で弾く　一五八
三味の音の　七四
軍鶏は牝を　三四六
「斜陽出征」　一五三
砂利千坪の　二八
砂利に憩ふ　二〇八
砂利踏み土踏み　四九九
砂利掘り女の　一七一
砂利道尽き　三一八
砂利山の　二〇三
砂利を均らす　三七九
じやんけんを　一五〇
十一月
—川辺の墓地の　三三六
—一途々に　三三六
—三日鶴唳の　三三五
十一月の
—雨雀はしやぐ　三三六
—海気吸ひては　三三六
—櫛目正しき　三三五
—母の首筋　三三六
—薔薇と葉叢に　三三五
—日差・昃　三三六
秋雲離々　二五七
秋燕翔く　二九〇
秋燕に　二九〇
秋燕や　二九〇
秋海棠　三一三

十月薄暮　二五〇
秋気一丸化されて　二五二
獣機退去　三五一
秋鏡裡　二四六
秋耕の　二七九
秋湖に立脚　二七三
十五の娘へは　一四九
「銃殺云々」の　三三三
十三歳　三八
秋思うべない　二八二
十字架白塗り　一七三
十字架に　三一〇
十字架の
—かたち木槌の　一〇八
—樹つや腕木は　六一
十字架碑の　五四
秋思断続　二八三
終始なき　三四五
獣屍の蛆　二〇一
修女たらむの　一六八
修身口調の　五〇
就寝の　三九八
囚人ふたり　七一
秋水一枚　二七二
秋水及び　二七二
秋水に　二七二
秋水の
—魚影の背筋　二七二
—堰の上なり　二七二
秋水へ　二七二
秋水や　二七二
—土手くる乙女　二七二
—文字刷る音は　二七二
—指の水輪の　二七二
終生主義者　三八六
銃声は　三三六
終生まぶしき　一三七
秋声や
—故友名づけし　二五六
—溜息の後の　二五六
終戦以後　七六
終戦記念日　二七三
鞦韆すずし　一〇七
終戦とも　二八五
鞦韆に　四六
鞦韆の　四六
鞦韆無影　四六
鞦韆や　四六
秋扇や　二七八
十代すみし　九八
絨毯踏み　三六四
秋潮音なし　二七三
秋天一碧　二五六
秋天円蓋　二五七
秋天昂矣　二五七
秋天涯て無し　二五六
修道院　三三三
修道女　一七〇
修道女の　一〇〇
秋灯に　二七七
修道尼　三三五
充棟の　二五二
十二月
—個人マラソン　三三七
—夫婦羊に　三三七
十二神将　四一四
「十年後の　二五六
十年経っても　三六七
十年経てば　二一三
十年の　三七三
獣糞離れぬ　二〇一
衆目を　三六五、三九三
十薬に　二三八
秋夜小集　二五一
詩友等若し　一二五
秋霖の　二六四
秋霖や　二六四
秋嶺近み　二七一
秋冷の　二五二
秋嶺の　二七一
秋嶺は　二七一
収斂の　四〇五
樹海凍むのみ　三四五
樹海無音　四三七
朱夏なれや　九八
樹下にビール　一五二
朱夏の天地　九八
倏忽宜しや　一八一
受験禍の
—乙女の涙痕　三八
—子の手にうすき　三八
—其子がきのふも　三八
—日は雌鶏も　三八
—母子電柱に　三八
受験疲れを　三、三八
侏儒渓に　五三
樹上の朝顔　三一一
数珠音さむく　三四四
受洗の子　三一一
出山の　一八二
十指に余る　二五六
十指の数ほど　六九
出征兵士
—おのれと群れて　一七〇
—頭は蒼々し　一九三
出征列車　一一八
拾銭銀貨（ぎざぎざ）　三八五
十ツ分の　六二
手套敢へて　三七六
樹頭の花　七一
寿のきはみ　四二〇
朱の鳥居　四二九
主は復活　三九四
首尾つらね　二一
主婦の目大きく　一五三
主よりへだてて　二五〇
樹齢嘉し　七六
棕櫚影を　三四九
棕櫚四柱　三一一
棕櫚に北風　三五五
棕櫚に実が　二一
棕櫚の下　二四五
棕櫚の下の　三三八
棕櫚の立木　三三九
棕櫚の花
—才幹八達の　三三一
—薬香沁みて　三三一
春鴉みな　六三
春陰に　三三
春陰の　三三
春陰（蔭）や
—木彫の竜も　三三
—由縁は絶えず　三三
春瀛出でて　三五
瞬間は　一七八
春暁の門辺　三三
春暁の屋根　三三
春暁や　三三
春興や　四七
春景を　二八
春光や
—青魚うねる　二八
—快癒者ものを　二八
—もののはじめの　二八
春日煦々　二七
春日の　二七
春愁ならむや　四七
春愁の
—一曲オーボエ　四七
—ピアノを子守等　四七
春愁や
—渇きし子等に　四七
—基地辺離れば　四七
—もみしだく我が手　四七

春愁を　四七
春塵浴びつつ　三一
春塵被つて　三一
春塵絶えず　三一
春ㇾ塵不尽　三一
春塵に
—喊声真黄色　三一
—女人の業の　三一
—兵ただ影絵の　三一
—女人独坐の　三一
春塵の
—襟解けて亡者　三一
—奪衣婆呼ぶ　三一
—中に臥(ね)射(う)ちの　三一
春塵は　三一
春水が　三五
春水広し　三五
春水や
—仇波の瀬の　三五
—ハモニカながら　三五
春水を　三五
春雪床上　三一
春草に　八六
春草は　八六
春昼倶会　三三
春昼聖歌　三三
春昼の
—梯子段(ステア)を昇る　二三
—レールの銀へ　二三
春昼や　二三
春潮の
—一層に次ぐ　三五
—渦出して椰子の実　三五
—昂まる乳房　三五
春燈下　四〇
春灯をりをり　四〇
純白の　三九七
春風自在　二九
春服や　三九
春眠自適　四七
春眠の　四七
春眠や　四七
春夜縷々と　二四
春雷や
—学区ととのへ　三三
—三代にして　三三
—わが二姫をば　三三
巡邏素直に　二三八
春蘭や　九〇
春嶺同志　三四
巡礼や　四八
春聯の　三七
状受けに　二五五
硝煙の　三四四
小学同窓の　六九
正月の　四一四
少暇の夜行　二三
薑茗荷　三四、三二五
小閑充実　三九五
乗客を　三二八
上京して　三五七
照空燈　二六二
上下線へ　二三
上下には　六八
正午なる　一二〇
正午の露　二六七
正午の日　一八七
定斎屋　一六〇
障子洗ふ　二七八
小ヂーキル　一四九
障子のあちら　三八一
城址の欄　一〇四
常住の　二二二
常住ピンクの　三四
城章の　一〇五
少女ならず　四六
小人族を　三七四
小人も　二一九
少数に　三〇六
上層中層　二二二
状出しに　三四三
松竹梅の　三七
掌中の　三九五
城中ふかく　三〇四
焦点なき　一〇七
昇天の　二五六
昇天竜　一〇八
城頭更に　一一三
城頭白壁　四一九
城頭の　二三四
生得の　三三三
焦土の秋　二四五
枝葉に通ふ　三〇五
商人どち　一〇七
少年成ひ長ち　二四五
少年老いぬ　三一九
少年兄弟　一五三
少年応へ　八九
少年死処　三五七
少年に　三五一
少年の
—焦燥あめん　一九七
—田の見廻りや　一六一
—提琴独習　八六
—手ぶり話や　一四七
—夏シャツ右肩　一五〇
—見遣るは少女　五八
少年横抱き　三八六
少年われへ　四二七
松柏の　二一四
菖蒲葺く　一四八
小噴水　一五五
障壁画　六一
掌篇的な　一九一
城北の　四二三
定命以て　二一九
照明噴水
—五色本末　一五五
—詩も整然の　一五五
—妻から寄する　一五五
—流動の虹　一五五
常夜灯　一三〇
松籟聴く　二五二
松籟遠く　八四
松籟なき　七一
松籟の
—消ぬかのままに　三五九
—つらなり牡丹の　二一〇
—下紅梅は　六七
松籟は　六八
松籟も　一五五
松籟や
—打ちつけならぬ　三五二
—人と人の間　三四五
—百日の夏　九九
—冬空の蒼　三五三
「勝利」は「夜光の　二一五
鐘楼したたり　一一九
書架凍てぬ　三四五
女学校　三三六
初夏の果々　九八
初夏の黒髪　九八
女給の手　三四二
女教師を　五四
職域の　一〇四
食後の真水　三九一
食事の腹案　一四七
植樹祭と　三八
食卓の　三〇四
職人じみし　八七
燭の灯に　三〇二
燭の灯を　一七六
職場の名残　七四、二〇七
職場の初蟬　二〇〇
食は腹に　三五三
嘱目界も　一二三
諸芸さむし　三四四
女工の目　一八五
暑こそ頒て　一〇三

書庫守に　三八六
書庫守の　一九五
所在なげに　九八
女子受験生　三八
女児の論文　三九〇
諸事等し　三九一
諸事明視　一四一
諸車脅して　一一五
女子夜学生
―鮮白靴下　二七六
―バス降口に　二七六
―闇へ振り出す　二七六
女子寮うら　三九五
初心の諸事　一八二
女性対話者　一〇七
初対面　一八六
書卓椅子　三三
書の面の　四一九
ショパン弾き　二六七
署名運動　一〇三
除夜の鐘
―眼前居る妻　三九〇
―「二つ音」床を　三九〇
詩よりほか　三七七
書を読みて　三一〇
書を読むや
―家居冬著の　三七三
―冷たき鍵を　三四二
白ら息籠り　三八八
白魚や　六〇
白梅一輪　六七
白梅の　六七
白梅や
―風に圧されて　六七
―曇り日なれど　六七
―天日白き　六六
―墓地へ波うち　六六
―友情亭けしよ　六六
―夕日懸腕　六六
白魚汲　六〇
白髪のひとの　三一七
白樺その他　一六四
白樺と　一〇一
白樺に　二九九
白樺の
―花が実となり　三〇八
―夜眼の裾縞　一八一
白樺は　二五七
白樺も　一六四
白壁塗り　一六一
白髪ヨゼフは　一八
白菊や　三一三
白雲の　三一七
白雲を　二一八
白ら煙　一九七
白鷺が　一八七、一九七
白鷺の
―あせり似げなく　一三、一八七
―羽搏ちや呼ぶごと　一八七
白砂と　五九
白袖振つて　一七八
知らぬ伯母　二八六
白萩の　三一八
白鳩に　一三三
白鳩の　一二三
白ら花の　一一一
白薔薇巨冠　二〇九
白薔薇その他　二〇八
白髭涼らに　一〇七
白富士仰ぐ　三六四
白富士に　三六四
白藤の　七八
白富士の　三六四
白富士や
―家を貫く　三六四
―うつつの楽は　三六四
―眼中梁　三六四
―東開きに　三六四
―老父母と子と　三六四
―わが父母地上へ　三六四
白雪や　三六二
白百合多花　三一八
白百合と　三一七
白百合に　三一八
白百合の　三一七
白百合は　三一八
白百合一株　三一八
白百合や
―銀の秤が　三一八
―皓歯長めに　三一八
―天使は聖母　三一七
識れる者には　八三
城址に　三一一
城址の　三七二
城ある夏山　三一三
白犬は　一〇七
白い眼をした　一八〇
白岩に　二四九
白団扇　一五九
白馬の　三一〇
白馬は　一八二
白蚊帳や
―遺骨傍居の　一五七
―とがめなき恋　一五七
白き息　三八八
白き靴ベラ　三三九
白き滝　一四四
白きたて髪　二六三
白き胸　五六
素く紅く　二八
白蝙蝠　四四二
白ジャケツ　三七五
白障子の　三八一
しろ〱と　三七三
白制服の　一四九
代田の泥の　一三五
白足袋遺し　三七七
白足袋の
―チラチラとして　三七七
―中へ白足袋　三七七
―前反り後反り　三七七
白足袋を　三七七
白夏帽　一五一
城に真近　四五
白塗り十指　一六三
白塗りの　一〇六
城の空谷　三一八
城の写真　一七一
城の町　二四八
城は赤土　二〇七
白蓮や　三三一
城は日盛　一一六
白薔薇聞き　二〇九
白薔薇の　二〇八
白薔薇は　二一〇
城庇　二一〇
白服の　一四九
白船は　一一八
白曼珠沙華　三三三
白肉の魚の　七六
城山越へて　四一三
城山に　一九四
師走しづかな　三三八
師走の鶏鳴　三三八
師走の木　三三八
師走の父　三三八
師走の灯　三三八
師走の日座　三三八
師走の道　三三八
師走星　三三八
師走三日月　三五四
神域涼し　一〇九
神域の　三〇八
「信一」泣かず　一八五
真意とは　二六八
新駅へは　一六二
「新円寂」　二六〇

人煙・砲煙　三四一
人煙や　三七〇
人外境に　四三九
進学峠　一四八
新化し果てし　二四六
晨起して　七六
心気の紙漉　三八五
晨起窓を　六二
蜃気楼の　三四
呻吟の　二〇四
呻吟漏刻　一五八
新月仰ぐ　二六一
新月肥立つ　二六一
新月一つ　二九二
新月へ　二六一
新月や
―御空の自句の　二六一
―吾がためならむ　二六一
人語あり　一四六
信仰の　二六一
人工の　四〇二
人工飛星　三七一
人工楽園　三三一
人語軒昂　一七〇
新戸主どち　三六
心根(しんこん)さめて　八五
新刷の　三九八
新三代の　一八二
真摯達責　二七九
甚七郎は　三三四
「心字」とは　五一
新自然薯　三一四
唇歯の間　三三三
唇歯没して　一三七
新馬鈴薯と　三三一
新馬鈴薯や　三三一
新樹仰ぎ　二一六
真珠筏
―夏草ながら　三三三
―八月明星　二四八
新秋到来　二四八
深秋の
―赫犬渓へ　二四六
―「主」は白姿　二五四
新酒酌まず　二七七
人種超えての　一一四
仁術と　二七一
新樹どち　二一六
真珠撫で　九七
新春祝ぎ　四一四
神将の　四一四
心身ぬくし　三七五
新人の　一四六
人生成就の　三五七、四〇一
人生半ばで　三三四
新雪や
―あかがね電線　三六二
―白き聖鐘　三六二
親疎の風　二八三
寝台車　一六五
人体背後は　一六七
身体髪膚　二七六
新茶売出し　一五二
新調の　一六一
沈丁の　七七
神燈あまた　三四四
人道とは　六九
心頭は　一〇〇
心頭滅却　一〇八
信と知の　四四三
新内の　二四七
芯なき山吹　七九
新入生へ　三九
信の座か　一五五
真の「智」は　一八〇
信の代と　四四三
審判の　二六七
神父と鱒釣　六〇
神父の円頭　一一四
神父の眼窩　一一〇
神父の竿に　一九〇
辛抱の　三七八
神木の　四二〇
新仏　三六四
新道と　四〇三
新道や　六二
深夜のくれなゐ　三〇四
新葉くれなゐ　二一七
新郎の　三一二
新藁や　二八〇
炊煙も　二九一
炊煙や　三七四
炊煙ゆるく　七〇
水煙を　八〇
炊煙を　一七五
西瓜赤し　三一三
西瓜食べんと　三一三
水月直前　二五九
水源護る　三三八
水郷に　三二四
水石拾ふ　三九
水仙仰ぐ　四〇六
水仙凋れ　四〇六
水仙嗅(き)ぐ　四〇六
水仙と　四〇六
水仙の
―芯自らを　四〇六
―葉ことごとく　四〇六
水仙や　四〇六
垂直降下の　二六九
水亭閑々　一七三
水天碧冷　三四二
水稲刈る　二七九
随筆的　一〇四
水平座　三一三
睡眠不足　三九五
水明草明　三一二
睡蓮一華　二一七
睡蓮描く　二一七
睡蓮沿ふ　二一七
睡蓮点々　二一七
睡蓮遠く　二一七
睡蓮閉ぢぬ　二一七
睡蓮に　二一六
睡蓮の
―紅白妻も　二一六
―花数はほぼ　二一七
―葉の押さへたる　二一六
―未の刻や　二一七
―明暗たつきの　二一六
睡蓮は　二一七
睡蓮不語　二一七
睡蓮や
―楽も煙も　二一七
―挿絵も自筆の　二一七
―刷新の身の　二一七
―死ならぬもの以て　二一七
―他生の縁に　二一七
―無垢を封ぜし　二一七
吸ふ口もろとも　二七五
末女こそ　二七五
饐え蕎麦を　一五二
末つ娘の　四二九
饐えて黴びて　二三九
末の子も　二七四
姿歴々　四三
頭が二つ　三三一
巣鴨・駒込　九六
縋られ歩む　二五九
漉紙成就　三八五
漉紙真白く　三八五
好きたいか　二八一
スキップに　三三五
透きとほらむと　六二
杉菜の雨　八九

杉菜の下 八九
杉の巨幹 三一一
杉の森 二九三
隙間風
—狂言自殺の 三五五
—車掌の歌の尾 三五五
—そして洩れ灯を 三五五
—天井うまき 三五五
すぐそこに 三六三
直立の 一四〇
直立や 八八
木菟は呼ぶ 三九五
直穂そろへば 二八四
末黒に拾ふ 三五
末黒野来る 三四
スケートの 三八五
スケートや 三八五
すげなき者よ 二九三
少しく久しく 四〇五
少しこぼして 一四四
巣ごも（籠）りの
—鶴の絵朝寝は 三八
—鶴羽づくろひ 六〇
健やかな 九九
すざつて犬の 三七八
筋金入りの 四二七
頭上高く 三九四
頭上の夏日 一一一
鈴懸けは 三〇八
鈴懸実りぬ 三〇八
芒若く 二三五
涼しき曲 一〇八
すずしき羽音 一〇八
涼しき眼 一〇九
すず（涼）しさや
—鴉千曲川 一〇七
—仔牛の腓 一〇八
—末子と「幸運蹄鉄」 一〇七
涼み台 一六三
すず（鈴）虫や
—老いゆくなげき 二九七
—老ゆる身の歎き 二九七
—月無き夜の 二九七
—渡欧飛行機 二九七
鈴虫凛々
—友の血圧 二九七
—斜に刻めば 二九七
雀とまれば 二九四
雀逃げ 一一一
雀の尾 一一一
雀の仔 五九
雀の頭 二九三
雀夕涼 一六三
雀等や 一〇八
雀を追ふ 二九〇
鈴蘭贈り 二三六
鈴蘭の
—谷や鐘の音 二三六
—谷や日を漉く 二三六
—花は抽きとり 二三六
—花を振り出す 二三六
—「離花」とやいはん 二三六
鈴蘭湧く 二三六
裾あらき 二五八
裾長の 二五八
裾野青芝 三三三
裾端折 四四〇
巣立燕
—鳴る音がうたふ 一八〇
—昼の月さへ 一八〇
簾の彼方 一五六
すつくと狐 三九二
巣造りの 六〇
捨て椅子の 三七〇
捨鰈 一〇五
捨菊を 三一三
捨仔猫
—鰹節粉ならぬ 五〇
—捨てられざりし 五〇
—地に手をついて 五〇
—地は低うして 五〇
—つながれ山羊の 五〇
—泣声一粒 五〇
—二輪車四輪車 五〇
捨晒莨（すてされたばこ） 三三〇
捨科白 二九〇
捨畳 一七三
捨提灯に 三三九
捨壺ながら 三三一
捨てトラク 三六六
既に戦時や 三一七
既に妻の 四六
既に夏に 九七
すでに古し 一六一
既に真赤の 六八
ステンドグラス 三六三
簀戸かげへ 一五七
ストリップの 一五九
素直なものが 四〇八
砂川や 六一
砂と薺 八七
砂の上 一八〇
沙の膚 一三九
砂をつかめば 三三〇
沙を混へ 三三〇
洲に仰ぐ 四一三
頭の下つづく 一七九
頭の雪を 三六〇
巣箱の下 六〇
巣箱一つ 六〇
すべて遠望の 一四五
スポンヂ摑み 二五五
須磨の一夜 一九五
炭竈や 三八五
隅だけが 三六七
菫未だ 八六
菫束ぬ 八六
炭を焼く 三八五
澄むことに 二三六
角力の顎 二八二
角力敗れし 二八二
スリッパ一つ 二九九
スワン親子 一八九
スワンの子に 一八八
スワンの母 一八八
頭を上下 三九八
頭をつつき 一八四
頭を伏せし 一七九
頭をふりて 三六八
寸土も見せぬ 二一八
聖院青芝 三三三
青雲多き 二二五
青雲白雲 一一四
西王母の 四三六
盛花さまざま 三一〇
聖歌吹き散り 八五
盛夏無策 一〇三
青眼白眼 二一九
青寒裡 三三九
正坐の蟇 一七八
正邪みな 四一五
聖樹陰 三九一
聖樹避けざま 三九一
青春の 一〇六
聖燭は 一〇五
税署の花圃に 二七一
成人の
—日の落し物 四三三
—日の子に母を 四三三
—日の子の一難 四三三
—日の子の筆紙 四三三

成人日　四三
青々たる　八一
生前父の　二一六
清泉や　一四〇
聖代めく　二〇〇
咳いても独り　三八七
青天から　二一一
青天の　三七六
正道の　三九四
聖堂の
—一稜夏の　九七
—霧の端窓　二六六
青年一団　三四七
青年の　二一六
青年は　一九六
青年ヒトラー　三七五
青年二人　二一八
青年等　三四一
青年裸像
—足もとくらし　七五
—三体三方　七一
—双肩に降る　四五
青年を　一七〇
生は一つ　一〇七
「征服されざる　二四七
制服紫紺　三九
聖母子像
—愛慾受胎の　二五一
—動く時計の　一〇五
聖母子像よ　二七六
聖母像　三八一
聖母と寒岩　三四〇
聖母の岩窟　三九四
聖母の母乳　八八
聖母伏目　二一九
聖夜劇の
—幼基督(クリスト・キント)　三九一
—出を待つヨゼフ　三九一
—マドンナ人を　三九一
聖夜とや　三九一
聖夜の四壁　三九一
聖夜の灯に　三九一
清流眼前　四三五
セーラー姿　三一三
セーラー服の　五七
瀬音雨音　一九
世界病むを　三〇三
石階幅広墓　二八六
席画つねに　一九〇
石材や　三六七
昔日の　四七
関址の清水　一四二
惜春や　二六
石菖に　二三六
石菖叢に　二三六
石菖や
—岩魚追ひあふ　一八九、二三六
—穢の思出に　二三六
—行人たのしげ　二三六
—禽(とり)妻を呼ぶ　二三六
—老人中竹　二三六
積雪の　三六二
石炭の　三八二
石炭は　三八二
石柱真白　二三七
石鼎描く　二一〇
石殿石磴　二一
咳に充つ　三八六
積年の　四三
関の址　三一
咳は声　三八六
石仏の　三三九
咳不如意　一九七
咳くごとく　二五二
咳くヒポクリット　三八七
世間師の　一六九
秒盤(セコンド)の　一一三
施食盤
—声こぼさねど
—群鳥樹頭を　四三一
—餌も白じろと　一一九
施餌盤に　三九四
施餌台に　二七七
施餌盤の　二〇四
脊姿映る　二四八
背姿かさねて　二七二
世智なき父を　一四九
石膏型を　二七
石膏像　九五
絶大鉄球　一三〇
雪中梅
—一切忘じ　四〇〇
—この旅白く　四〇〇
—雪中鶯も　四〇〇
—空でもつるる　四〇〇
—闘ひつづけ　四〇〇
—曲がり初めたる　四〇〇
—雪にかくれぬ　四〇〇
絶頂や　七三
雪白の　三七六
絶壁上　四一
絶壁の　三一二
雪嶺や
—群鳥樹頭を　三六五
—伸び詰まりたる　三六五
—肌幾重にも　三六五
瀬戸の冬波
—愛犬のごと　三六八
—影踏遊　三六八
背の子へ　一四二
背の負荷　一一五
瀬の音は　六五
せまきせまき　三五六
迫りくる　二六四
蟬が呼び　一九八
蟬時雨　二〇〇
蟬と鳴弦　一九八
蟬にわれらの　一九八
蟬の彼方　一九八
蟬の声　一九八
蟬の陣　一九八
蟬の羽音が　一九八
蟬の下　一九八
蟬咽ぶ　一九七
蟬わめく　一九八
セメント池　一六五
背も豊か　三九三
戦雲回顧　二七一
千雲万雲　三一三
戦雲よそに　一一三
潺湲の　八〇
戦記なれば　三五二
全曲中　三三四
全校悼む　三三三
全校児の　一五七
先行者を　二七一
前後反る　三七七
前後なき　二一八
前後に蝶　六二
戦後の一年　三〇七
戦後の子　三〇六
千古の杉　四一八
戦後の聖夜　三九一
前後は海　一八八
千歳の　一四〇
戦災悲話　一八六
全山に　三九三
前山の　六五
詮じあふ　二九八
先師いまはの　二六九
全市黄落　三〇七
戦時なりし　一九五
戦時の富士　三四三
千紫万紅の　三三四
戦車の後　二二八
千手万指の　六四
船上歩み　一〇一
船上の　一一三

善心ともに　二九
扇子片手の　一五八
扇子で来る　一五八
蟬声負うて　一九九
蟬声さまざま　一九九
蟬声しづか　一九九
蟬声層々　一九九
蟬声ほのぼの　一九八
蟬声や　一九九
戦前からの　一八〇
戦争終り　一三三
蟬奏は　一九九
船窓へ　三六九
仙台の　二七四
洗濯を　二四七
先達壮年　一〇八
栴檀青葉　二一七
泉中自影　三三六
戦中派の　一四七
千坪満たす　八九
前途永き　三九一
前途に岩門　三一九
せんなさに　三四九
善男善女　一三一
前年の　八六
千年の　二二〇
全能母に　二七六
銭の憂ひ　六三
鮮白鮮紅　二〇
鮮白の　二二四
戦報に　二三、一一四
戦没旧友の　二二九
全面隈々　三三六
戦盲一人　一七〇
前門の　二四六
前轡きはやか　一二五
千両や　四〇七
禅林の　三一四
洗礼涼し　一〇五
線路凍ゝて　三四五
線路沿ひ　三七九
添ひて自転車　一四七
躁鬱の　三六八
草炎の　二三三
桑海残存　三三五
窓外に　三九八
僧が吹く　一六五
双眼もつて　一一
雑木冬山　三六五
雑木山　八一
「造型」の　一三三
草稿に　二九五
壮行や　三六一
倉庫区や　一一一
蒼古の如し　二〇六
雑言浴びて　八一
掃除と焚火　三八三
走車絶えず　一五六
走車なる　二六九
走車に遠し　三八三
走車除けば　二九八
走車の灯　一九三
走車のみ　二八六
走者まばら　一〇三
曾住の　七〇
早春なりき　一一一
早春の　一二〇
早春や　一一
双唇掩ひて　三四五
壮心復りぬ　二九九
双生児等に　三三六
早逝の　二八六
蒼然たる　五九
層々たり　六八
「相対」畳むも　二〇七
掃苔の　二八六
掃苔や
—雨沁む苔と　二八六
—楽になりにし　二八六
雑煮祝ふ　四一三
僧に蹤き　六五
像の片手の　一〇一
左右の肩に　四一三
僧の頭の　一六〇
左右の嶺の　一三三
左右の果　三六九
僧の留守と　一五一、一五七
早梅一輪　四〇〇
早梅や
—後へはひかぬ　四〇〇
—後頭まさに　四〇〇
—鉄路の鳴れる　四〇〇
—名君・怨敵　四〇〇
僧は留守　三〇二
左右へも長き　八五
左右へ横顔　一五
遭逢直ちに　五三
双翼半ば　一七
草履で踏み　二四五
草履の尾　一〇〇
左右寄せて　一三
爽涼の　二五二
僧を訪ふ　一〇九
ソーダ水　一五二
疎開者に　一〇五
そがひは梅雨闇　一一八
そがひより　五九
そが発端　五五
即応とは　二九五
側近に　三四一
仄光下地の　二六五
即自の反逆　二一九
族長をみな
—小柄となりつぐ　二七八
—同族へ贈るに　二七八
速度の迹　六〇
底石よりも　一四二
祖国けふ　二六四
祖国二分の　一三〇
祖国の事　二六一
そこでも薫る　三〇一
底泥の　一七八
そこにしづか　一七九
そこには灯　四、七八
そこばくならず　二一八
そこばくの　八三
そこへの出口　一五五
底焼く船　一七
そこより萍　二三九
蔬菜露けし　二六〇
そして更に　四〇八
礎石めぐりて　一二〇
そそぐほど　一四三
鼠族戮して　三四一
楚々と描きし　一九
峻るのみの　四三九
そゞろ浅学　三六〇、三八一
卒業歌　三九
「素燈」とも　三八〇
ソドム・ゴモラの　一七六
外向きに　二九三
訴人かままよ　四四〇
その音のみ　一三三
その面影　二六三
昔(そのかみ)の　三三〇
其銀で　三七四
其子の家の　三七四
その仔等さやぐ　一八九
その頃の　二八四
その師も逝きぬ　二六三
その高巣に　二〇一
園沈々　二一〇
その鳥の　五二
その名と共に　一〇九
その庭菊　三一三
その人あらで　四一三

その表札 六〇
其虫の 二九五
其の家の妻 七四
日照雨去り 二七〇
雀斑の 一〇一
そばがら枕 四七
蕎麦茎紅し 三八四
岨ざくら 七四
蕎麦の花 三一六
聳えて充ちて 四一四
祖妣の亡霊 三八四
祖父の祖父が 四〇九
祖父等住みし 三六三
祖母が姑 四二九
祖母からや 三一七
祖母恋し 四一四
祖母・父在す 二五八
祖母と母の 四一六
祖母の好きな 三七一
祖母・父母の 三五九
そよ風も 二五八
空・海蒼さ 六八
空かけて 三三九
空が照らす 二五五
空が日を 二一〇
空からきらきら 一九八
空から声 五五
空からさかさに 三一五
空で波うつ 一四一
空に触るる 九一
空に水に 一七四
空の声 四〇五
空は彼所 二六一
空は太初の 三〇三
そら豆の
—花の黒き目 八四
—花も鳥居も 八四
空も描かず 三一六
空も馴染 一五三
空ゆく春日 二一七
剃跡青き 一五一
橇駆る子等や 三八四
橇の子の 三八四
橇の子等 三八四
疎林の間 二〇五
それぞれの 三三〇
逸れて元へ 七六
それとなき 一九一
揃ひし笑 二六六

【た】

第一波濤 三三一
大一滴 一九一
大往生 二六〇
大往生は 七一
対オーロラ 四四二
大学生
—おほかた貧し 五八
—冬のペリカンに 三三九
大学青年 一〇八
大学に 四〇四
大学の 二六一
鯛頭 二八五
大河のひびきが 三二〇
大河一つ 三〇一
大河へ飛泉 一三九
対岸秋灯 二七八
大寒来 三四〇
対岸に 二一四
大寒の 三四〇
大願は 八三
対岸へ 二六四
対岸や 四〇
対岸呼ぶごと 三三五
大気こゝに 六一
待機する 四二七
大気弾みて 一一五
大気ふかし 二九五
大挙して 四二八
大魚稚魚 六六
第九シムフォニー 四二四
大工の帰路を 五五
体験無残 二三三
大根煮る 四〇七
大根畑へ 四〇七
大根めくもの 四〇七
大根人参 四〇七
泰山木
—咲きて法王 二一一
—新花の色遂に 二一三
—花皚々「恩寵 二一一
泰山木植ゑ 二一三
泰山木の
—開花や旧宅 二一一
—開花や層々 二一三
—花期永し旧宅 二一三
—蕾食みしは 二一一
—葉裏も雪の 三六一
—花暁の 二一一
大試験 三九
大小の
—荷が歩みゆく 三六五
—蛍火あまたの 一九五
堆書の陰に 三七六
大暑の人 一〇四
大暑の日の 一〇四
大暑も言はず 一〇四
大人の 三三〇
泰西の 二五二
体操教師 三三一
橙は 三〇六
対談放送の 九八
大地から 三三四
大帝の 一三一
擡頭し 一一二
「第二芸術 一〇八
頽廃三分の 三〇二
太白これを 三九八
颱風一過
—時歩ねんごろに 二六四
—餅重ぬかの 二六四
颱風眼てふ 二六四
颱風眼の 二六四
颱風来の
—外光中を 二六四
—雲間に夕告 二六四
颱風前 二六四
大ブリテンの 五四
大噴水 一五六
大名・明治 三〇六
鯛焼の 三七九
鯛焼や 三七九
鯛焼を 三七九
胎泰かれ 二六九
「太陽」と 三四三
帯用ながら 二〇六
大緑蔭
—うしろ姿の 二一九
—中に碑巌は 二一九
田植終りぬ 一六一
田植帰りの 一六一
田植すすむ 一六一
田植草履の 一六一
絶えず小言 一五三
絶えず一旦 一三九
絶えせぬ秋 二四六
絶え間なき 七八
楕円形 二六八
倒れ木の
—下の虫の音 二九六
—夏鷹の尾の 一八七
倒れしものを 三〇一
高上り 二〇五
鷹憩ふ 三九三
鷹生んで 一〇七
高枝に攀ぢ 三〇八
たかがあれだけ

三一〇
高垣に　六六
鷹翔け去り　三〇四
鷹消えて　三九三
鷹消えぬ　二八九
高き高き　三九〇
高き地や　三三
高きに棲めば　二〇六
高きへ流るる　一五一
高き屋に　一六八
高きより　一九
高草刈られし　一六二
高く低く　二八一
鷹来る季　二八九
高声するは　一七七
鷹去りて　一八七
鷹去りゆく　二八九
高さ忘れね　一二〇
高すなご　一〇二
高台へ
―寒柝の音の　三八四
―名残惜しげに　二五五
高凧尾を垂れ　四六
高館の　五三
高飛ぶ父母の　一八〇
鷹渡来　二八九
鷹に逢ふ　二八九
高価の靴　一七五
鷹の海　二八九
鷹の輪も　二八九
鷹は独り　一八八
高まりて　二六〇
隆まりて　一〇二
高みには　一九九
高みに一つ　二九二
高みの欄に　三三六
高み低みへ　一七九
高みより　一九二
高麦の　一三一
耕しの
―足迹綴りて　四一
―迹のみ晩鐘　四一
―母の辺で「帰らう　四一
耕しの夜や　四一
耕女　四一
耕しも　四一
耕す息吹　四二
耕す農婦の　四二
耕せし
―土指して問ふ　四二
―土のどこかを　四二
耕せば　四二
高渡る　八〇
鷹を仰ぐ　二八九
鷹を頂　二八九
鷹を見む　二八九
たかんなの　二三〇
たかんなや　二三〇
滝一条　三七〇
滝落ちて　一四四
他奇なく歪む　一五五
他奇なくも　八六
滝一筋　一四四
焚火火の粉　三八三
滝への路　一四五
多岐亡羊の　二一〇
滝も冬も　三七〇
他郷更に　三三一
たぎりたぎる　一三七
滝を真向　一四五
抱く老の　一五四
卓上一花　三四五
卓上の　二〇三
拓人は　一九七
礫像四肢　三四一
礫像ぶりの　二七九
濁流すずし　一〇七
竹青し　三三二
竹植うる　一六二
竹馬仰ぎ　三八五
竹馬の
―青きにほひを　三八五
―子等や河床　三八五
竹落葉　二二三
竹垣裾の　二〇五
丈草に　六二
丈高き　三一
たけだけしき　二二八
「抱け」とは「庇へ」　二六五
丈なす黒髪　三〇
竹には節　一〇七
竹の香や　三八五
筍の　二三〇
竹の子伸びる　二三〇
竹の花　二二三
竹の幹間　二九
竹巻けども　一七九
竹も思出　二〇五
猛るピアノ　二一〇
筍数多の　二三〇
他国への　三〇九
蛇笏忌や　二八七
凧の空　四六
凧一つ　四五
太宰の通ひ路　二七二
たしなめつつ　一八
多事に多謝　二二二
多子の家　三〇五
多子の中の　一八二
多詩の夏　九六
多謝すべし　三六
他者の上に　二〇三
多寿黒顔の　三九二
多女の一女に　四二四
ただ一角の　三九六
ただ一発　二七九
たゝかひに　三七五
唯兀（こつ）と　三二四
ただ細かや　一五六
ただ忍べ　二五二、三〇六
ただ春陰　三三
ただ想望裡の　四一四
ただ種蒔く　四三
たゞに必然　三三
たゞに知れる　三四七
ただに素顔の　三六二
ただに別辞の　三二四
ただの一度　二〇一
唯の土に　二九二
たゝみ傘　三五九
畳から　三七三
たゝみたる　三五八
畳店　三七一
たたみの上に　一一〇
畳の上の　三七一
畳屋兄弟　二八四
畳屋は　七五
ただ黙す　二九二
たゞもゝいろ　三三六
立葵
―自答の数も　二二六
―滑る口絵を　二二六
立杭に　三六七
立草を　二二八
建ち次ぐものは　二三七
立ちどまる　一九
立眠りそ　三四五
佇ち眠る　一七二
立話へ　五八
たちまち銀粉　五五
たちまちの　一三五
奪衣の細手　三一
奪衣婆　三一
脱獄の　二五三
立つ鴫を　二九二
立竹の　一七九
たつつけの　三一五
起つても緋　四四〇
立つても緋　三八三
立つ鳥、鷗　一三五
手綱二条　三四五
建てかけの　二四
縦羽揚羽　一九二

「棚蜘蛛」の 二〇四
七夕一ッ竿 二七四
七夕色紙
―佐久の川藻は 二七四
―松山夜風は 二七四
七夕流す 二七五
七夕や
―男の髪も 二七四
―乙女をかこみ 二七四
―深夜の療衣 二七四
―手休み妻を 二七四
―夕べ銅鑼打つ 二七四
棚藤の 七九
渓音と 三八二
谷風へ 二七七
谷角毎の 四〇四
谷からの 五七
手握るに 三〇四
谷蟆の 一七八
谷蟆よ 一七八
渓清水
―牛の銀鐶 一四一
―踏んで牛等や 一四一
谷底へ 一八一
谷空に 五五
谷空八月 二四八
谷月冴ゆる 三五三
谷には春の 一八
谷の秋草 三一七
谷の梅
―雨降らずとも 六四
―戻らぬ陽は 六四
―倫理語りし 六六
谷の巨樹 二五七
谷の夏花 一七五
谷の子遊ぶ 一四三
田に残る 二九九
谷の罪人 二四八
谷の白昼 六五
谷の孤屋 三一一
谷の冬 三三〇
谷の町 三九四
谷の家の 三四九
谷間に迷へば 六三
渓黄葉 三〇七
谷湯宿 四一
谷嘉(よみ)して 一四七
種継ぎ十年 二二八
種蒔完了 四三
種蒔くや 四三
種蒔ける 四三
種選りつつ 四三
種を蒔き 四三
田の荒株 六五
頼まれし 二一五
煙草絶えて 二七三
煙草店 二八〇
萓の火 三五八
萓火擦りし 三六六
煙草火の 一八一
萓も亦 二六六
煙草屋の 三七四
たはやすく 二〇七
旅鞄 一〇八
足袋越しに 三七七
旅先の 三一三
旅しばし 四五
旅すでに 二七七
旅に居て 三三〇
足袋ぬちに 三七七
旅の吾子 四〇九
旅の初日 四一八
旅の身は 一四七
旅人ならぬ 二六
旅人に 二〇七
旅人は
―汗も涙も 一六九
―闊歩するなし 二三〇
旅人や 三九三
旅前や 四二六
懦夫に遠く 一七八、二三〇
田舟もて 二八四
食べた後の 一六九
たべ物の 三六二
食べものふくむ 二五〇
喰べる手を 三四九
多弁自閉 一一四
多忙の人 七六
珠追ふ珠 一〇六
多摩川辺へ 二七四
玉子殻 四二六
玉小菊 三一三
卵皿に 一二四
「卵より 三五七
たまさかに 一一〇
たまさかの 三三七
たましひとは 三四六
玉抱くとは 四一七
球投げあふ 一〇四
玉菜結球 二三〇
玉菜の芯から 二三〇
玉菜ばかりの 二三一
玉菜は巨花と 二三〇
玉菜畑
稀(たま)に書く 三六
玉虫を 一九六
たまの映画 三六六
たまの早寝を 三五六
たまのビール 一五二
珠紐掛けん 三九七
魂祭
―「蝶よ花よ」は 二六五
―二重瞼の 二六五
霊祭 二六五
玉虫交り 一九六
玉虫交る
―青橙々は 一九六
―煌たる時歩を 一九六
―五色の雄と 一九六
―触角軽打 一九六
―土塊どちは 一九六
玉虫飛ぶや 一九六
玉虫飛んで 一九六
玉虫の
―交り了りて 一九六
―熱砂掻きつゝ 一三五、一九六
玉虫飛撒 一九六
玉虫や
―芸志いくすじ 一九六
―レース足がかり 一九六
民草一本 八七
民の間に 二二五
ダム成就 二〇四
ためすごと 一一七
ためらひそ 三五
ためらひなく 二〇九
ためらひなくも 二〇七
袂ある 二六三
たもとほるは 一四四、一九〇
たゆたひの 四三九
たらちねとして 三三五
達磨市
―はりぼて賽子 四二四
―真赤海彼の 四二四
垂水さへ 二八六
垂れし鞦韆 四六
垂れそろふ 一一五
誰の顔も 一五七
垂藤や
―地蔵長袖 七八
―小さき風波の 七八
たわわの柿の 三〇三

田を植ゑる 一六一
断崖上を 八六
断崖の 一八七
断崖は 一八四
断崖裡 三四三
短気な犬を 一二〇
短気の人へ 一〇〇
団魂どち 二九二
短日一家 三四一
短日の 三四〇
短日や
―赤児の欠伸 三四一
―母に告ぐべき 三四〇
男子の白髪 二七五
単車輛 三六六
男女の赤児 一六七
単身の 一〇六
団地へ緩歩 一七五
暖冬さながら 三三七
坦道頭上 二一八
暖冬暖気と 三三七
暖冬とや 三三七
暖冬の 三三七
暖冬不安 三三七
暖冬呆け 三三七
潭の上へ 六五
煖房中に 三八一
蒲公英暮れ 八八
蒲公英燦々 八八
蒲公英に 八八
蒲公英の 八八
蒲公英吹き玉 八八
蒲公英「吹き玉」 八八
蒲公英や
―一切事に斬く 八八
―汚れきつたる 八八
短命なりしも 二二六
探幽描くは 三一〇
小さなる 一三四
「智恵子」「みちのく」 三三
地火紅し 一三四
地階へ降りむと 二〇四
近頃は 一九三
地下室群れ出る 三一〇
近ぢかと 三三五
近づくと 二〇六
近見にも 三五〇
近見正見に 四〇六
地から生え 六五
千木かつを 六二
竹幹こぞり 三六七
竹幹の隙 五二
竹幹や 三七六
竹紙の皮膜 二九
竹馬の友等は 三八五
竹馬の友等よ 三八五
千曲河畔の 三三一
千曲川より 二一八
乳児抱き据ゑ 二七二
小さき腮 三八八
小さき初夜着 三七三
小さきならで 九八
小さき寝顔 三四四
致仕以後に 二六四
遅日むなし 二五
地上の人辺 六一
地上悲因の 二五八
遅進児が 三二〇、三三〇
池心に二羽 五八
池心の蓮 三三一
遅速なき 三九八
地団駄踏むは 三一二
父家建て 七一
父が遺品の 二七四
父が男の子 二三四
父が呼ぶ 二一八
父代り 一七一
父恋し 二九四
父千鳥 一八八
父てふものは 三一九
父外国に 一八二
父となりしか 一七八
父の汗 一七〇
父の家を 四一
父の肩辺 四三
父の下駄に 一三一
父の好みの 三一二
父の仕事の 一七二
父の使の 八八
父の創りし 三九〇
父の墓に 二八六
父の日や
―肌着あらため 一四六
―ますらをぶりの 一四七
―よその八重歯の 一四六
父の辺の 一八八
ちちのみと 一九四
父のみ母のみ 一八
父はみな 五八
父一人 三七四
父在さば 三七
父命じ 三七五
父も裸で 一六七
牛乳屋ちらと 二五〇
父や母や 一八八
縮れ毛を 三五八
ちゝろ鳴き 二九七
父を愛して 四〇二
父を捨てて 三八五
父を訪ひて 二九四
地底の音 一〇二
地底のダイヤ 六一
地点に仰臥 四一八
千歳飴 三七二
千歳飴の 三七二
千鳥去り 三九六
地にありて 四〇四
地に躍り 五九
地に降りて 五四
地には「独逸 三五四
地主いつしかの 三七四
地の上の 四三八
地のオルガン 二七六
「血の手」と握手 四〇
地の名はするが 四三
地の日盛 二一七
智の蛇嗤ふ 四三八
茅の輪立つ 一七五
千尋の寒潮 三七〇
千尋の底へ 二八五
乳房ある 二一六
乳房隆みの 一〇八
乳房のかげに 三三五
地平まで 三三一
地も高し 三一九
血も乳も 三三三
チャイムの音 三一九
茶所の 二九四
茶の花うつむき 四〇二
茶の花は 四〇二
茶の花や
―嘴黄なる 四〇二
―竹の枝靡きて 四〇二
―花びらかこむ 四〇三
矮鶏の前 三八三
茶碗の音の 一〇八
茶を摘みし 四三
ちやんちやんこの 三七四、三八一
中学生 三二五
忠犬像 一六九
仲秋や
―中年の婦女 二四九
―月次雅会の 二四九
―盆松給水 二四九

抽象画の　二
中世デューラー　三一四
中弟欠けぬ　三三三
中年とは　二九八
中年に　三九五
中年の
—百姓兄弟　六六
—麗女の多さ　七〇
稠密な　一八六
柱廊が　三七七
柱廊涼し　一〇六
弔花の前　二五
長距離電話　一二四
超高の　二五八
鳥語解せず　二〇
鳥語を聴く　二三
長子多病の　三一六
鳥獣保護区　三二四
頂上を　二五六
長女次女に
—落葉松葉月　二四九
—瞳澄む夫来よ　四二八
長女の生湯の　一九
長女の原稿　二二四
長女の婿の　四一三
長女はやくも　三二〇
長女先づ　三一四
長女妙齢　三七七
長針短針　一六六
手洗鉢　四〇四
長孫次孫　二一四
丁々と　一六〇
蝶々の
—土を　六二
—横行コールド　六二
提灯の
—肌理白蓮の　二三一
—芯黄にともる　六五
澄徹の　四四〇
丁度ひもじく　二七四
蝶ネクタイ
—「鬼の居ぬ間」の　四三五
—玄色バッハを　四三六
蝶ネクタイの
—紅毛児と笑み　四三六
—対坐少年を　四三六
頂髪欠けて　二九一
鳥糞の白点　六六
蝶翩翻　六二
長方形の　一四一
跳躍せし　五一
長夜さへ　二五一
長夜白影　二五一
長夜長語　二五一
長流沿ひに　三一四
長流や　二一
直幹亭々　四〇九
直視する　二六八
直線古松　一二九
直亭々　五九
直面一瞬　三五〇
直路直進　一九七
ちらちら赤し　三一六
塵箱が　二七四
散りゆく雛罌粟　二一六
散紅葉
—人なつかしく　四〇三
—乗せて唐松　四〇三
ちろちろと　五五
ちろめくや　七五
地を指せる　四八
地を慕ひ　四六
チンチク・チンチク　二五四
沈丁香　七七
沈丁の　七七
沈丁や　七七
チンドン屋
—仰ぐやどこの　一六四
—すずむ鬘の　一六二
—すずむ半男　一六三
—すずむヒタと世　一六二
—前後の荷解き　二一九
—半学者なる　一六三
—霧中に非運　二六六
—緑陰いざ発つ　二一九
—緑蔭に吐息　二一九
沈黙と　一四五
沈黙は　二四
追想浮動　一六五、一九三
追体験　一一二
撞いては聴く　一九
つひに厚さ　三六七
追白飛来の　七六
啄みて　五二
追慕言　六八
梅雨入荏苒　一〇一
通学路　四二〇
「通行止」の　三一四
杖に縋る　四三
杖のままの　一七一
杖も灼けて　一〇四
津軽の西日
—けふもペンキの　二一七
—ここ先途なき　二一七
津軽野や　一〇一
津軽人　二九六
疲れし背骨　九一
疲れし妻を　三三二
疲れた顔の　一五八
疲れてをり　三〇
月色に　二五八
月負うて　二五七
月が消す　七一
月影更けたり　二六〇
月が伴れ出し　三〇六
築地あり　二五六
築地いくつも　四一四
月島の　三七
月島や　一九九
月代にほはし　二六〇
月代も　二六〇、二六五
月代や　二六〇
次々と　六七
つぎつぎに　三五九
月と日と　八〇
月なくて　三七八
月に妻　二五九、二六一
月に飛び　二〇二
月に秀でし　二五七
月に吠えて　一七三
月の犬　二五八
月の面　六四
月の背景（かきわり）　二五八
月の香の　二五八
月の座の　二八二
月の清水も　二五九
月の露　二五八、二六八
「月の出」と　二五八
月の出や　七三
月の戸口　二五九
月の友　二五八
月の白鳥　三九八
月の面平ら　二五八
月の面に　二五九、三八七
月の藪　二五九
月の翼下に　二五八
月の横顔　四〇八
月の乱雲　二五八
月の輪の　二五九
月は雲に　一七六
継柱　二四七
月は絶嶺　一六六
突放して　四一五
月冷に　二五二

月一つ　一九四
月へわめく　二五八
月見草
—月は朝々　二三七
—房州露は　二三七
—湾を距て丶　二三七
月ゆ声あり　二五八
月夜なり　二五九
土筆のかたち　八九
土筆の子　八八
つくしの袴　八九
佃の日向　三六八
つくづくし
—感傷の頭　八九
—下枝もある　八九
—親身なものの　八九
—猫はもとより　八九
—筆一本の　八九
—野天の下の　八九
—山抜き去られ　八九
つくつく法師　二九四
償へよと　三五五
九十九潟（つくも）　三五七、三七〇
月読の　三六
漬洗ふ　一四〇
黄揚の花　八二
伝説（つたへ）に古き　二九一
土色一新　四二
土白し　二七一
土の上に　四一
土の旱　一三一
土は自在に　四〇七
土肌つづく　八七
躑躅山　七八
筒鳥や　一八三
つつましや　三一五
つづまり短命　一六五
堤を巡邏　二五
つづら折に　三一〇
九十九路下る　二五二
努めつゞける　一六七
角キラリ　三六五
角たれて　三四七
椿落つ　六七
椿咲いて
—青き大気を　六八
—乙女次善を　六七
椿茂る　二一八
椿の蕾　六八
椿満樹　六八
つばくらめ　五七
翼ある　四七
鍔とて無き　二九六
燕仰ぎ　五六
燕返し　五六
つばめ高音　五六
つばめの歌　五六
燕の唄（うた）
—鍛冶屋の小坪　五七
—人工に人　五六
燕の歌は　五六
燕の巣　六〇
燕光る　五六
燕むらさき　五六
燕らの　五七
坪内の　八八
つぼすみれ　八七
坪の内　二五
坪の耕　四一
蕾日に　二二四
坪林檎　三〇四
坪若葉　二一七
妻禱る　一二五
妻が仰ぎて　一八三
夫が落す　一三三
夫が先んじ　三九六
妻が長女に　八七
爪革下駄　一一九
爪木折る　三九四
妻けふ哭しぬ　三五
妻恋し　一一八
嬬恋の
—夏野のラバの　一三三
—まねき早蕨　八九
妻恋ふや　三一六
妻子住む　一七
妻ごめに　三二
妻子等の　一一六
爪先走り　三五五
爪先も　四〇五
妻爽やか　二五三
妻健か　二四九
妻健やか　三〇〇
妻抱かな　二三
爪立て丶　二〇五
爪立て覗く　一〇六
夫たり父たり　三四二
躓きたれば　一五六
妻と活きるは　六六
妻遠き　二一三
妻遠し　二二三
妻と語る　四二〇
妻と来て　一三六
妻と恋　二一三
妻と四女の　三七六
夫と凌ぎて　二七四
妻と春宵　二三
妻と其の　三四四
妻とそれぞれ　四二〇
妻と長女　一二〇
妻との旅　一九五
妻と木犀　三〇〇
妻なき人の　三一九
妻亡き冬　三三五
妻に倣ひて　九八
夫の酒を　五八
妻の出自と　一四三
夫の世評　二八四
妻の多言　一七一
妻の栄事　二四
妻の裸身　一六七
妻のみ恋し　一九〇
妻の朗笑　二五二
妻は留守　二九〇
妻二タ夜　二六二
夫ぶりすずし　一〇九
妻へ一途の　一四二
妻へ趨く　三九八
妻への感恩　三七七
妻よなげきに　三九八
妻らの帰京　二九七
妻を愛する　二七九
妻を歎くも　八二
罪ある者に　三一九
摘草母子　四四
摘草野　四四
積み積みて　一九九
罪も個人の　三五六
紡ぎつづけて　二四七
紡錘（つむ）はみな　二五九
爪まで舐めて　二〇一
爪を活かして　一七一
梅雨明り　一一九
梅雨明けて　一〇二
梅雨重き　一一九
梅雨鏡　一一八
露から分れて　二六八
露消えし　二六七
露草の　三三五
露草や　三三五
露暗し　二六七
露けく白し　二七〇
露けさや　二六七
梅雨ごもり　一一九
梅雨ごもれる神　一一七
梅雨凝る錘か　一一八
梅雨さやぐ　一一六
露その座に　二六九
梅雨空や　一一一
梅雨茸たち　三三九
梅雨近み　一一八
梅雨出水　一三四
梅雨泥乾くも　一一九
梅雨波の　一一七
梅雨波や　一一七
露に鳴いて　二六八

露に嘆く　二六七
梅雨には降れ　二一九
梅雨濡れの　二一七
梅雨の雨垂　二一九
梅雨の犬　二一九
露の禱り　二六八
露の岩に　二六七
梅雨のうれひに　二一九
梅雨の大作　二一八
露の女の　二六八
梅雨の外光　二一七
梅雨の楽　二一六
露の鐘　二六八
露の亀　二六八
露の香や　二六九
露の鴉　二六九
露の落葉松　二六九
梅雨の境内　二一七
露の児遊ぶ　二六九
露の仔牛　二六七
露の校庭　二六九
露の仔馬　二六七
梅雨の古松　二一八
梅雨の高麗犬　二一七
露の沙丘　二六八
梅雨のしげり　二一八、二一八
梅雨のジャズ　二一八
露の幽霊(すだま)
―唇に筆　二六八
―先つ甘言の　二六八
―誓言せめて　二六八
―瞼に夜々を　二六八
―指に白針　二六八
梅雨の反屋根　二一八
梅雨の大樹の　二一八
梅雨のタイヤ　二一七
梅雨の地に　二一六
梅雨の蝶　一九二
梅雨の月
―乾きを絶し　二一四
―土塀の上を　二一四
梅雨の釣人　二一七
露の鳥　二六七
梅雨の豚舎の　二一九
梅雨の鼠　二一九
梅雨の墓の　二一九
梅雨のバルーン　二一七
梅雨の遥か　二一八
梅雨の晴間　二二四
梅雨の人　二一九
露の日々　二六七
梅雨の病院　二一七
露の墓地
―鉄鎖の環どち　二六九
―東天と三方の　二六九
梅雨の間に　二一九
梅雨の社（やしろ）
―寺より明し　二一七
―何神ぞ母の命　二一七
梅雨の夜の　二一六
露の世の　二七〇
梅雨晴多彩　二二四
梅雨晴鳥居　二二四
梅雨晴れぬ　二二四
梅雨晴星　二二四
梅雨霽や　二二四
梅雨晴や
―易者の瘤も　二二四
―飛べぬ翅干す　二二四
梅雨日差　二二四
露ひとたび　二六九
梅雨ふかし
―群鶴の香は　二一八
―でんでん太鼓　二一九
梅雨茫々　二一九
梅雨蛍　一九四
梅雨まかせ　二一八
梅雨芽の月　二一七
梅雨も悔も　二一八
梅雨も人も　二一六
梅雨闇に　二二四
梅雨やや明し　二一七
梅雨を歩み　二一九
梅雨をさまよふ　二一七
強き灯の　四〇八
勁き拇指　三七七
強東風に　三〇
強霜や　三五七
吊鐘に　二一八
釣竿たたみ　七〇
吊忍　一五九
吊橋わたる　六六
釣風俗も　二二七
釣堀ひそと　一六四
釣堀や
―閉場太鼓　一六四
―予定の愛釣り　一六四
「鶴と亀」と　一八
蔓のからみし　三九〇
鶴の噴水
―亀の噴水　一五五
―選詩の疲れ　一五六
鶴の舞
―右近左近に　五九
―媼は声を　五九
―翁は着袴の　五九
―純色の白と　五九
ツルハシを　三八九
交(つる)める犬等の　二一八
伴れ犬に　一四八
手足ぬくく　五四
手足拭き　四九
定位に太る　二一九
庭訓の　三五七
底沙すずし　一〇五
停車場の
―大綿たれに　三九九
―鳥瞰に小さき　三〇三
手一触　一六五
亭々の　八二
帝都めざす　二一二
叮嚀な　三八一
停年者に　九〇
弟妹亡し　六九
弟妹の　二二七
弟妹逝きぬ　四〇三
弟妹杏たり　三三二
出入り数多の　一四七
敵機の音ぞ　三四七
出来し名刺を　四〇三
できたての　二六四
手ざはりや　三九五
弟子とて秀才　三九二
弟子を頼みの　三八七
手刷機も　二五六
手相を伝ふ　一三八
鉄桶錆びて　一四四
デッキに双生児　一〇一
鉄斎画境を　一四五
鉄垂直に　二一六
鉄線花　三一九
鉄柱堆積　三六六
鉄柱に　二八〇
鉄槌拒み　一〇五
鉄塔の　一二〇
手繋の　六五
鉄に凍つ　三四五
鉄の階(きざはし)　二五二
鉄の湯の　三四四
徹夜の果の　二五三
蝸牛ねむ（睡）る
―戸裾蹴つては　二〇五
―いのちの膜の　二〇五
―細渦巻の糞　二〇五

東都辺ながら 三一四
堂に崖に 一一一
磴に据すれば 一一七
「動の泉」や 一四一
磴の上に 四一七
磴の数 二二四
磴の左右は 三〇二
塔の時計 一〇二
磴登り 二八八
磴は一条 三一九
塔は軒を 二二七
豆腐ゆらゆら 一一三
透明な 一六九
東面し 七三
塔灼けて 一〇五
到来死を 一八五
同齢者の 二六四
同齢神父 一〇二
燈籠浮絵の 二五六
蟷螂は
—俳徒に類し 二九九
—馬車に逃げられし 二九九
灯籠や 二七八
道路で唱ふ 三七
童話書く 一四九
磴を上り 二〇五
遠銀杏 一一一
遠蛙小遣銭溜めて 五一
遠蛙独りで 五一
遠火事の 三八四
遠霞む 三三
遠き丘の 三七五
遠ききはみの 二九八
遠き孔雀 二九九
遠汽車ゐざり 一一七
遠き鷹 三九三
遠き地点の
—いよよ低みへ 一八二
—低きへ杜鵑の 一八二
遠き妻の 三八〇
遠き白鳥 三九七
遠く来て
—音立つる大工 五五
—無人の域過ぐよ 三一四
遠く来れば 三一〇
遠く偲ぶ 二九三
遠く対す 一六三
遠くて近き 四九
遠く細く 二一九
遠く世へ 二七九
遠眺め 五九
遠濤と 三六八
遠鳴る秋晴 二五五
遠ネオン 三九五
遠嶺の滝 一四四
遠稲架に 二八〇
遠雲雀 五四
遠富士ならず 二九六
遠見しつつ 二七一
遠山さわやか 二五三
遠山で 一二六
遠山眠り 三六五
遠山は 一三八
通りすがりの 三二一
通りすがりや 二八五
通る時 三三一
戸隠祭 一七五
戸隠の
—夏の一番 九六
—祭ならひの 一七五
蜥蜴石を 一七九
蜥蜴居り 一七八
蜥蜴の尾 一七八
蜥蜴走す 一七九
蜥蜴ゆく 四三八
科むかに 一〇八
とがめなき 二四八
解き焦る 二六四
季暮れ易く 三四一
時じくの 三二
時平ら 二三九
時問へば 三六六
時どきは 一一五
時は流れ 三三三
刻はやき 一七六
朱鷺は世に 二五八、二九二
時めく雷 一二三
刻も真赤 三一三
季よ故友よ 三一三
刻を逸せず 三三三
時を得し 二七一
刻を期して 四三〇
時を違へて 三六〇
時を質す 七六
迅く癒えませ 四二四
読経の 二九四
毒消売
—疲れし故の 一六〇
—ほぼ同齢の 一六〇
毒消売の 一六〇
毒消し飲むや 九九
毒消呑んで 一六〇
特攻飛行 三七五
木賊刈つて 四四〇
特殊たるに 三〇一
読書の飢ゑ 二〇六
読書に着袴 一一八
読書のテラス 二六六
読書の人は 一四五
戸口で子等に 二五六
禿島と 七四
毒と化する 三一六
禿木と 三八四
独歩徐々 一一二
独歩する 三五六
独楽（どくらく）や 一三四
時計刻む 三五四
時計の下の 一七三
時計の白盤 三二七
時計屋に 二一七
吐月峰 三八二
刺を自ら 一四六
杜鵑こそ 一八二
杜鵑鳴く夜 一八一
土工白ら息 三七九、三八八
土工等の 一七二
どこかで不幸 三三七
どこかの閻魔 一七五
どこからの 三七
何処からの 七五
どこでどこへの 二三三
どことて旅路 一三九
床に破魔矢 四二八
どこの冬田ぞ 三六七
床の虫 二九六
床柱 四三六
どこまでも 四二
年新た 四一三
年木売 三七二
年越えぬ 四〇九
閉ぢし目が 三四四
年すでに 一一二
齢（とし）それぞれの 七七
年に一度は 四三一
年深うして 二六八
年経したつきの 三〇三
年経て又 五三
歳迎へんと 三三九
土臭どちの 一〇〇
途上で会いし 七四
泥鰌の居る 七八
年よSunnyなれ 四三六
都心下校時 三〇七
都心ながらに 二二
都心に仮泊 二五六
都心の片陰 一三〇
都心向けて 四二八

【な】

亡き友肩に 二五五
亡き友恋し 三六〇
鳴き鳴きて 五六
泣寝入る 二二三
鳴き初む 二九〇
亡き母われを 三二六
亡き夫人 三三九
亡き父母の 七二
泣く女に 九九
啼く鴉 二三三
鳴く蟬は 一九八
鳴く音あり 二九七
鳴くまでは 三九三
鳴く蚯蚓 二〇六
「泣く者を 二一
歎きに餌やる 三七八
なげきの妻の 三九八
鳴けるなる 二九五
仲人へ 四一三
為し得る故に 二〇七
馴染の落葉 四〇四
馴染の学舎 六〇
馴染のコスモス 三一二
「なすな恋 四二八
薺と小松 八七
薺の花の 八八
茄子の馬 二八六
茄子のごと 二三〇
那須野の子 一四九
那須野の旅 四〇九
なぞへ親し 八二
なぞへの掃除 九六
なぞへのまま 一一七
鉈片手に 一〇七
夏朝日 九六
夏嵐 一一四
夏一気 九七
夏鶯 一八四
夏陽炎 一三三
夏霞 一二一
夏鷗 一八八
夏枯木 四二八
夏川や 一三四
夏木の側枝 一二六
夏木の幹 一二六
夏来迎ふ 九九
夏草たらむ 一三一
夏草に
—沓脱ぎ石や 二三三
—父据ゑ撮し 二三三
—没して臥牛や 二三三
夏草の
—枝確かさに 二三三
—花弁多さや 二三三
夏草や
—癒えよと思ふ数 二三二
—こたびは自明の 二三三
—野島ケ崎は 二三三
—刃のここが切れ 二三三
—文学碑横へ 二三三
夏雲蹙る 一一二
夏雲一塊 一一二
夏雲下りて 一一二
夏雲そを 一一二
夏雲強く 一一二
夏雲に 一一一
夏雲憎し 一一二
夏雲の 一一二
夏雲観る 一一二
夏雲湧けり 一一一
夏こそ来たれ 九九
夏木立
—「老低木」など 二一六
—瓦全を砕き 二一五
—腹しかと満ち 二一五
夏座敷 一五五
夏潮泡立ち 一三五
夏潮切々 一三五
夏羊歯やはらか 二三四
夏芝全面 二三四
夏芝に
—兄爆笑や 二三四
—牛馬の朝いき 二三四
—建て丶居るのも 二三四
—栽りて苫屋の 二三三
—細三日月や 二三四
—わが句帳置く 二三四
夏芝や
—紅露羨しと 二三四
—こゞみかげんに 二三四
—「掬ひ走り」に 二三四
—敗戦後療舎旗 二三四
夏シャツ右腕、 一五〇
夏白き 二三二
夏健か 九五
夏空の 一八七
夏鷹過ぎぬ 一八七
夏鷹過ぐる 一八八
夏鷹の 一八八
夏鷹母子
—煽り上りて 一八八
—松籟絶つて 一八八
—頭上去来や 一八八
夏鷹母子の
—鳥瞰景中 一八八
—胸の鷹斑や 一八八
夏焚火
—当今の文字 一七三
—放牛放馬の 一七三
—身の残虐心 一七四
夏立ちぬ 九九
夏立つめでたさ 九九
夏谷に 九五
夏たんぽゝ 二四〇
夏蒲公英と 二四〇
夏千鳥 一八八
夏蝶白し 一九一
夏蝶の
—罩めたる中へ 一九一
—高揚りせり 一九一
—恬然光と 一九一
—水をもとむる 一九一
夏蝶ひたと 一九一
夏蝶や 一九一
夏燕
—硝石にほふ 一八七
—若者ならぬ詩友 一八七
夏で区切りて 九七
納豆屋と 三七九
夏に何の 九七
夏の洞木 九七
夏の絵赤し 九六
夏の絵白し 九六
夏の鴛鴦 一八六
夏の曲 九六
夏の薬玉 一四八
夏の坂 九六
夏の松籟
—環境以上の 一一四
—空と松との 一一四
夏の城 九五
夏の蝶 一九一
夏の月
—ヴァイオリン弾き 一一三
—号外売の 一一三
—努力の黄の果 一一三
—葉漏れ万点 一一三
夏の妻 九六

夏の涙を　九六
夏野の再会　一三三
夏の果　一一〇
夏の昼　一〇二
夏の午餉の　九七
夏の笛　九六
夏の窓　九六
夏の山日　一一〇
夏野行く　一三四
夏の夜語(よがたり)　一〇二
夏袴　一五〇
夏薄暮　一〇二
夏花や　九五
夏ひそか　九五
夏灯それが　一五四
夏灯の窓々　一五四
夏灯の下　一五四
夏日白光　一一一
夏日へ唱ふ　一一一
夏日没し　一一一
夏日亦　一一一
夏深し　一一〇
夏服煌と　一四九
夏服姉妹　一四九
夏富士や　一三三
夏襖　九七
夏蒲団　一五六
夏帽置けば　一五一
夏ボーナス　一四八
夏埃
—白繃帯の　九六
—立ちては故郷の　九五
夏星ほつほつ　一一四
夏真昼　一〇二
夏蜜柑　二一五
棗熟れ　三〇五
棗型の　四三五
棗の実　三〇五
棗の実枝　三〇五
夏も寒し　四三八
夏痩科白　一七三
夏痩せて　一七三
夏痩(せ)の
—妻や外国　一七三
—妻抱き言葉　一七三
—魍魎騎士は　四三八
夏痩人　一七三
夏柳
—残存銅像が　一三三
—若木や小柄に　一三三
夏山すぐそこ　一三三
夏山すさまじ　一三三
夏山夏谷　一三三
夏山に
—をりをり犬吠ゆ　一三三
—断崖自ら　一三三
夏山の
—あまたの山膝　一三三
—懸路あまたに　一三三
—石礫わけて　一三三
夏山ひそか　一三三
夏山深く　一三三
夏山へ　一三三
夏山真向　一三三
夏山も　一三三
夏山や　一三三
夏逝く水へ　一一〇
夏夜飛びたし　一〇二
夏料理
—雨具のままの　一五一
—小諸芸者と　一五一
—亡父好みの　一五一
夏れんげ　一四一
夏炉現前　一五四
夏炉映ゆ　一五四
夏炉燃え　一五五
夏を如実　九六
夏を奪れし　一七三
撫子の　三一〇
撫子や
—ぬれて小さき　三一〇
—母とも過ぎにし　三一〇
—闇の黒目の　三一〇
撫でし老婆の　三三一
撫で、あつむ　三四九
七重の丘の　四一七
七草の　三一八
七つも筋の　三六三
なにかが恋し　二三〇
何が走り　四一七
何事も　一一六
何するにも　四六
何に詩ぞ　二五五
何も獲で　二七六
なにもかも　三一八
何も問はねど　二〇八
何者かと　三六六
「何者じゃ　四三八
菜の花嗅ぎぬ　八四
菜の花日和　八四
菜の花や
—傾斜掘りなる　八四
—涙と涎と　八四
—マラソン練習　八四
—夕映えの顔　八三
名は小梨　三一〇
汝は冬鵙　三九三
靡く葉や　三〇二
怠け教師　二一五
怠けざれ　一五三
なまなかの　二五七
なまぬるき　四〇三
訛・だみ声　二六六
波打つ聖歌　九七
濤音を　二一一
濤おらぶ　二三三
涙が手の甲　一〇九
涙の多寡を　三六四
涙の張り　三八八
涙脆さも　四二一
濤近し　五六
浪千切れ　四〇五
波の郷(さと)　一一六
波乗り人を　一六四
南無母よ　三一〇
なめくぢの　二〇四
なめくぢり　二〇四、二〇五
名もかたちも　二五〇
名も南院　二一〇
嬌枝に　一八〇
慣はしの　二五六
「なりはひいつしか　一四三
鳴るや秋　二四五
汝よ汝の　三四九
「汝等が母へは　一五三
縄とびの　三八五
縄跳びも　三八五
名を換へよ　四三八
汝を恋ふる　三七七
南移の鈴蘭　二三六
南雲中　三五二
南海多感に　二八七
南海の　九七
南画の世界は　三一四
南岸は　九〇
南京豆　三一七
南国とある　二二八
南国の　三六〇
男子(なんし)耳順に　七七
汝等老いたり　一一二
汝等まろき　二〇〇
汝等有為　二一〇
なんぞ堅き　二五五
南中の　三五一
南天紅白　三〇八
南天の　三〇八
南天軒を　三〇八
何といふ　四三五
「何とか景気」の

一〇三
何度でも　一三
何んにも利かぬ　一五八
何の跡も　六一
何の現の　二九三
何の景ぞ　九〇
なんの胎教　八三
「なんの春　四三八
なんの一日ぞ　一二四
南面せざる　二四〇
南面の　三一一
ニイチエ忌尾輌　二八八
新盆や　二八五
新居や　三五七
仁王さへ　六九
鳰が雌を　三九六
鳰きやうだい　三九六
鳰につづく　一八〇
鳰の浮巣　一八六
鳰の浮巣も　一八六
鳰の仔鳴く　一八一
鳰の仔や　一八〇
鳰の仔よ　一八一
鳰の仔を　一八〇
鳰は浮巣へ　一八六
二階ぐらしも　七四
二階ごと　八四
二階に長子　七三
二階先づ　三〇五
二角四脚　二〇九
二月艶　二〇
結飯　一九六
にぎはしき　三〇四
肉食たのし　三〇八
肉親の　二一八
「憎め生母を　二六七
逃げたりな　二六〇
逃げ鳥は　四三九
逃げない遠さ　二三三
和毛(にこげ)浅くも　四三六
濁り江親し　六一
虹明り　二一一
二時間つづきの　二九六
虹消えて　二一一
西雲切れて　二一七
虹しば〱　九五
西陣の　四二四
虹立てり　二一一
虹に謝す　二一一
虹の後
—さづけられたる　二一一
—新月出でけん　二一三
虹の心　二一三
虹の中　二一三
虹の下　二一三
虹は神の、　四四一
虹は正面　二一三
虹は識れり　二一三
虹半円　二一三
虹半天　二一三
西日中
—ためつすがめつ　二一七
—野球放送　二一七
西日の馬を　二一七
西日のをんな　二一七
西日のカナリヤ　二一八
西日へ艶歌　二一八
西日も消えぬ　二一七
虹への野路　二一三
西へゆく　一八七
虹鱒提げて　一九〇
二十億人の　三七二
二十九歳の　三三八
二重否定は　三五一
二樹深く　二六〇
二少年　四二二
虹より上に　二一三
西より東へ　三〇二
日没以後の　三六七
日曜を　一六八
日輪沈む　二〇八
日輪も　一二四
日蓮巨眼　二一七
日光月光　四一八
日蝕や　二三三
日本の　四五
二天使角力ひ　六二
二度と返らぬ　二二五
二度の夏　九六
二番鯛　二九四
「二百肘の　二八二
二分停車　二六七
日本近代史　三三一
日本犬の　一九二
日本の親子　七一
日本の蟬　一九八
ニホンの貞操　二八三
日本の実桃　三〇二
日本流に　一一七
入営の
—君を見たしと　三九二
—遺せる旆の　三九二
入学試験　三八
入学受報　三九
入学成就　三九
乳牛峨々と　二〇〇
乳牛小屋の　五〇
乳牛の　二〇一
乳牛等　三八〇
二友来る　三三九
ニュース映画　一〇一
女人一途　一三六
女人膝下　二三三
女人の居らぬ　二四八
女人の恩や　六七
女人の子の　三一
女人の妻から　二六八
女人ふたりが　七〇
如冥福　三一〇
楡緑蔭
—開拓精神　二一九
—嘗ては有髯　二一九
二老人　二八〇
庭聖樹
—灯り涓滴　三九一
—灯り港の　三九一
潦　二九八
二把づつを　四二五
庭土俵　二八〇
にはとりも　五一
庭にも無し　三五〇
庭の沙場も　三〇一
庭の端の　二七二
任侠の　一一一
人形や　一五四
忍苦にも　四〇七
胡蘿蔔(にんじん)に　四〇七
忍冬や　三三一
人夫の汗　一六九
脱ぎし足袋　三七七
ぬくき岩　二四
ぬくもりの　二六六
布浅黄　四八
布綿衣(わたご)　三七三
塗られし畦　四二
濡れ蟹や　一九一
濡れ砂に　三五三
濡れて海棠　七七
濡手拭　九九
濡れ豆腐　三八二
濡れ縄に　三一
濡れる蓋　一一七
寝息三十　一五七
睡重りを　三五四
ネオンに遠く　一一三
ネオンの林に　三三九
ネオンの前　三八三
願の糸　二七五
寝返りの　一一六
葱に坊主が　八四

葱の花 八四
葱は青勝ち 四〇七
葱坊主
—大きな弟 八四
—これも戦後の 八四
—咲きて瑠璃めく 八四
—絶壁いただき 八四
—孫をおどすは 八四
塒騒 六八
塒さわぎの 三九四
塒雀 四〇
塒の太枝 二二
猫居て微雨に 三三〇
猫が鼠 三七九
猫ぢやらし 三二一
寝言いふ 四二三
猫と鶏に 三六三
猫の恋
—後夜かけて父の 五〇
—夜の行人と 五〇
猫の仔捨つる 五〇
猫の仔の
—鳴く闇しかと 五〇
—山路そこばく 五〇
猫の長尾 二六四
猫よ避けそ 一一七
猫を呼ぶ 二九〇
鼠・犬・馬 三五八
熱砂遠く 一三五
熱砂に雨 一三五
熱砂に眼 一三五
熱砂行く 一三五
熱砂駱駝の 一三五
熱砂裡を 一三五
熱帯魚 一九〇
寝てみせよと 三七三
嶺々の波間に 二六
涅槃凪 三〇
涅槃けふ 四八
涅槃西風
—「うつけ者」さへ 三〇
—猿の蒼肌 三〇
合歓寝し頃 二三三
合歓の梢 二三三
合歓の咲き場 二三三
合歓は醒めず 二三三
合歓は雫を 二三三
睡れざる 二五一
眠れねば 一〇一
眠れる犬の 六一
根以て立つ 四〇八
寝よと父母 三七五
練雲雀 一八三
ネル厚着 一四九
「寝る子は育つ」 一七二
寝る蛇の 一七九
音をふるふ 五五
粘液の 二〇八
拈華微笑の 四一七
ねむごろに 六六
年歯積めり 一三七
年長といふ 一八九
年頭胡坐 四一三
年頭とて 四一三
年頭の
—蝨の組打ち 四一三
—おけら火廻しぬ 四一三、四三〇
—灯台白きを 四一三
—灯台白しと 四一三
年頭独り 四一三
年頭日々 四一三
年頭躍筆 四一三
年頭を 四一三
粘土はいつも 二五二
ねんねこから 三七四
ねんねこ姿は 三七四
ねんねこどち 三七四
ねんねこの
—歩みや水鉢 三七四
—妹と母とを 三七四
—黒襟でもり 三七四
—児の揉むごとく 三七四
—熨斗さながらの 三七四
年余の塵 二五八
年輪の 一五四
野明りや 二九三
農衣は玄く 二九一
農学校は 一一三
農家の土間に 三三九
凌霄は 二二
能なし女優 二四八
農婦の帯も 二七四
濃霧の外人 二六七
濃霧の中の
—明るさ曲乗り 二六七
—白塗車輪 二六七
能面の 三三五
能役者の 二八四
納涼映画 一六五
のがれ得ぬ 一二八
野看板に 五五
軒いたみし 六〇
軒移り 四六
野菊は左右へ 三三〇
野菊映ゆ 三二一
野菊一つも 三二一
軒煙 六六
軒下の
—空すかし見つ 一七四
—空や前景 二二
軒つゞき 二七四
軒のかげ 二九六
軒端も星 一五六
乃木夫人の 三三
のけぞれば 一一四
残り鴨
—錨型して 五八
—ただ一羽翔く 五八
残る音の 二九九
残る虫
—地中ふかしと 二九九
—渡欧期迫る 三〇〇
—上錯雑の 三〇〇
—丸鏡どち 三〇〇
—路と路会ひ 三〇〇
遺れる簪 七七
野路尽きず 一六〇
野路の盆 二八五
野路辺の盆供 二八五
覗き穴の 一二四
のつぺらぼう 三九二
ノッポの上下 一四八
野面より 三三四
長閑さ獲得 二一四
咽ちかく 三五七
咽喉に障りし 二四六
咽喉の脹れは 六四
咽喉のひよめき 一七七
咽喉も鼻も 三〇六
野に咲けど 二一七
野に放たれ 六三
野に料る 八九
野の家に 四〇三
野の男 三七五
野の乙女 六五
野の菖蒲 二二四
野の農夫 一四七
野の軒の 一五九
野の光 三〇五
野の町に 一五三
野の館に 一五六
野の社 三五一
野袴かためて 一九四
野花白く 一七九
野は林檎 三〇四
野火と野火 四一
野火に行く 四一

野火の音　四一
野火の彼方　四一
野火の中で
—焔の音一途に　四一
—夕づけばその　四一
伸びる肉　一六六
昇りきりし　七二
上り急坂　二六九
登りし半月　二六一、二八六
幟の家々　一四七
登りの人は　三〇八
のぼりゆく　一九六
登る梯子も　一一一
呑み余る　三〇一
鑿槌ひびく　三三七
蚤の迹　二〇三
野良猫なりに　三一九
法の池　二〇五
海苔干場　九一
野分の燭　二六三
野分晴
—黒網干して　二六四
—佐倉の農家　二六四
—よろこぶ皓歯　二六四

【は】

煤煙はるかに　一三九
廃園や　五六
煤煙流　三四九
廃屋は　三〇五
廃屋や　七四
俳諧一途　三七九
梅花詠　六四
梅花墓地を　六四
廃墟の人　一七二
配偶得ても　二一四
俳句大の　一〇五
「背景が　一三
灰曠漠　二〇四
敗者に痛し　二八二
梅樹躍り　六五
背信を　二五八
敗戦忌　二七三
俳壇の　一七九
佩刀も　三三九
這ひとまり　三八六
肺腑抉りつ　三一四
這松の　八三
海贏を打つ
—歯車二三の　二八二
—前へ佇つ者　二八二
蝿生れて　六三
蝿の足が　二〇一
蝿の歓喜　二〇一
羽織乳首へ　三七三
羽織でかばふ　三七五
墓櫛比　二〇九
はかなくも　三四一
墓に伍して　三三二
墓西日　一二八
墓の妹よ　二八六
墓の弟よ　二八六
墓の空　四〇〇
墓の弟妹　一八三
墓の文字の　四三七
墓の面を　二三〇
墓ひそか　一七
墓へ置く　三〇四
墓辺去るや　二八六
墓掘人等　一六九
墓詣　二八六
墓山より　二六二
図らずも　一八二
秤の皿　四四二
掃かれたる　二四五
萩咲かせて　三一八
掃きしが如き　一九七
脛のみか　三三〇
萩まろやか　三〇七
萩叢や
—かゞみて居れば　三一八
—地に据ゑ梵鐘　三一八
萩も実りぬ　三一八
歯切よし　四三五
白亜館　三一〇
白堊ヴィナス　一四九
白衣さむく　三四四
白衣さむく　三七四
白雨かをる　一三〇
「白羽箭」なる　四二八
白雨に強く　一三〇
爆音と　一一〇
瀑下の白泡　一四五
麦稈大束　一六〇
白観音　九九
白沙の青松　三四七
白砂を治め　四〇二
白日・紅葉　三〇六
白髭白髯　九九
薄暑芭蕉の　九九
麦秀や　一〇〇
薄情なりや　一二五
薄暑街頭　九九
薄暑の時空　一〇〇
薄暑の砂利山　九九
薄暑日々　九九
薄暑を負ひ　一〇〇
瀑勢奔下　一四五
白閃々　五九
爆弾の　五一
白痴茅舎　三五四
白鳥仰がず　三九七
白鳥一列　三九七
白鳥一点　三九七
白鳥寝んと　三九八
白鳥親子　一八九
白鳥片羽　三九八
白鳥忌　二八八
白鳥来る　一二五
白鳥自若　三九八
白鳥たまの　三九七
白鳥沈思　三九七
白鳥と
—いふ一巨花を　三九七
—柳の縁　三九七
白鳥の
—風死せる船　三九七
—巣籠り久し　三九八
—背に天白の　三九七
—寝にゆく入江　三九八
—嘴や従ふ　三九七
—独りの退出　三九七
—水輪や呼吸の　三九七
白鳥父母の　一八九
白鳥も　三九八
白鳥や
—愛なき巷ゆ　三九八
—石の亀甲　三九七
—王子の眉目して　三九七
—十に九の割　三九七
—白玉の児を　三九七
—水源はただ　三九七
—ソドム・ゴモラは　三九七
—地上といへど　三九七
—虔しきもの　三九七
—「這ふ者」は「飛ぶ」　三九七
—控えつ佇てる　三九八
白鳥等　三九七
白桃や
—彼方の雲も　三〇二
—神父桃色　三〇二
縛とはいはず　一二九
馬具とれし　一一七
漠々の　四二〇
白馬こそ　二六八
白馬すずし

—腰ゆ盛り出て　一〇七
—葉先まだ鋭き　一〇七
—振り尾鳴り次ぐ　一〇七
白髪画人　三三二
白馬と白鳥　三九七
白馬の青年　一三九
白馬の眼　三六四
白布すゞし　一〇六
白布帽　一五一
薄暮開襟　一五〇
白墨の　二六三
白鯉呼びに　九八、一八九
歯車よりも　二九三
白蓮の　三三一
白木蓮や　七八
白廊曲折　三五二
励まば賢と　一四〇
励める顔　一六九
馬券振り　一二八
羽子板で　四二七
羽子板二三歯　四二七
羽子板の
—押絵層々　四二七
—割れて半ばの　四二七
箱庭天地の　一六五
箱庭の
—ある小庭から　一六五
—小道具売る店　三七二
—隅に渺たる　一六五
—古き土のみ　一六五
箱庭へ　一六五
箱庭や
—市場の端を　一六五
—漆絵奥に　一六五
はこべらを　八九
葉先のみ　四〇八
葉桜重し　二〇六
葉桜樹間の　二〇六
葉ざくらと　二〇六
葉桜の　二〇七
葉桜や
—後へは還れぬ　二〇六
—同じ禱りに　二〇六
—川波の音　二〇六
—末子が追ひ来て　二〇六
—町を見下ろす　二〇六
—「もの信じたき　二〇六
稲架暮るる　二八〇
稲架の面へ　二七九
稲架間の灯　二八〇
鋏入れし　三〇〇
稲架絡繹　二八〇
歯ざはり恋し　三〇二
橋板も　七六
端居の禱　一六八
橋多き　一六六
橋落ちて　四六
端傷つけば　二〇
梯子段に　三〇四
梯子の裾に　一二三
橋白く　三〇九
橋の秋　二四五
橋の上で　三九八
橋の上の　二五九
始まつた　三五四
馬首三色　一五二
馬首を立てし　二二六
芭蕉忌や
—己が命を　三九一
—十まり七つの　三九一
—遥かな顔が　三九一
—人の世ひろく　三九一
—来者さもしさ　三九一
芭蕉の旅路　一〇五
馬上の友　二六五
馬上無言の　一〇八
芭蕉林に　三一〇
はぢらひ顔の　七一
柱時計の　一四三
柱にひそむ　二九六
柱太し　一八一
走る片帆　二三五
橋を落して　二一七
バス運転手　三七四
恥かしとは　三三三
斜雲さへ　三五一
蓮に佇つや　三三一
バスの秋灯　二七八
バスの中に　二五九
蓮の巻葉の　三三一
バス標識の　二九九
蓮開き　三三一
走せつゞけ　二六六
鯊釣人の　二八一
爆ぜる声毎　五五
破船たゞ　三六九
バター未だ　二〇
裸偉丈夫　一六七
裸嬰児と　一六七
裸木と　四〇五
裸児負ひざま　一六七
裸児伸びよ　一六七
裸児一人　一六七
裸でうたふ　一六六
裸の文身　一六七
裸の男児　一六七
裸の紅毛　一六七
裸の仕事　一六六、二〇一
裸の膝に　一六六
裸の胸へ　一六六
はだか路　四三
裸身の　一六七
旅宿（はたご）より　二一六
はたして斯くや　二〇〇
肌白く　三七
畑早春　二一
畑大根　四三二
二十代の　一三八
ハタと女に　二五
旗柱　一三一
はたはた飛んで　二九九
はた〳〵に　二九八
はたはたや
—先行く兄の　二九九
—退路絶たれて　二九八
機町の　二七八
はためき合ひて　五六
バタ屋夫妻の　一五一
働く裸群へ　一六七
機を筬を　一七二
鉢植ゑの　八〇
八月好日　二四九
八月十五日
—坐遊に堪へず　二七三
—春画上半の　二七三
八月尽
—馬が首ふる　二四九
—己を食ひ次ぎ　二四八
—鏡愛して　二四九
—落葉松だけの　二四九
—細渓流に　二四八
—走せて底揺れ　二四九
—ただ砂つめし　二四九
八月尽の　二四八
八月都心　二四九
八月白馬の　二四八
八月も　二四八

八月や
—磨ぎ平めたる　二四九
—本来傾ぐ　二四九
八十翁と　八四
八十八夜　二五
八十歳の　二三七
蜂つぎつぎ　六二
パチと締まりし　三七一
撥の裾　二五六
蜂の翅は　六二
蜂の古巣　三三四
八分の花
—四女を負目の　七一
—和服もそこばく　七一
鉢巻禿頭　一六〇
鉢巻も　二二三
蜂蜜甘く　二九九
蜂蜜の　三五二
パチンコの　二四五
初鮎や　一八九
初午や　三七
初映画　四二九
撥音多き　八二
初鏡　四二六
初鰹　一九〇
初髪の　四二六
初蚊帳に　一五七
初鴉
—大虚鳥こそ光あれ　四三一
—大虚鳥こそ天翔け
れ　四三一
—大虚鳥の　四三一
—ただ離れじの　四三一
—閭巷遂には　四三一
葉月木漏日　二五〇
葉月汐　二七三
葉月の大河　二五〇
葉月の都心　二五〇
葉月富士　二五〇
はつきりと　一八五
初東風や　四一九
初茶事や　四二六
初潮の　二七三
末子が食べし　二七七
末子が拾ひし　一二三
末子が横目で　三八六
初時雨
—為事の後の　三五六
—その笠雲は　三五六
末子さへ　四〇八
末子との　八六
末子と孫と　一六二
末子にあり得よ　三三一
末子の襟巻　三七六
末子の鞍の　二五七
末子の咳　三八六
末子の丈へ　九五
末子の布団に　三七四
発止々々と　三四七
初写真　四二五
末子を待つ　三一一
初芒　三一九
初雀　四三一
初菫　八六
初刷精読　四二五
初蟬あちこち　一九九
初蟬聴く　一九九
初蟬津々　二〇〇
初蟬は　一九九
初蟬や
—一業一途の　二〇〇
—女の世界の　一九九
—「来る者」は「来
る　一九九
—下校の肩に　二〇〇
—声突いて出る　二〇〇
—心頭心後　一九九
—爪先活きて　二〇〇
—町の音来て　二〇〇
—無名戦士碑　一九九
—やうやく基地を　一九九
初蟬を　二〇〇
初空こそ　四一六
初空の　四一六
初旅車窓　四二八
初旅の　四二八
初旅や
—学問行の　四二九
—彼方よりただ　四二八
—三十六峰　四二八
—頭上出迎ふ　四二八
初蒲公英
—葉の鋸目　八八
—半直角に　八八
初ちちろ　二九七
初蝶未だ　六一
初蝶の
—「黄少女」の　六一
—左右へねんごろ　六一
初蝶や
—空濠満たす　六一
—今日の我に　六一
—しきたりづきて　六一
—百華容どり　六一
—自らなす　六一
—藁もて紐に　六一
初燕
—海気通ひて　五八
—機影一切　五八
—子なくて端然　五八
—店妻闘　五八
発動船の　一八五
初鶏に　四三一
初雞の　四三一
初鶏や　四三一
初凪の
—海や棕櫚ある　四一九
—展望共には　四一九
—濡れたる玉を　四一九
—松島や一枝　四二〇
初凪や
—頭可愛ゆき　四一九、四三三
—女児等の末々　四一九
—砂の斜面に　四二〇
—ヴイ自らは　四二〇
—若者にして　四一九
初茄子　二三〇
初寝覚　四二九
初音どこより　五三
初音鋭し　五三
初野菊
—仮想の女人　三一〇
—鏤ばめ崖の　三三一
初花映発　二一一
初花摘めり　六九
初花なりに　六九
初花に　六九
初花の
—花芯よKoitu
sの　六九
—景秋川の　六九
—夕花はたらく　六九
初花や
—生きたしそして　六九
—鵜の鳥真水　六九
—落水一丈　六九
—疾走する児を　六九
—宿直人の　六九
—好きな樹松と　六九
—青山運歩の　六九
—朝光織りなす　六九
—妻わくらばに　六九

—日本のここの 六九
—根上り松も 六九
—鳩の胸並め 六九
—母たまさりしも 六九
—百姓背広の 六九
—病は既に 六九
初日赤し 四一七
初日打つて 四一七
初日影 四一九
初鯛 二九四
初日差
—海波の上は 四一八
—月桂樹越し 四一七
初日燦々 四一七
初日大輪 四一八
初日に対し 四一七
初日に倣ひ 四一八
初日の壁 四一八
初日のしらべ 四一九
初日の出
—五浦（いづら）定住の 四一九
—現存三代の 四一九
初日の濤 四一七
初日の前 四一八
初日は昇り 四一七
初日早や 四一七
初雲雀
—乙女手を組む 五三
—けふ歩き居る 五四
—耳順とはいつ 五三
—蒼穹まかせ 五三
—野路のみによる 五四
—晴を見越して 五三
—まぶたの君も 五四
初日へ歩む 四一七
初日へ睫 四一九
初日未だ 四一八
初日見んと 四一八
初日より 四一八
初日を信じ 四一七
初富士が 四二一
初富士銀冠 四二一
初富士暮れぬ 四二一
初富士の
—暮れつつ天火 四二二
—霓裳ひたと 四二一
—去りゆき前途の 四二〇
—裾のなだれて 四二一
—天籟聴かんと 四二一
—前眼高の 四二一
—前に山市の 四二二
—雪の面齢条 四二二
初富士は 四二二
初富士へ 四二二
初富士や
—仰向きうつむき 四二〇
—郷畏みて 四二二
—人歩と牛歩 四二〇
—鷹二羽比肩し 三九三、四二二
初富士を 四二一
「八方破れ」 一九七
初蛍 一九五
初盆や
—折目負目の 二八五
—自語自聴こそ 二八五
初弥撒や
—四柱のさまに 四三〇
—碧眼神父疾に堪へて 四三〇
—碧眼神父和語朗々 四三〇
初御空
—月桂樹下に 四一六
—はや飛び習ふ 四一六
—古ることもなき 四一六
初詣
—終へ岩山の 四二九
—漣づくし 四三〇
—鳥居亡き父母 四三〇
初鵙や 二九〇
初雪きしむ 三五八
初雪ちらちら 三五七
初雪の 三五八
「発力」の 三五一
初笑
—金環飾の 四二六
—年差五十の 四二六
馬蹄の迹へ 一四三
果しなく 三七四
涯なき降雪 三六一
派手な五味 二七九
果の家出でて 二八九
鳩達の 一七七
鳩と鷗 三四三
鳩と人との 七二
鳩の目や 八六
鳩も鷗も 三四四
鳩等に涼風 一一六
花蘆辺 三一九
花あふるる 七四
花筏 七六
花茨 二三〇
花豌豆
—小家の什器 八四
—子へ釣り竿を 八四
—柵にまつはり 八四
—隣人孜々と 八四
花樗 二二一
花車前草 二二八
鼻が下がりて 二三六
花勝ちの 七九
花枳殻 八二
花消えぬ 二二二
花屑や 七六
花罌粟や 二二六
花紫雲英
—悔恨尽きねば 八七
—児がふたり 八七
—「疲れ負んぶ」の 八七
花咲かん 七一
花咲く木 二二三
花柘榴
—井戸の底より 二二三
—御死苦一と度 二二三
—くちびるなめて 二二三
—故友と此村に 二二三
—情熱の身を 二二三
—腎力妻が 二二三
—青年ジャンプし 二二三
—掌に余る石 二二三
—形（なり）干て去年の 二二三
—なれば落つとも 二二二
—陋巷の人 二二二
—わが同齢者 二二三
—われ放埓を 二二二
花覇王樹
—憤りし女 三二八
—無銘の碑為し 三二八
話しつつ 一二七
話しぶりと 三三七
花棕櫚や 三二一
花菖蒲
—末女の父は 二二四
—第三子太郎を 二二四
花圃に近し 一七一

花蕎麦や
—雲を千分けて　三一六
—日向の山は　三一六
花茶と雞　四〇三
花茶の気　四〇二
花散る里　七六
花散る幹から　四三八
花筒も　四〇〇
花とともに　四〇二
バナ、クリーム　二一五
花薺
—一途に地下へ　八八
—独居早起の　八八
—菜に似し垣根　八八
—芭蕉庵裏口　八八
—片々多忙に　八八
—揺れ触る水輪　八八
—留守の砌に　八八
バナナそこばく　二一五
バナナ食べ　二一五
バナナの如き　二八〇
花菜畑　八四
鼻なめて　四八
花に嵐　七二
花に癒えて　七一
花に笑み　七一
花に堕ちつつ　七二
花に酌む　七二
花に昼月　七一
花に露　二六七
花に早き　六四
花に蜜摂る　二〇四
花盗人　四四
花合歓に　二三三
花合歓の　二三三
花合歓や
—近眼の山羊の　二三三
—時よりこまかき　二三三
—凪とは横に　二三三
—睫毛は白髪と　二三三
花の娘仰ぎ　七一
花の子等　七〇
花の空　七二
花の月　七一
花の門と　七一
鼻の鈍りし　三八四
花の日々　七〇
花の窓　四四
花野渡る　二七一
花は万朶　七二
花柊　四〇二
花冷や
—明日へ急がん　二五
—チンドン屋のみ　二五
—朗と忍とに　二五
花火毎に　一六四
花久し　七二
花火師回忌　一六四
花人の　四四
花瓣も　三一一
花火連打　一六四
花藤や　七八
花吹雪　七六
花降る母を　七一
花木瓜や　八〇
花ぼんぼり　四四
花見帯　四四
花御堂
—天水桶の　四九
—見て来て会者等　四九
花木槿
—小鳥の骸の　三〇一
—うつろがひびく　三〇一
花桃の　七九
花八手　四〇二
花より白き　七一
離れ屋そのもの　二四七
離屋に　四一三
花を掩うて　七一
花を揺するは　七一
羽抜鳥（鶏）
—かへりみるべき　一八一
—どこにも見えぬ　一八一
撥ね枝や　二五九
撥ね返されて　五一
翅裾だけ　二四六
羽子突く長女　四二七
羽子の音　四二七
撥ね橋に　九八
撥ねる汗　一六八
歯のうらに　三一五
葉の重さ　七七
葉のひまに　二三一
パノラマ亡し
—春の地の　一八
—無人の春の　一七
母姉の　四二七
母居ぬ町に　二七五
母老いぬ　一六六
母が遺愛の　三一六
母が妹等　三一三
母がおくる　一五八
母が重き　四六
母が仔猫　五〇
母が里の　三四四
母か誰か　一九一
母がつくりて　二五〇
母が手ほどき　二八二
母がヘルツの　四四
母が巻く　一九二
母が家ちかく　四〇二
母が家に　二五八
帚木や　二三三
帚草　二三三
母恋う者　二八二
母子草　九〇
母娘の「おてまへ」　四二六
幅せまく　三六
はゝそはの　四八
母楽し　三八七
母と妻に　一七五
母尋めて　二八二
母鳥の　一八八
母なき冬　三三〇
母なる夏鷹　一八八
母に蹤ききし　四八
母に似たりし　三三一
母の腕に　二八〇
亡母のおもかげ　一四九
母の胸腔　二八四
母のくるぶし　三七七
母の頃に　四三五
母の尿　二五一
母の白髪に　二八五
母の背に　六三
婆々の背に　三〇五
母のそば
—仔馬は男　二七九
—マントの中の　三七五
母の丈　四二五
母の魂かや　一九六
母の手恋し　二八四
母の無き　三七二
母の涙　三一一
母の日の
—巷に降る雨　一四六
—母に活けけり　一四六
—母に夕べの　一四六
母の日も　一四六、一七一
母の日や
—大きな星が　一四六
—けふは熟路を

一四六
―黒髪人魚の 一四六
―干物多き 一四六
―眼鏡を父に 一四六
母の店へ 三八九
母の命下に 四〇
母の眼こそ 三四六
母の代の 四二五
母人開けし 四〇五
幅広く
―北のかなしみ 一二五
―二瀑や二川 一四五
母への悔を 一三八
母を言はず 三八一
幅を緊めて 一二二
母を知らず 三三三
母を褒められ 一九七
「バビロンの 一六七
破風から 五八
馬糞つぎつぎ 四三六
葉牡丹いささか 四〇七
葉牡丹畑 四〇七
葉牡丹や
―錆びつつ保つ 四〇七
―右手に島裾 四〇七
玫瑰の
―かをりは遠き 二三三
―花弁暢達 二三三
―初花手型を 二三三
―花叢散花 二三三
―夕花をおし 二三三
玫瑰や
―今も沖には 二三三
―多端の葉叢 二三三
―断崖夕日に 二三三
―燈台紅白を 二三三
―人地にありて 二三三
―「身散じ」「気散じ」 二三三
破魔矢一本 四二八
破魔矢ささげて 四二八
破魔矢に金ン 四二八
破魔矢に揺れる 四二八
破魔矢の羽 四二八
破魔矢もつ 四二八
浜木綿の
―遠や綿々と 二三七
―咲かんとする地を 二三八
ハモニカを 五〇
波紋は恒型 三五六
早起到れば 一二五
はやくも夏帽 一五一
早炬燵 三八二
囃し言葉は 一九五
林より 一八三
早すぎる 三五五
はや日盛 一二六
薔薇明り 二〇九
薔薇褪せて 二〇八
薔薇園抜けて 二一〇
薔薇咲く上に 二〇七
薔薇大輪 二〇九
薔薇摘めば 二〇九
薔薇に秋風 二六三
薔薇に祈る 二〇八
薔薇に住み 二〇七
薔薇に触れ 二〇九
薔薇の花期 二〇九
薔薇の新月 二〇九
薔薇の苑（園）
―男声に女声 二一〇
―水面を刻む 二〇八
薔薇の棘 二〇九
薔薇の鬟 二〇七
薔薇の鬟の 二〇八
腹のふくれし 三三三
薔薇の窓 二〇九
薔薇の間を 二〇八
薔薇は五角 二〇九
薔薇はめでたき 二〇七
薔薇日増しに 二〇九
薔薇開きぬ 二〇八
薔薇緩びぬ 二〇九
薔薇を活きて 二〇九
張板から 五二
針仕事 五四
玻璃戸冴ゆ 三四六
玻璃戸の玻璃も 二八五
針のメド 二四八
玻璃函の 三五一
玻璃一と重 二三四
榛原は 三五九
春浅し 二
春嵐
―少年ボーイの 三〇
―心耳に琴の 三〇
―神父は黒き 三〇
―奈翁は華奢な 三〇
春淡き 一八
春到らば 三四八
春一番 三〇
バルーン朝焼 一二五
はるか犬の 二九三
春かけて 一七
遥か射す 一二七
春風の 一九
遥かなる 三九五
遥かに秋声 二五六
遥かに吹き来て 一一六
遥かにも 二五七
はるかの白衣を 二四五
遥か東の 三三八
はるか冬の 三六二
遥かへの 二三四
はるかより 二〇〇
春鴉
―鳴き暮れなやむ 六三
―老婦も甘え 六三
春著真赤 四二五
春曇り 八五
春炬燵 四一
バルコニー
―ある家に妻と 一五五
―同士投文 一五五
春駒の 五〇
春先の 二一
春寒や 二一
春雨ざらし 三一
春雨の 三一
春時雨
―子と約束の 三一
―時の鐘楼 三一
春羊歯や 九一
春倉皇 一九
春層々 一九
春空に 一八
春立ちて 二〇
春立つ夜 二〇
春田に馬 三五
春田に泥鰌 三五
春近し
―無事とはけじめ 三四八
―目黒の川へ 三四八
春菜の葉に 八四
春にそむく 一九
春の緒土 一九
春の一事 二〇
春の歌を 一八
春の扇 四三九
春の大掌に 一九
春の海 三五
春の風邪 四七
春の兆 二三

―形の本元　三五七
―紺朝顔の　三九八
冷えに昵まぬ　二五二
稗抜きつつ　三一五
飛燕音なし　五七
飛燕去り　五七
飛燕しきり　五七
飛燕すらが　五七
飛燕高し　五七
飛燕どち　五七
飛燕の下
―こはまた韓信の　五七
―空に文字書き　五八
―横伸草の　五七
飛燕三つ　五七
美王子時代の　二五三
日が薄まり　二三六
灯蛾翔け笑ふ　一九三
比較絶して　九七
日陰蝶　一九一
日かげ虫干　一五九
日蔭者の　二〇四
火蛾煌々　一九三
灯笠の中　六八
日傘一つ　一五九
東へ対ひて　五八
東より　二一一
彼我迫る　三六一
灯蛾に語る　一九三
灯蛾の舞　一九三
灯蛾は夜々　一九三
陽が欲しや　二五八
光ある中　三六
光にそむく　三九〇
光の一天　九八
光の中に　三四八
光る輪の　四一三
轢かれ裂かれて　一八〇
彼岸桜
―襟元帯際　六九
―公務最後の　六九
―苔めくいろの　七〇
―ここなる橋は　六九
―蔀小蔀　六九
―名人茅舎の　七〇
彼岸桜と　七〇
碑巌に凭れ　一九八
彼岸の入りに　二二
碑巌の上に　一九八
彼岸の雀よ　二二
楣間の能面　三五二
彼岸花
―淡海公釣針で　三一四
―田舎芝居の　三一四
―お三輪横顔の　三一四
―孝為せし妻　三一四
―千日鬘の　三一四
―友の忌日へ　三一四
―鱶七斗酒辞せず正体　三一四
―「目蓮尊者の　三一四
―老女の呼びかけ　三一四
彼岸花の
―花期永く人の世の　三一四
―蕾道辺に　三一四
彼岸花よ　三一四
彼岸晴　二二
彼岸前　二二
彼岸前の　二二
引き返す　一六七
蟾蜍
―長子家去る　一七八
―鉄疣に満ち　一七八
―夜のみんなみへ　一七八
引提げし　七八
弾きてうなづき　三四〇
蟇の子の　一七八
蟇の子も　一七八
蟇の子や　一七八
引き引かれ　一四九
蟇轢かれ　一七八
悲喜をにれはむ　三三七
低青空　一四三
低門の　五七
低き雷　一二三
低き老婆を　二〇〇
蜩なき　二九四
蜩の
―梢や三日月　二九四
―声山林に　二九三
―なき代りしは　二九三
―鳴く頃客あり　二九四
ひぐらし（蜩）や
―故山深きへ　二九四
―白岩に友と　二九四
―人胸の間　二九四
―塵紙鼻へ　二九四
悲劇の主の　一六七
日毎四五　二二〇
日毎若き　三六〇
蘖あり　八一
蘖蔟（こぞ）りぬ　八一
蘖は　八一
蘖一と株　八一
蘖も　八一
蘖や　八一
日盛り遅々　二一七
日盛（り）に
―恋しや子の指　二一六
―出世有縁の　二一六
日盛（り）の
―江の対岸の　二一六
―中空が濃し　二一六
―雌猿の立膝　二一六
日盛りはたらく　二一六
日盛りひそと　二一七
日盛鰡跳ぶ　二一六
日盛道　二一六
日盛（り）や
―甍の下の　二一七
―酒反吐吐く　二一六
―時打つ余韻　二一六
―軒並み薬臭　二一七
―古商標の　二一七
膝小僧　四〇
瓢亭の夏茶粥　九七
日差篤し　三八八
日射し来て　三九六
久しき前に　一三三
久しさの　三八三
膝に来て　四二五
膝の辺の　三一二
膝を打ち　三三七
菱形に　一六五
肱のうしろへ　二六
肘張りて　二七七
避暑期終る　一六二
美女現前　二八二
美女等噛へ　二〇一
「ヒズ・マスターズ・ボイス」　四七
翡翠一点
―蜑の煙管か　一八五
―三味は嘆かふ　一八五
翡翠翔け
―一標柱と　一八六
―黒髪の人　一八五
翡翠翔けて　三五三
翡翠翔ける　一八五
翡翠去って　一八五
秘蕊なほ　二〇七
翡翠ももう　一八六
飛雪が打つ　三六一

飛雪のいぶき 三六二
碑像冬日に 三五〇
潜むべからず 二九〇
潜める乙女 二六七
ひそやかや 三九一
ひた急ぐ 八〇
ひた駈けゆく 一一八
日高現れ 二五五
鶲揖々 二九一
ひたすら無音 三一二
ひたひ髪 二六七
ひたひたと 一七五
ひたぶるの 一九八
左伊勢路とは 二九八
美厨にも 二七四
櫓田に 二七二
羊の巻角 一〇七
「ひつじ山」で 一〇三
必需の麺麭 一一四
羊より 二五四
筆天筆地 一七六
匹夫の私事の 一八
旱積 三一一
日照草 三一八
旱田は 一三六
日と畦豆 三一六
人あり一と冬 三三九
人現れざる 二四八
人居ぬ神社 二四六
一ト巌穂 二六〇
一と梢一と梢 二一六
ひと枝に 四〇〇
一と枝の 一三六
一枝を 六四
一重瞼 七八
人買船 二五〇
人影なき 二〇〇
人影も 二五〇
日と風の 三〇五
ひとかたならぬ 三三三
他人が放つ 一〇六
人くさき 三三七
「一口剣」の 三四六
日時計と 二七一
日時計の 一一〇
人気なし 九〇
人恋しくば 七四
ひと恋し 一三
人声や 二八九
一匙一匙 五六
ひと寒げに 三四三
人過ぎぬ 一五七
一と条に 四三六
一筋の 三八八
人住まねば 四三一
人たる身は 四一五
一つ蘆（葦）
―なれば枯れ初む 四〇八
―水際一環 二五八
一つ買ひし 三〇三
一とつかみ 三六七
日と月の 三六六
一つ蝶 四三八
一つ葉や 二三八
一粒々々 四三
一つ松 一六四
人妻ふたり 七九
孤家（ひとつや）こそは 三〇三
孤つ家に 一七
一つ家の 三〇二
一つや二つや 三三三
ひとと逢へば 四二四
ひとと落合ふ 一二三
一とところ 三四九
人どちの 三〇三
一ト跳びに 二九六
人ともに 四二
人なつこさの 二五
人波や 一九三
人に伴れて 三七九
ひとには見せで 一七一
ひとの邂逅 二五七
他人の児の 三六
ひとの盛時を
―語りつ偲ぶ 二二九
―讃へ語りぬ 二二九
他人の精励 三三〇
人の名すずし 一〇七
人の背後を 四〇五
ひと（人）の母 八八、二五一
他人の母の 三〇一
人の身ひとたび 一六六
ひとの目も 六二
人の世想ふ 三七六
人の世への 一八
「人は城」 一四七
一と腹の 一八
一と灯ありて 三九六
人々に 九九
人ひとり 一五六
一と日も惜し 三〇四
人屠らねば 一一九
灯と真顔 二〇三
人まつたう 三四八
日と的と 四二二
人見ぬ猫と 三一一
一とめぐり 七五
人目なき 一五一
人目なしと 三八
灯ともせば 二〇一
一と本の青麦 八五
一と本一と本 四三八
人も夏 九五
人呼ぶには 一八三
一人得て 二三七
独り児を 三六二
ひとり越す 一九三
独りごちつつ 四〇一
独りさぐる 九六
一人静
―坂越し山越す 九〇
―ただ一つ舞ふ 一九七
―歴史の風は 九〇
独り佇てば 三九一
一人一人が 三三一
ひとりひとりの 三六〇
独り身の 五九
他人を案ずる 三六七
人を扶けむ 四〇三
ひとを訪はずば 三三七
ひとを隔ての 三〇九
人を見舞ひて 二六一
雛菓子や 四〇
鄙言葉 二一〇
日向飛ぶ 二九四
日向に在れ 三八三
日向に金泉 一四〇
日向へ急ぐ 三九四
日なた（向）ぼこ
―視野に入らぬは 三八九
―泣いて投げつく 三八九
―涙多くて 三八八
―父の血母の血 三八九
―解かりつくせし 三八九
日向ぼこの
―子に「アメリカ」を 三八九
―のぼせさましに 三八九
日向ぼこりの 三八九
日向もこれだけ 三五二
雛の軸 三一七
雛の日に 三一七
雛への羊羹 三一七
雛祭

—顔を洗ひし 三一七
—倉の紋章 三一七
火におびゆ 二八二
皮肉の裡 一四〇
日にちかき 二一七
日に臥して 二八九
日に酔ふ仔蟇 一七八
火に寄らず 三八八
ひねこびれし 五五
灯のアーチの 二七六
灯のあかり 二九六
日の畦は 二九六
火の色も 四三九
日の蛆や 二〇一
日の落つる 三九〇
灯の顔どちぞ 二七七
日の神通る 四二
日の神の 三九一
日の枯芝 四〇九
「日の君」去りぬ 四三九
日の霧の 一二一
日の霧は 一二一
日の自足 一二一
灯の下に 二七七
火の舌の 二九
火の島の 二一八
火の島は 一一四
日の障子へ 三八一
灯の障子
—坐像の影は 三八一
—湯気の影あり 三八一
「火の女優」 三七七
日の大樹 一八一
日の椿 六八
日の坪に 二一〇、二三〇
日の中へ 二九二
緋の夏衣 一四九
緋の布を 三六六
緋の袴 四三五
日のはだら 一三六
日のひかり 二〇三
日の光 四一六
灯の雛店 三七
碑の冬苔 三三〇
日の冬濤 三六九
「日の丸」が 九七
「日の丸」爽か
—新生日本の 二五三
—緋眼の白馬 二五三
日の丸に 三三五
火の見雛と 一八一
火見櫓 三三九
日の恵（み）
—泉は水の 一四〇
—乏しらなりに 二一〇
日の下で 一七七
「日の下」は 五四
火の山の 一二三
火の山は
—夏富士を前 一二三
—西日の虹を 一二一
火の山ゆ 一二一
緋の雪降つても 四四〇
灯の夜桜 四三五
日は芥子に 二二六
日は師走 三三八
日は月を 一四〇
日は天眼 二九〇
陽は一つだに 九〇
緋薔薇の数 二〇八
雲雀籠
—縁紺 五五
—公道 五六
雲雀が抽き 四三、五四
雲雀の歌 五四
雲雀の音 五四
雲雀野の 五五
「雲雀より 四一八
日々新たなるの 六四
響爽か 二五二
響の東京 三〇二
響呼んで 三八四
日々愚痴と 三一六
日々の糧 二五八
脟の唇 三八八
日々のくらしの 七九
日々の工事 三六七
脟の指が 三八八
日比谷あたりの 二六六
灯更けて蜻蛉 二九五
碑文が宣るは 六四
碑文棒書 三六八
日へ呼ばれ 四一六
悲慕と汗 一六九
火祭の 二八三
ヒマラヤシーダ 七六
ヒマラヤ・シーダの
—影菱形や 一九二
—下枝や仲秋 二四九
—撥枝一つ 三〇
ヒマラヤ・シーダも 四〇四
向日葵
—一本煙突一本 二三五
—一本作らで他人の 二三五
向日葵群 二三六
向日葵こそ 二三五
向日葵四五花 二三五
向日葵親し 二三五
向日葵大小 二三五
向日葵直立 二三六
向日葵突伏し 二三六
向日葵と 二三五
向日葵に
—煙突に屋根 二三五
—澄む即興の 二三五
向日葵の
—花芯撫で花弁 二三六
—蕊単純に 二三五
—芯と児に沁み 二三五
—前よりの磴 二三五
向日葵は 二三五
向日葵蒔けり 四三
向日葵護れ 二三五
向日葵胸に 二三五
向日葵も 二三五
日まはり（向日葵）や
—一文にして 二三五
—色忌みし英雄 二三五
—ガード都の 二三五
—仮面より先づ 二三五
—昨日の赤痍 二三六
—極目要塞 二三四
—女児を望みて 二三五
—戦場よりの 二三四
—妻をばグイと 二三五
—贖罪を薬とし 二三五
—永歎きして 二三五
—登る人来れば 二三五
—深彫りなりし 二三五
—二た踏張りの 二三五
—未だ矮樹なる 二三五
—身の血清さに 二三五
緋マントや 三七五
氷室二棟 一四六
氷室覗き 一四六
氷室亦 一四六
日も極月 三三八
ひもじけれど 八七

ひもじさは　一四九
碑面すずし　一〇六
白毫や　一九三
百日紅
—乙女の一身　二一〇
—ラヂオのほかに　二一〇
百姓の
—冬旅姿手首撫す　三三三
—冬旅姿宵欠伸　三三三
百日を　二一一
百年の　四一八
百羽づつ　二〇
白夜に語らず　四四三
白夜に銀　四四三
白夜に飛ぶ　四四三
白夜のガウン　四四三
白夜の鉋　四四三
白夜の釘抜　四四三
白夜の姉弟　四四三
白夜の「数譜」　四四二
白夜の忠犬
—軀畳みたたむ　四四三
—膝下沓下に　四四二
—百骸挙げて　四四三
白夜の鋸　四四三
白夜の楣間　四四二
白夜の輪廻　四四三
白夜は北限　四四三
百蕾に　六五
白木蓮(びゃくれん)の　七八
「冷しコーヒー」　一五二
冷し酒　一五二
冷し蜂蜜(ホニー)　一五二
被誘拐児の　三四二
冬の日や　三四〇
比喩もろとも　三六五
病院の　一九
病翁に　六五
病臥十年　二〇
氷菓に偲ぶ　一五三
病室無風　二七四
秒針や　三五二
瓢箪の　三一四
瓢箪や　三一四
氷柱の　三七〇
表忠碑　二〇五
平等長寿と　四二九
病母のうしろ　一六六
病夜の尺八　二五三
病友に　二八八
氷輪や　三七〇
雹割れば　一二三
飛翼冴え冴え　三四八
ヒョットコの　二五四
平石に　四
開きし書の　九七
開き過ぎし　二一八
開くとき　三三〇
平谷に　二三一
ビラの文字　二四九
翻めきやめて　一九一
ひらりと礼　四〇四
非力者を　三四三
非力多力　二八三
微粒のダイヤ　二五〇
鼻梁の左右に　一六三
昼蛙　五一
昼顔と　二三七
昼顔の
—咲きのぼる木や　二三六
—まだ小輪の　二三六
昼顔無尽　二三七
昼顔や
—映画セットは　二三七
—慴(おど)ろける犬(くすし)　二三七
—医師なにとて　二三七
—小屋は次第に　二三六
—児戯はおほかた　二三七
—矢絣姿　二三七
—我が荷も添ひて　二三六
昼月に　二五九
昼寝孤児　一七二
昼寝児や　一七二
昼寝さへ　一七二
昼寝醒　一七三
昼寝せる　一七二
昼寝に陥つ　一七三
昼寝にも　一七二
昼寝の後の　一七二
昼寝の顔へ　一七二
昼寝の孤児　一七二
昼寝の末子　一七二
昼寝の果ての　一七二
昼寝浮浪児　一七二
昼の寒月　三五四
午の前後を　二九一
昼の月　八一
昼の星　一三一
ビルの前　三〇二
昼の虫
—いづれは帰り　二九六
—枯山水の　二九六
—の鈴紐もつれ　二九六
—「平家」講じに　二九六
昼の闇　三七九
昼の闇の　三四三
昼の指　二〇二
昼の酔　三一五
昼花火　一六四
昼ビール　一五二
午まへ午あと　四二九
昼を共に　三七一
拾ひきし　三〇四
拾ひし石斧　九六
拾ひし手袋　三七六
拾ひみし　三六
広き境の　四〇九
広きへ行かん　一五一
広く緊まれる　三七一
広島着　五一
広島の　二一〇
広島より　一九五
広清水　一四三
広場の沙山　二七六
枇杷熟れて　二一五
枇杷の花　四〇三
日をたのしむ　一七九
灯をば蛾が　一九三
日を待てる　三四六
貧窮問答　二四〇
鬢櫛や　一四二
「貧者の一灯」　三四五
貧と女の　三〇一
壜はまどかに　三三五
ひんらりと　二一七
鬢をゆるめて　一七
不安は不毛の　三三一
風雨の日　二一四
富家の子の　四七
風樹の歎　三〇七
風鈴下　一五九
風鈴の　一五九
風鈴や
—角家朗らかに　一五九
—自店に無かりし　一五九
—社家には神の　一五九
プールに嗤ふ　一六四
プールの昼餉　一六三
笛で呼び　七二
笛の雫　四九
笛の音冴ゆ　三四七

笛の音遠し 一七一
殖えもせねど 四二五
殖えゆく星 三三二
フォークで食べつつ 四二二
富岳からの 三四五
深葛に 三三〇
ふかし藷 三二五
深谷からも 二九八
深谷に 二一六
深谷へ 二〇四
深谷や 六五
深爪切りし 四七
吹かるる袂 三四四
吹かれあがり 七六
俯瞰のゴー・ストップ 一〇六
噴井戸の 一三六
葺き替へゆく 四一
吹きすさぶ 三三一
吹流し 一四七
拭きにこよと 五六
俯仰せり 一一三
不遇ならず 一四四
不遇のことは 三三二
福寿草 四三二
吹く空しさ 一五九
服喪越年 二二四
ふくらみし 一〇八
袋町 一一四
更けて聞く 二四九
「不孝では 二〇三
不幸者は 三〇一
浮誇の徒の 三三七
浮誇孑孑 二〇二
夫妻合奏 二五二
夫妻すずし 一〇八
夫妻たのしげ 三七四
夫妻若く 一五〇
房短かく 七八
富士現れて 二四五
富士一体 三六〇
富士こそ新雪 三六二
藤咲く家 七八
富士坐して 二五七
富士秋天 二五六
撫しつつ歩む 一〇九
藤の下 七八
富士の前 三三四
藤の幹で 一二四
「武士の娘」の 三六〇
富士白衣 三六四
富士真白 三四五
富士見せて 一一
節目多き 二二三
伏目の茅舎 三一〇
富士夕影 三九三
不浄場も 一二七
無精髭 三四八
不親に基づく 三八
襖にもたれ 三八一
臥つて見せ 三三〇
臥せてある
—菅笠へ田の 一五〇
—菅笠へ来て 一五〇、二〇一
父祖以来の 四二六
父祖の庭の 二一七
舞台ほどの 六二
二重虹 一一三
二つの唐傘 三三〇
二列の 三一一
二帆づつの 三六〇
二人居る 一九
二人づつの 二〇九
二人行く 二八〇
淵も瀬も 二三七
浮沈の舞台に 四七
仏縁は 八二
復活祭
—木叢が花に 四九
—友の遺児うたて 四九
—灰から黄花 四九
—又眠らむと 四九
二日の灯 四一五
二日の光 四一五
ふつつかに 五八
仏法僧 一八三
筆筒も 二七七
筆で食ふ 三〇九
葡萄食ふ 三〇四
不動の牛 三五一
不動の掌に 四〇六
不動(ふどう)明王の手に 五七
葡萄野の 三〇四
不動明王の 七六
蟆子がくる 二〇二
ふと汽笛 一三五
太棹三味線の 三六六
ふと涼し 一〇五
蟆子に血を 二〇二
蟆子の血より 二〇二
太腿らしく 二七六
ふと湧く夕餉の 三〇六
蟆子を打つ 二〇二
船虫くる 一九一
船から汽笛の音 二三〇
船だけが 一八四
船は汐と 一九七
舟踏んで 三五一
舟も出さで 一八六
船よりの 二二三
吹雪く夜の 三六二
父母ありて 三五九
父母いつしか 三八三
父母恋し 四七
父母既に 二一五
父母と由縁の 二一一
父母なみに 三〇二
父母の子二人 五三
父母の墓辺 三一一
父母の冬灯 三八〇
父母は丹頂 三五五
父母は亡し 四二三
父母へ焚く 四二六
父母在さず 八七
父母未生 三五四
踏切渡る 一四六
芙美子の墓よ 三四四
文月や 二四八
踏みとどまり 一八〇
踏みゆく足裏 二三六
踏む蹄 一六八
不毛の時代は 一九二
麓同士の 三五
冬雨の 三五六
冬新た 三一九
冬海は 三六八
冬海や
—空を劃りて 三六八
—落花のごとく 三六八
冬海玲瓏 三六八
冬オリオン 三五四
冬陽炎 三三二
冬陽炎が 三三一
冬がすみ（霞）
—丘の墓地中 三六三
—古学府なれば 三六二
冬構 三七九
冬框 三三〇
冬河下り 三六八
冬著さまざま 三七三
冬木裾 四〇四
冬著で会ひて 三七三
冬木根に 四〇四
冬木根を 四〇四
冬木の風 四〇四
冬木の下 四〇五
冬著の背で 三七三
冬霧に 三六三
冬霧湧くや 三六三
冬雲仰ぐ 三五三
冬雲うごき 三五三

冬雲騒然　三五三
冬雲の　三五三
冬雲は　三五三
冬来る梢々　三三六
冬苔の　三三二
冬苔痩せ　三三三
冬木立　四〇五
冬座敷　三八〇
冬ざれ井戸　三三六
冬ざれ庫　三三六
冬晒地蔵の　三三六
冬ざれや　三三六
冬芝や　四〇九
冬絨毯　三八一
冬杉円錐　四〇四
冬杉の　三三〇
冬芒　四〇八
冬すでに　三一九
冬薔薇　四〇一
冬空西透き　三五三
冬空に
—縋らんか巨松に　三五三
—聖痕もなし　三五三
冬空は
—澄みて大地は　三五二
—底澄み浮雲　三五三
冬空・茅舎　三五三
冬空や　三五三
冬空を　三五三
冬それぞれ　三三三
冬田から　三六七、三九六
冬竹一本　三三一
冬田の杭　三六七
冬蝶二つ　三一九
冬虔し　三三三
冬木賊
—仙女を気に吐く　四三九
—手負ひの竜も　四三九
冬菜四五畝　四〇七
冬濤怒る　三六九
冬濤幾重　三六九
冬濤・鷗　三六九
冬濤起伏　三六九
冬濤三里　三六九
冬波重畳　三六八
冬濤とゞろ　三六九
冬濤の
—一穂や岩を　三六九
—最後躍りぬ　三六九
—迫る青さの　三六九
—濤垣水平　三六九
—ひゞき破船の　三六九
—真白き上の　三六八
—眉間砕けし　三六九
—湧かんかあはや　三六九
冬濤穂に穂　三六九
冬濤真白　三六九
冬濤無限　三六九
冬濤や
—浮雲積んで　三六九
—倦まざるものの　三六九
—折れたるマスト　三六九
—砕けし波の　三六八
—くりかへしこそ　三六九
—懺悔の果の　三六九
—地の名浦の名　三六九
—等高の五岬　三六九
冬波ゆきて　三六八
冬に入る　三三六
冬虹消ゆ　三六三
冬ぬくき　三一七
冬の青波　三六八
冬の泉辺　三六七
冬の一字　三三二
冬の市場　三三〇
冬の祈
—人黙し魚　三三五
—身の体臭の　三三五
冬の海面　三六八
冬の雲梯　三五三
冬の女と　三三〇
冬の合唱　三三二
冬の蟹　三三〇
冬の川　三六八
冬の眼福　三三五
冬の機械に　三三二
冬の逆光　三三四
冬の金魚　三三五
冬の魚臭　三三〇
冬野草　四〇八
冬の倉　三三二
冬の涓滴　三三五
冬の小魚　三三二
冬の豪語　三三二
冬の校舎　三三二
冬の苔　三一九、三九五
冬の坂　三三四
冬の"the sun"　三三三
冬の残光　三三四
冬の砂利　三三一
冬の棕櫚　三三三
冬の松籟
—吾も詩に強き　三五四
—煙草吸ふ息　三五五
冬の白樺　三三四
冬の白壁　三一九
冬の新道　三三四
冬の鶺鴒　三三二
冬の滝　三七〇
冬の竹　三三二
冬の谷　三三二
冬の湍　三三二
冬の蝶　三一九
冬の亭（ちん）　三三二
冬の土　三七一
冬の露　三一九
冬の鳶　三三〇
冬の友　三五四
冬の泥の　三三一
冬の虹　三六三
冬の野鳩　三三五
冬の蠅　三一九
冬の墓
—「情のをみな」も　三三一
—「匆忙書体」を　三三一
冬のはぢらひ　三三二
冬のパセリー　三三四
冬の花　三三四
冬のハンケチ　三一九
冬の風鈴　三一九
冬の仏像　三三〇
冬の噴水
—携帯ラジオに　三三一
—徒長徒速の　三三二
—老大学生　三三二
冬の掘割　三三二
冬の間の　三三二
冬の水　三六七
冬の水に　三六七
冬の密林　三三四
冬の明眸　三三〇
冬の鵙
—趾（あし）うらかけて　三九三
—下枝にふつくら　三九三
冬の藪辺　三三二
冬の山鳩　三三五
冬の雷に　三六二
冬の瑠璃蝶　三九九
冬のルムペン　三三〇
冬の和風　三三五
冬芭蕉　四〇七

冬浜を　三七〇
冬はもとより　四三九
冬薔薇一花　四〇一
冬薔薇と　四〇一
冬薔薇の
―うらの萼の　四〇一
―香を聞く柳眉　四〇一
―襞廻転の　四〇一
―襞層々や　四〇一
冬薔薇一株　四〇一
冬晴れの　三五二
冬日浴びて　三五〇
冬灯洽し　三八〇
冬日一輪　三五〇
冬日いとし　三五一
冬日負ひて　三五〇
冬日落つ　三五一
冬日居り　三四九
冬日さす
―外出用意の　三四九
―機械の細部　三五一
冬灯しづか　三八〇
冬日沁みて　三四九
冬日たのしむ　三五〇
冬日千筋の　三五一
冬日遅々　三四九
冬日散るよ　三五〇
冬日つつむ　三五二
冬日勁し　三五〇
冬日手に　三四九
冬日中
―交はさんに語なし　三五〇
―「さげすまれ
云々」の　三五〇
冬日向
―お手玉と牛乳の　三五二
―斬りつつ遁れし　三五二
冬灯にあらはな　三八〇
冬日に応へ　三五〇
冬灯のいのち　三八〇
冬日の巨幹　三五一
冬日の耳朶　三五〇
冬日の鉄壁　三五〇
冬日のぬくみ　三五二
冬日の白痴　三五一
冬日の白布　三四九
冬日のパチンコ　三五一
冬灯の玻璃　三八〇
冬日展び　三五〇
冬日の松原　三五一
冬灯の窓に　三八〇
冬日の若者　三五一
冬雲雀
―石切場ふかく　三九四
―切通しほぼ　三九四
冬灯へ蜜蜂　三八〇
冬日三竿　三五〇
冬日見詰めて　三五〇
冬日わがもの　三四九
冬富士や　三六四
冬蒲団　三七三
冬帽とつて　三七五
冬松を　四〇五
冬三日月　三五四
冬幹や　四〇四
冬水に　三六七
冬も饒舌　三三四
冬も素足　三三〇
冬紅葉　四〇三
冬館
―訪ふ近道や　三七九
―昼の闇見る　三七九
冬柳　四〇六
冬山幾重　三六五
冬山くらし　三六四
冬山の　三六五
冬山や　三六五
冬夕焼
―過不及もなき　三六三
―明星いまだ　三六三
冬落日　三五二
冬瞭々　三三四
冬を大きな　三五三
芙蓉咲きぬ　三〇一
芙蓉の名に　三〇一
不夭の初日
―よわくて逝きぬ　四一七
―われよくも　四一七
芙蓉の実　三〇九
不用の名刺　一三四
芙蓉は妙齢　三〇一
ふりかへる　二六三
古りし日の丸　三三四
降り出して　三三二
ブリック・バイ・ブ
リック　一七〇
跨橋(ブリッヂ)内の　三五一
古りつつ青き　二三二
ふり向かされし　一六七
振向かれし　二五二
振向きさとす　八七
ブルータスを　三八
古蚊帳新蚊帳　一五七
古看板の　四七
旧き家々　一一三
旧き家は　四三五
古き鳥　五二
古草や
―通年同じ　八六
―町裏なれば　八六
古下駄は　三九四
ふるさとの
―と同じ名の寺　一五七
―春暁にある　一三
ふるさと人等　一四二
ふるさとも　二六二
古洲一つ　四三九
「古妻」ならで　二三七
古鉄ここで　五七
古手袋　三七六
古藁塚の　五〇
古庭に　二〇四
古墓や　三一三
古馬鈴薯を　三一四
古藪の　一七九、二二三
降る闇さへぎる　二七六
降る雪刻々　三六一
降る雪しるし　三五九
降る雪点々　三五九
降る雪泣き熄め　三六〇
降る雪の　三六〇
降る雪や　三五八
降る雪を　三五九
プレス台の　二〇九
触れてみて　一三二
触れなれし　一八九
不老園　七九
不老園の　三三
浮浪児昼寝
―顔の蠅をば　一七二、二〇〇
―人の林に　一七二
―不穢の手救ひの　一七二
浮浪児昼寝す　一七二
浮浪者語れば　二五六
風呂蓋めきし　三七八
噴煙の　一一〇
文学思慕の　三一九
文化の日を　二七四
分校とても　一八四
分校に　四〇〇
分校の　三九四
噴水円陣　一五五
噴水清水　一五五

噴水条々 一五五
噴水青天 一五五
噴水の
—茂りにしげる 一五五
—前に消化の 一五五
噴水辺 一五五
噴水明々 一五五
噴泉群 一五六
噴泉の 一五六
噴泉を 一五六
噴湧の 一七一
塀内凌ぐ 三一九
平遠望めば 二九八
塀下すずしく 一〇七、一六〇
塀の裾 三三三
兵馬の春 一七
「平野の人」 四一〇
平野の人は
—うた声豊か 一八三
—のどかに詣で 二四
ベートーヴェン 三一七
壁画は燃え 四三五
壁画も合唱 一九
碧眼少年の 四六
碧眼どちの 一一七
碧眼ならぬ 一〇七
碧山白水 二二二
碧羅とは 六四
霹靂を 一二三
ペダルから 二一七
ヘッドライト
—吾を打ち無用の 二一六
—深雪の楪 三六一
別に風音 三〇六
別盃の 二九五
紅蜀葵 二二六
紅が暮れ 二〇九
紅傘黒傘 四三〇
紅蟹・黒髪 一九一
紅蟹冴え出づ 三四八
紅(べに)健か 二〇九
紅茸大小 三三六
紅袂 二八一
紅つけ鉄漿つけ 二〇七
紅椿 六八
紅鳥黙し 三六一
紅芙蓉 三〇一
虹鱒あまた 一九〇
ベニヤ板に 二三四
蛇あそび 一八〇
蛇苺 二三八
蛇こときる 一八〇
蛇つぎつぎ 一八〇
蛇逃げて 一七九
蛇ねむり 一七九
蛇の衣
—電柱の鷹 三九三
—はばかりなきは 一八〇
—冬までのこり 三三〇
—冬見れば頭の 三三〇
蛇は穴に 二八八
ヘルメット 二五四
ベレーは涼しげ 一〇六
弁解・自讃で 三一
ペン画まだ 一八五
勉強は 二九六
弁慶死処は 二三五
弁慶橋に 三六一
変幻くろぐろ 一七八
偏向なかりし 三三三
変声期の 二三六
ベンチ灼けて 一〇五
弁髪層々と組み 九八
片々たる 三八六
遍路脱ぐ 四八
遍路絡繹 四八
方位失し 三八五
法縁の 七七
鳳凰堂 四一九
鳳凰の 一一二
放課後の 二七八
箒役も 三三九
望郷きららか 四〇三
望郷さへも 三三七
豊頬に 三五〇
箒を浄め 三八七
法師蟬の
—声棗の木 二九四
—初蟬なれや 二九四
豊膩(ほうじ)なる 三〇二
茅舎忌の 一七五
茅舎忌や
—一切は手の 一七六
—昨非今是と 一七六
—「青面金剛」と 一七六
—松多く灯は 一七五
傍若無人に 四四
茅舎偲ぶ 七五
「茅舎」と銘して 二三五
「茅舎」の絵には 一八五
茅舎ゆめ 三〇八
豊饒なりし 三七六
傍測苦痛は 二二三
傍測苦痛を 二二三
滂沱たる 一六八
忙中の 七一
放置露台へ 一五五
亡弟職域 二三八
亡弟と 六一
亡弟妹呼ぶ 五三
帽の庇の 一五六
蓬髪の 九五
抱負勝ちの 二七五
抱負なひまぜの 二七五
亡父にすずしく 一〇七
亡父の晩学 二五三
亡父も吾も 二七四
亡母あちこち 三三四
亡母憶ひて 一三七
亡母応へぬ 二〇七
亡母と故友 一〇七
亡母似の 一一七
亡母のうとみし 七八
亡母の書簡 三七九
亡母の髪膚は 四〇〇
亡母の薔薇
—光の中は 二〇八
—開きぬ紅唇 二〇八
亡母の頬の 二四
亡母は和歌に 七九
亡母をなほざり 三三九
砲も馬も 三一
亡友偲びつ 二一七
亡友の 三三
豊漁の 二二三
頬かむ(被)り
—柏原人 三七六
—脱ぎつ喪の家へ 三七六
—母脱ぎ捨てぬ 三七六
—渡舟の席の 三七六
ほほかむりの 三七六
朴咲く山家 三三一
朴散華 三三一
朴茂りて 二一八
朴散り果て 二二一
頬杖ならで 二七七
ボート暮るる 一六三
ボートにて 一六三
ボートの友どち 一六三
ボートの波止 一六三

朴の花
─故友みな背水の 二二一
─もの装はぬ 二二一
頬へ手へ 三五六
頬賞であひ 四〇一
灯影長し 三九七
北郊や 二九二
墨蹟寒香 三四〇
牧夫来て 二二七
牧夫一人 一三〇
北陸の 一八九
母系のみ 一六四
木瓜咲きぬ 八〇
墓穴露けし 二七〇
母校の方へ 一一五
埃一過に 一〇三
星合（逢ひ）や
─遊びの迹の 二七五
─金属療器の 二七五
干柿と 二七七
干柿の 二七七
干柿や 二七七
干畳の 二八四
干炭団 三八二
星月夜 二六二
星どちの 二六二
母子の家 二九二
星の窓 三九
星は月の 四〇一
干蒲（布）団
─げに寝ては起き 三七四
─してありそのさま 三七四
─新小屋の屋根 三七四
─ユーカリ日を呼び 三七四
星祭 二七四
干物を 一五九
干蜀黍 三一六
干蜀黍と 三一六
干浴衣に 一五〇
暮春一夏 二五
暮春の牛 二五
暮春の供養 二五
暮春の虚空 二五
暮春噴水
─土曜の午後を 二五
─母性のペリカン 二六
母情あはれ 三〇五
墓所の冬 三三四
母子寮の 九六
星を得むと 四〇一
穂芒や 三一九
母性ネットリ 二七
細くひろく 九九
細紐たばね 一五四
細目なせし 三一
ほそやかな 一四一
細る頬へ 四三九
保存に古りし 四九
蛍籠
─歩む光も 一六六
─屋内ここに 一六六
─さげつゝ門の 一六五
─島も屋形の 一六五
─総体動く個々の 一六六
─更けて沸々 一六六
─不徳の身ゆゑ 一六六
─未来茫々 一六六
─宵より調律 一六六
蛍籠に 一六五
蛍籠の 一六六
蛍籠へ 一六六
蛍呉れし 一九四
蛍の呼吸 一九四
蛍のにほひ 一九四
蛍の光 一九四
蛍の夜が 一九四
蛍火大小 一九五
蛍火の
─父へ母へ 一九五
─念々かさねし 一九五
蛍火一つ 一九五
蛍火へ 一九五
蛍火や
─遺骨の重さ 一九五
─白き夜道も 一九五
蛍火闇に 一九五
蛍火を
─掌中命 一九五
─見詰めうからの 一九五
蛍火を助力し 一九五
蛍袋 二三八
牡丹園主 三九
釦さぐれば 三九五
牡丹雪 三二
墓地さへ広く 二一八
墓地中にも 八四
墓地に隣る 一五四
墓地の鴉 一〇三
墓地の空 六四
墓地も春 一七
墓地を過ぐ 一五一
暮鳥一群 一九
没後既に 七四
歿後十日 一三、一四五
没後の雪 三六一
ホップ畑
─佐久の口笛 三一七
─農家ながらに 三一七
─バス待小屋の 三一七
─離ればなれに 三一七
杜鵑（ほととぎす・八千八声）
─暁の大気の 一八一
─馬の鼻孔の 一八一
─小山ながらに 一八一
─対岸夜行の 一八二
─敵は必ず 一八一
─問ひ問ふ「こころ 一八二
─啼き暮れ阿修羅 一八一
─二児の父なる 一八一
─二児の枕の 一八一
─羽根ある不動 一八二
─母よと呼ぶ子を 一八一
─牡丹の数を 一八二、二一〇
─ローマン・カラー 一八一
程よき喧嘩 九一
歩に歩拾ひぬ 一三九
骨太の 三六五
焔黄なり 一一九
焔の基を 八三
焔やがて 六六
仄白し 一一六
仄と春昼 二三
穂の長き 八九
襤褸に 四三五
頬白の 三一、五六
頬杖を 五三
ほぼ方丈 六七
鯔も跳ばず 一七二
堡塁ならず 三四七
穂絮喜遊 三一八
盆踊りも 二八一
盆供の金蓮 二八四
本郷の 二五八
盆栽に 四一八
盆すぎぬ 二八四

盆過ぎや　二八五、三三五
本則どほり　一〇九
盆大の　二六〇
盆中日　二八四
盆の月　二六〇
盆の日暮る　二八四
盆のもの　二八四
盆の闇　二八四
盆の夕月　二六〇
盆の路傍　二八三
盆日和　二八四
本舞台　三八〇
盆詣　二八三
盆詣眼濁る　二八三
本末長き　一一四
本来古色の　二六

【ま】

マーブル卓上　一〇四
「舞ひ納め　四四
埋葬帰路　一一七
埋葬行　一四九
埋葬後　一七〇
まひ〳〵は　三三一
真上に春星　二九
真上の掌　二九七
真上の飛鳥を　二一一
真上のみ　二六六
舞ふ雲の　四二一
舞ふ鳶の　三一一
舞ふ初雪　三五八
前髪に　三九九
前髪の
—垂るる辞儀して　七〇
—乱れ髪の間　三八五
前空と　二六五
前垂の　一一九
前は梅雨闇　一一八
前へすすむ　三七九
前へ跳ねざま　一八一
前向ける　一一四
前山の　三四四
真乙女の　五三
真垣越の　二一〇
凶事（まがごと）ならず　四〇〇
迂りては　二二四
槇垣の　四〇六
蒔きつゞくる　四三
槇夏木　二一六
槇の木と　二六六、三〇三
槇の葉越し　七七
槇の葉も　三〇
牧の椋鳥　二九二
捲きふかき　二〇八
捲き寄せて　四〇一
まぎ（紛）れなし
—塔一基帯　一三三
—蛍火羽振る　一九五
真葛越し　三三〇
まくなぎも　二〇二
莫妄想の　二二七
枕蚊帳　一五七
枕木を　九八
枕辺に　三四七
枕辺の　一一三
敗犬去れば　三六六
孫がつまみて　三一二
孫が撒きし　四一七
孫女二人　八二
孫達へ　三五三
孫遠し　二六九
孫と子の　一一三
孫と摘みし　三一一
孫とはこれか　二七六
まこと裸の　一七八
孫と末子や　二六一
孫に互らば　二七一
孫の音　一六八
孫の数の　一七五
孫の拳を　四〇二
孫の聖夜　三九一
孫の一人の　四二六
孫等外地に　三一二
「まさきくあり」と　三三四
正しう聞きぬ　二五六
まさしう好きな　四二四
まさしくけふ　二七六
まさに山気　五六
まさに行くに　三一
まさに瑠璃　八三
真白白樺　二一八
真白の蛾　一九二
マスク一つ　三七七
先ず頼む　二一六
鱒釣りし　六〇
先づは往路や　三三三
先づは他人の上　四二八
馬柵よりも　四六
まだ消ざる　二〇二
また巷路　五七
また早春　二一
またたきまたたき　一六九
またヽけど　一二一
未だともさず　二八二
又夏持つを　九七
又別の　一一四
又読む独逸語　三二六
未だ若しと　二二三
町裏歩　二〇七
街角の　三五四
町角は　七三
町過ぐる　三九四
町筋の　五一
町雀の　四三一
町空の　五七
街の霧　二六六
町のキリスト　一七六
街の蝶　六二
町の名坂の名　三七八
松落葉　三三〇
松笠落ちて　四〇九
松笠を　三〇七
松風や　四三五
真黒な　三九九
真先かけて　一〇九
松島流燈
—群島の優劣　二八七
—此処の夜芭蕉　二八七
—こぞりて不動　二八七
—三階造りに　二八七
—三更酔人　二八七
—酔人敢へて　二八七
—ただみる悲喜を　二八七
—他人は初心を　二八七
—ひとみな寝ねて　二八七
—不動のままや　二八七
—まばたきかはし　二八七
—闇に波音　二八七
松過ぎぬ　四一五
真直ぐな　五四
まつすぐに　一四八
真直ぐ往けと　二四五
松蟬や　二〇〇
松高く　二三二
松手入
—楠は層々　二七八
—子の無き友の　二七八
—せし家あらん　二七八
松と椿　六八
松並木　四二
待つに何を　一三一
松に紅蔦　三一〇
松根太くも　二六八
松の内　四一五

松の果に　四三〇
松の花　八二
松の花に　八二
松は渝(かは)らず　二一七
松は鳴り　三五九
松葉の枝　二二三
松葉牡丹　三二八
松原ふかく　一八
松は和風　三九
松秀で　一八八
待つ間もなく　三五五
松虫草　三二五
松も鶴も　三二三、三九六
松山乙女　二八一
松山おのづと　七三
松山は　三三〇
松山晩涼　一〇九
松山人に　三三
祭下駄　一七五
祭の町と　一七四
祭笛
—妻爛熟の　一七五
—吹く筒袖の　一七五
まつはりし　一九二
摩天樹白雨　一二〇
摩天の一樹　一三八
摩天の冬木　四〇五
摩天楼上　九八
窓ある揚げ船　一八四
惑ひ一途　一三八
纏へる「白き苫」　一八〇
まどかな家路　三一三
窓に来て　一七二
窓にそむく　一三三
窓の銀河　二六二
窓の閾に　三七八
窓の夜気　三六八
窓一つ　八二
窓富士冴え　三四八
マドロスたりし　三一〇
まどろむ妻と　六七
眼别れど　四二六
眼澄む　四三八
眼つりし　一九八
愛児の頬を　一一三
眦(まなじり)あがる　二九六
真夏日や　一〇三
学ばず父母に　一六六
まなぶたは　九七
招かざるに　三九八
真柱新し　一七〇
まばたきや
—睡蓮へ馬首　二二七
—被爆者寒の　三四〇
間引菜や　三一四
真昼を更に　四九
瞼にひそむ　五四
瞼の人　二四八
瞼へ上がる　六七
マフラーのみ　三七六
幻の　四二五
まぼろし真向き　二五四
まほろばの　三五二
ままごと姉妹　七九
ままごと道具　三五五
ままごとは　七五
真向から　三六〇
真向きの明眸　一七
蝮の如く　一八〇
豆菊も　三三三
繭玉に　四二五
繭玉や
—縁者友垣　四二五
—カラーで撮つて　四二五
—今宵の空は　四二五
—話題うれしみ　四二五
繭玉用品　四二五
迷ひ小犬　一九九
真夜を跳ぶ　二九七
真横へと　二六三
マラソン選手へ　三五二
マリア祭　一七五
毬投げや　二五五
丸石の　三九
丸かがみ　二六八
円き泉
—水中の布置　一四〇
—二十年来　一三六
円き頭に　一五三
円く厚く　三二
まるく小さき　四〇
丸山いただき　三一九
稀に見し　二〇五
まれ人つつむ　七三
円き端より　二一四
転び音ショパン　二〇一
萬巻の　二七六
曼珠沙華
—顕れ次ぐみどりの　三三三
—吾を拾ひ立て　三三三
—一株や兄事は　三三三
—有縁とのみに　三三三
—火宅めがけて　三三二
—悲しみこそは　三三二
—凝血天へ　三三三
—鶏鳴声を　三三三
—故人長考に　三三三
—故人も木がくれ　三三三
—この悲愁コーヒーの　三三二
—故友の賞でし　三三三
—山禽海鳥　三三三
—山村暦日の　三三二
—酣(たけなは)や人跡　三三三
—血もて購ひ　三三二
—長白髪も　三三三
—鉄路に添ひて　三三三
—年毎冷えそ　三三三
—なぞへすなはち　三三三
—南国の出に　三三二
—南面十日　三三三
—「南友」と呼ばむ　三三二
—日輪円周　三三三
—農婦の帰宅　三三三
—走せ次ぎこの身　三三三
—母の右手へ　三三三
—人なき渚　三三二
—午告雞(ひるつげどり)と　三三三
—昼の露を風　三三三
—故里の野へ　三三三
—「末期の眼」こそ　三三二
—めぐり会はめと　三三三
—飯粒こぼし　三三三
—女（め）は涙拭く　三三二
—山にも畦にも　三三三
—世の坦道を　三三三
—寄りあひ故人　三三二
—落暉も藥を　三三二
曼珠沙華に　三三二
曼珠沙華の
—群落次々　三三三
—残栄や日は　三三三
—晩花一株　三三三
—秘色や高き　三三三

曼珠沙華は 三三二
曼珠沙華を 三三二
満庭の 六八
満目赭し 一九七
マンモス駅の 二六
見出でたる 七六
木乃伊化永存 一八三
身内だけの 三七八
血族とても 三一
血族に見ざる 一六九
見うべなふ 一六一
「身売癖の親」 二七五
見下ろせば
—譲りの羽織の 三七三
—屋根草梅雨の 一一八
—屋根々々の間に 八一
身が重く 二八九
実薫る榠櫨樹 三〇六
三日月凍てゝ 三四五
三日月風色 二六〇
三日月そのまゝ 二八
三日月無し 二六〇
三日月の
—下なればこそ 二六〇
—そむきて高き 二六〇
—ひたとありたる 三八七
三日月のせた 二六〇
三日月含み 四〇一
三日月へ 二六〇
三日月や
—二三度鳴きし 二六〇
—ものより逃ぐる 二六〇
実が二つ 四〇九
身から推して 八〇
蜜柑たわわ 四〇三
蜜柑畑 四〇三
幹黒し 一七九
幹白き 六八
幹伝ふ 二六九
右手無き 一六〇
右手より 一一六
右と左の 四六
幹に春日 二一七
砌の蜥蜴 一七九
汀蟹 一〇三、一九一
眉間拭きぬ 一七一
尊偲べば 六二
みごもりの 一三一
懐妊めでたし 六〇
「身頃」といふ 二五一
岬の師走 三三八
実桜や
—折紙細工の 二〇七
—カラー・フィルム 二〇七
—ピアノの音は 二〇七
ミザンスロピストの 八九
短き大正 一五九
短夜尚ほ 一〇三
短夜の 一〇二
短夜や
—五息にとぎれ 一〇二
—当事者却つて 一〇二
未生以前の 三六一
水浴女 一六三
水一線 三九七
水蜿蜒 一三五
水影と 二九五
水甕に 三九〇
みづから青き 三三五
自ら架せし 四三九
自らの
—踵の音も 三三五
—「尻小玉」抜き 三四六
—肱いたはりつ 九七
自らへ 三七六
自ら嘉し 四二六
自らを
—梳く滝の丈 一四四
—吊るし上げたる 一九〇
水清うして 三七二
三筋の煙の 九七
水馬 一九七
水すまし 一九七
水淙々 二九五
水田の夫婦 一三五
水と油 一一七
水鳥暮るる
—杭の数の 三九五
—杭にその数 三九五
水鳥と 三九五
水鳥に 三九五
水流れて 二〇八
水なき河床 三七六
「水に麪麭を」 三九六
水に降る 三六〇
水の中にも 三〇一
水の日は 二一六
水の穂の 一三八
水の穂を 一三六
水飲む揚羽 一九二
水の面に 九七
水の面の 二七七
水湊に 三八七
水湊まで 三八七
水は不憫 五〇
水引草 三二四
水引や
—生命ある詞句 三三五
—ここは木漏日 三三五
—渓径二番目の 三三五
水引を 三三五
水秘色 一八七
水噴き遺るや 一六六
水辺へ出て 一七八
水までは 二二五
水満々たる 一八五
水面に冬日 三五一
水も寝るか 一四二
水藻の花 二三九
水綿は 三三七
水を打つ 一六〇
水を読む 一三九
見ずんば在らぬ 二〇七
店深く 二一
三十三歳（才）
—地へ下りぬ茶を 三九五
—濡れて白頬 三九五
溝浚へ 一六一
溝清水 一四一
味噌汁の 五一
みそつ歯で 三一〇
弥陀辺の老友 四五
濫りに人を 三七四
路あまた 二九
道をしへ
—既往の方は 一九七
—死へ導くを 一九七
—先達けふも 一九六
—遂に消えけり 一九七
—「日の道」海に 一九六
身近くを 三四四
道固き 一九七
路消えければ 一八三
道訊きに 三五六
道柴や 二八六
道すがら 三一六

道てふものは　五三
道問ひ寄れる　三四一
道と渓流　一九八
道修さんと　一四〇
未知の犬　二三四
道の上　三五二
道の木に　三〇二
みちのく泊り　三八一
みちのくの
—一宿晩夏の　一〇一
—初花今に　六九
—晩夏描くを　一〇一
—蚯蚓短かし　二〇六
みちのくも　三四七
道の上下を　一六〇
路の果　四〇七
路の幅の　二一八
道の虫　二九五
道の元　二六二
路の面に　六一
路の行手　二九二
径は草に　三三二
道は険を　一四四
道（路）ばたに
—旧正月の　二〇
—盆供の金蓮　二八四
道は一つ　三五一
路も三和土（たたき）　三八二
「過程（みちゆき）」こそ　二七六
道行くや　一七二
道を鎧うて　一九七
密雲漏るる　三一二
みつぎ取りも　九〇
蜜月土産の　四一七
密室の　四〇
蜜吸ふ嘴へ　六八
蜜の刻　六二
蜜蜂の　六二
密封の　一六四
三椏の
—花の黄熟　七
—花や同じ日　七七
—花や前垂　七七
見つむれば　二六三
見詰めあひ　一八〇
密林中　三五二
密林出るや　三六四
密林の　三九五
密林や　三九四
「見とどけよ」　二五一
水戸の鵙　三九三
みどり雄々し　二一七
みどり冴ゆ　二一七
みな愚か　一九二
みな寒し　三四二
みな白草　三六七
水底から　三六〇
水底の　二五〇
みな袖を　四四
みな直立　三一九
水無月の　一〇一
水無月や
—紅き実肥えて　一〇一
—地に刻つけ　一〇一
港の幟　一四七
港より　一二四
個々（みなみな）「千松」　二一二
南の冬　三三〇
南より　二三
源の　一八九
見なれし我　三七八
実南天　三〇八
身に外套　三七五
身にすずし　一〇八
身に近し　一七七
身に水浴び　四三六
見ぬ恋は　二一二
峰鶯　五二
嶺の虻　六三
身の幸や　三五八
身のまはり　一八二
みの虫や　二九九
身は幸運児　三九一
身一つ　五七
見舞ひて
—安堵椋鳥鳴き林中　二九二
—安堵焼諸買ひて　三七八
蚯蚓な（鳴）く
—あたりへこゞみ　二九九
—浴や身体　二九九
蚯蚓鳴くや
—伊予は地つづき　二九九
—浮世の仮睡　二九九
耳澄ます　三四一
耳立犬に　二七
耳たぶ揉んで　二六一
耳遠き　三〇六
耳鳴るまで　四一五
耳の下　四二
耳の辺咽喉の辺　一八
耳張つて　二六七
耳は本来　五五
耳を疑ひて　一四〇
耳を掻く　一九三
未明忌の　一七六
宮城はうつつ　三六七
脈打つ身に　一九一
脈打と　一四四
土産寿司　一五一
都鳥
—恋の冥福　三九六
—若者の三昧　三九六
都のたつみ　四三六
都の冬木よ　四〇四
都辺の　八二
都より　三六五
深山の花　四三五
深山の花に　四三五
宮も寺も　二一六
深雪して　三六二
深雪飛ぶ　三六二
深雪の上　三六二
深雪の照り　三六二
深雪の夜　三六二
深雪降らして　三六二
深雪道　三六二
茗荷など　三一四
妙義青巒　一三三
妙義近み　九八
妙義嶺は　一三三
妙義嶺や　二六六
妙義の崎嶇を　二七六
妙義の虹　一三三
妙義を凌ぐ　一六四
明星現れて　三五五
明星ここでは　二一〇
明星の　一七七
明星は　六八
明星本来　二三
妙本寺　七七
身より出でし　四二四
見られゐる　三九四
見るから熱き　四三五
見る毎迫る　四三
見る間も流るる　九七
見れば日盛り　二一六
水輪ひらき　一四一
身を削り　一六四
身をしぼる　二三〇
身を結び　二八八
身を以て　五七
明笛鳴り　二三七
明笛を　二五八
南に　三四九
南へ　三八九
「衣蟬（ミンミン）」鼻声　二〇〇
無縁の遥か　一七七
向ひ日や　二五七
迎火や
—牛の名なども　二八五
—子が孫を呼ぶ

二八五
—闇に映ゆるは　二八五
—代々喰ふために　二八五
無学の責め　三四四
昔のさまに　二五三
昔ぶりの　二二九
百足の触角　三〇四
麦秋の　一〇〇
麦秋や
—口につきたる　一〇〇
—中景に何ぞ　一〇〇
麦嵐　一一五
麦生無量の　三三二
麦越に　三三一
むきだしの　三三二
麦の秋
—答へたがつて　一〇〇
—散光夕日を　一〇〇
—縦長くなる　一〇〇
—一と度び妻を　一〇〇
麦の道　三三一
麦薄暮　三三一
麦一粒の　三四三
麦ひろら　三三一
無機物のみの　三五三
麦踏んで　四一
麦埃　一六〇
麦穂波　三三二
対き向きの　一八九
麦稈(むぎわら)を　一六一
麦藁帽　一五一
むく犬の　三八〇
むく犬は　四〇三
椋鳥降りて　二九二
椋鳥すずなり　二九二
椋鳥の　二九二
椋鳥等　二九二
椋鳥の下　二九二
葎を　二一八
椋鳥渡る　二八九
むかうから　一九五
むかうむいて　二六八
無辜が無辜　四〇八
無私とは徒然　一九九
虫鳴く夜の　二九六
虫に寝んと　二九五
虫柱　二〇二
虫瑟々　二九六
虫干為して　一五九
虫干や　一五九
むし饅頭　三七八
虫眼鏡　六四
武者窓越しの　七六
無性に石投げ　二六一
無色とは　三三二
寧ろ「殺す　二七五
無人とは　一三七
無心に前を　二六三
無人の秋晴　二五五
無人の坂　五三
無人の場(には)に　六六
無人の日　一五六
無人の灯かげの　二一五
結飯草(むすびぐさ)の　三三九
蒸す日なり　一〇四
夢想の場
—芭蕉の裾みな　三一〇
—芭蕉旆立て　三一〇
六十路の日向　四六
睦月施餌台　四一四
睦月なり　四一四
睦月なる　四一四
睦月のいろ　四一四
睦月豊満　四一四
睦五郎　三四一
ムッソリーニの　二九九
六つほどの　一六三
陸奥の清水　一四一
睦みあふ　三一九
無燈の女の　二九八
胸毛厚き　三六六
空しくおそく　三一八
胸から腰から　三三四
胸から遠い　二六三
胸越す白髪　三七二
胸つぶるる　三七五
胸つよき　一一八
胸に抱きて　三九七
胸に火纏ひ　一四五
胸の朱線下　四七
胸の辺の　四二
胸張つて　四二三
胸へ胸へ　五六
胸までの　八七
胸も無げ　二九一
胸病めば　一五九
夢遊者さながら　三三五
むらさきに　二八六
村の白痴　一六八
村の道　二一三
群蟹や　一九一
群雀　八三
温室の温気　三八四
窟の口　三一〇、三一六
窟の中　一四四
目あけ臥る　五六
「明暗」とは　二一六
明快中正　一六五
命根も　一一五
名作の　二七五
明治生れの　九六
明治帝の　一二〇
明治の后の前　一〇九
明治の噴水　一五六
明治の雪　三五九
明治の良夜か　二六一
明治は自家他家(うちよそ)　二九七
明治百年　三三八
明秋や　二四六
名人直系　三四四
名人歿後は　六八
名人歿後を　六八
名声消さず　三二八
芽銀杏や　八〇
明眸の　三一五
明滅ネオン　四〇五
「明滅」の　一九五
瞑目や　五四
メーデーや　一四七
夫婦語りも　四二
夫婦小滝　一四四
夫婦住む　三七一
夫婦勤むよ　三七六
夫婦とは　二三〇
夫婦箸の　六〇
眼頭押さへ　二七六
眼頭押へて　九九
眼鏡かけて　一五二
眼鏡除き　一四〇
芽寒竹　四〇七
目くぢら立てて　二五〇
恵みの八月　二四九
恵みの放心　八八
盲に似て　二〇五
めぐりあひや　一三
巡りみつ　一一七
めぐる光陰　一五〇
女心(めごころ)は　二七七
目刺の色　四〇
目覚むれば　二〇八
目覚めて雪　三六〇
盲ひしごとき　一八〇
盲には　二四〇
芽白樺　八〇
眼すずしく　一〇七
目高こそ　一九〇
目高の水　一九〇

目高の列　一九〇
目高らの　一九〇
目高立体　一九〇
眼だけ金　一七八
メタセコイヤ　一三四
めでたや伊勢海老　四三一
右手（めて）を納めて　二四六
眸（め）と歯並　二四六
眼に入る眼　二〇一
眼の証　六一
目のある顔も　一七〇
目の大きな　三九二
目のかたい　四二九
眼のきれいな　一七一
目の如き　二一五
眼の埃　六八
眼の前を　二七三
眼は黴びず　二四〇
眼鼻だち　二〇二
眼鼻をば　三三八
眼はもう何も　一一八
女々しうとも　一八三
目許胸許　三三三
芽柳を　八一
メリーゴーラウンド
—脛の傷さへ　三四三
—その番人の　三八八
—土曜廻り来　三四三
—爆音直進　三四六
メリケン式の　三八七
眼を掩ひぬ　一一九
眼をこする　四二七
眼を吊りて　三九八
眼を拭ひ　三七八
面紗素く　三九〇
牝鶏は　四〇一
「妄執」と　四二四
盲杖の　一三一
盲女とその母　五七
盲女の垂り手　二一四
盲女枇杷受け　二一四
盲人めく　三八八
詣で人　二八六
艨艟狴猕に　一一二
毛髪条々　四〇六
もう歯のない　二八一
萠えるローターリー　八五
モカの間に　九九
モカ芳醇　三四〇
茂吉歓語　三八二
木犀海丹色　三〇〇
木犀香　三〇一
木犀薫じ　三〇一
木犀の
—回想の薫香　三〇一
—かをりの大気　三〇〇
—香に酔ひ夜も　三〇一
木犀や
—帰朝者父の　三〇一
—広からざれど　三〇〇
目睹には　五五
木母寺聞けば　一三一
木目だらけの　三八三
黙々と　五七
黙々羽子突く　四二七
土竜の塚は　三三四
土竜の土も　八八
木蓮の　七八
文字知らざりし　一七七
文字どほり　二八五
文字の上　三九九
文字の懺悔は　一八一
鵙高音　二九一
鵙とても　一八一
鵙鳴くや　二九〇
鵙の尾の　二九〇
鵙の声　二九一
鵙の仔かたどる　一八〇
鵙の子の　一八〇
鵙の仔や　一八〇
鵙の贄
—海気青あをと　二九一
—仔蜥蜴細きを　二九一
—長脚の指　二九一
—茅舎うからと　二九一
鵙の目の　二九〇
鵙は各個　二九〇
鵙ひそむ　三三一
黙の秋　二四七
黙の清水へ　一四二
黙の花　七八
餅白く　三七七
餅花や
—新築以後の　四二四
—不幸に慣るゝ　四二四
餅焼く火　三七八
餅をつく　三七二
最も高き　三九三
最もの　二八七
最も低し　三九一
もつともらしき　二一四
もつるる苅萱　三一九
もてなさる　三九九
元雲ともども　三三八
髻（もとどり）切つて　五一
戻りし人に　三九二
もぬけ倉　七〇
喪の雨に　四四
もの癒えよ　八四
もの言へば　三七八
もの容れ遣らんに　一四九
ものうさの　九〇
物売が　四四
物売りの　四六
物狂（ものぐる）ひ
—蝶と羽搏たむ　四三八
—薄暑三界　一〇〇
—薄暑旋風　一〇〇
ものごころ　四四
物尺の　二四六
もの定め　三七五
「ものすごく　二九二
もの食ぶも　二八四
ものの間　七五
ものの勢　一七〇
ものの端を　七三
藻の花や
—甘えん坊母子の　一八六、三三九
—入江へ戻る　三三九
物干台　四三二
ものみな藍の　三八四
物見遊山は　八七
もの見るだけに　三八六
喪の家ちかく　一五六
物を数へて　一八三
喪服の人等の　一八七
樅・唐松　二六二
籾殻を　八六
紅葉明りに　三〇七
紅葉焚きし　二八二
紅葉の磴を　三〇七
紅葉の登路　三〇七
紅葉は火焔　三〇六
樅の根方に　二一九
樅のまつかさ　四三六
桃咲く空　七九
百千鳥
—首ふり歩む　五二
—声追ひて声　五二
—正面半里を　五二
—妻の白背の　五二
—年功序列の　五二

—埴輪の耳は　五三
—もつとも烏の　五三
桃流しぬ　三〇二
桃のいただき　三〇二
桃の上枝に　七九
桃の重みを　三〇二
桃の肉　三〇二
桃の肌に　三〇二
桃の花　七九
桃の花と　七九
桃の実枝に　三〇二
桃の実の　三〇二
桃の実や　三〇二
桃剝ぐや　三〇二
桃畑つづき　七九
靄や鴨や　三九五
森すずし　一〇七
森へ「聖林（ハイン）」と　三九六
森を挙げて　一一五
もろこしを　三一六
諸手さし入れ　一三六
諸鳥語り　一九四
諸山は　二二五
門入りて　四二三
聞香や　一九〇
門前ここよ　二一五
門柱上で　六〇
門柱めぐり　二九三
門燈下　二〇九
門も存す　三三
門葉二代　二八七

【や】

八重山梔子　二一一
八重桜　七四
夜学帰途　二七六
夜学生
—歓談すカバン　二七七
—「汝既に十歳を　二七七
—灯影乗る肩　二七七
—戻り来しと戸を　二七七
—夜気の帽をば　二七七
夜学生の　二七七
夜学の定刻　二七六
夜学の灯影　二七六
夜学の灯　二七六
夜学果して　二七六
夜学行きの　二七六
矢絣や　三八七
館音なし　二三四
館みな　二六一
焼藷黄なり　三七八
焼藷の　三七八
焼芋屋　三七八
焼藷屋と　三七八
焼藷屋の　三七八
焼藷屋も　三七八
焼藷を
—縦ざまに持ち　三七八
—食べつつ行くや　三七八
山羊の嘆声　三五
野球越えて　二四五
夜業成就　二八〇
夜業半ば　二八〇
夜業人　二八〇
夜業帽に　二八〇
薬香立つ　四一七
矢倉の墓　四三七
矢車の
—影や砌の　一四七
—「転清輪」や　一四七
矢車や
—小さくも深き　一四七
—日の出処の　一四七
焼跡（あと）に
—遺る三和土や　四一七
—母が刈ります　三八四
—松亭々と　三八四
焼跡の　二八
焼跡へ　二一四
焼跡や　五四
灼け岩に　一九一
灼け岩へ　一〇五
焼けのこる　八六
灼け灼けし　一〇四
灼け熔岩に　一〇四
灼ける往還　一〇四
灼ける坂　一〇四
灼ける城　一〇五
灼ける鉄鎖の　一〇五
灼けるベンチ　一〇四
夜光虫　二〇六
社から　四三一
屋姿消えて　一九九
屋姿消えても　三九五
やすらかや　一三七
安んじて　六〇
野鼠をりをり　三八八
八十路の画人と　二三〇
八ヶ嶺の　二七一
八ッ手咲け　四〇二
八柱の　四一八
夜天に虹を　二九八
夜天の初富士　四二〇
宿主夫妻　二五三
宿の婢の　四二六
柳川独酌
—光陰過ぎゆく　一五四
—笑ひ転ろげるに　一五四
柳高齢　八一
柳の茂　八一
柳の空　八一
柳の窓　八一
屋根苔も　三〇五
屋根風涼し　一一六
屋根繕ふ　四一
屋根薺　八八
屋根の霜　三五七
屋根の菫　八六
屋根葺き替へ　四一
藪明り　一〇一
藪から春蛾　六三
藪柑子
—かかる里曲に　四〇九
—雀の塒に　四〇九
—何も無き地に　四〇九
—宮裏更に　四〇九
藪柑子と　四〇九
藪とともに　四五
藪の気を　三八九
藪の中　三五八
山蟻まだ出ず　二〇四
病より　二一〇
山かげ雲かげ　一六三
山家の赤児　二九七
山家の柚子　三〇六
山雀や　一八七
山霧つつめ　二六七
山霧や　二六七
山雲から　三一四
山蚕の巨蛾　一九三
山牛蒡と　一〇四、二三六
山割いて　一〇四
山冴えの　一八一
山桜（ざくら）
—あさくせはしく　七三
—勇むを制する　七三
—しばしにしばし　七四
—頭を振り奔る　七四
—前後人なく　七三

―爪木折る音 七三
―とほす日ざしに 七三
―「名を惜しめ」とは 七三
―二株いひなづけ 七三
―二株谷へ散る 七三
―二株や素気なき 七三
―女人その身へ 七三
―花捧げ巨松 七四
―低きながらの 七四
―父子の名前に 七三
―捲き足捲き足 七三
―行く水沿ひに 七三
山路通ひし 一七五
山仕事の 三〇
山路の憩 四二八
山路の落ち蟬 一九八
山好きと 七〇
山芒
―縦晴空の 三一九
―中年夫妻の 三一九
山裾に 一三七
山裾へ 二三一
山棲みや 二〇九
山燕 二九〇
山石蕗の 二六七
山での惜春 二六
山手留守居の 三一二
山で伏目 二九五
山無きも 四〇八
山の朝日 三一九
山の一本 一七九
山の入口 一七七
山の梅 六五
山の蛾は 一九三
山の獣の 二〇一
山のここ 一七四
山の娘の 一六三
山の子の 二一四
山の子も 二九〇
山の子等も 一五三
山の少年 三八七
山の南面 八五
山の日沈む 三九六
山の日の 三一三
山の陽は 二二五
山の午 三三一
山の冬日 三五二
山の細竹 三五
山の祭 一七四
山の胸の 三〇七
山畑適きの 四二
山畑や 二九八
山鳩来て 三一一
山鳩来鳴き 二六
山鳩雌雄の 九七
山鳩すずし 一〇八
山鳩鳴いて 九六
山鳩二羽 四三六
山鳩二羽の
―永日いたはり 二五
―雄に雄の動き 二四九
―遊歩を縫ひて 六二
山鳩の
―二羽の歌垣 四九
―胸鳴く声や 二二
山鳩ひそと 三一五
山鳩や 三六五
山人戦後も 八九
山深き 二八二
山深きに 二〇三
山邃く 一八六
山吹流す 七九
山吹は 三三二
山吹や 七九
山へ帰りて 一一四
山又山 二六五
山又山を 一九七
山女釣
―ただ強練の 一八九
―山の灯まれに 一八九
山女魚の尾 一八九
山紅葉
―日の光漉し 三〇七
―女声は鎌の 三〇七
山桃今年も 二一四
山夕立 二二〇
山百合二点 二二七
山蓬 九一
闇が立てる 一七三
病み勝ちなりし 一一八
闇で巧みに 四五
闇に富士 三八〇
闇の女か 二六一
闇の扉 三八〇
闇の林檎 三〇三
闇泌々 一六六
闇もものかは 四四〇
やむにやまれぬ 一六五
病むを訪ふ 三五二
やや寒の 二五三
やゝに夏 九五
弥生なほ 二三
弥生の空 二三
破れ靴に 七〇
破芭蕉 三一〇
やはらかき 六四
やはらかけれど 二九九
やはらの髪の 一八
唯一者と 一八一
結ひつけ負んぶで 二九七
友愛一途に 三三二
遊意よりも 二四〇
遊園地で 三八三
夕顔や 二三〇
夕河鹿 一七八
夕風や 四八
誘蛾燈
―畦みなうねり 一六二
―海ある県に 一六二
誘蛾燈の 一六二
勇気こそ 六四
夕汽笛 三四二
夕霧や 二六六
有形有限 三一四
幽谷よし 二〇〇
夕衣 一六八
夕桜
―あの家この家に 七〇
―鍬担き橋行く 七〇
―城の石崖 七〇
―古りにし忠孝 七〇
夕寂や 三九八
有刺線 三七七
優勝旗 一九二
友情さむし 三四四
雄心不成の 八九
夕涼風 一一六
夕菫 八六
夕蟬の
―命つよめて 二〇〇
―影絵一つや 二〇〇
夕蟬や
―詩のすなどりの 二〇〇
―仁王の手相 二〇〇
―根なし人間 二〇〇
有髯の 三一八
夕立や
―舞踊の弟子等 二一〇
―無意味に忙しき 二一〇
夕燕
―湖とぶことを 五八
―肩凝りし乙女 五八
夕露や 二六九

夕の泉へ 一三八
夕の柿 三〇三
夕の蝶 六二
夕の灯すずし 一〇六
夕日あかあか 一五〇
夕日赫奕 一七一
夕日が雲雀の 五四
夕日惨 二七九
夕日のはなやぎ 三七九
夕雲雀 五五
夕向日葵 二三五
夕日を前 二九〇
夕べのとばり 四二七
夕遍路 四八
夕三日月 二六〇
夕焼残照 二二六
夕焼空 二二五
夕焼に 二二五
夕焼一筋 二二五
夕焼や 二二五
夕焼栗鼠 二二六
夕焼を 二二五
夕涼に 一〇九
夕涼の
—洋も蜥蜴も 一〇九、一七八
—農夫旅人 一〇九
故なく泣きて 一七二
ゆゑもなき 三七六
浴衣の子等の 一五〇
浴衣の父と 一五〇
浴衣の肌を 一五〇
床低き 三五〇
床へ大地へ 三三二
床も煉瓦 三一〇
由縁（ゆかり）ふるき 三三三
雪厚き 三五八
雪新た 三五八
雪負うて 三五九
雪皚々 三五九
行き交ふ秋風 二六三
雪ぐせや 三五八
雪雫 三六
雪しづれ 四四〇
雪女郎 三六二
逝きしをいたみ 三九八
行きずりの
—捨雛拾ひ 三八
—初午末子へ 三七
—ラクビー・風呂屋 三八六
雪建札の 三五九
逝きたるなれ 二八九
雪達磨
—今更にして 三八五
—やうやく麓 三八五
行きつぐ一里 二九四
雪と影 三六〇
雪解けて 三六
雪と日や 三六〇
雪に裹まれ 三六一
雪にも消えぬ 四四〇
雪に征きぬ 三五八
雪の後 三六〇
雪の上 三五九
雪の木々 三五九
雪の行人 三六〇
雪の小部屋 三六一
雪の小門 四四〇
雪の山間 三六五
雪の鹿 三九二
鴨脚草 二三九
雪の地は 三六〇
雪の磴 三五九
雪の嶺々 三六五
雪の原 三六五
雪の原の 三六五
雪の富士
—緊々密々 三六四
—生のなかなる 三六四
—なだれて刷きて 三六四
—白鷗海へ 三六〇
—闇に就く後人 三六〇
—落暉紅さと 三六四
雪の富士と 三六〇
雪の夜の 三五九
雪は霏々 三五八
雪晴機関車 三六二
雪晴の
—家族会議と 三六二
—無一塵空 三六二
雪晴れへ 三六二
雪晴や 三六二
雪富士や 三六一
雪富士を 三六一
雪降る音 四四〇
雪降る日 三六一
雪虫や 三九九
雪催ひ 三五七
雪やむまじ 三五九
行く馬の 三五二
往く先ざき 三三三
行く鷹とは 三九三
行く年や 三三九
征く友が 一〇二
行くにしばしば 一九八
ゆく春（逝・行）や
—ち丶のみの木は 二六
—身辺岩と 二六
—低地に下りに 二六
—艀番号（ナンバー） 二六
—はせ来てはせ去る 二六
行くほどに
—枯野の坂の 三六五
—並木移りの 二九一
行く水に 二八一
ゆくりなく 二八三
湯気立ちつ 三八三
湯気立ちて 三八三
行けど行けど 三一九
湯気を呼吸し 三七八
柚子は枝向き 三〇六
ゆすら梅 二一四
譲られし 一七九
楪紅緑 四三二
楪夏木 二一六
楪（ゆずりは）や
—ははそはの葉は 四三二
—町筋上下 四三二
豊かな園の 三〇三
豊かにすずし 一〇九
夕立一過 一二〇
夕立の声 一二〇
夕立宿り 一二〇
湯の里や 二一六
指先一つ 五一
指さす指へ 七五
指裾括る 四一八
指外れし 一三八
指立てて 三八七
指にひびく 一四一
指細く 三四〇
指股ぬくきへ 三四二
指やりて 二〇二
指磊塊 三八七
指をもて 三三三
夢殿・金閣 三六〇
夢殿の 四一八
夢の中の
—汐干や末子の 四四
—稲架で号泣 二八〇
—湯気の中より 三一五
夕焼（ゆやけ）の香具師（やし） 一一六
百合にいたむ 三三七
百合の香の 三三七
百合の香は 三三七
赦されの 一三三
「赦して」「赦さぬ」

夜目に故郷の　一〇三
夜目の木蓮　七八
夜も残暑　二四九
四方の名山　一八四
夜も昼も　二九六
夜々の夢　一三八
寄りあふ蘖　八一
より高く　三六六
寄る子引き寄す　二七五
夜寒し　三四二
夜長し　二五一
夜の蟻　二〇三
夜の木の　二六九
夜深し　一九二
倚るやそのまま　三三二
鎧の騎士も　二四六
喜び以外へ　一九九
よろこびにも　一九四
よろこびの　五五
よろしき代の　三五〇
齢は定座　一一三
齢も金　二四八
夜半長し　二五一
夜半の金魚　一八九
夜半の月
—故旧恋ふ詩を　二五九
—すぎはひ険しき　二五九
—別辞と謝辞と　二五九
夜半の月と　二五九
夜半の夏　一〇二
夜半の灯に　四六
夜をこえし　一六二
「夜」を盗む　二三七
世を経し水　七二
四代現住　一五四
四番仔五番仔　五九

【ら】

雷一過　一三三
雷雨後の　一二四
雷雲の　一一三
雷来ると　一三三
雷来る方へ　一三三
雷去りぬ
—静に思ふ　一三三
—樹枝跳び下りて　一三三
雷至近　一三三
癩者見し　二七七
ライターの　三七九
雷つづく　一一三
雷に撃たれし
—一木の蘖　八一
—老杉千手　一三三
雷の後　一三三
雷の居る　一三三
雷の来る方や
—異郷の山ありき　一三三
—異郷の嶺々結束　一三三
雷の音の　一三三
雷鳴の　一三三
雷鳴を　一三三
落日新た　三六五
落日の　四〇一
落第の
—弟きのふも　三九
—日は牝鶏も　三九
駱駝さへ　一三五
ラグビーと　三八六
ラグビーの
—せめぐ遠影　三八六
—暮色はなほも　三八六
ラグビーや　三八六
落筆の前の　三〇〇
ラザロの感謝　七五
ラジオの謡が　二八〇
裸女の辺に　一六七
裸女を見詰むる　一六七
裸身撫でめ　一六七
ラヂオの銃声　三四二
落花しきる　七五
落花切々　七五
落花と新月　七五
落花の池　七五
落花の髪　七五
落花の中
—長袴の中　四三八
—両掌にシャボン　七五
落花の場（には）　七六
落花の下
—飲食自享　七五
—梵字の一つ　七六
—酬はれざらむと　七五
落花は霏々　七六
落花霏々　七六
落花やまず　七六
落花を囃す　七五
喇叭一本　一九
裸童三人　一六七
熔岩（らば）尽きて　一〇五
熔岩に望む　九五
ラバの夏景　九五
ラバの間の　二三九
ラバ襖　二一六
ラバ灼けて　一〇五
ラムネ壜　一五三
ラムネ瓶の　一五三
卵黄を　三六三
爛春紅日　二五
爛春自如　二五
蘭の実黒し　三三六
ランプの夏灯　一五四
離室へ先づ　一四九
栗鼠失せて　二六七
栗鼠すずし　一〇七
栗鼠の居ぬ　一七二
理性で生きしと　八五
理性とアンモニア　九五
吏たりし亡父は　一五一
立影いまや　三八四
六花か弔花か　三六一
六花舞ふ　三六一
立春の
—雨や山鳩　二〇
—雲間蒼きに　二〇
理にも情にも　四三九
リノリューム　一六九
理髪所の　三三八
溜飲冴え鳴る　三四八
竜王と　七九
留学の　三八一
流行歌詞　二六三
流行歌詞と　一二〇
流水一途　一二一
流水無く　九七
流水は　三五八
流水や　一八五
竜頭捲く　三三四
龍舌蘭　二二六
竜象の　一一三
流燈一連　二八七
流燈貫通　二八七
流燈群落　二八七
流燈古色　二八七
流燈新色　二八七
流燈無風　二八七
竜の玉
—ウォーミング・アップの　四〇九
—ただ聴く他人の　四〇九
—宵月の辺は　四〇九
療院へ　三三〇
両岸の　二七二
猟犬の　三六六

漁色者は　七四
脊生敢へて　二〇七
両袖両肘　三八八
両手大振り　一六七
両手組めば　三五九
両手に荷　三七六
両手両足　三九一
両刀重き　三四七
涼風が　一一五
涼風通ふ　一一五
涼風颯々　一一六
涼風強く　一一六
涼風の
—面を衝つて　一一五
—髪のなびきの　一一五
—つよければ倚る　一一五
—友自転車で　一一五
—旗打つ如く　一一五
涼風・野水　一一五
涼風は　一一五
涼風や
—山市幾重に　一一五
—地(つち)そのものへ　一一六
両翼上に　四四二
両翼凭る　四四三
緑蔭乙女　二一九
緑蔭喜戯の　二一九
緑蔭祈念　二一九
緑蔭賞美の　二一九
緑蔭諸鳥　二一九
緑蔭と　二一八
緑蔭に
—上向き寝る子　二一八
—児寝かす人へ　二一九
—青年・少年　二一九
—直土(ひたつち)・胸毛　二一九
—人増えくるや　二一九
緑蔭の
—言葉や熱せず　二一八
—つどひに参じ　二一九
—身振仰山　二一九
緑蔭や
—耳朶も鼻翼も　二一九
—胸許指しあひ　二一九
—忘れ花束　二一九
リンカーン像　一二六
隣家なき　三四七
隣家に嫗の　四一
林間に　三六七
林檎与ふ　三〇三
林檎一顆　三〇四
林檎掻き出し　三〇三
林檎喰ふや　三〇三
林檎上下の　三〇四
林檎青顆　二一四
林檎食べ　三〇三
林檎トラック　三〇四
林檎に隣る　三〇四
林檎の柄　三〇三
林檎のそば　三〇三
林檎の沢(つや)　三〇三
林檎の下の　三〇四
林檎まだ　二四一
林檎まぼりつ　三〇四
隣室の　三〇三
隣人の
—戸の音戸越しに　三九〇
—灯と動く火と　二〇八
隣席の　四六
隣地に地主　二七一
涙痕三年　二二
留守居姿の　三三六
流転相　一一三
縷のごとき　一四二
瑠璃蜥蜴　一七九
ルルドの聖母　八二
ルンペンの　一〇三
礼装の　三三二
霊地なれば　四一五
冷灰越えて　二〇四
霊峰仰がむと　四三七
冷房映画の　一五八
冷房の　一五八
冷房程よし　一五八
霊薬摂って　三三五
レイン・コートで　二六四
レース・カーテン　一五〇
レース服の　一五〇
「歴史の日輪」　一〇三
「歴史の道」と　四一四
歴史は胸裡に　三三〇
歴々と　一八八
礫々踏んで　四九
歴々寄せつつ　二五九
烈日遺品　一三〇
烈日下
—「おお」は深空へ　一三〇
—「聳天円容器」　一三〇
—絶大円球　一三〇
烈日ただ　一二九
烈日の
—光と涙　一二九
—歩みも遅々や　一二九
烈日を　一三〇
裂帛の　六六
烈婦の碑　二五六
煉瓦腰塀　一一七
煉瓦塀　三五五
煉瓦塀に　一〇一
連翹越し　七七
連翹直々(すくすく)　七七
連翹の　七七
連山負ひて　三三一
連山の　二六九
連獅子紅白　三三三
檽子に夏灯　一五四
聾唖の指話　一九二
老鶯聴く　一八四
老鶯の
—久闊叙する　一八四
—振切る声の　一八四
老鶯譜
—墓のはらから　一八四
—老兄狡猾　一八四
老鶯や
—いまこそ「直指　一八四
—沼は水より　一八四
—夜はするどき　一八四
陋屋の　二三九
廊下の音　四二五
老眼鏡
—掛け初め武き　三五七
—騒音へ聾し　一〇六
老顔の　二四〇
老眼の　七二
老犬吠えて　二一九
老耕人　四二
陋巷に　二七
陋巷の　一六五
漏刻や　一八一
老乞食　二七
老杉仰ぎ　一四〇
老師微恙　三八〇
老人の　二七三
老成の　二七四
蠟燭添へて　一一三
蠟燭を　一九二

老男老女　二一七
老若幸あれ　三三
老農の　三一
老婆あたたか　二四
老婆すずし　一〇七
老婆外寝　一七三
老婆と語る　三〇九
老婆ながら　四三二
老婆掃く　三七七
老婆昼寝　一七二
老斑や　一九
老父母健在　一五六
老夫まろく　二七一
老父老妻　三三五
ロータリーで　二六八
炉框に　九六
六月馬は　一〇〇
六月の　一〇〇、一五三
六月や
—砂で嘴拭く　一〇〇
—名は山鳩の　一〇〇
六歳以後の　九六
緑青の　八九
六段と　三五九
炉煙罩めし　四四
露路へ下がれる　三八六
路上を石の　二五九
路次を犬は　一四三
露地を蜻蛉　二九五
露台に乙女　一五五
露台へ出入り　一五五
ロダン入手　九六
露天舞台　三〇七
艪の音なし　一二六
炉辺に笑む　三八三
炉辺の母　三八三
路傍なる　三九一
路傍の阜　三三〇
Long love!　四二〇

【わ】

わが庵は　二六九
和解の握手　一〇八
わが賀状中の　四二三
わが合掌　一七〇
若き息　三八七
わが記憶の　三五三
若き外套　三七五
若き教師　二八〇
若き姉妹の　二三七
我汽車に　三五八
若き師浴衣で　一五〇
若き祖母　二六
若き大工　三四六
若き大師
—悪鬼陽炎と　三三
—数珠を引切る　二八
—春洋望む　三五
若き亡父が　一三三
若き掌ひらひら　一九三
若き農夫　一四九
若き跣足　一六八
若き母　一六八
若き母と　三七
若き母の　五四
若き歯を　四一五
若き日焼け　一五〇、一七一
若き父母の　四二九
若き盲女　四二六
若き裳裾　三二一
若き等孜々と　七二
若き我が　一五四
我が供華真赤　四〇九
若草の　八六
我が声は　五三
我が声や　三九三
わが座より　二七〇
輪飾や　四二二
我が死苦は　三五九
若芝や　八六
わが秋思　二八二
わが春愁　四七
わが春水　三五
わが小苑に　三二八
わが知るは　一七二
我が身辺　二一一
我が裾音　一〇九
わが背丈　五四
我が祖父の　三七三
若竹や
—永遠に地上の　二三三
—店客ある毎　二三三
我が樹てし　二九八
若燕
—倉中の酒　五六
—兄弟（はらから）・友垣　五六
わが罪は　二一四
吾手なほ　三一九
「我が毒」ひとが　一一七
若菜一つ　四三二
我が歯一つ　二六八
我が馬鈴薯　三一四
我が晩婚の　二八五
我船は　一〇五
わが故屋（ふるや）
—うつつの簾を　一五六
—海の端百日　二一〇
わが文業　二八九
我儘な　八二
若水汲むや　四三三
若水を　四三三
わが道へ　六三
若みどり　八一
わが眼をば　四一五
若者と　九六
若者に　二一四
若者には　二二三
若者の
—日焼け真赤や　一七一
—冬の歯灼熱の　三三五
若者みな去に　二六二
若者四十路に　二一一
我が家の祭壇に　三六一
わが藪に　一七九
別れ霜
—女家族の　三
—すゝんで事の　三
別れ路や　三三七
別れとは　三六四
別れと迎への　一八
別れの春雪　三
別れの町　一七六
我が笑ひ　一九七
輪切西瓜の　三一三
輪切レモンの　三五一
病葉散る　二三〇
病葉と　二三〇
病葉飛んで　二三〇
わくらばに　一三五
分け入りて
—春灯をともす　四〇
—冬灯をともす　三八〇
輪煙あまた　一三四
山葵田花咲き　八五
山葵田や　八五
わづらはしき　二〇二
忘れ得ざる　三九七
勿忘草
—今日まで育て　八三
—猿にも指紋と　八三
—日本の恋は　八三
—「蒼白（ブラウエ）・傲岸（ストルツェ）」　八三
勿忘草ね　八三
勿忘草の　八三
勿忘草を　八三
「忘れな」宣る　八三
「忘れむ」とは　二

早稲の香や 三一五
早稲の田の 三一五
話題も夕涼 一〇六
話題若し 九九
私橋の 三七
私山の 二二九
綿衣の母君 三七三
轍二条 一八
轍の中 二四五
轍深し 一九
渡殿の 六一
綿の荷へ 三七三
綿虫や
—帰り点さん 三九九
—故人拐はれ 三九九
渡り鳥 二八九
渡り鳥の 二八九
渡る鴉 二五〇
「ワッフル」なる 二四
輪に舞ふ鳶の 三九五
侘びしげの 二〇三
侘びしさに 三九一
侘助の 四〇二
和服の日 三七七
和服の娘 二九八
わめく夏灯 一五四
笑ひ声 三四九
笑ひ耽りの 三八七
藁にかへる 二八三
藁人形 二八〇
蕨折れば 八九
藁屋つづき 三四一
藁屋根の 五八
藁屋根は 三六八
藁屋根や 二七八
我在る限り 三二四
「われ泳げば 一六三
割れし石 二五六
我と軍人 三四一
われに薔薇 二〇七
我の「孤独」は 二九〇
我のみの 三六五
われは小石を 三〇八
われ人ともに 一二二
吾亦紅 三一四
われより前に 一七〇
我等の齢 一六三
我等は薔薇 二〇八
われ等貧し 二九一
われを仰ぎ 五四
我を越えて 三四
われを見る 一六八
彎曲し 二一五

季題索引

＊現代かな遣い五十音順に配列した。

【あ】

アイスコーヒー　一五二
青蘆　二三五
青芦　二三五
青葦　二三五
青嵐　一一五
葵　二二六
青無花果　三〇五
青梅　二一三
青蛙　一七七
青萱　二三五
青き踏む　四四
青草　二三二
青栗▽　二四〇
青胡桃　二二三
青山椒　二三一
青時雨　一一六
青歯朶　二三四
青芝　二三三
青芒　二三五
青簾　一五六
青田　一三五
青蔦　二三四
青蜥蜴　一七八
青嶺　一三二
青野　一三三
青葉　二一六
青芭蕉　二三九
青葉木菟　一八四
青葉若葉　二一六
青瓢　三一四
青葡萄　二一四
青麦　八五
青柳　八一
青林檎　二一四
赤い羽根　二七三
藜　二三七
赤蜻蛉　二九五
赤のまま　三三五
赤のまんま　三三五
赤裸　一六六
秋　二四五
秋袷　二七七
秋没日　二五四
秋麗　二五三
秋扇　二七八
秋風　二六三
秋乾き　二五六
秋草　三一七
秋雲　二五七
秋曇　二六四
秋来る　二四九
秋寒　二五三
秋雨　二六四
秋潮　二七三
秋芝▽　三一六
秋簾　二七八
秋澄む　二五一
秋さうび　三〇〇
秋空　二五六
秋立つ　二四九
秋近し　二一〇
あきつ　二九四
秋燕　二九〇
秋出水　二七二
秋に入る　二四九
秋の朝日　二五四
秋の雨　二六四
秋の家　二七八
秋の庵　二七八
秋の色　二五六
秋の海　二七二
秋の遠足　二八二
秋の音　二五六
秋の風　二六三
秋の草　三一七
秋の雲　二五七
秋の蜘蛛▽　三〇〇
秋の暮　二五〇
秋の声　二五六
秋の潮　二七三
秋の園　二七一
秋の空　二五六
秋の田　二七二
秋の鷹　二八九
秋の蝶　二九三
秋の土　二七一
秋の七草　三一八
秋の波　二七三
秋の虹　二六五
秋の野　二七一
秋の野遊び　二八二
秋の蠅　二九三
秋の日　二五四
秋の灯　二七七
秋の服　二七七
秋の蛇　二八八
秋の星　二六一
秋の水　二七二
秋の湖　二七二
秋の芽　三〇七
秋の宿　二七八
秋の山　二七〇
秋の夕日　二五四
秋の雪　二六五
秋の夜　二五一
秋の炉　二七九
秋薔薇　三〇〇
秋晴る　二五五
秋晴　二五五
秋日　二五四
秋彼岸　二五〇
秋旱　二五六
秋深し　二五三
秋祭　二八三
秋芽　三〇七
秋めく　二四九
秋山　二七〇
明の春　四一三
鳳蝶　一九二
揚羽蝶　一九二
通草　三一〇
揚雲雀　五四
麻　二三二
朝顔　三一一
朝曇　一二四
朝桜　七〇
朝寒　二五三
朝涼　一〇五
朝露　二六七
麻畑　二三二
朝冷　二五二
朝雲雀　五四
薊　九〇
朝焼　一二五
鯵　一九〇
蘆牙　九一
蘆刈　二八一
葦枯る　四〇八
足鍬▽　一六一
紫陽花　二一〇
蘆茂る　二三五
蘆の角　九一
蘆の花　三一九
葦の芽　九一
汗　一六八
小豆　三一六
汗拭ひ　一五一
畦塗　四二
畦塗る　四二
畦雲雀　二九一

枸橘の花　八二
枳殻の花　八二
からつ風　三五五
落葉松の芽　八〇
雁　二九二
猟人　三八五
雁帰る　五八
刈田　二七二
雁の列　二九二
雁渡る　二九二
榠樝の花　八〇
榠樝の実　三〇六
刈萱　三一九
歌留多　四一七
枯浅茅▽　四〇八
枯薊　四〇八
枯葦　四〇八
枯蘆　四〇八
枯芦　四〇八
枯茨　四〇六
枯枝　四〇五
枯尾花　四〇八
枯木　四〇五
枯菊　四〇七
枯桑　四〇六
枯桜　四〇一
枯芝　四〇八
枯芒　四〇八
枯蔦　四〇六
枯蔓　四〇六
枯野　三六五
枯野人　三六五
枯葉　四〇四
枯葎　四〇七
枯芭蕉　四〇八
枯柳　四〇六
河鵜　一八六
川狩　一六二
川涸る　三六七
裘　三七四
革ジャンパー　三七四
蛙　五一
蛙の目借り時　一二五
川施餓鬼　二八七
翡翠　一八五
川千鳥　三九六
革手袋　三七六
かはほり　一七六
河原雲雀▽　二九一
寒　三四〇
寒鴉（かんあ）　三九四
寒鴉　三九四
寒凪　三五四
寒気　三四二
寒暁　三四〇
寒桜　四〇一
寒月　三五三
寒鯉　三九八
寒肥　三八四
閑古鳥　一八二
寒桜　四〇一
元日　四一五
寒雀　三九四
寒星　三五四
寒蟬　二九四
甘草　二二九
寒柝　三八三
寒卵　三七八
寒玉子　三七八
邯鄲　二九七
元旦　四一五
寒竹の子　四〇七
寒潮　三七〇
元朝　四一五
寒造　三七九
寒椿　四〇一
旱天　一三一
寒天　三五二
寒灯　三八〇
カンナ　三一一
神無月　三三五
寒の入　三四〇
寒の内　三四〇
寒の水　三六七
旱魃　一三一
寒晴　三五二
干瓢干す　一六一
干瓢剝く　一六一
寒風　三五四
寒鮒　三九九
寒三日月　三五四
寒水　三六七
寒夜　三四一
甘藍　二三〇
寒林　四〇五
寒冷　三四二
木苺　二一四
喜雨　一二〇
帰燕　二九〇
帰雁　五八
桔梗　三二四
菊　三一三
菊花展　二八二
菊人形　二八二
菊日和　二五六
菊枕　二七八
紀元節　三七
枳殻の実　三〇八
如月　二二
雉　五三
雉子　五三
雉子の声　五三
ぎす　二九七
帰省　一四八
帰省子　一四八
北風（きた）　三五五
北風　三五五
北窓閉づ　三七九
北窓塞ぐ　三七九
啄木鳥　二九二
狐　二九二
茸　三三六
菌狩　二八二
木の芽田楽　三九
黍　三一六
黍嵐　二六四
着ぶくれ　三七四
木守　四〇三
木守柿　四〇三
休暇明　二七六
旧正　二〇
旧正月　二〇
牛鍋　三七九
牛馬洗ふ　一六一
牛馬冷す　一六一
胡瓜　二三〇
鏡花忌　二八七
行々子　一八四
行水　一六〇
夾竹桃　二一二
今日の月　二六一
曲水　三七
霧　二六五
螽斯　二九七
きりぎりす　二九七
桐の花　二一一
桐一葉　三〇八
銀河　二六二
銀漢　二六二
金魚　一八九
金銀花　二一一
金秋　二四五
銀杏　三〇九
銀蠅　二〇〇
金風　二六三
金鳳花　九〇
金鳳華　九〇
金木犀　三〇〇
勤労感謝の日　三七一
水鶏　一八六
水鶏たたく　一八六
九月　二五〇
茎立　八五
括り桑　二八一
枸杞の実　三〇九
草青む　八五
草いきれ　二三三
草蜉蝣　二〇二

【さ】

走馬灯　一五九
爽涼　二五二
底紅　三〇一
素逝忌　二八七
ソーダ水　一五二
卒業　三九
卒業歌　三九
卒業生　三九
外寝　一七三
蕎麦刈　三八四
蕎麦の花　三一六
空澄む　二五一
蚕豆の花　八四
橇　三八四

【た】

大寒　三四〇
大根　四〇七
大根の花　八四
大根畑　四〇七
大根干す　三八四
泰山木　二一一
泰山木の花　二一一
大試験　三九
大暑　一〇四
大暑の日　一〇四
橙　三〇六
台風　二六四
颱風　二六四
台風過　二六四
台風の目　二六四
鯛焼　三七九
田植　一六二
田植唄　一六二
田植笠　一六二
田打　四二
鷹　三九三
耕　四一
耕す　四一
田刈　二七九
鷹渡る　二八九
たかんな　二三〇
滝　一四四
瀑　一四四
滝の音　一四四
焚火　三八三
滝見　一四四
たけ　三二六
竹植う　一六二
竹植うる日　一六二
竹馬　三八五
竹落葉　二二三
茸狩　二八二
竹伐る　二八〇
竹煮草　二三六
竹の秋　八二
竹の落葉　二二三
筍　二三〇
竹の花　二二三
竹の春　三一〇
凧　四五
たこうな　二三〇
蛇笏忌　二八七
山車　一七四
畳替　三八一
立葵　二二六
橘　三〇九
獺祭忌　二八七
蓼　二二一
炭団　三八二
炭団干す　三八二
七夕　二七四
七夕竹売　二七五
七夕流し　二七四
谷螟▽　一七八
田螺　六一
種蒔　四三
種物　四二
種物屋　四二
田面の節　二七五
足袋　三七七
田雲雀　二九一
玉解く芭蕉　二三九
玉菜　二三〇
玉巻く芭蕉　二三九
魂祭　二八五
霊祭　二八五
玉虫　一九六
ダリア　二二四
達磨市　四二四
田を鋤く　四二
短日　三四〇
団十郎▽　三二一
誕生会　四八
暖冬　三三七
暖房　三八一
暖房車　三八一
蒲公英　八八
蒲公英の絮　八八
煖炉　三八一
チェーホフ忌▽　一七六
茅　三一九
茅萱　三一九
竹婦人　一五六
竹夫人　一五六
遅日　一二五
父子草　九〇
父の日　一四六
ちちろ　二九七
千歳飴　三七二
千鳥　三九六
千鳥足　三九六
千鳥の子▽　一八八
茅の輪　一七五
茶立虫　二九九
茶摘　四三
茶摘唄　四三
茶の花　四〇二
茶山　四三
ちゃんちゃんこ　三七四
仲夏　一〇〇
中元　二七五
仲秋　二四九
中秋　二四九
チューリップ　八三
蝶　六一
蝶々　六一
長夜　二五一
散紅葉　四〇三
追儺　三七三
月　二五七
月影　二五七
月冴ゆ　三五三
月代　二六〇
月の座　二八二
月の出　二五七
月上る　二五七
月の輪　二五七
月見　二八二
月見草　二三七
月夜　二五七
土筆　八八
つくづくし　八八
黄楊の花　八二
柘植の花　八二
蔦　三一〇
蔦青し　二三四
蔦の若葉　八六
蔦紅葉　三一〇
躑躅　七八
筒鳥　一八三
つづれさせ　二九七
椿　六七
つばくら　五六
つばくらめ　五六
燕　五六
燕帰る　二九〇
燕の子　一八四
燕の巣　六〇
壺すみれ　八六
摘草　四四
冷たし　三四二
梅雨　一一六
露　二六七
梅雨明　一〇二
梅雨入　一〇一

露草　三二五
梅雨雲　一二四
梅雨曇　一二四
露けし　二六七
梅雨寒　一〇一
梅雨寒し　一〇一
露涼し　一二〇
梅雨空　一一一
梅雨茸　三三九
梅雨出水　一二四
梅雨に入る　一〇一
梅雨の空　一一一
梅雨の蝶　一九一
梅雨の月　一二四
梅雨の晴　一二四
梅雨の星　一二四
露の世　二六七
梅雨晴る　一二四
梅雨晴　一二四
梅雨晴間　一二四
梅雨冷　一〇一
梅雨闇　一二四
梅雨夕焼　一二五
強東風　二九
強霜　三五七
氷柱　三七〇
吊忍　一五九
釣堀　一六四
鶴　三九六
鶴帰る　五八
鶴来る　二九三
鶴の巣　六〇
鶴の巣ごもり　六〇
鶴の舞　五九
鶴渡る　二九三
鉄線花　二二九
ででむし　二〇四
手花火　一六四
手袋　三七六
手毬　四二七
手毬つく　四二七
出水　一三四
寺清水　一四一
照葉　三〇七
照紅葉　三〇七
田楽　三九
天道虫　一九六
てんとむし　一九六
籐椅子　一五七
灯火親しむ　二七八
唐辛子　三一四
冬瓜　三一四
唐黍　三一六
冬景　三六七
凍湖　三七一
冬耕　三八四
冬至　三二七
冬至粥　三七二
踏青　四四
透仙忌▽　一七六
冬帝　三三九
冬眠　三九二
玉蜀黍　三一六
桃林　七九
灯籠　二七八
蟷螂　二九九
灯籠流　二八七
遠火事　三八四
遠霞　三三
遠蛙　五一
蜥蜴　一七八
鴇　二九二
朱鷺　二九二
常磐木落葉　二二〇
毒消　一六〇
毒消売　一六〇
蕺菜　二三八
年新た　四一三
年移る　三四〇
年送る　三三九
年木　四二五
年木売　三七二
年木樵　三七二
年暮る　三三八
年越　三四〇
年迫る　三三八
年取　三七二
年の市　三七二
年の尾　三三九
年の暮　三三八
年の果　三三九
年始　四一三
鰌鍋　一五三
泥鰌掘る　三八五
屠蘇　四二三
屠蘇祝ふ　四二三
橡の実　三〇九
鳥総松　四二四
トマト　二三〇
友千鳥　三九六
収穫　二七九
土用　一〇三
土用波　一三四
豊の秋　二八〇
豊の穂▽　三一五
虎が雨　一一九
トランプ　四二七
鳥雲に　五八
鳥雲に入る　五八
酉の市　三九〇
鳥交る　五九
鳥の恋　五九
鳥の巣　六〇
薯蕷汁　二七七
蜻蛉　二九四

【な】

ナイター　一六五
苗札　四三
永き日　二四
長き夜　二五一
流し雛　三七
流れ星　二六二
名草の芽　八六
梨　三〇二
薺の花　八七
茄子　二三〇
茄子の馬　二八六
夏　九五
夏暁　一〇二
夏嵐　一一四
夏没日　一一〇
夏鶯　一八四
夏海　一三四
夏惜しむ　一一〇
夏落葉　一三〇
夏陽炎▽　一三三
夏霞　一二一
夏風　一一四
夏風邪　一七三
夏川　一三四
夏木　二一五
夏来る　九九
夏草　二三二
夏雲　一一一
夏氷　一五三
夏木立　二一五
夏衣　一四九
夏座敷　一五五
夏座布団　一五六
夏潮　一三五
夏時間▽　九五
夏羊歯▽　二三四
夏芝　二三三
夏芝居　一六五
夏シャツ　一五〇
夏空　一一一
夏鷹▽　一八七
夏焚火▽　一七三
夏立つ　九九
夏蒲公英▽　二四〇
夏蝶　一九一
夏椿▽　一三二
夏燕　一八七
納豆　三七九
夏に入る　九九
夏野　一三三
夏の暁　一〇二

夏の雨　一一六
夏の海　一三四
夏の鴛鴦　一八六
夏の風　一一四
夏の風邪　一七三
夏の川　一三四
夏の霧　一二〇
夏の雲　一一一
夏の暮　一〇二
夏の潮　一三五
夏の空　一一一
夏の蝶　一九一
夏の月　一一三
夏の露　一二〇
夏の鳥▽　一八八
夏の果　一一〇
夏の花▽　二四〇
夏の日　一一〇
夏の灯　一五四
夏の昼　一〇二
夏の星　一一四
夏の水　一三四
夏の湖　一三四
夏の山　一一三
夏の夕　一〇二
夏の夜　一〇二
夏袴　一五〇
夏萩　二三六
夏始め　九八
夏日　一一〇
夏雲雀　一八三
夏深し　一一〇
夏服　一四九
夏富士　一三三
夏蒲団　一五六
夏帽　一五一
夏帽子　一五一
夏星　一一四
夏真昼　一〇二
夏蜜柑　二一五
棗　三〇五
夏めく　九九
棗の実　三〇五
夏館　一五四
夏休み　一四八
夏痩　一七三
夏柳　二三三
夏山　一三三
夏夕べ　一〇二
夏逝く　一一〇
夏蓬　二三六
夏料理　一五一
夏れんげ▽　二四一
夏炉　一五四
撫子　三三〇
名の木枯る　四〇五
名の草枯る　四〇八
菜の花　八三
波のり　一六四
蛞蝓　二〇四
なめくぢり　二〇四
鳴子　二七九
苗代　三六
苗代田　三六
縄飛　三八五
南京豆　三一七
南天燭　三〇八
南天の実　三〇八
新草　八六
ニイチエ忌▽　二八八
にいにい蟬　一九七
新盆　二八三
鳰　三九六
鳰の浮巣　一八六
二月　二〇
二学期　二七六
逃水　三四
虹　一二一
虹立つ　一二一
西日　一二七
二重廻し　三七五
虹鱒　一九〇
煮大根　四〇七
日記買ふ　三八三
蜷　六一
入営▽　三九二
入学　三九
入学児　三九
入学式　三九
入学試験　三八
入梅　一〇一
人参　四〇七
胡蘿蔔　四〇七
忍冬の花　三二一
ぬくし　二四
願の糸　二七五
葱　四〇七
葱の擬宝　八四
葱の花　八四
葱坊主　八四
猫じやらし　三二一
猫の子　五〇
猫の恋　五〇
寝釈迦　四八
熱砂　一三五
熱帯魚　一九〇
熱帯夜　一〇二
熱風　一一五
子日草　四三二
子の日の遊　四二二
涅槃　四八
涅槃会　四八
涅槃西風　三〇
合歓の花　二三二
眠草　二二八
練雲雀　一八三
ネル　一四九
年賀　四二三
年賀状　四二三
年頭　四一三
ねんねこ　三七四
野遊　四四
凌霄　二二二
凌霄の花　二二二
濃霧　二六五
納涼映画　一六五
野菊　三三〇
残る鴨　五八
残る虫　二九九
残る雪　三六
野路の秋　二七一
後の月　二六一
長閑　一二四
野火　四一
幟　一四七
蚕　二〇三
蚕取粉　一五八
蚕の跡　二〇三
野焼く　四一
海苔　九一
乗初　四一七
野分　二六三
野分晴　二六三

【は】

海螺打　二八二
海贏打　二八二
敗戦忌　二七三
敗戦の日　二七三
海螺廻し　二八二
海贏廻し　二八二
はえ　一一五
蠅　二〇〇
南風　一一五
蠅生る　六三
墓参　二八六
墓詣　二八六
萩　三一八
萩の実　三一八
萩の餅▽　二五〇
白雨　一二〇
白秋　二四五
麦秋　一〇〇
薄暑　九九
曝書　一五九
白鳥　三九七
白鳥忌▽　二八八
白鳥の子▽　一八八

白桃　三〇二
白梅　六四
白木蓮　七八
葉鶏頭　三一二
羽子板　四二七
箱庭　一六五
はこべ　八九
はこべら　八九
稲架　二七九
葉桜　二〇六
端居　一六八
芭蕉　三一〇
芭蕉忌　三九一
芭蕉の花　二二九
芭蕉葉　三一〇
蓮　二三一
蓮青葉　二三一
蓮根掘る　三八四
蓮の葉　二三一
蓮の花　二三一
蓮の芽　八六
鯊釣　二八一
畑打　四二
跣　一六七
跣足　一六七
裸　一六六
裸木　四〇五
裸子　一六六
畑鋤く　四二
肌脱　一六八
蟿螽　二九八
蜂　六二
八月　二四八
八月十五日　二七三
八十八夜　二五
初明り　四一九
初秋　二四八
初午　三七
初映画▽　四二九
初鏡　四二六
薄荷刈　一六一
初霞　四二〇
初鰹　一九〇
初門出　四二六
初髪　四二六
初鴨　二九三
初蚊帳　一五七
初鴉　四三一
葉月　二四九
葉月潮　二七三
初口笛▽　四二九
初景色　四二〇
初東風　四一九
八朔の祝　二七五
初桜　六八
初潮　二七三
初時雨　三五六
初仕事　四二四
初写真　四二五
初雀　四三一
初刷　四二五
初蟬　一九七
初空　四一六
ばつた　二九八
麨　一五三
初旅　四二八
初便　四二五
初茶湯　四二六
初蝶　六一
初手水　四二五
初燕　五六
初電車　四二七
初電話　四二六
初鶏　四三一
初雞　四三一
初凪　四一九
初茄子　二三〇
初音　五二
初寝覚　四二九
初花　六九
初春　四一三
初日　四一六
初日影　四一六
初日の出　四一六
初雲雀　五四
初富士　四二〇
初蛍　一九四
初盆　二八三
初弥撒　四三〇
初御空　四一六
初詣　四二九
初雪　三五七
初夢　四二九
初渡舟　四二七
初笑　四二六
花　七〇
花筏　七六
花茨　二二〇
花豌豆　八四
花樗　二一一
花篝　四四
花枸杞▽　三二六
花屑　七四
花曇　三三
花柘榴　二一二
花棕櫚　二二一
花菖蒲　二二四
花薄　三一九
花菫　八六
花大根　八四
花種蒔く　四三
花散る　七四
花月夜　七〇
花菜　八三
バナナ　二二五
花薺　八七
花盗人　四四
花合歓　三三二
花野　二七一
花の窓　四四
花の宿　四四
花畠　二七一
花火　一六四
花冷え　二五
花火大会　一六四
花人　四四
花吹雪　七四
花芙蓉　三〇一
花木瓜　八〇
花雪洞　四四
花祭　四八
花見　四四
花御堂　四九
花木槿　三〇一
花八手　四〇二
羽抜鳥　一八一
羽子　四二七
羽子つく　四二七
帚木　二三二
帚草　二三二
母子草　九〇
母の日　一四六
葉牡丹　四〇七
玫瑰　二三三
破魔矢　四二八
破魔弓　四二八
浜木綿の花　二三七
薔薇　二〇七
薔薇園　二〇七
針供養　三七
パリ祭　一四八
巴里祭　一四八
春　一七
春浅し　二一
春嵐　三〇
春一番　三〇
春惜しむ　二六
春風　二九
春鴉▽　六三
春着　四二五
春著　四二五
春兆す　二二
春来る　二〇
春炬燵　四一
バルコニー　一五五
春駒　五〇
バルコン　一五五
春さき　二〇

春寒　二一
春寒し　二一
春雨　三一
春時雨　三一
春羊歯▽　九一
春驟雨　三一
春障子　四〇
春蟬　六三
春空　二八
春田　三五
春田打　四二
春立つ　二〇
春近し　三四八
春菜　八四
春野　三四
春の雨　三一
春の池　三五
春の入日　二七
春の海　三五
春の蛾▽　六三
春の颪　二九
春の風邪　四七
春の草　八五
春の雲　二八
春の駒　五〇
春の芝　八六
春の驟雨　三一
春の障子　四〇
春の空　二八
春の塵　三一
春の月　二八
春の土　三六
春の露　三三
春の鳥　五二
春の波　三五
春の沼　三五
春の野　三四
春の蚤　六三
春の日　二七
春の灯　四〇
春の星　二九
春の水　三五
春の山　三四
春の闇　二九
春の夕　三三
春の夕焼　三四
春の雪　三一
春の夢　四七
春の宵　三三
春の夜　三三
春の雷　三三
春早し　二〇
春疾風　三〇
春日　二七
春日影　二七
春日差　二七
春日向　二七
春深し　二五
春埃　三一
春待つ　三四八
春めく　二二
春山　三四
春夕べ　二三
春夕焼　三四
春を待つ　三四八
鷭　一八六
晩夏　一〇一
晩夏光　一〇一
ハンカチ　一五一
万愚節　三八
半夏生　二三八
半月　二六一
パンジー　八二
晩秋　二五〇
赤楊の花　八二
榛の花　八二
斑猫　一九六
ハンモック　一五七
晩涼　一〇五
萬緑　二一八
日脚伸ぶ　三四八
柊の花　四〇二
稗　三一五
飛燕　五六
日覆　一五六
火蛾　一九二
灯蛾　一九二
日傘　一五九
日雷　一二三
彼岸　二二
彼岸桜　六九
彼岸花　三二一
彼岸前　二二
蟾　一七八
蟾蜍　一七八
蟇　一七八
弾初　四二八
引鶴　五八
蟇の子▽　一七八
蜩　二九三
日車　二二四
緋鯉　一八九
火恋し　二七八
蘖　八一
日盛　二二六
灯冴ゆ　三四六
避暑　一六二
避暑期　一六二
避暑の宿　一六二
ひすい　一八五
鶲　二九一
穭田　二七二
旱　二三一
旱雲　二三一
日照草　二二八
旱田　二三六
一つ葉　二二八
一人静　九〇
火取虫　一九二
灯取虫　一九二
雛　二七
雛あられ　四〇
雛市　二七
日永　二四
雛菓子　四〇
雛罌粟　二二六
日向ぼこ　三八八
日向ぼこり　三八八
雛流し　二七
雛の日　二七
雛の間　二七
雛の店　二七
雛祭　二七
日の盛　一二六
火の番　三八三
飛瀑　一四四
火鉢　三八三
雲雀　五四
雲雀籠　五四
雲雀野　五四
胼　三八八
火祭　三八三
向日葵　二二四
氷室　一四六
姫小松　四三三
ひめつばき　四〇二
白蓮　三三二
日焼　一七一
日焼田　一三六
冷酒　一五二
冷し珈琲　一五二
冷し酒　一五二
冷やか　二五二
冷ゆ　二五二
飛雪▽　三九八
雹　一二三
氷菓　一五三
氷塊　三七〇
氷湖　三七一
瓢簞　三一四
屛風　三八一
日除　一五六
鵯　二九一
ビール　一五三
昼顔　二三六
昼蛙　一五一
昼寝　一七一
昼寝覚　一七一

昼寝人　一七一
昼の月　二五七
昼の虫　二九五
昼花火　一六四
枇杷　二一四
枇杷の花　四〇三
風船　四六
風鈴　一五九
蕗　二三〇
葺替　四一
吹流　一四七
蕗の広葉　二三〇
福寿草　四三二
福達磨　四二四
噴井　一三六
藤　七八
藤棚　七八
藤の花　七八
衾　三七三
襖　三八一
二重虹　二一一
二日　四一五
復活祭　四九
ふづき　二四八
仏生会　四八
仏法僧　一八三
蚋　二〇二
蟆子　二〇二
葡萄　三〇四
懐手　三八八
蒲団　三七三
布団　三七三
船虫　一九一
吹雪　三六二
文月　二四八
冬　三二九
冬青草　四〇八
冬暖　三三七
冬海　三六八
冬霞　三六三
冬構　三七九
冬鷗　三九六
冬枯　四〇六
冬川　三六八
冬木　四〇四
冬着　三七三
冬木の桜　四〇一
冬来る　三三六
冬霧　三六三
冬草　四〇八
冬景色　三六七
冬雲　三五三
冬桜　四〇一
冬木立　四〇五
冬籠　三七九
冬座敷　三八〇
冬ざるる　三三六
冬ざれ　三三六
冬芝▽　四一〇
冬将軍　三二九
冬芒　四〇八
冬薔薇　四〇一
冬空　三五二
冬田　三六七
冬立つ　三三六
冬蝶　三九九
冬尽く　三四八
冬椿　四〇一
冬隣　二五四
冬灯　三八〇
冬菜　四〇七
冬波　三六八
冬濤　三六八
冬に入る　三三六
冬ぬくし　三三七
冬野　三六五
冬の朝　三四〇
冬の雨　三五六
冬の泉　三六七
冬の海　三六八
冬の梅　四〇〇
冬の風　三五四
冬の川　三六八
冬の霧　三六三
冬の草　四〇八
冬の雲　三五三
冬の鹿　三九二
冬の空　三五二
冬の滝　三七〇
冬の蝶　三九九
冬の月　三五三
冬の土▽　三七一
冬の波　三六八
冬の虹　三六三
冬の蠅　三九九
冬の蜂　三九九
冬の浜　三七〇
冬の日　三四〇
冬の灯　三八〇
冬の星　三五四
冬の水　三六七
冬の鵙　三九三
冬の山　三六四
冬の夜　三四一
冬の雷　三六二
冬の別れ　三四八
冬羽織　三七三
冬浜　三七〇
冬晴　三五二
冬日　三四九
冬日没る　三四九
冬日差　三四九
冬旱　四〇八
冬日向　三五三
冬雲雀　三九二
冬日和　三五二
冬帽　三七〇
冬三日月　三五九
冬芽　三五三
冬鵙　三七一
冬紅葉　三六八
冬館　三六三
冬休み　三九九
冬柳　三九九
冬山　三七〇
冬夕焼　三四〇
冬落暉　三八〇
芙蓉　三五四
芙蓉の実　三六七
ぶらんこ　三九三
プール　三六四
古草　三四一
フレーム　三六二
文化の日　三四八
噴水　三七三
噴泉　三七〇
平家蛍　三五二
紅茸　三四九
紅椿　三四九
紅芙蓉　三四九
蛇　三五二
蛇穴に入る　三四九
蛇穴を出づ　三九四
蛇苺　三五二
蛇衣を脱ぐ　三七五
蛇の衣　三五四
遍路　四〇六
遍路杖　三九三
遍路宿　四〇三
防寒帽　三七九
法師蟬　三七二
茅舎忌　四〇六
放生会　三六四
鳳仙花　三六三
豊年　三四九
防風　三〇一
防風摘　三〇九
孑孑　四六
棒振虫　一六三
菠薐草　八六
頰被　三八四
朴落葉　二七四
朴散華　一五五
頰白　一五五
朴散る　一九四
朴の花　三三六
木瓜の花　六七
星合　三〇一

干柿　二七七
干大根　三八四
星月夜　二六二
干蒲団　三七三
星祭　二七四
暮春　二五
穂芒　三一九
榾　三八三
菩提子　三〇九
菩提樹の実　三〇九
蛍　一九四
蛍籠　一六五
蛍火　一九四
蛍袋　三三八
牡丹　二一〇
牡丹雪　三一
ホップ　三一七
ホップ摘む　三一七
ボート　一六三
仏の座　四三三
時鳥　一八一
ほととぎす　一八一
杜鵑　一八一
穂麦　二三一
盆　二八三
盆踊　二八一
盆供　二八三
盆過　二八三
盆の月　二六〇
盆梅　六七
盆休み　二七五

【ま】

豉虫　一九七
真葛　三三〇
蠛蠓　二〇二
真菰　三三七
鱒　六〇
マスク　三七七
鱒釣　六〇
松落葉　二三〇
松笠落つ▽　四〇九
松飾る　三七二
松過　四一五
松蟬　二〇〇
松手入　二七八
松の内　四一五
松の花　八二
松葉牡丹　三二八
松虫　二九七
松虫草　三二五
祭　一七四
祭後　一七四
祭太鼓　一七四
祭笛　一七四
真夏日　一〇三
間引菜　三一四
マフラー　三七六
蝮　一八〇
豆の花　二三〇
豆撒　三七三
豆類の花　二三〇
繭玉　四二五
檀の実　三〇九
真綿　三七三
満月　二六一
曼珠沙華　三二一
マント　三七五
実梅　二一三
三日月　二六〇
三日の月　二六〇
蜜柑　四〇三
蜜柑畑　四〇三
水草生ふ　九一
実桜　二〇七
実柘榴　三〇五
実山椒　三〇九
短夜　一〇二
水浴　一六三
水打つ　一六〇
水涸る　三六七
水着　一五〇
水狂言　一六五
水芸　一六五
水澄し　一九七
水澄む　二七二
水鳥　三九五
水洟　三八七
水番　一六一
水引　三一四
水引草　三一四
水引の花　三一四
水守る　一六一
鶺鴒　三九五
三十三才　三九五
溝浚へ　一六一
道をしへ　一九六
蜜水　一五二
蜜蜂　六二
三椏の花　七七
緑　二一七
緑の週間　三八
水無月　一〇一
南風　一一四
実南天　三〇八
身に入む　二五三
蓑虫　二九九
蚯蚓　二〇六
木菟　三九五
蚯蚓鳴く　二九九
未明忌▽　一七六
都鳥　三九六
深雪　三五八
茗荷の花　三一四
ミルクセーキ　一五三
みんみん蟬　一九七
迎火　二八五
蜈蚣　二〇四
百足虫　二〇四
麦　三三一
麦青む　八五
麦嵐　一一五
麦打　一六〇
麦生　三三一
麦稈　一六〇
麦刈　一六〇
麦刈る　一六〇
麦の秋　一〇〇
麦の秋風　一一五
麦の芽　四〇七
麦畑　三三一
麦踏　四一
麦埃　一六〇
麦落雁　一五三
麦藁　一六〇
麦藁帽　一五一
木槿　三〇一
椋鳥　二九一
虫　二九五
蒸暑し　一〇四
虫時雨　二九五
虫鳴く　二九五
虫の声　二九五
虫の音　二九五
虫干　一五九
蒸饅頭　三七八
武者人形　一四七
結飯草（むすびぐさ）▽　二二八
睦月　四一四
六花　三五八
紫式部　三〇九
群燕　五六
群雀　八三
芽　八六
名月　二六一
明治節　二七四
目借り時　二五
芽ぐむ　八一
目刺　四〇
飯饐える　一五二
女正月　四一六
眼白　一八七
目高　一九〇
芽立ち　八一
メーデー　一四七
芽吹く　八一
芽麦　四〇七
芽柳　八一

毛布　三七五
萌　八五
虎落笛　三五六
茂吉忌　四九
木犀　三〇〇
木蓮　七八
鵙　二九〇
鵙の声　二九〇
鵙の高音　二九〇
鵙の贄　二九一
鵙の晴　二九〇
鵙日和　二九〇
餅　三七七
餅搗　三七二
餅花　四二四
餅焼く　三七七
物種　四二
ものの芽　八六
藻の花　二三九
籾　二八〇
籾殻焼く　二八〇
紅葉　三〇六
紅葉かつ散る　三〇七
紅葉狩　二八二
紅葉焚く　二八二
紅葉散る　四〇三
もみぢ葉　三〇六
紅葉山　三〇六
桃　三〇二
百千鳥　五二
桃の花　七九
桃の実　三〇二
桃の村　七九
桃畑　七九
もろこし　三一六

【や】

八重桜　七四
野外演奏　一六五
夜学　二七六
夜学生　二七六
焼芋　三七八
焼芋屋　三七八
夜業　二八〇
灼く　一〇四
矢車　一四七
焼野　三四
灼岩　一〇四
夜光虫　二〇六
夜食　二七七
八手の花　四〇二
柳川鍋　一五三
柳　八一
柳の芽　八一
屋根替　四一
屋根葺く　四一
野梅　六四
藪枯らし　三一〇
藪柑子　四〇九
藪虱　三一一
藪椿　六七
山遊び　四四
山蟻　二〇三
山蚕　一九三
山雀　一八七
山霧　二六五
山桜　七三
山清水　一四一
大和撫子　三一〇
山梨　三一〇
山眠る　三六五
山開き　一四八
山吹　七九
山藤　七八
天蚕　一九三
山女　一八九
山女釣　一八九
山女魚　一八九
山紅葉　三〇七
山桃　二一四
楊梅　二一四
山百合　二二七
漸寒　二五三
弥生　二三
弥生尽　二六
夜涼　一〇五
破芭蕉　三一〇
八幡放生会　二八三
夕顔　二三〇
夕霞　三三
夕河鹿　一七八
誘蛾灯　一六二
夕霧　二六五
夕東風　二九
夕桜　七〇
夕涼　一〇五
夕涼み　一六二
夕蟬　一九七
夕立　一二〇
夕立雲　一二〇
夕月夜　二六一
夕燕　五六
夕露　二六七
夕凪　一一六
夕虹　一二一
夕雲雀　五四
夕焼　一二五
夕焼雲　一二五
浴衣　一五〇
雪　三五八
雪明り　三五八
雪女　三六二
雪解雫　三六
雪雫　三六
雪女郎　三六二
雪達磨　三八五
雪解　三六
虎耳草　二三九
鴨足草　二三九
雪の田　三六七
雪の果　三三
雪の原　三六五
雪晴　三六二
雪虫　三九九
雪催　三五七
雪柳　七八
雪山　三六四
行く年　三三九
逝く夏　二一〇
行く春　一六
湯気立て　三八三
湯ざめ　三八六
柚子　三〇六
山桜桃　二一四
山桜桃の実　二一四
揺蚊　二〇二
櫟　四三三
ゆだち　一二〇
弓始　四三三
弓張月　二六一
ゆやけ　一二五
百合の花　二二七
宵月　二六一
宵闇　二六一
陽春　一七
洋梨　三〇二
余花　二〇六
夜蛙　五一
余寒　二一
夜着　三七三
夜霧　二六五
夜桜　四四
夜寒　二五三
葭切　一八四
葭簀　一五六
葭戸　一五七
夜濯　一六〇
夜鷹　一八三
夜焚火　三八三
夜露　二六七
夜なべ　二八〇
夜番　三八三
呼子鳥　五二
夜振　一六二
夜振火　一六二
読初　四二三
嫁が君　四三一

蓬　九一
蓬長く　三三六
蓬摘む　四四
夜の秋　一一〇
夜半の月　二五七
夜半の夏　一〇二

【ら】

雷雨　一二三
雷雲　一一二
雷鳴　一二三
ライラック　七七
落第　三九
ラグビー　三八六
裸身　一六六
落花　七四
落花生　三一七
喇叭水仙　八二
ラムネ　一五三
爛春▽　二五
蘭の実▽　三三六
立夏　九九
立秋　二四九
立春　二〇
立冬　三三六
流感　三八六
柳絮　八二
柳絮飛ぶ　八二
流星　二六二
竜舌蘭　二三六
流灯　二八七
竜の玉　四〇九
竜の髯　二三九
猟師　三八五
涼風　一一五
良夜　二六一
緑蔭　二一八
リラ　七七
林檎　三〇三
林檎青実▽　二四一
瑠璃蜥蜴　一七八
冷蔵庫　一五八
冷房　一五八
レース　一五〇
烈日▽　一二八
連翹　七七
連翹忌　四九
れんげ　八七
炉　三八三
老人の日　二七三
六月　一〇〇
露台　一五五
炉開　三八三

【わ】

若草　八六
輪飾　四二二
若芝　八六
若竹　二三三
若菜　四三二
若葉　二一七
若葉時　二一七
若水　四二二
若水汲　四二二
若緑　八一
別れ霜　三三
病葉　二三〇
山葵　八五
山葵田　八五
忘れ霜　三三
勿忘草　八二
早稲　三一五
早稲の穂　三一五
綿子　三七三
綿虫　三九九
渡り鳥　二八九
侘助　四〇二
藁塚　二八〇
蕨　八九
吾亦紅　三三四

季題別　中村草田男全句

【編集委員】
小西　弘子
鈴木胡桃子
中村　弘
福嶋　延子
渡辺啓二郎
＊
渡辺　舎人
＊
奈良　文夫
横澤　放川

資料提供
中村　弓子

【編集協力者】
石田　経治
大田　信子
小川　雪魚
糟谷　雅枝
木村　茜
国松　恵子
小泉　光子
小林　收
髙井まさ江
竹内　伸子
永山　憲子
沼田真知栖
嘴　朋子
間宮　操

季題別(きだいべつ) 中村草田男全句(なかむらくさたおぜんく)

初版発行　2017（平成29）年2月28日

編　者　萬緑運営委員会
発行者　宍戸健司
発　行　一般財団法人 角川文化振興財団
〒102-0071　東京都千代田区富士見1-12-15
電話03-5215-7819
http://www.kadokawa-zaidan.or.jp/
発　売　株式会社 KADOKAWA
〒102-8177　東京都千代田区富士見2-13-3
電話0570-002-301（カスタマーサポート・ナビダイヤル）
受付時間　9:00 ～ 17:00（土日　祝日　年末年始を除く）
http://www.kadokawa.co.jp/
印刷製本　中央精版印刷株式会社

 ISBN978-4-04-876389-9 C0092